民族的自信　国家的骄傲

谨以此图书献给

为中国改革开放和伟大复兴

不懈努力和奋斗的民族企业

他们正在改变中国

I

财经媒体40人◎著

＼今天的中国是中国人干出来的＼

中国经济出版社
CHINA ECONOMIC PUBLISHING HOUSE

《财经》杂志　谢丽容

中国经济网　曹元水

央视中文国际频道　崔婧哲

今今乐道读书会　何伊凡

第一财经　李沁霏

中国经济时报　范媛

经济日报　栾笑语

中国网　陈晓芬

金融时报　孟黎

丽尔摩斯　黄秋丽

封面新闻　卢荡

凤凰卫视　王峰

法制日报　廖卫华

赵继成频道　赵继成

遥想新中国砥砺前行70年壮阔历程，每一朵时代浪花中，都有企业和企业家不懈奋斗的身影。

ipo 观察　欧文

英国《金融时报》　王苏娅

创业邦　曲琳

中国新闻社　孙忠一

三声　黄云腾

《财新周刊》 霍侃

新华社新媒体 周丹丹

人民日报 柴哲彬

网易传媒科技 杨霞清

经济观察报 郭宏超

环球时报 谢戎彬

《南风窗》 谭保罗

中南出版传媒集团 韩钦

21 世纪经济报道 赵海建

致敬这些改革者，就是致敬我们的梦想，他们正在改变中国。

中央电视台 张腾之

经济观察报 杜惠

财经记者圈 李诗琳

央广经济之声 杨曦

中国外汇管理杂志 王亚亚

新华网 姚笛

中国证券报 张朝晖

中国财富网 单秀巧

人民网 孙婷婷

新华社 常志鹏

推荐语

回望改革开放40年风起云涌，遥想新中国砥砺前行70年壮阔历程，每一朵时代浪花中，都有企业和企业家不懈奋斗的身影。企业家的所思所想代表着一代发奋图强的中国人，企业命运的跌宕起伏印证着时代的变迁。读懂《他们正在改变中国》，就读懂了过去、现在、未来……

——中央电视台新闻频道主播　张晓楠

致敬那些榜上有名和无名的企业家们，他们用汗水、智慧和眼泪极好地诠释了什么是“空谈误国，实干兴邦”。感谢这套沉甸甸的《他们正在改变中国》，记录了历史、审视了现在，更启发读者面向未来、积极思考、勇于实践。

——上海证券交易所伦敦办事处首席代表　杨智颖

在这个瞬息万变的时代，唯有拥抱变化、推动变革，方能适应新的时代。因此，也只有通过了解正在改变中国的他们，才能真正理解变革中的中国。

——梨视频副总编辑　张巍

历史轨迹的宏大转折，永不缺乏高远智慧和苦干精神助燃起航。他们是尝试者，是先行者，也是冒险者，如果没有这样一群有趣的灵魂，这个世界会萎缩，会干涸。没有他们爆发出的光和热，我们的前路还会是黑沉、寂寞。致敬这些改革者，就是致敬我们的梦想，他们正在改变中国。

——秒拍副总编辑　张文华

推荐语

伟大的变革，是由历史中一个个具体而鲜活的人创造的。个人的际遇起伏、企业的跌宕历程、市场的繁荣兴盛，无不体现着家国时代的勃勃生机。在这个特殊的时间节点，如果必须选择一本书，那就请拿起《他们正在改变中国》。他们改变了中国，他们依然在改变中国，他们同样在改变世界！

——IDG资本知行并进基金副总裁　黄春琴

中国企业的崛起是过去30年，世界经济史上最为惊心动魄的故事。沉舟侧畔，大浪淘沙，他们的盛衰枯荣，也是中国崛起这一宏大叙事的精彩素描。这本书中记录的企业，几乎都经历过对陈旧规则的戏剧性颠覆，并散发着奇迹般的光芒。他们共同重绘了全球经济地图，创造着崭新的商业文明。

——知乎副总裁　秦亚洲

当下时代发展的进程中，媒体更应懂得如何去坚守自己的底线。我一直坚信，文字是个有温度、有力量的载体！《他们正在改变中国》这套书，相信每一位阅读过的人都会通过灵动的文字激发起内心深处的力量。生在这样一个飞速发展、进步空前的美好时代，每个人都不应辜负这一伟大时代赋予我们的使命。当每个独立的个体团结汇聚起来，这便是力量，是你我的力量，不仅改变着中国，也将改变世界。

——野马财经合伙人&CMO　武迪

中国经济的发展，尤其是互联网经济的发展，和本书中的很多企业家息息相关。推荐《他们正在改变中国》，通过研究他们，观察他们，找寻中国互联网经济未来的发展趋势。

——微影资本执行董事　吴丽

媒体是历史的见证者，企业是经济发展的推动者。致敬70年，且看40位媒体人笔下的40家企业。精心之作，记录当下！

——新华社国家高端智库经济研究中心副主任、中国经济信息社经济研究中心常务副主任　张文娟

从他们的故事里，看激荡中国70年的沧桑变化。从他们的故事里，读懂中国。

——环球时报英文版经济新闻部主任　涂蕾

40年40企，在这里，读懂中国经济。

——21世纪经济报道副主编　贾肖明

改革开放40年的历史，也正是亿万中国人不懈奋斗的历史。这其中就包括书中写到的他们。他们的故事，成为中国故事中精彩夺目的篇章；读懂他们，你或许就能更好地读懂今天的中国。

——人民日报社新闻协调部副主任、高级编辑　汪晓东

时代造就人物，激荡的时代给杰出人才创造了土壤，而他们反过来又谱

推荐语

写了新的历史。那些对环境变化做出最快、最积极反应的企业，才能走的最长远。《他们正在改变中国》从几十个具体鲜活的故事，展现波澜壮阔的商业社会。它将告诉你，功成名就的企业家经历了哪些酸甜苦辣，如雷贯耳的企业发生过什么动荡波折。在这一切变化的背后，你将看到经济结构、技术发展、体制、政策如何交织成一个个机会窗口，推动时代变革。这是一本开阔眼界，令人深思的书，建国70年之际，这本书是献给时代最好的礼物！

——清华大学五道口金融学院文创金融研究中心项目总监　孙潇潇

让我们向这些肩负重担的行者们致敬，在波澜壮阔的年代里，他们的闪光点汇聚成烫金的“奋斗”一词，正是无数的“他们”，正在用他们的方式改变着中国，书写着历史，更释放出前行的力量。

——新华网融媒体产品创新中心总监　马铁群

此书以多维度视角浓缩了中国企业发展的传奇，这些创新的故事，正是“中国奇迹”背后的秘密。

——中国财富网数据中心副主任　单秀巧

那些激情而草莽的年代，那些野生而进取的力量，那些艰辛而光荣的轨迹，值得铭记。商业中坚也是自由市场的改革先锋，用创业书写新时代史记，人物传与货殖传一并传承。致敬这些时代商业力量，致敬一种精神。

——凤凰财经总监　张涛

推荐语

他们白手起家，他们力挽狂澜，他们是这个时代最富有改革精神的企业家。更为幸运的是，有一批善于观察 勤于记录的中国优秀媒体人，记录着他们在这个时代的点点滴滴。打开这本书，和这个时代最优秀的企业家来场对话；合上这本书，你一定能得到最有价值的启发。

——中央电视台新闻频道记者　孙艳

20年，绘就了一幅美丽壮阔的中国画，工笔细腻入微，写意气势恢宏。不同阶段不同行业不同地域的这40家企业，宛如画中景，更是丹青笔。

——中国对外贸易经济合作企业协会副会长　李红

改革开放是中国经济腾飞的开端，无数“伟大”的企业造就了改革开放“伟大”的奇迹，《他们正在改变中国》记录着这些“伟大”的诞生，让我们回眸历史，展望未来！

——未央网总经理　尹炯宇

他们的40年，家国烟火，如露如电。

——澎湃新闻财经新闻中心总监　孙扶

让我们透过40位金媒人的视角和40家企业的故事，感受建国70年光辉历程中的彷徨与前进，探索与成功。

——人民日报社对外交流合作部副主任　徐波

推荐语

《他们正在改变中国》一书记录了改革开放40年来，一批改革创新的勇者，在自己决定的方向道路上披荆斩棘，乘风破浪，用一段段传奇经历展示给我们什么才是祖国繁荣富强的决胜法宝，什么才是中华民族复兴的关键力量！

——中央电视台办公室　周源野

实力派的40位财经媒体人，用扎实的访问和优美的文笔，记录改革开放40年以来实力派的40个企业和企业家，堪称天作之合。

——融360公共事务总监　左璇

40年、40人，他们用企业家精神诠释了改革的真谛。当改革步入不惑之年，《他们正在改变中国》一书以口述者的视角为我们重现这段历史的轨迹。以史为鉴、可以知兴替，更让我们能鼓起勇气、面向未来，再出发！

——网信控股公关总监　黄涛

在这个世界上，总有一群人，或者一本书，不仅在深刻改变中国，也在深刻影响世界。《他们正在改变中国》——就是我在清华五道口金融学院与志同道合的同学们一起学习的最大收获。他们是我们的榜样，也是我们自己的影子。正如我在这种力量的感召下离别北京，深入“三区三州”参加打赢脱贫攻坚这场伟大的历史性战役，这既是一种悲壮，也是一种幸福。我相信，历史会铭记这场伟大的变革。

——中共阿坝藏族羌族自治州州委常委、副州长　潘国伟

推荐语

中国改革之所以取得成功，上有顶层设计，下有边缘革命。那些充满渴望、干劲，在潮起潮落中挣扎奋进的企业和企业家们正是边缘革命的主力，他们改变了我们的历史，他们正在改变中国。

——CoinNess主编　姜洪桥

为担当者担当、为负责者负责、为干事者撑腰。感谢《他们正在改变中国》，本书充分体现企业和企业家的地位和价值，更好地演绎企业家精神、提倡企业家精神、聚焦企业家精神。

——南方新闻网文创中心副总监、财经频道主管　林耿民

改革开放40周年是中国发展史上一幅璀璨的画卷。这些个性迥异却同为造梦者的企业家们，为这幅画卷中的商业社会，书写了一段段跌宕起伏的传奇故事。他们将天马行空的想象力一点点落地在你我的生活中，改变了社会各个领域，并对下一代的创业者树立了榜样。《他们正在改变中国》这本书，不仅是对这40家企业的描述，更呈现出整个中国商业社会的发展轨迹，值得精读，发人深省。

——《商业周刊/中文版》执行主编兼《周末画报》财富版主编　范荣靖

本书的作者们，平均年龄与改革开放的历史相若，目睹和感受到40年间的大变革和大发展，字里行间充满对时代的感知和思考。40位企业家虽然最初未必怀着实业报国的理想上路，但后来的成就证明他们，以及无数中国企

推荐语

业家是中国成为真正的大国强国的航程上的压舱石。

——财新网助理总编辑　黄晨

在40位企业家手中，不可能成为了可能。在40位媒体人笔下，记录了这些人间奇迹。他们不会只关注“问题”，而是会对中国企业和产业的崛起进行全景式的考察，以一种真实的画卷来致敬一个真实的改革开放。

——豆包网合伙人兼副总裁　邓景军

改革开放的交响曲响彻了40个春秋，这既是中国发生巨变的40年，也是中国企业家风雨兼程的40年，更是中国经济腾飞的40年，40个特写镜头化作最生动的缩影，带你走进改革开放的长歌浩荡，看它如何改变了中国，又深刻影响了世界。

——清华金融评论　白雪

从他们的故事里，读懂了时代的变迁，读懂了中国的发展。企业家精神无论何时何地都是最值得宣扬和传承。见证了此书诞生的全过程，为记录历史，书写未来的同学们感到自豪。

——中国农业银行企业文化部新闻处　周园

当代中国的改革硕果是世界改革史上最广大的国民创造并全民分享改革成果，能出类拔萃地成为这个时代的领军人物，必将被历史铭记。往后的每

推荐语

一代中国人都是这个时代的受益者，打开《他们正在改变中国》，致敬改革先锋，传承改革精神。

——“优月家”创始人、CEO；原福建经视著名财经主播　潘媛芬

向书中的企业家和那些有名无名的企业家们致敬！他们是改革开放时代中国的脊梁，也是实现中华民族伟大复兴的坚实力量。致敬改革开放四十年，致敬在创业创新路上的中国企业家们和中国企业家精神，致敬这个伟大的时代！感谢这套大部头的《他们正在改变中国》，40年风雨同舟，40家企业历程，40年披荆斩棘，40年砥砺奋进，我们党引领人民绘就了一幅波澜壮阔、气势恢宏的历史画卷，谱写了一曲感天动地、气壮山河的奋斗赞歌。

——山东电视台　周静

改革给在市场中摸索的企业和企业家坚实的信心，在多年后，我们依然坚信，信心比黄金还贵重。书中企业，他们历经辛苦，能够站在世界的舞台上各领风骚，也让我们对于中国经济的未来充满了信心。从这一代企业开始，世界开始倾听“中国故事”。

——欧洲货币机构投资者集团（Euromoney Institutional Investor PLC）大中华区总裁　汪弘彬

近年来我觉得最走心的作品。

——新华网政务大数据总经理、网络舆情监测分析中心主任、中国互联网联合辟谣平台编辑部主任　姚笛

目录 Contents

第一章 生于80年代

第一章 生于80年代

目 录

第一章
生于80年代

第二章
生于90年代

21岁网易，靠工匠精神打造品质产品

永辉，从菜摊到区域民生的新零售

京东的基因

恒大，改革40年与60年的脚印

携程，中国合伙人的创新之旅

第二章
生于90年代

第二章

生于90年代

第三章 生于2000

第四章 生于2010

第四章 生于2010

第一章 CHAPTER

生于80年代

生活啊，生活！你有多少苦难，又有多少甘甜！天空不会永远阴暗，当乌云退尽的时候，蓝天上灿烂的阳光就会照亮大地。青草照样会鲜绿无比，花朵仍然会蓬勃开放。

——著名作家路遥《平凡的世界》

光大之路

鲁迅先生说："世界上本没有路，走的人多了，便成了路。"

伴随改革开放而生的光大集团，是中国金融改革诸多样本中最特别的"那一个"。

无论是其"红色"出身、历史遗产，还是现实改革路径选择，波折反复的戏剧冲突贯穿了重组改革始终。这个舞台上不同利益方的博弈和平衡，充分展示了中国现代金融企业制度建立过程中的种种体制性弊端，而光大改革中的每一次闪电逆转，也都折射出市场化和理性的力量。其探索的金控集团模式，更是为中国金融改革探了路、搭了桥。

香港"桥头堡"，风光无限

光大的故事，起始于1981年。

这一年，中国女排以3：2战胜日本队，首捧世界冠军奖杯，举国欢腾，"女排精神"诞生。

这一年，北京最流行的本地软饮，叫作"汽水"。而一罐进口可乐只有在长安街上的最高建筑物——友谊商店里，花一美元才能买到。当然，中国老百姓很少有人买得起一罐进口可乐，友谊商店也基本只对外国人开放。中国老百姓，生活在"匮乏经济"中。

那一年，光大集团的创建者、第一任董事长王光英，接受澳门中华总商会邀请，南下参加其成立一百年会议。而就是这一偶然事件，铸就了后来的光大。

毕业于北平辅仁大学化学系的王光英，20世纪40年代开办化学厂，靠技术起家。王光英被周恩来称为“红色资本家”。那时，他最令人瞩目的身份是国家主席刘少奇夫人的兄长，被港人称为“红色国舅爷”。那时，他的职务是多重的——民建中央副主席、天津市副市长及天津市国际信托投资公司总经理，横跨党派、行政和商业。

王光英爱好广泛，喜欢京戏，也喜欢冰球与橄榄球。正如他自己所说：“我从商、从政，再从商、从政，已经有几个‘轮回’；兴趣非常广泛，由静到动，统统喜欢；这使得我增加了许多朋友，扩大了视野以及工作范围。”

为期十多天的南下之行中，王光英不仅帮天津成交了550吨石蜡，每月5000吨供应食盐，也替正陷入“吃不饱”状态的国防工办下属工厂招揽了100万个军用钢盔、100万个军用饭盒、100万双军用皮鞋这样的买卖。而在与蒋纬国秘书在香港的会晤中，还谈及了5000万斤大米、90万吨水泥这样的特殊意向。

最重要的是，通过“每日深夜一点仍不愿散”的商界老友，王光英敏锐地感觉到，为了提高工业水平，“有必要在香港成立一个综合性公司，破除官商习气，引进先进技术、设备和资金”。

南下归来，2月12日，农历正月初八，王光英就向时任国务院副总理万里递交了《港澳见闻和八点建议》。在这份报告中，王光英展示了他特有的商业嗅觉和充沛的政商人脉。他建议“用香港的经营方式成立一个高效能的综合性公司做些零星生意”，“如放开手脚，给予随时调用几亿美元的权利，也搞承包责任制（各部门少加干预），给国家赚大钱是有可能的”。

回眸思往，王光英的建议，极其切合当时中国经济社会面临的困境。1978年是改革开放的起点，国内百废待兴，各个行业与市场在思想解放后都需要迫切发展。外贸领域，资本与外汇极为缺乏，引进先进设备技术资金不足，工业发展受限；就业市场上，大量知青与青壮年劳动力回归，供给极为丰富，就业压力大；而生产端，居民的生活资料却不足，经济处于“供不应求”的物资短缺阶段。

国务院很快批示，“在香港设立完全打破官商一套的综合公司，并委托王光英同志负责筹办”。

1983年5月，光大集团在香港创办。同年8月18日正式开业，当时注册名为“紫光实业有限公司”；1984年7月更名为“中国光大集团有限公司”，即现在的光大香港总部，英文名“Ever Bright”，意思是“永远光明”，王光英将此诠释为“光明正大地做生意”。

1983年，正值中国改革开放的早春时节。光大集团，这个新中国在香港成立的第一家公司，可谓市场化改革的产物与风向标。

曾在光大任职16年的中信前董事长孔丹如此回忆光大创办之初，“我对荣毅仁、王光英两位老人都非常尊崇”，“小平同志借鉴他们的声望、经验、能力、知识，要建立一种有别于传统体制下的企业，为改革开放，尤其是开放做一种尝试”。

成立之初的光大，并不缺少资金。中央给了20亿元启动资金，外加2亿美元用于进口国外先进技术和二手设备。尤为难得的是，并未具体指明应当做什么行业、产业，企业拥有诸多自主权和创新空间。

王光英把公司总部设在香港，一开始用了几个比较年轻的人，又以他的身份和香港重量级人物沟通，开创了光大早期别具一格的局面。

在光大开业前几个月，业务人员搜寻各类商情信息，他们的目标正是世界各地的二手设备。

在众多信息中，一则“有一批二手汽车要卖出”的信息引起了注意，但信息很简单并且消息源难以确定。但业务人员并未放弃，几天后，王光英办公桌上就出现了一份有关该消息的详细报告。

王光英赋予采购人员“将在外，君命有所不受”的权力。采购人员迅速谈下了这笔生意。闪电战成功，从发现这个信息到做成这笔生意，仅仅三个月。

就在采购小组忙于和智利方面办理签约换文以及繁琐善后事宜时，一个远在美国迈阿密的老板闻讯后立即联系光大采购小组，表示只要把这批货让给他，立刻给光大300万美元。王光英毫不犹豫做出决定，拒绝美国商人要求，把汽车迅速装船监运回国。

窥一斑而知全貌。此单业务足显当时光大经营的特点、魄力、迅捷与价值取向。

光大集团以贸易起家，后又大力拓展实业投资。以中外合作方式，引进资金，做成许多大型建设项目。其中代表作，便是建成深圳23平方公里的南头工业区——比招商局治下9平方公里的蛇口工业区大出近两倍，以及53层的北京京广中心。正是在京广中心顶楼俯瞰全北京时，邓小平提出“发展才是硬任务”的论断。1992年，邓小平南方谈话，变为“发展才是硬道理”。这一简单而深刻的真理，家喻户晓。

王光英的办公室靠近维多利亚港，窗外碧波浩瀚。香港一位律师曾建议他在墙上或柱上镶上玻璃，使海水反光映进办公室，这是吉兆也是福兆，生意人会乐意坐在这间有水有财的办公室里谈生意。对此，王光英从善如流。

坊间也曾传言，王光英做生意、用人，都要先用水晶球占卜。对此，王光英笑言：“我是拿它做生意，不是拿它搞占星术；生意人讲究吉利，所谓一命二运三风水，既要在香港做生意，就得考虑香港人喜爱什么，入乡随俗嘛！”足见，王光英对香港人文、民风的研究与重视。

在这种经营思路下，直到1990年，王光英卸任，光大运营一直顺顺利利。短短7年，资产增长到200亿港元，开设子公司六七十个。更值得一提的是，人脉深厚的王光英，与尼克松、基辛格私交甚深。当时光大，堪称世界和中国之间的窗口，一时间风光无限，成为中国改革开放的“桥头堡”。

“水晶球”失灵，“奔袭”金融业

遗憾的是，王光英的水晶球，并未佑护光大一帆风顺。

1990年，在中国金融史上，有浓墨重彩的一笔。

1990年，上海证券交易所成立，首批30种证券上市交易。

1990年，时任央行副行长的邱晴接棒光大一把手。这位“亚洲四大女强人”之一的金融高管空降，意味着光大正式拉开了淡出实业，进军金融业的序曲。

1990年11月12日，中国光大（集团）总公司在北京成立，掀开了光大历史新篇。这不只是地域变迁，更是经营战略的巨大转型。公司业务开始向金融业战略转型，业务布局开始倾向境内。

此后，光大的历任掌门，无一不是央行或银监会高管的背景，而1992年光大银行的成立和1996年光大证券的成立，更是令这家实业企业彻底转身金融集团。

以民间色彩崛起的光大，此时官派身份已表露无遗，往往能拿到特殊的“路条”。比如1992年8月成立的光大银行，就是中国首家国有控股并有国际金融组织入股的全国性股份制商业银行，风头一时无两。1996年完成股份制改造、1997年完成香港联交所间接上市……一切都走在同行的前列，这就是20世纪90年代后期的光大银行。到1998年，光大银行的资产利润率、人均利润率在国内银行机构中名列前茅，而且资本充足——资本充足率达17.1%，远远高于巴塞尔协议和人民银行规定的8%的资本充足率，名列国内银行之首。

但自此之后，光大银行再也没能保持这个位置。原因是，光大集团这棵大树成为拖累。

1993年，光大信托投资公司因发生8000万美元的重大亏损，严重资不抵债，2002年失去牌照。1999年光大集团原董事长朱小华受贿案爆发，并且其在香港金融危机前激进的资本运作也令光大颇伤元气。

而在这些危机期间，占光大集团资产主要组成部分的光大银行，一次次为集团提供担保，被拖入泥沼。再加上1999年光大收购中国投资银行的零售业务部分，虽然资产暴增一倍多，但后来发现后者有大量不良资产。

2005年数据显示，光大银行不良贷款余额291亿元，核心净资本已经降至–30亿元，核心资本充足率为–1.49%。

更要命的是，这让光大集团丧失了对光大银行的控制力，虽然称为金融控股集团，却徒有其名。

2007年，为了挽救实际上濒临破产的光大银行，汇金公司对光大银行注资200亿美元，并因此取得了光大银行控股权。

而从光大信托事件爆发之后，光大集团就陷入了一个管理层频繁更替的怪圈，历史上集团领导班子经过了六次调整，原副董事长孔丹在光大集团时，辅佐过的董事长就多达四位。

六任一把手中，刘明康在位时间最短，从1999年7月末到2000年6月，不过一年时间。但这位以央行副行长身份空降的大员，除了来担纲“朱小华事件”的灭火者外，还为光大提出了银行、证券、保险、财务投资四驾马车并驱的构思，并搭起了最基础的框架——要知道，这个时候，若干年后与光大、中信并列为三大混合金融控股集团试验田的平安集团，尚在为其主业保险的生存而殚精竭虑。

2000年，王光英的侄子王明权接过光大，但光大依然沉疴难除。尤其是金融危机使光大业务受到冲击，“坠入困顿”。为解决体制不顺、债务包袱等历史遗留问题，2003年国务院正式启动光大集团改革重组。重组初期集团经营每况愈下，资不抵债，陷入困境。截至2007年，光大银行已连续三年未出年报。

临危受命，艰难“再造”

“受命于危难之际”，2007年6月，时任银监会副主席唐双宁就任光大董事长之时，身边很多朋友都劝他不要蹚这趟浑水。

那时，光大财务状况“惨不忍睹”，已处于技术破产的状态；股权结构更是混乱不堪。不仅面临着光大集团总公司（北京）、中国光大集团（香港）两个总部互不持股、无法并表的尴尬境地，而且，由于历史遗留原因，大大小小数百家子公司之间的关系极其复杂，控股、参股、行政管理、托管、代管，如果不将这些理顺、厘清，想要重获新生无异于天方夜谭。

2007年6月24日，唐双宁在一线调研后召开了一个座谈会，将光大比喻成“五月花号”，并表示：“只要我们沿着正确的路线，怀着坚定的信心，光大这条‘五月花号’改革发展的巨轮就会乘风破浪、勇往直前。”

信心是坚定的，道路却是曲折的。对于光大集团的重组，至少在时间上用“漫长”一词形容可以说并不过分。2004年1月—2007年8月，光大集团的重组与改革已经历了近4年时间，其中难度可想而知。对于光大重组的难度，唐双宁曾做了这样一个比喻：人家（指国有商业银行）是一枪打一头大象；我们（光大）是十枪打十只狐狸。人家是国有，上子弹即可发射；光大是股份制银行，子弹是有条件借用，能否发射，要多数股东首肯方可。唐双宁做出这样一个比喻的原因在于，国有商业银行是同一行业、一级法人，改一家银行就可以了；而光大集团涉及多行业，既有金融又有实业，并且是多级法人体制，因此，在重组的难度上相对于国有商业银行要大得多。

唐双宁的比喻可谓形象至极，这段路并不好走。从我国银行业改革的大背景看，最高层将这样一位金融高官“空降”到光大集团本身就带有某种授意或意图。这种授意或意图就是：推动光大集团的重组，进行金融控股公司的试点。从国家最高层到光大的重组方汇金公司对唐双宁这位“全能高官”的认可，再到整个光大股东以及同业的期盼，唐双宁可以说已经被推到了一个毫无退路的海路，他所能做的只有带领光大这条“五月花号”寻找到光大的“天堂”。

第一步就是为光大银行谋求脱困。为此，唐双宁总结了一个“三步走”的策略：制定方案、完成注资、完成上市。

这其中，“制定方案”四字虽然看似比较轻松，但从某种程度上而言，难度最大。最简单的，面对如此大的窟窿，救不救都是个问题，更何况背后牵涉的各方势力犬牙交错、利益纠葛错综复杂。相关重组方案就前后探讨磨合了四年，仍迟迟无果。直至2007年唐双宁到任后，才最终通过。

根据方案，中央汇金向光大银行注资200亿元并成为其控股股东，持股比例超过70%，而光大集团股权比例却被稀释至13.25%，光大银行控制权易手。

不过，也正是这笔注资，让光大银行能够缓过气来，令经营重新走上正轨并实现扭亏，进而实现2009年成功IPO（首次公开募股，Initial Public Offerings）上市，打通了二级市场融资渠道。

值得注意的是，光大集团其他资产的重组与光大银行基本步调一致，且由于光大银行为光大集团核心资产，占比常年在90%，其改制的成功无疑有着巨大的溢出效应。2009年，光大证券同样成功上市；同年，光大金控资产管理有限公司正式成立；2012年，光大集团拟收购甘肃信托（现“光大兴陇信托”），重新将信托牌照拿回手中。

如果说，2007年的重组方案，重点在于帮助光大集团得以起死回生，那么在一切重回正轨之后，就到了理顺股权的时候了。

2013年，光大集团宣布新一轮重组，次年，改革方案获得国务院批准。而这一方案的核心，即在于将解决上文所提“双总部”“股权不清”的问题。

首先，光大集团总公司（北京）由国有独资企业改制为股份制公司；其次，包括金融、实业，大陆、香港在内的所有子公司，全部以之为核心拉直股权，实现并表；再者，100多亿元央行再贷款及正常利息转为汇金股权，免除再贷款罚息；最后，中央汇金公司将部分光大银行股权重新注入光大集团，后者再度实现金融全牌照。

至此，光大集团所有历史包袱被清理完毕。

企业灵魂，文化“哲学”

2013年，光大三十而立。这一年对于光大而言，几多欢喜，几多曲折。

年初光大集团改革方案获国务院批复。

8月16日，发生光大证券震惊资本市场的“乌龙指”事件。

12月20日，历经三年多波折，中国光大银行（601818.SH，6818.HK）在香港证券交易所大厅鸣锣上市。

从12月9日公开招股到最后上市，10天的时间，光大银行用H股的光速上市完成了光大集团一个长达30年的“回家梦”。

12月9日下午，光大集团董事长唐双宁向香港各界致辞时，用“回报”两字来表达他的心情，“回”代表“回家”，光大银行通过H股上市回到了光大的发源地——香港。

这一年，从希望到失望，再到绝望，以至于绝境逢生，峰回路转，跌宕起伏。

这一年，也是唐双宁备受关注的一年，有褒有贬。

“礁石藏露明灭处，波涛起落载覆舟。持死节从来不计名，护金瓯。”8月16日上午出版的央行下属《金融时报》上，素喜以诗词书法示人的唐双宁在《若干金融热点问题的诗词解读》一文中以此点评金融风险的危害性，数小时后，中国资本市场继18年前“327国债事件”后，最大一宗事故恰恰缘于其治下光大。

于是乎，这个偶然事件，被一些人士批为“舞文弄墨，不务正业”。实际上，唐双宁自身的文化追求，也为光大企业文化构建注入了内涵。

在金融界，唐双宁被认为是一位多面“大咖”。他是金融家，从中国银监会副主席到中国光大集团董事长、党委书记，风雨十年业绩辉煌；他是艺术家，狂草书画自成至美；他是诗人，一首情真意切《周总理逝世三十周年祭》感人肺腑；他也是党史研究专家，几乎走遍了红军长征所有路段和重要党史发生地，几乎完整追寻了毛泽东、周恩来等伟人足迹，提出“从完整意义上认识中国工农红军的长征”的观点，并为“长征精神”申遗。

文化是灵魂，一个企业的跨越式发展离不开文化的有力支撑，光大集团十年的发展历程也充分证明了这一点。

企业文化常常被解读为“一把手文化”，唐双宁自身文化的深度与广度，无疑成为光大集团的文化基因。

“抓党建，促改革，文化助推企业发展；凝人心，振士气，文化促进金融工作”，在中国金融文联一届六次全委会上，身兼中国金融文联名誉主席的唐双宁如此诠释文化的价值，也是在这次会上，唐双宁首次披露“一幅书法破僵局”的往事。

2011年，当时光大H股上市过程中，在境外寻找战略投资者。在与台湾富邦金控集团谈判中，双方陷入僵局，都不想让步。怎么破解这上亿元的谈判困局呢？会谈期间用餐，台湾富邦集团董事长蔡明忠、蔡明兴，在悬挂于墙上的狂草书法“不到长城非好汉”前驻足良久，欣赏赞叹。唐双宁当即决定将这幅自己创作的书法作品相赠，对方高兴得当场表示，将原拟投资1亿美元投资增加到1.3亿美元。7个字价值3000万美元，平均每个字约为429万美元!

“当然，这只是艺术的‘实用主义’价值，它的更高层次价值，它的令人心旷神怡、物我两忘的价值，非物所能见、非言所能道也。”唐双宁说。

2017年6月11日，卢森堡首相贝泰尔一行访问光大集团，唐双宁手绘“双马图”相赠。在洽谈业务中，在谈判进行中，在上市敲钟时……唐双宁书画作品都是光大集团的“文化名片”。

“在光大，我是既卖身又卖艺。”唐双宁自嘲。“唐董的字画是我们最好的公关礼品，为我们节省了大量开支。”光大人如是说。

2007年6月，中国银监会副主席唐双宁被中央和国务院任命为中国光大集团董事长、党委书记，从“裁判员”到“运动员”，用何抓手治理光大？十年弹指一挥间，又如何成就“改革重组资产再造七个‘光大’”的辉煌？

唐双宁说：“屈指算来，我到光大已经10年了。光大集团从十年前濒临破产，到2015年进入世界500强，位列420位，2016年又升到313位，较上一年上升107位，提升位次居全球金融业第一名，也是全球唯一一家上升排名超百位的金融企业。光大的变化，从一定意义上讲，得益于文化的变化。”

如何构建与塑造光大文化？唐双宁有独特法宝——以老一辈革命家为榜样，通过抓党建，强文化，促改革，推动企业发展。靠“周恩来精神”攻坚克难，用“毛泽东哲学”把握全局。

“夜半三哭周总理，双宁长跪不敢起。长跪长将心自扪，唯将此心对天陈……”这篇荡气回肠的《周总理逝世三十周年祭》，唐双宁创作于2006年1月8日。

回忆起创作的那一天，唐双宁至今仍极为动情，“记得那天清晨，不知什么原因，我突然惊醒，下意识地打开电脑，突然发现，这天是周总理逝世三十周年忌日。我一口气写下了《周总理逝世三十周年祭》”。一代人对总理的情感体验，凝聚在那心灵颤动的一刻。这首长诗发表后，在社会上引起强烈共鸣。

唐双宁说：“周总理深深影响了我一生，我提出与毛泽东思想并列的‘周恩来精神’的概念，并成功应用于打造企业文化，周总理无私的一生就是光大企业文化的标杆，‘周恩来精神’对鞭策光大集团推进国企改革起到过特殊作用”。

唐双宁上任伊始，光大集团市场日益萎缩，案件频发，人心涣散。在此困局中，如何凝心聚力？

忆往昔，唐双宁说：“把我派到光大，我没有思想准备，内心矛盾重重。在这种情况下，是周恩来‘顾全大局、忍辱负重’的崇高精神境界鞭策了我。上任后，我广泛听取意见，进行调研，谋划思路，同广大员工一起从‘周恩来精神’中汲取力量。我们召开专门研讨会，当播放方明朗诵的《周总理逝世三十周年祭》时，大家泪流满面。对照‘周恩来精神’，从内心认识到周总理为了党和国家的大局，历经大风大浪，置个人生死荣辱于不顾，而我们在和平环境下，面对一点困难，首先想到的是个人荣辱，感到内心有愧，在反思中坚定了把光大集团改革重组推向前进的决心。此后，我在不同场合多次号召学习‘周恩来精神’，到下属企业去宣讲，在天津周邓纪念馆建立中国光大集团思想教育基地。”

唐双宁把“周恩来精神”概括为十个方面：一是追求真理，信仰坚定；二是忠诚于党，忠诚谋国；三是坚持原则，严守纪律；四是艰苦朴素，严于律己；五是细致入微，一丝不苟；六是与人为善，宽以待人；七是甘于奉献，不计个人；八是顾全大局，忍辱负重；九是自我完善，终身三省；十是鞠躬尽瘁，死而后已。

自2007年6月启动改革重组以来，光大集团从资不抵债，到2016年年末资产总额达4.4万亿元，实现利润总额542亿元，十年交出不菲成绩单。这个特殊央企改革重组成功背后，是“周恩来精神”的激励鞭策作用。

在唐双宁看来，“一个金融家首先必须是一个哲学家”。

酷爱哲学的唐双宁，无论是现实工作，还是弄墨撰文，都渗透着哲学思辨。工作之余，阅读了古今中外许许多多“枯燥乏味”哲学书籍的唐双宁，尤爱研读毛泽东的《矛盾论》，也把毛泽东哲学思想作为给干部员工讲党课的重要内容。

唐双宁告诉记者：“读了几乎所有关于毛泽东的书，走了几乎所有毛泽东走过的路。毛泽东思想是我个人以及中国光大集团的重要精神资源。”

回望光大十年征程，毛泽东的哲学思想，指引着光大实践。

刚一上任，唐双宁就提出要分析光大系改革中“矛盾的普遍性与特殊性”，他将光大集团的改革重组与国有商业银行的重组改制进行比较，总结它们的改革存在“一同三异”：“同”即改革的目的相同；“异”即光大涉及多个行业，属多级法人体制；光大的改革不是国家定了就行了，还需要绝大多数股东包括境外股东的同意；光大有大量在港企业，改革重组工作要充分考虑保持在港企业的稳定。

刚一上任，唐双宁就运用《论持久战》的思维提出：2007年以前，光大问题“犬牙交错”，矛盾重重，总体上只能处于市场“防御”阶段；2007年开始，通过改革重组的启动，开始进入战略“相持”阶段；改革重组初步成效和新班子调整配备，为进入市场战略“反攻”全面发展阶段提供条件。

在循序渐进中，唐双宁从宏观上给光大改革圈定了“三大战役、四大战场”，从抓“主要矛盾的高度”把光大银行摆在光大系改革的重中之重。光大银行改革的“三大战役”是重组方案出台、注资到位、公开上市；而光大集团改革的第一战场是金融企业，第二战场是实业企业，第三战场是成立“中国光大金融控股集团公司”，第四战场是在港企业。

高韬战略为光大制胜奠定基础，而“长征精神”则成为光大人克敌制胜的“精神武器”。

唐双宁认为，“长征精神”可以概括为“坚定的信念、顽强的意志、严格的纪律、不怕牺牲的精神、尊重实际的作风、众志成城的凝聚力”。

“光大集团的发展过程可以说是‘一次艰难的长征’，是学习党的历史以史鉴今的结果，是‘长征精神’激励的结果。长征胜利靠百折不挠的‘长征精神’，搞好国企也需要百折不挠的‘长征精神’。长征，是中华民族不倒的精气神。”唐双宁说。

十年来，光大集团探索出的“光大模式”，弹奏出国企改革发展的“黄钟大吕”，而“光大文化模式”则是其中最华美乐章。

作者简介
Introduction to the author

孟黎 金融时报社文化周刊部副主任、主任记者。随笔《有一种精神叫坚强》获第二十三届中国产经新闻一等奖；著有《文化多棱镜》一书；参与国家社会科学基金项目“农村留守儿童的媒介使用与媒介素养教育研究”的调研与撰写。

解码招行基因

1岁时，走出蛇口；

4岁时，走出深圳；

5岁时，初涉香港；

21岁时，亮相全球金融中心华尔街；

31岁时，在全国130多个城市和东南亚、美洲、欧洲、澳洲，成为高效和专业的商业银行的代名词；

承载着为中国金融体制改革探路使命而生的招商银行，始终立于改革开放的潮头。

“不创新就没有活路”的压力下，招商银行成为储蓄夜市、一卡通、网上银行等的尝鲜者；

曾被离岸业务的风浪扑在沙滩上，也曾戴上“零售之王”的皇冠一骑绝尘；

曾笃定耕耘零售严把风控，也曾在同业的狂飙突进中黯然彷徨；

如今，刚过而立之年的招商银行，驶入了“金融科技银行”的新航道，零售金融的“一体”插上了公司金融和同业金融的“两翼”，如何冲出红海？

33年前的那个冬夜，当68岁的中国改革先锋、蛇口工业区创始人袁庚，向时任国务委员兼中国人民银行行长陈慕华提议，能否让招商局“闯一闯”、探索创建一家完全由企业持股、严格按照市场规律运作的中国式商业银行时，他们可能都未曾敢料想，这家银行会成为国内外客户和资本市场都追捧的明星银行。

1987年4月8日，深圳蛇口，招商路北十栋首层，招商银行成立。在国有银行一统天下的当年，招商银行以第一家完全由企业创办、自主经营、自负盈亏银行的身份亮相，承载着中国金融改革的历史使命。在挂牌前一日的第一届董事会上，招商银行确定的三大战略目标之一，就是为全国金融体制改革提供实践经验，试验银行企业化经营。

对于新生的招商银行，人们既有期待，亦有好奇甚至质疑：到底能不能闯出一条路来？

当时，招商银行仅有1亿元资本金、36名员工和1个300平方米的营业网点，囿于蛇口一隅。31年过去，已过而立之年的招商银行，已经成长为资本净额超5465元、总资产逾6.29万亿元、净利润701.5亿元、拥有近7.3万名员工的全国性股份制商业银行。

比规模增长更重要的是，招商银行真的在以对公业务为主流的中国银行业，走出了独具特色的零售银行之路。2018年3月，在《亚洲银行家》(The Asian Banker)的“2018年国际零售金融服务卓越大奖”角逐中，招商银行斩获最高奖项——亚太区最佳零售银行。这是该奖项创办17年以来，首次授予来自中国区的银行。此前，招商银行在该评奖中连续八年荣膺“中国最佳零售银行”。

回顾招商银行走过的31年，从行长更迭的角度看，经历了三个阶段：1987—1999年，首任行长王世桢掌舵的12年，打下了服务出色、零售见长、IT系统先进的全国性银行的底子；1999—2013年，马蔚华执掌的14年，招商银行完成向零售银行的“一次转型”，在国内外资本市场亮相，并走向国际化；2013年5月，田惠宇接棒，力推“二次转型”，并锚定金融科技银行的战略定位，试图以技术放大经年积累的零售银行优势。

尽管每个阶段的使命各不相同，三位行长的风格也迥异，但招商银行血脉中的基因一直未曾改变：剑走偏锋求生存的勇气，“早一点、快一点、好一点”的紧迫感，技术领先的先见之明，国际化的视野与追求，以及良好的公司治理。

当然，招商银行的成长并非一帆风顺。曾经历过20世纪90年代末的离岸业务坏账爆发，1999年3月的沈阳分行挤兑危机；也曾陷于融资困局，发行可转债被市场质疑，国际化步伐被外界评价过于激进，甚至被国际评级机构惠誉降级——每一次都靠深刻在骨子里的基因涅槃重生。

2013年新旧行长交替之际，招行再次面临严峻挑战。表象是，招行股价连续三年逊于同业。背后深层次的原因则是，零售业务已经成为大多数银行的发力点，甚至还受到P2P等互联网金融机构的降维冲击，“零售之王”的光环逐渐褪色；而在当时多家银行“创新”的同业业务和小微企业贷款扩张中，一贯稳健的招行持保守态度。招行在资产规模和利润增速方面的领先优势，逐渐被后来居上的兴业银行、民生银行等逼近。而2009年就提出的以内涵型发展为导向的“二次转型”，却迟迟未达，未能如人意。

逆水行舟，不进则退。招行内外都热切关注，下一步如何王者归来？

锐意改革的田惠宇上任后，逆势发力同业和小微业务，特别是通过银行表外资金为企业提供融资的非标准化债权投资业务（下称非标投资）扩张迅猛，带来了业绩的快速增长，但也引发质疑和争议：领跑者招行开始模仿和跟随同业了，这还是招行吗？

一年之后，招行就开始大幅收缩同业业务和非标投资，提出“一体两翼”的战略，其中“一体”就是指零售金融，“两翼”是公司金融和同业金融。零售业务再次被置于战略核心地位，并冀望借力金融科技“深挖护城河”。

如今，在自由化之路上狂奔十年后，防风险、严监管成为中国金融体系的主基调。监管合规性一向做得好的招商银行，展现出厚积薄发的优势，无论盈利能力、业务结构还是转型效果，都再次成为行业翘楚。

2017年，招商银行交出了一份被资本市场认为“几乎无可挑剔”的年报：净利润同比增长13.04%，在29家A+H股上市银行中排名第六；拨备覆盖率262.11%，在29家上市银行中位列第八，同比提高82个百分点，是上市银行中的第二大增幅，安全垫显著增厚。在经济下行和不良资产暴露中，同时保持了较高的拨备覆盖率和稳定的利润增速。业务结构方面，2017年年末，招行零售贷款规模、营业收入和税前利润，占全行之比分别达到53.36%、51.29%和56.52%，遥遥领先于国内同行，与美国最大的零售银行、富国银行的水平相当。

“银行是一个历史悠久的行业。今天，无论经济下行的周期性因素，还是利率、汇率改革的市场化因素，抑或去杠杆、强监管的政策性因素，都不足以改变银行的商业模式。唯一可能从根本上改变和颠覆银行商业模式的，是科技。”[①]基于对银行业过去和未来的深刻认识，田惠宇掌舵的招商银行，正向“金融科技银行”的新定位全速前进，令人充满期待。

不创新就没有活路，剑走偏锋求生存

从诞生那天起，招行与国内同行最大的区别就是，没有政府背景，没有财政资金，也没有任何优惠政策。这在20世纪80年代末90年代初的中国，是极大的短板，逼迫招行只能剑走偏锋求生存。

用招商银行首任行长王世桢的话说，“不创新就没有活路”。当时已经54岁的王世桢，刚从中国远洋局到招商局两年。当过多年造船工程师的他，并不懂怎么办银行，只是因为之前跟银行打交道比较多、招商局在人民银行批复的半年有效期内实在找不到合适的行长，就“被逼”当上了招商银行首任行长，而且一干12年。

身为拓荒者，前路艰难。21年之后，王世桢在接受媒体采访时如是回忆招商银行创办之初的日子：“当时真叫作‘一张白纸’，什么也没有，没有

① 招商银行2017年年报的行长致辞。

经验，没有制度。说起来都令人难以相信。我们信贷部的经理，曾经在一个本子上记账。”①

当时，无论资本实力、网点还是政策优势，初生的招商银行都无法与四大国有专业银行竞争，只能利用毗邻香港的优势，向西方和香港银行业学习，并开辟国内尚未被四大行覆盖的业务和服务，将拾遗补阙做到极致。

最开始的几年，招商银行背靠招商局在交通、能源等方面的资源，将信贷资金投向这些领域，同时拓展深圳效益比较好的出口创汇企业。但在1993年经济过热后的宏观调控中，信贷额度控制的管钳落下，招行逐渐意识到对公业务容易受宏观调控而波动起伏，随之将目光转向当时还不被四大行重视的个人业务，尤其是以贴心的服务赢得客户。

20世纪90年代初的深圳，工厂林立，聚集了大批像风靡一时的电视剧《外来妹》中那样的打工青年，他们每日在作息严格的流水线上辛劳，晚上下班后，银行也下班了，存取钱都成为难事。年轻的招行看到了机会，1993年宝安区支行推出了“储蓄夜市”，每天的营业时间延长到了晚上8点，吸引了大批客户。

从小渔村脱胎而来的深圳，当时还有很多常年出海的渔民，针对他们，招商银行首次在深圳开办流动渔民信贷。此后的站立服务、微笑服务、上门服务，都是招商首创，令客户感到耳目一新。

招商银行成立两年之后才成为区域性银行，六年之后才成为全国性银行。网点少，是最初几年最大的掣肘。王世桢他们想出的法子是，探索个人银行服务的创新，靠技术系统来弥补网点不足。这些应对之策，反而为招商银行此后多年的领跑打下了基础，建立了国内用户体验最好的网上银行、手机银行。

一直到世纪之交，存折“小本子”都是商业银行服务的基础配置。1995年7月，招商银行在独创储蓄“存款凭证卡”的基础上推出“一卡通”，并实

---

① 王世桢. 从造船工程师到银行家［J］. 晶报，2008.5.8.

现全国ATM联网和POS消费联网，“穿州过省，一卡通行”盛极一时。“一卡通”的成功，对后来招商银行确立在零售领域的领先地位起到了至关重要的作用。

此外，基于独特的地域优势，招商银行看中了离岸业务的广阔空间。1989年7月1日，招行成为首家获准开办离岸金融业务的银行。此后几年，“两头在外”（存款客户和贷款对象都在境外）的离岸业务，一度成为招商银行的拳头产品；但也因为扩张太快、经验不足，将招商银行的不良资产率推升至19.55%的历史高位。

马蔚华上任后面临的两大“下马威”，其一就是处置离岸业务累积的不良贷款，另一个则是上班第一天遇到的“招行沈阳分行挤兑危机”。

当时50岁的马蔚华，在入驻招行之前的六年，一直担任中国人民银行海南分行行长。他亲历了海南的地产泡沫和金融狂潮，目睹海南发展银行在短短三年内，从成立走向破产清算，成为中国第一例银行倒闭案。1998年，他曾担任海南发展银行清算组组长。马蔚华这一特殊的背景，在距离深圳近3000公里之外的沈阳，被谣传为人民银行派人来接管招商银行，储户纷纷上门提走存款。

这两份隆重的“见面礼”，让马蔚华如履薄冰，深刻体会到“由于没有政府的厚爱，招行只有做出来的产品比别人好、比别人新，服务比别人更周到、更贴心，才能赢得客户，站稳市场”。①

早、快、好，抢跑思维占领制高点

“在这个不断变化的世界里，招行在积极地适应变化，只是变得早一点、快一点、好一点。”②对于招商银行信用卡为何能用三年时间就做到市场

① 袁庚. 蛇口精神与招商银行［EB/OL］. 新华网，2016. 2. 2.

② 马蔚华. 感悟华尔街：我的金融风暴之旅［M］. 北京：中信出版社，2009.

第一，马蔚华如是总结。

其实，在走过最初几年的艰苦求生之后，这种抢跑思维在招商银行的快速成长期贯穿始终。“在零售银行时代到来前抢跑；在信用卡时代到来前抢跑。”①马蔚华认为，招商银行应该有这样的行动力。

马蔚华刚接手时，招行早年的平民化服务优势正在被同行追平，最赚钱的离岸业务又被人民银行叫停，未来何去何从？

在盘点了当时招行的长板短板和信息技术革命的深远影响之后，马蔚华上任后不久便提出了用一年的时间在网上跑马圈地的思路。他认为，“利用自己的优势建立技术领先的服务，将是一个比平民化更稳固也更吸引人的卖点”。②

在1998年已经相继推出面向公司客户和个人客户的网上银行“一网通”的基础上，1999年9月，招商银行在国内首家全面启动网上银行。

也是在这一年，招商银行将目光转向了在海外市场早已如火如荼但在中国尚处于萌芽阶段的信用卡业务。2002年12月1日，筹备一年多之后，招商银行发行了国内第一张国际标准双币信用卡。此后多年，招商银行信用卡发行量和交易额一直居于同业前列，基本仅次于网点数量是其十倍甚至数十倍的工行和建行，在股份制银行中稳坐头把交椅。

信用卡业务初获成功之后，招商银行的注意力又转向国内居民日益增长的财富管理需求，跨过了从零售银行向财富管理银行的飞跃。2002年10月，招行推出了国内首个面向高端个人客户的理财产品——金葵花理财。5年后，招行又在股份制银行中率先推出面向超高端客户的私人银行服务。

正是在这几年零售业务的多次抢跑中，招商银行完成了至关重要的“一次转型”。

时移世易，挑战在变，不变的是应对挑战的根本之道：要抢跑而不是追

---

① 张力升. 中国需要好银行：马蔚华与招商银行［M］. 北京：中央编译出版社，2009.

② 黄志刚. 缔造金融神话：银行家马蔚华［M］. 北京：现代出版社，2010.

随。自称“高位接盘”的田惠宇执掌招行时，正逢“一次转型”潜能充分释放、“二次转型”并未实现“三年内见成效”的疲态。外界对招行的质疑四起，资本市场用脚投票，招行股价三年低迷。

当所有银行都在提零售转型时，招行还有什么优势？2009年就已经开启的“二次转型”，为何迟滞缓慢？接下来怎么转，转向何方？

2014年4月，田惠宇上任一年后首次接受媒体专访，详解招行“二次转型”的目标和路径。他向财新记者解释，“二次转型”不像“一次转型”转向零售业务、中间业务和中小企业业务那般具体、明确，但它提出了更高要求：提高资本效率、贷款风险定价、费用效率、价值客户占比和风控水平，其本质是追求内涵式的增长，“某种意义上是一次没有终点的转型，我认为这是招行给自己提出的终极目标，也是商业银行都希望实现的目标”。①

被业界认为敢作敢为的田惠宇，在优化零售板块等传统优势领域的管理和激励机制的同时，积极布局互联网金融。

“从银行的角度看互联网，我们最羡慕几样东西：第一是流量。”2014年4月接受财新传媒专访时，在银行业打拼多年的田惠宇说，“银行奋斗这么多年，铺设大量网点，也就几千万客户，而互联网金融短短几个月就可以实现。我们思考的是：专业能力如何与流量结合。”②

随后，田惠宇强力推动金融科技转型，顺应客户行为线上化、移动化的趋势，提出“移动优先”战略，意在实现服务优势从线下向线上迁移的第三次飞跃。

几年后，招商银行再次在移动端占领制高点。2017年年末，招商银行的零售客户数突破1亿户，仅次于工农中建四大行；两大移动客户端招商银行APP和掌上生活APP的用户数合计也已过亿。基于移动客户端，招行相继推出了移动互联网贷款业务“闪电贷”“e招贷”，以及智能投顾服务“摩羯智

① 田惠宇. 谈招行未来［J］. 财新周刊，2014（22）.

② 同上。

投”，甚至还推出了在线办理住房抵押贷款的“云按揭”，被业界认为颇具颠覆性。

酝酿一年多，终于在2018年4月底落地的资管新规（《关于规范金融机构资产管理业务的指导意见》），明确要求有托管基金资质的银行设立资管子公司。在国内绝大多数银行尚在踌躇观望之际，招商银行率先公告将出资50亿元设立资管子公司。后资管新规时代，在资产管理方面领先多年的招行，如何再次抢先卡位，令人期待。

三个理性，“轻型银行”的成功秘诀

“银行是一个强周期、亲周期行业，与经济波动高度相关，招行希望变得稍微弱周期一些。”2017年5月的股东大会上，在回答股东提问时，田惠宇如是总结招行30年的经验教训。

这也是前任行长马蔚华眼中招行最宝贵的经验，“保持理性，热的时候不乱，冷的时候不怨”，“哪怕是业务排名倒退，也不能照搬一些非理性的做法”。

招行是这么说的，也是这么做的。2001年，在“银广夏陷阱”被《财经》杂志曝光之前，招行兰州分行也收到了银广夏的贷款申请，但在贷款评审中，招行发现诸多疑点，尤其是银广夏拒绝实地调查，招行果断收缩了贷款，最终幸免于陷阱。

2007年4月8日，在庆祝招行成立20周年的全行5000人视频会议上，马蔚华作了令人振聋发聩的“危机报告”，提出了“三个理性”：理性地对待市场、理性地对待同业、理性地对待自己。

一年后，就到了检验招行能否做到“三个理性”的时刻。时光流转到2008年四季度，呼啸而来的全球金融危机波及中国，中央政府重拳出击出台“四万亿”经济刺激计划。随后一年，几乎所有银行都加入了信贷投放的狂流，2009年的新增人民币贷款从上一年的4.91万亿元攀升至9.59万亿元，天量资金流向地方政府融资平台。

在这股狂流中，招行明确表态“对地方融资平台贷款持审慎介入态度”，并要求只能投放有自偿性现金流的融资平台。2009年，招行的地方融资平台贷款在所有贷款中的占比约6%；而当年整个银行业9.59万亿元的新增贷款中，有近40%流向了地方融资平台。

信贷狂奔一年之后，中国人民银行果断收紧信贷缰绳，但信贷需求难降，更多的资金投放转向表外的非标投资，同业业务逐渐兴起，风格激进的民生银行、兴业银行借此追赶，几乎要后来居上。

2013年四季度，业内预期规范同业业务的政策将出，多家银行开始压缩。但招行逆势而上，在2013年年底推出“受托定向投资业务”，充当有信贷需求银行的过桥方。2013年四季度，招商银行高收益同业资产环比增长12%，应收款项投资环比增长42%。招商银行同业和非标业务的扩张，一直持续到2014年二季度。这引发了市场对于其风险攀升的担忧。

对于这一逆势而为，田惠宇在2014年4月接受财新传媒采访时解释，同业金融并不像外界描述的那么负面，当前银行同业业务的快速发展，实际上是利率市场化前夕银行培育新利润增长点和寻找新型商业模式的探索，这也有助于从微观层面推动市场化的金融改革。[①]

2014年三季度，招行开始收缩同业和非标投资业务。2015年年初，招行高层在上年年报发布会上解释，同业业务回归客户的本源，由做业务转为做客户。田惠宇也在2016年年报致辞中强调，作为“一体两翼”中的其中一翼，招行同业业务要远离“监管套利”。

在银行业观察人士看来，到2015年，招行的传统信贷业务已经在一定程度上摆脱了周期性。东北证券在2017年的一份报告中指出，2015年央行下调基准利率，上市银行整体的净利差也随之下行，但招行2015年的净利差较2014年有所上升。“这种去周期性的主要原因是，零售业务占比较高，使贷

---

① 田惠宇. 谈招行未来［J］. 财新周刊，2014（22）.

款平均收益率并未随基准利率一同下行。”①

2016年招商银行总资产增速为8.54%，是2010年以来总资产增速首次低于广义货币供应量（M2）增速。

微妙变化之中，潜藏深意。“当人们还在对银行规模排名津津乐道之时，我们甩掉了规模包袱，不再患得患失，甩开膀子、轻装上阵，坚定不移地在‘轻型银行’的道路上阔步前行。”田惠宇在2017年年报的行长致辞中如是道。

“轻型银行”战略之下，招行的盈利能力明显提升。2017年，招行归属于母公司的普通股平均净资产收益率（ROAE）提升0.27个百分点至16.54%，虽然升幅不大，但终于打破过去4年的连续下滑。

对标，金融科技银行与金融科技企业

三十一年来，招行的每一次转型和突围，都离不开领先的IT技术支持。

成立之初，招行就提出科技立行。首任行长王世桢认为，在两件事情上不要怕花钱，一是人才，二是IT。招行一开始就成立了电脑部，而且对电脑部不吝投入。在招行总部还在租房时，招行置下的第一个自有物业，就是信息技术部（原电脑部）的办公楼。

招行系统的信息化建设始于1992年，当时的目标是“三年之内完成基本业务处理电脑化、五年之内完成所有业务处理电脑化”②。年初，招行管理层做出了建设招行电脑系统的决策；5月，王世桢亲自带队到美国、加拿大考察，进行计算机选型。

1994年9月，招商银行召开第一次电脑工作会议，确定了“统一管理、统一需求、统一规划、统一系统”的IT战略指导思想。此后，招行推出一卡

---

① 东北证券研究报告《银行十年报告系列之一：招商银行这十年》（2017年5月10日）。

② 招商银行案例研究组.招商银行成功之道［M］. 北京：机械工业出版社，2013.

通、一网通，在国内同业率先实现通存通兑和网络银行，都得益于全国统一的强大IT系统做后盾。

1998年，招行电脑部和深圳管理部专门组建团队，打算引进国际通行的Call Center（呼叫中心）系统。2000年1月，招行电话银行中心在深圳地区正式对外提供24小时服务，并形成全国统一的95555电话银行，引领国内银行业风气之先。

马蔚华接棒招行后，提出了招商银行作为“技术领先型银行”的整体定位。到这一阶段，招商银行IT系统建设的目的，已不仅是如创业期那样利用网络突围，更开始通过IT技术推动管理升级和科学决策，并支持产品和服务的创新。

为通过IT系统提升管理，招商银行逐渐建成了全行统一的办公自动化系统、数据仓库及管理报表系统、信贷业务管理系统、信用风险管理系统、资产负债管理系统、批发客户管理系统等。

多年的积累后，招行被观察人士认为是精细化管理程度最高的银行，IT系统支持已渗透到每家分支行、每份金融产品以及对每位客户经理的考核，为资本最优化使用、资本风险定价打下良好、扎实的基础。[①]

田惠宇入驻招商银行的2013年，被称为互联网金融元年。这一年，以余额宝为代表的互联网货币基金走红，一端连着个人理财投资者，一端连着企业融资客户的P2P野蛮生长，第一家互联网保险公司众安保险成立……这些挟移动互联网而来的闯入者，在金融领域攻城略地，令传统金融机构倍感压力。

与互联网金融短兵相接中，金融科技在招行的战略地位不断升级。2017年3月，田惠宇提出，“我们必须举全行‘洪荒之力’，推进以‘网络化、数据化、智能化’为目标的金融科技战略”。[②] 到8月发布中报时，田惠宇明确提

① 海通证券研究报告《期待王者归来》（2013年5月17日）。

② 招商银行2016年年报的行长致辞。

出“金融科技银行”的战略转型方向，对标金融科技企业。

2018年3月，“金融科技银行”的战略方向，细化为“每一项业务、流程、管理都要以金融科技的手段再造，整个组织、每个管理者、所有岗位都要以金融科技思维重新武装”。[①]

招行的金融科技能力建设，重点围绕移动技术、云计算、大数据、人工智能等，其目的是放大招行零售业务的优势，为零售银行转型的下半场添加催化剂。

2017年，招行在常规IT成本投入之外，拿出上年税前利润的1%（7.9亿元），专门成立金融科技创新项目基金；2018年，该基金又提高到上年营业收入的1%（22.1亿元）。“如果需要，未来投入力度还可以加大。”招行2017年年报称。

这个基金用于孵化招行内部的金融科技创新项目，而且很大一部分将投资于用户体验项目。

“在互联网巨头没有起来以前，银行最大的投资就是科技。为什么在这一轮（与互联网企业的用户竞争中）会输掉呢？最重要的（原因）就是：我们以往在科技上的投资，更多是在账务体系上的构建，但我们在客户的交互、使用行为上，其实没有跟上步伐。”2018年5月，招行首席信息官陈昆德在银监会的发布会上反思。[②]

对于近两年火爆全球的区块链技术，招行从2016年年初就关注到了其对于银行业的机遇，专门成立区块链研究小组，探索如何将区块链技术应用于交易银行业务。

2017年2月，深圳蛇口的一家公司，通过招行研发的跨境直连清算区块链平台，将永隆银行的1万美元转汇至其在星展银行的同名账户，完成首笔区块链跨境支付业务，首次实现亚太范围跨境区块链概念验证。

---

① 招商银行2017年年报的行长致辞。

② “要钱给钱”：招行投入22亿内部孵化科技创新[EB/OL].财新网，2018-5-25.

未来，带着技术创新基因的招行，插上金融科技的翅膀，能飞多远？

道路曲折，依旧坚定的国际化步伐

2017年9月19日，招商银行悉尼分行开业。至此，招商银行形成中国香港、纽约、新加坡、卢森堡、伦敦和悉尼六家分行，以及伦敦、美国和中国台北三家代表处的业务网络。

脱胎于中国第一个外向型经济开发区、蛇口工业区的招商银行，成立之初就走了国际化之路。

1992年8月28日，招行成立香港办事处，离国际金融大舞台又近一步。这与招行创始人的远见卓识密不可分。马蔚华忆及2004年9月探望招商银行创始人、首任董事长袁庚时，他开口的第一句话便是："招行要加快步伐，走向国际。"①

不过，招行的国际化也走过弯路。1989年创新开办的离岸金融业务，一路狂奔中，曾带给招行可观的利润，但也带来不良贷款急剧攀升的惨痛教训。痛定思痛，招行的国际化步伐更加坚实稳健。

2008年是招行创立以来最浓墨重彩的一年。收购香港永隆银行和设立纽约分行，均在全球金融风暴中完成。

当时的香港永隆银行，有着75年的历史，在香港本地银行中位列第四。2008年9月30日，当马蔚华从永隆银行原董事长伍步高手中接过伍氏家族的股权转让文件时，当香港中环德辅道中永隆大厦换上招商银行M字标徽时，这桩并购终于尘埃落定。

但对于这笔交易的质疑甚至批评，远未结束。因为招行为2008年年底净资产104亿港元的永隆银行，付出了360多亿港元的成本，并带来资本充足率跌破监管红线、净资产收益率和净利润大幅下滑的窘境，甚至引发国际评级

① 袁庚. 蛇口精神与招商银行［EB/OL］. 新华网，2016-2-2.

机构惠誉下调招行信誉评级。

得失权衡，这笔并购到底值不值？对此，马蔚华也曾犹豫过。“尽管永隆是一家在香港有75年历史的银行，尽管它的财务指标看起来都不错，尽管它在香港市民中有良好的口碑，尽管香港金管局对永隆银行的评价不错，但我们并不认为它是一家很优秀而且进取心很强的银行。它的客户结构过于老化，新客户开发能力不足。”[①]马蔚华对永隆银行的评价颇为中肯。

最终让招行管理层下定决心的，一是时任董事长秦晓的坚定支持，他曾为此专门致电时任银监会主席刘明康；二是对招行国际化之路的深思熟虑，“走出去，要么开分行，要么并购，无论哪种选择，首选香港都是明智之举。”[②]

招行收购永隆银行的谈判和交易，经历了全球金融危机愈演愈烈的过程，尤其是2018年9月15日雷曼兄弟倒闭之后，全球金融机构的股价一落千丈。市场上出现一种声音：如果现在并购永隆，岂不是可以少花点钱？

对此，马蔚华有清晰的思考：“这当然是一厢情愿的设想。因为以现在的价格，买方愿买，卖方不一定愿卖。要等新的机会，至少要五年，而在这五年之内，招行是完全有可能消化并购成本的。更重要的是，招行并购永隆的战略意义，并没有因为金融危机而改变。”[③]

此后，招行与永隆银行在内保外贷、粤港两地小企业融资、汇款和信用卡业务方面合作紧密，协同效应逐渐显现。2009年，永隆银行就扭亏为盈；到2012年年末，永隆银行的资产、存款和贷款总额的年复合增长率，分别超过15%、12.6%和23%，净利润年复合增长率超过34%，明显优于香港同业的平均水平。

与中国香港的近水楼台之便相比，招行打开美国市场的大门，却费了好一番周折，从萌生意向到最终实现，历时9年。

1999年，招行向中国人民银行申请设立美国代表处。经历了多轮磋商会

---

① 马蔚华. 感悟华尔街：我的金融风暴之旅［M］. 北京：中信出版社，2009.

② 同上。

③ 同上。

谈、递交了以公斤计量的书面材料、回答了美联储上百个问题后，2003年10月10日，招行美国代表处在全球金融的心脏——纽约开业。2005年8月，招行董事会通过了设立纽约分行的决议，并在次年2月获银监会批准。

接下来的硬骨头是，如何获得美联储和纽约州政府的双重批准。漫长的等待中，此事一度陷入僵局，招行想要递交申请，却被婉拒。直到2006年12月的中美首轮战略经济对话，在时任国务院副总理吴仪推动之后，才出现转机。2007年1月17日，美联储终于同意招行提交正式申请。

在提交了摞起来足有几尺高、2000多页的申请材料，回答了美国监管部门和律师事务所的近两百个问题，应对了种种节外生枝的考验之后，招行纽约分行终于在2007年11月9日正式获批，成为美国自1991年实施《加强外国银行监管法》以来，批准中资银行成立的第一家分行。2008年10月8日，招行纽约分行正式开业。

分支机构走出去，固然令人瞩目，但一家银行国际化更重要的内核，是管理理念的国际化。

招商银行对这个层面国际化的追求，从创立之初就开始了。招行首任行长王世桢，此前多年在香港生活工作。他认为，招行不仅经营要向老外学，管理也要向老外学习。1996年下半年，招行开始在深圳分行储蓄业务系统试点ISO 9000标准质量保证体系，到1997年3月底招行10周年庆典前夕，成为国内第一家通过ISO 9000国际认证的商业银行。

此后，又陆续与台湾中国信托商业银行合作开发信用卡，利用美国国际集团（AIG）的管理技术开发企业年金业务。2006年9月，招行在香港发行H股，除了补充资本，更重要的目的是提升国际化视野和国际化管理水平。

压舱石，良好的公司治理

当前中国大大小小的银行有3000多家，如果仅看资产和利润指标，招行算不上最领先的。但比数字更重要的是其稳健的盈利能力、经得起经济周期考验的风险管理能力和持续的创新动力。决定这些的，是良好的公司治理。这正是招商银行的压舱石。

1987年4月8日招商银行成立时，只有一家股东：招商局。但智者袁庚从未想过要把招商银行局限在蛇口一隅。他一直强调，“招行不能办成招商局自己的银行，而要办成为社会服务的银行”“为中国金融改革蹚出一条新路”[①]。

正是这样的眼界和胸襟，让招商银行在成立之初就打下了良好的公司治理基础。仅有一家股东的招商银行，依照国际惯例组建了董事会，并执行严格意义上的董事会领导下的行长负责制。

1987年4月7日的第一次董事会上，“被逼”当上行长的王世桢提出了要求：银行的所有权和经营权必须分开，“董事长不能干预银行的经营，到时候招商局如果想到银行拿钱，那是不行的”。[②]

1988—1994年，经过两次增资扩股之后，招行完成股份制改造，建立健全了股东代表大会、董事会和监事会，成为中国第一家真正由企业法人持股的股份制商业银行。

良好的公司治理和优质的市场化基因，成为招商银行在国际资本市场上的一大卖点。

2006年9月，在A股上市四年半之后，招行赴港上市，获得国际投资者前所未有的追捧：IPO定价估值为2.44倍市净率、公开招股超额认购倍数266倍、路演下单率97%，与已经H股上市的交通银行、建设银行和中国银行相比，都是最高纪录。

“投资者看中的是招行非政府支持的背景。”H股挂牌第二天，马蔚华在接受《财经》杂志的专访时这样解释。[③]

在申请设立纽约分行期间，招商银行良好的公司治理结构，帮助其度过了最艰难的一道坎。

---

① 袁庚. 蛇口精神与招商银行［EB/OL］. 新华网，2016-2-2.

② 王世桢. 从造船工程师到银行家［N］. 晶报，2008-5-8.

③ 毕爱华，于宇，马蔚华. 非政府背景是优势［J］. 财经，2006（20）.

2007年9月30日，经过近两年的准备，招行认为纽约分行获批胜利在望时，突然接到美联储的电话，说招商局对招商银行控制权问题的解决，是纽约分行获批的前提。

当时招商局持有招行17.56%的股权，在董事会占6个席位，超出了股权比例。由此，美联储无法判定招商局对招行不控股，提出让招商局在招行的股权比例降至15%以下、董事会席位降到3个，且招商局必须承诺未来不在美国从事非金融业务。申请再次陷入僵局。

最终在与美联储官员的谈判中，马蔚华给出了三点承诺：一是招行对招商局的贷款不优于市场；二是成立后的纽约分行不贷款给招商局；三是纽约分行成立两年之内，如果招商局对招行的持股比例仍在15%以上，如果招商局要在纽约从事非金融业务，美国监管当局有权吊销招行纽约分行的牌照。[①]由此才说服了美国监管者。

真正实行两权分离，股东不随意从银行贷款，在31年后的中国银行业，也未必是所有银行都能做到的。近几年兴起的产融结合中，央企、地方国企和民营企业，纷纷入股或控股商业银行，很大程度上就是希望获得融资便利，内部人控制、关联交易盛行，甚至有个别民企明目张胆地把银行作为自己的“提款机”，最终导致风险频发。

值得注意的是，在二级市场凌厉举牌多家上市金融机构的安邦财险，从2013年开始连续举牌招商银行，直至持有其11.63%的股权，成为仅次于招商局的第二大股东，并让招行代销保险产品。这引发市场对招商银行公司治理的担心。不过，安邦一直未向招行派驻董事。

在安邦举牌招商银行之后，招商局及旗下子公司也多次增持招行，持股比例一度超过30%，以稳固大股东地位，并削弱安邦的影响。截至2017年12月31日，招商局集团有限公司合计持有招行29.97%的股权，有望继续呵护招行良好公司治理的优势。

---

① 马蔚华. 感悟华尔街：我的金融风暴之旅［M］. 北京：中信出版社，2009.

作者简介

Introduction to the author

霍侃　财新传媒编委、《财新周刊》助理主编。2009年底财新传媒创办时即加入，四次获“财新之星”；2011年8月—12月为美国哥伦比亚大学新闻学院短期访问学者，兼任财新传媒驻纽约记者。曾就职于《财经》杂志、《第一财经日报》。金融和新闻复合专业背景，从事经济金融报道12年，持续跟踪货币政策、金融改革、地方政府债务、银行等领域，试图从毛细血管的微观层面感知经济和市场冷暖，把握政策脉搏，拼接中国经济金融图景。曾多次专访周小川、易纲等金融领域决策高层。

代表作品：《不良贷款腾挪术》《激活人民币》《地方债黑箱》《通胀如虎》《改革是怎样重启的——社会主义市场经济体制的由来》。

海尔，在变革中创造“风口”

6月，世界聚焦青岛。上海合作组织成员国元首理事会第十八次会议在青岛召开。经过改革开放四十年，凭海而立、向海而兴的青岛，从红瓦绿树碧海蓝天发展成为一座富有活力、时尚美丽、独具魅力的国际化海滨城市。海尔无疑是这座美丽城市最璀璨的一颗明珠、最亮丽的一张名片。

“你是通过什么了解中国的？”有人问诺贝尔经济学奖得主罗伯特·蒙代尔。

“我是通过海尔等企业了解中国的。”罗伯特·蒙代尔回答。

罗伯特·蒙代尔的另一个身份，是世界品牌实验室的主席。在由世界品牌实验室发布的2017年《世界品牌500强》榜单中，海尔是唯一一家入围50强的中国企业，并位居全球白色家电品牌第一名。

毫无疑问，海尔是成功的。

但张瑞敏说：“没有成功的企业，只有时代的企业，所谓成功只不过是踏准了时代的节拍。”

善弈者谋势。

四十年的风云变幻，海尔经历了品牌化、多元化、全球化、网络化等多个发展阶段，每个不同阶段，海尔都踏准了时代的节拍，成为时代的弄潮儿。

四十年的砥砺前行，对张瑞敏及海尔来说，既是在不断求变，又是在坚守不变。变的是品质与服务的不断精进，是企业管理的持续创新；不变的是“永远以用户为是，以自己为非”的企业文化，是融入每一名员工血脉的“居危思进”精神。

OEC管理法，每天提升1%

1984年，海尔的前身青岛电冰箱总厂从德国利勃海尔引进全套设备和技术。张瑞敏第一次到德国去，也第一次见识了真正的工厂。倒不是工厂的自动化程度有多么让人吃惊（当然也有很多自动化设备），真正震撼他的是工厂多达1942条的标准，每个工人都异常认真，每个工位都力求尽善尽美。而那时的中国，工厂几乎是零标准，用他的话说，穿皮鞋绝不敢去车间，因为地上全是油泥，没两天，鞋底就会卷起来。

除了海尔，当时还有两家企业与利勃海尔有合作，一家在武汉，一家在杭州。武汉那家后来被海尔兼并了，杭州那家不知所踪。海尔是唯一一家逐条消化那1942条标准的企业，其他企业甚至不知道有标准这回事。

然后就是1985年的砸冰箱事件。有用户反映工厂生产的冰箱存在质量问题。张瑞敏带人突击检查仓库，发现了76台不合格的冰箱。他召集各部门开现场会，由责任人当着全厂职工的面，用一把大锤将76台冰箱全部砸毁。

多年以后，张瑞敏和经济学家周其仁谈起往事，后者这样评价：“所谓基因，就是历史上烙印最深的东西。当年你砸冰箱，首先解读为重视产品品质，但这不是根本的。品质不好，产品就落在仓库。为什么落在仓库？消费者不喜欢品质不好的东西。消费者要品质好的东西，你不满足他，产品就变成了库存。海尔的生命线，就是用户第一。”

砸冰箱是为了让员工认识到质量的重要性。因为“观念的改变没有改变事实本身，但改变了对事实的看法”。他以决绝的姿态，树立起“产品有缺陷等于废品”的新观念。

但在1985年，一台售价800多元的冰箱，相当于一个工人两年多的工资，

76台冰箱不是一个小数目。为了“砸出质量意识”，他承担着不小的风险。事实上，事情发生以后，检察院很快找到他，问他有什么权利把冰箱砸掉。算一下这些冰箱的价值，在特殊的时代背景下，足以定下罪名。经过反复解释，说这么做是为了企业能有更好的未来，最后总算是不追究了。

那一年，海尔推出第一代四星级冰箱“琴岛—利勃海尔”。此时，冰箱市场也进入高速增长阶段，压抑多年的消费需求如山洪般暴发，国内各冰箱厂都在扩大产能，以满足市场需求。地方政府出于现实利益考量，也要求辖区的冰箱厂大干快上，尽可能增加产量。海尔没有盲目扩产，因为工厂的管理和技术水平还比较低，如果产量提高幅度过大，势必导致产品质量下滑。张瑞敏甚至在1986年10月组织全厂开展了“假如两年后市场疲软，冰箱销不动怎么办”的大讨论。

但上级主管部门可不这么看，市里领导在全市大会上多次点名批判他，甚至要求撤换他。只是到最后，实在找不出替换他的人选，这才作罢。企业刚起步，问题和困难很多。

历史已经证明，在很多阶段，海尔如果不坚持做品牌，都可能在规模经济上有更大的作为。但张瑞敏知道，盛极而衰的事情时有发生。经营企业如同跑马拉松赛，是耐力、速度、策略的结合，有的人一听旁边有呐喊声，就拼命冲刺，把马拉松赛当成百米赛，很快力气就用尽了。

接下来的两年，很多电冰箱厂由于产品质量不过关，出现大量库存，陷入了困境，海尔却在1988年获得了中国电冰箱史上第一枚国优金牌。

在打造产品品牌的初期，海尔的关键词是“质量”。张瑞敏可能是中国最早了解全面质量管理的人之一。1977年，他就作为青岛市全面质量管理小组的宣讲员到各企业宣讲。他认为，全面质量管理的核心是人。美国人戴明发明了全面质量管理，但美国企业并没有推行成功，反倒是日本企业做了起来。“全面质量管理最重要的一句话，是‘下一道工序是用户’，日本人可以下班以后不走，在现场围着小桌子研究改进措施，而美国人下班以后就走掉了。”

20世纪90年代初，海尔开始与日本企业合作，张瑞敏陆续参观了不少日本公司，如东芝、松下、日立、丰田、尼桑等。尤其是松下公司，一切是那么无懈可击，工人彬彬有礼，工作都很到位。作为日本的“经营之圣”，松下公司创始人松下幸之助有过不少名言，比如：“经营最重要的是一种态度，就像信佛的人每天做早课、晚课。早晨，做好计划；白天，具体实施；晚上，进行反省。”

日本企业的作为，与日本人的国民性高度相关。对日本人来说，不打折扣地做好手头的工作，已经是一种习惯，没有人讨价还价。张瑞敏说：“训练一个日本人，让他每天擦六遍桌子，他一定会这样做，而一个中国人开始会擦六遍，慢慢觉得五遍、四遍也可以，最后索性不擦了。”中日企业的差距如此之大，如何迎头赶上，是他一直思考的问题。但他绝不想陷入空喊口号的形式主义怪圈。

海尔提出“OEC管理法”——“O”代表“Overall”（全方位），“E”代表“Everyone，Everything，Everyday”（每个人，每件事，每一天），“C”代表“Control and Clear”（控制和清理），即全方位地对每个人每一天所做的每件事进行控制和清理，做到“日事日毕，日清日高”，每天的工作每天完成，每天的工作质量都有1%的提高——某种程度上正是受到日本企业的刺激。每天的工作每天完成，听起来简单，其实不简单。每天的工作质量提升1%，72天就会增加一倍，如果海尔人每天都能坚持“日清”工作法，习惯也就养成了。

“出口创牌”，国门之内无名牌

海尔进入多元化战略阶段之后，采取“东方亮了再亮西方”的策略，先把自己最熟悉的行业做大做强，再进入相关行业。进入新领域，做到一定规模，一定要跃居行业前列，冰箱之后，空调、冷柜、洗衣机都有了领先的市场份额。

张瑞敏对多元化与专业化的好坏之争不以为然。在他看来，不管是多元化还是专业化，都可以找出成功与失败的案例，关键是企业定下了目标，有没有能力去实现目标，或者说靠什么方法实现目标。非要下一个判断，只能说多元化比专业化难，产融结合更是难上加难。但如果做成了，产融结合是最好的，多元化次之，专业化再次之。

此时，真正的大鳄悄然盯上了中国市场。1992年，GE家电在中国考察了很多公司，最后认为海尔管理不错，想收购海尔。当时双方实力悬殊，海尔的规模只有GE家电的几十分之一，几乎可以忽略不计。意识到GE家电只是想把海尔作为在中国发展的棋子，不会让海尔品牌有何发展，张瑞敏拒绝了收购的提议。

收购不成，美国人说话很是直接。他们说，他们在中国不会放弃，会寻找别的合作伙伴。找到之后，第一个目标就是打败海尔。原因简单，海尔已经是中国冰箱行业最好的选手，打败海尔，其他人就不在话下了。张瑞敏当时就说：“我也送你们一句话，就是你们美国历史上唯一一个连任四届总统的富兰克林·罗斯福在‘二战’时说的一句名言——我们唯一恐惧的就是恐惧本身。我们如果有自信，能够战胜自己，其实不会怕你。”24年后，海尔宣布收购GE家电，规模已是GE家电的5倍，这是他当初做梦都想不到的情景，真实的“龟兔赛跑”游戏上演了。

当年的对话不无火药意味，但有的话还是触动了他。GE家电的人说，别看海尔现在欣欣向荣，迟早会出现解决不了的问题。一开始人拼命干，很有激情，因为工资低，可以不断涨工资。但工资总归有涨不上去的一天，另外收入高了，也很难再有驱动力。这就是人性，无论社会主义还是资本主义，都是没有办法的事情。

1992年，海尔才8岁，朝气蓬勃。这一年，邓小平南方谈话，海尔抓住历史机遇，在青岛东部高科技开发区征地，建设海尔工业园，此时能够听进去这些“盛世危言”，需要足够的自省意识，这或许也为海尔未来的持续变革埋下了伏笔。

不管怎样，GE作为当时全世界多元化做得最成功的企业，一直是张瑞敏观察与研究的对象。他认为，杰克·韦尔奇时代的GE，至少有两点非常了不起。一是充满活力，既可以把公司做到全世界最大，又可以把公司做到全世界最小，韦尔奇提出的“无边界的企业”，至今没有几家企业能够做到。二是产融结合做得非常好，找不出一家公司像GE这样，制造业充满竞争力，产业跨度又如此之大，从飞机发动机到一台小电机均有涉及。更重要的是，GE的产融结合不是靠抓住一两次机遇或冒一两次险就干好的，而是有长效机制，全都是大手笔，又不让人感到提心吊胆。

1999年，海尔已经是中国家电行业的龙头，张瑞敏却认为“国门之内无名牌”，并非不要国内市场，只是因为世界级的品牌，必定要覆盖全球市场。这一年，海尔投资3000万美元，在美国南卡罗来纳州建设家电生产基地，引来一片质疑。人们认为中国最大的优势就是劳动力资源，连外国公司都争相来中国设厂，海尔去美国设厂，不是盲目扩张，就是好大喜功。其实，海尔内部有规定，达到盈亏平衡点才能建厂。当时，每年对美国的冰箱出口量已经达到50万台，而只要达到30万台，就可以实现盈亏平衡。

如果说把产品出口到海外只是“走出去”，在海外建厂就是“走进去”，决定了今后能否“走上去”。“走进去”需要高度本地化的设计与生产，成为当地认可的产品，而“走上去”是成为当地名牌。海尔从一开始就坚持不为其他企业代工生产，放弃代工的稳定利润，只做自己的品牌。“出口创牌”，而不是“出口创汇”，本质上是因为海尔对独立自主发展有着高度的渴望。

每一个强大的品牌背后，都有一个强大的原产国，国家品牌会为这些品牌背书。来自发展中国家的企业，要在发达国家建立品牌，并不容易。海尔选择了最崎岖的一条路，光是适应当地的制度与文化，就需要高超的智慧。

张瑞敏曾在一次公开演讲中提到，当地法律不允许海尔欧洲总部的职业经理人的年薪与业绩挂钩。而辞退员工，最少要支付9个月，最多要支付22个月的工资。一些当地的经理人甚至直接对他说：“我工作是为了什么？就是为了更好地生活，更舒服。”

海尔的办法是先让每个人跟自己的业绩挂钩，业绩达不到的人不扣钱，但每天早上要谈话，分析原因。接下来还是完不成，就继续谈话。谈话的办公室，门是敞开的，来往的人都可以看见。一般来说，有的人会向好的方向转变，有能力的人，不是不能干，只是不想干。还有的人最后受不了，主动选择辞职，这时企业就不需要支付赔偿金了。

在海外，品牌推广费用也是巨大的。海尔曾在日本银座投放户外广告，当时海尔在日本一年的营业收入（不是利润）都不够支付广告费。至今，中国品牌占据了全球家电市场近49%的份额（因为有庞大的国内市场），但在海外市场，中国品牌仅有3%的份额，其中90%还是海尔的产品。

“自杀重生”，战胜满足感

说到企业家精神，很多人认为“冒险精神”是重要构成部分，英文中的“Entrepreneur”一词，就是风险承担者的意思。但实际上，“冒险精神”的背后，还必须有深刻的“危机意识”。

2000年，张瑞敏参加了在瑞士举行的达沃斯论坛（论坛主题为“让我们战胜满足感”），虽然他当时对互联网还是懵懵懂懂，但知道一定要变革和转型。于是回国以后，他在一篇名为《“新经济”之我见》的文章中这样写道：“网络使你无法自满，它使距离消亡到零，传统的连续性被打破及传统结构消亡。不能更新观念，无异于自我抛弃。”这是对趋势的判断，很多时候，你知道方向没有问题，但到底该怎么走，还得在实践中探索。

他很早就注意到了“大企业病”，认为很多国际化大公司发展到一定阶段，都会受“大企业病”困扰。因为企业大了以后，会有很多防范性的规章制度。出现一个问题，制定一个相应的制度，制度越来越多，把所有行为规范了，创造力也没了。而在“新经济”时代，“大企业病”的弊端更加突出。

实际上，海尔从1998年就开始了“市场链”的探索。所谓“市场链”，就是上下工序、上下岗位之间，通过“索酬、索赔与跳闸”形成市场关系与服务关系，让每个工序与每个人的收入都来自市场。推行“市场链”，让每个人都是一个“SBU”（战略业务单元），正是为了对抗“大企业病”。

2002年，张瑞敏与剑桥大学教授彼得·诺兰交流时说：“要让每个人成为一个创新主体，给每个人提供一个空间。你看不见他的时候，他也会努力地干。如果做到这一点，不管什么企业，都会有很大的竞争力。”3年以后，他在海尔全球经理人年会上首次提出“人单合一”双赢模式：“人”指员工，“单”指用户价值，“合一”指员工的价值实现与所创造的用户价值合一，每个员工都直接面对用户，为用户创造价值，同时实现价值分享。

但科层制作为一种传统范式，不会轻易退场。海尔首先试着将金字塔形的组织结构变为“倒三角”结构。2009年，张瑞敏见到IBM前董事长兼CEO路易斯·郭士纳，当他在纸上画出“倒三角”的组织架构图，还没说话，就见郭士纳眼睛一亮。郭士纳兴奋地说，我知道你要说什么。原来，他在任时也想进行类似的变革，因为风险太大而作罢。几十万人的组织，一旦乱了，将是一场灭顶之灾。

对海尔来说，变革相当于在“飞行中换发动机”，碰到问题，只能解决问题。例如，变为“倒三角”结构之后，科层制依旧存在，位于组织底层的一线员工虽然到了上层，却不能有效调动资源。只能进一步把组织从“串联”变成“并联”，从激活“自主经营体”到打造“利益共同体”。之后，“利益共同体”将各职能部门并联在一起，但庞大的中层管理者仍然充当着“隔热层”的角色，这时又不得不“消灭中层”。再往后，才开始鼓励内部员工和外部人员在海尔平台上创业。

海尔最后要变为网络型组织，让人才和资源自由流动。海尔要“自杀重生”，从一艘航空母舰，分解成一个联合舰队；企业不再是有围墙的花园，而是生生不息的热带雨林。

这是在挑战“科斯定理”。按照科斯的理论，公司管理成本低于市场交易成本时，公司就应该产生。而大公司变成很多小公司，交易成本提高，竞争力也降低了。但张瑞敏相信，互联网实现了交易主体的零距离，市场摩擦力消失，因此，可以将组织彻底颠覆。更重要的是，互联网让信息不对称消失，用户在网上随意挑选各种产品，提出各种需求，这样一种“不确定的整体行为”，是传统线性管理方式根本无法应对的。

他一直记得这样一个案例：一家日本企业，因为一位工人的失误，当天有一批产品全部出现问题。这位工人自愿留下翻修处理，等一切弄好，回到家就跳楼自杀了，因为自觉工作不到位，才造成了这么大的问题。他当时觉得很不可思议。在中国，首先不会有人留下来翻修，因为没有人觉得是自己的问题。更不可能有人自杀，因为该负责的人很多，大多数人都是有理无理争三分。

日本企业执行力更胜一筹，但若论调动人的积极性，让每个人都能独立思考，发挥自身价值，谈不上有多好。丰田曾是中国企业的学习榜样，看板管理、精益生产、员工参与，海尔也都采用过。作为管理大师德鲁克在中国的忠实读者，张瑞敏很想知道德鲁克如何评价丰田。后来发现，德鲁克对丰田的评价并不高，原因就在于丰田没有把人的价值放在第一位。

中国人反而更有可能适应这个不确定的时代。牛津大学的丹娜·左哈教授提出了“量子管理学”。在和东西方企业交流的过程中，她发现东方尤其是中国的企业，更易于接受“量子管理学”。“量子管理学”认为，要将每个员工看作特殊的“能量球”，放手让员工发挥创意，自下而上为公司注入动力。而《道德经》里的“万物负阴而抱阳，冲气以为和”，即阴阳是结合的而不是分离的，很像“量子管理学”里的“能量球”。另外，中国人习惯辩证、整体地看问题，也更能接受自组织这样的概念。

玩转生死游戏，创造物联网“生态品牌”

2018年3月7日，美国波士顿还在下雪，张瑞敏在哈佛大学商学院发表了《创建物联网时代的商业模式》的主题演讲。他第一次来哈佛是在20年前，哈佛教授林恩·潘恩撰写了《海尔文化激活休克鱼》的案例，邀请他来讲课。

如果说20年前，海尔还在努力学习美国公司，那么现在，海尔的模式探索已经失去对标，进入了“管理无人区”。作为一种全新的管理方式，听众很难通过一场演讲彻底了解“人单合一”模式。但当最后一页PPT展示出来，在场的美国学生都露出了会心的微笑。

那是美国国父托马斯·杰斐逊写在《独立宣言》中的一句话：“人人生而平等，造物者赋予他们若干不可剥夺的权利，其中包括生命权、自由权和追求幸福的权利。”张瑞敏说：“美国人强调自由和平等，但美国的企业没有自由和平等，因为CEO就是‘独裁者’，CEO就是‘国王’。”不管美国人愿不愿意接受，他说出了他的观点。这一观点以34年的管理实践为支撑，从一开始，他就相信人是目的，不是工具。

体量巨大的海尔被分解为数千个“小微”，包括创业小微、转型小微、生态小微三类。创业小微是海尔内部员工成立的创业公司，目前有200多家。转型小微由原来的事业部逐步转型而来，这类小微涉及核心业务，转型更复杂，难度也更大。生态小微是在海尔创业平台上由各利益相关方（供应商、内部员工、投资人、客户）共同成立的小微，也是数量最多的一类，目前有2000多家。

看起来，海尔成了一家控股型公司，其实本质完全不同。海尔需要从股权层面控制创业小微（有的项目海尔已经不是控股股东），更重要的是让创业小微创造更多的用户资源。创业小微可以自主选择创业方向，总的来说，需要围绕“智慧家庭”展开。

创业的过程是从悬崖上跳下来，在落地之前组装好一架飞机，并驾驶这架飞机飞走。创业小微投入的正是这样的“生死游戏”。海尔不会给创业团队投一分钱，团队成员自己必须投钱。如果创业项目得不到风险投资机构的支持，自我造血能力又不足，最后只能解散。在这个创业投资基金和私募股权基金当道的年代，现金流充沛的海尔，牺牲了投资驱动下的红利机会，但赢得了物联网时代的先机。

海尔不再是制造家电的企业，成了孵化“创客”的平台。海尔对品牌的定义，也发生了重大变化。传统时代，品牌主要指“产品品牌”，到互联网时代，品牌变成了“平台品牌”（如电商）。而物联网时代，主要是“生态品牌”的竞争。物联网“生态品牌”强调共创共赢，要实现各方利益的最大化，而不只是少数寡头的胜利。

2017年，有“物联网之父”之称的凯文·阿什顿到访海尔，这样评价：“我认为海尔是我见过的，在物联网方面做得最好、准备得最彻底的企业，全世界没有一家企业像海尔这样，无论是人力、资源，还是技术，都准备好了迎接物联网。海尔比其他公司都处在更好的位置迎接未来。”

他研究物联网多年，在世界各地和许多公司的创始人及高层管理者谈论互联网，很多人听了持抗拒态度。而张瑞敏对物联网的认识，让他颇有志同道合之感：“万物互联之后，物体某种意义上失去了原来的价值，只是一个载体，通过载体产生新的方案。比如一个冰箱，提供的不再只是冷藏的食品，而是食品的解决方案。中国人担心食品不安全，冰箱可以连接有机食品供应商。用户的不满不再是对冰箱这个产品的不满，而是对服务方案的不满。因此就不再是简单地销售冰箱，冰箱变成了一个平台，各种有机食品供应商都可以上来。我们现在考核的不是冰箱卖了多少钱，而是生态收入。通过生态收入赚钱，最后甚至可以让冰箱免费。”

一个个硬件产品承载了交互功能，变成了一个个生态圈，进而构成了海尔物联网“生态品牌”的基本要素。例如，海尔的酒柜产品，不只作为硬件销售；进入餐厅、酒店、会所等场所之后，还可以引入优质红酒资源，酒柜成为销售红酒的入口。每售出一瓶红酒，公司、经营场所、红酒供应商都能得利。同时，酒柜还开发了网上商城与手机应用，硬件销售收入有限，而生态收入源源不断。

制度层面，海尔将传统损益表，变成“共赢增值表”。传统损益表中，收入减去费用、减去成本，就是利润，但海尔认为更重要的是生态收入。“共赢增值表”中，横轴是基本的产品收入，纵轴是生态收入。如果产品收入高，生态收入为零，总收入也是零。这驱使员工不但在原有赛道上要成为行业引领者，还要与用户交互，创造更多的生态收入。

运营层面，海尔的COSMOPlat是全球唯一可以让用户全流程参与的工业互联网平台。通过社群交互，将分散的需求汇集，再通过互联工厂生产，解决了个性化需求与大规模生产之间的矛盾，实现了大规模定制。由于是高度定制生产，COSMOPlat平台的产品不入库率近70%，产品在出厂前已经锁定用户。海尔“云熙洗衣机”就是大规模定制出的产品，首发预售超过20万台，之后的每一次产品迭代，用户的意见都起了重要作用。

2017年，电气和电子工程师学会（IEEE，总部位于美国纽约）新标准委员大会通过一项由海尔主导的大规模定制国际通用要求标准的建议书，成为IEEE创立半个世纪以来，唯一以模式为技术框架制定的国际标准，也是全球首个由中国企业主导制定的智能制造标准。

德国人最先提出工业4.0概念，但工业4.0的名片——大众辉腾汽车最终以失败告终。辉腾对标奔驰，但就外形来看，没人认为这是一辆豪车。这就是过于注重内部智能制造，忽视用户体验的结果。智能制造最终还是为了用户体验升级，近年来，工业5.0概念兴起，核心就是“个性化定制”，工业技术最终又螺旋式回到了人本身。而海尔一直在实践，产品不入库率就是最好的试金石。

引到永生的门，“风口”上疾飞

这么多年来，中国本土管理学界对海尔的变革基本持不置可否的态度，反倒是西方管理学界一直在持续关注海尔。加里·哈默尔、拉里·唐斯、马歇尔·梅耶、比尔·费舍尔等管理大师都曾经多次造访海尔，跟踪变革的进展。

某种程度上，海尔的探索事关所有企业的未来。因为这是一种模式创新，而模式关乎所有企业的生存和发展。就像福特认为的，制造一款人人都能轻松驾驶、自行修理的汽车，是一名设计者的神圣使命。他发明“流水线”，大大提高了工作效率，降低了生产成本，使“T型车”走入家庭。“流水线”也就成了工业革命以来最大的模式突破。

张瑞敏有时也感到孤独，但不会焦虑，何况焦虑也解决不了问题。这条路是他选的，后路断掉了，只能往前走。对外界的质疑，他不是太在乎，“如果你认准一个方向是对的，为什么不去坚持呢？别人说什么，是人家的自由”。

他读《三国演义》，小学五年级时最崇拜张飞。上中学了，崇拜的是诸葛亮。再大一点，觉得曹操不错。后来，发现刘备挺厉害。原来最被人瞧不起的就是刘备，因为谁都可以收他到麾下。等经营企业多年，反倒佩服起司马懿来。“诸葛亮可以侮辱他，送他一件女人衣服，他当着部下的面穿上，对来者说，回去感谢你家丞相，给我做的衣服非常合体。”

每年的12月26日，是海尔的创业纪念日。2015年的创业纪念日，他在演讲时引用了《圣经》里的一句话：“我们四面受压，却不被困住，出路绝了，却非绝无出路”。

“我们现在是不是四面受压呢？到网上看看，质疑我们的铺天盖地。这非常对，我们就应该被质疑，因为别人都没有走这些路，但是我们走了这些路。而且我们现在并没有把它走出来，人家为什么就不能质疑你呢？但是我们并没有被困住，因为这条路，从理论和方向上讲是正确的。我们会坚定不移地走下去，何况现在已经有一些做出来的样本，走在了前面，它给了我们希望。‘出路绝了，却非绝无出路’，全世界的大型企业，在这方面没有出路，大型企业这么做的，只有我们。我们一定要走在前面，一定要成为引领者。换句话说，我们要么死，要么就成为第一。”

他始终相信，每个人都希望实现自身的价值，得到别人的尊重，按照自己的意愿生活。企业应该做的，就是提供平台，创造空间。那些害怕冲突、只想维持表面和谐的企业是肤浅的，它们之于员工，“好比建了一个动物园，给里面所有的动物最好的待遇，但并不是对动物的关爱，也不是它们想要的。它们要的是一个生态圈，可以自然地淘汰，自然地死亡”。

他曾经和丹娜·左哈谈起过个人经历对自身管理思想的影响。“文化大革命”时，他正上高中，之后大学停办，他无学可上。他的同学，或者下乡，或者去边疆。他进了工厂，从普通学徒工开始，做到小班组长，再做到车间主任。在基层工作，他感到工人里，很多人非常有能力，也有不错的想法。但只要领导一句话，事情就定下来了，那些不错的想法，最后只能是想法。时间一长，所有人有好的想法也不愿意说了，因为说了也没有用。从被领导者的角度看领导者，他觉得他们的很多想法和做法很荒唐，等自己到了领导者的位置，就会从被领导者的角度考虑问题。

中国兵法上说“兵随将转，无不可用之兵”，意思是兵跟着将军走，将军很行，兵也很行，将军不行，兵也不行。某种意义上，如果兵不行，不是兵的责任，是将军的责任。就像左哈说的：“这个世界没有不重要的人，也没有可以忽略不计的人，每个人都非常独特。”

联想到他对《史记·高祖本纪》的评价，就更容易理解这一点了。汉高祖刘邦谈到自己为何能够取天下时，说过这样一段话：“运筹策帷帐之中，决胜于千里之外，吾不如子房。镇国家，抚百姓，给馈饷，不绝粮道，吾不如萧何。连百万之军，战必胜，攻必取，吾不如韩信。此三者，皆人杰也，吾能用之，此吾所以取天下也。项羽有一范增而不能用，此其所以为我擒也。”

中国人喜欢讨论英雄造时势还是时势造英雄。张瑞敏认为，不管一个人的能力有多强，如果时代不允许，也不会有机会。他来到资不抵债、濒临倒闭的青岛电冰箱总厂时，刚刚35岁，此后整个国家都在高速发展中，海尔也得以茁壮成长，这正是周其仁所说的“水大鱼大”。

1995年，《海尔兄弟》热播，主角们环游世界，探寻自然之谜，在海洋中漂流，在大山里畅行。如今，他们的探险故事已经逐渐成为“90后”的童年回忆。而海尔集团在风雨激荡的四十年，一路环游世界抓住了一个又一个发展的“风口”；历经了一次又一次风雨的洗礼，经受磨砺。在时代发展的“风口”上迅驰疾飞，在时代变幻的风云里断臂重生，在英雄迟暮的悲壮里昂首向前……

（本文写作得到了海尔集团文化中心的大力支持，特此鸣谢！）

作者简介

Introduction to the author

廖卫华　法制日报社外联部主任、法报文化传媒（北京）有限公司副总经理、主任记者。兼任中国政法大学法制新闻研究中心特约研究员、北京联合大学客座讲师、西藏自治区记协常务理事。历任青岛晚报记者、新京报资深记者、成都商报北京新闻中心主任、每日经济新闻北京中心总监、法治周末报社副社长、法人杂志副总编辑、法制日报社西藏记者站站长，曾援藏挂职任拉萨市人民政府办公厅党组成员、副秘书长。

从事新闻工作18年，长期关注时政、法治和宏观经济，具有丰富的媒体采编和运营工作经验，是一位既擅采编又懂媒体运营和管理的复合型资深媒体人。

发表文章400万字，7次获国家级、省级新闻奖。2010年出版书籍《90天，思想能走多远》（法律出版社），作品入选俞可平书籍《民主是个好东西》，发表了《范曾诉郭庆祥案的经济学分析》《林毅夫忧虑的体制性问题》《俞可平：从党内民主到全民民主》《中国企业家犯罪预防研究报告》《我所亲历的肖扬贾春旺两高时代》《依法治藏　长期建藏》《引渡无死刑：中国的务实选择》《两高激辩死刑复核权》等产生广泛社会影响的作品。

吉利，看中国汽车产业转型升级

翻开中国改革开放40年的工业史，绕不开一个名字——李书福和他的“吉利集团”（以下简称吉利）。第一张中国造镁铝曲板、第一辆豪华型踏板式摩托车、第一个民营造车企业、第一个开创了汽车的2万元时代、开发了中国第一款跑车、打赢第一个与丰田公司的汽车涉外知识产权案、开发出中国第一款自动变速箱、开创中国第一个民办教育体系、第一个民营汽车收购外国品牌……32年，吉利不断创造出中国工业史，尤其是汽车行业历史的新纪录，成为中国产业转型升级的缩影。

而李书福从草根到贵胄之路，却饱受嘲笑和蔑视。直到2018年吉利成为戴姆勒股份公司最大的股东，当年嘲笑吉利控股集团董事长李书福的人都不由赞叹“吉利是个奇迹”，就连被称为“中国企业教父”的柳传志先生也不得不承认，“之前看错了李书福”。

吉利给舆论留下了太多的疑问。一个放牛娃，李书福凭什么每一次从零开始的创业都能仅靠一己之力就能搅动一个行业的变局？从造车资格都没有的“黑户”到“模仿者”再到“民营汽车品牌典范”，吉利的奇迹究竟是如何铸造的？

成也政策，败也政策

翻阅吉利的发展历史，总感觉是有一种神秘的力量在运转，其实，那就是李书福常常挂在嘴边的“历史性机遇”。

20世纪70年代末80年代初，一些军工企业开始生产民用产品，国营企业成为当时中国制造业的绝对主流，但主要零部件还是依赖进口，消费市场也是外资品牌的天下，昂贵价格让那时候普通中国人望而兴叹。所以在1979年公布的“1978年国民经济计划执行结果”中只有“老三大件”：自行车、缝纫机、手表。随着改革开放的隆隆之声，9英寸黑白国产电视机等家用电器开始陆续走进了平常百姓家，而作为一个家庭经济水平象征的冰箱，直到1985年之前都还是紧俏商品脱销于各大商场。

就在民营企业还未崛起的“前夜”，放牛出身的李书福竟在租来的泥土房里搞起了“科研”，他构想着用国产电冰箱零部件替代那些昂贵的进口件儿。经过近400个日日夜夜的反复失败与总结，配件是研发出来了，但没有一席生产之地的现实几乎把他逼上了绝境。

山穷水尽之际，1984年中国乡镇企业发展全面复苏，李书福家乡的工业办公室主任主动找到了他，并批了一个“红帽子”的乡镇企业——黄岩县石曲电冰箱配件厂给他，李书福和他的三个兄弟便开始在村生产队仓库里生产冰箱制冷的主要配件蒸发器、冷凝器、过滤器，没想到一举成名，产品销往当时全国几乎所有的电冰箱厂，包括上海上菱、远东阿里斯顿，安徽美菱、扬子等。尝到甜头儿的李书福1986年创办了浙江台州北极花冰箱厂，开始生产整机，年营业额达四五千万元。

成也政策，败也政策。1989年国家开始定点生产，李书福的电冰箱厂因未被列入轻工业部定点厂目录被迫关停，他把全部资产送给乡政府，一夜回归无产阶级的他去深圳读书了。

恰巧赶上了特区的火热建设，装潢材料从木质板材需求升级到了金属板材，这让李书福再次看到希望。20世纪90年代，人民生活水平提高后，装潢已经成为人们生活的组成部分。进口装潢材料在中国很受欢迎，国产装潢材料生产刚刚起步。

从深圳回到台州，李书福陆续买回了当年送给乡政府的资产，创办了高档装潢材料厂，按照他的习惯，一出手还是从“科研”搞起，这一回，连制造设备都是他自己设计生产的。第一张中国造镁铝曲板诞生后，很快就取代进口，便宜的价格不仅占领了国内市场，“中国制造”还走出了国门，出口几十个国家和地区。“吉利装潢材料有限公司”至今仍是吉利集团的下属公司，吉利之名也源于此。

如果说改革开放的第一个10年中国制造业发展满足了消费者从无到有的需求，进入第二个10年，中国消费需求进入了第一次转型升级。

进入90年代，国营摩托车厂逐渐发展起来，替代改革开放前三大件之一的自行车走入百姓家庭。1993年，我国摩托车产量首次超过日本居世界第一位。同年，从海南房地产市场铩羽而归的李书福，通过仿制一辆本田摩托车，造出了自己的“华田”，并挂靠一家效益不好的国有摩托车厂解决了生产资质，开始生产摩托。

当时，踏板车在国内没人做，进口车又非常贵，李书福花一年多时间造出中国第一台豪华踏板摩托车，结果在市场上卖疯了。李书福无疑是“搅局者”，他的取代进口计划，硬是把踏板式摩托车价格从每辆3万元降到3000元。1999年吉利摩托车产销43万辆，实现15亿元产值，吉利因此坐上了国产踏板摩托车的头把交椅。

“准生证”，推动自主品牌的崛起

改革开放，给聪明、勤劳的中国民营企业家创造了难得的历史性机遇，李书福与他们相同，都是凭借小本生意起家，不同的是，李书福野心更大，总想着去挑战各种禁锢，哪怕这股禁锢力量是来自国家的政策。

1996年，在李书福身上发生了两件大事，一是吉利集团成立，二是李书福买了两台奔驰拆开研究，加上红旗的发动机、底盘等，打造出了“吉利一号”。

而彼时一个民营企业要造汽车，是一件绝对疯狂的事，吉利不仅没技术、没人才、没资金，就连一张合法的“入场券”都拿不到。

在相当长的一段历史时期，汽车，只属于欧洲和日本。在1958年饥荒遍野的年代，中国一汽，怀着制造原子弹的虔诚和自豪，以吉林工业大学借来的一辆1955型的克莱斯勒高级轿车作参照，愣是用锤子敲出一个震惊中外的车坛名作——“红旗”。

“红旗”虽好，但造价太高。当时每辆红旗车的成本在6万~20万元，卖给国家5万元一辆，那时候国家穷得叮当响，这种不惜血本的造车法，满足不了当时的公务车需求。所以从新中国成立后一直到70年代前期，我国从苏联和东欧进口不少嘎斯（GAZ）M21“伏尔加”和FSO“华沙”（波兰产，因英文名为“Poloniz”，中国人常戏称为“波罗乃兹”），用于各级领导的专车。因为东欧进口车质量太差，1972年中日建交后，很快马路上跑的公务车就被日系三剑客“皇冠、科罗拉、达特桑”取代。

1979年，国家首次宣布允许私人拥有汽车，这是中国家轿的创始年，但是对于当时还把黑白电视机和洗衣机作为终极消费目标的人民来说，拥有汽车只是遥不可及的天方夜谭。

从“七五”计划开始，中国对汽车产业的发展就寄予众望。1986年4月，“七五”计划提出把汽车制造业作为重要的支柱产业。但是，中国政府对汽车产业一直保持严厉的规制。1987年国务院北戴河会议确立了汽车产业“三大”即一汽、二汽、上汽，“三小”即北京吉普、天津小客车和广州标致。由于担心全国各地轿车项目一哄而上，同时贯彻“高起点、大批量、专业化”的原则，1988年国务院发出通知，除“三大三小”外，不再安排新的轿车生产点。

可见，在当时，对民营企业来说，汽车是投资禁区。“胆大妄为”的李书福硬是不信邪。1989年，李书福花6万元买了一辆深圳产的中华轿车。一番“庖丁解牛”后，李书福看了看，感到汽车也没什么东西嘛，无非“四个轮子一个方向盘，一个发动机，一个车壳，再加里面两个沙发”。也正是他的这个认识，此后得名“汽车疯子”。

虽然疯狂，但造汽车比起李书福前两次跟随潮流的投资，这一次是超前意识的萌发。在他紧锣密鼓地筹备造车的当口，1994年，国家颁布了《汽车工业产业政策》，首次提出将“逐步改变以行政机关、团体、事业单位及国有企业为主的公款购买、使用小轿车的消费结构”，“国家鼓励个人购买汽车，并将根据汽车工业的发展和市场结构的变化适时制定具体政策”。这一政策的出台无疑打开了不可估量的巨大市场空间，然而，对于民营企业来说，仍旧没有“进门分羹”的机会。

但似乎什么都挡不住李书福要造汽车的决心了。1996年，李书福效仿当年红旗的造车模式，用锤子敲出了他人生中第一辆“奔驰”——“吉利一号”。这一次，李书福也是从拆车开始的。他把自己刚买的一辆新奔驰，大卸七八块给拆了，一同被拆的，还有他送给下属的红旗轿车。拆了车的李书福，又把自己从国外收集并偷偷带回来的发动机、方向盘、安全气囊以及一些电子电气设备，拿来好好研究。

经过近半年的反复拆装研究，李书福觉得已经掌握了汽车的基本构架，于是开始造他的“吉利”牌“奔驰”汽车——外形仿奔驰，底盘用红旗的，零部件自己组装。那时李书福钣金手艺好，经他敲敲打打，与奔驰类似的汽车外壳也造出来了。最后，当李书福一榔头一榔头敲出来的吉利牌“奔驰”车诞生时，李书福特意给这辆车命名为“吉利一号”。但没几天，他就接到有关方面通知：造车不合法，停止生产。

因为得不到主管部门许可，1997年李书福到台州一个下属县级市临海建起了一个面积超过800亩的制造基地，名义上说是要生产摩托车，在工厂里却整日琢磨着如何造汽车。为获得生产许可证和目录，他“灵机一动”买下了四川的一个汽车制造厂，拿到微型客车资质，并挖来了一汽的技术人员，借壳生产自己的汽车。

1998年8月8日这一天，吉利“豪情”在临海的工厂下线，这是中国第一辆自有品牌汽车，也是中国第一辆民营企业制造的汽车，但剪彩仪式颇为冷清，原因很简单，当时李书福的汽车还是“非法”生产，很多人不敢来。他摆宴100桌，向全国官员及经销商发出700张请柬，结果只有时任浙江省副省长叶荣宝出席下线仪式。

1999年，时任国家计委主任曾培炎视察吉利，李书福动情地说：请国家允许民营企业尝试，允许民营企业家做轿车梦……请给我一次失败的机会！但1999年9月，在国家经贸委颁布的《车辆生产企业及产品公告》中依然未见“吉利”之名。

即便如此，对于吉利汽车的前景，李书福还是比较乐观。他认为，中国加入WTO后，一个国际游戏规则将在中国出现，谁也阻止不了的投资贸易自由化，其结果是大浪淘沙，真正有竞争力的新型企业将在一场大风暴后脱颖而出，他希望吉利是其中的一家。

2000年开始，国家开始鼓励轿车家庭。2000年10月的“十五”计划为私车消费开启绿灯后，这预示着，中国这个世界最大的汽车消费市场开启，面向私人消费的汽车品种如雨后春笋般冒出市场。

面对开放的巨大市场，这一次吉利万事俱备只欠“准生证”一个东风，果然不出李书福所料，吉利真的就是托了中国加入WTO的福，2001年在中国加入WTO的前一天，吉利成为中国首家获轿车生产资质的民营企业。

从历史发展看，自主品牌的崛起与突围，往往首先发生在市场端，而不是技术端。而作为一家民营企业，在国有汽车企业主导、中外合资汽车企业实力强大的背景下，要在中国汽车市场占有一席之地，采取低成本策略，是后发国家、追赶型企业的有效举措。

当时，汽车对于中国人来说是个奢侈品，一个官方的交通工具。那时候轿车很贵，丰田的中档进口车的价格在30万元左右，上海大众的普桑（普通版桑塔纳）卖十六七万，夏利也要卖十二三万。按照当时的消费水平，老百姓买不起。

按照吉利的想法，就是要把汽车从神坛上请下来，进入百姓家庭。吉利当时的第一批的经济型轿车，比如美日、豪情、优利欧价格低廉，JL6360经济型售价3.78万元，JL6360标准型售价3.99万元，冲破了人们的心理防线，激活了车市，引发了一大批厂家的降价风潮，对推动中国家庭轿车市场的发展功不可没。

上海大众除将普桑的价格降至10万元左右外，更选中大众经济型车的经典车型Polo作为进军中国家轿市场的主打产品。而神龙汽车也宣布，富康车部分主导产品的市场价格将会降到10万元以下，天津夏利从10万元一路下调到3万元。同时，奇瑞、长安铃木的低价车等也纷纷问世。

虽然凭借低价策略，2002年吉利进入全国汽车“3+6”行列，跻身中国企业500强，但李书福并没有一头扎进汽车厂商的价格厮杀中，而是另有盘算。

加入WTO后的第一个十年，中国制造业经历了复制—模仿—进口替代的过程，虽然已经从集成组装制造中积累了一定的技术基础和劳动力技能，在汽车制造等领域出现了自主品牌，但核心技术零件、自主研发能力仍然受限于技术、设备、材料，技术被卡脖子。

一汽、东风、上汽、广汽、长安等汽车公司，都与国外的汽车制造业巨头组建了多家合资公司制造乘用车，在获取大量的盈利的同时，却没有真正拥有乘用车设计和制造的一些关键技术，例如外形设计、性能仿真与试验、发动机设计等，可以说是知其然，而不知其所以然。

而这些合资公司对中国致力于自主研发汽车的公司，如奇瑞、江淮、吉利等，又构成了巨大的竞争压力，使得本土品牌的汽车处于竞争弱势地位。

强大的求生的本能，让吉利在拿到“准生证”的那一刻就意识到，要走一条和那些合资公司不一样的路——通过海外收购实现自身技术升级。

2002年拿到“准生证”后，在浙江临海召开的一次公司中层干部会议上，李书福忽然提出一个石破天惊的构想：“我们要去买沃尔沃，现在起就应该做准备了！”当时在座的人全蒙了。

沃尔沃成立于1927年，是瑞典人最引以为傲的汽车公司，是世界领先的卡车、客车、建筑设备、船舶和工业发动机制造商。在历史上，沃尔沃曾与ABB（奥迪、宝马、奔驰）在市场上分庭抗礼。

看似不着调儿的一句话，实则是深思熟虑。不谋全局者，不足谋一域，一个公司能否成长壮大，绝对不是突然崛起，而是5~10年前的战略决定的。李书福要收购沃尔沃的胆量和布局都来自他对全球产业结构的大调整的判断。

2002年，李书福就预言通用、福特汽车会在十年内破产，七年后，通用汽车果然宣布破产重组。“这就是全球经济的大规律，”李书福说，“全球经济一体化、投资贸易自由化所带来的世界经济、社会、政治的变化是加速度的，是平方、立方的变化，不是‘1+1=2’的变化。十三亿中国人，十几亿印度人，再加上韩国人的勤奋，这种冲击好比地壳引力集中爆发，是不得了的。”李书福看得很清楚，变化的结果，就是全球产业结构的大调整以及全球制造业格局的大变革。“像美国这样的国家，它必将进入生命科学、生物工程、太空探索这样的领域，全球汽车业重心一定会发生转移。”

但最先摆到李书福面前的机会不是沃尔沃，而是宝马急于脱手英国著名汽车品牌罗孚，因为缺乏海外并购经验，很快吉利就失手败给了南京汽车。但提升技术和海外并购这两颗种子在李书福心里扎了根。

彼时，不少车企早已对国外汽车品牌表现了不同程度的热情。资料显示，2004年上汽集团以5亿美元收购韩国双龙汽车48.9%的股权，借助后者的技术研发来发展自主品牌；北汽则以2亿美元收购萨博核心技术。

正是因为对未来的这份笃定，吉利一面寻找海外并购目标，一面开始了核心零部件的研发。2002年10月吉利启动自动变速器项目，2005年5月实现了产业化生产，这是国内拥有自主知识产权的自动变速器；2003年3月吉利研发可变气门正时技术（VVT）发动机，2005年5月该项目研制成功，这款发动机的排放达到欧Ⅲ标准，在某些技术指标上已经达到了国际先进水平；2003年2月，吉利启动了电动助力转向系统（EPS）研发项目，2004年6月成功研发并于9月份实现批量生产，填补了国内此领域的空白，2007年10月研发并已量产了EPS第六代，该技术处于国内同类产品领先水平，打破了国外汽车零部件尖端技术垄断的局面。

2003年1月28日，经过18个月的设计研发和生产，第一辆国产跑车——吉利美人豹在台州下线，打破了中国没有国产跑车的历史。宁波基地也曾生产了一款叫“优利欧”的汽车，据说此名为李书福本人所取，其意为“优于夏利与赛欧”。

在中国加入WTO后的第一个十年，民营车企从无到有，自2005年以后，在汽车销量排行榜中，出现了比亚迪、吉利、长城的身影。而且通过发挥低成本优势，逐渐形成了国际竞争力，赢得了大量的海外市场，尤其是在2003年之后，整个中国制造业进入新一轮迅速发展期，2003年8月，首批吉利轿车凭借低廉的价格出口海外，实现吉利轿车出口“零的突破”。

但好景不长，国内汽车价格战战火很快就烧到了“家门口”。2005年，吉利在香港上市之后，低价策略导致的低利润等负面因素开始显现，吉利汽车慢慢不赚钱了，钢板、零部件的价格一涨再涨，只有汽车不涨价，价格战打到最后，卖车相当于在卖原料，吉利陷入“价廉—质劣”的死循环中。

宁波宣言，技术领先战略

2005年，作为民营汽车品牌代表，李书福向时任国务院总理温家宝汇报工作时，透露吉利车已经卖到全国最低价2.9万元一辆，可是总理摇摇头说：“中国汽车工业的发展，关键在于高精度的机床、发动机和变速器，这才是出路所在。”李书福事后说：“虽然总理没有批评我，但我一听就知道他不支持我的想法。”

李书福意识到，“未来世界汽车工业剩下的企业不会很多的，如果做不到世界领先，做不到尽善尽美和无可挑剔，是生存不下去的”。如果说1986—1997年，吉利是不同产品的升级，那么之后的发展便是产品内部升级、产品高级化的过程。

2006年，吉利自主开发的Z系列的自动变速器及产业化项目被评为2006年度中国汽车行业技术进步成果一等奖，填补了中国汽车行业自动变速器产业化空白。在学习丰田发动机技术基础上，吉利耗时三年研发的CVVT发动机

JL4G18正式投产，吉利在汽车领域一直以来的模仿者形象也才因之得到改观。

这两个成果后来被时任工信部副部长苗圩如此评价：“从先进的发动机，到拥有中国完整知识产权的自动变速箱，再到独创的BMBS，这是吉利最大的财富，也是中国汽车工业最大的财富。”

苗圩的评价很中肯。虽然2007年中国制造业增速已经连续20年居全球之首，2006年中国制造业有172类产品的产量居世界第一位，制造业的增加值以美元计算，达到10956亿美元，中国已成为仅次于美国的全球第二制造大国，但在取得了巨大成就的后面，中国制造业也暴露出低端竞争、产能过剩、缺乏核心技术等深层次的问题，这也是制造业的通病。

2007年，吉利率先发动了中国汽车史上最彻底的一次自我革命。借助全新车型“远景”上市之机，李书福在事业的初创地宁波与80家经销商联合发表了《宁波宣言》。据了解，该《宣言》是李书福亲自动笔撰写的，标志着吉利的战略转型，他宣布吉利要从“价格取胜战略”转向“技术领先战略”，从“成本领先”转向“品牌创新”，从“以效益为中心”向“以客户为中心”转变，从“企业利益高于一切”向“追求整体利益最大化”转变。

吉利的企业使命也不再是“造老百姓买得起的好车”，而是要“造最安全、最环保、最节能的好车”。然而当时不少高管强烈反对用“最”字，他们认为以低价车起家的吉利进军中高端市场无异于自废武功，而且有“质量大跃进”之虞。

《宁波宣言》发布后，吉利宣布提价20%~30%。对此不少经销商认为吉利生存靠的就是成本优势，提价那是“找死”，于是有的暂停提货，有的干脆退出经销，吉利月销量亦一度从三万多辆骤降至五六千辆。“当时企业的确奄奄一息”，但李书福决意彻底突破吉利低端品牌的“魔咒”。吉利汽车于2007年12月31日将“老三样”豪情、美日和优利欧停产，用“新三样”自由舰、金刚和远景垂直切换。当时“老三样”约占吉利汽车总销量的70%。产品的垂直切换，加上2008年的金融危机影响，当年吉利汽车销量仅同比增长1%。

转型过程中，吉利造车的发祥地台州临海基地停产一年多，所有生产线和厂房全部推倒重建，全体员工在停产期间参加培训。

对于民营企业来说，《宣言》不是一句口号，而是一场生死线上的较量，与此同时吉利开始重新构建“体系”。李书福软磨硬泡挖来了曾任戴姆勒—克莱斯勒公司技术中心研究总监、沈阳华晨副总裁兼研发中心总经理的赵福全。加盟吉利后，赵福全从2007年开始，用一年左右的时间，整合技术体系，成立了吉利汽车技术中心，这个技术中心分为三层次的管理架构，在集团层面成立了吉利集团技术部，它不做任何的具体的设计、研发工作，而是对整个吉利技术体系进行统一的规划、管理、考核、领导。

同时把所有研发人员集中到临海吉利汽车研究院，形成吉利汽车研究总院，具体落实集团制定的战略目标，来执行所有新车型、新技术的研发工作。并且各个制造基地设立技术部，行政上归各个基地领导，在管理体系上则由集团技术部、技术中心进行统一的业务领导和指导。各个基地的技术部不再从事任何新产品的开发，只对已经开发出来的产品进行技术改进和工艺改良、质量改进。这样就很清晰地制定了战略、落实、产品质量改进三层次的管理分工明确的技术研发体系。

在赵福全的办公室，仅技术操作手册就有6卷52册，多达7万余字。事实上，吉利研发体系的构建可以说是吉利构建系统的一个缩影。如果说汽车产品是母鸡下的蛋，那系统好比一只能下蛋的母鸡。赵福全曾经这样比喻打造系统的重要性，他认为一个好的企业就是一个好的体系，而产品仅仅是好体系下产生的副产品，打造好体系才是主业。

李书福明白，核心技术仍旧是吉利提升品质的最大障碍，内部研发的同时，要想再上更高一个层次必须走海外并购的道路。

机会已经来了。2006年，吉利收购伦敦标志性的黑色出租车的唯一生产商——英国锰铜（MBH）19.97%的股份，成为第一大股东，随后在上海成立合资工厂。2013年吉利又以1104万英镑收购锰铜100%股权，这在吉利的全球版图上是有重要意义的，不仅在英国树立起一块“中国企业优质品牌”的金字招牌，更成为吉利进军欧洲的一个“桥头堡”。

2008年的金融海啸席卷全球，带来满地狼藉，但同时也给李书福带来了更多机会。2009年2月，澳大利亚变速器制造商DSI因金融危机宣布破产。DSI破产当天，时任吉利副总裁赵福全已经登上了去往澳大利亚的航班。经过一个月的谈判，吉利闪电般以7000万澳元收购DSI，业内颇为之感到振奋。彼时，DSI号称世界第二大自动变速器公司，其6AT前后驱自动变速器技术已经相当成熟，供应福特、韩国双龙等企业，其次还在8AT、DCT双离合变速器方面有相关研发储备。当时的舆论界评价道："吉利将DSI自动变速器产品和技术引入国内，将使中国汽车企业获得世界先进的自动变速器产品，中国自动变速器产业将从此发展壮大。"此后，吉利推出了6AT变速箱，缓解了这一关键部件的对外依赖局面。当时的媒体对此也大加赞扬，认为吉利此举学习了汽车工业先进技术。

DSI被吉利收购初期，其2010年和2011年分别还有310万澳元和200万澳元的利润，但是到2012年和2013年产生了亏损，到2014年年底更是仅有湖南吉盛处于生产状态，山东工厂一直没有投产，DSI在国内发展遇到困境。

有分析指出，DSI的6AT变速器到中国后"水土不服"，如果真的如此，就不会出现双林股份的财务报告，2017年DSI已经实现扭亏为盈，增值276%。其实，真正的原因就是吉利官方曾做出的表态："作为吉利的竞争对手，其他车企在采购DSI变速器方面态度谨慎。"换言之，因为吉利拥有DSI，所以没有一家企业愿意冒着在将来被吉利牵着鼻子走的风险。

通过这两次收购经历，李书福更加坚信：对起步较晚的中国汽车工业来说，要缩小与国际大厂的差距，仅仅合资是不够的，收购海外优质资产是一条不可多得的途径。

2009年，在广袤的中国大地，汽车工业正在经历着大发展，中国汽车产销双双突破1300万辆，首次跃居世界第一，中国与世界汽车工业齐头并进。菲亚特联手广汽、北汽收购萨博部分业务、PSA牵手长安、戴姆勒与北汽福田深化合作，吉利也正在紧锣密鼓地进行收购沃尔沃的谈判。

但资金成为吉利竞购沃尔沃项目的最大阻力。银行贷款来筹集资金的道路晦暗难通，李书福团队转而将希望放到了与地方政府的合作上，先后与全国60多个城市的地方政府进行了洽谈。

自1997年以来，大庆原油产量连续多年下滑，在金融危机、原油价格下跌等带来的巨大压力下，大庆正在小心翼翼地寻找着产业机构调整的机会。

大庆市希望帮助吉利完成沃尔沃的收购，从而实现工厂落地大庆。但李书福需要的30亿元，超过了当年大庆财政收入的1/5。

大庆市政府顶着压力连夜开会拍板，正是大庆的30亿元使得收购沃尔沃的第一轮注资得以在最后期限完成，在整个收购计划中起到了关键作用。2010年沃尔沃汽车被吉利以18亿美元收入囊中。

但李书福或许并没有提前预知到在几乎没有任何技术积累与市场资源的大庆造车，难度之大超乎想象。对于大庆市政府和沃尔沃集团而言，它们需要建立的不仅是一个汽车制造厂，而且需要把汽车产业完完整整地从零搭建出来。

第一批到大庆的吉利人开荒破土，硬是把“不可能”干成了“可能”，2014年下半年，大庆沃尔沃正式投产，生产的是老款XC90，当时称之为XC经典。两年之后，沃尔沃供应链逐渐跟上了。而在其他沃尔沃的生产基地吉利管理团队都在潜心致力于与沃尔沃的整合协同。

大庆产业转型的惊险一跃，十年后证明这次冒险是值得的。2017年，大庆市整车出口近2.5万辆，出口额达8.97亿美元，同比增长8424.45%，占全市出口总额的74%，几乎撑起了整个大庆的出口，大庆看到了向高端制造业转型的曙光。

而收购沃尔沃汽车，使吉利一举获得10个可持续发展的产品、产品平台和已进入量产准备的全新SPA产品平台，让吉利的技术能力发生了革命性的突破。2012年，吉利和沃尔沃共同研发可扩展平台（CMA）架构，吉利和沃尔沃开始协同。2015年，借助沃尔沃的技术，吉利先后推出博瑞、博越，在设计、安全、供应链、质量体系上，这两款车都受益于对沃尔沃的收购，销量表现也可圈可点，成功实现品牌升级。2016年，在CMA平台基础上，新品牌

LYNK&CO（领克）诞生，吉利与沃尔沃实现了协同效应。

目前，吉利已经在杭州、宁波、哥德堡和考文垂建立了四大研发中心；在上海、哥德堡、巴塞罗那和加利福尼亚设立了四大设计中心，研发人员超过1万人。

位于瑞典哥德堡市的欧洲研发中心（CEVT）由吉利汽车集团负责经营，其研发出的全新产品架构，为吉利集团内吉利和沃尔沃两家公司提供中级产品的平台基础，这一架构构筑了零部件采购、技术标准的统一载体。目前CEVT拥有近2000名员工，包括500余名中国工程师和1500名外籍工程师。

被吉利并购后的第三年，2014年1月9日，沃尔沃汽车就交出了一张漂亮的成绩单：全球销售42.8万辆，同比增长1.4%，在华销售6.1万辆，同比增长近46%，欧洲市场实现了反弹。

数据显示，2017年沃尔沃全球销量达到57.16万辆，营业利润实现了创纪录的141亿瑞典克朗，同比上涨27.7%。要知道，2010年沃尔沃被吉利收购时，当年的营业利润仅为23.4亿瑞典克朗。

根据沃尔沃最新公布的销量数据显示，2018年4月在全球共销售52635辆汽车，同比增长12.2%；前4个月总销量达200042辆，同比增长13.6%。中国作为沃尔沃最大单一市场，4月份销量同比增长20.2%，达到10442辆，前4个月销量达39210辆，同比增长22.4%，占比全球销量的20%左右。值得关注的是，除了沃尔沃品牌的复兴，吉利与沃尔沃联手打造的LYNK & CO也成功切入由德国BBA巨头把持的市场。今天的沃尔沃，用沃尔沃汽车集团高级副总裁、亚太区总裁兼CEO袁小林的话说，“它已经迎来了2010年被吉利收购以来的最好发展阶段：销量持续稳定增长、车型远销欧美及全面实施电气化战略”。

其实，“嫁给”吉利的时候，沃尔沃已经是第二次“嫁人”。1999年以前，沃尔沃汽车还是沃尔沃集团的一员，是瑞典最大的公司之一，沃尔沃集团还有商用车、工程机械、船舶发动机、金融等业务。在沃尔沃集团中，轿车是最不赚钱的买卖。1999年，福特以64.5亿美元从沃尔沃集团中收购了沃尔沃汽车。然而在福特手里的这10年，沃尔沃汽车从来就没有扭亏过。直到2010年，吉利只花了18亿美元就获得了沃尔沃的100%股权和所有知识产权后，沃尔沃汽车的命运才发生根本性变化。

外界始终不明白，为什么在老牌美国福特手里玩不转的沃尔沃汽车到了李书福手里就变得服服帖帖？实际上，福特拥有普遍存在的大企业病，除了把福特、马自达、沃尔沃三个品牌拿来协同采购、协同生产之外，并没有能力把三个品牌真正地融合，反而三个品牌的个性越来越模糊，利润也并没有增加。2008年的美国次贷危机使美国三大巨头销量出现断崖式的下跌，现金流断裂几乎不可避免，于是福特只好抛出了一个福特的战略来换取现金流，卖掉了连年亏损的沃尔沃、捷豹路虎，砍掉了经典老品牌水星，只保留了福特和林肯。

吉利收购沃尔沃后，李书福曾多次表示，沃尔沃是沃尔沃，吉利是吉利，要分开进行运营。李书福明白，如果将沃尔沃的优质发动机、底盘等核心部件都用在了吉利汽车上，沃尔沃品牌概念将会逐渐弱化，沃尔沃的新车型将被市场边缘化。因为对国内消费者来说，肯定很少有人再去买沃尔沃了。表面看起来，吉利汽车好像得到了好处，事实上，吉利在消费者心目中一直是低价位形象。所以，即便是用了沃尔沃的核心部件，吉利汽车也不能提升车型售价。用了更贵的核心零件，成本提升了，售价却不敢提升，显然是亏本的买卖。所以，吉利汽车没必要直接用沃尔沃的核心部件，将吉利汽车和沃尔沃汽车分开运营，其实好处很大。为了扶持沃尔沃汽车的发展，吉利又投入了110亿美元。

目前，吉利与沃尔沃从简单的技术合作，上升到产品研发、生产制造多领域的深度合作，如今则是两个品牌之间的进一步捆绑，甚至形成集团内部的闭环发展。

吉利海外并购的脚步根本停不下来。2017年6月，吉利12亿元收购马来西亚宝腾汽车49.9%的股份。宝腾汽车建立于1983年，是DRB-HICOM旗下全资子公司，也是马来西亚最大的汽车公司，是目前东南亚地区唯一成熟的整车制造商，业务范围覆盖英国、中东、东南亚及澳大利亚。

2017年9月，吉利再次出手收购英国跑车制造商路特斯51%的股份。路特斯是世界知名的跑车与赛车生产商，总部设在英国诺福克郡（Norfolk）的Hethel，由柯林·查普曼（Colin Chapman）创立于1952年，旗下的跑车以轻量化设计著称。同年11月，吉利又以6亿美元收购太力飞行汽车Terrafugia。2018年2月23日，戴姆勒集团发布公告，证实了吉利董事长李书福持有其9.69%的股权，并成为该公司最大股东。

吉利的全球收购表面上四面开花，实际每一次并购行为，都有其明确的战略意图，都服务于吉利集团的长远发展全球战略，也都符合吉利汽车的“总体跟随、局部超越、重点突破、合纵连横、后来居上”的总体战略思想。

如今吉利旗下已拥有吉利、领克、宝腾、路特斯、沃尔沃、英伦、远程、Terrafugia、奔驰等品牌，多点落子、互成犄角的品牌矩阵初现，李书福的这盘棋已经成竹在胸。

第一，技术储备更加丰富。收购沃尔沃无疑对吉利技术的提升起到了关键的作用，而入股奔驰则对吉利与奔驰的新能源技术、智能驾驶合作打开了大门，飞行汽车为未来汽车的技术做了储备。

第二，完善了空间布局。本土不用说，收购沃尔沃开拓了欧洲和北美市场，收购宝腾除了宝腾本身，更多的是获得了宝腾的汽车销售渠道和网络，为吉利进军东南亚市场打开了大门。

第三，吉利与沃尔沃和奔驰等豪华车的战略协同作用。沃尔沃的协同效应已经体现，从平台、品牌到采购、技术，都给吉利带来了显著的提升。首先是三者在电动化方面有着很深的契合点：戴姆勒计划5年内投资100亿欧元推出10款纯电动汽车。梅赛德斯—奔驰2025年电动车销售占比达25%以上。Generation EQ概念车有望2020年前量产，戴姆勒首款电动卡车已于2017年上市。沃尔沃的目标是2019年全面生产电动汽车，2025年销量达到100万辆。吉利品牌从2019年开始几乎所有燃油车都将推出新能源版本的车型，新能源乘用车/商用车/锂电池/燃料电池布局完善。其次是互联网汽车契合点。戴姆勒拥有全球最大高精地图服务商HERE股权，高精地图是实现高级辅助驾驶和无人驾驶的关键技术基础。戴姆勒与博世共同开发城市环境无人驾驶汽车。2020年实现所有卡车半自动驾驶。沃尔沃在汽车安全和无人驾驶技术领域领先，并将向Uber大量供应无人驾驶汽车。最后是共享出行契合点。双方均从汽车制造向汽车运营方向发展，戴姆勒分时租赁品牌即行（Car2go）全球拥有300万用户。吉利拥有新能源汽车共享出行服务平台曹操专车，目前车队运营汽车超过1.6万辆，覆盖17个城市，为近1000万用户提供低碳出行服务。

通过买买买，吉利实现了全球汽车产业的布局和协同。正如李书福所言："21世纪的全球汽车行业面临巨大创新机遇，也面临来自非汽车行业公司的挑战，各个汽车企业单打独斗很难赢得这场战争。为了主动抓住机遇，我们必须刷新思维方式，与朋友和伙伴联合，通过协同与分享来占据技术制高点。"

而在中国本土，吉利通过链节的提升把核心竞争力从成本优势转向为技术优势，完成了从低端链节向更高端链节跃迁。伴随着吉利造车的纵深发展，吉利集团通过逐步改良生产工艺、更新生产设备、提升管理能力，实现了产品的更新换代和研发生产出更高档的新产品，从而跨越到价值量更高的价值链。

人才、品牌枕戈待旦

2017年乘用车销量前十中，吉利排名第五，跃居国产第一。吉利集团成为一家拥有吉利、沃尔沃、领克、宝腾、路特斯等十大品牌、年销售汽车182万辆、营收预计超过2700亿元的全球汽车集团。吉利总裁安聪慧认为，吉利在中国市场占有率再高，也不代表吉利的成功；汽车行业的性质，决定了企业要全球化，参与到全球市场竞争中去。

要参与全球市场竞争，就需要有全球化的人才和与全球化发展相匹配的品牌。所以在吉利，人才和品牌枕戈待旦，一直与全球布局是同步的。

吉利集团能在短时期快速发展，一个重要原因是人和事儿的高度匹配。吉利内部重要的高管成员基本分成两类人，一类是跟随李书福十几年，从他做摩托车、建筑材料一路走到吉利汽车，其中副总裁级别以上的包括安聪慧、刘金良、杨健、顾伟明、潘巨林和俞学良等人。这些人随着吉利的成长而共同成长。比如1996年刚毕业就进入吉利的安聪慧，从基层干到现在吉利集团的CEO、总裁。刘金良也是被李书福在海南相中的一个大学刚毕业不久的酒店门童，1995年加入吉利，现在是吉利集团副总裁、吉利汽车销售公司总经理。这些人通过和李书福的磨合，对吉利集团的了解程度都非常彻底，这些和吉利汽车命运与共的人依然是吉利的顶梁柱。而这群人和李书福的匹配，以及本身的进步程度将很大程度上影响到吉利未来能够走多远。

第二类人才是李书福麾下的重要人马，有来自其他国有汽车企业的管理者，也有来自家电机械行业中著名企业的管理层。其中最为人熟知的财务融资高手尹大庆，他曾经是仰融从美国杜邦公司挖来的财务高管，在吉利各项海外并购项目中起到了关键性的作用。李书福还吸收了大批汽车领域的专业技术英才。其中，有来自韩国大宇国际主管研发的沈奉燮，有曾任国家自动变速器课题组组长的徐滨宽，有一汽汽车研究所的底盘专家华福林，有曾任一汽轿车分厂副厂长兼总工程师的智百年，有参加过克莱斯勒发动机改进项目的发动机专家杨建中，最为人所知的是吉利研究院院长赵福全。

这批加盟的优秀人才在吉利决策层、技术管理层、生产制造等各个领域发挥了重要的作用。而且吉利集团还投入大量的力量培养汽车专业人才，先后创办了吉利技师学院、吉利汽车工业学校、北京吉利大学、海南三亚学院等院校。目前，吉利生产一线的技术工人60%是吉利自己学校的毕业生，吉利汽车研究院300多人的队伍中25%的技术人员来自吉利各院校。

为了成功收购并拯救沃尔沃，2008年收购沃尔沃之初，李书福从海尔挖来了王召兴等职业经理人。次年，又挖来了前菲亚特动力科技中国区CEO沈晖和前华泰汽车总裁童志远来运作沃尔沃国产事宜。此外，原沃尔沃亚太地区生产制造副总裁拉尔斯·邓也从瑞典哥德堡迁至中国，出任沃尔沃全球高级副总裁兼全球经管会成员，全面负责沃尔沃汽车在中国市场的日常管理与运营。

作为沃尔沃中国区的最高负责人，沈晖提前三年就已制定了沃尔沃中国的发展战略，其中第一阶段主要是完成国产审批，并在成都、大庆、张家口三地建厂以及建立上海研发中心。

李书福不仅知道用什么样的人和什么样的事相匹配，而且舍得高价请外脑。据了解，为了拿下沃尔沃，吉利组成了200人的收购团队。其背后最重要的力量来自罗斯柴尔德家族。大卫·罗斯柴尔德，罗斯柴尔德家族第六代掌门人，管理着欧洲有着250年历史的罗斯柴尔德银行团队，正是在他的指示下，罗斯柴尔德银行大中华区总裁俞丽萍联手沃尔沃首席执行长和董事长奥尔森促成了吉利并购沃尔沃的这次历史性的并购。

能让李书福同样出手阔绰的事还体现在对吉利品牌的打造上。早在2005年，吉利耗资2000多万元，挺进被誉为国际车坛“奥运会”的德国法兰克福车展。在绽放的牡丹背景衬托下，李书福在展厅揭开一面五星红旗，一辆绘有中国脸谱前景的“中国龙”闪亮呈现在世人面前。这是中国第一款跑车“美人豹”的第三代产品。在一些外国媒体那里，“中国汽车自主品牌”的代名词不是红旗，而是吉利。

2006年1月，李书福又公然把一款吉利自由舰轿车“开”到全球历史最久、规模最大的车展之一——美国底特律车展上。这是该车展举办1998年以来首次出现的中国汽车。在美国汽车“三巨头”门口“班门弄斧”的李书福，着实令人吃惊不小。《底特律自由报》就报道：成本低廉的吉利将成为通用、福特和克莱斯勒的新对手！

功夫不负有心人。2017年英国专业品牌咨询公司Brand Finance发布“2017年度全球最具价值品牌500强排行榜”，吉利汽车成为唯一一家上榜的中国汽车品牌。

2006年6月，由国家工商总局、世界知识产权组织（WIPO）共同主办的中国商标金奖颁奖大会在江苏扬州召开，浙江吉利控股集团荣获“2017中国商标金奖”之商标创新奖。7月，美国《财富》杂志发布2017年“世界500强”排行榜，吉利控股集团以2016年实现314.298亿美元营业收入连续第六年进入世界500强，位列第343位，排名较上年提升67位；此外，在净资产收益率（ROE）榜上，吉利控股集团在中国公司中排名第四，中国车企中排名第一。

弯道超车的新机会

从2016年颁布《节能与新能源汽车技术路线图》到2017年9月双积分政策落地出台，中国成为发展新能源政策最激进的国家之一。

而在中国之外，欧美国家也在积极推动新能源汽车的发展，比如印度、挪威、法国和英国已经宣布，将逐渐淘汰燃油车，以更加清洁的纯电动或混合动力车型代替。其中挪威设定的最后期限是2025年，印度是2030年，英国和法国都是2040年。中国政府也表示正在商定传统燃油汽车退出时间表。发展新能源汽车已经成为不可逆的大势，众多车企也从观望状态转向了深度布局的状态。

全球汽车产业进入了向新能源转型的行业聚变期，作为全球最大的汽车市场和新能源汽车市场，无疑中国车企迎来了一次弯道超车的机会。

在中国汽车行业发展进程中，吉利绝对是后来者，但在中国自主品牌进阶化探索中，吉利又算是先行者。包括领克在内，再加上飞行汽车、自动驾驶、车联网等战略布局，吉利对于行业未来的判断越来越有自信。

从“四个轮子+一个沙发”到“四个轮子+一块电池+一台电脑”，李书福对于汽车的理解从来都简单但前卫、精确。“一块电池”代表了汽车的新能源方向，而“一台电脑”则代表了汽车的智能化方向。

在外人看来，李书福的每一次语出惊人都像他的信口开河，只有复盘才能发现，后面都是深思熟虑的战略意图，在李书福心里有一盘“全球汽车产业结构调整”的大棋，也正是因为棋谱在心中，所以才能每一次都精准地提前布局在“机遇”到来之前。

改革开放40年来，在全球化的征途上，中国企业取得了令整个世界为之瞩目的成就，吉利无疑是以全球化发展推动转型升级的最佳范例。

但在分析人士看来，今天的吉利还面临诸多难题：过于分散的国内制造基地布局所带来的产能协同问题和管理难度，吉利品牌中最高端的博瑞如何向上发展突破市场份额瓶颈，同时投资VOLVO和戴姆勒集团可能带来的公司治理难题，都在考验着吉利集团的智慧。

如同中国抢占全球产业制高点的努力注定不会一路坦途，未来吉利迈向世界汽车领导者的征程上也注定不会一帆风顺，但“日拱一卒无有尽，功不唐捐终入海”。

作者简介

Introduction to the author

范媛 2013年加入《中国经济时报》至今，是国务院发展研究中心系统具有较高知名度的专家型记者。2015年，参与了国务院发展研究中心课题《制造业转型升级进行时——来自八省(市)制造业转型升级的调查》，撰写的自行车行业篇《自行车行业的速度与激情》深受好评，并且该调查被评为第28届中国经济新闻奖一等奖。2015年、2016年、2017年，参与的《百名学者前瞻中国经济形势》课题，连续三年获得李克强总理、张高丽副总理等中央领导批示，为中央决策提供建议。2015年，撰写并出版了中国第一本跨境交易全球股票资产的入门书《一键之隔：在中国做美股股东》。2017年，获得国务院发展研究中心主办的“国家高端智库建设大讨论”主题演讲比赛一等奖。被中国经济传媒协会评为“第四届中国经济传媒‘十佳记者’”。

华为，“政治经济学”视角的中国企业史

“那个时候，他在小平房里做交换机，和我很熟。”一位“50后”临近退休的深圳处级干部曾这样对笔者形容记忆中的任正非。他感叹说，自己比任正非小几岁，但仅以处长职位退休，而任正非现在“比部长还大”！

“如果要说远离政治，王健林根本不算，任正非才算。北京的中央部级干部来深圳要参观华为，他见都不见！只让下面的人接待。最后，人家觉得没面子，干脆不来了。”他说，任正非有很多这种“不给政府面子”的故事——这些故事未经证实。

说这个话时，不过是2013年，那个时候，华为还远没有现在这么“牛”。而任正非的做派，从这个“外部评价”或者说“未经证实的细节”中，已经可见一斑。

那么，现在的华为到底有多“牛”呢？

在中国，衡量一家企业有多牛，有着很多维度。如果按照市场化的指标，那就是他为股东带来的利益和好处，比如ROE（股权回报率）。

此外，如果按照“中国特色”的某些指标，企业的规模也很重要，这对制造业公司、房地产公司来说尤为如此。大而不能倒，这背后是就业和社会稳定，背后是国有金融体系的资金会流向它。当然，也代表着企业对地方官的“议价能力”。

但是否为最顶级的公司，以上这些维度都不准确，而且标准陷入琐碎。

当今中国，衡量是否为最顶级的公司的标准，就要看对执政党和中央政府而言，它到底有多重要。

其中，标准有很多。

比如说，中国的国家治理很大程度上，植根于以银行系统为骨干的金融体系，而中国的金融体系中，外汇储备曾一度为人民币的发行准备。因此，企业出口创汇的能力很重要。当然，出口更关系到农民工或者青年工程师的就业，这更指向了现实的社会稳定。

另外，国家的技术进步也很重要，特别是那些“硬技术”的进步。所谓“硬技术”的进步主要指的是技术创新，而不是模式创新。在技术创新中，相当一部分又是硬件——芯片、航空发动机等的创新。

华为公司，刚好是符合这两个标准的企业之一，尽管它目前在芯片领域还处在起步阶段。某种意义上讲，曾被中国人误称为“血汗工厂”的富士康，对于执政党和中央政府，都要比BAT（百度、阿里巴巴和腾讯）等互联网巨头来得重要。

因为，连续十几年里，富士康都霸占中国出口第一的位置，其占出口总额的约5%，其旗下企业亦分居粤、鲁、豫、晋等大省出口第一。全球40%的消费电子硬件产品，富士康制造！

——富士康的故事，我们就此打住，本文主要说华为。

但是，华为这几年有逐渐被“神化”的趋势，这并不是一个好事情。特别是有些网络上的文章标题，让人感到非常不适，随便举几个例子：《华为老总任正非身份彻底曝光，全世界感到害怕》《华为要这么做，苹果真得哭晕在厕所》《华为再夺世界第一！苹果三星已经哭晕》《华为工资单曝光惊呆了网友，看看自己的已哭晕在厕所》。

对任何一家公司，我们都应该理性和冷静地看待它的过去，期待它的未来。即使它技术和产品的强大，它员工的高薪，它创始人的人格魅力，已经足以让别人长期“哭晕在厕所”，但它的发展秘诀一定是有路可寻的，一点都不应该神秘。

过去，如果从本质上讲，华为的成功在于三点：一是有任正非为核心的一批创业者和企业家；二是这家公司选对了行业，并踩准了时间窗口；三是华为在成长的过程中，吃尽了中国的“大国红利”。

那么，未来呢？

创始人：从低调到“明星”

对于华为的创业和发展故事，外人的分析可以说是汗牛充栋，可以装满一座图书馆或者一个大硬盘。但在这里，我们打算先用一个媒体视角来剖析。笔者相信，它必定让你得到一些不一样的启发。

2010年，华为曾经发生过一次接班人风波。

按照当时的媒体报道，在下半年的一次华为例行的高管会议上，华为创始人任正非提出要将儿子任平引入EMT成为董事，但他的这一提议遭到了时任董事长孙亚芳等多位高管的反对。

EMT是华为经营管理团队的英文简称，当时，任正非任华为的总裁，而董事长孙亚芳一直被认为是仅次于任正非的二号人物。随后，又传出了孙亚芳可能被“逼走”的传闻。

不过，这场风波最后的结果是，孙亚芳并没有离开，而是继续担任董事长。此外，华为改组了新的董事会，而任平并没有进入董事会。

这场风波之后，华为内部进行了反思，包括任正非在内的一些高管表示，接班人风波是谣言，是公司高层和媒体打交道的方法存在障碍，因此必然存在一些误解、误读和猜测。

在公司内部，任正非还表达了这样一个意思：过去，在面对传媒，华为长期都是做一只把头埋在沙子里的鸵鸟，他自己可以低调，但公司不能。以后，公司宣传部门不要害怕对外说错话，把其个人作风和公司作风区别开。否则，公司的宣传会被定位在一个不正确的位置上，容易把公司给耽误了。

对于华为已经过去的接班人风波，现在早已没有探讨的必要，但这次风波之后，华为和媒体的关系的确发生了一次大逆转。

此前，华为的确很大程度是“鸵鸟政策”。在2010年更早些时候，即这场接班人风波爆发前，摩托罗拉和华为爆发了官司，不少媒体开始关注这件事。当时，华为公关部门的一位人士对部分媒体的记者表示，写华为公司不要紧，但希望记者不要在稿子中提及“任正非”三个字就行。公关部人士的言辞极其恳切。

那时，任正非的确在刻意低调，不论是吹捧他，还是别的关于他的报道，他似乎都不希望看到。

但最近这几年，事情却发生了很大的改变。一个简单的例子是，关于任正非的“语录”和照片总是不定期在网上流传。其中，至少有三个广受关注的片段：

一位网友在机场摆渡大巴上“偶遇”任正非，并附图称对任正非进行了采访。照片上，任正非一脸憔悴和疲惫，让人感动和敬佩。随后，该条微博引起国内网友高度关注，网友纷纷刷屏。

又有网友曝光出，任正非和华为普通员工一样，在华为食堂中排队吃饭，领到餐后，他一个人端着盘子去吃饭，没有人陪同。他笑呵呵的，像个普通的长者。

网友又爆料，任正非在虹桥机场排队等出租车，没有秘书。照片中，任正非一手拖着行李箱，一手打着电话，站在等候出租车的队伍里，不像个大人物。

这三个片段，对任正非的个人形象来说，无疑是极大的加分。在以前，任正非更多是被看作一位“铁血教父”，他用严酷的纪律带领一支大军，在全球范围内开疆拓土，树立起了中国企业的一个标杆。但另一面，在公众眼中，华为公司是“狼性文化”的代表，缺乏温情，一切都以业绩为重，是100%的“经济动物”。

而通过这些网络传播，任正非的形象变了。他是一位有着刚毅内心的中国男人、企业家，但也是一位普通人，是一位温和的、笑眯眯的年长同事，是一位温和的老人，是愿意提携年轻人的宽厚长者。

任正非这种形象的改变，到底是华为有关部门的主动为之，还是网友真的“偶遇”拍到？外人无从得知——暂且，但我们宁愿相信是后者：任正非作为中国企业界的教父级人物，他在生活中，也是一个充满温热和情感的普通人。

但有一点可以肯定，任正非的这种形象改变，对于华为产品线的转型，无疑是极大的推动。在品牌塑造上，至少可以省下大笔的广告费。那么，华为到底在经历何种转变呢？

2B企业的2C大行军

据笔者的了解，最近几年，有非常多的媒体人开始进入华为担任公关工作。在很多产品线，华为都会专门配置一名以上的“前媒体人”。不过，你必须注意，对于这家以“务实”著称的企业而言，华为在公关领域的转变和其业务的转变也是同步的。可以说，华为对媒体态度的转变，取得了“一举两得”的效果。

在此之前，华为在国内和国外一直以通信设备供应商为人所知，最开始，它做交换机，然后产品线不断扩大，但产品主要是针对运营商，而不是普通消费者。简而言之，以前华为主要是一家2B（to Business）企业，但现在华为越来越成为一家2C（to Consumer）企业了。

华为针对普通消费者的是移动终端，主要是平板电脑和手机。以手机为例，华为的手机事业部于2003年就成立，但手机板块一直不愠不火，长期在国内排不上第一阵营。因此，华为由于业务重心的原因，并不注重和媒体的沟通。

但2010年前后，事情发生了变化。一是华为在亚非拉，以及欧洲市场都如鱼得水，但在美国市场一直遇到不小阻力，美国人认为华为企业治理“不够透明”。二是通信设备领域日益面临市场饱和的问题，这一主干业务增长未来必然有天花板。与此同时，随着智能机时代的发轫，在功能机时代并不出色的华为开始意识到，自己的赶超机会到来了。

多重因素叠加，加之接班人的公关风波，使得公司迫切需要树立透明的形象，赢得外界的信任以及普通消费者的好感。实际上，华为对公司处境以及产业发展的判断完全是正确的，而重新树立崭新形象的努力也为华为带来了不可估量的回报。

手机和笔记本作为直接面向消费者的移动终端，其品牌形象和面向企业的通信设备完全是两个逻辑。对后者来说，企业负责人的品牌并没有那么重要，因为机构、企业客户更加看重的是产品品质、性价比以及售后服务等，非常理性化。

因此，用严酷的“狼性文化”为客户提供最具吸引力的性价比，随叫随到的售后服务，那就是最好的竞争力。西门子、朗讯、摩托罗拉这些西方竞争者，在非技术领域的竞争中，根本就不是中国人的对手。

但是，对面向普通消费者的产品来说，企业负责人的个人品牌本身即是一种最好的产品代言，尤其在“互联网+”时代更是如此，这是一个“感性化”的时代。

比如，小米手机的短时间崛起，除了本身的性价比因素之外，雷军的形象无疑也是一种极好的市场助推因素。再如格力，董明珠给外界呈现的是一副说一不二，并且敢于负责任的“大姐大”的形象。这些充满正能量的企业负责人形象，会不断固化消费者的品牌认知，提升消费者忠诚度。

那么，你试想一下，华为如果呈献给公众的，还是早先的那种“狼性文化”，消费者会做何感想？因此，华为必须慢慢从大众的心中祛除这种“狼性文化”的印记，要拉近和消费者距离，企业创始人、负责人的形象也要因之改变和调整。

现在，中国国产手机“中华酷联”（中兴、华为、酷派和联想）的格局，早已不复存在。华为手机作为国产品牌，早已在国内市场一骑绝尘。

根据国际调查机构GFK的数据，2017年，华为凭借1.02亿部的销量登上2017年中国手机市场销量排行榜榜首，其后分别是OPPO、vivo、苹果和小米。从份额来看，华为整体销售份额为22.82%，继2016年后持续排名第一。

以上数据还显示，排在第二位的OPPO销量为7756万部，第三位vivo为7223万部，第四位苹果为5105万部，第五位小米为5094万部。从绝对数量看，华为手机的领先地位很明显，较之后的OPPO多出了2000多万部。

从业务板块看，2017年，华为传统的优势领域运营商业务实现了2978亿元的收入，企业业务实现了销售收入549亿元，在消费者业务（手机和平板为主）方面实现了销售收入2372亿元。其中，2C的消费者业务占比约为40%。

回顾五年前，各板块的占比则是另外一番风景。2013年，运营商网络业务实现销售收入1665亿元人民币，企业业务和消费者业务分别报收152亿元和570亿元人民币。其中，消费者业务占比约为25%。

显然，华为的2B业务（运营商和企业业务）固然占据六成的版图，但增速明显落后于2C业务。在可以预计的未来，2C必然成为华为的战略重心。

不过，2C业务的迅速扩张，意义并不仅仅局限于对销售的贡献和企业整体盘子的做大，它更指向了未来的某些可能性。

挑战BAT的可能性

通信设备由于更新换代较慢，全球市场比如运营商基站建设、维护这样的业务，在经过一二十年的高增长之后，必然面临放缓，乃至饱和的局面。

而终端业务则完全不一样。移动终端比如智能手机，和2B的通信设备就截然不同，它的更新换代相对较快，消费可以说是重复性的。当一家公司的品牌深入人心之后，就会形成强者恒强的市场格局。市场不断的产品升级和换代，最终都会化为品牌领先者的销售收入。因此，任何一家有着雄心的企业，都会把这个领域作为未来的战略重点。

此外，智能终端还有一个更为重要的属性——它是移动互联网时代的硬件入口。通过硬件入口，可以抢占消费者的手掌，也意味着在移动互联网时代，这家公司将收获更多的商业可能性。

谈到硬件入口，一个必须注意的例子是百度公司。在PC互联网时代，百度拥有着最强大的入口，那个长条形的搜索框，是百度所有“商业传奇”的缘起。但百度当年并不满足，它意识到移动互联网终将大面积取代PC互联网，于是一直有着抢占移动互联网时代硬件入口的想法，从而延续PC时代的“商业传奇”。2013年，百度就已经曝出将有进军手机硬件的消息。但市面上，最终没有看到百度手机的踪影。

这两年，互联网巨头们通过不断的收购，争夺线上的流量，“流量红利”的时代到来不久，又有人认为“流量红利”即将过去。流量争夺战，最直接的方式是收购那些手机APP后面的公司，比如互联网地图、外卖点餐、共享单车等。这些年的收购大战，基本上都是这么做的。

不妨这样想：尽管手机屏变得越来越大，但是手机屏所能容下的APP数量毕竟有限，而且这些APP的更迭速度也很快。那么，直接控制手机硬件的方式是不是更好呢？——当然，这只是一种逻辑上的猜想，但是它无疑代表了商业上的可能性。而且，你必须知道，中国的反垄断法环境相对特殊，并没有美国司法部那么强大的机构来专门“攻击”垄断行为。

华为手机的出货量第一，已经给华为的未来提供了充分的想象空间。它如果进军软件领域，进军移动互联网，会怎么样？这个问题留给资本市场好了，资本市场最不缺乏的就是想象力。

特殊的“大国红利”

华为为什么能够成功？从做交换机开始，到成为全球销售额第一的通信设备企业，再到成为国产手机的龙头老大。在此，我们不再赘述那些企业史的发展脉络或者说创始人的动人细节，这样的文字已经很多，我们不妨归纳出华为崛起的那些富有时代特征的原因。

华为的崛起，既有偶然因素，也有必然因素。偶然因素是，1987年，从国企离职的43岁中年男子任正非在深圳创立了华为。必然因素，则是华为抓住了“大国红利”。对一个企业来说，偶然因素——企业家的力量更为重要，也更富魅力，但这里我们谈论更具普适性的必然因素——大国红利。

大国红利有很多层次，华为的第一个大国红利是工程师红利，换句话说也是人口红利，即在大量的劳动人口的基数之中，必然产生高质量的工程师队伍。在中国，尤其如此。

中国人智慧而勤劳，华为的元老级创业者多数都在“文革”之中接受主要的教育，但在华为的高速扩张期，那批真正发挥作用的中坚都在“文革”后才修读了中国的理工科大学。那个时代，国家百废待兴，校园之中真正有着“万般皆下品，唯有读书高”“学好数理化、走遍天下都不怕”的氛围。这批“60后”“70后”的工程师，汇聚为华为的第一轮工程师红利。他们和世界最前沿技术无缘，但基本功扎实，做交换机这样的产品已经足够。

华为的第二轮工程师红利则很大程度来自中国1998年开始的大学扩张，其中，应用类理工科教育高速膨胀。当然，要进入华为，也必须是这批人中的佼佼者、幸运者。他们主要是“70后”和“80后”。

在华为，工程师是一切的核心。研发自然不用说，市场人员、销售人员、品牌人员多数都是工程师。在广袤的亚非拉和欧洲，这些年轻人可以随时实现工程师和销售人员的身份切换。其实，这种“工程师导向”，在深圳的制造业企业中非常普遍。一位和任正非同辈的制造业大佬曾说，理工科学生比文科学生能吃苦，所以他自己企业的品牌人员、市场人员也都只招工科生。

但是光有工程师红利是不够的，它只是内因，外因同样重要，那就是中国的对外开放（特别是2001年中国加入WTO）给企业群体带来的全球化红利。

在21世纪初的十几年，华为的全球销售收入中，海外收入一直都超过

50%，在最高峰甚至超过70%。最近几年，由于海外运营商业务的逐渐饱和，以及国内市场的不断开掘，这一比例有所降低。2014年，华为海外销售收入占比达62.2%，2015年占比58%，2016年回落到55%。

对于任何后发国家来说，外贸兴国是一个亘古不变的真理。道理很简单，因为只有产品外销，没有母国市场的“贸易保护主义”护航，那么企业才会拼尽全力，生产最好的产品——至少是最具市场吸引力的产品，去和竞争者短兵相接，争夺海外市场。因此，对于日本、德国这样的工业国来说，它们的技术进步最初都来自贸易部门的发展。

韩国人在电子消费品行业的进步，就基本上是贸易兴国的最好演绎。韩国的人口只有5000万，没有巨大的母国市场，所以韩国人才会拼尽全力，搞彩电、搞面板、搞手机，最后竟然实现了技术的进步。我们不要不承认韩国的技术进步，举个例子，在彩电、面板、手机等领域，韩国产品的市场定位的确比我们要“高端”不少，它们的单价更高，利润也更高。难道不是吗?

同样，中国的华为之所以崛起，也在于走的是贸易兴国这条路，在没有母国市场保护的情况下，发挥企业家的领导力和远见，数万优秀的工程师放手大干，纵横亚非拉。最后，一举成了通信设备、手机这些领域“中国制造”技术进步的代表。

“工程师红利”+“全球化红利”，这是华为过去奇迹的两个轮子。而现在，华为很大程度得到的是母国的“市场红利”。某种意义上讲，在华为销售增长上最倚重的智能手机领域，华为正在逐渐树立起了自己“民族品牌”的形象，尽管这家公司从来没有将自己明确定位为“民族品牌”。但是，事情的确是有意或者无意地这样发展的。

未来，作为中国的消费者，只希望华为能生产出更好的产品，而不是以民族品牌自居，在吃透母国“市场红利”的时候，却忘记了自己的初心。

不过，尽管华为吃透了大国红利中的“工程师红利”和“母国市场红利”，但另一种红利，华为却没有吃到——它就是大国的“资本红利”。

标杆企业的另一面

华为“员工持股”的融资模式，可以说是人类企业融资历史上的一个“奇迹”，当然，也是“异类”。

前几年，媒体曾一度“炮轰”这种模式。据报道，该融资模式可以这样理解：华为有数万员工“股东”，但员工并非真正持有华为股票，而是通过职工持股会这类的机构“代持”。对这种“不完整”的股权，员工缺乏真正的表决权，而只有分红权。因此，这就保证了公司的控制权掌握在创始团队手中。

这种模式有两个优点：一是融资，华为在资金紧缺的创业初期，这种融资模式曾帮了华为大忙；二是可以通过分红权留住员工，因为员工离职后，将不再享有分红权。

但另一方面，这种融资模式也有两个显著缺点：第一个缺点是员工认购资金的有限性。即滚动式的员工认购融资，其前提是员工的认购资金必须充足。尤其对新员工而言，资金可能是个问题。实际上，此前已有报道称，华为不少员工从银行贷款认购公司“股票”，曾一度被监管部门明令叫停。

第二个缺点是员工手中这种“残缺”的股票，无法让“持股者”获得真正意义的资本利得。投资者通过股票获利的手段只有两个，一是分红，二是资本利得，即转手差价。中国A股的多数公司都是“铁公鸡”，吝啬于分红，因此股民的梦想寄托便是资本利得，即在二级市场“倒差价”。

这两个缺点随时会变成企业发展的资本瓶颈。当企业增速放缓，利润下滑，分红减少，那么员工收入必然降低。更重要的是，普通人都是“逐利动物”，如果有其他资金投向的收益高于公司“股票”分红，这更是问题。

比如，从2016年开始，深圳的房价出现了大幅上涨。华为所在的一些板块涨幅超过了100%，位于南山、前海一片的涨幅超过200%也并不少见。显然，这种收益已远超过华为的所有者权益报酬率，换句话说，如果拿这些钱去买房，那么房产增值的收益必然超过分红。在这种情况下，对华为那些没有买房，只是认购了公司“股票”的员工而言，其内心作何感想？

2016年深圳房价暴涨之后，在新华社对任正非的专访中，任正非对高房价的批评相当克制、相当温和。他说：“深圳房地产太多了，没有大块的工业用地了。大家知道大工业的发展，每一个公司都需要一定的空间发展。”

“四个现代化，最重要的是工业现代化。工业现代化最主要的，要有土地来换取工业的成长。现在土地越来越少，越来越贵，产业成长的可能空间就会越来越小……算一算每平方公里承载了多少产值，这些产值需要多少人，这些人要有住房，要有生活设施。生活设施太贵了，企业就承载不起；生产成本太高了，工业就发展不起来。”

一般而言，房地产对实体经济的挤压，有两个效应：一是导致成本增加，比如工业用地价格飙升，企业成本升高；二是吸走实业资本，资金都去“买砖头”，即外界常说的“实体经济空心化”。任正非主要谈的是第一个效应，而实际上，第一个效应是有“解法”的。因为，随着互联网、高铁等现代信息互通手段和物流手段的进步，产业迁移到低成本地区并不难。任正非自己也承认这一点。

房地产对实体经济最大的危害在于第二个效应。这个效应，产业界自己没有办法解决。一个简单的道理是，当企业的股权投资回报比不上买房，那么资金便不会继续投资于股权，哪怕你这个公司行业第一。更重要的是，华为并未上市，而且“股票”也无法对外转让，这意味着员工无法获得资本利得，只有分红一条获益之路。

因此，数万华为“核心军团”的稳固，必须要建立在企业利润不断增长的基础上，在利润高增长的情况下，分红可观，那么“华为军团”的资本纽带即利益纽带也就越发稳固。这些年，华为在国内市场的爆发，特别是移动终端市场成为国产第一品牌，无疑极大地缓解了原有融资模式可能带来的问题。

但是，一个企业不可能长期保持加速度的增长，甚至都无法保持匀速的增长，这意味着华为未来依然有解决自身股权问题的必要。

华为2009年的一份报告中，首次公布了员工持股情况。截至2009年12月31日，在华为全球9.5万名员工中，有61457名员工持有公司股份，占员工总数的65%，持有股份总数达98.58%。此外，还有报告显示，总裁任正非持股比例只有1.42%。换句话说，华为的股权相对分散，如果改变“员工持股”模式，实行完全的同股同权政策，创始人甚至是创始人团队将失去对公司的控制权。

在产业更新迭代迅速，竞争异常激烈的IT硬件行业，公司的领导力和远见、决策层的决策效率极其重要，这是企业成败的关键。实际上，华为创业以来的成功，很大程度就来自于创始人或者说创始人团队对企业方向的绝对掌控和关键时刻的果断决策。因此，在这个意义上讲，“同股同权”是否真的比“员工持股”更适合这样的企业？

如果因为股权的变革，让一家优秀的企业失去领导力和方向，那是不是得不偿失呢？

目前，“200人限制”和“同股同权”两个标准，是在A股上市的“刚性门槛”，它们决定了华为暂时还难以在A股斩获“资本红利”。事实上，在当下的A股，一家二流的公司都可能获得“蓝筹溢价”，获得众星拱月一样的追捧，何况华为这样的龙头公司。那么，在这个意义上讲，华为的确错失了中国金融体系给予的“资本红利”。

除了A股的高估值，港股也不错。2018年，港交所已经启动了“同股不同权”改革。有人说，这是因为港交所过去错失了阿里，所以今天舍不得小米。

在这个世界上的很多地区，特别是东亚地区，规则往往具有极大的灵活性。当企业足够强大和具有吸引力，某些规则是可以改变的。

华为上市吗？这个事情显然比1987年华为初创，要对中国经济来得重要。无论它上与不上，或者说怎么上，它都将揭示中国政经大势的演变方向。

作者简介
Introduction to the author

谭保罗 现任《南风窗》常务副主编，广州市金融高级专业人才。

从业10多年，常驻北京、广州、深圳及台北等地，此间亦就读于北京大学国家发展研究院《财经》法律经济学奖学金项目、清华大学五道口金融学院金融媒体奖学金项目。擅长“政治经济学分析法”，以政治分析经济、以经济分析政治，并长期专注于研究中央政府、金融体系和企业群体之间的“三角关系”。

代表文章有《王健林出卖资产背后》《中国超级富豪的“国家责任”》《这是朱镕基之后力度最大的一次金融整顿》等。

中国平安，金融基因进化成的科技物种

2018年5月27日，在600米的深圳第一高楼——平安金融中心内，平安集团掌舵人马明哲发表了平安集团三十周年的司庆献词——《铭记初心：我是一名保险推销员》，提醒他带领下的170万员工：要铭记来时的路！

在三十周年司庆上，马明哲并没有着墨于未来如何发展，而是把目光放在了保险推销员身上。他指出，令他感到痛心和无奈的是，保险推销员的社会地位不高，得不到大众的认同。并且指出要从自身找根源的三条原因。

对于这家还在高速发展的巨无霸综合金融企业来说，马明哲先生对于保险推销员的关注，不仅仅是出于他的保险情怀。更重要的原因是，在这样一个科技驱动以及金融业务正在发生巨大变化的时代，135万的保险推销员却正是平安集团能够胜出的核心优势之一。

当互联网平台公司在过去十年疯狂完成用户积累之后，开始了建立起无限可能的应用场景，并迅速产生出大量的赚钱业务。而对于平安集团来说，除了拥有巨量忠实金融客户外，基于综合金融全牌照服务优势，已建立起“金融服务、医疗健康服务、汽车服务、房产服务、智慧城市”五大生态圈，以及陆金所、平安好医生等多家互联网开放平台，截至2018年6月30日，积累了4.86亿互联网用户。

此外，平安集团也已经搭建起资产交易、汽车交易、房产交易以及积分交易四大场景市场以及平安好医生这样的应用场景，截至2018年6月30日，其个人客户1.79亿。平安集团黏住了6.65亿用户。

而百万保险推销员则是平安集团最大的杀器，未来，他们不再只是保险推销员，而是平安集团提供综合金融服务的百万最可靠的触角！因此，在科技金融上正在高歌猛进的平安集团，在三十周年这一重要时刻，掌舵人提醒“我是一名推销员”的意义不言而喻！

所以，马明哲才会自豪地说：“平安的保险业务队伍，是一支全世界最优秀、最具竞争力、客户体验最好的销售精英部队。”

在未来科技竞争的时代，这百万保险销售员正是平安打造深度服务场景的神经末梢，他们在最大可能地感知着客户的所有需求，传回中枢。综合金融是一项非常复杂、艰巨的系统性工程，要实现“一个客户、一个账户、多个产品、一站式服务”的业务模式，首先有赖于业务人员深入、全面地了解客户实际需求，然后才能借助综合金融后台和互联网数据分析技术，为客户提供有针对性的、定制化的综合理财方案，并持续提供个性化的售后服务。

在金融领域，马明哲被圈内人称为“将来时”，他的三十周年司庆献词也注定不会是无心之话。要知道他就是靠着“高灯照远亮”的卓识远见，用三十周年时间做出了一家传奇般的集团公司。

蛇口精神，平安起势

创造传奇的人，人们也总会在他的身上加持一些传奇的故事，马明哲亦不例外。

有段时间，坊间传闻马明哲早年给袁庚当过司机。作为当时蛇口改革开放的当家人，袁庚像蛇口的“神”，而马明哲从湛江调动到工业区劳动人事处，从一名普通干部做起，基本上只能在报纸和电视上看到他。

2016年1月31日，享年99岁的袁庚逝世，马明哲撰文深切悼念，也难得借此机会回应了传闻，“坊间一直有传说，我曾是袁董的司机，可惜我无此荣幸”。他曾对同事开玩笑说，如果大家认为“我从当司机到董事长”是草根逆袭，是大众奋斗的榜样，我很乐意“被当司机”。

当然，我们都知道的是，袁庚对于马明哲确有知遇之恩。正是因为当年袁庚的全力支持才有了1988年平安保险的诞生。

不过有趣的是，马明哲先生确实有过一段司机经历。他生于1955年12月，父亲是南下的“四野干部”，母亲是马来西亚归侨。高中毕业后的马明哲也加入了上山下乡的行列，在乡下干了一年农活后，学会了驾驶，成为农场的一名货车司机。他曾经表示，开车虽然辛苦，但是他很喜欢，因为可以开车在各地跑，看到外面的世界。

1977年，马明哲被调到湛江地委担任某部门通讯员。1983年7月，马明哲调任招商局蛇口工业区劳动人事处，成为一名普通干部。在劳动人事处的工作，给了他打开视野的机会。期间他负责员工工伤保险等福利工作，学习力让他走在前面。

1985年，蛇口工业区社保公司成立，当时马明哲担任社保公司经理助理，他把劳动人事处负责的社会保险，挪到社保公司独立运作。第二年，他升任公司副经理。

当年蛇口的工人经常发生工伤事故。在一次工业区的会议上，马明哲建议成立一只基金做保障，这个提议得到了袁庚的认可，并委派马明哲研究工伤基金的方案。在这个过程中，随着对保险保障知识的不断深入了解，他知道了工伤保险属于商业保险，要想做好就得成立新公司、申请牌照。

在那样一个火热的改革开放年代，马明哲的这样一个念头，却正在决定着三十年后一家优秀公司的起点!

1986年，马明哲向袁庚建议成立一家商业保险公司。袁庚当即表示说：“可以，但是你要怎么做？”早有准备的马明哲拿出起草好的推荐信函递了上去，袁庚看后做了些修改并签上自己的名字。马明哲带着这封信前往北京，找国务院和人民银行“走审批”。

1988年3月，人民银行发文批准成立平安保险公司。这家诞生于中国改革最前沿蛇口的公司，是中国第一家股份制保险公司。从1979年人民银行恢复国内保险业之后10年里，国内保险业一直都是由中国人保垄断市场，直到1988年平安财产保险的成立。

这一年的5月27日，平安保险正式开业，注册资本3000万元人民币加3000万元港币，由蛇口工业区、中国工商银行信托投资公司分别出资49%和51%，刘鉴庭任董事长，马明哲任总经理。

在深圳蛇口一个低矮楼层的门面里，仅几百平方米的办公地，平安保险总共13名员工，开始了正式的运营。

多年以后，马明哲在其回忆文章《蛇口精神永励“平安”》里说：“在蛇口度过的那一段初创期，之所以令平安人刻骨铭心，正是因为那里，平安保险不仅仅承受着‘胎儿分娩期’必然的阵痛刺激，而且也经历着‘幼儿成长期’难免的坎坷考验。”

但是总的来说，那时33岁的马明哲信心满满，他分析了深圳地区的市场后认为，仍有75%的保险市场没有开发，可做的业务量仍在70亿元以上，能赚到的保费不少于7亿元。结果，平安保险成立后的第一年，平安的年营收418万元，利润190万元。

就这样，平安保险在马明哲的带领下，起步就妥妥地开始挣钱。但就这还是很难满足马明哲那颗想做大事的雄心。他开始外出台湾考察，去看发达国家和地区的保险业发展经验。在这个过程中他意识到，与国际上寿险保费占总保费已经超过50%的情况相比，中国人寿保险在20世纪90年代初还基本处于空白，可谓是一片沃土。

进入90年代，平安虽然历经发展，保费收入规模也节节增高，但是发展的瓶颈明显，一方面经营区域仅限于深圳和沿海几个城市，另一方面平安单一的财产保险业务发展空间远远小于寿险业务。而此时，在人寿保险市场上是中保人寿一家独大的，平安保险的市场规模只有整个中国保险业的4.2%。

随后的1992年开始，平安保险借着政策放宽、工农业保险需求大增的背景，首选开始了分支机构扩张，一时间北上远达东北，向东在上海扎根（顺便说一下，上海后来成为平安保险稳定的保费收入“粮仓”），在福建、广东也继续加大分支机构布局。

分支机构扩张，使得平安保险有了很好的寿险销售的基础，1993年在卖产险的同时开始积极销售寿险产品。1994年，平安的产险和寿险分业经营水到渠成。分业后的平安保险，收入结构在一年时间就发生了革命性的变化，到了1995年，平安的寿险业务超过了产险业务。在当年50亿元的总保费收入中，有28亿元是来自于寿险业务的，可谓势如破竹。至此，寿险业务的威力彰显无遗。

马明哲此前在考察时，看到包括存贷款、代销证券、保险等金融业务其实都是可以绑起来做的，而且空间巨大，于是他的雄心也不再满足于单一的保险业务了。

1995年，平安证券公司成立；1996年，平安信托公司成立……未来平安保险集团的雏形此时得以清晰开来。

竞争中求生存，创新中求发展

方向上清楚了，下面要解决的就是体制、机制的问题。

从火热的改革开放年代发展到90年代，尤其是1991年前后，改革是姓“资”还是姓“社”的争论甚嚣尘上。但在平安保险发展的过程中，马明哲明显感觉到了束缚，虽然体制内身份可以帮助拿到一些单子，但是也限制了公司活力爆发的能力。另外，很多发展大事公司和马明哲做不了主，新的发展规划需要上面层层审批，在领导提拔上也要由招商局来做主。

在政治的大背景和公司发展的小背景下，怎样的路径突破就显得较为重要了。但是，平安保险在那个节点也遇到了好的时代。1992年，邓小平南方谈话，反复强调中国的改革就是要搞市场经济。这样整个中国的改革氛围朝好的方向发展开来。

随后几年间，马明哲全力推动了平安保险的股权改造，千方百计引入外资股东，并推动了员工集体持股，与企业“一荣俱荣，一损俱损”。1992

年，平安职工合股基金成立。股权改造后，马明哲出任了平安保险的董事长，掌握了平安的管理权，但其本人只在合股基金里占有极少的股权。

平安集团整个股权变更过程既非常复杂，又彰显马明哲引进股权的良苦用心。截至1994年，平安的股东数已经变成了114家，当年的工商银行、招商局和中远集团都已经陆续退出，国际顶尖投行摩根士丹利和高盛也都进入其股东名单。

摩根士丹利和高盛于1994年6月各投资3500万美元入股平安保险，这正是马明哲苦心的“求仁得仁”。

据说当年和他们之间的谈判可没有结果这么令人满意和轻松。关于入股的谈判，数次陷入僵局，与摩根士丹利的谈判几欲破裂，后来断断续续谈了一年多，最后摩根士丹利接受了每股净资产6倍价格的入股。高盛入股平安，更是创造了这家美国顶尖投行在中国境内的首笔直接投资。要知道那时候在高盛的眼里，平安不过是一家“稚嫩瘦弱的小公司”。

谈判的艰难让马明哲一度感叹“外国人的钱不好拿”。不过，后来的事实证明，为谈判付出的努力都是值得的。摩根士丹利和高盛入股后，给平安的公司治理、公司架构和内控方面都带来了很大的影响。这在后来平安集团建立综合金融体系上产生了不可估量的影响。

“这在当年的金融业，是非常超前的举措。”刘鸿儒说，“但正是这个创新的体制奠定了平安快速、健康发展的基石。”

当然，平安能在体制机制上走出来，无疑得益于它出生于蛇口，根植于深圳。平安集团资深副董事长孙建一说：“当时，如果没有蛇口特定的改革环境，如果没有创新意识，平安不可能拿到牌照。”那么同时也意味着各方都对平安的创新寄望有加。

给中国平安批了牌照的原国务院国务委员兼中国人民银行行长陈慕华告诉马明哲：“平安是改革的产物，不要成为改革的对象，不要去复制别人。”

马明哲也曾说，平安以改革试验者的身份，先天承担的使命就是探索新发展模式，提升中国金融业的国际竞争力。“蛇口精神”赋予平安人特有的基因——“开拓进取、不怕挑战、不畏艰难、勇于创新”；勇于创新是平安的象征与生命。

平安总经理任汇川说，强烈的危机感已成平安文化的DNA。30年来，平安在竞争中求生存，在创新中求发展。平安的创新，不是为了创新而创新，而是来自面对市场瞬息万变、优胜劣汰的深刻危机感。

“竞争中求生存，创新中求发展”正是首任中国证监会主席刘鸿儒当年亲手给平安批复牌照时的题词，希望平安建立真正的市场机制。在刘鸿儒看来，平安的生存之道，就必然是竞争，开始是和国企竞争，后来是和外资竞争，到现在是全方位竞争。

刘鸿儒说，平安的成就，既是它自己的，也是我国整个金融保险业的，是我国金融业改革开放的缩影和集中展示，又是“蛇口精神”的象征和传承。

深圳是改革开放的经济特区，当时不少公司尝试通过员工合股基金持股的模式。马明哲考虑再三，将董事会批准的以其持股为主的员工合股基金，分配给了近两万员工，其本人在合股基金里仅持有极少的股权。

作为中国第一家股份制保险公司，平安保险公司在2004年6月24日登陆香港H股市场，此时平安员工的集体持股计划，员工持股比例已经发展到14.5%，港股的上市集体持股计划在平安内部催生了两万多名受益者。而诞生了16年的平安保险也创造了当年亚洲年度最大IPO，融资143亿元！3年后，平安集团也顺利登陆了A股市场。

此时，命运一直与“改革”这个词密切相关的中国平安集团早已非昔日吴下阿蒙了。早已埋下伏笔的所谓“最优股权安排”使得平安集团企业性质先天性地“姓社会”。

按照刘鸿儒的话说，平安一成立就设计成规范的股份制企业，在发展过程中又逐步实现了股权多元化，不仅引进了外资，还让创业优秀员工获得了股份。当年以马明哲为首的那群年轻人之蓬勃生机与活力，包括创业激情，令他一直念念不忘。

中国平安（6001318.SH）董事会秘书盛瑞生先生总结说："平安是一家名副其实的混合所有制企业，按国际资本市场的说法，平安是一家社会性的公众上市公司。"

中国平安作为一家集团整体上市的企业，股权分散，全流通，其中，60%是内地市场流通的A股，股东有中央汇金、社保基金等，40%是香港市场流通的H股。中国平安目前持股第一大股东是泰国正大集团，深投控是第二大股东，其持股比例分别为9.3%和5.3%。中国平安在上交所及港交所上市招股说明书中也明确"公司没有控股股东，也没有实际控制人"。在平安内部，马明哲曾多次说过，"平安姓社会，属于全体股东。管理层就是打工仔，我们不为某一单个股东服务，而是服务于全体股东"。

中国平安对外称，"管理层希望员工与公司共同成长，分享公司成长的收益。作为中国平安的创始人，马明哲给自己的定位是一个'打工仔'"。马明哲说，把个人的兴衰与企业捆绑在一起是不负责任的。

马明哲对平安集团不管是股权上的设计还是对个人的定位，都不希望平安集团有太多自己的烙印，希望未来是由优秀职业经理人团队协同运转庞大的平安集团。当然，从现在看还没有人会糊涂到忽视马明哲在平安集团内部的一言九鼎作用，用曾经一家媒体的话说，"马明哲是深入平安灵魂的"。

虽然对于平安集团来说，马明哲的核心意义毋庸置疑，但是回眸平安三十年发展创新路，体制机制变革也一直都是源动力。

平安一位高管说，公司有一套业绩导向、结果导向的问责考核体系，并建立了一个迅速纠错的创新机制。平安从创立初期，就构建了"竞争、激励、淘汰"三大机制——每一个业务单位都有一整套完善的问责考核体系，在考核指标设置上都要贯彻"与自己比、与市场比、与同业比"的三比原则。

不只于此，据悉，平安还建立了内部错误检讨和纠正的创新机制，有助于公司避免因错误问题长期堆积而导致的不良后果。在纠错的同时，平安也持续关注市场最新动态，持续创新，抓住机遇。平安成立创新中心、设置首席创新官等，均旨在保持创新活力。

现在，无论从哪个纬度去看平安三十年，都能发现这家公众企业给时代或行业留下的深深烙印与标签，体现了混合所有制经济以及先进的现代公司治理模式产生的巨大效应。

心埋种子，广布“综合金融”棋局

提供多元化金融服务在马明哲的心里一直都埋着急待发芽的种子，这颗种子是当年平安创建之初那几年，他去国外和港台地区考察金融业时看到综合金融服务的优势而种下的。

在这样的心思下，马明哲开始琢磨如何向其他金融领域伸出触角的问题。此时恰逢中国证券市场春风正疾，1990年12月1日，深圳证券交易所成立，经过数月的试营业，1991年7月3日，深交所正式开业。而马明哲和他带领下的平安保险神速般地于1991年8月在深圳成立了平安保险公司证券营业部，这也就是后来的平安证券深圳振华路营业部。到1994年，平安证券筹备时，整个证券这一块业务已经有了15个机构网点、300多名员工。

由此，平安保险在证券领域开辟出了一条新路，这是平安提供多种金融服务的起点吧！

然而，这并未持续多久。当时由于没有分业经营概念，所有金融业务都统一归口到人民银行管辖，一时金融市场失控，金融秩序乱作一团。1993年12月25日，国务院痛下整治金融乱象的决心，颁布了《关于金融体制改革的决定》，确立了银行、证券、保险和信托等行业“分业经营、分业管理”的原则。

此时平安雄心勃勃要搞的证券和信托等业务正在逐步组建和开展业务，而这一决定的出台，使得平安很难被审批新的产品和开设新的分支机构。这对于进入狂奔模式的平安来说无疑是巨大的压力。要知道，在此之前的平安全体员工大会上，马明哲才刚刚明确了平安多元化金融服务的发展战略。

棋局如此似乎已别无选择。在公司内部的员工会上，也开始有人公开提出质疑：政策已经卡死，综合金融之路难以为继，而且当时保险业保持着非常高的发展速度并且市场广阔，何必非要逆政策潮流而做？

然而马明哲并不让步，因为当初那颗落在心里的种子已经发芽。突变的局势没能动摇马明哲的决心。他告诫他的同事们说，综合金融是全球发展的趋势，未来必然如此。理由是，客户们需要一种能省时省力，多元化、个性化、一站式的服务。这只有综合金融能够做到。后来当平安通过交叉销售降低成本，满足客户多样化需求时，别人才回过味来他当初的那句话，而平安已经发展得一骑绝尘了！

但是，当时的情况是政策下来一刀切，整顿的力度很大。马明哲当然不愿意放手正干得红红火火的证券业务丢掉，开始加大整合证券事业的力度。1995年10月，平安证券有限责任公司正式成立。

1996年7月，平安保险收购了工商银行珠三角金融信托联合公司股权，并更名为平安信托投资公司，注册资本1.5亿元。2001年，平安信托经人民银行批复后，重新登记并增资改制。但是在分业潮流中，国内对于“分业、混业还是综合金融”还处于认知过程，政策更是限制了空间。但平安坚持着自己的想法，就算最难时也把综合金融作为目标。

马明哲那时像黑暗中的明灯那样引领他的员工们：“一家金融公司同时拥有产险、寿险、信托、证券乃至银行的牌照，开展集团化经营，似乎是一个太过于遥远的空想，但公司的国际化视野帮助我们相信，这个梦想一定会成真。”

马明哲的坚持，和对分业政策执行的拖字诀，惹得监管宣布在平安分业经营未完成时，不再审批新的分支机构、新的保险产品。平安的业绩也因此在那两年时间里几乎停滞不前。

但如今看来，如果没有马明哲的坚持，平安将是一家完全不同的企业。

熬过艰难的几年，历史走进了21世纪。随着中国加入WTO，金融业加大对外开放，金融业开始面临完全不同的竞争环境了。

2001年12月7日，保监会正式下发《关于中国平安保险股份有限公司分业经营改革的通知》文件，批准了平安以集团的模式进行改革，并于2002年进入实操阶段。至此，平安建立了由一家集团公司（或控股公司）全资拥有（或控股）产险、寿险子公司，还有证券、信托等子公司。

2002年，国务院更是批准了中信集团、光大集团、平安集团为3家综合金融控股试点集团。由此，平安集团进入了飞速发展时代！

近年，平安的利润年化平均增速高达29%，税收贡献的年化增长速度更是达32%。截至2018年一季度，平安集团资产总额达到6.73万亿元，年营业收入在2018年过万亿元也是板上钉钉之事。

如今，平安集团手中已经拥有金融的"全牌照"，已经拥有包括银行、证券、期货、保险、基金、信托、租赁等几乎所有金融业务牌照。马明哲执着追求的综合金融业态也得以实现了。而在风险防范上，"对平安专业子公司而言，其执行的是双重监管的防控风险标准，即集团管控+行业监管。"盛瑞生说。

2003年，平安集团也如愿以偿地在版图上拼上了银行板块的拼图。

这一年的12月29日，经银监会批准，平安保险集团与香港上海汇丰银行一起正式收购福建亚洲银行100%股份，并于2004年将其改名为平安银行。2006年12月，平安集团又收购了深圳市商业银行89.36%的股份，成为该行最大股东。平安集团完成了进军银行业的第一阶段布局。

2012年1月19日，深圳发展银行发布公告称，深发展和平安银行董事会审议通过两行合并方案，深发展吸收合并深圳平安银行，并更名"平安银行"。深发展公告称，本次吸收合并完成后，平安银行将被并入深发展，平安银行注销，不再作为法人主体独立存在，深发展应为合并后存续的公司，公司的中文名称由"深圳发展银行股份有限公司"变更为"平安银行股份有限公司"。至此，平安集团终于有了一家坐拥万亿资产的全国性股份制上市银行。

当年在这个并购事件中，很多人都认为深发展的名头要比平安银行不知高出多少，作为深交所第一号上市公司，名字应该可以保留，但是这都低估了马明哲打造平安品牌的综合金融集团的决心。

“探索综合金融”是平安集团一直以来的追求，也是平安集团第二个十年的主线。一系列的标志性事件引领着它实现了这样的目标。然而综合金融并不是集齐牌照就能实现的，马明哲曾在2009年平安寿险高峰会致辞中说，客户需要一种能节省时力，以最便捷的方式，按照客户切身的需要，多元化、个性化、一站式的金融服务。“这些，只有综合金融才能做到。”

平安一账通卡就是平安推进综合金融实践的一种平台工具。那张卡片承载了保险、银行借记、证券、基金、医疗保健、紧急援助等诸多功能……平安具有旺盛的生命力，其综合金融的协同效应功不可没。比如，为了解决产品使用频率低的问题，中国平安不断探索和升级“一个客户、一个账户、多项服务、多个产品”的客户经营模式，对客户而言，让服务变得更加便捷、更加高效、带来更多的价值；对公司而言，也能通过不同产品与服务之间的交叉销售，持续提升客户体验，降低获客成本、管理成本、经营成本，提高客户留存率、忠诚度、满意度，提升公司的竞争优势。

平安科技，电商领域的翘楚

马明哲对于科技在金融业务上应用的思考早到令人惊恐，这几乎就是一个生活在未来的企业家。遥远的1989年，平安保险刚刚成立了一年出头，马明哲在当年10月17日那天召开的一次工作会议上，在国外考察看到了国外保险公司运用电脑的先进性后，明确提出“努力开发电脑应用，赶超世界一流水平”，并要求下一年就要使用上。这个内容就登在平安保险内部刊物《平安之友》1989年11月那一期的头版最醒目位置！

2000年，平安的电子商务网站PA18.com上线，这是一个试图在线销售金融产品的网上超市，比马云创办的淘宝网还要早3年。马明哲把电子商务当作一项非常重要的事来做，在年底系统会上要求全员动员，并且亲自到北京、上海、广州、成都几个城市巡回动员演讲。

平安在公司内部早早就埋下了互联网的种子，也体现了马明哲“旱斯具舟，热斯具裘”的超前战略眼光。

2014年年初，平安集团举行了一个平安互联网金融战略发布会。马明哲这个结结实实的金融家，竟然在发布会上称：“平安是新来的小伙伴，要向BAT等优秀前辈学习。”可见马明哲对于科技在金融领域将要起到的作用有多么地重视，甚至不惜卸掉金融行业的骄傲，主动降低身位向科技公司靠拢。

要知道，它在人们的印象中只是一家多牌照的传统金融公司！然而，这并不重要，实际上它已经是一家拥有顶尖科技的科技公司了。2017年，中国平安确立了“金融+科技”双驱动战略：一方面，通过产品、服务和科技创新，提升效率、降低成本、改善体验、强化风险，创造极致客户体验；另一方面，通过丰富的场景开发，打造科技的成熟应用，公司集成核心科技能力向社会输出服务，扩大服务范围的同时也获得轻资本收入。

在2018年4月，《经济学人》杂志关于人工智能的封面报道中，作者从全球不计其数的人工智能应用案例里，令人惊奇地选取了一家中国金融公司的人工智能应用场景开篇。

文章介绍，用户在通过平安旗下的APP申请贷款时，潜在借款人需通过视频回答关于其收入和还款计划的问题，平安的后台系统便可以通过监测近50个细微的表情来判断他们是否在讲真话。

当然，这只是平安众多科技创新成果中的一项。根据公开数据，平安的人脸识别技术准确率达到99.8%（世界第一），声纹识别文本相关准确率达99.7%（世界第一），54种复杂微表情可以实现1秒钟识别。而在应用层面，平安人脸识别累计调用量超过10亿人次，覆盖金融、医疗、生活服务、安防等200多个集团内外部场景。声纹识别在APP登录、身份核查、黑名单识别等

10多种场景上线。

平安科技在人工智能领域，自主研发的人脸识别技术已达到世界级领先水平，已经总共进行了3亿人次面部识别，在数百个场景中可以应用。平安还将在认知技术的基础上，通过AI进行预测和决策，例如可以通过计算机视觉对车辆进行定损理赔。

在构建消费金融场景上，平安已经围绕"医、食、住、行"构建金融、医疗健康、车房和智慧城市五个生态圈。像平安好车主APP，不一定是要成为平安的客户才能用它，只要是车主就可以拥有一个非常完整的解决方案。平安好车主APP会通过人口统计数据、驾驶习惯、洗车修车、消费行为等方面的记录，更好地了解车主，为车主提供完整的解决方案。

金融科技需要数据来支撑。平安科技自行研发和管理的云平台——平安金融云已经成为我国金融产业最大的云平台，其提供可靠、高弹性的计算能力及量身定制的金融行业解决方案，不仅服务于平安集团，还服务于诸多国内著名企业。

根据平安科技CEO陈立明介绍，平安集团70%以上的业务系统都建立在云平台上。

在传统金融方面，平安利用科技大大提升竞争优势、工作效率、客户服务体验及降低成本的效果，促进了传统金融业务快于行业发展。像产险的"智能闪赔"利用大数据和深度学习技术，能将车险定损时长由2.5天缩短为几秒钟。在寿险方面，客户在第一次填写保单的时候，公司会及时进行投保告知，还能利用大数据分析客户行为和风险点，有效自动核保率大大增强。

目前，平安的IT开发人员超过2.2万名，数据科学家团队超过500名。近十年，中国平安在创新科技研发上，已经投入了超过500亿元人民币，超过了大多数科技公司的投入。

2017年，中国平安专利累计申请数高达3030项，覆盖云计算、AI、大数据、区块链、生物识别等。

2018年1月初，中国平安的智能读片技术获得重大突破，分别以95.1%和

96.8%的精度刷新了“肺结节检测”和“假阳性筛查”的世界纪录，双双获得世界第一。

随后，中国平安AI技术又在作曲这个艺术领域连续击败美国、欧洲、亚洲等全球顶级AI团队，最终拿下第一名。昨天的因，成就今天的果。经过多年持续的布局，平安还孵化出多家独角兽公司。

这些技术的沉淀并不是躺在平安集团功劳簿上无所贡献的，而是中国平安在科技的驱动下，以令人咂舌的速度孵化出四个“独角兽”：陆金所、平安好医生、平安医保科技和金融壹账通。这即使在中国顶级的高科技公司里也是奇迹一般的存在！

陆金所是一家高速发展的金融科技公司、国内最大的线上财富管理与个人借款科技平台，2017年年末资产规模达到4617亿元。

平安好医生是全球最大的医疗健康生态系统，正在筑起越来越高的行业壁垒。从马明哲元旦致辞披露的数据看，平安好医生的用户已经达1.3亿人、日咨询量峰值超40万人次。自有医疗团队888人，外部医生约2100名。平安好医生项目实际是平安传统保险业务的延伸，核心资源的再开发，反过来又形成保险的护城河。

平安医保科技致力于成为中国最好的科技驱动管理式医疗服务平台，已累计为超过200个城市和8亿人口提供医保、商保管理服务，商保自动化运营网络接入超2000家医院。基于国内首创的疾病分组器Ping An Grouper，结合神经网络先进算法，医疗总支出预测准确率高达99.7%，达到世界领先水平。目前，平安医保科技已完成首次融资，融资规模为11.5亿美元，投后估值达88亿美元。

金融壹账通致力于打造全球领先的战略赋能型金融科技服务平台，已推出智能银行云、智能保险云、智能投资云等领先科技。截至2017年年末，金融壹账通已为468家银行、1890家非银金融机构（包括14家保险公司）提供一站式金融科技解决方案，全年征信查询量超9亿次，同业交易规模破10万亿元。这个项目原为整合平安自身的资源，后来发展成为金融系统的开放平台。目前，其已完成6.5亿元首次融资，投后估值74亿美元。

2010年，马明哲告诉他的同事，互联网浪潮下，金融产业是“Change or Die（非变即死）”。马明哲带领平安集团变出了四家独角兽企业。而如今，平安集团早已不再是一家单纯的金融机构。2017年9月，IDC发布的“2017 IDC Fintech全球百强榜单”中，平安科技是排名第一的中国企业，而且是TOP 50中唯一的中国企业。平安的科技沉淀已经超过大多数科技公司。

在2017年5月的股东大会上，马明哲首次对外详细阐述了平安深化“金融+科技”、探索“金融+生态”的逻辑。马明哲将其概括为“三部曲”：一是用科技强化自己的核心竞争力，二是用科技建生态，三是将生态发展起来后，再把金融注进去。“这种发展才是可持续的发展。”

作者简介
Introduction to the author

郭宏超　现任经济观察报社副总编辑、社委会委员。资深媒体人，17年媒体从业经历，一直从事金融与资本市场的报道。出任过经济观察报华东新闻中心、区域新闻部、要闻部、公司产业新闻部、金融市场新闻部等新闻部门主任和负责人。

发表过一系列调查性报道，包括“证监会发审制度腐败案”“中行金钱大盗案”“晋焦炭配额窝案”“兰州铁路局投资案”，以及组织策划“国家牛市”“温州动车事故”“汶川地震”“上海社保案”等重大影响报道。也在《青年记者》等行业学术杂志发表过数篇探讨新闻行业发展的学术性文章。

温氏，从粤西山沟里走出来的农牧业“华为”

中国是农业大国，农业经济的走向与发展观系国运与民生，对于深受经济新常态和社会发展双重影响的食品农业行业而言，相应的变革与创新已然成为推动行业增长的重要动力。如今，消费者需求正在向高端转化，以健康等概念为指导的产品创新成为必然。就肉类消费而言，将逐步由追求数量向追求质量转化，食品安全、营养平衡、种类丰富等问题受到越来越多的重视。与此同时，规模企业的市场份额进一步增加，规模化生产、集约化经营为主导的产业发展格局将加速形成。以生猪为例，随着日益严格的环保标准的出台，以及禁养区的逐步扩大，散养户将逐步退出。而随着电子商务的快速发展，其与食品行业的结合也在加速。对于食品农业企业来说，所有这些变化及趋势既是挑战也是机遇。对于温氏股份这样的巨擘来说，这些挑战和机遇尤其显得意义非凡。

2018年4月26日上午，广东省委书记李希在全省乡村振兴工作会议上再次为温氏模式点赞。这位地方大员刚刚主政广东半年之久，正在力推乡村振兴建设。就在两周前，他刚刚调研了位于新兴县簕竹镇石头冲村的温氏股份。

从广州出发，全程要三个多小时才能到达石头冲村。这里前襟新兴江，后枕屋背山，属于素以“穷得叮当响”著称的粤西地区。这样一个并不起眼的村庄，却是两市最大农牧业上市公司、创业板市值第一股温氏股份的发祥地。

让李希深有感触的是温氏“龙头企业+农户”的创新发展模式。借由这一模式，温氏在全国拥有5.54万户合作养殖农户，2017年支付委托养殖费用79.39亿元，户均收入14.33万元。在李希看来，温氏模式对乡村振兴建设、农村农业发展发挥着重要作用，值得借鉴推广。

如今，已创业35周年的温氏股份是全球最大的优质肉鸡繁育和生产基地、全球排名第二的专业化养猪企业和国内最大的种猪育种基地，被誉为中国畜牧业的领军者、我国农业产业化的一面旗帜。

然而，这个农副养殖行业的巨擘竟是如此低调，以至于很多财经媒体人都从未听闻其名。

“七户八股”，神话缘起

温氏的低调与创始人温北英的性格不无关系。1957年，小学教师温北英被错划为右派分子，黯然回到老家石头冲村务农。按照《温北英的伊甸园梦》一书记载，右派经历让他谨小慎微，低调做人，与人为善。

石头冲有养鸡的传统，以三黄鸡闻名粤西。郁郁寡欢中，温北英只能靠养鸡消磨时光。缺饲料，他就下河捞鱼捞虾，甚至用自己的口粮喂鸡；缺疫苗，他就上山采集草药。为了让鸡在冬天可以自由进出取暖，他把自家老宅的墙壁砸出一个个窟窿。转眼20年过去，温北英成为远近闻名的养鸡专家。

1978年，温北英被摘去“右派”帽子，成为新兴县食品厂的养鸡技术员。这一年的11月24日晚上，安徽省凤阳县凤梨公社小岗村十八位农民以“托孤”的方式，在土地承包责任书上按下红手印。第二年10月，小岗村打谷场上一片金黄，当年粮食总产量66吨，相当于全队1966—1970年五年粮食产量的总和。

同样是1979年，在与新兴县共饮一江水的肇庆市高要县，一位名叫陈志雄的农户率先承包了生产队的鱼塘，随后因为雇工问题引发了承包鱼塘“姓资”还是“姓社”的全国性大讨论。1981年5月，《人民日报》二版头条为此刊发《一场关于承包鱼塘的争论》。

1982年1月1日，中国共产党历史上第一个关于农村工作的一号文件正式出台，明确指出包产到户、包干到户都是社会主义集体经济的生产责任制。此后，我国政府不断稳固和完善家庭联产承包责任制，鼓励农民发展多种经营。

改革开放之初的中国百废待兴，农业作物产量极低，急需大量化肥。新兴县号召农民养鸡，到香港换取化肥。但在当时，大多数农户技术水平太低，养的鸡不仅病死率高，也很难达到香港的进口要求。在县食品厂的支持下，养鸡技术员温北英走访农户，开班讲学传授养鸡知识，为新兴县的养鸡业发展立下了汗马功劳。

温北英敏锐地察觉到政策松动，经商的风气正在慢慢形成。1983年，温北英的二儿子温鹏程高中毕业后，承包了簕竹一个农场，动员父亲回来一起养鸡。温北英早就希望能有这么一块地方让他一展抱负，当时正好赶上国家出了“停薪留职”的政策，于是，52岁的他决定下海养鸡。

此时的中国，离陈志雄的承包鱼塘风波才过去不到两年，雇工问题依然有极大的政治风险。温北英想到了“风险共担、收益共享”的股份制合作方式。在评估资金需求后，温北英联合温鹏程、温木桓、温金长、温湛、梁洪初、严百草、温泽星，每人出1000元共集资8000元，创办起簕竹鸡场。

这就是温氏创业史上著名的“七户八股”，为后期的全员持股定下了基调。“七户八股”其实很有讲究，温北英与温鹏程一户两股，成为最大股东；梁洪初、温泽星因有“公家”身份，起到一定保驾护航的作用；其他股东都是值得信赖的“熟人”，又兼具养殖技术。从此，温北英在新兴县一个小山沟里雄心勃勃地开始了他为之奋斗一生的事业。

然而，最初的经营之路并不顺坦，四户股东很快动摇了，他们选择退出并抽走股金。所谓祸不单行，一种新型瘟疫在这个时候突袭鸡场，甚至连经验丰富的温北英也束手无策。最终在华南农业大学兽医系禽畜专家岑德光的帮助下，疫情得到控制。经此一役，温北英父子共同制定了著名的“养鸡36

条军规”。在严格执行养鸡规程后，肉鸡成活率达到95%以上。

随着改革开放的深入推进，广东一带对肉食品的需求迅速增长，传统的家庭散养肉鸡远远不能满足市场需求，簕竹鸡场因此经营得风生水起。1987年，鸡场纯利润达到8万元，股东们个个成了令人羡慕的万元户。

“公司+农户”，模式立身

如今，昔日名不见经传的簕竹鸡场，已经裂变成年产值接近600亿元的中国现代农牧业的领军企业。奇迹背后，是温氏所创造的“公司+农户”模式。

让我们把时间轴拉回到1986年，簕竹鸡场的产值在这一年连翻数倍达到36万元，但要进一步发展壮大，原有的设施、场地已满足不了需要，必须在经营模式上实现新的变革。簕竹镇家家都有养鸡的传统，由于簕竹鸡场在当地颇有名气，周边农户纷纷前来购买鸡苗。一来二去，人们渐渐觉得委托簕竹鸡场代购饲料、代为卖鸡很划算。温鹏程就向父亲及股东们建议采取“场户结合”“代购代销”的方法，与周边农户进行合作。

这是一个流传已久的故事：当地一位名叫何风林的农户经营砖窑生意失败，希望赊购一些鸡苗回去养殖。考虑到他技术不够，养鸡失败可能债上加债，温北英就免费给了他一批鸡苗。不仅如此，鸡场还提供了饲料、药物和技术服务，并在最后帮忙出售了肉鸡。没想到，何风林经营得越来越好，由此吸引了更多农户过来赊购鸡苗。这些农户只用了几年时间就告别了泥坯房，住上了小别墅。

于是，“公司+农户”模式的雏形开始在簕竹鸡场试水，这一模式后来被业内称为“温氏模式”。松散、低效率、规模小的农民劳动力由此集合起来，得以参与产业化竞争。借助农户提供的土地及劳动力，温氏省掉了最大的成本。一年后的1987年，簕竹鸡场和36户养鸡户建立了这样的合作模式。这一年，簕竹鸡场的产值达到100万元，第二年就飙升至235万元，养鸡利润也由1986年的5万元上升到37万元。

由于无可避免的市场风险，这一经营模式很快遭遇挑战。1989年，簕竹鸡场走到一个十字路口。一方面，鸡场挂钩的农户增多，肉鸡数量猛增；另一方面，肉鸡销售市场低迷，价格下跌。如果按照“代购代销”的办法，虽然可以保住鸡场的利益，但农户利益必然受损。此时，温北英做了一个众人极力反对的决定——保价收购。

由于补贴的资金过于巨大，温北英甚至不得不释放鸡场股权。在温北英看来，若想“公司+农户”模式长久，这一切都很值得。这种保护价制度最终成为温氏的重要特色，也是温氏取得市场信用的根本因素，它避免了在行情不好之时伤农事件的发生，对温氏稳定公司与农户的合作关系，保持持续的发展发挥了关键性作用。

在温氏历史上，类似的事件一再上演。1997年禽流感期间，温氏赔了两个多亿，公司险些倒闭；2005年禽流感期间，温氏从养猪所赚的44亿元中拿出36亿元赔给受害养鸡户；2013年禽流感期间，温氏巨亏30亿元，仍然保证养鸡户至少获得每只鸡一块钱的收益；2017年禽流感期间，全国肉鸡市场萎缩，温氏仍然按照合约价支付合作农户的委托养殖费用。

“依我看，温氏的第一个核心竞争力就是能和农民打交道，能有效地组织农民，把小农户和大市场连接起来。温氏与5万多农户建立了长期合作关系，想想就是天大的挑战，可是人家就是做到了。”北京大学国家发展研究院教授周其仁对“温氏模式”赞赏不已。

“公司+农户”模式的操作并不复杂，簕竹鸡场与农户以封闭式委托养殖方式进行合作，由鸡场负责种苗生产、饲料生产、疫病防治、技术服务、回收销售等环节，并为农户提供全方位的技术指导，农户仅负责畜禽饲养环节。利润分配上采用价格保护制度，在与农户签订养殖合约时即确定了领取物资和成本的价格，从而使农户收益与市场价格脱钩，让农户实现“旱涝保收”。

凭借“公司+农户”这种轻资产经营模式，簕竹鸡场一路高歌猛进，并形成一套应对疫情的“温氏模式”。每当有重大疫情发生，实力雄厚的簕竹鸡场总能撑到市场回暖。此时，因为养殖户会大量歇业，导致肉鸡供不应求，簕竹鸡场在前期大量低价收购的肉鸡就能卖出大价钱。

时间来到1994年，温鹏程开始全面主持工作。这位年轻的总裁没有辜负众人厚望，簕竹鸡场的销售额在这一年达到1亿元，并华丽变身为广东温氏食品集团。此后几年，温氏利用“公司+农户”模式向全国“开疆拓土”。2007年，温氏合作农户达3.63万户，收入跨过百亿元关口。

“公司+农户”模式后来在2013年有了升级版，也就是“公司+家庭农场”模式。这一模式将农民纳入公司产业链条、共建共享体系之中，培育了家庭农场这一新型农业经营主体。得益于这一模式，温氏养鸡合作农户的平均饲养规模从2010年的7500只/批，提升到2017年的9460只/批。

“筑巢引凤”，互联网时代的弄潮儿

1992年1月18日—2月21日，邓小平先后到武昌、深圳、珠海、上海等地视察并发表南方谈话。南方谈话标志着中国改革开放第二次浪潮的掀起，也给民营经济的发展开拓了更加广阔的舞台。

也正是在这一年，温北英父子意识到，要想在养殖这门古老的红海中杀出一条血路，技术是必须有的靠山。引进科技就意味着巨额投入，这一想法在当时并没有得到其他股东的认同。最终在温北英父子的坚持下，簕竹鸡场很快修建了每个单位都是三室一厅的专家楼，准备“筑巢引凤”。

这最初的“凤”就是华南农业大学的专家。温北英父子力排众议，极具前瞻性地提出与华南农业大学动物系达成技术合作，并出让10%股份。“（一共）6000股给了600股技术股，我们成了当时最大的股东。”华南农业大学教授毕英佐多年后回忆道。

有了技术靠山，簕竹鸡场开始出现大学生的身影，而且一来就是几十个。彼时，从广州跑一趟簕竹鸡场，两三百公里的路要花上一整天的时间。这次尝试的效果立竿见影，从疾病防治技术、营养技术和育种技术到日常管理，簕竹鸡场都实现了质的飞跃。

对于簕竹鸡场来说，技术驱动的基因在此前的1991年早已写就。在温北英的推动下，鸡场在这一年启用了当时动辄数万元的286服务器，建立起第一代计算机信息管理系统，实现了对养殖户的信息化管理和内部财务数据的全面掌控。而在当时，城市里的工业企业都少有这样的观念。

多年后，当互联网时代汹涌而来的时候，温氏非但没有遭受冲击反而成为弄潮儿。自2006年起，实现集团范围的信息互联，并推行“权力下放、数据上移”的战略；2011年布局物联网，实现对单个农场内畜禽栏舍的环境、饲喂、清粪等情况的智能化识别与控制；2013年规划全面“互联网+”，加速集团内外部各业务环节的信息化。

《云浮日报》2018年4月份的一篇报道中有这样一段描述：春日暖阳的余光，洒在新兴县簕竹镇良洞村养猪大户秦思斌的脸上，显得格外耀眼。30多岁的秦思斌正在猪场忙碌，他不时掏出手机，熟练地滑动起来，轻轻一触，屏幕里显示出猪圈的气温、湿度、备料的情况。

如今，温氏每间圈舍都安装了自动喂食系统，地板是漏缝地板，饲料自动运进来，粪便自动运出去，温度高了风扇会吹起，温度低加热灯会亮起。养殖人员坐在办公室里，就能通过视频和传感器对栏舍进行全方位智能监控，完成喂料、清粪等工作。

很多人恐怕不会想到，温氏居然是一家国家高新技术企业。温氏已形成一支由68名博士、388名硕士和60多位外部专家组成的科技人才队伍，温氏每年研发投入3%以上，累计获得国家授权专利184项，其中发明专利77项；荣获国家科技进步二等奖4项、广东省科学技术特等奖1项、广东省科学技术一等奖9项。在家禽育种技术、种鸡生产及孵化技术、疾病防控与肉鸡生产管理、饲料营养技术、食品安全保障、环保技术等方面，温氏均处于全国领先地位。

回望20世纪90年代，粤西地区涌现了4家规模相当的鸡场，按创始人姓氏俗称“三温一古”，采用的也都是类似的“公司+农户”模式，但最终存活下来的只有温北英率领的簕竹鸡场。倘若没有技术加持，恐怕是很难做到的。

对此，温氏集团董事长温志芬颇为感慨。“温氏股份的每一步都与科技分不开。很多人总结温氏的成功，都认为‘温氏模式’的贡献度最大。但模式是可以复制的，模式的背后是公司强大的科技支撑体系，这才是温氏股份的核心竞争力。”他在一次接受采访时说。

养猪情结，成功变身“养猪企业”

邓小平发表南方谈话三年后的1995年，改革开放的第二次浪潮正在向纵深发展。在坚持家庭联产承包责任制的前提下，广东不断深化制度创新，并在两年后开始延长土地承包期的工作。这一举措稳定了农户的土地预期。

对于依赖农户土地的“温氏模式”来说，这显然是一个利好。也就是在1995年，温氏分析了当时的市场行情，觉得养猪的利润比养鸡高，决定将“公司+农户”的模式复制到养猪上。

实际上，早在1983年创业初期，温氏就跟养猪结下了不解之缘。簕竹鸡场当时养了200头猪，每次屠宰之后都会安排公司员工走街串巷去卖，包括温鹏程、现任总裁严居然，都曾经骑着单车去村里卖过猪肉。

簕竹鸡场的猪肉就这样慢慢积攒起口碑，猪场也在随后几年一再扩建，二十出头的温鹏程因此成为远近闻名的猪倌。但由于国家推行生猪集中屠宰，温鹏程他们的养猪生意没能再做下去。在接下来的10多年里，虽然养鸡事业发展得如火如荼，但温氏的养猪情结始终没有放弃。

然而，1995年的这次尝试失败了。第一批投放给养户的不是肉猪苗而是种猪，目的是想让养殖户自繁自养循环起来，但事实证明这个模式是行不通的。此后经过一两年的摸索，温氏改成直接投放肉猪苗给养户进行委托饲养，“公司+农户”的养猪模式才基本成型。

2002年之后，温氏的养猪事业走上正轨，开始布局广东清远、河源，建设100万头规模的生猪主产区。2013年12月28日是个值得铭记的日子，温氏年上市肉猪在这一天累计突破千万头，当天新闻发布会上的照片铭记了这一历史时刻。

中国是世界第一养猪大国，每年出栏生猪约7亿头，但起伏不定的“猪周期”让不少资本血本无归。随着畜禽价格行情的加剧波动和疫病的不可预见性增强，以及政府加强环保和食品安全管理，散养户加速退出。与此同时，温氏却在迎着逃离的散户加码投资养猪业。

以2014年为例，当年中国生猪养殖业仍处于亏损或者微利的状态，而温氏前十大在建工程均为养猪业板块投资项目。截至2014年9月底，温氏在建的投资子项目共有412个，预算总投资140.27亿元，其中约122亿元投入生猪养殖项目。

两年之后的2016年，温氏对组织架构进行了一次很大的调整，成立了养禽、养猪以及大华农三大事业部。也就是这一年，温氏的肉猪销售额已经超过销售总额的65%，成功转型为一个养猪企业。此时，距离1983年已经过去了33年。

不过，即便贵为两市最大农牧业上市公司、创业板市值一哥的温氏股份，也挣脱不了“猪周期”。2017年，温氏实现收入556.57亿元，同比下降6.23%；实现净利润67.51亿元，同比大降42.74%。温氏将之归因于生猪价格的大幅下降，也就是“猪周期”。

即便如此，温氏2017年全年的肉猪销售收入占整个营业收入的60.72%，贡献毛利占总毛利的82.57%，无疑是利润来源的绝对大头。在养猪、养鸡之外，温氏还拥有现代农牧装备、动物保健品生产、食品加工、金融投资等配套业务，打造出了一条清晰的全产业链。

同创共富，2500亿元的市值神话

对于资本市场来说，2015年11月2日注定是一个不平凡的日子。这一天，温氏集团通过换股吸收合并大华农，正式登陆创业板，并跃升为创业板市值最大的公司。

事实上，温氏从1998年就已经开始筹措上市。但由于公司股东数量远超过此前上市所限定的200名股东限额，致其整体上市计划迟迟未能实现。不得已，温氏选择在2011年3月先行拆分旗下兽药资产大华农，后者成功登陆创业板。

转机出现在2013年12月16日。这一天，证监会发布第96号文，对《非上市公众公司监督管理办法》进行修订。按照新规，温氏在整体改制为股份制公司后，可申请核准为"非上市公众公司"，再申请挂牌上市。2014年9月，温氏集团通过证监会审核，确立为非上市公众公司。

梦想最终在2015年11月2日这一天实现，温氏股份的总市值一度达到2500亿元，登顶创业板榜首。有市场人士测算，在畜牧业中，1个温氏股份的市值等于8个牧原股份、10个圣农发展、36个罗牛山以及62个西部牧业。

因为这次上市，全员持股下的6789名温氏股东一夜之间实现财富变现。越早加入温氏的员工，从上市获得的资产收入往往越高。这次上市还造就了一大批亿万富翁。温鹏程、严居然等45名自然人拥有集团约49.677%的权益，他们持股比例在0.048%~3.287%，按照发行价16.3元/股计算，其中43人拥有1.7亿~17.1亿元的个人财富。

"目前个人账面上超过10万股，要是早几年来，现在都可以选择退休了。"一位为温氏工作了10年的员工向《南方农村报》记者透露。单是按照发行价计算，这10万股就已经价值163万元，几乎是一般白领10到15年的工资收入。没准哪天碰上个保安大叔、清洁工阿姨都会是身家百万的股东。

时间回到1985年，簕竹鸡场种鸡饲养规模这一年仍然只有1000只。为扩大养殖规模，温北英号召30多名员工投资入股，募集了十几万元资金。1990年，簕竹鸡场发行内部股1万股，面值100元，向员工开放出售，从而实现了全员股份制。簕竹鸡场内部因此形成了一个股票交易市场，员工可以根据经营情况和个人实际需求对股票进行转让和结算，这甚至比上交所和深交所的成立时间还要早。

1992年，簕竹鸡场按370元/股收回原股票，又发行面值1000元的内部股。1994年1月，簕竹鸡场启动股改，设A、B股，每股100元。其中A股达21万股，共担风险，分红不封顶；B股达3.6万股，养殖户与推销户也可认购，月月领取红利，并可在财务部交易转让。

在资金并不充裕的20世纪90年代，银行普遍对民营企业惜贷，资金成为中小企业发展的瓶颈，温氏通过股份合作制进行的内部融资为自身发展扫清了障碍。就在几百千米外的深圳，与温氏发展时间几乎完全一致，华为也启动了全员持股制度，而后成为科技产业界擎天一柱。

在温氏股份2015年11月2日整体上市后，温鹏程表示：“公司的理念是共建共享，我们不但希望员工通过劳动得到合理的回报、改善生活，更希望他们在公司的成长中分享资本市场红利。”此时，距离温北英实践“七户八股”已经过去了32年，当初那个“同创（业）共富（裕）”的梦想终于实现了。

为让员工分享更多的资本市场红利，温氏股份在2016年2月3日启动员工持股计划，该计划的资金总额不超过11.6亿元，参与对象包括本公司董监高管理人员，以及签订正式劳动合同的子公司员工，总人数达19097人。

资本驱动，寄予厚望的第四驱动

2017年4月6日晚间，温氏股份发布2016年年报及2017年一季报，但更显火爆的一条公告则是担任董事长职位达23年之久的温鹏程辞任，接任者是他的弟弟、副董事长温志芬。

有分析称，这次人事变动祸起大幅下滑的业绩。2017年第一季度，温氏股份净利润就同比大跌52.37%。温氏内部家族分散，其中以温鹏程家族和严居然家族影响最甚，业绩大跌让温鹏程受到家族内部的压力并因此辞职。

为提升业绩，温志芬上任后立志要“打通产业链，开辟新渠道”。重要举措之一，就是拿出一定比例的资金发展金融板块，期望通过获得投资回报，平衡周期带来的业绩波动。

温志芬面临的另外一个现实是，“公司+农户”模式有利于快速扩张，但对资金链考验更大。现阶段猪肉价格下行，需要支付农户补贴，大量的开支迫使温氏从其他渠道开源，包括金融投资。

这一支出可从年报中一窥究竟：2017年，温氏商品肉猪委托养殖费用为48.83亿元，占营业成本的19.87%，同比上升9.5%，相当于净利的72.33%。而为了优化融资结构，这一年还增加了33.95亿元的借款。

很显然，温志芬对所谓的资本驱动寄予了厚望。在2018年5月与周其仁等人的对话中，他提出了温氏发展的四大驱动力，即模式驱动、技术驱动、文化驱动和资本驱动。其中，资本驱动就是最新加上去的。

其实早在2011年，温氏就设立了广东温氏投资有限公司。母公司温氏股份对投资业务也确实比较倾心，2016年底就以3.8亿元自有资金增资温氏投资，后者注册资本因此增至5亿元。尽管背靠大树，温氏投资的资本运作却一贯谨慎。其投资总监罗月庭曾对外表示，公司投资的股份都不超过5%。

作为投资操盘新手，温氏投资的手法据称已经相当老到，且十分注重早期参投企业。其早期参股的起步股份2017年8月顺利上市，当天就赚了10倍收益。其早前参股的盈趣科技、华夏航空和宏川智慧，在2018年前三个月内陆续挂牌上市，此外尚有参股的多家公司正在IPO排队。

温志芬上任后，温氏投资的动作变得频繁，2017年8月8日最终决定拿出10亿元入股中粮资本。交割完成后，该项投资成为温氏股份历史上最大一笔投资。

纵观整个2017年，温氏股份总共投入48.19亿元购买股票、基金和期货，投资金额相当于2016年净利的41.48%。然而，收益并不理想。除股票实现收益1.83亿元外，所购基金和期货的累计投资收益均为负数，其中基金累计亏损4264万元，期货亏损568万元。值得注意的是，温氏股份持有新三板股票市值7.55亿元，而新三板现在流动性极弱，如何退出成为难题。

另一个值得注意的事情是，在猪肉下行周期影响下，牧原股份营收仍逆势增长近八成，温氏股份却遭遇营收小幅下滑。营收规模一涨一落，意味着市场份额的变化。温氏股份该如何应对？

“百年温氏”，逃脱不开的挑战

2018年4月26日上午，广东省委书记李希再次为温氏模式点赞。一时间，温氏“龙头企业+农户”模式引发朋友圈持续刷屏高潮。尽管遭遇周期带来的业绩波动，温氏显然还有无限的发展可能，而其最终的目标是要做百年企业。

根据国家统计局的数据，我国畜牧产品需求近年来增长速度放缓。但温志芬从中看到了巨大商机：“从人均肉类消费量来算，中国约60千克，而发达国家是90千克，中国的消费量比发达国家小很多，还有较大的增长空间。”

然而，温氏也能直面自己所面临的挑战。能够历经35年风雨存活下来，并坐上创业板第一股的交椅，证明温氏绝非“掩耳盗铃”者。事实上，温志芬早在2016年就分析了温氏及养猪企业所面临的挑战。

首当其冲的挑战就是环保问题。2015年1月1日，号称“史上最严厉”的新《环保法》实施，各地政府狠抓养殖环保，划定了许多限养区和禁养区，拆迁或关闭了许多养殖场。这一事件被温氏视为战略机遇。相关法规愈严厉，环保技术愈益成为企业核心竞争力之一。

在环保问题上，温氏变被动为主动，每年环保投资占总投资额约10%，通过主动建设环保工程，完善种畜禽场环保设施，制定环保操作规程、管理制度，从源头上减少污染。温氏集团旗下南牧公司研发出的工艺和设备，彻底解决了畜牧业污水、废气、粪便及动物尸体等污染问题。而是否达到环保标准，也已经成为温氏与农户合作的基本条件。

据接近温氏的人士透露，温鹏程此前一直亲自抓管环保问题。在他的办公室里，显示器上除了经营数据就是环保数据，可以看到每一个改良的水池子出来的水质情况。温志芬的说法是，“今后很多猪场可能会面临着关闭的问题，只要我们不关闭，那我们就赢了。”

第二个挑战就是土地问题，这也是所有猪场都会面临的问题。按照温志芬的说法，要成为大型养猪企业都需要大量的土地，粗略算的话，千万头仔猪大概需要3373亩盖好的厂房，加上环保用地、隔离用地，就需要一万多亩土地。而肉猪比仔猪所需要的土地面积更大。

土地问题其实是最难解决的问题，但温氏有自己的应对之道。首先是通过精准扶贫，解决了养猪用地与地方政府的矛盾。温氏在当地带动农民脱贫致富，因此受到欢迎。此外，温氏还通过建设现代高效工厂化的猪场，提高土地利用效率，节约土地使用。

第三个问题是人才和劳动力问题。温氏对人才问题的紧迫感如今变得前所未有，养殖技术的突破需要更多的农牧专家、工程师团队、投融资队伍；员工规模已经发展到5万名，势必需要更多的管理型人才；相当一部分管理人员在上市后已实现财务自由，再创业的动力如何延续？而在另一方面，随着人口老龄化和城镇化叠加，农村劳动力供给短缺，加上收入增长缓慢，养殖户存在弃养可能，如何继续推进“公司+农户”模式？

作为中国领先型企业，温氏如何应对挑战持续领先，并最终成为百年企业，让我们拭目以待。

作者简介
Introduction to the author

赵海建　现任广东南方新型智库有限公司专班负责人、广东海丝研究院有限公司总经理以及21世纪经济报道海外部主任。长期关注珠三角经济、港澳台经济，以及海外经济，曾赴阿富汗采访塔利班战士、军阀、官员、中国企业以及中国大使，也曾自驾车从西安出发抵达意大利罗马重走古丝绸之路。目前主要负责智库工作，重点关注与“一带一路”以及粤港澳大湾区相关的研究。

万科，王石的舍与得

2017年6月21日，王石在朋友圈晒出了一张和郁亮的合影，配文表示“万科正处在最好的时候”，而自己不再作为万科董事在董事会上被提名。不久他正式辞任万科董事长，66岁的王石彻底退出了自己耗费33年心血打造的地产龙头公司，市值超2000亿元的万科。作为万科的创始人，他与万科保留的唯一联系，是担任万科公益基金会理事长。

放手有时是更深沉的爱——在万科的发展历程中，王石始终在不断地放弃。

18年前的1999年，48岁的王石辞任万科总经理，放弃了万科的管理权。他在辞任演讲中说：“辞去总经理是因为我对万科有信心，为什么？因为我给万科选择了一个行业，房地产行业；第二，我给万科建立了一个制度，现代企业制度；第三，我给万科建立了一个团队；第四，我给万科树立了一个品牌。我不当老总，我也相信万科能健康地往前发展。”

29年前的1988年，万科进行股份化改造时，王石放弃了可以归到自己名下的股份。王石表示，“我不需要控制这个公司，我仍然有能力管理好它”。

这些电光火石的瞬间，最终成就了万科的传奇，而王石的选择经过了时间的检验——在没有王石的日子里，万科持续健康发展；哪怕经历了2015—2017年那场震撼人心的“股权大战”，万科依然平稳如常，地产行业龙头地位如故。

在改革开放40年的商业史中，王石与万科的关系是仅有的一个孤例：尽管不断地放弃，王石却是万科最鲜明的烙印；哪怕彻底退出，说到万科，你第一个想到的依然是王石。

在改革开放40年的商业史中，王石也是形象最鲜明的企业家之一。他个性鲜明、特立独行，爱登山、爱滑雪等各种极限运动，60岁到国外名校留学，一场黄昏恋引发滔天口水。他的主张和价值观鲜明，比如他公开宣称的“不行贿”，一度引发社会的广泛讨论，如他所言“我绝不是一个中庸的人”。

王石是改革开放初期的弄潮儿，万科是中国城市化进程中富有理想主义色彩的地产巨头，王石和万科一度引领着商界潮流。随着信息时代、科技时代的来临，很多和万科同时期的传统巨头已经黯淡，而万科还在舞台中心。未来10年，中国的城市化进程进入尾声，而万科也将迎来发展的关键时期，它能否突破自身的局限，在发展的深度和广度上不断拓宽自己的边界，决定了它在中国未来商业舞台上的位置。

紧跟浪潮，公务员的华丽转身

王石生于1951年，17岁初中毕业后，先是在位于大西北的新疆吐鲁番盆地做了五年汽车兵，复员后到郑州铁路局的水电段做了一年工人。1974年，23岁的王石进入兰州交通大学给排水专业学习。1977年大学毕业后，先是分配到广州铁路局工程段工作了三年，后考入广东省外经委，成为负责招商引资的公务员。

1983年5月7日，32岁的王石决定辞去在广东省外经委的公职来到深圳，在深圳特发公司贸易部饲料组从事玉米饲料生意。王石入职三个月就给公司赚了30万元，这在当时是一个不小的成绩，初战告捷。但很快香港媒体报道鸡饲料里有一种致癌的肥鸡丸，导致人们都不再敢吃鸡肉，鸡饲料也没有了市场。王石不仅把之前赚的30万元全赔了进去，又赔了40万元。

王石开始了人生的第一次商业冒险——他买了机票，只身飞到位于东北的大连粮油进出口公司，又订了两万吨玉米。之所以敢在这种情况下大规模向供应商预订玉米，是因为王石不相信香港人以后不再吃鸡肉，只要还吃鸡肉就需要玉米饲料，而玉米饲料只有自己有，就一定会赚钱。但王石此时根本没有钱支付货款，于是向大连粮油提出到货100天后再付款。由于当时受肥鸡丸事件影响，玉米没有市场，大连粮油公司也只能无奈同意。就在王石预订的玉米快运到深圳港口时，香港媒体又报道称之前的肥鸡丸信息弄错了，香港人又开始吃鸡肉了。王石凭借这次赌注，不仅把之前亏损的70万元补了回来，又赚了300万元人民币。

1984年9月，王石用销售玉米饲料赚来的300万元人民币创办了万科前身——深圳现代科教仪器展销中心，正式开始了创业之路。

那时，中国经济刚刚起步，商业世界还是一片待开发的荒原，群雄并起、野蛮生长，哪行赚钱就做哪行，哪行有政策空子钻就钻哪行。万科也不例外——创业初期，万科主要经营从日本进口的电器、仪器产品，同时还搞服装厂、手表厂、饮料厂与印刷厂等业务，顶峰时曾经有55家全资或合资的公司。用王石的话来说："就是除了黄、赌、毒、军火不做之外，其他万科基本都涉及到了。"

1988年，万科以2000万元的天价在深圳拍得威登别墅地块，懵懵懂懂地进入了后来让万科大有所成的房地产行业。这一年，万科还有一件重要的事情，它成为中国第一批股份制改造的公司，改制之后的万科成为第二家在深圳证券交易所上市的公司，因此，获得了00002的股份代码。

万科的前身是一家集体所有制公司，也是当时非常流行的"红帽子"公司。在股份制改造的过程中，王石主动放弃了可以归于自己名下的股份，选择做职业经理人而不是老板。十多年后地产行业大红大紫、制造了多位首富，但王石从没有出现在富豪排行榜的前100名。

作为创始人放弃股权，需要极大的勇气抵制内心的诱惑。这个选择，最能体现王石对金钱的态度，对金钱很在意的人无法做出这样的割舍。王石回忆说："在1980年代，突然很有钱是很危险的事情，从中国传统文化来讲，不患寡而患不均，大家都可以穷，但是不能突然你很有钱。"他觉察到了这种危险，并且主动选择了放弃；但很多人没有选择放弃，不少人成了富翁，也有人悲剧性地倒在了企业改制的这条路上。

万科上市之后，有两件事给了王石极大的触动，并且使万科的发展产生了关键的转折。

其一，1993年万科获准在香港推介B股。有个渣打银行的基金经理问王石：王总，你们公司到底是做什么的？这一问，把王石给震住了。当时王石在全国也是响当当的人物，万科的规模一点也不比做家电的海尔小，可是万科的业务包罗万象，以至于基金经理竟然不知道万科是做什么的。

其二，1994年爆发的"君万之争"，万科股东之一、君安证券董事长张国庆要召开股东大会、董事会罢免王石，理由就是反对王石的多元化政策。王石再次被震动了。

当时，中国商界沉浸在一片多元化的狂热中，而王石受到两次震动之后，率先从这种狂热中清醒过来，决定走专业化的发展道路——万科开始大刀阔斧做减法，一口气砍掉了90%的业务，专注做房地产。在当时，王石的这种做法是不可思议的，但几年之后高下立现——万科从此走上了高速发展之路，而同期许多闻名一时的多元化发展公司却如彗星般陨落了。

从多元化转向专业化，这是万科发展历史上最重要的一次战略决策，专业化战略让万科从地产行业率先突围，其与格力空调一直被认为是中国专业化战略的两个最杰出代表企业。在万科转向房地产的同时，中国的城市化进程启动，巨大的市场需求给了万科一个巨大的舞台。

早期的房地产市场也是一片荒原，盛行空手套白狼的投机游戏，产品与服务低劣，而万科是最早重视打造专业能力的公司。万科历史上有很多学习的对标公司，第一家就是香港新鸿基地产。深圳与香港一衣带水，香港地产业已经很成熟，万科早年的开发经验、专业能力提升与新鸿基颇有渊源。万科早年拿地非常困难，多数是城市郊区不太好的地块，但是靠着良好的建筑品质以及在行业率先推行的物业服务，吸引了大批城市中产客户，万科在房地产行业的品牌也越来越响亮。

激流勇退，伯乐相中千里马

1999年，万科已经成为中国最知名的房地产公司。这一年，才48岁的王石却意外宣布辞任万科总经理，只保留董事长职务，他把管理权交给了继任者。

王石在《道路与梦想》一书中描述过交出管理权的感受："（辞任后）第二天上班，一看办公室怎么没有人，才想起来原来大家都到新任总经理办公室开会去了。这种感觉就像把老虎关进了笼子。"

虽然难受无比，王石还是坚持了下来。王石曾多次讲过"王安电脑"的故事，这个故事对他触动很大。王安是一位杰出的美籍华人企业家，他创办的王安电脑在20世纪80年代曾经与苹果电脑比肩，但是王安去世之后，王安电脑很快就从市场中消失了；苹果创始人乔布斯曾被赶出公司，但是苹果公司却没有垮。

王石受到的启发是，要建立一个基业长青的企业，一定是靠制度、团队与品牌，而不能依靠一个强人，否则结局就会像王安电脑一样。王安是一个典型的东方式权威，东方式权威是中国传统文化的特产，组织对权威人物的依赖很大，一旦没有了权威人物就会江河日下。中国历史上这样的故事屡屡上演。王石对此充满警惕，为了避免自己成为这样的权威，王石用权威的方式终结了这种可能：他还不到50岁就早早交出了万科的管理权，选择相信自己建立的制度和培养的团队。

对于现代企业制度，王石推崇备至："现代企业制度是西方文明的产物，中国企业建立现代企业制度有两种方法。一种是拿来主义结合中国的传统文化，这是现在主流的做法。我的思路是，既然现代企业制度是西方文明的产物，万科就拿来用，是完全照搬，而不是搞结合。"

中国很多企业都具备了现代企业制度的形式，但是在内涵上一点也不现代，所谓的制度通常只对下、不对上，人的因素要高于制度。在万科却是制度高于人，它的文化、做派更接近一家跨国公司。

王石给自己选的接班人是郁亮。2001年郁亮接任总经理时，万科内部很多人不服，为什么一个低调的、不懂房地产专业的人被选中？2012年郁亮获得央视年度经济人物，王石接受央视采访时回答了这个问题，大意是郁亮协助他完成了很多大事，比如发行B股、君万之争、做减法等，只有他知道郁亮的能力。

万科发展的事实证明了郁亮的能力，也证明了王石的眼光。在郁亮的领导下，2004年规模不足百亿元的万科制定了《未来10年中长期规划》，大体内容是：按照年均30%的增长率，10年之后万科的规模将达到1000亿元。这份战略规划在业界如同引爆了一枚深水炸弹，很多公司的目标是如何突破100亿元，而万科提出的1000亿元简直一个不敢想的数字。王石第一次看到这份规划时，既吃惊又愤怒，认为这群年轻人是在搞大跃进，但最终被这份规划背后翔实而强大的逻辑说服。

然而比这份规划提前4年，万科在2010年就实现了1000亿元规模的突破。在从100亿~1000亿元的历程中，郁亮是万科真正的操盘手；但王石依然担当着万科精神领袖的角色，战略与价值观上对万科始终发挥着重要影响。

万科在高速发展过程中，王石如同一枚减速器，对速度一直很警惕，他认为“第一固然好，但是你质量好了，只是排第三，有什么不好呢？总比质量不好的第一好得多”。王石在万科内部讲话中明确表示，在速度和质量冲突的时候，应该质量第一；速度和成本冲突的时候，还是质量第一。

在很长的一段时间里，万科成为中国公司治理的标杆，是很多公司学习的对象，对这一点王石相当自豪。但直到2015年万科股权大战爆发，我们才看到，这家标杆公司竟然也是如此脆弱，足见中国公司治理水平之低下。

1988年王石放弃万科股权，造成了万科股权极度分散的局面，实际控制人缺位已经给股权大战埋下了伏笔。1994年“君万之争”是万科第一次股权大战；2015年深圳宝能集团在二级市场大手笔买入万科股票，并对以王石为首的万科管理层“逼宫”，“宝万之争”成为一场引发全国关注的财经事件。

2017年6月，轰轰烈烈的万科股权大战终于落下帷幕，举牌搞杠杆收购的险资公司受到处罚，深圳地铁公司取代华润成为第一大股东，万科最大可能地保留了自己本来的样子。无论结果令你欣喜、忧虑还是愤怒，这场大战提升了全社会对公司治理的认识，在中国商业文明进化史上它是一个绕不开的丰碑。

有舍才有得，精彩人生仍在继续

虽然在万科不断放弃，王石却收获了健康丰盛的人生。

1998年辞任总经理，对年富力强、48岁的王石来说并非易事。王石发现只要自己还在办公室，团队就会对其形成路径依赖，很难真正成长，王石于是做了一个决定，要和万科的团队疏离，于是选择了去户外登山、跳伞、划船等自己年轻时曾经向往的运动。

这一登山不要紧，2001年王石就获得了国家体育总局认可的登山运动健将，并在2003年与2010年两次登顶珠峰成功。

王石的爱好、他对生活的态度，从另一方面影响并滋养着万科。他的继任者郁亮说：“王石登山给万科留下了不服输、不断挑战自己的基因。这种基因我有没有责任传承下去？我当然有责任传承下去。”郁亮在2010年也成立了一个菜鸟登山队，三年之后从北坡登上珠峰。

王石是企业界最早推动绿色环保的公益领袖。他有多个公益组织头衔，包括万科公益基金会理事长、地球自然基金会主席、红树林基金会会长、阿拉善SEE生态协会会长等。

万科身处房地产行业，王石在推动绿色建筑、环保节能上做了很多事，其中最重要的就是力推住宅产业化，为此万科在东莞建立了建筑研究中心，希望能用工业化生产的方式解决建筑质量以及低碳环保的问题。

2017年7月4日，王石卸任万科董事长之后的首秀献给了公益活动——他以万科公益基金会理事长的身份参加了F20基金会峰会，分享了中国企业及民间组织在低碳转型方面的经验。虽然已不在万科任职，但王石的许多公益活动还是会与房地产、环保、绿色相关，他依然在和万科一起推动房地产行业的绿色变革。

2011年王石到哈佛做访问学者，成为继企业家、登山家、公益领袖之后的第四个新角色。他原来计划70岁的时候再登珠峰，到了哈佛之后就放弃了，“我感到知识的这座高山比珠峰还要高”。在哈佛，他努力学英语，和比自己小40岁的年轻人一起上课，做功课到深夜。

2015年“宝万之争”爆发后，很多人质疑王石登山、游学、做社会公益是不务正业。但这恰恰不应该是王石被质疑的地方，而是王石作为一个卓越企业家境界的表现——没有博大的胸怀、超强的制度自信，王石不可能放手，让年轻人发挥才能；没有强烈的社会责任感、没有不断挑战自我的精神，没有如此健康丰盛的人生，万科的底蕴和内涵也不会如此厚重。

王石所收获的并不是只有掌声，他曾面临多次舆论危机：2008年汶川大地震，王石的言论中有一句“万科员工限捐10元”引发了大规模的舆论讨伐，这成为他生命中的“至暗时刻”；2012年爆出离婚事件，引来滔天口水；2015年万科股权大战爆发之后，王石所言“宝能的信用不够格”“不欢迎野蛮人”等流传甚广的刺激言语，再度把他置于危机之中。

但清者自清。这些危机也是王石不可或缺的生活内容，它们让王石更理性地看待自己，也更谦逊、更成熟、更从容。

2018年，暂别商业江湖的王石，再度获得企业家的身份：他先后接任了远大集团、华大基因两家公司联席董事长的职位。告别万科的王石，精彩依然在继续。

王石：我绝不是中庸的人

我第一次知道深圳是1966年。

那时正值“文化大革命”，我串联到广州，知道深圳和香港一河之隔、两种制度，是个很神秘的地方。那时把深圳的“圳”字都念错了，读成了川，后来才纠正过来。

到了1978年，我大学毕业到广州铁路局工作，到深圳来施工。印象很深的是蛇口的中英一条街，冷冷清清的，中间有一个界碑，这边是公安，对面是香港警察。还有，在深圳可以看香港电视节目，但是得偷偷摸摸的，在工地上看露天电视，公司政治指导员一来赶紧要换台，看得很不爽。后来认识一个老乡，周六就到老乡家里看，一直看到早上两点钟没有节目了为止。当时经常早上一起来，发现民工又少了一个，偷偷跑到香港了。

我在深圳施工半年就回广州了，但是深圳老乡每年春节会带点鱼之类的东西来到广州看我。1982年春节，老乡突然带着那时很少见的加州蛇果、新奇士橙来看我，他妻子还烫了一头摩登的卷发——以前可都是插秧的农民，我一下就愣住了，受冲击很大。我很好奇，专门到了深圳，一看就激动人心，到处是欢腾的工地，到处是车，在修路、平小山丘。从深圳回广州，我立刻就办了停薪留职。那时在机关，我是科员，知道这一生最多能做到副局级，已经能看到自己的追悼会是怎么开的。我很不满意现状，觉得很委屈，想做点事业，却不能发挥。我下海创业的动力就是对自己不满意，想做一番事业，男子汉志在四方嘛。

1983年，我正式下海再次到了深圳。1984年的一天，看到很多警察，还有很多围观的人，一打听，原来是在为邓小平的视察做准备。我隐隐感到中国要发生非常大的改变，当时心里非常激动，觉得能做一番事业的机会可能来了！

1984年，一家名为“深圳现代科教仪器展销中心”的公司成立，经营办公设备、视频器材的进口销售业务。这便是万科的前身。

那时也没有企业家的概念，就是学着做生意，当个商人。到深圳首先体现的是人性的解放，虽然我不清楚到底能做什么，但要给自己一个选择的权利，到能做生意的地方做生意，看看自己到底行不行。我一直对物质的东西并不太在乎，但是到了深圳就要考虑赚钱，不赚钱你怎么证明自己？我可以赚钱，但是我并不喜欢赚钱，也不喜欢当商人。我对自己商人的定位挣扎了很长时间，一直挣扎到50岁之后。中国传统文化里总是说无商不奸，我骨子里面也曾经是轻视商人的，我怎么能看得起暴发户呢？但是突然发现自己就成暴发户了。1988年万科改制上市的时候，为什么我很快放弃了公司的股份，跟这些都是有关系的。

以前我经常公开说我不喜欢做商人，也不喜欢做房地产。2000年，有一次郁亮跟我谈，说董事长你不喜欢就不喜欢，能不能不要再说了，你公开说你不喜欢，怎么能让万科的团队热爱自己的工作呢？从此之后我就不再说了。我有个特点，喜欢不喜欢对我来说不重要，重要的是我已经做这个了，而且是我自己的选择，那就要做好。现在应该承认，喜欢不喜欢，即使都做好了，其实效果是不一样的。我经历了很长的一个过程，才开始喜欢地产这个行业。

尽管对企业家的理解和身份认同有一个过程，但是到深圳之后我创业的目标却很清晰，这个目标到现在也没有改变，就是参照日本“二战”之后崛起的企业比如索尼、松下等，它们对日本崛起起到了非常大的作用，万科能不能也成为这样的公司，对中国的改革开放和社会进步起到积极的推动作用？

2014年，万科成立30年，这个目标还没有达到。但是今天的万科也毫无疑问地有超出了我预期的地方，很多东西在过去是根本想不到的，比如说万科现在的规模是想不到的，再比如2008年万科和我遭遇的一系列舆论事件，我根本没有想到万科对行业的影响有那么大，我的影响力有那么大。2011年我出国留学这件事，在企业家圈子里面的影响也是超出我预料的。现在深圳商会里有两个英语学习小组，两个小组可以PK，这里面很多企业家都是海归。有一次美国西雅图市长来访，我用英文做了个演讲，他们一看王石可以用英文演讲，很惊奇，我就觉得不能把英语这个交流工具丢掉。

我对技术一直非常感兴趣。

年轻时我是个无线电爱好者，跑到北京、上海买各种零件，回来自己动手装半导体收音机。在学校我的数学、物理成绩一直很好。有一次上自习，数学老师发现我在玩，就给我出了道难题，他转了一圈发现我还在玩，但一看我已经把题目做出来了，那是一道还没有学过的高年级的题。

到深圳时，最初很想在电子行业创业，万科最早是做录像机的，但是因为当时的政策限制，要有许可证，最后放弃了。为什么我开始不喜欢房地产？因为房地产太粗放、太粗糙了，没有技术含量。2000年之后，万科开始探索做住宅产业化，后来在东莞成立了建筑研究中心，我一回公司就去那儿看，那里面有很多跟住宅有关的技术，比如工厂化生产房子的技术，节能环保、绿色建筑、微生物降解垃圾等等技术。万科在研发上也是有投入的，我一直有个理想，希望万科成为一个房地产技术方面的公司。

其他行业早就解决了的问题，中国的房地产业到现在还没有解决。比如说家电行业、IT行业，它们的质量系统早就和国际接轨，成本控制也很好，你像苹果的东西就是富士康生产的，到别处去生产成本就高。万科一直在向制造业学习，如果真的实现了住宅产业化，在流水线上生产房子，其实也就改变了整个行业的生产方式。大规模盖房子必须把误差控制到最小，这只有工业化手段能做到，这也是万科做住宅产业化的初衷。此外，住宅产业化对环保节能有很大的作用。现在万科的目标是2015年基本完成住宅产业化系统，2016年完成绿色建筑系统，在这个基础上，万科才能真正实现持续稳定增长。如果这些做不到，万科其他的连谈都不要谈。

在过去10年，万科做住宅产业化非常艰难，因为这涉及一个产业链，不是一家公司想做就做的。住宅产业化并不是新东西，万科的住宅产业化主要是向日本学的，但是全世界就是万科一家由发展商带着设计公司、建筑公司、部品供应公司做住宅产业化。经过这么多年的努力，万科已经看到了曙光，现在全国有20多个城市的相关管理部门安排同行来学习万科的住宅产业化。现在对环保的关注，让住宅产业化越来越受重视。

最近，万科建筑研究中心要和美国宇航局（NASA）合作搞3D打印房子。很多人一听觉得不可思议，房子怎么能打印出来？其实3D打印房子也就是机器人盖房子，就是自动化生产房子。一般3D打印喷的是塑料，但是这个喷的是砂浆之类的。现在这个技术处于实验室阶段，有3个国家有这样的技术，万科选择了NASA。其实也没有想象中那么难，万科的任务书已经下了，大概3年以内，研究成果要从实验室里拿出来，但是要推广到一线上去，可能要10年、20年，或许是30年。在我看来，这个技术是住宅产业化的升级版。

2008年以来，我一直在说万科发展得太快了，不能强调量。量和质是一对矛盾，强调质的时候不能没有量，但是量越大和质的矛盾就越突出。2010年万科过了千亿，量已经很大，如果还把量放在第一位的话，一定是会出问题的。所以这几年我们一直在控制量和发展速度，而在质上下功夫，把住宅产业化、精装修、绿色建筑这些做好。从万科发展的过程看，有些很有意思的东西。1997年，万科成为国内最大的地产公司，并不是万科的规模达到同行的最高水平，而是当时第一大的公司出了问题。10年之后，当时全球最大的房地产公司美国帕尔迪因为金融危机又出了问题，万科就成了全球最大的地产公司。这个逻辑好像是这样的，别人出问题万科成第一，那么下次会不会万科出问题别人成第一了？所以这几年，万科一直在强调发展质量。

我一直比较自豪的是，万科的管理很规范，可以算是中国公司治理的标杆。1980年，在广州的一次音乐会上，我认识了刘元生（万科目前最大的自然人股东，持有1.2%的股票）。当时刘元生在香港的生意已经非常成功了，后来我们成了朋友，很多现代企业的管理理念都是从他那儿学到的，他对我有潜移默化的影响。1980年到了香港，我买了很多管理学的书，就知道现代企业制度、公司治理这些东西是怎么回事了。

万科的管理也是经过了很长的摸索、试错，最后试出来的。中国文化的惯性非常强，在公司里讲血缘、地缘，喜欢用子弟兵、亲戚，还喜欢拉帮结派，这些都是我非常讨厌的。20世纪80年代常常会遇到这些问题，有时候公司里面两个人斗，有你没我、有我没你，我非常头疼。后来我在公司制定了一些规则，比如说不用自己的亲戚、重视制度、要透明等。1999年，我辞去公司总经理，想摆脱什么事都亲力亲为的现象，要消除东方式的权威。其实也没有受什么刺激，也很简单，东方的公司都是一朝天子一朝臣，一个领头人走了，公司就要垮掉，而西方讲制度，对个人依赖没有那么大。和苹果同时期的王安电脑，本来是很有潜力的，但是随着王安去世，这个公司就完了，而乔布斯离开苹果，苹果起码没有垮。

我当时对中国传统文化里的很多东西很失望，认为中国的公司要有出路，必须跟传统文化决裂，拥抱西方的文明。但现在，这些认识又有所改变。我研究民国企业家，发现我们这一代企业家很多方面不如他们。比如我到无锡参观梅园，它是民国著名企业家荣德生先生修的，开始以为是他家的花园，后来才知道当时就是为市民修建的。不仅如此，荣老先生还对当时的苏、锡、沪经济带有过规划（跟我们今天的规划非常像），对带动一方经济发展有很强的责任感和担当。请问今天中国大陆的企业家哪个做到他那个水平了？民国的企业家继承了传统文化中非常好的一些东西，而我们基本上和传统文化是割裂的，传统文化中的很多好东西被我们忽略了。

万科在管理上一直是向西方学习的，虽然这不意味着就没有东方的东西，但在东西方融合上做得不够好。比如2008年万科降价，同行、消费者、政府都在指责。当时我非常不理解，这是很正常的市场行为，有什么错？降价消费者很生气，涨价的时候怎么不作声？但是现在我理解了，中国的文化就是要同情弱者。同情弱者就一定是糟糕的吗？不一定。西方鼓励强者，个人主义盛行，未必就好。中国的文化能延续几千年，一定有它的道理在里面。日本的企业在东西方文化上的融合是非常好的，万科现在有了这样的认识，它的行为举止和以前也会有不同。

2011年我到哈佛做访问学者，很多人认为这是我的第三次角色转变（第一个是企业家，第二个是登山家）。从结果上看，它是的。2010年，香港科技大学商学院邀请我做客座教授，今年开始在北大EMBA做客座教授。从60~70岁，我给自己的定位是做老师，但还不是学者。目前，已经接受了新加坡国立大学的邀请，准备去教书。剑桥也给我发了邀请，我拒绝了，一个是因为语言上还是有障碍，还有就是觉得自己在学术上的修炼还不够。

我原来计划70岁的时候再登珠峰，但是到哈佛之后我就放弃了，因为我感到知识这座高山比珠峰还要高。原本我的游学计划是3年，在哈佛1年，英国1年，耶路撒冷半年，伊斯坦布尔半年。但是在哈佛现在待了两年半，我觉得其实需要4年，但是你老赖在那里不走是不是准备弄个博士学位？我没想拿。原来剑桥的计划是1年，现在已经延到了两年。照现在看，你说耶路撒冷怎么可能半年呢？怎么也得1年。所以我现在的学习计划已经安排到了2017年。

到哈佛之后，我研究企业伦理，研究日本的江户时代，发现我必须研究中国的传统哲学，原来了解很少。那时我已经60岁了，我开始觉得自己很无知。我的求知欲很强，是因为我有自我认同焦虑，那就是我们这些企业家到底扮演了什么角色？这个阶层到底是什么状态？它到底要往哪里去？原来我没有这么焦虑，但是做研究时，越细想越焦虑。

日本明治维新之所以能成功，不仅是因为在江户时代的教育普及（江户时代日本的文盲率只有10%，1949年中国的文盲率是90%），知识分子对西方文化的接受（代表西方文化的“兰学”在日本盛行），还有一个很重要的原因，就是工商阶层在经济中的主导作用，他们是支持明治维新的经济力量。江户时代之前，日本的商人地位比中国的还低，武士可以找理由拿他们试刀，杀死他们不用负责任。在江户时代，已经出现了为商人来确定他们社会地位的哲学家。比如说石田梅岩本身就是商人出身，最后他自己办学自己讲商人哲学，他在理论和哲学层面上，提高商人地位，也就是说商人赚钱就像武士治理好国家、农民种田丰收的道理是一样的，而不是中国传统文化中的无商不奸，士农工商，最后的才是商。实际上中国到了今天，也只看到吴晓波从中国商业史的角度对商人和商业思想进行梳理和反思，但是真正从理论和哲学层面来谈中国工商阶层的地位的，现在还没有。

早期创业时，我从骨子里面是看不起商人的。我在自我身份认同上出现的焦虑，很典型地代表了中国工商阶层对身份认同的困惑。企业家自己尚且如此，整个社会对工商阶层的身份、地位和作用就更没有一个清晰的认识，会出现很多问题。一个常见的现象是，中国的企业家阶层经常会陷入被动的界面。比如说重庆打黑，那么多企业家戴上黑社会的帽子。现在反贪，企业家常常会变成替罪羊。在政商关系上，中国的企业家总是弱者。这些问题日本早在100多年前就解决了，我们到现在还在挣扎。

这些年我走访了很多狱中的企业家，他们有的是被冤枉的，有的是罪有应得。看到他们，有时候我会想，下一个也许就是自己，会忧虑，毕竟我也是企业家中的一员。看他们更多的是出于人道主义，他们即便是犯了罪，也总得有人关心，万一自己某天到了这个地步，也希望有人来关心。

但是我对中国的前景、企业家的前景还是乐观的。1991年，我在国外待了1年之后回到万科，1992年邓小平第二次发表南方谈话。当时我就打消了很多别的念头，比如出国留学，准备踏踏实实地把万科做好。因为从这件事我看到了中国对改革的宽容度，我认为中国的改革开放已经不可能再走回头路了，广阔天地大有所为。所以后来说“国进民退”之类的，我一点也不担心，这些都是改革中常见的现象，是波浪式地向前推进。

在哈佛、在剑桥，都有教授对我现在的状态感到吃惊，他们都问过我相同的问题。我是一个还在增长的、全球最大的地产公司董事长，居然可以如此自如地离开公司做研究，他们问，你是怎么管理时间的，是怎么管理公司的？我的这种方式在中国是很少见的，在西方的文化背景里也是不可思议的。但是我并不是很得意，因为这是中国的环境给了我和万科很大的机会。在西方很成熟的商业环境里，竞争非常激烈，边际效益很低；但是中国还在增长中，你稍微管理改善点就有回报，所以并不是万科的管理比西方还好，是中国的高速增长给了我们机会。所以，中国的企业家应该在中国大有所为。

我很享受在剑桥做研究的生活，以前从来没有想过生活可以这么自如。每天骑着自行车在古老的校园里穿行，远远看见那棵苹果树，感觉和牛顿这样的伟大的灵魂为伴。下午喜欢在咖啡店学习，看着夕阳在水面上慢慢落下，真的太美好了。在哈佛时，经常熬到凌晨三四点，才终于把作业做完了，真可怕，把一个难题做出来就会高兴那么一会儿；到了剑桥就不是苦苦挣扎了，晚上看书、做选的课题，做着做着就听到鸟叫声了，一看表，四点钟了，觉得该休息一下，也能很快睡着，第二天精力充沛。这种感觉好像是自己已经有一脚踏进了自由王国。

我小时候的梦想是当医生、当侦探、当战地记者，没想过做企业。现在，我的好奇心依旧很重，我自己觉得自己的心态还很年轻，2008年的时候，我感到自己还像一个“青涩的苹果”。现在我要感谢这个大时代，如果我早生20年，20多岁刚好赶上反右，我想我不是打击右派就是要被打成右派，我绝对不会是中庸的。

作者简介
Introduction to the author

黄秋丽　财经作家，财经新媒体丽尔摩斯创始人，原《中国企业家》杂志编委、主笔，常年跟踪研究中国大公司，深度解析商业世界。作品有《万科逻辑》。

娃哈哈，中国特色饮料的崛起与困惑

回顾中国饮料市场，那些很多耳熟能详的名字，或消失在历史长河中，或到如今依然基业长青。你方唱罢我登场，饮料市场没有垄断的霸主，只有并立的豪强。充分竞争的环境中，一批优秀的民族饮料品牌笑傲江湖，掌舵的企业家展现了惊人的毅力、好胜的决心和雄伟的谋略。从42岁才开始蹬着三轮车卖文具、棒冰，到打造出中国最大的饮料生产企业，宗庆后在完全竞争性的饮料行业专注发展了30余年。在崇尚企业家精神和重塑实体经济的今天，娃哈哈无疑是一个令人尊敬的企业。宗庆后和他的娃哈哈，创造了堪称教科书式的商业奇迹。

2009年9月30日上午，北京希尔顿酒店。

在时任中国商务部欧洲司孙永福司长、林文军处长以及法国驻华大使和经济参赞的见证下，中国民营企业娃哈哈与法国食品巨头达能集团正式签署和解协议，双方宣布：

达能和娃哈哈将终止其现有的合资关系，达能已同意将其在各家达能—娃哈哈合资公司中的51%的股权出售给中方合资伙伴。和解协议执行完毕后，双方将终止与双方之间纠纷有关的所有法律程序。

这份和解声明，标志着旷日持久的达能和娃哈哈股权之争落下帷幕。这场“达娃之争”曾轰动一时，甚至引起了中法两国政府介入，最终以娃哈哈胜出、达能强行并购失败告终。随后，娃哈哈向达能支付了约3亿欧元，以净资产的价格接手了达能在合资公司中51%的股权。娃哈哈与达能合资的13年间，娃哈哈成为中国饮料生产行业的霸主。2009年这场看似和平的“分手”却掩盖不了娃哈哈和达能从“蜜月”到散伙过程中的矛盾、摩擦与冲突。

1996年，娃哈哈与达能等共同组建5家合资公司，外方共计持股51%。彼时，中国积极吸引外资，校办企业经销部起家的娃哈哈已迅速成长为中国最大的食品饮料公司，渴求着资金与技术。

这一跨国资本联姻看似美好，岂料在十年后，演变成为两家公司长达两年多时间的股权之争。2006年，达能要求以40亿元的净资产价格并购娃哈哈非合资公司51%的股权，遭到娃哈哈的坚决反对。直至2009年，达能娃哈哈终止合资关系，分道扬镳。其间双方历经的这场空前的“口水战”和法律较量中，我们看到这是外资利益与改革开放第一批民营企业家精神的一场冲突。与中国本土企业合资，能让达能迅速扩大中国市场收入，这也是为什么达能与娃哈哈合资后，又一举收购娃哈哈合资公司的竞争对手乐百氏、正广和等民营企业。而并购盈利良好的娃哈哈非合资公司，更能显著提高达能在亚洲的经营业绩。对于达能来说，娃哈哈是其全球业务版图中的一枚重要棋子；然而对于创始人宗庆后来说，娃哈哈对他的意义非比寻常。

宗庆后出生于1945年。在创建杭州娃哈哈营养食品厂前，他卖过红薯，在荒无人烟的农场挖过沟、拉过石头，在茶场种过茶、割过稻子，艰苦高体力的劳作锻炼了他坚忍不拔的意志和强健的体魄。1978年是中国改革开放的元年，这一年，宗庆后接替了母亲的工作，回到杭州，在校办工厂一干就是十年。1987年对于宗庆后来说，是人生中重要的转折点，这一年，42岁的他承包了校办企业经销部，即娃哈哈的前身，从此开始了娃哈哈“超音速”的发展。

回顾“达娃之争”，宗庆后表示，他是一个用自己的智慧和勇气对抗跨国巨头的中国人，在这场战役中，他没有愧对娃哈哈和中国人。中国的企业不用怕跟外国人打官司，中国现在越来越强大了，中国人也不应该再受欺负了。

宗庆后对娃哈哈的捍卫颇有理想主义和家国情怀。置身大众创业、万众创新的今天，中国的创业者们和投资人们都在追求打造风口项目，资本蜂拥而入，造富神话屡出。摩拜单车在2018年4月被美团以27亿美元拿下前，创始人胡玮炜曾感慨，资本是助推你的，但是最后，其实你都得还回去。在许多创业者追求做大项目继而套现离场的当下，重温宗庆后带领娃哈哈与达能“战斗”的岁月，我们要问，为什么宗庆后不愿服从于外资的安排，执意捍卫企业股权和民族品牌？要回答这个问题，时钟还要拨回1987年。

“发生在小学校里的经济奇迹”

1987年5月1日，在杭州市清泰街160号，一家叫“杭州市上城区校办企业经销部”的单位成立了，这就是娃哈哈的前身，为它亲手挂上招牌的人就是宗庆后。娃哈哈不是一个特例，在那个年代校办企业遍地开花，一度成为中国经济中最为活跃的力量，尽管渐渐式微，但仍磨灭不了它对中国改革开放特有的贡献，现在我们耳熟能详的方正、紫光、联想最早都是校办企业。

娃哈哈成立之时，杭州市上城区文教局对校办企业的经销部采用承包制，遴选经销部经理。时任副局长傅美珍对包括宗庆后在内的候选人们提出要求，当年要创造利润4万元，这意味着摊到人头上，人均创利要达到一万五千元，这数字远超当时国企的人均利润指标。在其他人犹豫和沉默的时候，宗庆后站出来，提出“四万好像少了点，可以保证上交十万元”。

虽然旁人感到吃惊，但宗庆后心里有底气。1978年，回到杭州进入校办工厂的这些年，他是个“爱折腾”的供销员，不仅脚蹬三轮卖纸箱，还在纸箱厂里办起电表厂、电扇厂，他跑到海南去签订单，背着电扇挤在绿皮火车上，走南闯北斗智斗勇追款讨债，在招待所打地铺，在广交会门外摆地摊……宗庆后当时做出的承诺，正是基于他在商场上摸爬滚打的经历和对整个市场的感知，他相信自己比其他候选人更了解市场。“我用脚来丈量中国的市场，深入穷乡僻壤、犄角旮旯，‘中国市场地图’就是这样在水里火里、摸爬滚打中摸透的。”这种对中国市场如数家珍般的透彻理解，被宗庆后称为创办娃哈哈的“秘密武器”。

凭借着他先前在校办工厂工作时一股子的勤奋劲和责任感，尤其是善动脑筋敢于尝试，傅美珍副局长力排众议，决定由宗庆后来负责校办企业经销部。这一年，他承包下了上城区校办企业经销部，并和文教局约定，第一年上缴利润10万元，第二年20万元，第三年30万元。虽然这支队伍包括经理宗庆后在内只有3个员工、14万元借款和50平方米场地，毫不起眼，但这无疑开启了宗庆后命运中崭新的一扇大门。时年42岁的宗庆后把15年的青春奉献给了农村日复一日的艰苦劳作，然而他心底始终有股斗志，在乡下时，别人抽烟赌博，他在读书；为了赶超别人，他夜里动员大家悄悄干活……从乡下回到杭州前他曾捎话：“人活着，必须干一番事业，不能碌碌无为度过此生。”面对经销部，没有人比宗庆后清楚，他太渴望也太需要这样的机会去闯出一番事业，要强、聪明的他坚决不会放过任何机会。

机会都是偏爱有准备之人。成立之初经销部主要代销文具、冷饮和汽水，突然有一天，一家叫“中国保灵”的公司找到宗庆后希望他能代销他们的产品——中国花粉口服液，一个进军保健品市场的机会摆在了宗庆后面前。改革开放以后，生活迅速好起来的人们意识到了健康的重要性，从20世纪80年代起，中国的保健品市场就持续高速增长。保灵公司想打开学生市场，就看上了校办企业的校园销售渠道，这对双方都是难得的机会。宗庆后仔细考虑，建议降低价格，“保灵”欣然接受了建议。80年代的孩子们是新中国的第一批独生子女，都是家中的“掌上明珠”，学生保健品很受欢迎。这次合作取得了巨大的成功，口服液很快就销售一空，供不应求。为了解决产能不足的问题，同年7月，宗庆后以花粉销货款和5万元银行贷款作为原始资金，筹建了自己的第一家生产企业“杭州保灵儿童营养食品厂”，为“保灵”代加工花粉，这标志着娃哈哈创业历程的开始。

仅仅一年时间，经销部拿出了一份漂亮的成绩单：436万元，上缴利润22.2万元，是宗庆后候选夸下的创利10万元“海口”的两倍！同时，他们已拥有净资产超过800万元，员工130人和3家单位。

很快，烦恼就来了，和所有代工厂一样，宗庆后的食品厂也遭遇到了薄利且受制于人的问题，打造自己的产品提上日程。当时市场上已有38个保健品品牌，与其他品牌面向全体消费者宣传强身健体治疗疾病的功效不同，宗庆后瞄准了青少年营养品细分市场。1988年的《杭州日报》刊文提到，全国3.5亿儿童和中小学生中，有1/3的人营养不良，这让宗庆后坚定了信心。他“三顾茅庐”，争取到了浙江医科大学营养学系朱寿民教授的配方指导，并挖来人才，成功开发出市场上一款全新的产品——儿童营养液，产品取自桂圆、红枣、山楂、鸡肝等天然原料，经过检测不含导致儿童性早熟的成分，填补了儿童营养保健品的市场空白。

产品有了，怎么卖？新产品要想打开市场，必须有特色的推广营销方式，得到消费者的认可和青睐。而要让自己的拳头产品在市场上打开局面，宗庆后显露了远超其他同行的营销意识，押宝在了广告上，宗庆后甚至玩起了超前营销。在儿童营养液还没有下线前，1988年6月16日的《杭州日报》就刊出一条大幅“有奖征名”广告，这则广告投入了十几万元，相当于花去了近一半的利润。广告打出后，数百封应征信件飞来。其中，出自一首朗朗上口的新疆儿歌的名字“娃哈哈”让所有人眼前一亮，最终胜出。这则广告吊足了杭州人的胃口，“娃哈哈”儿童营养液未销先火。为了趁热打铁做火产品，宗庆后毫不犹豫拿出21万元打电视广告，这笔广告费花完宗庆后他们手中只剩下了10万元流动资金。结果证明，宗庆后赌对了，娃哈哈营养液销量当月突破15万盒，一个月后突破20万盒。随后，娃哈哈还在全国推出“实证广告”，中国儿童营养促进会会长、陈云同志的夫人于若木同志以及国内众多营养学专家表态支持。“喝了娃哈哈，吃饭就是香”的广告语先后征服了浙江、上海、天津、北京市场。公司也彻底告别“中国保灵”，于1989年从“杭州保灵儿童营养食品厂”变更为“杭州娃哈哈营养食品厂”。1990年，创业只有3年的娃哈哈就实现了销售收入破亿，利润破两千万的跨越式成绩，彼时的娃哈哈，各项经济指标呈现直线增长的态势，完成了创业的原始积累。在1991年新华社记者写的内参文章中，娃哈哈被称为“发生在小学校里的经济奇迹”，引发国务院、地方政府和社会的广泛关注。

小鱼吃大鱼，战略选择

就在娃哈哈准备南下征战广州市场时，他们遇到了第一个强大的竞争对手——太阳神。梳理中国改革开放之后的保健品市场发展历程，娃哈哈和太阳神同一年诞生，两家企业在短时间里做成了全国性的品牌，无疑是保健品市场第一拨弄潮儿。然而战略选择的不同，让两家企业经营出现短暂的交集竞争后迅速分开，造就了不同的命运道路，颇叫人回味。太阳神的前身是广东东莞一家默默无闻的黄江保健品厂。1987年，黄江厂开始生产用于改善睡眠的“生物健口服液”。1988年，黄江厂更名为“太阳神”，总产值只有几百万元，而到1990年，年销售额就火箭般升至2.4亿元。最大的推手就是太阳神汲取国际经验，在中国企业中率先导入CIS（企业形象识别系统）战略，在当时略显稚嫩和混沌的商品市场中，谁能花费心思打造出鲜明且富有冲击力的品牌形象，谁就能在市场中捞得更多的收入。于是，最终就有了企业、商标、产品三位一体“太阳神”标志出现在公众前，犹如一针市场强心剂，实属耳目一新。特别是“当太阳升起的时候　我们的爱天长地久”这一广告歌词尤为家喻户晓。彼时，太阳神的销售业绩远高于娃哈哈。在宗庆后的安排下，娃哈哈口服液“鸟悄”地运往广州，在广告和专家在座谈会上的评论曝光后立马投放市场。为了不给太阳神反转机会，宗庆后还提前花了80多万元的费用包下了那段时期广州各大媒体的广告版面和时段，当时娃哈哈在广州的销售第二个月就突破了百万盒。

娃哈哈和太阳神在保健品市场的明争暗斗仅仅发生在20世纪90年代初，随后两家企业走上了不同的发展道路。就在1994年美国世界杯期间，太阳神斥150万元天价巨资制作了长达1分钟的“睡狮惊醒”广告并在中央电视台播出时，娃哈哈早已告别儿童口服液单一的产品形态，开辟出果奶、八宝粥、银耳燕窝等多元化的食品路线。1991年，急需扩大产能、仅有100余名员工的娃哈哈以8000余万元的代价有偿兼并了亏损4000万元、拥有超过6万平方米面积的厂房、2000多位职工的国营老厂——杭州罐头食品厂，组建杭州娃哈哈食品集团公司。这在90年代初的中国，无疑引发了极大的关注，当时中国正在经历姓“社”姓“资”的大争论，1991年邓小平在上海的谈话一锤定音，“不要以为，一说计划经济就是社会主义，一说市场经济就是资本主义，不是那么回事，两者都是手段，市场也可以为社会主义服务”。尽管如此，娃哈哈这条“民营小鱼”吃掉了杭罐“国有大鱼”还是在全国范围引起了极大的反响，成为中国改革开放最生动的注脚。更让人惊叹的是，兼并之后，娃哈哈利用产品优势、资金优势和市场优势，迅速盘活了杭州罐头厂。仅3个月后，原本亏损4000多万元的杭罐厂就扭亏为盈，当年娃哈哈销售收入、利税就增长了一倍多，实现利润4000万元，第二年销售收入就达4亿元、利润7000多万元，实现了“从小到大”的历史性突破。这就是娃哈哈发展史上著名的“百日兼并”事件。1991年12月21日的上海《解放日报》头版不仅刊发题为《百日兼并》的通讯，还刊登了评论员撰写的《再论改革开放要有胆略》。90年代的中国迫切需要具有符号意义的改革者，需要有人站出来大踏步前进，一时间，娃哈哈成为勇于探索、勇于开拓的精神代表。

多元化后的娃哈哈并没有漫无目的徜徉于整个食品市场，而是逐步从保健品转向食品饮料，现在看来，这一战略转型无疑是成功的。娃哈哈转型后不久，中国的保健品市场在经历黄金岁月的狂飙突进后陷入混乱和无序。盲目多元化发展的太阳神销量持续下滑；管理失控的沈阳飞龙陷入危机；因“老汉喝死”事件，虚假宣传受诟病已久的三株口服液帝国轰然倒下……直至今日，中国的保健品市场仍时常陷入全行业的声誉危机。与之相比，饮料行业更多受个体负面事件影响，很少有波及全行业的信任地震。如果说勇敢出击、兼并杭罐厂是第一次正确的战略选择，那么告别野蛮生长的保健品行业，转投较为“干净”的食品饮料市场，是娃哈哈又一明智之选。

在娃哈哈发展中的关键阶段，我们还可以看到，行政力量在其中发挥了积极的作用。娃哈哈兼并杭罐厂正值改革开放初期，浙江省和杭州市成为改革的坚定支持者。在当时，校办企业兼并国有企业尚无先例，因此，存在一定的政策、舆论风险。时任杭州市长卢文舸在兼并前听取汇报时曾表示，改革就是要冒风险，只要对经济建设有利，再大的风险也值得。时任浙江省委书记李泽民、杭州市市长卢文舸、杭州市委秘书长沈者寿都亲临现场指导。此后，娃哈哈在1999年的改制也得到了地方政府的推动。20世纪90年代中后期，国家开始“抓大放小”，顶着“国有”名字的民营企业纷纷借着改制摘掉了“红帽子”，明确了产权。娃哈哈起步于校办企业，但随后的发展并没有拿到国家的投资，宗庆后辛苦经营的娃哈哈茁壮成长，他也希望成为娃哈哈的真正主人，然而申报的改制方案迟迟未得到批准。这件事直到遇到时任浙江省副省长叶荣宝视察时，获得了叶省长的协调。没过多久，杭州市上城区经济体制改革办公室就下文确认，同意娃哈哈改制为有限公司，宗庆后团队及职工持股54%。娃哈哈终于成为烙印着“宗庆后”的王国。相比之下，娃哈哈的前辈健力宝及其创始人李经纬的股权改造着实人遗憾。健力宝比娃哈哈营养液早诞生4年，1987年宗庆后创业时，健力宝就已成为当年全运会最大的赞助商。健力宝如日中天，然而李经纬深知健力宝不是自己的。就在娃哈哈改制的同年，李经纬要求能实行员工股份合作制改造方案，并自筹资金买下广东三水市政府的股份，被断然拒绝。出于对经营层的极端不信任，三水政府在处理健力宝产权时过于轻信闻风而来的民间资本。几经折腾，健力宝早已不复往日风光，终成一段中国企业发展历程中的遗憾。

渠道为王，独有的“联销体”

“甜甜的，酸酸的，有营养，味道好！天天喝，真快乐！妈妈我要喝！娃哈哈果奶！”这首脍炙人口的娃哈哈果奶广告歌曲的背后是娃哈哈进军饮料市场的完美转型。娃哈哈果奶问世前，宗庆后已经不满足于常规的广告宣传，这一次他做起了“免费品尝”，结果可想而知，吊足胃口的杭州市民在没开门前就把促销点围得密不透风。美联社的报道感慨：“今天，在社会主义的中国，终于出现了琢磨消费者心理并懂得市场营销的企业家。”

宗庆后的天分不仅在产品营销上，而且在销售渠道的把控上也体现得淋漓尽致。国际巨头可口可乐、百事可乐走的是终端直营体系，老大哥健力宝走的是批发市场，娃哈哈搭建了独有的“联销体”，这是娃哈哈一项创造性的布局，让娃哈哈拥有了渠道话语权，将经销商与娃哈哈捆绑在一起，形成了一个利益共同体。

“联销体”为什么会产生？要冲进行业第一，扩大生产规模是王道。1994年，娃哈哈的生产基地已遍布全国东西南北，已成为中国最大的食品饮料公司。一直存在的销售回款难的问题严重干扰了公司经营。那个时候，遵守信用的商业氛围还没营造起来，经销商越欠越多的货款、无法回笼的资金让宗庆后无法忽视经营的资金风险。于是就在当年，娃哈哈在全体经销商大会上提出一个让所有经销商目瞪口呆的利益分配方案：一级经销商先交钱再拿货，即拿货必须提前付款作为“保证金”，娃哈哈先支付高于银行存款的“保证金”利息，销售结束后娃哈哈返还“保证金”，并给经销商返利。这样的“款到交货”的模式，在全国可没有先例。

宗庆后的这个方案不仅在公司内部遭到质疑，因为大家担心经销商们会因此抛弃娃哈哈的产品，不跟娃哈哈玩了；经销商们也觉得不公平，质问“凭什么，没这么干的”。然而，宗庆后没有选择，为了娃哈哈的稳健经营，他必须这么做。

“最主要的还是因为跟着我做有钱赚。”2004年，宗庆后在接受记者采访时这么解释。这样一来，在“联销体”内，因为利益捆绑在一起，不仅经销商的积极性调动了起来，而且节约了娃哈哈的营销人力成本。相比于90年代三株保健品帝国15万人的营销大军比，娃哈哈依托“联销体”这一张大网，只用2000个营销人员就把60亿元的饮料卖到全中国。无论是对于娃哈哈这样的实体消费品生产企业，还是对于21世纪涌现的电商巨头，例如京东建立的高效可靠的自营物流网络，都说明把渠道牢牢控制在自己手中就构成了企业的核心竞争力。

“联销体”如愿顺利运转。这也让宗庆后在1997年决定推出自己的非常可乐时底气十足：“我有联销体，怕可口可乐什么！”的确，“联销体”帮助非常可乐在两大国际可乐品牌的夹击下，走出了“农村包围城市”的非常之路。90年代，随着生活水平的提高，人们对衣食住行的要求也不断提高，食品饮料就变成了一个庞大的市场。加上民营企业灵活的体制和思路，冲破了国有的垄断，食品饮料成了一个充分完全竞争的市场。可口可乐在娃哈哈创业之初，就已正式在上海设厂，可口可乐在中国市场的所有装瓶厂所需要的饮料浓缩液均来自上海。百事可乐在中国建厂的时间则更早。当时，“两乐”在碳酸饮料市场所向披靡，许多民营品牌都被收编。当非常可乐推出时，国内很多媒体嘲讽“非常可乐，非常可笑”。然而，宗庆后总能发现市场机遇——“两乐”攻占的是中国的城市市场，给娃哈哈留下了充满希望的农村市场。在娃哈哈集团传记《宗庆后：万有引力原理》一书中描述了这样一个小故事：可口可乐一直没有攻下东北市场，因为当可口可乐在辽宁市场推广时，给予了店家“摆摊赠货”的优惠：只要把可口可乐的产品摆一个月，这些产品就归店家所有了。这种优惠吸引了很多商家进货。然而被娃哈哈的批发商发现了以后，直接把这些商家的娃哈哈产品断供了。由于娃哈哈产品利润高销量高，这些商家权衡一二，最终选择了娃哈哈。非常可乐的成功给“两乐”带来了压力。2001年，娃哈哈非常系列以产销62万吨挤入三甲（可口可乐130万吨、百事90万吨）。2002年，非常可乐仅第一个月就创造了61%的增长率。从一开始的不可能，到最后的实现，这种对产品的坚定信心来自宗庆后对市场无数次的观察和思考。可别忘了，创业前，宗庆后就奔波在销售的一线，建立“联销体”后，他每年都会挨个和经销商见面，讲政策不厌其烦。对中国市场尤其是农村市场的熟悉和把握，这正是国际巨头所陌生的地方。

家长式的企业领袖

看到这里，你或许可以理解，为什么宗庆后如此执着于捍卫娃哈哈的利益——因为娃哈哈就如同宗庆后的孩子，每一步的成长都烙上了“宗庆后”的印记——他独特的性格和务实的行事风格。

一方面，出生在旧中国的他白手起家，对事业极其投入和专注。他亲自参与产品的设计和推广，手写销售通报直接指挥营销；用脚丈量市场，在全国各地巡视，查看商场和小店，随时发现问题反馈意见。他有着对事业执着的追求和渴望，将娃哈哈视为值得自己终生奋斗的事业，而非赚钱的工具。另一方面，他对娃哈哈的发展战略有着准确的判断和掌控。这来自他与生俱来的对市场的嗅觉和把握。在与他同时代，诸如亚细亚、三株、巨人等民营企业的衰落案例里，我们看到的是膨胀的欲望和激进的扩张最终拖垮了企业。在娃哈哈的发展中，也有一些惊险时刻，比如在90年代初一下子开发了十几种产品，业绩平平后立马撤退；1992年涉足地产建娃哈哈美食城，巨额资金被深套。宗庆后对于市场的嗅觉让他保持了清醒，在战略出现失误时能及时止损，而没有被冲昏头脑错上加错。

宗庆后在2015年的自传中写道：“对我来说，娃哈哈只有一个，它是我的整个人生，所有的梦，一切的意义、价值、标签和符号。它是我在这个世界上存在过的证明。我要一辈子把娃哈哈做到底，没有假如。”

娃哈哈于宗庆后而言是他的事业、追求和为之奋斗的一切，于娃哈哈而言，宗庆后则是一个家长式的企业领袖。家长式的企业领袖在中国并不罕见，许多成功的企业身上都被烙上了企业家浓浓的个人风格。改革开放以来，中国家长式的企业领袖的出现，有着深刻的历史原因。改革开放初期，没有任何现成的经验可循，各行各业都要摸着石头过河，只有勇于突破、敢于负责的企业家才能在这个过程中脱颖而出，他们具有鲜明的创业特质，从零起步，历尽艰辛，最终打造出一个个伟大的企业。在企业与企业家共同成长的过程中，企业家的思想、性格、行事风格都深深融入了企业的方方面面。他们无时无刻不在发挥着精神引领的作用，他们的形象代表着企业的形象，即使退位，他们对企业的关注和关心始终如一，甚至企业受人发难之时，依然愿意为之振臂高呼、力挽狂澜。于他们而言，企业就如含辛茹苦培养长大的子女，寄托着创业奋斗的深厚情感。这与西方奉行的公众企业、职业经理人文化显然有所不同，或许这种商业文化上的不同也是达娃之争发生的深层次原因之一。

“达娃之争”，看清外资双刃剑

中资要技术、外资要市场，各取所需，这是一直以来国内对合资公司的主要共识。娃哈哈和达能的“姻缘”也不例外。1996年3月28日，娃哈哈与法国达能、香港百富勤组建的五家合资公司举办开业典礼。合资公司中，娃哈哈持股49%，达能持股35.7%，其余股份归属香港投行百富勤。

彼时，国内在邓小平南方谈话后，正在经历发展经济的新高潮，对外开放和利用外资的实践从探路慢行到快速发展。娃哈哈与达能合资当年，中国的外国直接投资（FDI）突破了400亿美元，是1979—1991年合计利用FDI的近两倍。

娃哈哈很早就开始了外资的探索。在1996年结识达能前，娃哈哈在1992年就和韩国企业合资成立了公司。1996年的娃哈哈已是市场上的知名品牌，外资也早已看上了娃哈哈。一方面，外资需要借中国企业之力去打开中国市场；另一方面，引入外资是很多本土企业摆脱发展瓶颈的选择。对20世纪90年代的娃哈哈来说，当看到国家的外资优惠政策吸引跨国公司来到中国市场，如果不扩大规模，提高市场竞争力就可能被市场淘汰，这种危机感和对资金尤其是技术的渴望，促使娃哈哈开始与达能的合资接触。

于是，在香港投行百富勤的介绍下，娃哈哈和达能展开了谈判。宗庆后了解到，达能有如此商业地位，离不开其在世界范围大量的并购交易。为了避免娃哈哈受到达能的影响，宗庆后明确要求合资后保持“娃哈哈”品牌不变，并且由娃哈哈的人担任董事长和总经理。最终，外方采纳了该要求。于是，宗庆后成为首任董事长和总经理，并显示出绝对的控制力，直到2009年合资终止，达能都未有一个外方人员进入管理层。

合资之初，社会各界给予了一致的好评和期待。在世界食品饮料业，达能身居全球第六位，娃哈哈年销售额10亿元，年利润2亿元，可谓蒸蒸日上。人们都相信，引进外资，能为娃哈哈带来更好的资源、技术和管理经验。

合资公司的经营非常成功，娃哈哈在纯净水市场迅速脱颖而出。虽然经营和管理权牢牢掌握在宗庆后手中，但他回报给达能的是可观的利润——截至2007年，达能累计分得的利润达到35.54亿元，娃哈哈合资公司因而成为达能在海外最优质的投资。然而，亚洲金融危机导致香港百富勤破产，达能趁机接盘其持有的合资公司股份，最终达能持股51%。随着合资公司的发展，后来的实践表明，达能毕竟不是单纯的财务投资人，而是从产业投资人的利益出发，在赚钱的基础上增强对产业和相关品牌的控制。最典型的做法就是，达能与娃哈哈合资后，还先后花巨资投资了娃哈哈的多家主要竞争对手。

2000年，达能一举收购乐百氏92%的股权；2001年，达能参股光明，成为第三大股东并多次增持；2004年，达能收购“全国桶装水市场老大”梅林正广和50%的股份；2006年7月3日，其又成为汇源第二大股东；2006年12月，与蒙牛组建合资公司，持股49%。

在此期间，娃哈哈与乐百氏陷入同业竞争，多次打价格战，达能甚至还协调娃哈哈和乐百氏共同降价，最后只是乐百氏降了价，娃哈哈没有跟进而销售下滑。本来就很窝火的宗庆后，屡屡向达能提出新建合资公司以解决现在合资公司产能不足的问题，又遭达能多次拒绝或拖延，最终不了了之。宗庆后无奈下自行投资一批非合资公司，相当于为合资公司代加工，弥补合资公司的产能不足。

终于，在2007年，双方在娃哈哈非合资公司的股权收购事件上反目。达能认为非合资公司使用“娃哈哈”生产，违反了当年合资时签订的合同，要求将“娃哈哈”商标彻底转给合资公司，同时低价收购非合资公司的股权。事情遭媒体曝光后，事态迅速发酵，娃哈哈作出声明，称“达能打压宗庆后的真正目的就是要逼宗总就范，达到其低价并购娃哈哈、吃掉娃哈哈的目的”，并和达能展开了一场空前的法律较量，六七十场诉讼，地点遍及海内外。身为娃哈哈创始人的宗庆后更是铆足了劲，发动起“尊严之战”，多次拒绝与达能的收购谈判，称达能“欲将我置于死地而后快”，并成立专门的法律队伍。彼时的他年过六旬，却没日没夜阅读相关法律法规，几乎参与了每一次和律师团队的讨论，发动聘请的海外官司律师梳理思路、商讨对策，还亲自撰写或修改文字材料。

面对达能气势汹汹的全球攻势，娃哈哈聘请了国内外顶级的法律团队，诉讼准备围绕“谁滥用了娃哈哈商标”和“谁在搞同业竞争”这两个核心问题。最终，在中外法院和仲裁机构做出的裁决中，达能几乎无一胜诉。最终，两年之后的2009年9月30日，达能发布公告称，其与娃哈哈集团已经在这一天达成友好和解方案，即终止合资关系。这一天，达能彻底告别了娃哈哈。

“达娃之争”暴露了中国企业在引入外资中的诸多问题，比如民族品牌保护意识淡薄、忽视合资合同的法律约束力，更体现了中国企业的成长与外资利益的冲突。在过去，引进外资，通常是中国企业以市场换技术，以品牌换资金，一度造成民族品牌流失，部分行业被外资垄断的局面。21世纪初的部分学术研究也显示，引进外资并不一定会带来先进技术和先进管理经验的落地。外资以利润为导向，发展民族品牌当然不是外资所做，当遭遇改革开放后像宗庆后这样第一批崛起的民族企业家时，冲突的发生也是情理之中。

仍需端正的是，在中国全面扩大开放的今天，我们对外资应持中立态度，正视外资企业的利益。对待外资，既不过誉，又不能妖魔化。在逐步取消外资“超国民待遇”的同时，也很高兴看到，外资“准国民待遇”相关的法律法规正在逐步完善和健全。相信公平公正的框架和规范竞争的环境，是中国企业提升国际竞争力的有力保障。

尾声

“有一个宗庆后在这，大家就会觉得在中国踏踏实实做商业，做实业，一点点地积累，是有前途有希望的，可以不靠资本市场，不去做PE（Private Equity，即私募股权投资），不去做创投VC（Venture Capital，即风险投资），也能获得成功。”宗庆后在自传中这样评价自己。本土成长的娃哈哈被视为民族企业、民族品牌的象征。踏踏实实做实业，做成中国首富，宗庆后被赋予了符号意义，成为民营企业家实业报国的体现，在当下的中国更显难能可贵。

然而，市场已不复娃哈哈当年。40年间，中国的经济总量增长了约224倍，跃居世界第二大经济体地位。中产阶层人口数量已过亿，中国消费市场全面崛起。中国饮料市场也成为一个风云变幻的舞台，尤其是近十年来，饮料市场的格局迅速变化。瓶装水占据大半江山的传统饮料市场迎来了增速放缓的转型期。而随着人均收入的增长，价格高于瓶装饮料的现制饮品异军突起，蚕食传统饮料的市场。新型零售模式变革传统销售方式，消费者心理从过去“能喝”“喝得起”向“喝得健康”“喝得时尚”转变，对产品的情感认同胜过了低价竞争。不断升级的消费能力未能带动传统饮料市场爬上新的巅峰。相反，娃哈哈的发展已经走过巅峰时期，据全国工商联经济部发布的《中国民营企业500强调研分析报告》，娃哈哈集团自2013年营收达到782.8亿元的高峰后下滑至目前的400多亿元。与此同时，娃哈哈畅销的明星产品销售也出现了明显下滑。这都说明，中国人消费能力的提升与互联网革命叠加，给传统饮料行业带来更多的是挑战。

三十而立之年的娃哈哈也终于遇上了自己的“中年危机”，不过在平均企业寿命只有3.9年、500强企业寿命只有10年的中国，娃哈哈的中年危机来得不算早。它并不是个例，实际上中国传统行业的巨头都在或多或少面临着互联网革命的冲击，这种冲击既有技术上的，又有商业模式上的。面对着这样的冲击，宗庆后似乎仍希望与互联网划清界限："但是我不赞成它们（电商平台）烧钱买流量，把产品买来低价卖掉，冲击到实体经济的价格体系，最后变成卖假冒产品了。"

但是，我们也能看到，困局之中的娃哈哈也在做着改变。娃哈哈作为中国饮料巨头，一直都没有上市，过去在多个场合宗庆后也表达了对上市的抗拒，这种态度与中国另一行业巨头华为颇为类似。娃哈哈也没有银行借款，这点与国内另一食品巨头老干妈也如出一辙。不上市、不欠钱过去是娃哈哈的标签之一，但是这一切都在慢慢变化。"上市需要合适的时机。我们现在不缺钱，现金流挺好，没有负债也没有银行贷款，上市是需要钱来募集资金，而且需要对股东负责。不缺钱去上市，钱拿来没地方用，给股东回报也不好。"宗庆后在2018年6月接受记者采访时表示。

多元化是娃哈哈的经营战略之一，但是其多元化被严格限定在饮料领域，营养快线、AD钙奶和纯净水是其主打产品。有限的多元化在过去一个时期是符合娃哈哈的发展特点的，娃哈哈也曾先后尝试过童装、投资150亿元发展白酒、高调进军婴幼儿奶粉"爱迪生"、投资商业地产项目娃欧，但这些项目发展均不理想。然而在当下，宗庆后对娃哈哈的多元化又有了新的设想："关于投资方面，我们也在找合适的投资项目，饮料行业作为我们的主业在不断发展，就是从安全走向健康，转型保健品。另外我们也走向高新技术产业，'2025'就是要提高中国制造业水平。中国制造业水平不如人家，所以可能会受人家压制、欺负，现在中央也在重视实体经济发展。"

更为重要的变化则是娃哈哈对于互联网的态度，互联网商业模式持续冲击着娃哈哈引以为傲的"联销体"模式，这对一个依赖传统线下渠道的饮料企业而言是十分致命的。如今，娃哈哈也在尝试着与互联网共生，涉足社交零售，让娃哈哈的"联销体"与社交营销结合，给传统营销渠道插上互联网的翅膀。

在当今这个时代，一切变化都太快，小小的犹豫可能让一个企业丧失千载难逢的商机，但是一个改变也能让企业获得弯道超车的机会。民族品牌娃哈哈一直以来都是坚守实体经济、踏实经营的代名词。然而在改革开放的新时代，在互联网革命和内外资饮料企业的冲击下，娃哈哈迎来了自己的“中年危机”和转型，娃哈哈专注于主业没有随大流投资金融、地产和互联网等，究竟是成功还是失败？娃哈哈是否能在互联网模式主导的新时代里继续挺立潮头？娃哈哈的转变能否重新让它焕发活力？这些问题只有交给时间去回答，我们将拭目以待。

作者简介
Introduction to the author

崔婧哲 现任中央广电总台央视中文国际频道《中国新闻》记者。清华大学新闻与传播学院国际新闻传播硕士。参与G20杭州峰会、香港回归祖国二十周年、海南建省办经济特区30周年、上合青岛峰会等重点报道项目。获“中宣部‘新春走基层’中央新闻单位先进个人”，参与采制的系列报道《光影二十年》获2017年中央电视台优秀新闻三等奖、《筑梦中国行》获2017年中央电视台优秀新闻一等奖。

福耀玻璃，佛性曹德旺和他的玻璃帝国

“曹总，您今生有佛报，但无佛缘。”如果没有石竹山老和尚的竭力阻止，也许寺庙里多了一位出家人，中国却少了一位极富传奇色彩的玻璃大王。

1990年，44岁的曹德旺生意做得不错，但他回头看看，吃也不过是一日三餐，睡也不过两米的床。与“山寺日高僧未起，算来名利不如闲”比起来，自己每天工作十六个小时，十多年来几乎从未间断，实在是太累了，因此，逐渐萌生了出家的想法。这一想不打紧，但此时的福耀已经是福清市，乃至福建省举足轻重的企业。这一举动惊动了省市两级政府。在迷茫之中，曹德旺又想起了石竹山上的老和尚了，才有了文章开始的那一幕。老和尚安抚曹德旺说：“曹总您虽与佛有很深的缘分，但没有出家的缘分。您的晚景会有很好的福报。静下心，好好再把企业办好，别动这个念头了。”

曹德旺接受了老和尚的意见，从此再也不提出家的事，一心一意工作。20多年后的今天，曹德旺带领的福耀集团成功跻身世界第一。最新数据显示，2017年福耀集团实现营业收入人民币187亿元，比上年同期增长12.60%；实现利润总额人民币36.8亿元。A+H股总市值超过1250亿元人民币。能取得这么巨大的成就，恐怕连曹德旺自己也未曾想到。

“小印度”好面子，辍学从商

时光回转到72年前，1946年5月，曹德旺在上海出生。当时，曹德旺的父亲曾是上海永安百货的股东之一。为躲避战乱，1948年，曹随父母迁居回福建省福清市高山镇。由于在途中被骗，几乎倾家荡产，家里在一夜之间陷入贫困，父亲又不得不外出谋生。

小时候的曹德旺，大家都叫他“小印度”，一直没有正式的名字，直到9岁时要上学了，邻居长福伯才帮他取名“德旺”，寓意是聪明又有德，必然兴旺！终于有了自己的名字，曹德旺回想起来，当时特别开心。

可惜在学校的好景不长。1960年，已经14岁的曹德旺，学业一般，但特好面子，有一次在被学校老师当众批评后，当天找到机会便报复性地在学校老师头上撒了一把尿，被老师追到家里。这件事也让他再也不愿去上学了。

辍学后的曹德旺开始随父亲经商，倒卖烟草。再后来给乡镇企业当采购员、推销员。那时的曹德旺通过帮农民推销树苗的生意，赚100元抽20元，到1975年，攒下了5万元。那一段时间，曹德旺不但赚到了钱，而且他好学的个性，让他开阔了眼界——去农民那里收果苗的时候路过劳改农场，曹德旺认识了一个对他一生都很重要的人，一个被打成“右派”正在劳改的高级知识分子，成为曹德旺的精神导师。“他给我很多书看，世界名著，并且教给我很多社会上的道理。”曹德旺回忆。

“大腕”与玻璃，盘活首家承包乡镇企业

1976年，“文化大革命”结束，百业待兴。曹德旺也在家乡高山镇一家生产水表玻璃的异形玻璃工厂获得了人生第一份正式工作——水表玻璃采购员。工作期间，曹德旺的经商天分初步展现，他学到了采销的业务本领，也建立起了非常好的人际关系。正如他回忆录里也写到的，诚交天下士——

在计划经济条件下，一个高山乡镇的采购员，竟然成了国内物资界的“大腕”！以至于后来他自己在高山镇盖房子时，所需要的钢筋水泥，全是用指标买的“便宜货”。

1983年，曹德旺所在的水表玻璃工厂一直处于亏损状态，当地政府急于将这家工厂承包出去，曹德旺便成了他们的眼中人选。当时正值全国兴起个人承包国有工厂的风潮，很多地方还发文件鼓励承包，一方面，给政府甩包袱；另一方面，私人承包有利于盘活企业。一举两得，政府当然愿意。1983年10月，在各地乡镇企业呈现井喷式发展的大背景下，曹德旺用6万元承包了连年亏损的福州市福清县下属高山镇的异形玻璃厂。他通过管理激励，打破了“大锅饭”制度，激发了大家的工作热情，每个人都拿得更多薪水了。当然，收获最多的还是曹德旺，除去给政府的承包费用6万元以及其他股东的分红，他当年还赚了近10万元，转头就在镇上盖了一栋大房子。

1984年年初，曹德旺尝到了改革开放给他带来的第一个甜头——搬进了新盖的房子。但因工厂设备老化，又没能彻底解决产权的问题，之前的几个合伙承包人也有不同看法，他们说不想再承包了，镇政府希望曹德旺继续承包，曹德旺左右摇摆不定，这也是他当时的想法，赚了钱就不想承包了。于是他来到石竹山求签问卦，直奔主题：可否离开高山玻璃厂？签文如下：

“中原群鹿可追寻，不问东方问西方；回首过来日又午，寒蝉唧唧笑空归。”

老和尚解签：“您已近中年，就像一天，近正午之人了。您再有本事如果像蝉一样到处鸣叫，到了冬天也依然是空壳一个。您一定要留在工厂里，切记，切记！”

最终曹德旺选择留在玻璃厂，谈判的结果是合资，高山镇和曹德旺各占一半股份，从1985年1月1日起执行。高山镇投资17.5万元，政府需要曹德旺也拿出同比例的钱来。可曹德旺1984年挣的钱已经被他拿去盖了大房子，“政府后来想出个办法，让我把房子抵押给银行，银行贷款给我作为资本金入股。”曹德旺回忆。但那时候的曹德旺根本不知道，按照中国法律规定，抵押贷款不能作为资本金。而正是这一点在第二年差点将他置于死地——1986年整党，曹德旺成为全县的重点典型，这是后话了。

武夷山结缘，瞄准汽车玻璃

1984年6月，去武夷山旅游的曹德旺偶然从一位司机口中知道，一块汽车玻璃竟然要几千块钱，同等面积的玻璃的利润是他自己生产水表玻璃的数十倍。因此，在做了一番调研后，曹德旺决心进军汽车玻璃维修领域，他去上海耀华玻璃厂用2万元买回了图纸，并请师傅来指导安装。1985年5月，他正式改变了经营方向，开始生产汽车玻璃。

1985年年底，重新投产的水表玻璃车间赚了二十几万元，还没有算汽车玻璃的利润。高山人的眼睛都红了，在他们看来，这哪里是生产玻璃啊，分明是在印钞票啊！1986年3月，全国开展农村整党整风运动。高山玻璃厂的曹德旺成为高山镇整党办主任的眼中钉。得知消息的曹德旺也不是吃素的，他第二天直接去找了福清县委书记陈述实情。后来曹德旺面对调查组一群人陈列他的四大罪状，他拍案而起逐条驳斥，讲完猛竖中指，摔门而去。后来，县里开会得出结论，曹德旺完全没问题。1987年春节，县委书记去曹德旺家里拜年，给他慰问。

曹德旺算是渡过了一劫，他曾对媒体回忆说“刚开始我给整了一次，吓死我”。他解释称，他当时觉得自己可能会失去自己的财产，“分到我个人名下的钱，都拿去捐掉”。

福耀玻璃，诞生与上市

“1987年6月，我们于中国福州福清市成立，成为一家中外合资企业。”福耀集团公司网站看似轻描淡写地介绍这一年。

1987年，对于曹德旺来说，是他人生事业新的起飞点，也是中国自主生产汽车玻璃的重要里程碑。当年春天，曹德旺已经决定了要兴建一个合资汽车玻璃厂。有了前两次抽签灵验的感受，他自然又想到了石竹山上的老和尚。求得一签：

“一生勤奋好学，练就十八般武艺，今日潮来忙解缆，东西南北任君行。”

老和尚按书解签：“您从小苦练，到现在已经拥有十八般武艺，是您大显身手的时候了，不论您去哪儿做什么，您都能去都能做！您运气到了，今天从我这里出去以后，您再也不要到这里来求问想做什么事了，不要问我。”

从此，曹德旺再也没有去石竹山上问过关于自己事业的签了。求签让“老曹”度过了无从选择的日子，他的内心早已有自己的想法。正如老和尚所言，他的事业从福清起步，走出中国，冲向世界，一发而不可收。

据曹德旺回忆，90年代初，从芬兰购买的HTBS钢化炉，在不到半年的时间里，就收回了购买设备的成本，一年就赚了2000多万元，成了人人眼中的“印钞机”！

1991年春节过后，福耀玻璃成为福建省第一家做国内证券市场上市的试点企业，把福耀1990年时的净资产6127.5万元，按一股1.5元算分成4085万股，面值1元，一股卖1.5元，同时确定了由闽发证券发行。

1993年6月10日，他带领福耀玻璃在上海证交所发行上市，股票代码600660，上市首日开盘价44.44元，最高价44.60元，收盘40.05元，创下福建首批上市公司股票的天价。此时的曹德旺持有福耀玻璃接近500万股，身价突破2亿元。

曹德旺将自己的成功归于努力工作，他说自己在超过20年的时间里每天都工作16个小时。在福耀玻璃上市几年后，曹德旺成功地拿下了本田和大众汽车，而我国政府有关在华生产汽车零部件国产化率必须达到40%的规定，也帮了他一把——在中国加入WTO之前，1994年版《汽车工业产业政策》规定了合资企业第一年国产化率应达到40%，第二年达到60%，政策限制了散件组装生产的发展，促进了合资企业的新车型国产化和中国汽车产业链的发展。在产业链开始成型的过程中，中国新一代的自主品牌诞生，福耀也是早期的受益者。现在说起来轻松容易，但当时并不是一帆风顺。

“一心一意做一件事”

曹德旺也曾对媒体说：“我们福耀的目标就是做一片属于中国人自己的玻璃。长期坚持做一件事情，而不为左右的利益所诱惑，我认为这才是我们的核心竞争力。”但小学五年级毕业的曹德旺并不是一开始就知道这个道理，当时他领导下的福耀也并不是这样做的。

最开始福耀只做维修市场的汽车玻璃，虽然已经占有很大的市场份额，但1992年、1993年、1994年，每年也只赚两三千万元。面对激烈的竞争，福耀上市之后，迅速地发展出新公司，有汽车玻璃公司、工业村公司、装修公司、加油站、高分子公司、配件公司、香港贸易公司……似乎福耀发展得更好了，但是忙忙碌碌而赚不到更多的利润。

一直在思考这个问题的曹德旺在香港和台湾两位朋友那里找到了答案。

“你这是个垃圾股。”香港交易所梁总监直言不讳，“要是投资者喜欢玻璃就会投资玻璃，要是喜欢房地产的话就会投资房地产，可是你小小的公司什么都做，谁敢买你们的股票！你们应该擅长什么做什么，其他的就卖掉！”

而台湾商人以送手礼的名义，送给他一本台湾出版的《聚焦法规》（*FOCUS*），让他找到理论依据——企业经营和聚焦是一样的道理，多元化是经济落后的一种产物，而专业化是现代化的一个特征。

当时，有很多朋友劝他做网站，那时兴IT，股票触网即暴涨，也有人劝他开维修店，延伸到下游。后来曹德旺在美国的工业博物馆看到，百年存活下来的企业只有少数几个，这不多的几个都是专注于某个行业的企业，这使他下定决心提升企业的段位，只做汽车玻璃。

福耀将产品的市场定位从原来的国内维修市场，拓展为出口维修市场与汽车厂家的OEM（定点生产，俗称代工）。这一次战略转变，有如凤凰涅槃一般。同时，福耀的管理水平也上了一个新的台阶，这一次改革的成功为福耀的发展奠定了坚实的基础。

牵手世界巨头，不欢而散

早在1994年，曹德旺曾牵头与世界玻璃巨头法国圣戈班集团合资。当时的福耀碰到了危机，实施全面重组，刚好碰到圣戈班想进入中国市场。曹德旺的本意，是解决42%创始股东抵押贷款想找买主的问题，同时也借此学习国外的技术与管理经验，将市场拓展海外。但圣戈班只想借福耀进入中国市场，并不想让福耀玻璃做大做强。因为双方的战略分歧十分严重，三年后，曹德旺以4000万美元买回圣戈班在福耀的所有股份，联姻宣告终结。

圣戈班退出公司后，公司的经营机制得以理顺。当年，就扭亏，赚了8000多万元。但因为与人合作不欢而散，曹德旺甚至认为是一种耻辱，他还时刻牵挂着这件事，直到2008年股票每股升到38元，他决定将这些股票捐给国家成立慈善基金会。

与圣戈班三年的合作，也让曹德旺学到了不少东西，比如西方管理，他们偏向于现金流，不喜欢固定资产。福耀的同事们更加熟悉了国际商业的游戏规则，同时也看到了和世界500强并没有天地之别，这给了福耀走向国际的决心。

走出国门，试水国际化

曹德旺不懂英语，可能勉强能说的英语单词不超过10个，但并不妨碍曹德旺将福耀带到全世界的野心。

建厂两年之后的1989年，一方面想让外国人检验自己的产品，另一方面也想着多赚点钱，曹德旺瞄向海外。首征新加坡，因为不了解当地市场，福耀一块玻璃也没有卖出去，不仅没有赚到钱，还亏了一笔机票钱。曹德旺回到香港，在朋友的建议下，开始寻找代理商。曹德旺回忆起来，香港市场开拓之后，自己眼界更加开拓了。

1995年福耀开始到美国投资，一直延伸到2013年才开始对美国大举投资。

1995年11月29日试投产，次年3月开始整批玻璃出口，后来每个月可以出口几十万片了。在这之后的三年里，福耀在美国连年亏损。那时候福耀打算在美国搞一个大的物流中心，因此设立了一个仓库，作为分销中心，玻璃从中国起程运到美国后，到达这个中心，再重新包装，分别运往美国各地。

后来，曹德旺找到了美国当地的咨询公司，咨询公司通过缜密调研和分析后，提出了两个字的建议：直销。虽然要亏四五百万美元，但曹德旺还是在1998年果断关闭美国仓库，改分销为直销。直销的优势展露无遗，仅仅在1999年就将之前的亏损全部补上了，还赚了几百万美元。

2014年1月，福耀在美国俄亥俄州宣布购买原通用汽车莫瑞恩旧址场地，投资2亿美元新建汽车玻璃工厂，它是中国企业迄今在俄亥俄州的单笔最大投资。2014年7月，福耀从昔日玻璃巨头、美国老牌制造企业PPG手中以5600万美元购得美国伊利诺伊州的芒山工厂。

从1997—2011年，用14年的时间研究俄罗斯，2011年才决定在俄罗斯投资。从2011年在俄罗斯投资生产基地开始，福耀在美国和俄罗斯目前规划投资超过10亿美元，建立从浮法玻璃到汽车玻璃的三大生产基地。

2015年3月31日，福耀玻璃H股（3606）在香港联交所上市，而其融资所得的70亿元港币将主要用于海外基地建设。

2016年，已经年逾七旬的曹德旺怎么也没有想到，他竟然会被网友称为“曹跑跑”，这些耸人听闻的文章在网上疯传，大喊《别让曹德旺跑了！》，而起因也很简单——不过是曹德旺在美国大规模投资建厂，曹放言，美国除了人工比中国贵，水、电、税费等其他都比中国便宜很多，在美国投资建厂是福耀市场化的必然要求。

对此，曹德旺咬牙切齿：“最混账的就是标题党那些（报道），胡说八道，这里不存在我在美国出什么问题，这里现在发生的事，中国的媒体里面的一大部分人在造谣！”

时至今日，福耀玻璃已经是全球最大的汽车玻璃生产商，对于这种体量的企业来说，国际化不仅是顺势而为，也是不得不为。而且，福耀国际化这一路也是布满了荆棘！

遭遇反倾销，告赢美国商务部

1996年，福耀玻璃与巨头法国圣戈班合资，建起了第一个高标准的玻璃厂万达玻璃厂。福耀流水线上的产品已经源源不断下线了，但中国当时还没有迎来汽车的大规模生产，“怎么办？福耀必须把产品卖到国外。”2001年，美国玻璃生产商指控所有进入本地市场的中国玻璃制造商倾销。

曹德旺认为福耀并没有接受国家的补贴，更没有低价倾销，就算美国不允许他去经营，也不可以给他冠以“倾销”的罪名。他决定组织力量，正面应对诉讼。历时三年多，福耀玻璃花费一亿多元，在2005年相继打赢了加拿大、美国两个反倾销案，震惊世界。福耀玻璃也成为中国第一家状告美国商务部并赢得胜利的中国企业。

“我们赢了”四个大字被摆放在了福耀玻璃的大门口，“我们赢了”的宣言不仅意味着福耀免交高额的罚款，也不仅意味着它能够继续在海外保有市场；宣言让中国企业看到，通过合理的争取，自己能够在外国制定的规则下保护自己的利益。

也许是岁月的磨砺，也许是在赢得反倾销后和竞争对手PPG又握手言和，也许是福耀玻璃因祸得福拿下不少汽车厂商的订单。曹德旺的心态和思维都开始有所转变，不再以弱者的姿态看待竞争，而是对国际商业竞争规则的认知和尊重，开始思考共存与合作。

工业4.0与福耀的未来

工业4.0不是简单的“制造业+互联网”，工业4.0在美国人心目中的定位是工业互联网。对于工业4.0，福耀有基础。曹德旺曾这样解释：福耀在中国16个省有31家公司，在国外有9个公司，美国的5个州有工厂。如果把智能制造和智能管理两化融合在一起，充分利用大数据，也就是数据共享，各个企业产生数据共享，各个国家设计力量的共享，通过互联网来实现，推动整个管理的升级，这才有好处。

而福耀集团管理层年轻化，也有助于落实最新制定的工业4.0计划。德国提出工业4.0，中国也在谈中国智造，对福耀玻璃来说，实现制造智能化对未来的竞争至关重要。

虽然曹德旺自己不用电脑，仍然保持看纸质材料的习惯，但这一切都不妨碍他在福耀利用信息和互联网技术实现制造转型的洞察力和决心。“现在要想打赢这场战争，就必须全面推动互联网、物联网、大数据，自动化要全面上——这才是未来的方向。”曹德旺说。

早在1995年，福耀就引进了集成管理系统，是中国在制造业运用这个软件最成功的几个企业之一。到1999年，福耀全面实行ERP系统。

在提升制造柔性化、智能化和高效率的同时，福耀还试图让自己遍布全球各地的工厂更加紧密地联网，与客户和供应商更加无缝的信息化对接也在积极推进。

“高科技的发展带动下，汽车正在由原先的功能型向智能型转移，汽车玻璃也是一样。”他似乎对无人驾驶、轻量化、投影玻璃、无线电玻璃等技术趋势了如指掌、信心十足，“智能玻璃的应用很广，我们的产品都已经开发好了，只要付钱就可以订货。”曹德旺曾对媒体自豪地说。

接班人——长子曹晖

曹德旺在福耀集团内部已近乎神的地位。他甚至提前预测到了2008年金融危机。

早在2007年11月，曹德旺在福耀玻璃的一份内部期刊上发表了一篇题为《一叶知秋》的分析文章，提醒自己和企业的高层注意，不要被眼前经济界一片热浪和乐观情绪迷惑，种种迹象表明，全球经济的冬天来了，应该做好过冬的准备。他下令于2007年年底开始，陆续关闭了位于辽宁和海南等地的四条浮法玻璃生产线，以规避企业可能在全球经济危机中遭受的风险。金融风暴如约而至，三个月以后，上证指数跌到了1664点。而福耀集团在2008年保持了利润平稳增长势头，有效地抵御了因为美国金融风暴的影响。

即使再强大，年龄对每个人都是公平的，年届七旬的曹德旺原本已经到了退休的年龄。

10年前，曹德旺的长子曹晖从美国归来，作为福耀接班人逐渐执掌公司事务。然而，就在2015年7月，福耀宣布担任福耀总经理9年的曹晖辞职，准备独立创业，用“互联网+”的方式进入汽车玻璃配件市场。

关于长子创业，曹德旺直率地对媒体说：“如果不选择从头开始，他可能很难再超过我了。”“那么你希望曹晖做什么？”记者追问。“最好什么也不要做……”曹德旺低声幽默地说道。

关于接班人的问题，曹德旺曾经这样对媒体信誓旦旦：这是个很简单的问题。如果把这摊事业作为个人财产锁起来，只留给自己的孩子的话，就紧张了；你如果定义为天下人都可以接班的话，就不紧张。所谓“江山代有才人出，各领风骚数百年”，肯定有比曹德旺更能的人继续做这个企业。我的接班人政策是这样的，第二代是请职业经理人帮着管理，第三代让我的子女和福耀的所有员工参与竞争，谁有才谁上来，再后面谁当总经理，无所谓，这个东西本来就是身外之物。

但另一方面，在他心底里，长子曹晖作为接班人的计划，似乎从未动摇。2018年6月25日晚间，福耀玻璃（600660）发布公告称，公司的全资子公司福耀香港拟收购曹德旺之子曹晖所控制的三锋控股持有的福建三锋集团100%股权，股权收购的交易总价为人民币2.24亿元。“曹晖已经被说服接班，未来将成为福耀集团的董事长。”

目前福耀玻璃占据国内市场70%以上的份额，全球市场25%以上份额，给世界八大汽车厂供货。如今福耀玻璃占有率排名世界第一位，曹氏父子能带领福耀集团走多远，我们唯有祝福，拭目以待。

中国慈善，绕不过曹德旺

名利都是身外之物。没有什么求就无所惧，无欲则刚。曹德旺的办公室里供奉着一尊精致的佛像，他曾经这样说："佛教是我的灵魂。"曹德旺信佛，他说他家几代人都信佛，不过他很少烧香拜佛。曹德旺说："佛会教你为人处世，六度，我们在日常生活中，对人、对事、对物，要遵守这六个原则：布施、持戒、忍辱、精进、禅定、般若。"六度第一条就是布施。

曹德旺从1983年第一次捐款至今，连续35年坚持做慈善，个人累计捐款已逾百亿元，成为名副其实的中国首善。他悟透了一个道理，钱没有用，应该跟人家去共享，培养孩子。但他认为财施又是最初级的慈善。佛法讲三施，财施、法施、如意施，财施只是第一境界。福耀2.6万员工，上下游加在一起十几万员工，把一家企业做好了也是慈善。

"时时刻刻不忘回报社会，时时刻刻不忘回报股东，时时刻刻不忘回报员工——这是我对自己的要求，也是我对所有福耀管理层的要求。"曹德旺说，"作为企业家要有抱负和责任，国家会因你而强大，社会因你而进步，百姓因你而富足，我就是始终为了这个目标而努力。"

不一定捐钱才是慈善。"穷则独善其身，达则兼济天下。"穷人也能做慈善，只要你有慈悲心。做公益只是手段，不是目的。只有达到和谐，人与人友好相处，大家一起才开心，这才是最终目的。

作者简介

Introduction to the author

欧文 知名财经媒体类IP“财经记者圈（ID：caiji007）”创始人，2011年创办“财经记者圈”新浪微博，覆盖新闻学界知名学者、教授，全国主流财经媒体高层、主编、记者编辑及金融人士，2013年创办同名微信并入驻天天快报、今日头条、界面、一点资讯等各主流新媒体平台。“财经记者圈”目前拥有百万订阅用户，日均阅读35万人次，他本人被评为2014年媒体训练营最佳新媒体人，“财经记者圈”获评“经济观察报·VTime新橙奖2016年最具影响力财经自媒体”“经济观察报·VTime新橙奖2015年最具影响力财经自媒体”“2016年度胡润中国最具影响力财经自媒体”等诸多荣誉。

如果没有联想，世界将会怎样

这是一个制造焦虑的时代，对个人如此，对企业也一样。

人们谈论起联想和它的创始人柳传志，总会习惯于从中科院的传达室谈起。那是柳传志带领10名中科院科研人员和20万元人民币创业的起点，也是联想日后确立PC霸主的起点。

1984年，柳传志在北京一处租来的传达室中开始创业，年轻的公司命名为“联想”（Legend，英文含义为传奇）。在公司此后30多年发展过程中，联想实现了许多重大技术突破，其中包括了研制成功可将英文操作系统翻译成中文的联想式汉卡，开发出可一键上网的个人电脑，推出完全创新的关联应用技术，从而确立了联想在PC时代的重要地位。

联想在1997年登上了中国IT业的顶峰，蝉联中国国内市场销量第一，占中国个人电脑市场超过三成份额。

30多年来，今天很多人已经淡忘甚至并不熟悉那段历史。联想汉卡为华人较好地解决了在电脑中使用汉字的难题，联想PC拉低了中国人普及个人计算机的门槛，加快了中国互联网普及进程。

截至2017年12月，我国网民规模达7.72亿，网络普及率达到55.8%，超过全球平均水平（51.7%）4.1个百分点，超过亚洲平均水平（46.7%）9.1个百分点。

这意味着网民人数最多、联网区域最广、全球第一大网的中国互联网发展水平又获得进步，网络技术的发展对今天的中国社会产生着前所未有的积极影响。这一切的起点在于个人PC的普及，联想的功绩不可忽略。

联想是中国第一批现代企业、企业股份制度改革第一人，是中国科学院20万元投资的一个企业，当时是100%的国有资产。通过此后的努力和尝试，形成了科学院占36%的股份，泛海占20%，联想创业员工、核心管理团队及骨干员工持股的现代股份制公司。是中国真正现代企业的第一批试水者。

上一个时代造就了联想，联想也抓住了上一个时代的机会，成为一代巨头。时代的车轮滚滚向前，柳传志的企业变革之路依旧向前，在联想集团的基础之上，形成了以联想控股为龙头，联想集团为核心，其他领域以双轮驱动的“财务投资+战略投资”的新领域新产业覆盖模式。

联想集团抓住了PC互联网时代，却没有抓住移动互联网时代的风口，陷入被动，双轮驱动投资模式目前仍在路上，34岁的联想暂时进入蛰伏期。

柳传志曾在公开场合评价，联想前方永远是峭壁，不仅是现在，将来也将是常态，过了一峰又一峰，爬到最前面的峰时回过头看，原来前面过的是“丘陵”。你以为到最高峰了，前面还有“峰”。

或许这是中国企业的宿命，也是中国现代企业持续要面对的常态。联想不是个例，也不是唯一。此时复盘联想之路，研探其起伏之源，将对中国企业下一步的发展之路提供更多借鉴和思考。

三场硬仗，进步最快的十几年

联想发展史上，经历过三场大仗。

第一仗：1992年，进口电脑关税由200%降低到26%，并且取消了批文。这一新政让中国品牌突然间受到了巨大冲击。

1992年中国加入WTO以后，中国经济开始和世界接轨，按市场经济道路走。当时，电脑不仅是中国，也是全世界的中心行业。

关税降了，各种批文取消了，1992年，外国电脑大量进入中国，这种形势，对中国的信息化是非常有好处的，但对于中国电脑公司来说，可谓灭顶之灾。

那时，联想的竞争对手是IBM、康柏这样的庞然大物。柳传志比喻，联想和它们相比，是舢板船和航空母舰。国外品牌电脑相对中国电脑来说，性能好很多，但价格贵得不多。1993年，另一家国产电脑公司长城，仅一年时间就被打垮了。

面临当时的形势，柳传志和他的团队把问题好好捋了一遍，大规模改组组织架构，成立了一个电脑事业部，选了当时29岁的杨元庆担任事业部的总经理，当时有一点豁出去的劲头。

联想当时的主要敌人是康柏和IBM。大战的焦点主要有两个：成本和技术。

电脑的成本高，高在元器件价格的变化上，新元器件出来，老元器件价格迅速下降，库存周转时间很短，一旦形成库存，压力立刻爆表。举个例子，1996年7月，存储器芯片大概是16美元一片，9月就降到2美元，如果7月生产的电脑9月还没有卖出去，光是净成本一台电脑立刻增加14美元。当时联想还没有上马ERP系统，土办法研究出六七条途径去提升周转率。

应用技术研究也是一个焦点。现在来看，这些技术并不高深，但市场需要。比如，一键上网、一键恢复功能，很好地解决了用户的实际问题。当时用户上网，需要去电信机关登记，联想费了很大的力气打通了中国各个省市的电信渠道，这已经超出了技术范围，但是起了很大的作用。

几年下来，联想电脑开始在一众中外竞争对手中强化了自己的特点——它比国外的电脑要便宜很多，又有不少接地气的实用功能。到了2000年前后，联想逐渐巩固了中国销售第一位的宝座。

20世纪90年代初，对于中国电脑公司来说其实并不完全是灭顶之灾。中国打开大门确实给人当头一击，但1994年之后，中国家庭电脑市场开始进入快速发展阶段。联想打赢这一战，正是因为把握住了这个机会。2002年之后出现的第二轮洗牌，众多中小品牌被清洗出去。鼎盛时期，出现在中国市场上的电脑品牌多达三四十家。然而，能留下来的只有联想、方正、同方、紫光、海尔、TCL、浪潮等不足十个品牌，而多数品牌的出货量已经很小，彻底成为一个地方品牌。

先后衰落消失的电脑品牌则包括了同创、柏安、八亿时空、沐泽、新蓝、东海、大亚东海、华禹邦甲、新浪潮、实达、恒生、康佳、熊猫、创维、四通、超群、金恒生等。与联想相比，这些企业不适应市场化的运作方法，未能抓住产业变迁的根本规律，根据自身资源与优势，实现规模化与品牌化运作，从本质上来说，这属于市场化自然淘汰的结果。

当时，这些消失的电脑公司其实多多少少也在顺应市场经济调整架构，但由于方方面面的原因都站不太稳，没有坚持做下去。从这点来看，当时还十分年轻的杨元庆确实已经展露了担任联想少帅的潜质。这一战，打得漂亮。

第二仗：2001年，戴尔来了。

2001年的戴尔是全球电脑之王。在全球拥有26.9%的市场占有率，而且还在保持64.6%的可怕增长率。不过，当时中国的王者是联想，联想当年在中国的市占率已经超过30%，戴尔仅有4.6%，是中国PC第四大厂商，国外品牌第一厂商。

但是从电脑的增长率看，联想仅为28.2%，而戴尔高达64.6%，联想又远逊于戴尔。

当时的戴尔从美国打到欧洲，所向披靡，中国庞大的市场是戴尔的下一个目标。

戴尔开创了电脑行业的直销模式，通过电话、互联网、邮寄等方式直接销售，根据用户需求直接定制，剔除中间商层层加价，有效降低成本。并对产品和客户进行细分，发掘有效的潜在市场。

联想当时决定依然用分销模式来对抗戴尔的直销模式。

联想比戴尔更了解中国人见实物购物的消费习惯，在联想的1+1专卖店里陈列着大量的实物产品，看得见、摸得着、还能试，让顾客实实在在地感受。在消费者熟悉的方式下接触产品，很容易影响消费者的购买趋向。

联想的分销模式其实是当时中国电脑厂商的普遍方法，但胜在深入中国从一线大城市到三四线城市，甚至农村的毛细血管般的强大覆盖能力。1994年，杨元庆主导联想变直营销售为代理销售，将全国分为40个区，依靠两层渠道结构的拓展，精耕细作，在三年内占据了中国25%以上的市场份额，成为中国市场第一。关于新的销售体系，用杨元庆自己的话就是“让渠道赢”，这也是他从惠普学到的最重要的东西。

在主流市场饱和之后，增长主要来自县乡市场。2012年，时任联想集团中国区总裁的陈旭东发动跑步下乡运动，新增第三层渠道——乡镇开发商，专门开发乡镇周边的农村市场，一举覆盖中国2万多个乡镇。这让2012年和2013财年第一季度联想占据了中国市场35%的份额，占有率提高5个百分点。

PC开疆拓土时期的柳传志，有一点远胜于人的战略理念是，从代理PC到制造PC，即使是同一件事情，只要做得比别人都好，那就是强者。戴尔的模式有很多先进的地方，但在当时的中国，适应这个模式的条件还不成熟，先进性无法得到体现。

在那段时期，戴尔已经意识到了这个问题。它从2000年开始积极本土化，以抗衡联想强大的分销模式。戴尔的努力是值得称赞的，它甚至推出固定配置的电脑、更改支付方式，但是，这些做得并不彻底，只是对原有模式的小改动，与中国的大环境仍不相符。

到了2003年，大战已经初见分晓，联想在营业额销售上完全战胜了戴尔。从那一年开始，戴尔在中国就一直没有翻过身。戴尔输给了联想，但是它的毛利高于联想50%以上，这令联想一直不安。这是一个危险的信号，企业的利润与企业的兴衰有着密不可分的联系。

和戴尔缠斗的同时，联想还有另一条作战战线——推进和IBM PC并购谈判。国内市场的激烈竞争让联想意识到必须走向全球市场寻找新的增长点。

第三仗：2004年12月8日，联想宣布并购IBM PC业务。

2004年12月8日，联想集团与美国IBM集团共同签署了双方酝酿达13个月之久的转让协议：联想集团将斥资12.5亿美元购入IBM全部PC业务，这场收购最终在次年的5月1日得以完成。收购完成以后，当时占全球PC市场份额第九位的联想一跃升至第三位，仅次于戴尔和惠普。

两个公司签署的文件厚达1米，也从一开始就预示了这场兼并背后将面对诸多挑战。

2004年底，柳传志到北大光华管理学院讲课，他对台下90多个EMBA学员说，凡是对联想并购IBM PC业务看好的请举手。当时三个人举手了，有两个是联想的学员。这反映了外界当时对联想并购IBM PC的悲观心态。

原因很简单。当时，全球电脑行业并购成功率维持在25%上下，这个数字并不高。最明显的就是HP并购康柏的教训，不但丧失了康柏这一金字招牌，HP本身的品牌也没有得到大的提升，属于典型的1+1<2。就算是戴尔，也有很多失败的案例，比如并购ConvergeNet却最终解散了并购的部门。

联想和IBM PC体量又相差悬殊，是典型的“蛇吞象”式并购。一个别人认为是落后的中国的企业并购被看作美国精神领袖的IBM，这样的公司并购，谁能认为是成功的？

并购完成后，联想确实遇到了不少问题，包括了战略融合、文化磨合、业务融合、品牌融合等。

其中最主要的是文化磨合。中国人怎么去管理外国人？双方如何协同合作？文化差异问题永远会存在。IBM最值得并购的是笔记本电脑ThinkPad，但在2004年、2005年时，电脑市场发生了巨大的变化，从机构市场转移到了个人电脑市场。

ThinkPad在当时是高档电脑，主要卖给机构。在这种情况下，联想管理层认为，必须突破国际市场，向全球市场出售ThinkPad，否则联想的市场份额很快就会掉下来。

这个决策受到了IBM PC的管理层CEO的抵制，抵制的原因是什么呢？因为美国职业经理人思维十分简单，他要保证在他的任期内的业绩。如果开发新产品，无论是IT系统还是内部电脑管理系统的投资，生产研发的投资还是营销的投资，都需要巨大投资，这些投入势必影响利润，进而影响业绩。

这样的矛盾很多，而且如果不能很好解决的话，其他的董事就会认为，这是中国人跟美国人之间的矛盾，所以当时在这个问题的处理上一度发生过巨大的碰撞。

长达五年的消化期之后，2009年后联想开始发力，2012年与惠普并驾齐驱（两家主流数据公司Gartner和IDC分别将联想和惠普列为第一），2013年成为无争议的全球第一。

著名财务专家、中欧国际工商学院副院长丁远认为，如果不是这次并购，联想可能已经死了。

2004—2005年，中国大陆和台湾地区出现三起标志性的并购事件：联想收购IBM PC业务，TCL收购汤姆逊与阿尔卡特，明基收购西门子手机业务。华人制造业希望通过并购的方式在全球产业重组中获得更多的机会。明基过于激进地处理劳资关系，并购失败。TCL因战略判断失误，收购汤姆逊惨淡收场。虽然2012年阿尔卡特卖出4000万台手机，80%集中在欧洲市场，但那是传统手机，在智能手机的冲击下前景黯淡。

这三家中，联想可能是唯一的胜利者。此后经年，联想逐步从全球PC第三，做得到了全球PC第一，并接连蝉联。

三场战役串联出了联想进步最快的十几年。这十几年，联想充分显示了一家大型明星公司的优秀特质：提前看到市场，抢在产业爆发前就进入市场；做出最适合用户的产品，哪怕不是当时最好的；构建了一套成熟的“双赢”的代理商体系；建立了一套成熟、合规的管理体系，以法律和道德都认可的方式来确认员工和企业的权利义务（这对于一个国际化的公司尤其重要）。

本文没有详细展开追溯柳传志草创联想时期的关键八年（1984—1992年），这些历史几乎成为中国第一批现代企业创业的经典案例。如果要总结这八年，柳传志和草莽时期的联想，给予中国企业的最大启发在于：利用现有制度中的资源，走一条新的道路，在新旧制度交替的形势下，找到一个既不墨守成规又可充分借力的办法，这个办法在当下仍然有现实意义。

联想的另一个值得所有企业借鉴的是，比外界预想得更早，就大胆选拔新人作为企业的继任者。杰克·韦尔奇说："花十年的工夫培养一个合格经理的时间不算长。"可见，企业接班人的培养是一个漫长的"十年一剑"的过程，必须高瞻远瞩，提前筹划，做好计划。

柳传志的另一个开放性思路是，和所有做大企业的创始人不同，他没有让自己的子女成为核心接班人。是选择外部人选，还是自家孩子，这个难题至今仍然困扰一大批中国企业，也是他们出现一二代领导人断代的核心原因。

杨元庆在29岁时就被柳传志发掘，放在一个最重要的位置上，与杨元庆同期，还成长了郭为、朱立南等大将，他们撑起了联想后来最重要的几块业务，杨元庆确实在PC时代带领联想走过了最辉煌的时期。

滑铁卢，如何翻身是关键

但联想身处更迭升级最活跃的科技领域，每一代技术的更迭，都会创造出一批新的巨头，上一拨巨头如果没有提前准备好应对，很有可能被冲下浪尖，陷入困境。

2014年是互联网思维最盛行的一年，那年11月24日，联想创始人柳传志找了十个被认为有互联网思维的年轻人在颐和园的一处院落里畅谈。其中一人问他认不认同张瑞敏说的"没有成功的企业，只有时代的企业"。

也许是第一次听到这个说法，柳传志有些发蒙，他回答："我对这句话的定义不是很清楚，什么叫时代的企业，什么叫成功的企业，成功的企业就不能是时代的企业吗？"

张瑞敏是海尔的创始人，比柳传志小5岁，都是20世纪40年代出生的人。

海尔和联想都成立于1984年，都曾是中国最耀眼的企业明星，现在也都已不再身处舞台中心。

张瑞敏的意思是，成功的企业都是踏准了时代节拍的企业，但是没有人能够永远踏准时代的节拍，企业家如果不自我颠覆，就会被别人颠覆。因此他在海尔发起全盘推倒重来的管理革命，至今前途未卜。

和张瑞敏不同，柳传志2000年就把联想的主体资产，主营PC业务的联想集团交给了1964年出生的“少帅”杨元庆。

那时全球范围最耀眼的企业是微软，但是互联网已经把新一代企业家推上浪潮之巅。《南方周末》“新经济”板块在杨元庆接班前不久用头版头条刊登了一篇文章，题为“能够取代比尔·盖茨的两个人”，标题下面是雅虎创始人杨致远和戴尔电脑创始人迈克尔·戴尔的大照片。

这两人都是杨元庆的同时代人，分别比他小4岁和1岁。雅虎上一年被美国电信运营商Verizon收购，戴尔则在2013年从纳斯达克退市，两位创始人双双淡出公众视野。而他们当年试图追赶的比尔·盖茨，早在2008年就已宣布从微软退休，专注慈善事业。

从PC时代到互联网时代，再到移动互联网时代，风口一直在变，舞台上人来人往，冷暖无常。联想至今仍然是世界上最大的PC制造公司。

杨元庆仍然是各大论坛的常客，经常和马化腾等当红企业家们坐而论道，但台下人看他的眼光已然不同。

联想集团的第一大业务PC是一个萎缩的市场，规模自2012年以来连续五年下跌，2016年已回落至2007年的水平。2015/2016财年（联想财年为当年4月1日至次年3月31日），联想集团亏损1.28亿美元，智能手机在中国市场销量跌出前五名。各类媒体无视联想对亏损系并购所致、核心业务无碍的解释，无视联想PC连续三年世界第一，手机也仍居世界第四的事实，纷纷唱衰联想。

2016年年初，一名曾被联想请去为公司著史的资深媒体人撰文质疑杨元庆是不是合格的CEO，勃然大怒的杨元庆回敬了他一封律师函。

但是接下来的财务数据仍不给力。2016/2017财年中报显示，联想的三个主营业务同时下跌：个人电脑和智能设备业务（后者主要为平板电脑和二合一笔记本电脑）收入同比下跌8%，移动业务同比下跌10%，数据中心业务收入同比减少4%。三季报显示，个人电脑和智能设备业务收入止跌回升，同比增长2%；移动业务和数据中心业务跌势加剧，同比分别下跌23%和20%。

移动业务的主体就是手机。2016年，联想智能手机业务惨不忍睹。全球跌出前五名，出货量5204万部，不及华为的四成（1.39亿部）；中国市场暴跌至470万部，不及第一名OPPO（7840万部）的零头。

杨元庆对身边人说，这一年是他失眠最多的一年。

但在公开场合，52岁的杨元庆从来不显疲态，说起话来总是声音洪亮、滔滔不绝，谈到联想的产品和研发总是信心饱满。2016年12月28日，他在联想科技创新大会西安峰会上发表了一个很像是年终总结的演讲："如果说从PC互联网到移动互联网是一次大的跨越，随着物联网、云计算、大数据、人工智能等技术的发展，现在我们又面临着移动互联网向智能互联网的新跨越。智能互联网时代，各行各业将经历新一轮的变革。这为很多中国企业带来了弯道超车的机会。"

一些跟杨元庆一起打下PC江山的老联想们似乎比他更乐观。1986年加入联想、曾担任联想CTO多年的联想创投集团总裁贺志强对那些唱衰联想的声音不屑一顾："联想32年了，从一间传达室做到世界500强、PC世界第一，你自己（指企业）先活够30年再来评论联想行不行！"

就连最衰的手机业务，在这位被联想员工称为"老贺"的老联想眼里也不是件大不了的事："中国手机市场年年城头变幻大王旗，联想手机现在是低谷，但几年前还火得不行。你们看问题不能看一时，手机的技术变革机会一直都有，比如5G要来了，比如说可折叠显示屏要来了，联想强的就是韧性，我们一直在为下一个大机会做准备。"

全球主流PC公司中，联想是唯一进入手机市场的。联想手机业务起步很早，2000年就是六大业务群组之一。2004年联想业务收缩为三类。其中，B类业务是联想移动，由掌上电脑和手机构成，属于亏损业务，但被认为是公司未来的希望。

然而直到2007年，联想手机业务都未能转亏为盈。2008年1月，就在第一代iPhone上市半年之后，联想集团以1亿美元将自己的手机业务出售给弘毅牵头的私募基金。2009年11月，联想集团又以2亿美元回购手机业务。这22个月期间，iPhone更新了两代，智能手机替代功能手机的趋势已然明朗。

联想集团为何在功能手机和智能手机的关键转换期耽误了近两年时间？有联想人士解释说，卖掉手机业务是时任CEO阿梅里奥（William Amelio）的决策，作为典型的美国职业经理人，他更重视财报数据是否好看。

尽管如此，回购手机业务两年后，联想迎来了辉煌。2012年，联想手机在中国市场上的份额从前一年的4.1%猛增到11.0%，仅次于三星。2013年，联想的中国市场份额进一步提升到12.41%。当年底，时任联想移动事业部总裁的刘军立下军令状——来年超越三星，成为中国市场第一。

但2014年超越三星成为中国第一的不是联想，而是凭借粉丝效应和电商渠道异军突起的小米，联想以11.2%的市场份额位列第三。

此时，杨元庆对刘军并未失去信心。2015年1月7日，他在CES的媒体会上表示，联想是全球最有竞争力的第三大智能手机厂商，最有希望挑战三星和苹果，希望联想移动业务快速增长，收入超过PC业务。

然而2015年一季度结束时，联想的中国市场份额已经降到了8.4%。当年6月3日，杨元庆终于忍无可忍，他以一封罕见的措辞严厉的公开信将联想手机已陷入危机的事实公之于众，称移动业务团队“用榔头敲都敲不醒”。联想集团执行副总裁、移动业务集团总裁、摩托罗拉移动管理委员会主席刘军随即离职，另一位“老联想”，1993年加入联想的高级副总裁陈旭东接任。

联想是一家人情味较浓的企业，刘军和陈旭东一样，是1993年就入职的“老联想”，但职位和声望都高于陈旭东。杨元庆断然拿下刘军，在联想内外都堪称一声惊雷。

手机业务的下滑在财务上迅速体现出来。而且，2014年年初联想花费29亿美元从谷歌手中买下摩托罗拉移动公司，也带来沉重的财务负担。

2015财年、2016财年第三季度，联想出现了六年来第一次季度亏损，亏损额高达7.14亿美元。亏损的主要原因是重组摩托罗拉产生的5.99亿美元费用，以及清除手机库存产生的3.24亿美元费用。

2015财年、2016财年年报显示，联想有价值18亿元人民币的3G智能手机库存。

由盛而衰的转换为何来得如此之快?

2014年，中国智能手机市场的渠道结构骤变为运营商渠道40%、线下公开渠道35%、网络渠道25%。此前，中国几乎无网络渠道，超过70%的手机由运营商卖出，是“中华酷联”（中兴、华为、酷派、联想）的黄金时代。

“中华酷联”时期，运营商向手机厂商提出设计要求，并提供大量补贴，甚至承销。手机厂商一旦进入运营商合作体系，几乎是躺着赚钱，根本不需考虑消费者喜欢什么样的手机，更不需要绞尽脑汁优化用户体验。

2014年年初，中国移动在一个供需沟通会议上向产业链传达了对4G手机的换代需求。一是3G手机即将走到尽头，将从当年6月开始加大对4G手机的扶持补贴力度；二是将改变渠道补贴方式，不仅缩减补贴总额，补贴方式也从此前的补贴厂商改为补贴渠道。

时任中国移动终端公司总经理的穆家松告诉笔者，联想在这场转换中几乎没有任何准备。

渠道骤变导致多数小公司默默死去，“中华酷联”的不同应对策略也让它们“殊途殊归”。

“库存的数字令人心惊胆战。”联想手机的一位前高层人士说，“大量3G手机要不在库房里待着，要不出库之后从未激活，变成僵尸手机。跟服装行业库存拖垮公司一个道理，联想也被库存压得喘不过气来。”

一位批发商说，2014年年底，他曾拿到上万部联想3G手机，每部以100~200元的低价甩卖。

和联想一起堕入谷底的还有中兴和酷派，只有华为逆势成长，成为仅次于三星和苹果的手机巨头。原因只有一个——主动转型。

华为和小米联手吃掉了联想、中兴和酷派的市场份额。

联想手机溃败的原因当然不只是渠道一个，产品力和品牌力的衰退亦是重要原因。但令一些观察者不解的是，靠渠道和营销打下PC江山的联想，怎么会在手机上败在自己最擅长的事情上？

不过，这样的结果，其实并不意外。相较手机，PC市场结构更稳定，产品更标准化、技术进步更慢、渠道变化不大且统治力更强。而在中国市场，手机更新换代速度是PC的几倍，竞争激烈程度是PC的几倍，近年来其市场特征越来越接近时尚产业。因此，需要快速洞察并满足用户痛点，那些延续运营商定制时代的惯性做出来的手机，已经完全无法满足消费升级的需求。

2015年，联想智能手机在中国市场出货量仅2210万部，排名跌出前五；2016年，暴跌到470万部。相较2016年中国市场4.67亿部的总出货量，联想手机几乎要销声匿迹。

在联想手机的这段时期，杨元庆主持了2014年初29亿美元收购摩托罗拉移动业务。和收购IBM PC一样，这一决策充满争议。

杨元庆认为这和当初收购IBM的PC业务一样，让联想手机业务完成了从本地化到全球化的跳跃。

他表示，手机业务不会像PC业务那样，并购消化期的增长停滞长达四五年，如无意外，2017年联想手机业务就会扭亏为盈，实现营利性增长。但是中国市场的竞争更激烈，中国市场核心竞争力的重建还需要一段时间，联想手机业务会先在海外市场取得成功。

但直到本文完成的2018年7月，联想手机业务中间多次经历人事、架构和品牌变动，却依然一蹶不振。4年过去了，摩托罗拉没有为联想打开手机的新天地，反而成为负累。结合手机市场的最新战况，联想要想翻身，几乎难于登天。

为什么做得成PC，做不成手机

在利空见底之后，杨元庆再次回到了问题的起点。只不过，这一次这个问题有关联想的下一个30年。

从联想今天手中的牌和不断变化的市场趋势来看，联想将在新的秩序中获得什么样的位置？谁是它的下一个竞争对手？联想的PC、数据中心和手机业务将以何种方式发生联系并共生？联想需要多大程度的统一战略？

从长远来看，另一个问题也许更具有根本意义：鉴于联想业务的特殊性，为了实现更有竞争力的统一，联想和其他公司必须保留多大的差异性？

其实，评价杨元庆完全不懂互联网，没有前瞻战略思维，这并不公允。

1999—2001年，第一波互联网高潮时，联想大举进军互联网，宣布自己要做“IBM+AOL（美国在线）+雅虎”，随之建立FM365、收购赢时通、与AOL成立合资公司，结果不到两年就折戟沉沙。

移动互联网时代，联想也是早起的鸟儿。2010年年初，杨元庆就有过如下表态：“移动互联时代是一个用户规模数以亿计的市场，五年之内它可能是一个比PC还要大的市场。”当年4月，联想发布移动互联战略，推出号称要与iPhone竞争的智能手机“乐Phone”，是最早抢占产业新机遇的企业之一。

世纪之交的失败容易理解，其一，从硬件到软件和内容的跨界多元化难度极高；其二，从中国到美国，科技企业中极少有人能在那轮互联网泡沫中全身而退。

智能手机的失败则令人意外。联想以硬件起家，长于大规模制造、供应链管理、渠道建设和营销推广，而这些都是同为硬件的手机的成功要素。

PC和智能手机的产品架构甚至都类似，PC软硬件的核心由微软（Windows）和英特尔（CPU）控制，其他部件如显示器、主板、键盘等高度雷同，产业链高度成熟，组装出售即可。智能手机两大阵营，苹果是软硬件一体且自成体系的封闭系统，其他绝大多数企业的软硬件核心来自谷歌（Android）和高通（CPU），屏幕、摄像头、电池等部件高度雷同，产业链高度成熟，组装出售即可。

所以，为什么联想可以做成功PC，却做不好智能手机？前文已重点从渠道角度做了解释，其他原因还有：

• 智能手机需要软件能力，这是联想的弱项，导致产品体验差。不像Windows安装即用，Android的源代码虽然一样，但各家需要在此基础上二次开发。

• 智能手机需要新的营销能力——社交媒体、粉丝效应、类时尚营销策略。联想的营销经验是大规模销售工具型产品的工业时代经验，对用户需求把握不足。

• 经销商代理销售的模式让联想不掌握终端用户，无法建立用户社区及时互动，更谈不上用户参与的Prosumer模式（Producer+Consumer，消费生产者）。

以上问题联想均已认识到并在着力改进，但新能力均非短期所能建立。

2018年5月，联想集团再一次发动了组织变革和人事调整，宣布成立全新的智能设备业务集团（Intelligent Devices Group，IDG）。

新业务集团是整合了联想原个人电脑和智能设备业务集团（PCSD）、移动业务集团（MBG），与原数据中心业务集团（DCG）协同发力“智能设备+云”和“基础设施+云”。

此时，香港恒生指数有限公司刚刚宣布，自2018年6月4日起，联想集团被从恒生指数50只成分股中剔除，由石药集团取而代之。恒生指数是由港股上50家实力最强的企业所组成，它不仅是香港最重要的股市指数，同时也是全球五大股指之一。作为中国科技界曾经的龙头老大，联想集团被恒生指数扫地出门，实在是一件难堪的事情。距离2015年5月的巅峰时期，联想集团市值削去73%，距离2013年3月加入恒生指数时，股价下挫超过一半。

杨元庆从2016年开始提出“三波战略”。第一波战略是保持核心PC业务全球领先地位和盈利能力，这是“碗里的饭”，因为只有碗里的饭富足了，才能保证联想的存活。第二波战略是数据中心业务和移动业务，被认为是“锅里的饭”，被寄望能够尽快成为增长引擎和利润引擎。第三波押注自然语言交互和人工智能，要让联想的硬件设备更智能，联想要从设备战略，转移到基于人工智能的“设备+云”战略，而这个则是联想集团未来的重点。

两年多过去了，联想的手机业务毫无起色，不过数据中心业务开始呈现强劲收入增长，并全面提升盈利能力，2017年第四季度收入是过去两年以来的最高水平。联想的ThinkSystems和ThinkAgile两大品牌产品组合，获得了88个新的世界纪录。根据ITIC和TBR的最新行业调查报告，联想X86服务的可靠性和客户满意度保持全球排名第一。

今天，市场给予联想的标签仍是全球最大的PC公司，事实也确实如此：联想集团公开财报数据显示，2017财年、2018财年，联想个人电脑和智能设备收入占总营收71%、移动业务占16%、数据中心业务占10%。

然而，联想所处的外部环境已经发生了巨大的变化。随着人工智能、大数据、物联网、云计算、移动互联等技术的发展，增长赛道已经从个人市场转至行业市场，“互联网+”“数字中国”等一系列国家政策的颁布推动了中国IT市场的繁荣。“十三五”发展规划的发布将极大地拉动IT市场，五年内将带来超过2680亿美元的市场增量。

联想能否抓住这波机会，关键在于数据中心业务集团。数据中心业务抓住的是企业市场。面对广阔的企业用户，联想除了可以向他们出售传统的服务器，搭建一套内网，还可以以此为基础，根据不同的应用场景，提供企业个性化的云服务和产品，为他们提供一整套技术，可反向整合制造、业务、市场、销售流程，推动业务效率大幅提升、开拓新市场空间的解决方案。

但在杨元庆的三波战略中，数据中心业务仅为第二波，第三波战略对于联想集团来说目前依然很难。

与其预测联想能不能成功，不如看看亚马逊是怎么成功的。所谓“设备+云”、所谓物联网时代的智能硬件、所谓智慧家庭、所谓可管可控无缝连接的内容入口，亚马逊的智能音箱Echo就是迄今最有代表性的产品。借此产品，亚马逊今年以来股价大涨，市值一举突破4000亿美元，成为硅谷风头最劲的公司。

Echo是亚马逊2014年11月推出的搭载了亚马逊人工智能语音助手Alexa的智能音箱，截至2016年年底，销量已接近1000万台。在2017年1月初的CES上，《财经》记者目睹了Alexa的无处不在，从华为手机、三星冰箱到大众和福特汽车。

Echo的操作不通过任何操作屏，完全靠听说来完成。你可以让Alexa告诉你怎么烤牛排、提醒你按时吃药、让Echo给你念Kindle里的电子书、把你正在听的音乐下载到Kindle里，在亚马逊网站上下单购物。如果Echo与你的其他家电设备联网，那你夜里起身时可以让它开灯，感到热了让它开空调……而完成这一切的不是那个小小的音箱，而是远在天边的亚马逊云计算平台，音箱的作用只是把你的指令发到云平台，再根据计算结果向你反馈。

这就是典型的物联网时代的硬件应用场景，亚马逊展现的正是联想等公司梦寐以求的一揽子解决方案能力——硬件（Echo）+人工智能（Alexa语音交互系统）+云计算（AWS）+内容（Kindle电子书、电商、各种家居需求）。

亚马逊是怎么做到的？答案是坚持开发基于原创性技术的产品。

Echo大热，体现的不仅是创造技术红利的研发能力，还有变现技术红利的商业能力。而原创性技术能力的不足，正是包括联想在内的众多中国企业的短板。在存在技术红利的时期，原创能力不足可以用商业能力弥补，但技术红利耗尽时，商业能力再强也无济于事，只能靠运营管理能力获取“毛巾里拧水”式的微薄利润。

2018年6月，柳传志在接受媒体采访时评价，联想集团，尽管它曾经在某一个领域弹到很高的位置，但是现在面临的挑战应该说是严峻的。如何迎接挑战，如何有所突破，对他们是个考验。所以此刻对联想来说，打硬仗的情绪应该正是浓烈的时候，而且要积极酝酿过程。

联想控股的另一条路

2018年，柳传志74岁了。柳传志淡出联想集团事务多年，主要精力放在联想集团控股母公司联想控股之上。

2015年6月，联想集团控股母公司联想控股在香港交易所正式挂牌上市。上市的前一年，联想控股2014年的总收入中，来自IT和房地产的收入占了绝大部分，其中IT业务的收入贡献率为94.2%，房地产为4.0%。这一方面说明联想控股具备核心业务，另一方面也意味着营收增长面临过于依赖单一业务领域的风险。

到2017年，联想控股的收入结构已经开始多元化。旗下业务板块包括了IT、金融服务、创新消费与服务、农业与食品、新材料五大板块。但IT（联想集团）依然是其核心收入来源，占总收入的94%。截至2017年12月31日，联想控股持有联想集团29.1%股权。

2018年7月2日，在超过10个月的审批等待之后，联想控股宣布，已取得包括来自卢森堡金融业监管委员会和欧洲中央银行的所有所需监管及相关审批，并完成了国家发展和改革委员会的项目备案，成功完成收购卢森堡国际银行（Banque Internationale a Luxembourg，BIL）89.936%股权。卢森堡大公国政府将继续持有BIL 9.993%股权。

柳传志评价称，收购卢森堡银行是联想并购史上的第二件大事。第一件大事，当然是联想并购IBM PC。

卢森堡国际银行是一家综合性银行，经营状况良好，在卢森堡当地排名前三。卢森堡位于欧洲西北部，被邻国法国、德国、比利时包围。卢森堡主权评级AAA级，宏观经济基本面强劲，是全球经济最稳定的国家之一。卢森堡也是欧洲的心脏，是通往欧洲广阔市场的门户，是全球重要的金融中心和欧洲最大的投资基金中心，在管理共同基金能力方面仅次于美国。

联想官方并没有披露收购卢森堡银行花费了多少美元。但柳传志说，之所以这笔并购是联想并购史上的第二件大事，主要出于两个考量。

其一，联想集团在并购IBM PC的时候，花费了12.5亿美元，从花费成本上来说，这是第二大。

其二，卢森堡国际银行2017年度总资产为238亿欧元，管理资产394亿欧元，以此估算，卢森堡国际银行加入联想控股以后，应该会占到联想控股总资产的35%。此前，联想集团在联想控股的资产占比是54%，卢森堡国际银行加入后，联想集团会降到33%。

而且，卢森堡银行2017年总收入5.53亿欧元，大致估算，能占到联想控股百分之十几的利润贡献。卢森堡国际银行将在联想控股的下一步发展中发挥重要作用，既能扩大联想控股的资产吨位，成为联想控股的又一支柱，又能和战略投资、财务投资各公司间有协同、联动的空间，促进联想控股整体价值的提升。

已过古稀之年，为什么柳传志还在联想控股业务多元化这件事情上渐行渐勇？

作为一家投资控股公司，联想控股自身并不直接开展实际业务运营，营收是来自所投资公司按持股比例合并的营收之和。或者说，这是一个战略投资和财务投资双轮驱动的资本型公司。

回答上面的问题，柳传志的答案其实很简单。他认为，联想集团所在的高科技领域，不能裹足不前，但创新的风险又极大，怎么能够让现有的企业敢于创新，同时又活下来，唯一的办法就是多元化。

多元化通常有两条路径，一是一个公司的业务多元化，二是多个独立平台平行发展。GE属于前一种模式，早在1998年，柳传志就到GE与杰克·韦尔奇探讨多元化路径。他惊叹于GE强大的多元化业务创新能力，但最终没有走这条道路。

理由很简单，柳传志认为，基于联想控股目前的架构，如果有一天联想集团遭遇挫折，他心里是不会慌的，“原因是我另外有一块很大的底盘，就是联想控股的其他业务，联想控股有足够的净资产、利润和现金流”。

而笔者个人认为，柳传志的另一个明智之举在于，联想控股除联想集团之外，新兴战略板块均为战略投资和财务投资，投资看得懂的业务，通过扶持其他人，使自己受益，使双方共赢。这看起来没有自己从无到有再做几个不同的业务那么感性，但对于当下的联想是最为合适的。

柳传志是一个优秀的管理者。他了解这个世界上正在发生什么事情，顺势而动。联想集团之后，联想想要继续孵化新的业务，已经被证明包袱过重，道路艰难。投资，可能是最合适的道路。

哪怕是在投资这条道路上，柳传志也在且走且学。他曾经在2018年中的一次采访中提到，多年来，因为看不懂，联想错过了不少公司。“当年BAT三家都曾经在我们这儿谈过，当时真的看不懂，也没有这个实力，应该深刻进行反省。”

他说：“未来，我们还是不敢投看不懂的东西，但要把水平提高到由看不懂到能看懂为止。”

永远只做自己能力所及，而又有利可图的事情，从某种程度上来说，这代表了现代企业家精神的核心内容。

此时回头追溯，和联想同时期创立的那批企业，绝大部分都倒下了。联想幸运地处在了PC行业软硬件分工的年代，并且它能够把握PC产业发展的潮流，成为一家站在时代潮头的公司。

相比为中国提供全球使用量最大的汉字PC系统，联想更大的贡献在于，柳传志是中国现代企业制度建设的拓荒者，在长达30年的时间内，他让联想从一家国有小作坊变成了一家具有清晰产权体系、具有卓越品牌价值的伟大公司。

联想无疑是过去几十年信息革命浪潮中最成功的公司之一，但是今后除非它找到新的清晰可行的成长点，否则它也会随着PC时代的过去而进入寂寞的中老年期。

柳传志先生是中国现代企业管理思想的集大成者，联想控股是他为联想集团设置的底盘，更是他实践理念的新战场。联想控股孵化出下一个联想的可能性是巨大的，柳传志的双轮驱动投资理念，加快了更多初创公司的成长，拉动了更多国有企业的转型和发展。但很难说这些公司随着一轮又一轮的融资和股权稀释，未来将直接或间接与联想发生多大的关系。无论是哪一种结果，未来柳传志和联想都会作为一个时代的践行者和开拓者载入史册。

作者简介
Introduction to the author

谢丽容 2013年加入《财经》杂志，现任《财经》杂志科技板块主编，《财经十一人》副主编。曾发表《中兴巨亏探源》《阿里云和亚马逊的云战争》《苹果的抉择》《再造电信运营商》《华为小米殊途》《AI独角兽突围》等行业影响力作品。《财经》杂志1998年4月创刊，主要读者为中国的中高级投资者、政府管理层和经济学界，是中国最具影响力的商业媒体之一。《财经》报道、评论为海外重要媒体广泛转载或引述。

新希望，劈风斩浪的三十六年

“给我三五年，再造一个新希望。”新希望集团董事长刘永好表示。

三十六年前，兄弟四人艰难拼凑千元办育种场起家；三十六年后，新希望集团已是以现代农业与食品产业为主导的综合性企业集团，资本逾千亿。一路走来，新希望从单一饲料企业不断拓宽经营范围，扩大生产规模，积极推动企业转型升级，带头推进金融体制改革——然而辉煌背后，是无数的坎坷和集团掌舵人对时代潮流的探索、把控与担当。

一个创新的、变革的、消费升级的产业群体正蓄势待发。

他，曾是中国首富，是明星民营企业家，先后荣获中国十佳民营企业家、中国改革风云人物、中国十大扶贫状元、中国企业管理杰出贡献奖……

他，事业有成，创造了中国最大的饲料企业同时也是中国第二大肉食企业、发起设立了中国第一家由民间资本设立的全国性的商业银行、投资了信托、保险，拥有自己的海外基金以及销售额为百亿级别的房地产业务板块。

虽然现在的刘永好风光无限，但是在三十六年前，他还是一个默默无闻的人。

大船启动，鹌鹑孵化“希望”

“我们的目标是希望做成一个伟大的公司，但做成伟大的公司不容易，必须从一点一滴开始。”刘永好直言。

1978年12月，在中共中央工作会议上，邓小平在《解放思想，实事求是，团结一致向前看》这篇报告里提出了一个深刻影响中国的“大政策”。他说：“在经济政策上，我认为要允许一部分地区、一部分企业、一部分工人农民，由于辛勤努力成绩大而收入先多一些，生活先好起来。一部分人生活先好起来，就必然产生极大的示范力量，影响左邻右舍，带动其他地区、其他单位的人们向他们学习。这样，就会使整个国民经济不断地波浪式地向前发展，使全国各族人民都能比较快地富裕起来。”这就是后来他反复阐释的“先富”与“共同富裕”的理论。

1982年，日后将成为中国首富的刘家兄弟办起来了平生第一个实业：育新良种场，主营养殖业务。为了建场，大哥刘永言卖掉了家里唯一的一块手表，二哥刘永行卖掉了自行车，刘家四兄弟一共凑了1000多元钱，三哥陈育良（刘永美）把自己家的房子改做了孵化室，他和妻子搬到了临近一个幼儿园的小单间里。自此，四兄弟合力划桨开动的“希望”大帆船在商海中劈波斩浪。

值得一提的是，那部分先富起来的人，在当时很多是体制外的小人物。而刘家却手握当时令人羡慕的“铁饭碗”。但为了坚定创业，他们兄弟四人纷纷辞去了公职，舍弃了“铁饭碗”。1983年，陈育新正式与新津县农业局签订停薪留职合同、率先下海；老二刘永行于1985年向新津县教育局提出了“备案除名”，第二个下海；第三个下海的是老大刘永言，其于1986年才辞职；老四刘永好更是到1987年才辞去四川省机械工业管理干部学校讲师，舍弃“铁饭碗”。而在当时，刘家四兄弟已经坐拥千万财富。

意外来得太快，就像龙卷风。在创业初期，刘家兄弟也险遭灭顶之灾。

当时，某个养鸡专业户一出手就是10万只“北京白鸡苗”的订单，这对当时刘家四兄弟而言，可是创业以来最大的一笔买卖。不料，天有不测风云，这位专业户在运输其中的2万鸡苗途中，由于缺乏经验，一半的小鸡被闷死了。此外，一场大火，剩下的1万只也化为灰烬。

剩下的即将孵化的8万只小鸡怎么办？打听到成都有市场后，兄弟几个连夜劈毛竹、削篾片、编盛鸡崽的竹筐，第二天一大早又匆匆赶到农贸市场扯着嗓子叫卖。就这样，十几天下来，8万只鸡苗总算全部脱手。

经过此次波浪之后，刘家兄弟决定养鹌鹑。不过，此时成都地区正遭遇鹌鹑“泡沫”。四兄弟却认为，技术低、成本高、经营差的专业户必垮，他们要依靠现代技术将鹌鹑蛋成本降下来，于是以老三陈育新为主组织了一个专门的学习小组，不久便培育出产蛋率高达80%的良种鹌鹑，还配制出系列饲料。

其他几位兄弟也各显神通，他们将电子计算机应用于饲料调配和育种选样上，并摸索出用鹌鹑粪养猪、猪粪养鱼、鱼粪养鹌鹑的生态循环饲养法，使得鹌鹑的成本降低不少，一下子打开了专业科技致富之路的开端。在四兄弟亲密无间的合作下，最初的1000多元开始像滚雪球般越滚越大，为以后的创业道路积累了资金。

在刘家兄弟的带动以及无条件教授养殖技能之下，当地掀起了养鹌鹑的热潮，以至于形成虚热的现象。刘家兄弟又把主要精力投入到孵化鹌鹑种蛋和研究生产鹌鹑饲料的上游环节。而之后，刘家兄弟又不断通过收购的方式进军猪饲料行业。经营饲料让刘家兄弟从产业链的下游上升到产业链的上游，市场空间骤然增大，公司也很快成了国内饲料行业的百强之首，有了“中华饲料王”的美誉。

1992年，刘家兄弟成立了中国第一家民营企业集团——希望集团。老大刘永言任董事会主席、老二刘永行任董事长、老三陈育新任总经理、老四刘永好任总裁兼法人代表。多年后，刘永好回忆说，“我们一家人四兄弟、五姊妹，旁边一个我妹妹，当时我们四个兄弟创业，兄弟一条心，黄土变成金，我们齐心协力各自发挥作用，用10年左右的时间，做到了中国的第一位。国家工商总局1995年评私营企业500强，我们是第一位。”

分道扬镳，刘永好开启“新希望”

“当年很多人进入到民营企业家队伍，形成后来的‘92派’，成为一种趋势，有一个（历史的）背景。在1990年、1991年的一段时期，当时产生了所谓‘姓资姓社’的争论。这场争论导致政府内部和社会上很多人都产生疑问，民营企业家本身也比较迷茫。那个时候，民营企业数从一百万减少到二三十万左右，这么大的跌幅，在历史上从未发生过。但随着邓小平南巡讲话之后，民营企业家的队伍开始迅猛发展。”刘永好回忆道。

不过，刘永好曾心有余悸地说：“1990年最困难，当时有人要清算私营化企业主，我们不得不把全部财产2000万捐献给国家，都签好字送到县委，结果没有批，如果批复了，希望集团可能就不存在了，我们兄弟的命运就是另外一回事了。”

虽然希望集团得以继续存在，但是由于四兄弟在公司的股份一样多，且都是一把手。“老大叫主席，老二叫董事长，老三叫总经理，老四叫总裁，究竟哪个大？哪个管哪个？谁都不知道。”刘永好说，当然了，企业小的时候没问题，当规模做大的时候问题来了，谁说了算，听谁的，并且四个兄弟不可能思想完全一致，尽管我们有很一致的地方。

1995年，刘家兄弟分道扬镳，四兄弟和妹妹平均分配了资产。在此之后，老大刘永言创立了大陆希望公司，老二刘永行成立了东方希望公司，老三陈育新建立了华西希望公司，而老四刘永好成立了南方希望公司。

分家后，刘永好的南方希望公司设在成都未来的金融中心，试图探索资本经营的新途径，快速聚合资本以迅速扩张。1997年，刘永好以南方希望公司下属的几家企业为基础成立了“新希望集团”。1999年3月，“新希望”股票在深交所上市，上市后很快融资4亿元。彼时，新希望农业股份有限公司的上市可以认为是刘永好进入资本市场的标志。

其实，兄弟四人最早出名的是陈育新。在创业的前十年，代表企业出头露面几乎全是他，集荣誉光辉于一身。不过，1993年年底，三年前还因私营企业主的身份在政治上备受歧视的一向擅长外交的刘永好被选举为公司法定代表人，并因此当选为当年的全国政协委员。

身份的变化，使刘永好的人生舞台一下子变大了很多，视野也开阔不知多少倍，对国家宏观经济的状况也研究颇多。1993年，刘永好与其他委员共同提案，希望成立一家主要由民营企业家投资、服务于民营企业的银行。

1996年1月，中国第一家民营商业银行——中国民生银行挂牌运作，刘永好、张宏伟等民营企业家携资参与，经叔平担任董事长。虽然刘永好彼时仅列第13大股东，但仍被选举为副董事长。

重新起航，全面扩张

“一个企业通过兼并其竞争对手的途径成为巨型企业，是现代经济史上的一个突出现象。没有一个美国大公司不是通过某种程度、某种方式的兼并而成长起来的，几乎没有一家大公司主要是靠内部扩张成长起来的。”美国信息经济学和管制经济学的创始人乔治·斯蒂格勒这样说道。

而自分家后，刘永好在全国的扩张就证明了这一点。截至目前，新希望集团在全球30多个国家和地区拥有分子公司超过600家，员工近7万人，年销售收入超1000亿元人民币。在发展中，新希望集团基于自身资源和优势，不断开拓新的产业领域，从饲料生产，跨入农业科技、食品加工、渠道终端、设施建设、金融服务等多个领域。目前，新希望集团已逐步成为以现代农业与食品产业为主导，并持续关注、投资、运营具有创新能力和成长性的新兴行业的综合性企业集团。

农牧与食品方面，新希望拥有多个饲料品牌、饲料公司、养殖公司、养殖服务公司等，拥有国内最大的农牧业产业集群。作为A股上市公司，新希望也是这个板块中最为重要的核心公司。

而除了新希望之外，刘永好也在谋划第二家控股企业的上市。目前，刘永好及其女儿刘畅共同控制的新希望乳业正在冲击IPO。新希望乳业的招股说明书显示，除了新希望乳业之外，刘永好及其女儿刘畅控制的境内外一级子公司9家、境外二级子公司5家、境内二级子公司8家，及56家多级境内子公司。

此外，刘永好的“新希望系”还控股着宝硕股份及参股民生银行、深圳燃气等多家上市公司。

除了不断做强原有产业之外，新希望集团也在谋求转型升级、尝试新经济。刘永好表示，新希望集团正在从制造型企业向服务型企业逐步转型。“我常常开玩笑，我们要从‘卖饲料’转向‘卖服务’。目前我们已经成立了新希望医疗基金、新希望旅游产业基金、与小米合办了希望银行等等。”

2017年12月9日，新希望集团作为第一大股东，联合厚生投资、新加坡主权投资公司淡马锡、中投海外直接投资有限责任公司、启承资本等投资者，完成了对澳洲宠物食品公司Real Pet Food Company的收购。

在医疗健康领域，刘永好近年来也涉猎较多。新希望旗下产业投资平台“草根知本”已经收购成都知名保健品牌三勒浆。

2018年2月7日，新希望集团对外宣布，新希望集团参与了北京美中宜和医疗管理有限公司的新一轮融资，进一步探索在医疗健康产业的投资布局。

刘永好表示，新希望集团将在成都打造专业的脑科、心血管专科医院。“我们在上海有一家脑科医院，现在已经成为同济大学的教学试点单位，这让我们作为民营医院很自豪。下一步，我们也会将这些优秀的医疗资源引入成都，为成都乃至四川的医疗产业做出我们的贡献。”

作者简介

Introduction to the author

张朝晖　新华社中国证券报公司新闻部负责人、新三板编辑部主编。

目前，主要负责中国证券报公司新闻部重大选题策划、报道写作和公司新闻栏目写作约稿。在工作期间，力推公司新闻部的新媒体转型和公司调查报道方向，其主导的重大报道尤其是舆论监督类报道对于资本市场建设、行业规范具有深远影响。

2016年，为了紧跟新三板的行业发展变革，主导并设立新三板编辑部并推出新三板周刊。周刊创刊伊始，新三板报道在业内频获好评，对于新三板制度建设建言献策，并通过大量走访新三板企业采写系列调研稿件，并作为副主编参与撰写《中国新三板创新与发展报告2017》等新三板书籍。

主持中国新三板高峰论坛、中国金牛上市公司高峰论坛暨中国上市公司金牛奖颁奖典礼、首届金梧桐并购高峰论坛等重大活动，并作为主要负责人构建上市公司评价体系、新三板公司评价体系等多项课题研究。其本人对于上市公司资本运作、上市公司品牌建设具有深刻理解，曾经协助企业完成IPO、企业宣传等案例操作，被光大银行等多家公司机构聘为品牌顾问。

曾发表过高息揽储调研稿件、资本跨境流动调查以及前中国银监会主席刘明康人物专访等多篇业内有影响力的报道，其连续五年均有新闻作品获得新华社社级新闻奖。

美的，跟上时代的自我颠覆

20世纪80—90年代，日本还代表着当时世界家电发展的最高水平，美的、格兰仕等中国家电企业都曾先后到日本考察，引进日本的技术和管理经验，甚至受日本公司启发逐渐确立自身的发展模式和管理模式。从学习到自我革新再到超越，中国最终成为全球家电生产和出口数量最大的国家。

这一时期，随着人民生活水平的提高和购买力的增强，中国巨大的“人口红利”效应开始释放，家电消费从计划经济体制下的自行车、缝纫机、钟表“老三件”，过渡到电视、冰箱、洗衣机的“新三件”，家电产业开始发生质的飞跃。

大浪淘沙，改革开放的40年间，大量资本涌入家电行业，市场意识和竞争意识开始觉醒，技术迅速提高，一批品牌企业和产品在市场选择中存活了下来。但在完成了家电产品的普及后，业内认为目前中国家电的“市场需求已进入到更新换代的需求”，高速增长不再，“低成本和大规模”也开始失灵，家电行业进入新一轮的机会寻找和探索中。

时至今日，家电产业仍然是中国市场上仅有的少数几个有定价权的行业之一，它的发展路径也是中国经济发展的缩影。从产业集群的角度看，中国的家电有着“南有顺德，北有青岛”之说。而1968年从顺德走出来的美的集团，则是中国家电行业发展的一个缩影，从这里，我们可以看到中国企业在改革开放的40年中，是如何跟上节拍与时代共舞，又是如何自我颠覆创造时代。

创业，比改革开放早10年

1978年，36岁的何享健第一次乘坐飞机到东三省出差，临上飞机前，他跟送行的儿子何剑锋在广州白云机场拍了张合影，笑容灿烂，照片的背景是一架飞机。那个年代，坐飞机对中国的普通人来说还是件非常稀罕的事情。

在这趟从南到北2000多公里的飞行中，何享健应该是非常兴奋的，嗅觉灵敏的他或许也感到了大时代的变化，但这种变化给他和他管理下的企业在未来40年中会带来的巨大影响可能已经远超出他当时的想象了。

1978年，是农历的戊午年，这一年从年初开始就发生了很多大事。1月1日，一档叫作《新闻联播》的节目首播，播出时间在每晚19点左右，时长20分钟，当时还叫作北京电视台，4个月后才更名为中央电视台；5月11日，《光明日报》发表评论员文章《实践是检验真理的唯一标准》；11月，安徽省凤阳县小岗村率先实行“分田到户、自负盈亏”的家庭联产承包责任制；12月，党的十一届三中全会召开，正式确立了中国对内改革、对外开放的政策，“改革开放的春风”自此吹遍神州大地。

而在广东省佛山市顺德县，这种改革在10年前的生产组即以创业的形式出现，并且创业的成果未来将成为《新闻联播》的常客。1968年5月，何享健和另外23位居民准备壮着胆子展开生产自救，他们集资5000元成立了“北滘街办塑料生产组”，隶属顺德县北滘街道办，主要生产塑料瓶盖、玻璃杯这些产品，这就是日后营收过2000亿元的美的集团的前身。

江苏的吴仁宝、浙江的鲁冠球、安徽的年广久，也都在这前后开始悄悄地创业了。

从创立之初，何享健就承担起市场信息员和销售员的角色，可以说，他非常胜任这两个角色。一方面，他背着瓶盖、玻璃瓶外出找市场，另一方面，在走南闯北的过程中他搜集信息，了解中国市场的变化和需求，再及时调整生产组的生产方向。

何享健这种天生的灵敏嗅觉，在创业实践过程中得以不断增强。我们后面会看到，这种嗅觉在美的集团未来的发展中一次次地起到关键作用。

即便如此，创业初很长一段时间，生产组也只是让大家的日子稍微好过些，勉强解决了温饱，但是谈不上发展，这种状况一直持续到1973年。据报道，当年，国家引进的一批民生项目，很多配套产品的采购订单分到了各地生产组，“北滘街办塑料生产组”也拿下了一批订单。因此，除了瓶盖、玻璃杯，他们也开始生产五金配件，业务不断增多，生产组改名为“顺德县北滘社塑料金属制品厂”，变成公社企业，自有资金这时已经超过10万元，这在当时是一笔巨款。

据称，何享健在这期间花大价钱请了技术人员，专门指导产品的工艺更新，他甚至跟技术人员一起，纯手工制作了一台小风扇。1976年5月，企业再度更名为“顺德县北滘公社汽车配件厂”，开始生产挂车刹车阀、汽车橡胶配件等产品，到1977年，工厂的年产值已达到24万元。

从改名上就可以看出，创业这前10年，何享健和他的小伙伴们基本是有业务就做，什么赚钱做什么，“船小好掉头”，主营业务变化得很快，即便如此，这10年的发展仍然是有限的，销售规模不过几十万元，但最重要的是，企业活下来了。

而他们真正的起步发展，得等到1978年改革开放以后。

“美的”人生，家电创造

广东省佛山市顺德区位于珠江三角洲平原的中部，正北是广州市，西北是佛山市中心，东连番禺，北接南海，西邻新会，南界中山，这里被称为“中国燃气具之都”“中国家电之都”，巅峰时期的顺德贡献了全国近1/5的家电产量，拥有美的、格兰仕、华帝、万和、万家乐等企业。

以何享健为代表的顺德企业家们选择家电，跟顺德的位置有关系。因为顺德与港澳毗邻往来比较早，港澳同胞带回家乡的礼物很多都是家电，很受欢迎，同时外商在顺德投资的也多是家电企业，何享健他们认为家电行业有前景。

40年前，何享健和格兰仕创始人梁庆德、科龙电器创始人潘宁，他们三人在创业前都做着同样一个职业：工交办副主任。

1977年，何享健从北滘公社汽车配件厂被提拔为北滘公社工交办副主任。1978年，在何享健创业10年后，美的日后在微波炉领域最强劲的竞争对手格兰仕，才在梁庆德的带领下刚刚创立，这时还是个小作坊。

1979年，何享健被调回工厂担任厂长。1980年，汽配厂更名为顺德县北滘公社电器厂，初期主要为当时的国有企业——广州第二电器厂生产风扇配件。

但何享健发现，生产配件利润太薄不赚钱，配件组装后的风扇利润才是最大的，于是他决定自己生产风扇。在这个时候，何享健花大价钱聘请的技术人员发挥了作用，通过对市场上风扇成品的拆装，采取“能自己生产的自己设计制作、不能生产的购买配件”的策略，当年的11月就生产出了第一台40厘米的金属台扇，取名“明珠”牌并正式推向市场。

有意思的是，几十年后，与美的在家电空调市场上厮杀惨烈的竞争对手格力，其掌门人的名字中就带有“明珠”。是为小插曲。

“明珠”牌使用时间并不长，1981年8月，在通过招标对比“美的”“雪莲”“明珠”“彩虹”几个名称后，何享健最终注册了“美的”作为商标。1984年6月，“顺德县美的家用电器公司”在原风扇厂的基础上成立，何享健任总经理，拳头产品就是风扇。有资料显示，美的成立这一年即实现营收300多万元，净利润40多万元，员工200余人。

1984年对中国经济有着特殊的意义。这一年，中国改革的重点从农村转向城市，开始全面改革，被认为是中国改革开放“全面达成共识”的破局之年。

而美的成立初期惊人的风扇销售数据，有着鲜明的时代特色。从长期物资匮乏中走过来的中国民众，释放了惊人的购买能量，排队买电风扇、洗衣机、冰箱或者其他物品的场景在后来很长一段时间不断上演，而巨大的消费人群也为之后30年中国家电产业甚或中国经济的发展提供了支撑，这个现象被经济学家们浓缩成为四个字“人口红利”。

1985年，美的成立“空调设备厂”，正式进军空调行业，成为国内最早生产空调的企业之一，5年后生产了出第一代分体式空调。1988年，美的获得自营进出口权。自此，空调和风扇通过内销、出口两种形式，作为美的发展初期的“两驾马车”，在20世纪90年代初有了初步的形态。1990年，美的年销售额首次突破1亿元人民币。

风扇和空调，是何享健创业“草莽期”过后的精准选择，此后，他在家电这条路上越扎越深，将更多“美的”生活带给中国大众。

业绩增长后，何享健开始琢磨企业的产权问题。那个时候，中国的乡镇企业，在产权上属集体所有，企业发展更多按照行政指令而不是市场规律，企业管理者做很多事情都会受到限制，比如何享健想通过涨工资留住人才都没法自己做主。

1992年，邓小平视察南方并提出“发展才是硬道理”“改革开放胆子要更大一点，步子要更快一点”，顺德也开始率先进行企业产权制度改革的尝试。当其他企业都在观望的时候，何享健想的却不一样，他认为“企业要壮大，一定要跟着时代发展”，于是毛遂自荐表示愿意用美的充当试验田。美的采用的是“公私联营”的方式，即由镇政府和企业共同持有股份，发行职工内部股，鼓励员工购买企业股票。

美的在1992年成为第一家完成股份制改革的乡镇企业，1993年在深交所上市，成为中国第一家由乡镇企业改组而成的上市公司。产权明晰和上市融资，给美的的发展注入了新的活力，在之后的8年中，美的连续出口创汇创全国第一。

同在1992年，25岁的安徽青年方洪波受到邓小平南方谈话的感召，辞掉工作南下来到广东顺德最终，学历史的方洪波在美的找到了一份内刊编辑的工作。这份工作，为方洪波全方位了解美的提供了便利，而他的专业则让他有优势对企业发展进行“辩证历史”的分析，并最终成就了方洪波。

危机与飞跃，人才是关键

20世纪90年代开始，美的开始与日本东芝、三洋及意大利梅罗尼等知名企业开展合资合作，开始进军商用空调、电机、微波炉、饮水机、IH电饭煲等产品产业，涉足领域一下铺开。

上市后的美的，很快就遇到了发展中第一次重大的经营危机。1996年，美的的企业年产值从25亿元下滑到20亿元，空调的销售排名从行业排名前三突然跌到第七，利润则主要来自一些投资收益。据报道，当地政府为了打造家电航母，甚至有意让科龙收购美的，何享健显然不愿意。

从成立到20世纪90年代中期，快速成长的美的已经形成风扇、空调、电饭煲等五大类产品线数百种产品，但美的的运作方式仍高度集权，生产线的经营全部由公司集中决策，何享健作为美的总经理，所有部门都跟他一人汇报，既管销售又管生产。在当时家电市场每年在30%~50%的速度增长的情况下，美的被何享健称为“大企业病”的这种运作方式，使得企业反应迟缓，根本没法保证产品及时跟上市场的发展。

而同时期，仅在广东顺德，除美的外，就有万家乐、容声、格兰仕等家电企业发展迅猛，激烈的家电市场上可以说强手如云，稍有不慎就会坠落深渊。

对此，何享健做出了非常快速的应对。1997年，美的实施以产品为中心的事业部制改革，形成“集权有道、分权有序、授权有章、用权有度”的分权经营模式。具体就是，把家电拆分成电扇、空调、洗衣机等五大事业部，每个事业部独立核算，事业部负责生产制造和销售，各事业部经理拥有自主经营权，总部的职能集中于总体战略决策的控制。据说，当时事业部经理可以自行决定几千万元的生产计划项目。

同时，何享健还制定了32页的分权手册，明确职业经理人的权责边界，总部负责财务预算投资和高级经理人管理，事业部自行组建团队，进行管理、研发、生产、销售等产业链环节。

事业部制给美的的发展奠定了坚实基础，也促成了美的的第二次飞跃，其后续的所有组织结构的变革可以说都是建立在事业部制基础上。

这次改革中，包括何享健夫人在内的数十位不符合企业发展的老员工，被何享健劝离公司，而一批职业经理人则开始担当重任，其中就有方洪波，30岁的他被何享健任命为美的空调事业部内销总经理。

在一篇文章中，方洪波被描述为“一直是个狠角色”。这次临危受命，方洪波对销售体系进行大刀阔斧的改革，把原来的农民销售团队，换成大学生销售团队，“将30多位大区营销经理扫地出门，包括董事会成员的亲属”，多手段并行，美的的空调销售额在一年后实现200%增长，迅速扭转颓势。方洪波用漂亮的成绩，为自己在美的树立了威信。在其后参与的一系列并购中，方洪波得以快速成长，但这时仍是何享健的时代。

何享健认为，“只要把激励机制、分权机制和问责机制建立好了，自然就有优秀的人才帮你管理”。因此，危机过后的1999年，何享健在美的内部推行员工持股制，促进产权和分配机制的改革，员工与企业成为“命运共同体”。“股份制的最大好处就是建立了完整的激励和约束双向机制，让所有员工都明白，你明天吃稀饭还是吃大虾，取决于今天的工作努力程度。”2000年，美的的销售额突破100亿元。

而何享健对人才的重视从不含糊。美的内部流传着“60年代北滘人，70年代顺德人，80年代广东人，90年代中国人，21世纪全世界人才”的说法。

从1985年起，美的就聘请国有企业技术骨干做美的的“周末工程师”，通过自建研发部门、聘用兼职工程师等措施，开发自主技术和产品。如今在美的博物馆有一座雕塑，是两个工程师模样的人骑着自行车到顺德，反映的就是当时的情况。之后他们引进华南理工大学马军博士，成为第一家引进博士的乡镇企业，这在当时是非常超前的。2001年美的还实施人才工程，每年选派500人出国深造，并招募国外专家到美的工作。

何享健曾说："企业宁愿少赚一百万的利润，也不能流失一个人才。"在20世纪90年代的这次危机中，人才储备对美的度过危机起了巨大作用。

专注家电，但也下过臭棋

2001年，美的完成MBO，顺德政府让出所持有股份，以何享健为核心的管理层成为公司第一大股东。2002年，美的提出"四个结构"调整，加快国内生产基地的区域布局。

之后的10年，美的四处征战，通过合资、收购等方式，把家电行业多个领域迅速补上。此前的1998年，美的收购了安徽芜湖丽光空调厂，成为其"优化区域结构"的重要举措，空调厂当年即扭亏为盈，日后这里成为美的挺进华东辐射全国的重要生产基地之一。

2003年，美的与日本东芝合资，帮助美的掌握了空调变频技术；2004年，收购荣事达大股东美泰克持有的50.5%股权，加快了冰洗产业发展；2005年，收购江苏春华80%股权，加大力度发展吸尘器产业；2008年，受让无锡国联持有的小天鹅24.01%的A股股份，成为小天鹅的控股股东，进一步优化了白色家电产业的战略布局。

但并非没有臭棋。在2004年前后全国兼并重组一片红火的时候，何享健和他的美的也坐不住了。除了家电领域，美的通过收购云南客车、湖南三湘客车企业进入汽车领域，还洽谈电力、高速公路、锅炉，最多的时候，谈的项目有十多个。

在中国企业家的一篇采访报道中，何享健谈到这些失败的投资："头脑热起来是因为我们那个阶段经营很好，环境也热衷于并购、走多元化。一个企业，一个人，在好的环境下容易出事，容易乱来，容易忘乎所以。但是很快，别人的失败让我意识到，我们的管理、资源、人才根本支撑不了这样的扩张。我很快冷静下来了。"

美的立即停止了除客车以外的投资项目，并规定一年之内不准谈新项目，对家电项目的审核也非常严格，之后又将做的不好的客车业务转手卖给比亚迪。何享健之后确定了“专注家电”的方向，要求收购兼并要围绕家电业务，做大规模，做大产业，优化合理区域布局。

因此，在中国始于2004年的宏观调控中，美的“逃过一劫”。这种对宏观经济大环境的精准把握和拿捏，对何享健来说，可以说几乎从未失手过，甚至提前感知。从企业创立、选择家电作为发展方向，到率先完成股份制改革A股上市，再到后来的MBO等，何享健几乎都是踏准时代的关键节点，并且毫不迟疑，每每都让美的再上一个新台阶。

何享健日复一日地观察、思考。看着同一批起来的乡镇企业在发展的洪流中有些被冲得支离破碎，有些面目全非，还有些仍屹立潮头，他把自己创业初期的销售员角色藏了起来，他越来越低调，他以“普通话不好”为理由谢绝了很多媒体采访。他在美的的身后看这个世界。

业务向前扩张的同时，创始人何享健本人开始渐渐向后隐去。成立初期即实施的人才战略，使得何享健培养了一批忠于美的且能持续做出业绩的职业经理人。2001年，何享健任命张河川任美的电器首席执行官职务，被认为是职业经理人“初登美的舞台”。2005年8月，美的电器任命方洪波担任董事局副主席和首席执行官职务。2009年8月26日，美的电器宣布方洪波出任董事局主席兼总裁。

转型升级的阵痛

销售额从1990年突破亿元、2000年突破百亿元再到2010年突破千亿元，这种“十年一大步”的方式，看起来就像是预先画好的轨迹，显得梦幻。2010年10月29日，美的集团在顺德举行了“销售突破千亿暨总部大楼落成”庆典，美的集团时任董事局主席何享健在庆典仪式上提出“再造一个美的”的目标，要在2015年销售收入达到2000亿元。

但何享健的这个目标并未如期完成，因为一场危机已经逼近，美的因此进入了长达五年的“瘦身期”。

2011年半年报显示，美的营业收入继续保持增长，但净利润却出现下滑，在营业收入同比增长超过50%的情况下，净利润反而下滑近10%，营收与利润形成极大差距，这表明美的的成本增长太快了。美的过去这些年营收的增长，主要是依靠“大规模、低成本”的商业模式，产能大幅扩张，低价产品通过价格优势占领市场但利润率很低，甚至“很多订单都亏损”，这种结构被认为对美的的长远没有好处。

对此，美的果断采取“急刹车”动作。2011年7月，美的召开年度工作会议，下发《关于加快推动集团战略转型的决定》，提出以“产品领先、效率驱动、全球经营”为三大主轴的全面战略转型。2011年年报中，美的电器提到“面对新的发展环境，原以规模为导向的成功发展模式已难以持续”，要进行彻底转型的战略，包括：通过技术驱动、结构升级和品质提升等三个方面系统提升产品竞争力；通过业务、管理和资产效率提升，降低企业运行成本、费用率与经营风险，建立可持续的系统成本优势；通过继续加大海外合资合作与项目的拓展力度，提升自有品牌比例与盈利能力。

转型升级并不是一件容易的事，集团考核指标从以前的注重销售总额增长，转变为更注重利润增长。据报道，一些高管无法适应新的模式，甚至有抵触和反对，为此美的先后撤掉了多名高管。

2011年，美的的产品型号有2.2万个，到第二年已减少至1.5万个，非家电业务全部关闭，低价竞争和利润率不佳的产品被砍掉。方洪波还做了其他一些减法，裁员、关闭工厂、退掉土地，关闭十多个工业园区和制造基地，变卖7000亩厂房用地及工厂设备。一年时间大规模裁员约3万人。之后的几年，美的一直在减员。到2014年，美的的员工总数已从最高峰时的19.6万人减少到12.7万人。

在做减法的同时，美的一方面加大布局自动化生产，引进机器人来提高生产效率，另一方面高薪聘请全球科技人才，并成立中央研究院、智慧家居研究院，提升技术研发能力。并集中投资了一批科研创新、无形资产项目，形成了以产品和研发创新、技术创新为核心的投资布局。

然而，转型依然对美的的生产和销售造成了巨大冲击。据媒体报道，当时美的整体开工率均值不足50%，从而导致2012年美的营收急剧下滑，甚至有言论认为，美的已“病入膏肓”即将死亡。

《上海证券报》在一篇文章中，引用何享健的话“大车转向”来形容这一次转型升级的变革。“当时的美的就像一辆跑在高速公路上的汽车。何总交给我的时候说，你不仅要按80码跑，还要跑到100码。他同时告诉我前方就是尽头，你必须要快速找到一个出口，拐到一条新的高速公路上去。”这是方洪波对上述媒体的描述，他认为这是一次180度的调整。

幸而，守得云开见月明。虽然转型后的2012年，美的营收从1341亿元骤降至1027亿元，但从2011—2015年，美的在员工减少46.4%的情况下，营业收入增长3.9%，净利润则增长了两倍多。

在这期间，何享健将美的完全交给了职业经理人方洪波，完成了美的的去家族化。2012年8月，70岁的何享健卸任美的集团董事长，仅担任美的集团控股股东——美的控股有限公司的董事长，方洪波继任美的集团董事长。美的创始人和职业经理人的交接也被认为是开创了中国大型民营企业“现代式传承”的先河。2012年，以方洪波为首的美的集团新一届高管，都是何享健提拔起来的，平均为美的服务的年限在15~20年。

2013年9月，美的集团实现整体上市，将大家电、小家电、电机、物流业务整合上市实现家电产业纵横向、前中后端化及渠道的全方位覆盖。

下一个50年，拉开帷幕

美的总部大楼是一栋128米高的建筑，外立面呈45度螺旋扭动，有报道说这是何享健打高尔夫球挥杆时的样子。卸任美的集团董事长后的何享健，有更多的时间去玩这项他钟爱的运动，他偶尔也还到公司去，但是基本不过问公司业务了。

而方洪波则热爱高山滑雪，每个雪季都去四五次，他曾在采访中说这项运动“有助于练就自己在高速疾行中保持冷静”。

这两项运动其实有个共同点，就是在完成运动的全过程中，都是独自一人，不论你身边站着谁，从开始到最后到达终点，你面对的终究只有自己和苍茫一片，自己跟自己较量。不像篮球、足球，需要配合，也不似羽毛球、乒乓球，会有对手干扰。何享健选择方洪波，从一定程度上说，也可能是选择了另一个自己，孤独但是坚定，低调而内心火热。

但方洪波的时代，已与何享健时不同，一艘“2000亿元”的大船，在市场经济的惊涛骇浪中，每一步都惊心动魄。方洪波曾说，“美的发展到今天，风险每天都在，我真的有恐惧感。不是恐惧完不成目标，也不是恐惧这个位置能不能坐得下去，而是因为在这个时代，踏错一步，一失足成千古恨。”高速疾行中需要保持冷静，与他喜爱的高山滑雪一样。

2018年3月31日，在美的集团发布的年度报告中，公司2017年营业收入是2407.12亿元，同比增长51.35%，美的“2000亿元”的目标终于实现。根据公布的数据，美的集团目前在全球有超过 13.5 万名员工，拥有约 200 家子公司、60 多个海外分支机构以及 12 个战略业务单位。这是一个渐成规模的全球化企业。

在中国企业“走出去”中，2015年是一个值得纪念的年份。从20世纪90年代开始，经过几十年的经济发展，经历了从劳务输出到产品输出再到资本输出的“升级迭代”，这一年，中国对外直接投资流量超过同期吸收外资规模，首次实现资本净输出，超过日本成为全球第二大对外投资国。而国际经验表明，一国经济的影响力最重要的就是向全球输出多少资本，并通过这些资本影响全球的经济规则和贸易格局。

2002年是中国加入WTO后的第一年，当年对外直接投资是27亿美元。2017年，中国对全球174个国家和地区的6236家境外企业新增非金融类直接投资，累计投资金额为1200.8亿美元，相较2002年增长44倍。

官方数据显示，2018年以来，非理性对外投资得到切实有效遏制，中国的对外投资仍以跨境并购为主，主要分布在制造业和采矿业。CCG主任王辉耀在接受媒体采访时表示，同国企海外并购偏好资源领域不同，中国民企的海外投资更加多元化，注重对技术、品牌等的获取，最典型的“蛇吞象”并购案例成为民营企业进入高端产业价值链的主要方式。

从2007年在越南建成投产第一个海外生产基地，美的就正式开启了海外生产布局之旅，并在2011年正式确立“全球经营”为主轴之一的全面战略转型。2010年和2011年，美的先后收购开利埃及Miraco公司32.5%股权和开利拉美空调业务51%股权；2015年，与全球四大机器人公司之一日本安川电机设立合资公司，正式进军机器人产业；2016年，收购东芝家电80.1%股权和意大利知名中央空调企业Clivet；2017年，美的以接近300亿元人民币的价格完成对全球四大机器人公司之一库卡的收购，持股比例超过94.5%。

从美的海外收购来看，一方面，继续加强夯实家电领域的布局，保持领先优势，这是美的最核心最根本的业务；另一方面，积极创建“第二跑道”，开辟企业新的增长空间。而机器人就是美的对第二跑道布局的重要举措，系列海外并购是美的在“机器人革命”中的布局之一，也是方洪波对未来产业趋势变革的下注。

美的官方介绍，美的现在是一家“消费电器、暖通空调、机器人与自动化系统、智能供应链（物流）的科技集团”，提供以厨房家电、冰箱、洗衣机及各类小家电的消费电器业务；以家用空调、中央空调、供暖及通风系统的暖通空调业务；以库卡集团、安川机器人合资公司等为核心的机器人及工业自动化系统业务；以安得智联为集成解决方案服务平台的智能供应链业务。

何享健曾说，“一个企业最重要的就是转折点，你必须要知道什么时候企业该转折”，方洪波也说，“制造业是一个国家的立国之本”。伴随改革开放，中国制造业龙头的美的已经走过了50年，期间转折无数，而“从传统家电企业龙头向科技集团转换，从中国公司向全球化企业进阶”，这是美的为自己下一个50年写好的剧本。

作者简介

Introduction to the author

陈晓芬 毕业于中央财经大学财经新闻专业。现任中国网财经中心副总编辑，负责财经中心内容管理工作。从事财经新闻报道13年，多次担任全国两会、博鳌论坛等大型项目报道的主持工作，参与策划中国网财富管理论坛、“创新成长——见证中国力量”新三板发展论坛等自办品牌活动。2010年，作为主创之一，参与撰写中国股市20年回忆书籍《点位》；2015年，参与财政部文化产业基金千万级项目的申报和运营，作为项目执行负责人，完成项目建设实施，组织形成相关调研报告40余份共计250万字，课题涉及国企改革、城镇化、绿色金融、财富管理等，为中央决策提供重要参考。2017年，获清华大学五道口金融学院农业银行奖学金，在五道口金融媒体班进修。

大 事 记

中国光大集团

1983年 4月12日，光大实业公司在北京成立。

1984年 7月31日，“紫光实业有限公司”更名为“中国光大集团有限公司”。

1992年 8月，中国光大银行成立。

2002年 3月，光大银行成为国内唯一一家同时具备代理中央财政直接支付和授权支付业务资格的银行。

2004年 2月，光大银行在全国首家推出外币理财产品。

9月，首家推出人民币理财产品。

2007年 5月22日，上海光大会展中心成功加入世界国际大会和会议组织（ICCA）。

11月29日，中国光大实业（集团）有限责任公司正式注册成立。

2010年 8月18日，光大银行A股上市。

9月18日，光大永明人寿股权完成股权变更及增资扩股，正式成为中国光大集团控股的中资保险公司。

2013年 2月27日，光大银行在境外的第一家分行——香港分行正式开业。

12月20日，光大银行H股成功上市，成为2013 年香港市场大型IPO 的收官之作。

2014年 7月11日，光大控股持股35%的中国飞机租赁集团控股有限公司，成功在香港联合交易所主板上市。

12月8日，中国光大集团股份有限公司在北京正式成立。

2015年 4月22日，光大云付在上海成立，系光大第一家“互联网+”新业态企业。

2016年 4月20日，光大银行首尔分行举行开业揭牌仪式，标志着光大银行第一家国外分行正式开门营业。

2017年 4月，光大证券申请的“实现连续实时证券交易业务处理的数据处理方法及装置”被国家知识产权局授予发明专利，在国内证券行业属于首例，填补了行业发明专利授权的空白。

招商银行

1987年 4月8日，招商银行在蛇口工业区挂牌。

1989年 1月，招商银行首次股份制改造和扩股增资，股东由一家增加到七家，形成了有限责任公司性质的股份制商业银行组织架构。

1991年 4月29日，首家异地分行、上海分行试营业。

1992年 8月28日，招商银行香港办事处成立。

1993年 11月28日，总部迁到深圳，招商银行在行政上、人事劳资上脱离蛇口工业区，成为完全独立的驻深机构。

1997年 3月26日，通过ISO 9001认证质量保证体系认证审核。

1998年 9月，招商银行在国内首家全面启动网上银行。

2002年 4月9日，A股在上交所挂牌。

2004年 11月，推出国内首个面向个人财富管理的金融产品——财富账户。

2014年 9月，提出“一体两翼”战略，打造轻型银行；其中“一体”指零售金融，“两翼”是公司金融和同业金融。

2016年 12月6日，摩羯智投正式上线。

2017年 8月，提出“金融科技银行”的战略转型方向。

海尔集团

1984年 10月23日，青岛电冰箱总厂和德国利勃海尔公司签约，引进当时亚洲第一条四星级电冰箱生产线。

1991年 12月20日，青岛电冰柜总厂和青岛空调器总厂合并，成立海尔集团。

1997年 2月，海尔参加在德国科隆举行的“世界家电博览会”，在国际市场开始崭露头角。

1999年 4月30日，海尔在美国的南卡罗来纳州建立第一个海外工厂。

2000年 3月，第一台美国制造的海尔冰箱下线。

2001年 4月5日，美国南卡罗来纳州政府无偿将美国海尔工厂附近的一条路命名为海尔路，这是美国唯一一条以中国品牌命名的道路。

2005年 9月20日，张瑞敏在全球海尔经理人年会上，首次提出海尔全球化竞争模式“人单合一”。

2012年 1月5日，海尔集团收购三洋电机株式会社家用电器业务交割仪式在东京顺利举行。海尔亚洲国际株式会社和海尔亚科雅销售公司成立，AQUA新品牌正式诞生。

11月，海尔收购新西兰国宝级电器品牌斐雪派克。

2016年 6月6日，由海尔集团（“海尔”）控股41%的青岛海尔股份有限公司（SH600690，“青岛海尔”）和通用电气（纽交所：GE）就青岛海尔整合通用电气家电公司的交易签署所需的交易交割文件。这标志着美国通用电气家电正式成为海尔大家庭的一员。

2017年 9月20日，“首届人单合一模式国际论坛”在青岛举办，来自全球的管理学专家、学者共聚一堂，探讨物联网时代管理模式。

2018年 3月7日，《海尔：一家孵化创客的巨头公司》再次进入哈佛商学院案例库。哈佛商学院从更高更全面角度对“人单合一”模式进行了阐述。海尔集团董事局主席、首席执行官张瑞敏再次受邀赴哈佛演讲。

浙江吉利控股集团

1986年 11月6日，李书福以冰箱配件为起点开始了吉利创业历程。

1996年 5月，成立吉利集团有限公司，走上了规模化发展的道路。

1997年 进入汽车产业，成为中国第一家民营轿车企业。

1998年 8月8日，吉利集团第一辆吉利汽车在浙江省临海市下线，开启了中国民营造轿车的先河。

2001年 吉利集团正式获得国家汽车公告。

2003年 3月24日，主营吉利集团汽车产业发展的浙江吉利控股集团有限公司成立。

8月，首批吉利轿车出口海外，实现吉利轿车出口零的突破。

2007年 1月23日，乌克兰SKD项目开始正式启动，首批300套KD件已出运，实现吉利汽车海外生产零的突破。

5月18日，吉利向业界宣布进入战略转型期，成为中国第一家宣布进入战略转型的汽车企业。

2013年 7月24日，胡润中国最具价值品牌榜发布，吉利以25亿元的品牌价值（占市值比例比10%），位列最具价值中国民营品牌第50位，品牌榜总榜排名第129位。

2014年 12月15日，吉利具有划时代意义的首款中高级轿车——吉利博瑞全球发布。

2016年 5月4日，吉利首款全新跨界SUV车型——吉利帝豪GS“360度全景”VR上市活动举行。

2017年 2月10日，英国专业品牌咨询公司Brand Finance发布“2017年度全球最具价值品牌500强排行榜”，吉利汽车成为唯一一家上榜的中国汽车品牌。

5月10日，首个“中国品牌日”当日，吉利汽车（杭州湾）研发中心正式启用，并发布“iNTEC人性化智驾科技”技术品牌。

华为技术有限公司

1987年 华为创立于深圳，最初业务是代理销售交换机（PBX）。

1990年 自主研发面向酒店、小企业的PBX技术并进行商用。

1995年 销售额达15亿元人民币。

1996年 与香港和记黄埔签订合同，为其提供固定网络解决方案，从而走出进军国际电信市场的第一步。同年，进入大独联体市场。

1998年 进军欧洲、俄罗斯等核心市场。截至2001年，已与俄罗斯电信部门签署了千万美元级别的GSM设备供应合同。

1999年 在印度班加罗尔设立研发中心，开启征战亚非拉的序幕。此外，利用亚洲金融危机的机会，凭借物美价廉的优势，在两年时间内，先后拿下了越南、老挝、柬埔寨和泰国的GSM市场。随后，又把优势扩大到中东和非洲市场。

销售额首次突破百亿（120亿元）。

2000年 引入IBM集成供应链管理，对公司组织结构进行改革。

2005年 海外市场销售额（合同销售额）首次超过国内市场，并成为全球顶级移动电话运营商沃达丰的优选通信设备供应商。

2010年 美国《财富》杂志公布世界500强企业最新排名，华为首次入围，成为继联想之后闯入500强的第二家中国民营科技企业。

华为移动终端（手机）板块开始发力。华为C8500作为中国电信首批推出的天翼千元3G智能手机，在百日内的零售销量突破100万台。

2012年 成为全球第三大智能手机厂商，仅次于三星和苹果。

中国平安保险（集团）股份有限公司

1988年 3月21日，中国人民银行总行发文批准成立平安保险公司。

1992年 9月29日，国务院办公厅正式发文批准平安保险公司更名为中国平安保险公司，并同意中国平安保险公司办理法定保险和国营企业、三资企业的保险业务以及各种外币保险和国际再保险业务。

1995年 平安证券成立。

2000年 8月18日，一站式综合理财网站PA18正式启用，平安大步进入电子商务。

2001年 平安的集团改革方案正式获批，公司更名为“中国平安保险（集团）股份有限公司”。

2003年 2月14日，中国平安保险股份有限公司正式完成分业重组，更名为中国平安保险（集团）股份有限公司。

2004年 6月24日，中国平安保险（集团）股份有限公司首次公开发行股票，在香港联合交易所主板正式挂牌交易。

2月19日，平安与汇丰联合收购的福建亚洲银行正式更名为平安银行，总行迁至上海。

2006年 1月9日，中国平安市值首次突破1000亿港元。

2007年 3月1日，中国平安回归A股，创全球最大保险公司IPO。

2009年 8月19日，平安一账通正式上市。可以实现一个账户、一套密码、一次登录、整合不同的网上账户。

2014年 中国平安以124亿美元的品牌价值名列保险行业全球第一品牌。

2016年 平安好医生移动医疗健康服务平台累计为1.3亿用户提供服务，成为国内覆盖率第一的移动医疗应用。A轮融资5亿美元，估值达30亿美元，刷新了全球互联网医疗初创企业单笔最大融资及A轮最高估值两项记录，成为该领域国内最大的“独角兽”公司。

2017年 中国平安市值突破万亿，市值及品牌居全球保险业第一。确定未来10年“金融+科技”的战略新蓝图。平安好医生注册用户数超1.75亿，成为全球最大医疗健康流量入口。

温氏食品集团股份有限公司

1983年 5月，温北英联合温鹏程、温木桓、温金长、温湛、梁洪初、严百草、温泽星八人牵头创办了簕竹鸡场。

1986年 簕竹鸡场租用榄根乡砖瓦窖，同时扶持榄根乡办的集体鸡场，此鸡场由何风林承包，他便成为“温氏”的第一个合作养户。

1993年 1月，温北英总结簕竹鸡场办场以来的员工创业精神，制定了温氏指导思想、工作准则和温氏员工准则。

2000年 8月，温氏互联网站正式开通，温氏集团进入E时代。

2007年 11月，温氏集团总销售额超过100亿元人民币。

2008年 5月17日，粤首例体细胞克隆猪诞生于“温氏”。

2012年 8月，第一代温氏物联网控制器自主研发宣告成功。

2013年 10月30日，温氏集团与Genus国际集团签署合作意向协议，踏出与跨国公司合作第一步。

11月，我国首例采用全基因组选择技术选育的种公猪在温氏集团诞生。

2014年 9月2日，中国证监会出具《关于同意广东温氏食品集团股份有限公司纳入非上市公众公司监管的函》，集团公司正式纳入非上市公众公司监管。

2015年 11月2日，温氏股份在深交所敲钟挂牌，成功登陆创业板。

12月9日，华农温氏高村猪场举行揭牌仪式，温氏第一家工厂化养猪场顺利投产。

2016年 5月30日，南牧公司养猪设备全自动化生产线正式举行启动仪式。

2017年 2月27日，温氏质量检验中心通过中国合格评定国家认可委员会（CNAS）认证。

万科企业股份有限公司

1988年 12月，公司公开向社会发行股票2800万股，集资人民币2800万元，资产及经营规模迅速扩大，并于同年介入房地产领域。

1991年 1月29日，公司A股在深圳证券交易所挂牌交易。

1992年 上海万科城市花园项目正式启动，大众住宅项目的开发被确定为公司的核心业务。

1993年 3月，公司发行4500万股B股，该等股份于1993年5月28日在深圳证券交易所上市。

2003年 公司进入广州、中山、大连、鞍山房地产市场，初步形成“3+X”的区域发展模式。

2006年 3月，公司联手中信资本，设立中信·万科中国房地产开发基金，这是第一个专门投资于万科项目的美元基金。

2007年 1月，万科成立“集团装修房推进小组”，在全国所进入城市开始有节奏地推行“装修房”战略。

5月9日，万科下属“物业管理有限公司”统一更名为“物业服务有限公司”。

2009年 1月8日，万科成为全国首批也是唯一一家被国家税务总局认定为“总局定点联系企业”的房地产企业。

2011年 12月6日，《万科客户服务6+2步法》获得中华人民共和国国家版权局颁发的著作权登记。

2012年 7月，万科完成收购香港上市公司南联地产控股有限公司75%股权，并在同年内将其更名为万科置业（海外）有限公司。

2013年 6月28日，万科物业荣获“2013中国物业服务百强企业”第一名、“2013中国物业服务百强企业服务规模TOP10”。

2014年 6月25日，公司完成B股转H股，在香港联交所挂牌上市。

2016年 7月20日，《财富》“世界500强”企业排行榜出炉，万科凭借2015年度1843.18亿元（293.29亿美元）的营收首次跻身《财富》“世界500强”，位列榜单第356位。

杭州娃哈哈集团有限公司

1987年 在校办企业经销部的基础上，杭州保灵儿童营养食品厂成立。

1989年 “杭州保灵儿童营养食品厂”变更为“杭州娃哈哈营养食品厂”。

1991年 娃哈哈兼并杭州罐头食品厂，成立杭州娃哈哈食品集团公司。

1993年 宗庆后代表娃哈哈集团与杭州市工商信托投资公司、桐庐王家蜂业经营部（浙江金义集团前身）一起筹建的股份制企业——杭州娃哈哈美食城股份有限公司正式设立。

2002年 娃哈哈推出童装，迈出多元化第一步。

2005年 娃哈哈推出“营养快线”。

2010年 娃哈哈推出高端奶粉——爱迪生婴幼儿配方奶粉。

2012年 娃哈哈欧洲精品商场在杭州钱江新城开业，意在拓展产业链和销售渠道。

2013年 “领酱国酒”上市，娃哈哈进军白酒行业。

2015年 娃哈哈“食品饮料流程制造智能化工厂项目”入选全国首批工信部智能制造试点示范项目。

2018年 娃哈哈和中南集团推出视力保健产品“天眼晶睛”发酵乳饮料，重返保健食品“赛道”。

福耀玻璃工业集团股份有限公司

1987年 福耀玻璃注册成立。

1993年 福耀玻璃在上交所发行上市。

1994年 福耀玻璃在美国成立美国绿榕玻璃工业有限公司，负责在北美销售汽车玻璃，开始迈向海外市场。

1995年 组建福耀玻璃工业集团股份有限公司。

2000年 福耀集团长春有限公司在长春注册成立，为在中国建立全国性跨省区生产网络迈出第一步。

2005年 福耀玻璃相继打赢了中国入世之后第一起反倾销案，震惊世界，福耀发展又上新台阶。

2011年 7月，福耀集团投资2亿美元，在俄罗斯卡卢加州建立海外第一家生产基地。

2015年 3月31日，福耀玻璃H股（3606）在香港联交所上市。

2016年 福耀智能工厂建设项目入选工信部“智能制造试点示范”。

2017年 福耀集团两化融合管理体系实施通过国家工信部审核。

联想集团

1984年 联想创办。

1986年 联想成功研制出第一款自主拳头产品——联想汉卡，获得了国家科技进步一等奖。

1990年 联想自有品牌微机诞生。

1994年 成立微机事业部，联想集团在香港上市。

1997年 联想电脑获中国市场份额第一。

联想PC在中国市场的占有率首次位列榜首。

2004年 联想收购IBM全球PC业务。

2013年 联想集团个人电脑市场份额跃居全球第一。

7月11日，国际IT市场分析机构IDC与Gartner发布的数据显示，联想集团在2013年第二季度全球市场份额达第一位，首次成为全球个人电脑（PC）行业的领导者。

2014年 联想集团完成对摩托罗拉移动业务的收购。

联想集团完成收购IBM x86服务器业务。

2015年 联想控股于香港联交所主板成功上市。

2018年 7月2日，联想控股完成重要收购，宣布收购卢森堡国际银行89.936%股权。

新希望集团

1982年　新家四兄弟的育新良种场成立，主营养殖业务。

1988年　转型到饲料生产，建立希望饲料研究所。

1992年　希望集团——中国第一家民营企业集团注册成立。

1996年　1月12日，希望集团发起成立中国民生银行。

1997年　1月9日，新希望集团有限公司成立。

1998年　新希望地产成立。

2000年　9月7日，与世界银行集团国际金融公司（IFC）合作成立华融化工。

2011年　完成重大资产重组，“新希望六和股份有限公司”成为中国最大的农牧上市公司。

2012年　位列福布斯中文版A股最大的100家上市家族企业榜单首位。

2014年　发起成立“亚洲餐饮联盟”。

2016年　与浙江省政府、嘉实基金签订战略合作框架协议，共同设立舟山农产品食品进出口加工贸易区。

美的集团

1981年	8月，正式注册使用“美的”商标。
1984年	6月，顺德县美的家用电器公司成立。
1985年	4月，成立“空调设备厂”，正式进军空调行业。
1992年	成立美的集团并推进股份制改革，逐步建立起现代企业制度。
1993年	11月12日，粤美的在深交所上市，是中国第一家由乡镇企业改制而成的上市公司。 成立电机公司和电饭煲公司。
1998年	收购东芝万家乐，进入空调压缩机领域。
2003年	相继收购云南、湖南客车企业，正式进军汽车业，进入多元化发展。
2004年	11月，收购广州华凌集团42.4%股权。
2005年	收购江苏春华80%股权，加大力度发展吸尘器产业。
2007年	1月，第一个海外基地在越南建成投产，开启海外生产布局之旅。
2008年	收购小天鹅，成为控股股东。
2012年	8月25日，何享健卸任美的集团董事长，方洪波接任，完成职业经理人和企业创始人的交接棒，开创中国现代企业传承的先河。
2013年	9月18日，美的集团完成换股吸收合并美的电器实现整体上市。
2015年	8月，宣布正式进入机器人产业，成立机器人合资公司。
2016年	收购东芝家电80.1%股权，成为绝对控股股东；收购意大利知名中央空调企业Clivet。
2017年	以37亿欧元完成对全球四大机器人公司之一——德国库卡（KUKA）94.55%股份的收购，是截至目前在工业自动化行业中资跨境并购最大的案例。

第二章 CHAPTER

生于90年代

我的生命是不能贱卖的，我宁可战斗而死去，也不要走上不光荣的结局，让显赫的功勋传到来世。

——荷马《荷马史诗·伊利亚特》

苏宁，传统零售企业的涅槃

2012年12月12日，在“CCTV中国经济年度人物”现场颁奖的对话中，万达集团董事长王健林要跟马云“赌一把”：10年后，如果电商在中国零售市场份额占50%，我给他一个亿，如果没到，他还我一个亿。

看到这一幕的张近东，心情复杂。一个地产界的企业家、一个互联网界的企业家，以中国零售业的未来为筹码，下了一个赌注。零售业的未来，难道不应该掌握在零售企业自己的手里？

几天后的12月16日，苏宁成立22周年庆典日上，张近东向18万名苏宁员工喊出2020年苏宁营收额将达1万亿元。更重要的是，他详解了苏宁的未来——“沃尔玛+亚马逊”模式，服务“全客群”、经营“全品类”、拓展“全渠道”。这正是此后苏宁“O2O”智慧零售的一个重要源头。

然而，当时业界对此回应寥寥。电商迅速攻城略地，传统零售似乎前途未卜，舆论更加关注王健林和马云约战“紫禁之巅”。除了这个满是噱头、直接摊在全国人民眼前的“赌约”，似乎没有什么能更加生动地反映21世纪第一个10年中新兴业态与传统业态的激烈对抗和争论。

这种对抗和争论，在零售行业表现得尤甚。大型商场的日渐萧条与网上商城的如火如荼形成鲜明对照，这一场景越过专业分析群体的“咀嚼”，直接展现在老百姓的生活细节中，从市场到行业再到街头巷尾，唱衰实体零售的声音都不绝于耳。

对这一趋势，数据亦有支撑。中国电子商务研究中心监测数据显示，截至2012年年底，中国电子商务市场交易规模已达7.85万亿元，同比增长了三成多。其中，网络零售市场交易规模突破万亿元大关，而且增量惊人，同比增长了六成多。

网络零售究竟在多大程度上挤压了实体零售企业的市场份额？这个很难说清，但“挤压”本身确是现实。观察全国零售百强中实体店零售企业的数据，2012年的销售规模仅同比增长了11%，甚至低于2009年金融危机时期的增速。

这一年，苏宁云商的营业利润较同期下降了五成多，其规模庞大的实体门店究竟是前行的累赘，还是腾飞的翅膀，就连张近东自己也十分模糊。

面对互联网这个改变传统各行业的颠覆者，舆论和业界的聚光灯，并没有将最抢眼的灯柱照在苏宁这个仍处于转型路口的实体零售企业上。然而，时间回溯到1990年，那时的南京，张近东和他的空调“小门面”却是那个时代市场的“挑战者”，乃至“颠覆者”。

战国企，“小舢板”迎战“联合舰队”

安徽天长人、大学毕业生、手握“铁饭碗”，1984年的张近东还很年轻，工作稳定、待遇优渥，但有一颗并不安分的心；不想过“一眼就能望到头”的日子、拒绝“慢性自杀”，1987年的张近东蠢蠢欲动，正在寻求人生转折的最佳转角。

1990年，南京宁海路上一个不足200平方米的小门面外，挂上了“苏宁交家电有限公司”的牌子，店门口最显眼的就是“空调配送、安装、维修一体化”和“春兰专卖店”两块大招牌。这就是张近东自己砸了“铁饭碗”，凑了10万元，重新出发的起点。

唯一不太合乎时节的是，原本计划夏季迎客的空调小店，偏偏在冬天开业。这似乎是此后多年每逢“严冬”，苏宁都格外“耐寒”的缘由之一。

那时候，一台台式空调是人们对抗炎热天气的重要利器，人们不仅需要空调，而且需要这个家用电器尽可能快地发挥作用。也就是说，单单是卖空调，整个销售只是完成了一半。

20世纪90年代的家电市场，几乎被国有企业垄断。在南京，南京市新百商场、中央商场、南京商厦等八大国有商场稳稳占据了家电销售渠道的龙头位置。那时候，国有企业体制机制僵化、市场意识很弱。价格高、服务差，就是消费者在国有商场购买家电时的直观感受。特别是对于空调这一类型的家用电器，售后服务上的明显缺失几乎成了最大痛点。也就是说，商场只卖空调，其他啥也不管。

缺失，就意味着市场。张近东善于换一个角度看问题："硬产品"都卖出去了，"软服务"为什么不能卖呢？资金不够，就服务来凑！在自家的小门面里，张近东独创了"预付货款+送货上门+免费安装"的搬运工经营模式，以及薄利多销的经营策略，建立起完整的"配送、安装、维修一体化"服务链条，还专门组织了300人的专业安装队伍，"随叫随到，免费安装"，一举扩大了影响力。第一年就豪赚了上千万元利润，活生生演绎了一场"千万富翁速成法"。

然而，一家民营小店能掌握客户，却很难掌握货源。压力不仅仅来自公司实力不足，还来自那个时代的生产能力。有资料显示，当时全国的空调生产厂家只有10多家，年产量不超过24万台，一般消费者想买台空调，大概要等一个月。

张近东在销售旺季，唱了一出"草船借箭"，向消费者提出"预付定金、送货上门"，以此解决店铺的资金压力。在淡季，他又向厂商提出"反季节订货"模式，淡季打款、旺季收货。1991年11月，苏宁交家电坚决地押上全年营收，预订了1万多台空调。1992年夏天，这家公司依仗货源横扫市场，当年大赚1亿元！

1992年10月，春兰空调召开下一年度的订货会，拿出"十八般武艺"来吸引国有经销商大量订货，然而，几乎所有的国有经销商都坚持着旧有习惯，采取淡季观望的态度。唯有尝到甜头的张近东一口气签下4800万元的合同，成为订货会上一个亮点。紧接着，他以这一模式成功拿下了华宝、长虹、三洋等10多个品牌。“那时候苏宁的员工经常几天几夜不睡觉，买空调的队伍排成了长龙，各种交通工具就要排几千米。”张近东曾如此回忆当年空调市场供不应求的盛况。

面对“民营小店”这个“对公有制经济的有益补充”的崛起，“国营大店”坐不住了。1993年，南京八大国有商场眼看自身垄断的市场格局被打破，遂联手向供货厂家施加压力，意在直插“民营小店”的咽喉，掐断货源。然而，张近东的“反季节订货”模式已让自己与厂家结成牢固的合作关系，难以打破，其“高质低价+免费配送+免费安装”营销模式，最终让八大商场败下阵来，在业界创造了“‘小舢板’迎战‘联合舰队’”的商战经典案例。

当年惊心动魄的商战，现在看来平淡了很多。说白了，张近东出奇制胜的关键，就在于“厂家—商家—消费者的家”这一整条通道的贯通。面对国有商场的垄断壁垒，他们不满足于充当经营链条最末端的一环，发出了令人惊叹的攻势。向下，以“预付定金、送货上门”的方式，打通了通向消费者的价值通道；向上，朝着渠道上游坚决进发，以“反季节订货”模式，打通了与生产厂家的价值通道。

在翻阅资料中，笔者看到一份年代久远的报纸，上面一则广告如今看来，意味深长。广告除了列出一行行空调型号、批发价格和零售价格，还别有深意地嵌入了“后羿射日”的图案，写着“纵然有九个太阳”。后羿手中的箭被小小地标注上“苏宁”的名号，直指九个太阳，这固然有“到苏宁买空调就可对抗炎炎夏日”的意思，但也可能有苏宁“箭射”八大国营商场、只留下自己一个“太阳”的隐喻。

张近东和苏宁的飞速发展，是那个年代特有的风景。这一阶段，中国的改革开放正处在一个关键时期。围绕改革方向、改革道路等问题，人们有不同认识，不少人在思想上感到困惑。1992年，邓小平恰逢其时发表南方谈话，强调计划与市场都是经济手段，计划多一点还是市场多一点，不是社会主义与资本主义的本质区别。特别是邓小平不主张搞无谓的争论，而是提出了著名的“三个有利于”标准，以此衡量工作成败得失。一大批与张近东、苏宁一样的企业家和企业，抓住了时代给出的新选择，带着精明的头脑、灵活的手段，以及按捺不住的不安分的心，走上了危机四伏的创业之路。他们如雨后春笋般迅速成长起来，其中，又有很大一部分“探险者”很快夭折。只有极少数的幸运儿发展至今，在时代更迭中，或者流于平庸，或者不断脱胎换骨。

战自己，向“我”开炮

时代的飞速发展，总会给人以新的机遇，亦有新的挑战随行。对中国的家电业来说，1996年算是一个重要拐点。

在此之前，家电厂家产能不足，家电产品供不应求，家电市场卖家为大。扩大产能是生产端的紧迫任务，无须考虑销售，利润自有供不应求的市场来保证。在此之后，则是各路资本蜂拥而至，各地政府大力扶持，各种品牌“你方唱罢我登场”。有公开信息显示，仅1996年的空调行业，就有18个省、市、自治区拥有空调生产厂家，共计近300家，在市场上已经销售的空调品牌达百余个。但产品很快从供不应求，转变成了供大于求。

在这个拐点之中，不论是前端的生产方，中端的经销商，还是末端的消费者，在整个链条中的位置都发生了巨大变化。产能不断扩张，市场却无法持续扩大，生产厂家开始承受销售压力，生存空间被挤压，坐等高收益的时代一去不返；经销商队伍迅速膨胀，商业流通环节增多，大口大口分食着这个行业的利润；消费者终于拥有了选择权，成为各大商家竞相争夺的“香饽饽”。

家电行业的蓝海很快变成红海，众多厂商因眼前困境先后发起市场渠道模式变革以夺得终端市场控制权，“掌控终端、实现渠道扁平化”的思路大行其道，经销商、代理商、批发商等开始直接面对厂商举起的“大棒”。

很快，春兰喊出“封杀经销大户，自产自销，夺取终端市场”，投资10个亿在全国建设3000家连锁店；美的举起“限制大户、扶持中户、发展散户”的大旗；海尔也重新布局销售业务，干脆抛弃经销商，自己搞销售。

往日的合作伙伴瞬间变成今天的竞争对手，而且牢牢掌握着渠道上游。面对冲击，苏宁没有风光几天便面临“掐脖子”的危机。

这一场景，那个年代的很多企业和企业家都遭遇过。客观地看，以苏宁为代表的一大批企业，都是在经济短缺时代迅速完成了原始积累。然而，面对时代的快速演进，能否跳出一时一地得失，起身眺望宏观经济的走向，准确把握市场变化的脉搏，往往决定了企业和企业家此后的命运。

极为难得的是，张近东身处这场混战，对市场变化的判断却保持着理性和客观，“其实这件事本身不是谁对谁错的问题，这是市场发展的一个必然规律”。经过一番仔细研究，他找到了彰显公司价值的方向，主动调整自身的经营模式，提出了新的发展重点——“得零售者得天下”。

在一次内部战略转型动员会上，张近东说：“谁掌握了零售渠道，谁就扼住了市场的咽喉。因为随着供大于求的状况越明显，整机生产厂商、批发商将越来越依赖零售商。未来行业竞争的焦点，将不再是采购供应环节而是销售服务环节，终端的效率直接决定了制造商的效益。传统的由生产商到消费者的正向物流，就会被从消费者到生产商的逆向物流取代，这就是‘终端为王’。”

在维持已有的批发流通业务优势的同时，张近东带领公司开始向零售终端发力。重新为其驻外地办事处定位，把一些办事处转变为子公司，在条件成熟的地方开设零售专业店，并尝试进行连锁经营，做大做强零售业务。

很快，他在扬州丁家桥开出第一家分店。开业当天，一场新奇的现场促销活动很是吸引眼球，有20个统一着装的女大学生当导购。在当时，美女导购还非常稀奇，当场店里就来了一大批看热闹的，围得里三层外三层，最后不得不让当地公安部门维持秩序。1997年，苏宁又先后在北京、上海、广州、合肥、杭州、徐州、常州、无锡、镇江等地区，建立30多家空调连锁店。到1998年，直营连锁分店已达50多家，其零售网络遍布24个省市。

世纪之交，人们挥手向一个旧的百年作别，转身拥抱一个新的百年开始。在这个历经漫长岁月才能相逢一刹的时间节点上，总会有些特殊的事件发生、有些重大的转折出现。

对张近东来说，这个时间节点同样重要。自1990年创业开始，经过十年的际遇起伏，他鲜明地提出“二次创业”，决定带领公司在新旧百年之间，开始新的征途。

“1998年，苏宁已经颇具规模，面对当年的亚洲金融危机，很多企业都开始收缩业务，以求过冬自保。而我又决定开始二次创业，确定了从专业零售转型综合连锁零售的战略，大家不要小看这么一个决定，在当时这要一下子砍掉占我们50%的批发业务，很有破釜沉舟的意味。”多年后，张近东对“二次创业”的描述还透着坚决的味道，可想当年，在公司日益强大、顺风顺水的时候，领头人突然“向自己开炮”，要一举甩掉公司起家以来的“看家本事”，不留退路也不留缓冲地向一个新的领域进发，引起了多大的震动。

当时批发业务占苏宁全部业务的80%，更何况这个“业务支柱”还稳固得很，一年的销售额能有几十亿元。安逸的日子过得正美，突然说这种好日子咱不过了，许多公司高层干部都激烈反对，想不明白为什么要把这么赚钱的业务砍掉。

对此，张近东有自己的考虑。看眼下，虽然公司已经平稳渡过上游厂商的“封杀”危机，但这种危机只是被暂时掩盖。看长远，掌控终端，进而让渠道趋于扁平化，是上游厂商的必然举措，今天不出手，明天也会做，家电批发业务给苏宁带来的优势，必将在上游厂商的发展过程中被一点点蚕食、吞噬。眼下的好日子迟早会“变味儿”，不如主动求变，为自己杀出一条新路来。放弃批发业务，牢牢掌握住零售终端！

面对反对声浪，张近东采取了从未有过的强硬态度，“这是既定事实，大家不要再纠缠这个问题，现在应该讨论的是怎么转。谁再反对，就把谁撤掉”；同时，他抓紧时间统一思想，边说边干、边干边转，坚持推进经营结构调整，将资源从批发业务部门撤出，转而集中到零售业务上。

从空调批发业务，转型为经营综合电器，并且在全国开设连锁店——这是苏宁发展史上的第一次重大转型。这次转型，一直被业界传为佳话，很多媒体都称其为“壮士断腕”。就人类天然的惰性来看，很少有人能够越过当下眺望未来的趋势，而其中更少有人敢于断然抛弃眼前利益。苏宁的发展轨迹证明，正是这样一种“不要现在要未来”的坚持和决心，为苏宁赢得了难得的战略回旋余地。

“当我们确定一个发展目标的时候，我们必须果断坚决地执行，不能有任何的犹豫。我们最终还是坚持下来了。”张近东说，“所有的转型都有时间窗口，变革如果缺乏一条明确的路径，犹豫不决，瞻前顾后，就会浪费宝贵的时间，进而错过变革的最佳时机。”

战国美，“剩”者为王

2001年，张近东的公司有了一个新的名字：苏宁电器连锁集团股份有限公司。以今天的眼光去看近20年前的这一次更名，似乎稀松平常，但在当时，这个名字代表着一种新的商业模式——连锁经营。在批发业务盛行、国营卖场主导、生产厂家封杀的特殊时节，张近东果断放弃优势、选择趋势，全力以赴先行尝试“连锁经营”这种在家电销售领域还十分新颖的业态模式。

不看中国看世界，连锁经营方兴未艾。在美国、日本和欧洲，连锁业在全社会商品零售额总量中所占的比例不断攀升。世界零售巨头沃尔玛、家乐福在很短的时间内超过有着百年历史的通用汽车与福特汽车等老牌制造企业，充分显示了连锁业态强大的生命力和旺盛的扩张力。苏宁的业态转型恰逢其会，引入专业零售连锁业态，家用电器的大众化消费时代到来了。

更重要的是，在连锁经营业态背后，一场以“规模”为制胜要点的商战正悄然拉开序幕。

20世纪80、90年代，西方发达国家的一些企业巧妙地理解“社会化大生产高度专业化分工”原理，以单一资本统一经营不同区域的众多店铺，通过大规模采购、大规模销售，获取规模优势，共享规模效益，这一模式被越来越多的企业接纳。

在“规模压倒一切，速度决定命运”理念的引领下，苏宁开始了强势且快速地扩张。

在此阶段，属于苏宁的“规模”，有双重含义。

一方面，苏宁让实体店铺上规模。2000年，苏宁高调喊出“3年要在全国开设1500家店”的连锁进军口号。在这场“速度与规模”的争夺中，2002年，苏宁每20天开一家店；2003年，每7天开一家店；2004年，每5天开一家店。特别是2004年的“五一”，苏宁在北京、上海、广州、深圳等不同城市同时新开22家连锁店，打破了同时期也在大幅扩张的国美创下的“历史纪录”——一日开11家新店。此后6年，苏宁大卖场的扩张更是达到“每2天开一家新店”的“火箭速度”。

另一方面，让经营品类上规模。新店不再是单一的空调专卖店，而是大型综合电器卖场，旨在实现对家电品类的更广覆盖。2004年，张近东进一步首创“3C模式”，品类从家电再度扩展到“电脑、通信、家电三合一”，同年苏宁“3C”航母店在南京的亮相，被业界认为是“苏宁进入信息家电时代”的标志。

零售品种的增加降低了经营风险，满足了客户一站式购买家电产品的需求，也让苏宁从经销商这个“小角色”变身成为家电销售主渠道的“大Boss”。2004年7月，苏宁电器在深交所挂牌上市，市值一度超过1000亿元，张近东的个人身家达300亿元。

回过头看，苏宁在发展过程中，曾经做过多次“猛然转身”，但是“规模”始终是其不曾离开的“主干道”。直至2018年，苏宁依然喊出了一年新开

5000家门店的目标。截至2018年6月30日，苏宁合计拥有各类自营店铺4813家。

然而，在相当长的一段时间里，这条“主干道”上还奔跑着另一家零售豪强——国美。可以说，苏宁与国美之间长时期的厮杀角逐，是那个年代最引人关注、最跌宕起伏的商业故事之一。它们共同代表了中国家电连锁零售的黄金时代，二者缺一不可。

与苏宁相比，国美这个同时代的竞争对手格外彪悍。

在苏宁诞生前3年，北京宣武区（现为西城区）珠市口东大街一个100平方米左右的小门店开张了，名叫“国美”，经营进口家电。国美创始人黄光裕是中国零售业历史上绕不开的“英雄人物”。和张近东的高学历不同，黄光裕初中肄业，16岁就随哥哥四处谋生计，是摸爬滚打出来的草莽英豪。在“求大于供”的家电市场，他忍住“大口吃肉”的诱惑，确定了薄利多销的经营策略，这被认为是其迅速崛起的重要原因。1993年后，黄光裕将名下多家门店统一命名“国美电器”，开始了对连锁店经营模式的探索。和张近东一样，在打广告这方面，黄光裕也独具眼光。他有一个至今令人称道的创举，就是在《北京晚报》的中缝打标价广告，绝对是当时北京商家的“独一份”，以至于引得商家竞相模仿，《北京晚报》的中缝广告因此大火。

相比于张近东的“稳健风”，国美当家人黄光裕的“彪悍风”吸引了业界更多赞许的目光。2006年，国美以52.68亿港元的价格收购了在上海、江浙地区拥有领导地位的永乐电器；2007年，又收购了深耕北京市场的大中电器；2008年，国美再度出手三联……在先后并购了易好家、黑天鹅、金太阳、成百、中商、北方，以及陕西手机连锁企业蜂星等企业之后，国美站上了家电连锁零售的时代潮头。即使用现在的眼光来看，国美的收购和扩张速度都是惊人的。国美的激进发展给资本市场的印象颇深，市场对其活跃的并购动作、开阔的战略视野给出好评，认为国美已经占据了行业制高点，称与国美进行长期竞争的苏宁是“千年老二”。

国美的确是苏宁的劲敌。苏宁刚开始全国性布局的时候，国美已经初步完成了对国内重点地区城市的布局，从北京进入天津、上海、成都、重庆、西安、郑州、沈阳、青岛等城市，拥有近50家大型综合家电专卖店；苏宁在深圳中小企业板上市，初始融资只有4亿元人民币，而在此一个多月前，黄光裕已经通过借壳控股的中国鹏润注入国美的资产成功实现了曲线上市，仅几个月便成功套现26亿元港币；2006年，苏宁电器年报中刚刚公布销售业绩超越国美2亿元，随后国美宣布其与当时排名全国第三的永乐电器合并成功，新国美集团正式成立，成为拥有900家门店的国内最大家电连锁集团，迅速实现了对苏宁的反超……这些都让苏宁不得不从一开始就处于追赶的状态，不敢须臾放松。

当第三名及以下都纷纷折戟，赛场上的激烈角逐将出现在“老大”和“老二”之间，随着国美在全国范围的并购攻势，外界一度以为苏宁危在旦夕。

很快，年轻气盛的黄光裕找到张近东提出要收购苏宁，张近东说：“你不要想，即使想买也买不起，如果苏宁做不过国美，就送给你。”两者的竞争随即升级。

零售实体企业之间的交锋，是看得见、摸得着、针尖对麦芒的。位于南京的苏宁大厦前，人流穿梭。苏宁电器的新街口旗舰店和国美电器新街口店之间，只有几百米的距离。2005年7月，南京国美电器新街口店正式开业，直插苏宁大本营。当天，黄光裕亲临现场助阵，并霸气十足地宣称“三年不盈利”。他的目标直指离新店不过百米之外的苏宁旗舰店，为的就是以价格战，打到苏宁低头。

在这场厮杀之中，没有谁坐得安稳。

当时，各路豪强的规模化扩张已经到了骑虎难下的地步。如果不继续扩张，就会失去在渠道上的话语权，被厂商利益挤压、被对手超越，无力回天；如果继续执迷于规模扩张，就很可能陷入“扩张—利润下滑—再扩张—利润再下滑”的怪圈，疲于奔命、四顾无暇，到头来还是不免折戟的结果。

张近东也不安稳，但他并未被商战的乱流完全裹挟。在疯狂扩张的赛道上，苏宁紧紧咬住了飞驰的国美，保持住了在竞争跑道上的微小差距。更重要的是，就是在这一阶段，张近东居然转手确立了苏宁的内生性增长模式。

一是在追求规模效应中，提升单店的经营质量。加大对旗舰店的投入，开始严格评估单店产出比，致力于每一个门店优化，使单店利润率长期居行业领先水平。二是不断夯实后台基础、强化后台能力，在2000年开始实施ERP（Enterprise Resource Planning，企业资源计划）系统的基础上，升级打造“后台优先”战略，与IBM合作，实施SAP/ERP系统（SAP是System Applications and Products的简称，企业管理解决方案），建立了苏宁内部的集中交易平台和共享服务模式。三是有效调整组织架构。实行专业化的分工，以强大的组织管控能力确保苏宁的高速扩张。

“渠道是一种资源，比如扩张店面的问题，店面也是资源，没有店面，我觉得是无本之木，无源之水。我们扩张，从表面看我们是开店，但是开店的背后需要管理能力，要有后台的东西，这样才能支撑。”“一方面加大市场店面的发展速度；一方面加强内部的管理，特别是内部的精细化管理。”张近东如是说。

2006年年底，在中央电视台评选年度经济人物的演播现场，财经频道主持人陈伟鸿对缓慢走上舞台的张近东说：“张总，您怎么走得这么慢？”这句话，被人们解读成苏宁扩张的步伐相对于国美较慢。

面对提问，张近东近乎玩笑地说：“中央电视台的广告收费太贵，我就走慢一点，多留一些镜头给观众。”

真的慢吗？单纯从数据上看，依靠“自我生长”的苏宁并没有落后于国美。公开信息显示，2006年、2007年两年，通过对大中、永乐的并购，国美耗费巨资收获的门店不超过300家，同样的，苏宁在这两年也开出了311家门店。

总体来看，这是一场爆发型选手和耐力型选手的比拼，也是两种扩张方式的较量。国美通过大量并购，快速放大规模，从2005—2007年仅仅三年，就先后并购了27家企业；苏宁坚持自主发展，同时把大量的资金和精力投入后台建设，进行信息系统的升级、人才培养和物流基地的建设上。时间来到2009年第三季度，苏宁终于以583亿元销售额、941家门店把相逼多年的国美抛在身后，成为中国最大的零售企业，成功逆袭。2010年，国美彻底陷入控制权之争，苏宁也顺势确立了自己家电连锁企业的领导地位。

2011年，整个行业仍在扩张的快车道上走着，经历了前期的市场整合，稍有不慎，就会走上“规模经济”的反面——“规模不经济”。那一年，国美和苏宁都连开400多家门店，但苏宁此前稳扎稳打的储备优势已经更加凸显。

当“美苏争霸”这场大战硝烟渐去，有人评论说，苏宁是从家电连锁零售的“死尸堆”里爬出来的。在如此惨烈的竞争中，拼到最后，拼的就是谁能撑到最后，不倒下　　“剩”者自为王。

也许是命中注定的巧合，在通过资本并购的扩张进程中，苏宁落后于国美，却找到了适合自己的道路。张近东说，“多年积累的系统化、专业化能力确保了快速复制”。“我们前面是没有走过的路，需要大家共同去做。我们甚至在这个战场上，有时候要让别人走在前面，帮我们去阻挡枪林弹雨。我们是在马拉松赛跑，（前面的人）把风的阻力挡了，让我们保持实力。”

战京东，在最辉煌时“自我革命”

如果让张近东自己描述苏宁的创业史，他会把“第三次创业”的时间节点放在2009年，那正是“会当凌绝顶，一览众山小”的辉煌时刻——“美苏争霸”已然落幕，苏宁终于毫无争议地站上了行业制高点，成为名副其实的家电连锁零售业老大。但正如张近东自己所说：“我一天都没有忘记过危机。”哪怕是在最辉煌的时期，张近东要带领苏宁做的大事，依然是“自我革命”，苏宁即将“全面触网”。

对此，外界称之为“苏宁的觉醒”。从时间点上看，苏宁这一觉“睡”得有点长，长得似乎再次失去抢先发力的有利时机。

2008年，张近东还在“美苏争霸”中困斗，电商狂潮早已汹涌澎湃。

这一年，中国网民规模首次超过了美国，成为网民数量最大的国家。

这一年，早已站稳脚跟、圈定地盘、体量巨大的阿里巴巴，专注于做强、做深，全年的总营业收入超30亿元，同比增长近四成。这是一个尚未出现在苏宁视距之内的强大对手。

这一年，张近东的江苏小老乡刘强东已经在电商领域大刀阔斧地杀出一条阳关大道。3C产品起家的京东决定向综合型电商转型，当年销售额便达13亿元，并且营收保持着每年200%~300%的增速，即使是风头正劲的苏宁，其年销售额的增长率也不超过20%。

这一年，乐蜂网成立、唯品会上线……后入局者蜂拥而至。

虽然早在2005年苏宁就组建了B2C部门，开始了电子商务方面的尝试，但这个实体零售大佬在电商领域的声音依然十分微弱，以至于人们忽略了张近东在此之前“蜻蜓点水”般的一系列试水动作。有分析认为，这几年被“美苏争霸”牵扯，苏宁需要用更多力量去解决更为紧迫的问题，在电子商务领域显然无暇跟进。

但这一次，站在互联网世界的门口，苏宁再也无法回避。

苏宁很快搭建了一个联席工作团队，营销和IT员工们聚集在一起，只为了回答一个问题——互联网时代，苏宁的路在何方？最终，这一决定命运的报告形成了一个即使现在看来也颇具亮点的观点——线上和线下不是“零和游戏”，是可以相互借力、相互融合、相互补充、相互流通的。对于苏宁这个“身材庞大”的零售巨头来说，完全可以既做线上，又做线下。

对此，苏宁将其提炼成“沃尔玛+亚马逊”模式。在传统连锁时代，苏宁渠道的增加只能靠线下不断开店；经过互联网转型，店面将成为苏宁获取流量入口、提高用户体验的端口，再与移动网络融合，激发门店、移动、家庭全渠道组合。将实体零售巨头“沃尔玛”和线上零售大佬“亚马逊”的各自优势，整合到苏宁一身。

“这次又是在全球金融危机的背景下，当时互联网和实体几乎是两个对立的概念，那时候用得最多的词是‘颠覆’和‘取代’。”张近东回忆说，“但是我当时就认为互联网是一种工具，与实体并不冲突，关键是怎么去运用和驾驭。所以我们开始积极地拥抱和学习互联网，探索全新的线上线下融合的互联网零售模式。这对于我们来说无疑是一次脱胎换骨式的转变，是一次企业的重塑和再造，从思维到行动，都要革新。”

革新，需要新的起点。

2011年，苏宁开始投入重金打造旗下互联网商城——“苏宁易购”。

2012年，张近东喊出了“10年3000亿元”的目标。同年7月，苏宁易购发布开放平台战略，大规模引入非家电供应商，意在把苏宁易购打造成为一个综合的网上商城；两个月后，苏宁以6600万美元全资收购当时中国领先的母婴B2C平台“红孩子”，并承接“红孩子”与“缤购”两个品牌、资产及业务，这是苏宁在电商领域的首次并购。

苏宁组织结构调整方案亦同步推进，新苏宁将分为三大平台（连锁平台经营总部、电子商务经营总部、商品经营总部）、28个事业部，原来的44个全国大区则重新规划成60个大区；将在2015年建成60个物流基地、12个小件货品仓库，实现国内物流的无缝对接，支撑万亿规模的销售……组织架构、年度计划、经营策略、人员任命等方面的全面部署就此展开。

推进如此大的一场变革，张近东不改强硬的态度：“集团已经确定了，必须坚定不移地推动，谁也不能提出异议。谁敢否定，就把谁开掉。”如果我们没有那么健忘，这种“谁敢否定，就把谁开掉”的“强势声明”，在当年苏宁壮士断腕、砍掉批发业务的时候，也曾出现过。

张近东带着苏宁杀入蓝海，而在这片新蓝海里，刘强东带领的京东，正在静候他们的到来。“被绞杀”的危机环伺左右，新领域的征战突如其来！

2012年8月13日晚11点，这是个当年很多媒体都着重强调的时间点。京东商城CEO刘强东此刻发了条微博：“今晚，莫名其妙地兴奋。”这种掩饰不住的兴奋和“犹抱琵琶半遮面”的表达，引发市场无数遐想。

就在第二天，刘强东迫不及待地公布谜底：“今天，我再次做出一个决定：京东大家电三年内零毛利！如果三年内，任何采销人员在大家电加上哪怕一元的毛利，都将立即遭到辞退！从今天起，京东所有大家电保证比国美、苏宁连锁店便宜至少10%，公司很快公布实现方法！”

这是一场十分直接的价格战，没有任何掩饰地将线上线下的交锋摆上了台面。大家电，正是苏宁、国美起家的“命根子”。后来刘强东曾透露，他原计划是将火力集中在2012年第四季度的国庆节和“双11”，“但实在没想到8月14日的微博说完之后就提前几个月打了起来。我们的竞争对手就剩下苏宁了，这也是京东最后一场恶战。”

14日，在股市开盘前，刘强东在微博上开的第一枪，让投资人感觉到价格战山雨欲来。股市开盘仅十几分钟，苏宁电器股价就断崖式下挫8%。当日卖出的前五大席位中有四个为机构席位，总计共卖出2.3亿元。

苏宁被打了个措手不及，但反应迅速。

身在伦敦的张近东很快发出指令：第一，要和投资者充分沟通，赢得投资者的理解；第二，京东想打价格战，苏宁奉陪到底。

时任苏宁易购执行副总裁李斌公开迎战：“苏宁易购包括家电在内的所有产品价格必然低于京东，任何网友发现苏宁易购价格高于京东，我们都会即时调价。苏宁易购将启动史上最强力度的促销，我一定能够帮刘总（刘强东）提前、超额完成减员增效目标。”

随后，京东依靠物流优势提出“211”限时送达，即上午11点前下订单，当日下午送达；夜里11点前下订单，第二天上午送达。坦白说，这个送货速度可以秒杀当时所有电商平台。

接着，凭借账面上超过200亿元的现金，“不差钱”的苏宁祭出了“价差双倍赔付”的大杀器。李斌宣称：“如果比京东贵，我们就差价两倍赔！战斗已经打响！微博不是战场！请京东准备好货源！大家比比看！”

从微博口水战，到线上价格战，“苏东大战”全面展开，被京东“点名”的国美随后也宣布加入其中。这场混战，给当时的消费者们留下了深刻印象，也在电商市场争夺史上留下了浓墨重彩的一笔。

在北京，京东“打苏宁指挥部”于14日晚临时组建，非常简陋的横幅挂在室内，由刘强东亲自统率。为了保证京东的大家电产品价格比苏宁低，他们要负责在线实时修改价格。

在南京，苏宁易购迎来有史以来员工到岗最早的一天，平均年龄只有25岁的年轻人们对迎战跃跃欲试。张近东回国第一时间来到苏宁易购的办公区，加油鼓劲。

刘强东率先发难，苏宁步步接招。当时苏宁内部针对京东的公开叫板，压力并不大。张近东曾对苏宁高管说：“我们是大人，京东还是小孩子，大人打小孩，不是一个量级的。”对此，刘强东丝毫不愿服软，称就成立时间上看，“京东确实还是一个孩子”，但作为这场价格战的“挑衅者”，“我们终有一天会比前辈健壮！”

有媒体分析，苏宁并不怕价格战。苏宁大家电毛利率在21%~25%，运营成本在10%~11%之间。总体来看，苏宁有10个百分点的降价空间，而且只要苏宁保持合理利润，仍然可以在这场价格战中确保绝对价格优势。对此，刘强东并不认同，“网上大家电便宜不便宜要用数据说话”。

电商大战影响巨大，甚至波及市场秩序层面的讨论，政府部门最终介入调查。2012年9月初，国家发改委指出，京东、苏宁、国美涉嫌价格欺诈，三家均被要求自查、整改。

商战结束，“硝烟”却未散去。值得注意的是，苏宁易购在此商战中斩获颇丰。张近东也没有想到，在8月14日全球网站排名还在600位左右的苏宁易购，一天时间便最高冲到了第62位。15日当天，苏宁易购产生了5000多万美元的销售，是日常销量的8~10倍，流量也暴涨了近10倍。

在事后接受媒体采访时，张近东和刘强东都认为，这仅仅是一个开始。刘强东表示：“我觉得表面上看似偶然，实际上也是必然的。我们每年保持150%的增长速度，三年之内我相信两家的规模不可能有多大的差距，在这种情况下，双方会有一场恶战是不可避免的。不管是8月15日发生，还是10月15日发生，这一战一定会来的。三年前京东的入驻家电领域就注定了这场战争一定会来。”

在此后的股东大会上，面对机构投资者关心的“8·15电商价格之战”，张近东提出电商价格战是一个伪命题，大家最终比拼的是供应链。“苏宁从来都不惧价格战。1993年，南京打‘空调大战’，苏宁就开始打价格战了。如果苏宁连京东都打不过，还做什么‘沃尔玛+亚马逊’？”张近东如是道。

2012年，苏宁易购的销售额为152.16亿元，同比增长210.8%，总收入为183.36亿元，未能达到年初200亿元的销售目标；同年京东商城的交易额达到600亿元，同比增长185%。至此，当2012年年底王健林和马云当着全国人民的面用零售业打赌的那一刻，我们很难体会张近东心中的真实滋味。

客观地看，虽然战机突现、情节险峻，但这一场“苏东大战”远没有“美苏争霸”惊险。相比于后者的生死之搏，前者更多是意气之争。一场持续十几天的商业竞争只能成为这个时代零售业发展波谲云诡的“点缀”，谈论一场具体的商战的输赢，既无价值又无意义。因为电商之战自此会在每一年的多个节点如约而至，从惊心动魄的商战逐步演变为内紧外松的各类“购物节日”，除了实实在在的内功较量，还有令人眼花缭乱、怦然心动的创意竞争、话题竞争，等等。“战争”的挑起者，是京东，是苏宁，也可以是任何一个冲进战局的后来者。

战模式，走“O2O”这第三条路

2013年，“苏宁电器”正式更名为“苏宁云商”，宣告了苏宁将原有线下的资源和能力拓展到线上的决心。同时，张近东提出“做中国的‘沃尔玛+亚马逊’”，将苏宁未来的角色安排到了一个谁也不曾走过的道路上。

“沃尔玛+亚马逊”，这个想法不是天上掉下来的。从2008年开始，居安思危的张近东就开始琢磨，谁将是挡在苏宁前面最大的拦路虎？“从具体的情况来看，苏宁未来最大的竞争对手，可能是互联网。”张近东指示手下论证苏宁和互联网的关系，并提交报告。这份报告最初的结论是，苏宁的未来就是“水泥+鼠标”，既不能放弃庞大的实体帝国，又不能面对强大的互联网视而不见。很快，“水泥+鼠标”演进成了更加形象易懂的“沃尔玛+亚马逊”。

“沃尔玛+亚马逊”的概念一出，媒体和市场都能较好理解苏宁的愿景。但在业内，人们对苏宁能否真正打通线上线下心存疑虑。毕竟企业经营不是“搭积木”，并非两块看起来不错的材料合在一起就能无缝连接、产生“1+1>2”的效应。一个“沃尔玛”加上一个“亚马逊”，能否成就一个新苏宁，谁也不知道。现实地看，一段时期以来，零售业发展无外乎遵循两条路——要么如电商的“虚”起来，要么如门店的“实”起来，也有一些实体店向网上发展，但都效果一般，免不了“东施效颦”的尴尬。打破思维定式和路径定式，可不是简单的事情。

业界的观望，也是苏宁的迷茫。

围绕新一轮转型，苏宁内部爆发了创业20多年来持续时间最长、争议范围最广的大讨论。仅仅在2012年，集团层面就举行了60场讨论会。线上线下如何融合？组织之间如何协调？讨论中，往往是刚形成共识，就又要推倒重来。

仔细回顾苏宁从2011年开始的“第三次创业”，这个过程中充满了各种概念、各种比喻、各种冲突、各种探讨。比如，“云商模式”，被解读成“店商+电商+零售服务商”相结合的新零售业模式，是在2012年被苏宁提出并且诉诸实践的，苏宁内部“大动干戈”地再造流程，受到业内广泛关注。同一时期，“沃尔玛+亚马逊”的概念因为更加形象而被大众接受，将线上线下两大巨头“合并”到一起的目标也十分讨喜。各种说法哪个涵盖了哪个？哪个又是哪个的深化？哪个和哪个是“一体两面”“并行不悖”？其实很难说清楚、道明白。不过可以肯定的是，在经历了理论和实践两个方面的艰难探索后，张近东逐渐看到了属于苏宁的远方——O2O（Online-to-Offline）模式。

对于新的模式和业态，我们通常倾向于从先行者那里寻求印证，但“沃尔玛+亚马逊”线上线下互融的商业模式是否正确，没人证明过，即便是沃尔玛和亚马逊自己也没有。如果在线上或者线下已经做到了世界顶尖，它们为什么不朝着一个可以预见，亦可以实践的方向继续走呢？

对此，张近东的解释是——两家企业都只有一个“O”，而不具备条件去打造另一个“O”——沃尔玛没有实现“到线上去”，是因为其线下实体太大了，没办法短期转变；亚马逊没有实现“到线下来”，是因为没有优势的线下资源。相比之下，苏宁的规模不大不小，正是最容易变革创新的时期。“我们绝对不会照搬，也不会跟随，而是吸收它们的理念和思路，走出自己的一条路。”张近东这样说。

对于沃尔玛和亚马逊的选择，张近东的解释只是一种猜想。事实上，亚马逊也在探索在线下的扩张，沃尔玛若真想要打造线上王国，也并非不可能。之所以两家大佬没有发力跨界融通，最根本的问题依然在于对零售业未来趋势的判断。零售行业未来将形成O2O模式，这只是张近东自己的结论，并非2013年的行业主流理念。为此，张近东免不了在各种场合大声宣讲。

2013年8月，苏宁正式全面系统地发布了“一体两翼互联网路线图”，指出中国零售业未来发展的方向就是互联网零售，重点是O2O和开放平台，未来要把门店开到消费者的口袋里、客厅里去，并通过开放平台“苏宁云台”，将自身物流、信息流和资金流等资源全面向社会开放，搭建共赢的生态圈。

一个月后，在深圳弘毅投资举办的全球年会上，科班出身的张近东发挥了“学科钻研”的优势，为中国零售行业梳理出了三个变革，进一步阐述苏宁零售行业的O2O模式：

——20世纪90年代末，我国商业出现了第一次转型变革，一大批连锁经营企业崛起。

——零售业变革转型的第二次变革浪潮来自科技进步，随着互联网技术的迅猛发展，电子商务成了第二次变革的“主角”。

——零售业变革转型的第三次浪潮正在来临——移动互联网带来的绝不仅仅是网购趋势加强，互联网技术支撑下的O2O模式已现雏形。这次的浪潮所要产生的效应是将零售行业的三要素，即物流、资金流和信息流高效结合，最终实现三流合一。

张近东认为，第三次变革浪潮将零售业的盈利模式，从单纯的进销差价利润转为多维价值创造阶段，即产品定制包销服务，物流供应链服务，商品和消费者数据化服务，品牌和促销的社会化推广服务，以及资金增值管理服务。

然而，张近东的判断没有市场，国内的呼应者寥寥。“当时这个概念大家还比较陌生，所以也遭到了一些质疑甚至否定。”张近东后来说，很多人都会“慰问”他：“张总，你还好吧？”

国内难寻知音，张近东应斯坦福大学国际发展中心的邀约，在美国硅谷，向200多位的斯坦福大学师生做了主题为“从苏宁发展看中国零售业的转型与创新”的演讲。在这次演讲中，他进一步提出：O2O模式就是零售业的未来。

面对斯坦福大学师生，张近东明确阐述了自己的观点：

“完整地实施O2O必须满足两个条件：一是必须有两个‘O’，即同时在线上和线下都拥有自身能够掌控的渠道；二是必须实现两个‘O’的无缝协同和高度融合。而中国大多数企业要么只有线上，要么只有线下，同时兼具的屈指可数。”

“将线上线下割裂开来，讲谁比谁更好，我认为都是片面的、不专业的。未来的零售企业，不独在线下，也不只在线上，而一定是要线上线下完美融合的O2O模式。”

“相对纯电子商务这种过渡性的商业模式，O2O或许会是未来相当长时间里零售业转型变革的方向。”

“相比传统实体零售和传统电商，唯有O2O才能让消费者体验到‘鱼与熊掌兼得’的好处，这是不可阻挡的消费趋势，是我们需要把握的时代机遇。一旦传统零售业插上了互联网的翅膀，曾经被认为是巨大包袱的线下资源转瞬之间就能点石成金，天平将重新向拥有线上线下全渠道的零售商倾斜。”

……

这些声音在硅谷上空略做盘旋，迅即回归了中国市场。

在这次演讲之前，张近东和他的零售O2O模式，还只是一家企业对自己发展方向的研判；在这次演讲之后，越来越多的迹象表明，O2O模式的浪潮即将成为席卷整个零售行业，成为全行业公认的趋势。用张近东的话来说，“一场由实体到虚拟，再到虚实融合的商业大变局正在风潮涌动中”。

此后，张近东接续阐述O2O模式。

2014年的弘毅投资全球年会上，张近东首次正面阐释互联网零售与传统电商的区别。他认为，零售业互联网化不能简单地理解为做个电商网站，而是要迈出从传统电商、O2O零售到全价值链互联网三个阶段，包括前台和后台的互联网化。“未来，互联网一定会成为所有企业的必备技能。”

2015年的弘毅投资全球年会上，张近东对O2O模式进行了结论性阐述。他认为“互联网+”时代的O2O模式，应该是围绕行业本质和核心能力，将线上线下最有优势的要素资源在各个环节进行深度融合，从而产生化学反应。

2013—2015年这三年，也被外界称之为“中国零售O2O进化记”。2015年中国互联网大会上，张近东说：“两三年前，大多数人都在讲互联网颠覆，觉得未来一定是线上一统天下，所以我只能跑到斯坦福大学呼唤O2O。今天，O2O模式已经成为公认的趋势，传统电商也开始通过各种方式布局线下。”

面对O2O这个零售业的第三条路，苏宁这次从理论到实践，都抢得了些许先机。自2013年初，苏宁开始做三件大事：一是破除组织壁垒，再造组织架构，实现了双线渠道的全面融合、资源的全面共享、成本的统一核算；二是破除价格壁垒，顶着质疑推行“双线同价”，改变了消费者“网上低价”的刻板印象，找到了“纯种电商”难以企及的“实体之利”；三是破除体验壁垒，将原先纯粹销售功能的店面，升级为集展示、体验、物流、售后服务、休闲社交、市场推广于一体的新型互联网化门店，如全店开通免费Wi-Fi、实行全产品的电子价签、布设多媒体的电子货架，利用互联网、物联网技术收集分析各种消费行为，推进实体零售进入大数据时代。

2015年，苏宁宣告其互联网零售CPU已经成型，并对供应链、物流和O2O服务等零售CPU的核心能力一一拆解，首次对外公布苏宁的开放路线图，提出“互联网+零售高速公路”的理念，通过开放入口、接口和出口，与全社会共享苏宁的零售核心能力。也就是说，苏宁将自己的“能力”打造成一个独立的产品，供给市场，开放的对象包括供应商、平台商户、合作伙伴，甚至零售末端的社区便利店等中小微个体。这相当于向市场发布了“派对入场券”，然后说，“来吧！小伙伴们！”

至此，苏宁的野心显露无遗。苏宁希望开放数据、用户、行业专业能力，进而成为零售的中心，作为全产业的枢纽和底层，最终占据零售O2O终极大平台的制高点，不但要站在风口上，更要成为主动的行业“造风者”。

2017年，苏宁再出新招，公布了“智慧零售”战略，即运用互联网、物联网技术，感知消费习惯，预测消费趋势，引导生产制造，为消费者提供多样化、个性化的产品和服务。由此一个基于未来的全品类、全渠道、全业态的智慧零售模式开始爆发。一方面，苏宁将原有店面逐步升级为高度互联网化的云店，不仅通过“千里传音”“店+”“金矿”等数据营销产品接连赋能，而且在消费类电子产品、家居生活、健康个护等方面丰富商品布局，大大地优化店面体验。同时在线上高度融合引流，打通了零售、金融、文创、体育等会员系统，实现了苏宁生态会员的一账通，有效整合产业资源，实现了会员的流转。与此同时，苏宁还正式宣布将物流和科技产业的战略地位提升，发起设立目标总规模为人民币300亿元的物流地产基金，开发出聚焦生物特征识别、大数据风控、物联网金融、区块链、金融AI、金融云六大金融科技并应用落地，最终形成八大产业板块，相互协同，构建更深层、更全面的智慧零售，“全场景互联网零售”亦呼之欲出。

对此，市场并非没有质疑。有观点认为苏宁四处出击，不专注于主业，平白耗费了许多精力和资源。张近东则再次预言，未来行业竞争将逐步从企业间的竞争转向产业生态圈的竞争。

时至今日，我们已经很难判断，苏宁还是不是一个纯粹的零售企业了。但其搭建的供应链条、开放平台和生态体系，都在预示着一个新的好听的企业故事正在发生。

战未来，抓实质、看趋势

从1990年至今，这家空调小门面自不合时令的冬天开业，却在改革开放大潮的起起伏伏中，走进了新零售业的春天。

2018年1月15日，苏宁再次更名，从“苏宁云商”改成了“苏宁易购”。更名公告中这样描述：为统一企业公司名称与渠道品牌名称，突出智慧零售主业，进一步提高零售渠道品牌知名度及美誉度，公司计划将“苏宁易购”这一苏宁智慧零售的渠道品牌名称升级为公司名称，对公司中文名称、英文名称、证券简称等拟进行变更。

“更名苏宁易购就是要回归零售本身。一个企业就像一个人，不会轻易更名改姓。”这是在股东会上，张近东对最新更名做出的直接解释。

回顾苏宁的历程，我们可以总结出苏宁行事的几个特点：

第一，就是回归零售本身，始终抓住行业的本质。

在互联网风头强劲、对实体零售“颠覆”与“取代”之声甚嚣尘上之时，张近东也曾感到困惑。从企业自身发展的“体感”来看，苏宁虽然遭到了互联网的冲击，却并没有遭受严格意义上的重创，实体零售的“温度”也并没有如舆论和业界大肆宣扬的降至“冰点”，甚至在多年的发展中，电商零售企业也同样遭遇过寒冬，比如2012年。

从某种意义上说，实体零售的困境不仅仅来自互联网企业的挤压，更来自大时代消费升级等大格局变化的挑战。线下门店，不见得就是明日黄花；线上电商，也不见得就是蓬勃新锐。关键要看企业能否顺应零售业发展的本质。这既是苏宁面对互联网大潮，审时度势、迟迟未动的重要原因，也是它们义无反顾、率先挺进O2O模式的逻辑。毕竟，被潮流裹挟着向前奔跑容易，但要停下来认真思考、拨云去雾是难上加难。固守河流中央的石头必然要经受河水的冲刷与磨砺，就好像在互联网大潮中的苏宁。

第二，坚持趋势大于优势，不要现在要未来。

作为当年知识分子下海潮中的一员，张近东除了拥有商业直觉、灵活手段，还有一种“人无远虑，必有近忧”的思维方式。这种危机意识，使得苏宁接连几次在“岁月静好”之际自我革命。回头来看，如果不是在几次零售业大变革前夕，苏宁就已经做好了准备，抢先“变道”，如今，苏宁早已失去了零售业第一梯队的入场资格；如果不是在观察趋势中明确方向、确定O2O模式，苏宁也不会占据发展智慧零售的优势地位。

这方面，张近东有许多精彩观点。其中，一个重要观点就是：趋势永远大于优势——今天的优势不代表是明天的优势，昨天的成功可能是明天的包袱，必须紧紧抓住发展的趋势。特别是张近东较早提出了O2O模式，他隐约看到了零售行业的未来，却依然承受着千里山川我独行的压力和孤寂。

转头再看，如今零售业O2O模式已成行业大势。遍看今日市场，短短几年，国内零售业加速站队，各自归属于“阿里苏宁系”，或是“腾讯京东系”，优质线下资源成了线上大佬们竞相抢夺的对象。

第三，向“实”发力，不追风潮，步履稳健。

一家企业的发展轨迹，通常无法摆脱创始人或者企业家的人性格局。面对零售这个古老的行业，面对改革开放几十年中无数从天而降的投机机会，张近东都表现出了那个年代知识分子敬畏传统、尊重传统的特点，坚持一步一个脚印发展的传统路径。特别是21世纪第一个十年，互联网被频繁冠上“征服与颠覆”的标签，世界各个角落的互联网新锐迅猛崛起，一场场被解读为“毫无根基却能陡然掌握一切”的戏码纷纷上演，互联网似乎永远在点石成金的路上，而市场也正期待着这样的“传奇”。它们不但占领着传统产业的市场、吞噬着传统产业的利润，也在挑战着传统商业稳扎稳打、跬步千里的价值观。

对此，张近东和苏宁表现出与众不同的定力。他曾说，“现在这个热、那个热，虚拟经济确实带来了很多投机，带来很多财富的快速积累，但是它们绝对不能破坏市场的规律，不能破坏社会每一个人的价值——靠劳动，靠点点滴滴的积累，靠创造的精神。”一位家电厂家高层亦对苏宁给出这样的评价：“家电连锁其实是一个江湖气很重的行业，大多数连锁企业的管理都很随意，唯一不同的就是苏宁。”

值得注意的是，1994年至今，北京梅地亚中心的央视广告时段招标会，就是一个浓缩的商业名利场。每一年，在各行各业、各个区域苦心经营的企业都渴望在这个名利场上用巨资“砸”出一个惊天动地的声音，夺得媒体和社会的关注、同行同业的艳羡或者不甘，享受“标王”的“王霸之气”。但在这方面，苏宁显得格外稳健。虽然从2000年开始，苏宁就开始走向全国，2004年苏宁电器在深交所挂牌上市，但直到2010年，苏宁才首次参加了央视黄金广告资源竞标。

可能正是基于这一价值观，在连锁零售迅速发展、疯狂扩张的时节，张近东一方面紧紧咬住国美的步伐，另一方面却在夯实苏宁的后台基础。此后有媒体报道，苏宁人士明确表示，即使是知道太快扩张会带来一些隐患，但当时当地的情境亦不允许苏宁后退，退则败。期间，练好内功对企业的助力很难测算，从这个角度上看，苏宁在“苏美争霸”中获胜，既凭好功夫，又有好运气。

所有的成功与失败，都值得记取

一家企业的诞生、成长，乃至腾飞的际遇抑或沉寂的宿命，都离不开家国大势，都是响亮的时代回响。张近东和苏宁的迅速崛起，在20世纪90年代并不鲜见。那时候，一大批和张近东一样拥有“铁饭碗”的知识分子不甘平庸，不愿被束缚，“下海弄潮”。他们依靠自己的学识和眼界，能敏锐地发现市场经济日趋壮大的力量，以非凡的勇气渴望搏杀出一片天地。

与很多天生有着非凡商业直觉的“草莽英雄”不同，他们尊重传统，但又渴望有机会挑战传统；他们善于学习、坚韧不拔，渴望经受市场的风雨考验；他们胸怀家国理想，又渴望在经济江湖中实现价值；他们自带诗意的情怀，又渴望将诗意投射到现实生活；他们深深懂得所处时代的来之不易，进而渴望将命运紧紧抓在自己手里。

他们共同勾勒出了狂涛巨澜、时代巨变中中国最初的企业和企业家形象；他们或许无意于走进历史、标注时代，但他们的命运与际遇，成为那一段历史的浓重底色、那个时代的最佳注脚。

遗憾的是，对于时代大潮中折戟的英豪，人们总会找到情势急转直下、创业者行将踏错的关键节点。但是，对于发展至今仍旧满怀豪情的企业，我们很难找到通向成功的普遍性法则，巧合与运气、偶然与必然，掺杂其中。

这一特征，在我们当下身处的时代再次呈现。特别是“大众创业、万众创新”浪潮席卷，创业者们迎来了内外部环境最为优越的一个时期。我们能够看到，无论是处于“庙堂之高”还是“江湖之远”，人们的创新创业激情都被再一次点燃。即使是已在市场中的众多企业，其内部裂变、蒸腾的激烈程度亦前所未有。再加上各路资本的“烈火烹油”，呈现令人目不暇接的此起彼伏、生生不息的创业景象。这一景象是生机盎然的、生气勃勃的。

站上新时代的起点，回顾中国改革开放40年历程，散落年年岁岁中所有的成功与失败都值得我们记取、感怀。让我们先与那个时代激越飞扬的精神交汇碰撞，然后脚踏实地，走好属于我们这一代人的创业创新之路。

作者简介
Introduction to the author

栾笑语 吉林大学文学硕士。经济日报评论员，主任记者，资深编辑。中国新闻奖获得者，首都女记协好新闻奖获得者。从事经济领域新闻工作十几年，工作内容涵盖宏观经济、财经、政经评论、经济理论等诸多领域，长期关注中国宏观经济走向，关心企业和企业家发展。多篇作品被相关部门收集整理并合集出版，出版著作《因你而亦》。

顺丰快递，唯“快”不破

天时地利人和，“水货佬”的春天

1993年，广东顺德。

那一年，是邓小平南方谈话后的第二年。从北京、上海、武汉到广州、深圳，中国进入了1978年改革开放后的第二次“加速度”。

那一年的春晚，第一次实现了中国香港、中国台湾和新加坡的电视节目与中央电视台的节目对传，营造了天下华人共度新春的气氛。

来自香港的影星成龙表演了《龙鼓喧天震四海》；在当时中国娱乐前沿广东包装的歌手毛宁，以一首《涛声依旧》唱红了大江南北。

中国经济以前所未有的开放姿态迎来了新一次勃兴。我国港澳台和东南亚的新加坡、泰国、马来西亚等与中国内地进入深度融合、协同共享的新阶段。

风从南方来。

受开放之风影响最深、受益最早的广东成了中国改革开放的窗口。

地处广东省南部，珠江三角洲平原中部，与香港、澳门、深圳临近的顺德，自古经济发达，商业繁荣，旅外华侨和港澳同胞超过40万人。

那一年，顺德的街头迎来了一个名叫王卫的毫不起眼的年轻人。

那时候22岁的王卫，一定不知道创办了联邦快递、被称为“隔夜快递之王”的美国人弗雷德·史密斯是谁，虽然十年后他已经将联邦快递看作自己追赶的目标。

王卫，1971年出生于上海。父亲是一名空军俄语翻译，母亲是江西一所大学的老师，这是一个地地道道的知识分子家庭。

1978年，王卫7岁。那一年，是中国改革开放元年，至今已有40年历史。彻底改变中国面貌的改革开放就是从那一年拉开帷幕。

今天看来，人们知道那是一个崭新时代的开启之际。但对当时绝大多数中国人来说，刚刚经历过“文革”十年动荡，摆在面前的仍然是前途未卜的未来。卡尔·贝克说，人人都是他自己的历史学家。不过，身处历史旋涡中的人往往是迷失的。

那一年，王卫跟随家人移居到了香港。

彼时的香港，正处在经济迅猛发展的前端。中国内地的封闭反向造就了香港的蓬勃发展。后来成为香港首富的李嘉诚刚买入了和记黄埔。很多中国内地人将“到香港去”作为追逐新生活的开始。

不过，王卫一家到了香港后，发现那里并不是想象中“流淌着奶和蜜的地方”。

王卫父母在中国内地的学历不被香港承认，不仅收入微薄，还受到歧视。年幼的王卫，体会到了底层生活的艰辛。这也为他后来低调、坚韧、对基层快递员工的关爱埋下了伏笔。

王卫读完高中，就不再读书了，成为叔叔手下一名不起眼的小工。

斗转星移，世事变迁，彼时的中国内地也在发生变化。邓小平南方谈话后的中国，重新打开了大门，开始迎接来自中国香港、中国台湾、东南亚的出口制造业。

香港8万多家制造工厂迁移到有广袤的土地和廉价劳动力的内地，其中5.3万多家在广东的珠三角地区。当年顺德县委书记欧广源有一句话：“几乎每天都有企业开张，天天都是鞭炮不断。”

大量工厂迁往内地催生了“前店后厂”模式，香港与珠三角信件往来频繁。因为分属不同的关税区，往往邮寄要花上两三天。“比如工厂里缺一个什么急件，今天说，明天要，要去报关，得一个星期，谁能等得起？”一位与王卫同期创业，但后来专攻保税物流业务的深圳公司老板说。

当时，王卫在顺德做印染工厂，常常需要把样品寄到香港给客户看，按照当时传统的邮寄方法，非常不便且耗时又长。

后来他们想到一个办法——在码头边求人帮忙捎样品到香港。当时很多香港人都在广东设厂，都有这方面的需求。王卫自己有时候也受人之托在广东和香港之间夹带点儿货。

这样过了一段时间，王卫突然意识到，既然市场需求这么大，能否成立一家小公司，专门做运送业务呢?

1993年年初，王卫用从父亲那里借来的10万元启动资金，在顺德注册了顺丰速运，一个只有6个人的公司。

初创企业融资时，常常会想到找天使投资人。谁是天使投资人？美国人流行的说法是“3F”，即家人、朋友和傻瓜（Family、Friend、Fool）。据《美国企业家评估》的数据，美国初创企业每年获得的天使投资中，92%来自家人和朋友，来自外部商业天使投资人的比例只有8%。

王卫就是用从父亲手中借来的10万元起步的。王卫在香港砵兰街租了个几十平方米的店面，作为在香港的大本营，专替企业运送信件到珠三角。初期，王卫和伙伴们主要靠背包、拉杆箱送货，简陋，辛苦，被香港人称为“水货佬”。

不过，就是通过肩扛手提，背包拉箱，王卫千亿市值的顺丰正式起步了。那时候，想必包括王卫在内的所有人都想象不到，20年后他们将缔造“中国民营快递之王”。

商业中有句话叫“做卖水的生意”。19世纪初，美国展开一场向西部扩张的西进运动，一批批冒险家纷纷向太平洋西岸推进。加利福尼亚发现金矿的消息被证实后，美国西部掀起了淘金热。不过，没日没夜找金矿的投资者没有几个暴富的，可是卖牛仔和其他服务这些淘金人的生意却火了。

王卫的快递生意本质上也是“卖水的生意”。中国经济迅猛发展必然带来人、货、资金的大规模流动，王卫无意之间闯入了一个巴菲特所言的“赛道足够长、雪足够厚的坡道”。本质上，微软、Google、百度、分众传媒等巨头，甚至罗振宇的“得到”，做的都是“卖水的生意”。

天时地利人和，“水货佬”迎来了他的春天。

割价抢滩，“快递王国”崛起

王卫是出了名的工作狂。

顺丰优选前总裁刘淼曾公开表示，王卫是他见过的最有钱的工作狂，创业多年一直保留初期的工作习惯。20多年来，他每天工作14个小时再正常不过，还定期到一线收发快递。

早年间，在砵兰街的邻居也对他印象深刻，说他每天凌晨就开始工作，晚上才离开。“那时候这条街没什么人，他来了之后，一直有货车上上下下拉货，慢慢这里开始有别的物流公司，还有足浴店。他带旺了整条街。”

王卫开始做快递的1993年，是一个非常巧合而又有历史意义的一年，可以称之为“中国民营快递元年”。

那一年，今天称之为“通达系”的快递巨头申通也宣告成立了。在中国邮政国营体系长年垄断的格局下，中国民营快递公司开始破冰，露出了尖尖角。当历史的大幕开启时，常常连当事人自己也意识不到其重大意义。

当时在珠三角，除了顺丰还有近百家快递公司在疯狂地争抢生意。大家都不成规模，都属于“手工操作”。如何在初期的混乱野蛮竞争中杀出重围?

被称为“竞争战略之父”的美国学者迈克尔·波特（Michael E.Porter）在其1980年出版的《竞争战略》一书中，为商界人士提供了三种卓有成效的竞争战略，它们是“总成本领先战略、差异化战略和专一化战略”。

在顺丰诞生的初期，还不是今天人们印象中的高品质、高价格、服务于中高端客户的品牌形象和市场定位。王卫当时的做法是选择“低价竞争策略”“割价抢滩”。

“别人70块一件货，顺丰收40块”，大幅的让利让顺丰很快吸引了大批中小商家。

据顺丰早期团队成员回忆，虽然一票货只收几十元钱，但生意红火得出人意料，“每年赚个几百万不成问题”。

“割价抢滩”是中国众多民营企业在产业竞争初期通常采用的竞争打法。甚至一直到今天，改革开放已经40年，在电商、新零售等行业，仍然可以看到习惯性的低价竞争战略。

比如前些年的苏宁与国美、苏宁与京东、滴滴与Uber、团购行业的百团大战、摩拜与ofo的竞争，莫不如此。在行业竞争初期，靠低价获取用户，形成流量依赖，甚至靠低价逼死对手，仍然是屡试不爽的打法。

顺丰的“割价抢滩”保证了初期的成功。

据说，顺丰火热发展的快递业务甚至带旺了冷清的石本兰街。香港有记者曾这样描述：顺丰生意越做越大，货车及员工经常霸占整条街，惹来邻铺不满。直到顺丰搬走，这种情况才得以解决。

王卫不是个安于现状的人。随着快递市场需求的不断扩大，他在广东迅速“占领地盘”，大规模扩张和建设网点，以至于广东省下属县城几乎每个都有顺丰的站点。

据知情人回忆，那个时候，带着顺丰标识的货车呼啸在广东的大小街道上，广东各地街头巷尾无人不识“顺丰”。

当时，顺丰扩张的方式很大胆和激进，每建一个点，就注册一家新公司，分公司归当地加盟商所有，这让王卫在短短几年的时间内，便将珠三角一带的快递市场牢牢抓在自己的手上。

而这种疯狂的增长方式，让顺丰一度被业内称为“老鼠会”。

王卫的一个朋友说：“他是我认识的最有钱的工作狂，每天工作十五六个小时。”那时王卫的团队也很疯狂，一位最早加入顺丰团队的老业务员说：“那时候顺丰只有十几个人，大家围在王卫身边，同吃同住，每天唯一的任务就是跑市场。我们这些业务员都像疯了一样，每天早出晚归，骑着摩托车在大街小巷穿梭。”

王卫的疯狂让顺丰在香港和珠三角很快立稳脚跟。1997年香港回归时，王卫几乎垄断了所有的通港快件，顺丰的“快递王国”初具雏形。

有人这样描述当时的情景：车水马龙的通港公路上，70%的快件货运车都印着顺丰的Logo。

硅谷著名投资人彼得·蒂尔说，最好的竞争就是没有竞争。但没有竞争是不可能的，所以只能通过各种办法实现某种程度的垄断。在快递行业，规模效应明显，会呈现“马太效应”，业务量越大，就越能带来更多的业务和利润，更多的利润反过来能带来更好的服务，更好的服务会赢得更多的用户。

曾有媒体报道说，1997年香港回归的时候，作为国企的中铁快运希望通过铁路打开香港的快件市场，派人去广东谈判，却被当地海关拒绝了。事后中铁快运了解到，几乎当地所有的通港业务都被一家民营企业垄断了，即便中铁快运开通这条线，也拿不到足够的订单，这家民营企业就是顺丰速运。

这件事足见顺丰当时的地位。

定位中高端，高价优质

“竞争战略之父”迈克尔·波特将企业的竞争战略归类为三种：总成本领先战略、差异化战略及专一化战略。他认为企业可以根据市场状况灵活选择竞争战略。

在商业实践中，人们经常讲一句话，“人无我有，人有我优，人优我廉，人廉我转”。说的也是不同时期，企业可心选择灵活的竞争战略。

在20世纪90年代初期，顺丰和一批民营快递公司刚刚诞生之际，军阀混战，野蛮生长，顺丰选择“割价抢滩”的低价竞争战略。

但随着体量逐渐增大，市场逐渐扩张，顺丰开始走出珠三角，进军全国市场。此时，作为民营快递领头羊的顺丰就必须对未来有清晰的战略定位和长远布局。

此时的顺丰选择了迈克尔·波特的“差异化竞争战略”。摆脱靠低价攻占市场的竞争打法，选择主攻小件、商务件为主的中高端市场定位。这一市场定位一直延续到今天，成为顺丰的主要品牌特色。

中国国际物流节组委会副秘书长伍华曾说：“物流企业的发展，中国快递企业的发展，关键在于标准化，这也是现在中国物流业最大的问题。顺丰成功的原因，最重要的就是服务的标准。一开始它就建立了直营的模式，一开始定的标准就比较高，所以虽然现在它的价格是最贵的，但它的服务也是最好的。”

顺丰为什么会选择中高端的市场定位？王卫曾经有一段讲话，“中国快递完全高端的市场还很小，而且它分为两块，一是国际业务，需要信息联网性支撑，这不是顺丰的优势，因为我们没有国际网络。另一个是国内完全高端的市场，现在看来还不太成熟，毕竟中国的制造业在产业结构中占比重很大，而且目前制造业的产品层次偏低。另外，我认为，中国目前的快递企业还没有人能真正满足高端市场的需求，缺乏在中端的基础上为客户量身定制个性化服务的能力，使得高端市场只能委屈自己，降低需求变成中端。因此，顺丰下一步要针对不同市场客户的特征，制定网点布局规划，分配人员投入，区分、细化服务标准”。

顺丰选择中高端的市场定位，还有一个重要的原因，就是顺丰与其他快递公司所不同的直营式模式。

顺丰在创立初期，主要依赖加盟制的方式在全国迅速攻城略地。这种方式为顺丰成长为全国性公司，立下了汗马功劳，但随后弊端越来越明显——服务标准不统一，暴力分拣，加盟商在顺丰的运输车中夹带私货、爆仓、客户信息泄露等问题时有发生。

这些问题伤害到了顺丰的品牌声誉。在接连接到客户投诉后，已经少年得志、归隐山野的王卫，痛下决心，重新出山，发起了一场持续数年的改加盟制为直营制的体制改革。

从1999年起，王卫开启了顺丰的直营化改造。中间经历了重重波折，王卫本人甚至受到了暴力威胁。有媒体说，那些年王卫身边会围绕着五六个彪形大汉保护他。一直到2005年，顺丰基本上完成了直营化的改造。

直营化的结果是顺丰迅速实现了服务的标准化、管理的统一化和物流技术的升级换代。但与此同时，也大幅度增加了顺丰的运营成本，使顺丰成为一家“重资产”公司。

重资产、高投入、服务标准统一化和更高的服务品质，决定了顺丰选择中高端的市场定位。顺丰的价格一直高于“通达系”同行，但顺丰的快、安全、信息透明、服务好为顺丰赢得了远高于同行的口碑。

顺丰是民营快递企业中最早引进巴枪的。2003年，顺丰以7000元人民币的高价从韩国引进了一批巴枪，率先将顺丰小哥武装起来；顺丰每件快递都拥有一个专属条形码，顺丰快递可以全程查询抵达了什么位置，使得顺丰的速度和透明度遥遥领先。

顺丰还高价购置了自动分拣系统，实现全天候24小时无差别自动分拣；顺丰的每一辆送货车都配备有GPS全球定位系统，可以对货物的位置有更精确的把握；顺丰还建立了计算机数据库，将顺丰的交易过程分解规划，无论哪一方面需要应用信息都能快速有效地获取。

所有这些，都让顺丰的服务水平和服务质量远远超越同行。王卫曾说：“你要想让自己的零售价更高一些，就得先在服务上有所不同，否则消费者是不会买账的。”

今天，全社会都在讲消费升级。回头来看，王卫十多年前的战略布局和市场选择无疑是非常有远见的。顺丰构筑了自己的核心竞争力，也为未来的竞争赢得先机。

京东创始人刘强东曾说：“今天很多人谈论未来中国物流格局，我的观点不变，长期来看，除了邮局体系，民营物流只能是2+1结构，京东和顺丰会成为两大物流巨头。有一点竞争，但都可以成长为巨头，任何一家倒掉都是行业的损失。”

中高端的市场定位，让顺丰免于像“通达系”那样陷入低价的红海厮杀之中。随着电商件的井喷，虽然顺丰的包裹量比重在全行业中并不算高，但顺丰的利润长期以来超过了“通达系”几家快递公司的总和。

当然，任何一种竞争战略选择，必然有得有失。近十年来，随着淘宝系、京东、亚马逊、唯品会等电商的迅猛崛起，电商件的数量越来越大。顺丰的中高端定位和直营模式，在某种程度上，让其难以匹配“价格敏感度高，时效敏感度弱”的电商快递。

王卫感受到了压力，通过自建电商平台和推出针对电商件的专项服务，来应对电商件的井喷。但可以肯定的是，顺丰要赢得未来，决不能重回“低价抢滩”的时代，更不应该指望高中低档通吃，而是要考虑如何在优质服务的基础上有所为有所不为。

正如王卫自己所说：“顺丰能一直走到今天这样的地位，就是因为采取了差异化的竞争策略，我们提供的是不同于其他快递公司的快递服务和市场定位。并且能让消费者清楚地知道，顺丰提供的速运服务和其他快递公司有着本质的不同。”

“反脆弱”，抓住“非典”机会

如果在马路上，你随便找一个用过顺丰快递的人，你问他顺丰和其他快递公司最大的不同是什么？相信很多人都会提到一个字：快。

2017年11月，极少面对媒体的顺丰掌门人王卫，接受了央视财经频道的采访，王卫的一句话，却意外引爆了朋友圈。

记者说，北京到深圳，2000多公里的距离，快递能实现24小时送达，几乎是一件不可能完成的事儿。王卫却说，如果按照国际标准来说，这并不是一件难事，顺丰用飞机和货运专机送快递是很正常的事儿，也只是在做别人做过的事儿，并不是很超前。他说，“可能大家认为顺丰快是因为其他人慢，我自己不认为顺丰有多快。”

“顺丰不够快”，这句话立刻引来了网友的疯狂热议。有网友调侃说，王卫太谦逊，太能装了，“一无所有王健林，悔创阿里杰克马，不知妻美刘强东，北大还行撒贝宁，顺丰不快是王卫”。

由此可见，在网友的认识当中，顺丰已经是快的代表了，而王卫所谓并不认为顺丰有多快，反倒引发了网友的调侃。

在这个时代，快已经成为商业世界的主旋律，快鱼吃慢鱼，只有足够快，才不会被对手吃掉。

我们观察发现，美国的快递业竞争史，也是一部争夺谁更快的历史。

100年前，美国的物流业是被美国邮政系统独家垄断的，跟中国物流市场很像，那个时候主要通过铁路和马车来运送包裹。

到了20世纪初期，汽车出现了，一家1907年成立的小公司抓住了机会，采购了一批福特的T型车，在美国西部边陲的西雅图开展业务。

汽车比马车的速度更快，这家名为UPS的小公司迅速崛起。到“二战”的时候，逐渐取代了美国邮政系统的江湖地位。

但没有最快，只有更快，随着交通工具的升级换代，人类迎来了飞机的时代。20世纪70年代成立的联邦快递，用飞机挑战汽车，为客户提供更快速度的次日达服务。虽然飞机的物流成本要高，但因为更快而赢得了用户。到今天，联邦快递已经成为和UPS双雄并立的快递巨头。

可以说，谁能够抓住交通技术进步的契机，谁能够更快地满足用户的需求，谁就代表着未来。

在顺丰的发展历史上，2003年是一个重要的节点。

那一年，SARS突如其来，航空业受到了重磅冲击。航空公司遭遇前所未有的困难，航班数量一减再减，运量大幅下跌，机票的价格雪崩式地急剧下跌。

就当所有人都认为中国经济的寒冬到来时，王卫却发现了商机。

对于快递公司来说，快是最重要的竞争力。一份重要的文件，如果晚一天到，就有可能损失数百万元的收益。对于生鲜产品来说，延误一天就可能一文不值。

顺丰从美国联邦快递的发展史中吸取了经验，一定要通过航空的办法，让顺丰快起来。

中国幅员辽阔，国土面积大，南北东西纵深都有较大空间。随着中西部地区的开发，长距离跨区域快件数量逐渐增长。如果在国内外实现800公里以上“次日达”，除了特殊天气外，使用航空运输最经济、最有保障。

而且，与航空公司客机腹舱相比，自建航空货运公司的起降时间可以根据作业的时间申请，较为灵活。使用航空公司客机腹舱运输快件的晚航班，一般要求提前4小时交货，以便安全检查，并且提货时间较长。而这个时间对很多快递企业来说正是收件的高峰，快件尚未全部分拣。如果使用客机的早航班，则难以实现“次晨达”的需求。因此，自建航空货运公司是提供具有竞争力快递产品的需要。

王卫早就意识到这一点。2003年，王卫抓住了SARS的机会，果断出手，和扬子江快运建立了合作关系，从扬子江快运租赁了5架737货机，专门用于运输快件业务。顺丰成为中国民营快递公司中第一家租赁货机的公司。

2006年的时候，顺丰的业务范围已经覆盖全国20多个省市区，100多个大中城市和300多个县级市和城镇，并建立了两个分拨中心，52个中转场。但王卫并不满足于仅仅租赁货机，王卫要求顺丰一定要拥有自己的飞机。

2007年3月，王卫用1000万美元购买了两架二手货机，并向中国民航局申请成立航空货运公司，成为中国第一家民营快递公司申请成立的航空公司。

十余年来，顺丰拥有的自有货机数量越来越多。2017年已经拥有40架自有全货机，而且数量还在不断增多，遥遥领先于快递同行。顺丰自建的航空货运公司已经成为我国最大的航空货运公司，超越了国内四大航空公司，与其他两家自建航空公司相比，处于领先的地位。

纽约大学教授纳西姆·尼古拉斯·塔勒布曾提出“反脆弱”的概念。套用尼采的话，“凡杀不死我的，使我更强大。”塔勒布认为，既然黑天鹅事件无法避免，那就想办法从中获取最大利益。他说，脆弱是指因为波动和不确定而承受损失，反脆弱则是让自己避免这些损失，甚至因此获利。

2003年爆发的SARS对航空业是一场灾难，但对快递行业来说，潜藏着机会。王卫看到了其中的机会，并果断出手，大大推动了顺丰的发展速度，这就是“反脆弱”的典型。

中国版孟菲斯，助力“一带一路”

顺丰在构建自己的竞争优势上从未止步。

2018年2月23日晚，发生了一件为顺丰历史上重要节点的大事。

中国政府网发布《国务院中央军委关于同意新建湖北鄂州民用机场的批复》，同意新建湖北鄂州民用机场。机场性质为客运支线、货运枢纽机场，场址位于湖北省鄂州市鄂城区燕矶镇杜湾村附近。

机场总投资372.6亿元，其中机场工程183.6亿元，由湖北省、深圳顺丰泰森控股（集团）有限公司等企业共同筹措解决，国家发展改革委、民航局对机场的客运支线功能安排中央预算内投资和民航发展基金予以支持；转运中心工程135亿元、顺丰航空公司基地工程46.2亿元，由深圳顺丰泰森控股（集团）有限公司筹措解决；供油工程7.8亿元，由中国航空油料有限责任公司筹措解决。具体资金安排在可行性研究阶段确定。

这个批复意味着，中国版孟菲斯即将诞生。

我们先来了解一下孟菲斯。

孟菲斯位于美国中南部，密西西比河横穿市区，处在美国南北水上大通道咽喉的位置上。两条州际高速公路交会于此，货运集装箱可以通过卡车在10个小时内抵达美国本土2/3的地区。

孟菲斯的铁路交通也非常发达。冬季气候温和，降雪较少，有利于飞机起降。孟菲斯机场曾经在18年时间里问鼎全球最繁忙的航空货运机场宝座，孟菲斯是当之无愧的航空货运之冠。

那么孟菲斯是如何崛起的呢?

这首先要感谢联邦快递创始人弗雷德·史密斯。可以说，孟菲斯的崛起与联邦快递的崛起紧密相关。

20世纪60年代，美国经济愈发依靠服务业和高技术产业，大量新兴公司离开原材料产地，散落全美各地，这就产生了大量的货件快递需求。联邦快递创始人弗雷德·史密斯看到了这个机会，大量购买飞机，率先创立隔夜快递这一新兴服务行业。

由于各种原因，联邦快递最终选择孟菲斯作为航空枢纽。1973年4月，联邦快递总部正式迁往孟菲斯，成为孟菲斯机场最大的客户。联邦快递的经济辐射力，达到280亿美元产值。从机场示意图上看，联邦快递的作业区占据了整个机场大约1/4的面积。

联邦快递的入驻，还带动了高新产业群体的兴起。在孟菲斯航空城区，有130万人口，每三个就业机会就有一个是航空城创造的。在航空城产业辐射下，与它相关联的物流业、制造业、医疗服务业、计算机维修、旅游业等产业发展迅速。孟菲斯如今还是美国最大的医疗器械制造中心。

每到夜晚，联邦快递位于孟菲斯总部的上空总是星星闪烁，它们不是真正的星星，而是即将着陆的飞机。据说王卫曾在孟菲斯看着满天的飞机非常感慨，立志要打造中国版的联邦快递。

可以说，孟菲斯成就了联邦快递，联邦快递也成就了孟菲斯。

随着中国航空快运的发展，王卫早就梦想着有一天打造中国自己的孟菲斯，建立航空运输枢纽，降低成本，提升时效。这与国家的战略发展、地方经济的发展意图不谋而合，也就有了当时鄂州机场的项目。

据媒体报道，一位曾参与过该项目可行性方案评审的老专家在看到国务院和中央军委的批复后难掩激动，在朋友圈表示——

1.这是我国第一座货运枢纽机场，机场的建设符合国家战略发展需要，符合军民融合国防安全建设需要;

2.表达了国家大力支持现代服务业，（尤其是）快递与物流行业发展；

3.体现了国家大力支持实体经济发展的政策；

4.期望中国快递物流行业为国家“一带一路”战略提供有力的运力保障。

顺丰是鄂州机场项目的主要参与者，也是其中的受益者。

根据国务院和中央军委的批复，本期工程飞行区跑道滑行道系统按满足2030年旅客吞吐量150万人次、货邮吞吐量330万吨的目标设计，航站楼、转运中心等设施按满足2025年旅客吞吐量100万人次、货邮吞吐量245万吨的目标设计。

一期两条长3600米、宽45米的4E级跑道，1.5万平方米的航站楼、153个停机坪等主要建设内容也预示着建成后的鄂州机场将是亚洲第一、全球第四的航空货运物流枢纽。

顺丰在公告中明确表示，湖北国际物流核心枢纽项目是顺丰航空运输体系布局建设的核心，以该枢纽为中心，顺丰将全面打造覆盖全国、辐射全球的航路航线网络。

根据孟菲斯的发展经验，航空城是一个区域概念，是由航空业带动的高新基础产业区、高端制造业区、旅游区和医疗服务区的融合。

根据鄂州航空都市区建设指挥部规划，鄂州规划了“一体两翼”的临空产业带：主体是由大物流和大数据双引擎驱动的现代生产性服务业，两翼则是医疗健康和智慧制造。规划中还将启动国际空港物流基地、临空产业园、燕矶航空小镇、汀祖航空物流产业园等的建设，在物流仓储空间上为临空产业提供支持。

兴业证券认为，大量部署和规划的临空产业势必也为顺丰带来大量新业务，鄂州机场的建成也将大概率为顺丰快递及货运业务带来质的飞跃。

一家企业在发展崛起的过程中，往往有一些重大节点。比如新浪率先做出了微博，腾讯打造了微信，都将企业的发展大大往前推动了一步，也构建了相比同行的比较优势。

在顺丰崛起的过程中，也有一些重大节点，比如当年从加盟制改为直营制，2003年SARS爆发时与扬子江快运签下包机协议。可以说，鄂州机场的建设，有望成为顺丰发展的一次新的重大节点。

从鄂州机场的规划图来看，航站楼是一个大大的“王”字，不知道这个“王”是否取自王卫的“王”，但它或许是对王卫这个“快递之王”未来发展的暗喻。

鄂州机场建成后将对顺丰有诸多好处。“大集散”取代“点对点”，将大幅度降低成本，提高载货率，而且能够覆盖全国更多的城市，满足急速增长的航空货运需求，还能够节省飞机燃料。这无疑将使顺丰的竞争力大大增强。

而且据媒体披露，在距离鄂州机场大约20分钟车程的地方，有一个年销售额超过百亿元的电商基地——葛店开发区。这里已经聚集了诸如唯品会、亚马逊、苏宁易购、普洛斯等30多家全球和国内知名企业，年销售额逼近百亿元大关。

如果顺丰能够入主鄂州机场，那无疑是近水楼台先得月，顺丰很可能借此弥补上电商业务的短板。

顺丰的公告中还提到，将贯彻落实国家“一带一路”和长江经济带发展战略。无疑，鄂州机场的建成，将打造中国对东南亚航空贸易的接口和门户，将中国的高新制造业产品由全国汇集于鄂州，由顺丰承担主要物流服务，输送出国。这对于整个中国的国际物流进出口业务的发展将起到重要的推动作用。

如果从孟菲斯的发展经验来看，孟菲斯成就了联邦快递，鄂州也有望成就顺丰的再次腾飞。

深挖洞，广积粮，“新顺丰”启航

2017年2月24日，顺丰控股在深交所举行重组更名暨上市仪式，正式登陆

A股。当天总市值达2310亿元，超越万科A和美的集团，成为深市第一大市值公司。

顺丰上市6天连续涨停6次，市值高达2800亿元，沪深两市市值排名第十五。而王卫的身家也从130亿元涨至上市6日后的1800亿元，一度超过腾讯创始人马化腾的1670亿元，仅次于王健林和马云。

当年香港砵兰街的“水货佬”成了名副其实的“快递之王”。

上市之后的顺丰，如何构筑自己的竞争优势？

顺丰一直在做的一件事就是“深挖洞，广积粮”，在打造核心竞争力上不惜血本，不断拉开与竞争对手的差距。

2017年“双11”之前，笔者探访了位于深圳宝安国际机场内的顺丰航空枢纽，以及顺丰香港公司，参观了顺丰货运航空指挥中心、包裹分拣区、全货机以及冷链仓库，感受到了顺丰这些年在智能物流、信息化和新业务拓展方面的巨大投入和领先优势。

在顺丰航空包裹分拣中心，放眼望去，数个足球场大的分拣中心，是交错穿行的传送带的海洋。神奇的是，依赖全方位扫描技术，每件包裹在抵达某个位置时，自动从传送带滑落，通过滑槽进入打包区，每个位置就是这件包裹要送抵的省份。

这一幕，让笔者想起2008年皮克斯制作的科幻动画影片《机器人总动员》，人在如时光流的星际轨道上呼啸而过，炫酷，智能。科技思想家凯文·凯利说：“机器，正在生物化，而生物，正在工程化。”

今天，快递物流行业已经不仅仅是劳动密集型产业，更是技术密集型和资本密集型产业。顺丰一直走在行业的前列。

从顺丰财报来看，上市后的顺丰将大量的资金投入“深挖洞，广积粮”上：

一是加筑护城墙，重金投入打造核心竞争力。

顺丰将大量资金投入了“天网+地网+信息网”的建设。拥有通达国内外的庞大物流网络，包括分点部网络、航空网络、地面运输网络、中转场网络、客服呼叫网络、产业园网络等，拥有显著规模优势。

在航空网络上，截至2017年年底，顺丰拥有自营全货机41架，较2016年增加5架飞机，租赁16架全货机。2017年顺丰航空发货量占全国航空货运总量的22.98%。顺丰参与设立湖北国际物流机场有限公司，并将其作为顺丰航空运输体系布局建设的核心。未来，将以该枢纽为中心，全面打造覆盖全国、辐射全球的航路航线网络。

同时，顺丰物流场地资源价值在上市之后也进一步显现。年报显示，截至2017年年末，公司持有物流场地土地面积约4226亩，总规划建筑面积约272.07万平方米，已建成建筑面积约78.11万平方米，物流场地资源账面净值合计约人民币86.07亿元，较上年增长39.50%。

此外，顺丰控股还自主研发一套完整的智慧网平台，包括顺丰物流各项核心营运系统、顺丰地图平台、大数据平台、信息安全平台、智能运维管理平台等，打造智慧化的坚实底盘，快速、灵活、安全、全面地支撑业务发展，实现数据交互分析，驱动业务决策，有效地优化了业务流程，提高了经营效率。

二是新业务成为营收增长点，所占比重越来越大。

顺丰2017年营业收入中，时效和经济板块的传统业务收入615亿元，占比虽高达86.51%，但较2016年的占比90.09%有所下降，新业务比重已在逐渐提升。

在新业务中，重货运输营收占比达6.19%。截至2017年年末，公司拥有717个重货网点和21个重货中转场，场地总面积超过67万平方米，覆盖全国31个省、289个主要城市及地区，车辆4000余台。2017年重货产品不含税营业收入净额达44.02亿元，同比增长79.93%。

2017年同城配业务实现营业收入3.66亿元，较上一年同期增长636.18%。已初步搭建完成全国范围第三方直营即时物流配送网络。客户服务方面，形成了具有顺丰特色的30分钟快速安全送达的服务品质，为服装行业、餐饮外卖行业、商超行业、消费电子行业、平台行业等的主要品牌客户提供优质的同城即时物流配送服务，肯德基、麦当劳、德克士、百度、天虹等主流品牌成为合作客户。

冷运与医药业务也保持了高速发展，该业务2017年实现营业收入达22.95亿元，同比增长59.70%。截至2017年年底，顺丰控股冷运网络覆盖104个城市及周边区域，其中有51座食品冷库、108条食品运输干线，3座医药冷库、12条医药干线。

2017年国际业务净收入20.43亿元，较2016年增长43.70%。截至2017年末，顺丰国际快递服务已覆盖如美国、欧盟、日本、韩国、东盟、巴西、墨西哥、智利等53个国家和地区，其中，南亚片区网络覆盖范围已超过90%；国际小包服务网络已覆盖全球225个国家和地区。

三是大手笔投入科技研发，加快向物流科技集团转型。

2017年年报中，顺丰控股科技投入共计16.04亿元。2017年，顺丰科技及各业务区IT人员约3700人（含外包），其中研发投入11.67亿元，研发人员（含外包）2800人，运维及其他支出4.37亿元。2017年公司在物流无人机、智慧设备、智慧服务、智慧决策、车联网等智慧物领域的研发及推广应用成效显著。

通过以上三点，或许可以总结出“新顺丰”的三个关键词：新业务、重资产、智慧物流。核心目标是使顺丰蛋糕做得更大，竞争力的护城河挖得更深，在未来的技术战和全球化市场争夺中占据优势。

王卫的梦想是星辰大海。

王卫多次说过，顺丰最终的企业愿景，是希望成为世界级的物流企业，能够与国际巨头UPS、FedEx相抗衡。

UPS已经创办110年，经过了“一战”“二战”和信息化革命，从徒步投递到自行车、T型福特车、铁路、航空运输，已经非常成熟。FedEx（联邦快递）也有40多年历史。相比而言，创办20多年的顺丰还只是个青年。

UPS业务横跨大西洋和太平洋，在超过185个国家和地区经营国际小包裹和文件网络，并成了全球供应链管理领军企业。目前UPS的主要业务包括国内、国际包裹分部，供应链和货运分部。联邦快递的主要业务划分为四类：全球快递、联邦地面、联邦货运和联邦服务。

联邦快递2016年营业额高达人民币3465.91亿元，顺丰营业收入为574.83亿元。联邦快递机队有677架飞机，顺丰自有全货机40架。从硬件的数量、全球布点能力到营收能力，顺丰与国际顶级物流公司还存在明显差距。

但顺丰仍然是中国最有希望跻身国际巨头的民营物流公司：

一是因为顺丰的直营模式与国际顶级物流公司一致，顺丰的体量和营收规模也遥遥领先于国内其他民营快递公司。说直白点，如果顺丰没希望，其他公司就更没有希望了。

二是因为顺丰赶上了中国经济总量有望成为全球第一的历史性节点。强大的经济必然有助于催生强大的物流公司，这是历史已经证明的规律。孟菲斯成就联邦快递，鄂州机场也有希望成就顺丰。

三是因为中国企业正在通过"一带一路"走出去，海淘全球购成为热点，这是中国物流企业的重大机遇。UPS提供的报告显示，近五年跨境电商交易规模复合增幅高达60.53%，2016年交易额达到3055亿元，同比增长48.0%，而且增速有持续提高的趋势。国际市场成为国内物流公司的必争之地。

2017年顺丰与UPS宣布正在成立合资公司，成为唯一获得管理部门批准成立合资速运公司的民营企业，共同经营和开发联合品牌的国际快递服务，聚焦B2B和B2C客户的跨境贸易，拓展全球市场。同年，顺丰与中集集团签订战略合作框架协议，计划在多式联运、快递、"一带一路"和中欧班列、铁路、装备、技术、商业等领域开展进一步合作。

"新顺丰"未来将是一个资产殷实、服务优质、全球化布局、信息化和智能化程度领先的高端综合物流服务提供商。

作者简介
Introduction to the author

赵继成 资深媒体人，商业评论员，赵继成频道商业新媒体矩阵创始人，中信国安创客创业导师，创业最前线特邀总编辑，环球金融家智库运营顾问，荣获《经济观察》报2017年“年度杰出商业新媒体奖”。

曾担任今日排行榜副总裁、总编辑，《彭博商业周刊》中文版总监，搜狐网评论频道主编，新京报评论员。

发表文章数百篇，其中，关于创业的文章曾获总理批示，对话著名政论家皇甫平、著名学者易中天的文章引发巨大反响，主播音频节目《主编读榜》全网播放量320万次，曾孵化打造数百位行业达人。

阿里巴巴，那个万一实现了的梦想

“一切得从头开启，失败了也无所谓，我至少把一个概念告诉了别人。我不成功，会有人成功的。但首先一点，我希望中国人早点成功……”昏暗的街灯透过车窗，打在34岁的马云脸上，他的眼睛有些湿润，但目光坚定。那是1998年的北京，也是马云即将“败走”的北京。

这段20年前的画面，后来被演绎成诸多版本，也打动了许多奔走在创业路上的人。

1999年，马云在杭州湖畔花园的“毛坯房”里创办了阿里巴巴。15年后的2014年，阿里巴巴在纽交所上市，创造最大IPO募资纪录，当日市值超过1.4万亿元人民币。

2018年是中国改革开放40周年，人们惯用翻天覆地来形容40年的巨变。而如果要为这个巨变找一个具象代表，阿里巴巴应该是最合适的企业之一。

2018年春夏之交，马云在一个月内两度公开表达对改革开放的感激。先是4月9日晚，参加博鳌论坛的他对话国际货币基金组织总裁拉加德时说：“没有改革开放政策，就没有今天的我们。”之后是5月9日，在浙江对外开放大会上，他说“我充满着感恩”。

“布道者”，小梦想撑起大希望

1999年初，在北京忍受过地下室，也挤过早上6点的公交车，却还是被人误当成骗子的马云，终于坚持不下去了，他的“中国黄页”梦即将破碎。

14个月北漂，尚未去过长城，离京之前大约一个星期，马云带着创业的兄弟姐妹一路向北。那个冬天，他们在长城上的合影，几乎成了阿里巴巴最著名的一张照片。后来更是被创作成油画，标志性地出现在阿里巴巴的展厅里，就像是一部大书的序章。

后来的阿里巴巴人一直选择相信，自己的老板正是在长城之上，立下了“做一家由中国人创办的让全世界骄傲的公司”的誓言。

19年前的那个冬天，马云身穿一件红色羽绒服，戴着一顶武侠小说般的毛帽，在北京如刀的冬风中，显得单薄而瘦小。金庸先生笔下“风清扬”这个名字，显然还不适合当时的马云。照片中，马云倚在长城上，目光伸向远方，多少流露着失望。

对于这段往事，马云回忆说，那天在长城上，大家其实特别沮丧。“从1995年闯到1998年年底，大家觉得该收获了，但我们还是这个样子，不知道路在哪儿？”

那个冬天，对马云来说，格外的冷。春节还没结束，喜庆的氛围尚在，马云从北京回到了杭州西郊那个名为湖畔花园的小区。那天，马云穿的依旧是长城上的那件红色羽绒服，只是大大的毛帽摘了下来。

在一套还没装修好的民宅中，马云和小伙伴们开始了新一轮创业。这一次，他们将梦想锁定为一个纯粹为中小企业服务的电子商务网站，聚焦英文全球批发贸易市场。这便是阿里巴巴。

在湖畔花园，马云召开了第一次员工大会。他特意穿了一件深色的西装，还配了一件洁白的衬衣。他将脖子上的那粒纽扣都紧紧扣着，好像要宣示一份重大的使命。

那天，他一口气讲了三个小时，依旧神采飞扬，依旧滔滔不绝，依旧像一位“布道者”。但是，即便跟随马云多年的“十八罗汉”，当时也充满了困惑。

后来成为阿里巴巴集团总裁的金建杭，当时拿着摄像机记录了整场会议。他毕业于复旦大学，为了追随马云，辞去了外经贸部中国国际电子商务中心的工作。他从摄像机的取景器中，看到了同事们的眼神，几乎都写满了深深的迷茫。

这种迷茫，也同样刻在当时28岁的彭蕾心中。这位在浙江财经大学当过四年老师的重庆姑娘回忆说："既听不太懂，也觉得好像不太可能吧？"十多年后，已成为阿里巴巴蚂蚁金服首席执行官的她，依然清晰记得当天的感受。

关于那场会议，后来甚至有人形容——马云当时在毛坯房里说的那些话，多少有些天方夜谭的违和感。

那天的马云，到底说了什么？

比如，他说："我们所有的竞争对手不在中国，而在美国的硅谷。我们把阿里巴巴定位为国际站点，不要把它定位为国内站点。"

比如，他还说："我希望阿里巴巴在2002年成为上市公司。"

……

当时的马云，和许多有着创造性想法的创业者一样，首先面临的不是资金之困，而是信任之忧。他和当时、后来、当下的诸多创业者一样，首先亟须构建的，其实是外界尤其是资本方对自己的信任体系。

舍弃"铁饭碗"，寻找新机遇

信任，可谓当年的马云或者尚且寂寂无闻的阿里巴巴，最大的"内忧"，那么"外患"呢？

1999年，中国新生互联网企业逼近井喷。北京的户外广告牌，几乎一夜间贴满了各种".com"。

当年的媒体也"顺势"塑造出许多"互联网英雄"。风头无二的便是顶着麻省理工博士帽的张朝阳。1964年10月出生的张朝阳，只比马云小一个月。1999年，当马云还在湖畔花园遭遇满眼疑惑时，张朝阳早已登上多家杂志的封面。而此前一年，他便已创立搜狐。

1999年，28岁的丁磊已主导完成网易首页向“门户”改版，为后来三足鼎立的“门户时代”铺就了道路。一年后，网易更是在纳斯达克上市。

也是1999年，几乎就在马云“败走”北京的同时，马化腾开发的OICQ，注册人数疯长。之前的1998年，还只有28岁的“小马哥”与同学“合资”注册了深圳腾讯计算机系统有限公司。

还是1999年，31岁的李彦宏从硅谷启程归国。他在母校北大的资源宾馆租了两间房，连同1位财会、5位技术，以及合作伙伴共8人，开始埋头搬运百度帝国的第一块砖。

1999年，在世界互联网的创业“中枢”，31岁的雅虎创始人杨致远已被尊为网络媒体公司“舵手”，公司市值已高达390亿美元。

……

这一年，马云已经35岁，这位毕业于杭州师范、两次高考落榜生，与考取“中美联合培养物理类研究生计划”奖学金的张朝阳相比，简直就是“后进生”。他也没有像李彦宏一样的技术背景和硅谷基因。而相比马化腾，他比人家大了7岁还要多，而且还不懂技术。

在湖畔花园，已辞去杭州电子工业学院英文及国际贸易教师“铁饭碗”的马云不无焦虑地说，阿里巴巴必须在1999年破土而出，他甚至要求伙伴定出时间表。他甚至预言，“如果1999年阿里巴巴不破土而出，2000年我们的戏就不大了”。当时说完这句话，马云将眼神投向了远方，语气一度停顿。

阿里巴巴，就在这样的“内忧外患”中，在湖畔花园开启了长达半年的“闭关修炼”。窗外的世界，尤其他们曾“败走”的北京，雨后春笋般的互联网企业正拓荒般跑马圈地。这场“闭关”的多位亲历者曾回忆，将近7个月，大家几乎没有休息。除了每天睡五六个小时，吃饭半个小时，其他时间都在工作。马云有时穿着睡衣，就突然跑到大家面前，随即开始“喊话”。

地上可以看到被子，桌上可以发现饭盆，屋子里充斥着“不明觉厉”的气味，年轻的面孔变得有些暗沉。

彭蕾后来回忆说，当时有个送盒饭的小伙子，敲开门看到满屋的电脑。他放下盒饭后，竟嘟囔出这么一句——没想到这里还有个“黑网吧”！

1999年，这些阿里巴巴创始人的工资，每月500元。而那笔凑来的最后的50万元“种子基金”，只够撑到夏天。如果再没有钱，就连最少的月薪，马云也拿不出来了。

但急需“输血”的马云，最终被VC拒绝了37次。虽然他坚定地相信阿里巴巴的未来，依然努力讲好这个伟大的故事。但还是鲜有人相信他的梦想，许多人甚至都选择相信，当时的阿里巴巴只是个天方夜谭。

不轻言放弃，战胜自己和时间

马云不仅需要钱，更需要被信任。

不知那段艰难的日子，他是否会想起“G奶奶”，那位曾给予他莫大信任和帮助的老人。

对于阅读过马云传记《这就是马云》的人来说，G奶奶的故事往往都会触碰到他们内心最柔软的地方。作者陈伟所描述的G奶奶，大致是这样的——

> 在马云周围有那么一些人，是我始终都无法忘记的。首先要说的是一位老奶奶，我们见到她时，已经八十多岁了，没人知道她叫什么。她是马云英语班的一名学生，大家都跟着马云叫她Grandma，我们简称G。别的同学都害怕记单词，但是G通过记单词治好了头痛和失眠。
>
> 马云的海博翻译社成立后，G主动要求做宣传，大家都不忍心她去，她却说，“我去容易成事儿，谁会拒绝一个80多岁又会讲英语的老太太的请求呢？”
>
> 后来，G在一次送文件时迷了路，之后大家再也不敢给她活干，后来她就专门负责去大宾馆做宣传，那里冬暖夏凉，环境也好一些。
>
> ……

1995年秋天，G去世了。马云说，“G在天上会一直陪伴着我们，她不希望看到我们悲伤，她希望看到大家快乐。”最后，我们一起把G奶奶的骨灰撒在了西湖里……

1999年，G奶奶已走了4年，再也不会回来了。

那个夏天，如果再凑不到钱，天国里的G奶奶或许就要看到马云和大家的悲伤了。

炎夏到来之前，马云遇到了一位英语比自己还标准，一身大牌服饰，戴着眼镜的斯文男子。他叫蔡崇信，加拿大华裔，台湾名律师蔡中曾之子，美国纽约州执业律师，耶鲁大学经济学及东亚研究学士、耶鲁法学院法学博士。

彼时的蔡崇信，负责瑞典银瑞达集团亚洲业务，年薪70万美元。

到此为止，除了蔡崇信祖籍浙江湖州，与马云算是地理意义上的半个老乡，两人似乎再无相似之处。

但是，比当年的阿里巴巴更像天方夜谭的事发生了——来杭州与马云洽谈投资的蔡崇信，最终谈判未成，却萌生和马云一起创业的冲动。而当时的阿里巴巴还只是个上线刚刚几个月、籍籍无名的网站，马云甚至连自己的公司都没有。除了身兼办公室、宿舍和食堂的湖畔花园那套毛坯房，几乎没有任何实体。

蔡崇信赶回香港，并带着怀孕的妻子来到杭州，他希望妻子见到马云后能同意自己加入毛坯房里的阿里巴巴，且月薪只有人民币500元。

据说，正是在西湖的小舟之上，蔡崇信提出了加入阿里巴巴的希望。马云听完，惊喜得几乎跳到湖里。如果G奶奶在湖中有知，那一刻也一定在为马云高兴。

为什么当年那么多人不相信马云，不相信阿里巴巴，而蔡崇信却坚定地选择相信？

蔡崇信曾解释说，初次见面，他就被马云的人格魅力吸引。当然，还有他一直谈论的伟大愿景。

那年6月，马云认真地说："崇信！请帮我组建公司吧！"蔡崇信问他哪些人将成为股东，马云列的名单几乎包括了湖畔花园小屋里的所有人。不仅如此，马云还将很大一部分股权让给了创业团队，这让蔡崇信很惊讶，因为通常创始企业家都会尽可能多持股份，以掌握公司。

马云的格局、胸襟，让蔡崇信更加坚定了当初的决定。于是，在杭州湿热的夏夜，这位耶鲁博士手拿小白板，挥汗如雨地给小伙伴们讲授起关于公司的基本常识。比如何为"股份"，什么是"股东权益"。

之后，他拟出了18份符合国际惯例的股份合同。正是从那一刻开始，阿里巴巴有了公司的雏形，而后来成为传奇的"十八罗汉"也因此有了法理上的名义。

曾有人总结蔡崇信加盟之前的阿里巴巴，称其为"三无团队"——无显赫出身、无成功商业案例及财务数据、无技术优势。但相比这些"显性优势"，阿里巴巴团队也具有非比寻常的"隐性优势"，包括被马云引以为傲的阿里巴巴价值观。

关于蔡崇信，在阿里巴巴的史料中，还可以查到一个最初的表述——国际人才。蔡崇信的加入，为这个"三无团队"播种下了国际化公司的基因。

而当蔡崇信迈入湖畔花园这个"罗汉堂"，首先为马云带来的改变，其实是增加了资本方信任马云的筹码。蔡崇信就像一个"信誉担保"，让投资人不得不相信阿里巴巴不是天方夜谭，而将是商业神话。

如果把企业比作金字塔，位于基石层的是产品，位于中间层的是资本，位于顶层的是人才。当时的马云，表面最缺的是资本，其实真正欠缺的是塔顶的国际人才。蔡崇信的到来，解决了顶层的人才问题，中间层的资金问题便一定水到渠成。

果然，仅仅4个月后，1999年10月，高盛联合富达投资等机构，首轮为阿里巴巴注入了500万美元。3个月后，马云和蔡崇信在新世纪的曙光中飞赴日本。目的地——软银东京办公室；目标：说服软银董事长孙正义投资。

谈判桌并不大，一身西装、系着领带的马云，坐在这位著名投资人的右手边，大谈阿里巴巴的前景。蔡崇信话不多，但在关键时刻对孙正义的前两次出价，直接说出了“No！”。直到孙正义最终点头2000万美元，蔡崇信才算收口。

后面的场景，常常随着一张老照片在网络传播——在一张放着笔和茶杯的小木桌上，马云和孙正义的手最终紧紧握在了一起。

关于为何坚定选择阿里巴巴，蔡崇信还曾给出这样的解释——When you create something form zero，to。You know，even a few millions。You get a sense of great accomplishment（当你从零做起，也就是说，你达到了几百万，你就会很有成就感）。

获得2500万美元后，阿里巴巴在美、英等地设立了办事处，开始像跨国企业一样进行战略布局。

互联网泡沫，“中供铁军”诞生

2000年，36岁的马云登上了《福布斯》杂志的封面。但对于马云和阿里巴巴来说，这一年的日子，其实是“冰火两重天”。

2000年9月10日，是曾作为教师的马云的节日。当然也有人说这一天就是马云的生日。总之，马云选在这一天效仿华山论剑，举行了首届西湖论剑。这多少有点“骨灰级粉丝”向金庸致敬的意味。

论剑主题：新千年、新经济、新网侠。嘉宾：搜狐网CEO张朝阳、新浪网总裁王志东、网易董事长丁磊、8848董事长王峻涛……

但这次“江湖聚会”仅仅10天后，马云就宣布阿里巴巴进入紧急状态，为期半年。这年年底到次年年初，阿里巴巴陷入了创业以来最困难、最危急的境地。

全球互联网泡沫开始破裂，由此带来的股市动荡中断了互联网创业的狂欢。“蝴蝶效应”之下，年轻的中国网站在年底纷纷倒闭。《网络已死》成为大标题出现在媒体上。至此，持续已三年的中国首轮互联网创业大潮跌落谷底。

互联网的冬天来临了，这也是中国第一次遭遇“互联网泡沫”。寒冬之下，面临资金窘境的腾讯，几乎到了以60万元卖掉ICQ的边缘。到2001年1月，阿里巴巴的账上只剩下700万美元。大家估算后认为——最多还能坚持半年。

而此时，投资人也没有给出好消息——无意追加第二笔。阿里巴巴不得不迅速战略转移，将海外扩展调整为回归本土。

阿里巴巴新的COO关明生，就是在寒冬中走马上任的。这位曾在通用电气工作15年的资深企业人士，在阿里巴巴提出的口号是“Last man stand”（最后一个站着的人）。他最重要的工作，就是帮阿里巴巴梳理组织结构和价值观。他常常追问同事——我们的使命是什么？我们的价值观到底是什么？

即便在这个艰难的时期，阿里巴巴依然挤出了100万元人民币对团队进行培训，这套培训体系便是日后声名远播的《百年阿里》。

人凝聚了，心凝聚了，事情才有机会做好。

在那段跌宕的岁月，马云曾说，这个公司的成功不能靠一个人，必须靠制度。他希望用制度来维护和发展阿里巴巴。

马云说：“如果9月10日我们能收支平衡，将让中国所有的互联网公司重塑信心。”

要想收支平衡，就必须找到盈利模式，而且还要快。这是“造血”式自救。可怎样才能“造血”？盈利模式到底是什么？依然迷茫。

危急之下，阿里巴巴甚至不得不开始“不务正业”的尝试，包括：注册域名、订酒店、订机票，等等。

但是，这是大家梦想中的阿里巴巴吗？“十八罗汉”出现了“两派”：一派坚持找大客户，做解决方案，这样的益处是收费高、增收多；另一派则坚持回到初心，为用户提供互联网平台化的服务。但具体是什么服务，并不十分清楚。

后来，马云说了一句话：“我们的立足点是中小企业，我们的使命是天下没有难做的生意。”于是，大家当即决定关掉全线业务，重新回归服务中小企业。

但大家或许没有想到，这种回归到底有多难？

2001年，以免费为卖点的互联网企业，一家家倒闭。阿里巴巴却逆势推出了自己第一个付费产品“中国供应商”。

这到底是救阿里还是在毁阿里？在一片争吵声中，马云又一次力排众议，坚持做“收费会员制”。

而后，阿里巴巴在全国范围成立直销团队，长三角、珠三角被锁定为重点地区。当时，中国大部分中小企业都分散在城郊产业带。许多企业其实愿意付费，以获取有价值的信息。上门面对面推广，成为服务这些城郊企业最有效的方式。这批冲在前线的队伍，被称作“中供铁军”。中供，是“中国供应商”的简称。

许多当年的“铁军”，现在还清晰记得——深夜回到出租屋，两毛钱打一壶热水，一半泡脚，一半泡面。

还有一个细节是销售员随身携带的包，多是硬壳的。因为厂区最先“迎接”他们的，往往不是门卫，而是大狗。带个硬壳包，至少可以挡一挡扑来的狗牙。

这一年，阿里巴巴的B2B业务，有了100万注册会员。2002年，更是实现了盈利。

判断一家企业是否稳定、成熟，首先应观察它在经济危机、行业危机中的表现。依靠“中国供应商”，阿里巴巴逐渐拥有了度过危机的力量。

当马云站在台上宣布盈利的消息时，台下响起了欢呼。这种欢呼，更像是一种破釜沉舟后转危为安的释放。

“阿里日”，又一次扛住外部压力

但其实，阿里巴巴的危机还远没有结束。

2003年初，一名刚从广交会回杭的员工被疑患上“非典”。当时的阿里巴巴已有了500多名员工。根据要求，他们必须回家隔离。

彭蕾记得，当时员工们纷纷搬走了电脑，甚至是打印机，他们准备回家继续办公。

但不论员工多么自觉，隔离就意味着工作可能无法正常运作。而除此之外，漫长的隔离之后，阿里巴巴还能不能活下去？

然而，就在员工隔离的第二天，客户打来电话时，阿里巴巴客服的声音照常出现了。当时的客户并不知道，电话那头的客服人员正隔离在家中。

那年5月，解除隔离的阿里巴巴，为了铭记这次患难与共，将每年5月10日都定义为“阿里日”。

那天，马云为员工们准备了写有阿里巴巴名字的蛋糕。他说：“我希望我们不断努力，不仅可以给我们带来财富，更多的是带给我们一辈子的欢乐，一辈子的回忆。”

也是5月10日，淘宝网在湖畔花园上线。而在此之前，国际电商巨头eBay已进入中国。

直到7月，阿里巴巴才举行发布会，正式宣布淘宝网成立。评论的声音随即出现，有媒体说这是淘宝与eBay公开竞争的开始，还有媒体如此评价——蚂蚁战大象。

eBay对当时的阿里巴巴而言，更像是一场危机。肩负正面作战使命的淘宝网，首先面对的考验是——如何转危为安？

在湖畔花园，每天下午都会有一场“头脑风暴”。有时，大家干脆就坐在地上。

2003年，淘宝网第一笔业务诞生了，一台二手相机，卖价是700多元。

2004年，阿里巴巴在淘宝网的基础上，推出了第三方支付平台——支付宝。上线那天，杭州正下着大雪。由于系统尚未完善，早期的支付宝只能靠员工手工对账。可以想见，一天10万、20万笔交易，工作量有多庞大？

这一年，蔡崇信依然奔波在阿里巴巴的融资之路上。当年，数家一线投资机构给出了8200万美元，这也创造了当时中国互联网圈最大私募融资纪录。

8200万美元融资，以及合并雅虎中国这两场重大战役，不仅让阿里巴巴有了充足实力塑造淘宝网，更让阿里巴巴由此成为中国最大电子商务平台。

2006年，淘宝网交易总量市场占比由9%升至70%。同年，eBay退出中国市场。

如今的淘宝网，已拥有至少5亿量级用户，它的故事不需赘述，它甚至已成为中国人生活的一部分。如果非要追问它怎样影响了这个时代，其实有一个字是最好的回答——“亲”！这个字只有9笔，却超越历史，重新连接了中国人的交易。

除了重新连接，在马云眼中，淘宝网还带来了信任体系的重构。一件商品，从卖家手中，交到快递手里，送到买家手上。如何建立全流程信任？阿里巴巴想到的办法是——第三方担保。

现在回望这段历史可以发现，当年国内几乎没有商业机构愿意承接这一业务。因为一笔交易可能只有5元、10元。银行家们说，连完成一笔支付的成本都不够。

怎么办？阿里巴巴只能自己做。这便是支付宝。

eBay退出中国市场后，马云曾勉励员工，未来三年，不要把竞争作为第一要素，因为竞争已成为第二、第三要素。

也是那个时间，人们听到了王宝强饰演的“傻根”在广告中喊道——“有支付宝，没贼！”

2007年11月，阿里巴巴网络有限公司在香港联交所主板挂牌上市。马云那天在胸间别了朵漂亮的花，而一条与阿里巴巴Logo色调一致的橙色领带，仿佛在提醒投资者收获的颜色。

2008年4月，淘宝网推出专注服务第三方品牌及零售商的淘宝商城，即现在的“天猫”。但也是2008年初，美国次贷危机引发金融危机。出口贸易递减，许多中国企业被迫倒下。

在此背景下，阿里巴巴将“中国供应商”的价格下调六成，从5万元变为1.98万元。2008年7月23日，马云向阿里员工写了一封名为《冬天的使命》的邮件。他说："今天我们肩负着比以往更大的责任，我们有责任保护我们的客户，全世界相信并依赖阿里巴巴服务的数千万中小企业不能倒下。"

两个月后，阿里巴巴集团研发院成立。

最终，9岁的阿里巴巴又一次扛住外部的经济压力，但一场内部风暴也正悄然积聚。

合伙人制度，迈向世界级企业

2009年，阿里巴巴10周岁。这年9月，阿里云成立。也是9月，阿里巴巴宣布收购中国领先的互联网基础服务供应商中国万网。

9月10日，杭州，阿里巴巴举行盛大的"庆生晚会"。一身"朋克"、一脸"彩妆"的马云足以成为一场媒体事件，但当晚更重大的新闻出现了——被誉为"十八罗汉"的阿里巴巴初创成员集体辞去创始人身份。

那晚，"罗汉"们手拉手向台下的"后来者"鞠躬。灯光打在他们脸上，音乐一意孤行。台下欢呼的声浪，就像翻腾的麦穗，似乎收获就在不远的秋天。年轻的人们，用黑色的眼睛，在黑夜中见证着故事重新开始。复杂的情绪中，有泪水，也有光明。

取代"创始人"的，是阿里巴巴的新制度——合伙人。阿里巴巴推出合伙人制度的初心，曾被概括为"以保存其使命、愿景及价值观"。

马云说，合伙人不是一种荣誉，而是一种责任，我们前10年靠创始人打天下，后面92年靠合伙人坚持这个文化。新型的合伙人制度的摸索，其实就是在摸索如何在互联网这种新型服务的情况下，让基业长青。

细心的人会发现，马云说了"后面92年"，这是因为他所定义的公司愿景写着——我们旨在构建未来的商务生态系统。我们的愿景是让客户相会、工作和生活在阿里巴巴，并持续发展最少102年。

阿里合伙人制度，不同于传统合伙企业法中的合伙制，也不等同于双重股权架构。在制度中，由合伙人提名董事会大多数董事人选，而非根据股份分配董事席位。

如今，回看这次阿里巴巴的制度之变，不失为迈向世界级企业的重要一步。

如今，阿里巴巴合伙人已超过30人，其中包括“80后”的蚂蚁金服平台数据事业群研究员胡喜和天猫事业部产品技术部研究员吴泽明。

人数或许还会增加，人员也可能发生更替，但阿里巴巴有两位永久合伙人应该永久不会变，那便是马云和蔡崇信。

相比创始人的遥不可及，成为合伙人的时间门槛只需在阿里巴巴服务五年以上。当然，除了时间门槛，肯定还有其他门槛，比如具备优秀领导能力，高度认同公司文化，对公司发展有积极性贡献，等等。

阿里巴巴的这次改变，还像是合伙人制度的一次全民普及，以致百度关于合伙人制度的词条配图，都是一张神似马云的漫画。

“人事地震”，捍卫价值体系

2011年，阿里巴巴迎来了第一个本命年。在马云所憧憬的102年时间轴线上，时针即将走过12年。

当年发生的多起事件都佐证着，阿里巴巴虽然在不断优化管理体系，但速度并没有跟上发展步伐。当两个速度失衡，潜藏的问题终于暴露。

2011年，“中国供应商”中涉嫌欺诈客户的事件浮出水面。马云召开紧急会议，并从集团层面派出调查组。最终查出的真相之一，是销售团队中一批销售人员为达到业绩目标，为了帮助团队在业绩PK中胜出，“闭着眼”签了一些资质存在问题的客户。

根据公告，其实2009年开始，阿里巴巴B2B平台上，关于欺诈的投诉数量就不断上升。但直至事件爆发，中间两年的时间竟没有堵住漏洞。问题出在哪里？

而当事件终于爆发时，恰逢“3·15”消费者权益日。可以想见，当年的阿里巴巴受到了怎样的舆论重压。

面对“污点”，阿里巴巴有两个选项，一是公开处理，二是内部追责。阿里最终选择了前者。“十八罗汉”之一的蒋芳，是该事件的调查者之一。作为阿里的元老、马云的学生，她曾于2010年年底，被调去管理“中国供应商”的诚信安全。蒋芳当时对此职位的理解是：专门查处各种为赚快钱不择手段的坏人。如今看来，蒋芳去的时间，还是晚了。

阿里巴巴最终选择向公众告知：到底发生了什么？怎么面对？如何处理？蒋芳把这种方式称之为“一种少年人的方式”。知错，就改。

此后，100多位涉嫌欺诈的销售人员、主管被辞退。阿里巴巴B2B公司首席执行官卫哲、首席运营官李旭辉，也因上千家供应商涉嫌欺诈引咎辞职。

当时中央电视台在报道此次事件时，主持人李小萌用了这样一句表述——我国最大电子商务集团阿里巴巴爆发“人事地震”！

是的，这也是阿里巴巴至今最大一次高官辞职事件。但即便如此，当时外界的争议依然没有平息。

这一年，马云47岁。从2008年开始，就不断被媒体机构授予奖项的他，在2011年几乎与评选绝缘。而更深层次的问题还包括——“黑名单事件”与“人事地震”让不少人产生疑问：马云多年强调并坚持的价值观，在阿里巴巴到底还有没有用？价值观是不是理想主义的过度坚持？

马云后来讲到一句话，现在看来可算作回应——“我们要捍卫自己的价值体系。”

这次事件，阿里巴巴的代价不可谓不惨痛。如果一个本可通过管理手段去规避，且拥有补救时间成本的问题，最终以诚信受损的方式爆发出来。需要痛定思痛的，其实并不只有阿里。

少年阿里多舛的本命年，还在继续。

如果说“黑名单事件”更多是虚拟世界的网络战火，那“十月围城事件”，则直接从物理意义上包围了淘宝的中枢，而后更演变为线上线下的双线攻击，更惊动了国家商务部。

2011年10月10日，《2012年度淘宝商城商家招商续签及规则调整公告》发布。内容包括：技术服务年费从6000元提至3万元和6万元两个档次。商铺的违约保证金由1万元涨至5万元、10万元、15万元不等……新规执行时间设在10月17日。

对于新规，淘宝商城当时的解释包括“为促进商家更积极、严肃地进行其在淘宝商城的经营行为”，但许多资金链紧张的中小卖家感到了压力。

10月11日晚上9时，不满新规的中小卖家开始在网上聚集，随后对大商家恶意攻击。一个自称“反淘宝联盟”的组织喊话——商城不改规则不收兵。网络上，上万人通过在大网店中退订单等形式，扰乱淘宝网交易秩序。

10月13日，参与人数超过5万人，攻击范围扩大到直通车、聚划算。淘宝商城开始出台系列限制措施。

微博上，事件也在迅速发酵。事态最终发展到淘宝网的办公楼被围了起来。而这次事件，也再次被央视报道。

当时的态势有多严峻？一家媒体在报道中写下了这样一段——

“10月13日清晨，一位淘宝客服走在上班路上，突然手机响起……电话里一个陌生冰冷的声音，‘这两天你小心点，包括你全家！’”

马云再次微博发声：“看着家人的眼泪，听见同事们疲惫委屈的声音，心碎了，真累了，真想放弃。心里无数次责问自己：我们为了什么？”

10月15日，商务部电子商务和信息化司负责人就淘宝商城新规事件接受采访，表示：“商务部高度关注、重视此事件，已要求有关方面从稳定物价和支持小微企业的高度妥善处理并及时报告情况。”

这位负责人同时希望淘宝商城充分听取各方意见，采取积极行动回应相关商户特别是中小商户的合理要求。但他也强调，相关企业和个人必须循合法途径表达诉求。

10月17日，手上写了五个“忍”字的马云出现在媒体通报会上。当天公布的消息显示：阿里巴巴已闪电出台5项新措施，投入18亿元资金，对新规进行调整。

通报会上，马云有些憔悴，但一如既往地直来直去——“今天来闹事的人，不是毫无道理的”。紧接着，他举起食指，一字一句地说：“阿里巴巴集团，淘宝商城，我们不会无原则地退半步，但是对我们工作中的不足，会进行全面的反思。”

后来的事态发展证明，当天的通报会，连同马云开出的18亿元扶植“大单”，都没能平息“围城事件”。

10月18日，反对者称，行业定价机制应由淘宝商城、网商、政府职能部门共同参与，马云也应和中小卖家直接对话。其实，对话马云的要求，淘宝商城CEO张勇在17日的通报会上就已提前“否了”。他表示“不会和恶意攻击者谈判”，并直言反淘宝联盟的17位组织者一半不是淘宝卖家，而另一半则接受过淘宝处罚，不是中小卖家代表。

谁也没料到，10月21日晚，约5000名之前参与围攻淘宝商城的中小卖家，将支付宝定为了新目标。

支付宝官方微博迅速回应称——此前围攻淘宝商城的人群转而攻击支付宝，通过造谣煽动用户大规模提现试图进行恶意“挤兑”。造谣煽动者扰乱金融秩序，涉嫌严重违法……支付宝为此向杭州警方报警，警方已介入调查。

……

如果说年初爆发的“黑名单”引发了阿里巴巴最大一次高官辞职事件，那么“十月围城”则是淘宝网至今遭遇的最大规模抗议。

后来，已成为阿里巴巴首席执行官的张勇曾在节目中说，决策过程中他也免不了会犯错，“最大的一个，其实大家都知道，可能也不知道，我就是这个男一号，这个事情就是当年的十月围城。”

他说，事件之后，最大的体会和收获就是“阿里巴巴做得已不是一个生意，我们的平台已经有了社会公共属性。它为上亿消费者和上千万商家服务。一个企业背后是一个人，是一组织，是一个生意，是它的身家性命。我想我们今天在面对错误的时候，最重要的时候是有敬畏之心，能主动承担，能去改变，这才是我们前进的动力。”

阿里巴巴和马云也都没有回避2011年的这两起事件，还将它们记入了企业史。甚至在阿里巴巴的官方纪录片中，都可以看到当年的画面，听到当时的声音，感受到那一刻的艰难。

“十月围城”成为一盏红灯，为奔走在中国互联网创业路上的人们，进行着“安全预警”。遗憾的是，7年过去，在媒体笔下，其他电商被围攻的事件，仍有发生。或许多年后，“十月围城”这盏红灯，终将变成一座灯塔，为迷航的人点亮正确的方向。它涉及制度、法律、公平、正义，当然还有情感与情怀。

2011年的阿里巴巴，是所有中国互联网创业者都应该正视、重视甚至珍视的历史和前车之鉴。

开创未来，投资年轻人就是投资自己

2012年，在阿里云年会上，一位男士哭得稀里哗啦，他不断用拳头怼掉眼角的泪水，还一边哽咽着给自己打气：“这几年，我挨的骂甚至比我一辈子挨的骂还多，但是我不后悔！”

这是当年已40岁的王坚，被骂了整整四年的王坚。正是他，说服马云进军云计算。

当年，许多人坚信马云请来王坚就是个错误，因为他什么都不会，只是个溜须拍马的人。甚至在阿里的总裁大会上，一位员工直接对马云说：“马总！你别听王坚瞎扯，他就是一个骗子。”

但是，马云依然选择相信王坚，就像当年蔡崇信相信他一样。

王坚，现任阿里巴巴技术委员会主席，曾是浙江大学心理学系博士生导师兼系主任。2008年从微软亚洲研究院加入阿里任首席架构师，2009年出任阿里云首任总裁。

当年的互联网行业，云计算热得就像当下的区块链。但有多少人真正笃信它的未来？

据说，当年马化腾认为“这东西太遥远，可能要等几百年”。李彦宏则认为这是“旧瓶装新酒”，“没有技术含量”。BAT中，唯有不懂技术的马云，对云计算充满信心，甚至上升到战略高度。

现在看来，王坚遭遇质疑的主要原因之一，是他一开始就选择了一条最难的路。关于这种选择的原因，王坚后来在《在线》一书中给出了答案。

王坚说他很早就意识到，当互联网成为比公路还重要的基础设施，计算就要像电一样变成公共服务。电，必须是通用的，能点亮灯泡，也能发动马达。同样，真正的云计算必须成为“国家电网”，能支持各行各业。

王坚的梦想之一，正是把云计算变成公共服务，就像水、电甚至空气一样，成为生活甚至生命的一部分。

这样的梦想，在一切雏形都没有的年代，几乎就是画饼。可是，许多人忘了，1999年的马云和他的阿里巴巴之梦，也同样遭遇质疑，以致被37家VC拒绝。其实，这两个时间，只隔了10年。

面对内网针对王坚的质疑，马云不断给予回应，其中有这样一句，至今常被人提起——

“阿里没有人天生可以胜任CEO、CFO、CPO……阿里的了不起之处就在于我们可以把一个看起来肯定做不了啥O的人变成独特的O！阿里会把一个心理学博士变成出色的CTO，就像美国会把里根这个演员变成总统一样。”

今天，全球公共云市场3A格局已定。IDC数据显示，亚马逊AWS、微软Azure、阿里云位列前三名。2017财年Q2财报则显示，阿里云连续6季度增幅超100%，成为增速最快的云服务商。

阿里巴巴还成了奥运会“云服务”及“电子商务平台服务”官方合作伙伴。阿里云将为奥运会提供云计算和人工智能技术。

多位熟识王坚的人，都认为他的身上有某种特质和马云极为相似，比如他们都像极了“布道者”，比如他们都曾经不被信任。

2013年，阿里巴巴举集团之力的最大战略，应该是“All in”。这个德州扑克语境里的词汇，含义是全部下注。对阿里巴巴来说，它们下注的目标对准了无线战略。

2013年，PC时代风光无限的门户网站已光芒黯淡。随着智能手机逐步普及，腾讯的微信成为最火的APP。这年8月15日，微信海外版（WeChat）注册用户突破1亿。这个数据有何特殊之处？答案是：一个月内新增了3000万用户。70天后，腾讯又一组数据公布，又一次刷新了人们对移动互联的认知：微信用户数量已超6亿，日活用户1亿。

2013年，手淘、支付宝钱包、钉钉等无线产品，相继登陆手机端。

两年后的一组数据，可视为阿里巴巴无线战略的成绩单。2015年“双11”，阿里巴巴平台销售额突破912亿元，同比增长59.72%。移动端的手淘，在成交中的占比突破68%。

阿里巴巴无线生态正在形成，而在无线战略走向成功的背后，当然不能忘记那位委屈到哭的王坚。没有云计算，无线何以成为战略？

奋斗，是为了让他们站在台上

2014年，称得上阿里巴巴创建以来最重要的年份。阿里巴巴这位15岁少年，向IPO做起了最后冲刺。美国媒体形容，这将是历史上最大的首次公开募股。

在美国，回望阿里巴巴诞生的1999年，马云再次对信任二字产生了感慨：“15年前，没人相信我们能完成三千亿的交易。今天我们收到的融资，绝对不是钱，而是信任，更是责任。”

北京时间9月19日，50岁的马云现身纽约。他的私人安全助理、太极拳全国冠军李天金几乎寸步不离。这一天，阿里巴巴在纽交所敲响开市钟，但当历史性的一刻到来，大家惊讶地发现——敲钟的人竟不是马云。

“我们奋斗了这么多年，不是为了让自己站在那里，而是为了让他们站在台上。”那一刻，马云和合伙人、员工代表一起站在台下，为8位敲钟人久久鼓掌。站在马云前侧的蔡崇信则掏出手机，拍下了他进入阿里巴巴15年来或许最难忘的画面。

这8位敲钟人，到底是谁呢——

27岁的前奥运跳水冠军劳丽诗，退役后成为一名淘宝店主。

28岁四川女孩王淑娟，在澳大利亚求学两年后回到被地震毁坏的故乡青川，她要把当地的蜂蜜销往世界。

在村里创业的网商王志强。在中国许多乡村，农民通过网络销售特产、农产品，甚至有了集体开网店的“淘宝村”。

快递员窦立国，在走街串巷的同时，收集旧衣旧物捐助给需要的人，他甚至捐建了两座乡村图书馆。数据显示，阿里巴巴至少有14家快递配送合作伙伴，雇佣人员超过百万。

“80后”用户代表乔丽，淘宝“铁粉”“十年陈会员”。根据公开数据，阿里巴巴当年的活跃买家超过2.79亿。

“淘女郎”何宁宁，网店模特。“淘女郎”们在阿里巴巴上市前一年，至少创造了30亿元产值。此外，还有超过11万家设计机构、摄影机构、客服外包机构提供网店装修、客服外包等，每年产值超过10亿元。

“90后”大学生黄碧姬是一位“云客服”。这个群体把懂得淘宝的人聚在一起，汇聚大家的零散时间为客户服务。黄碧姬在三年的时间服务了1.6万多名淘宝会员。

唯一一位洋面孔，是美国农场主Peter Verbrugge，他通过天猫将车厘子卖到了中国。

上市敲钟，交易所最隆重的庆祝仪式，阿里巴巴为何选择他们？

马云说，“我们不是靠某几项技术创新，或者几个神奇创始人造就的公司”，“而是一个由成千上万相信未来，相信互联网能让商业社会更公平、更开放、更透明，更应该自由分享的参与者们，共同投入大量时间、精力和热情建立起来的一个生态系统。”

细心的记者发现，“生态系统”这个词，在马云致股东信中至少出现了

24次。而这8名不同身份的嘉宾，正是“阿里生态代表”。其实，构建未来的商务生态系统，也正是阿里巴巴的愿景。

相比“平台”，“生态”是位于金字塔塔尖的企业类型。而在塔尖之上，能对“生态”产生影响的其实有一种看不见的“气候”，许多人相信那就是企业的价值观。而这，也是马云创立阿里巴巴19年来始终坚持的。

守住有形，融入无形

改革开放至今已40年，有多少中国民营企业在美上市？目前还难以查到一个统一的数据。

“我觉得自己是改革开放最大的受益者。没有国家强大的经济发展，没有改革开放政策，不可能让我们变成这样的规模”，马云还特别强调“这不是套话”。

2016年夏天，阿里巴巴发布官方纪录片《Dream Maker》（造梦者）。55分钟的视频，许多人开着手机流量说，“一分钟都没有快进”。马云和他的少年阿里再次击中了中国创业者的泪点。

那一年，一个叫程维的人33岁。他22岁时，曾是阿里巴巴“中供铁军”的一员。那支“深夜回到出租屋，两毛钱打一壶热水，一半泡脚，一半泡面”的销售队伍，曾令马云引以为傲。

因为业绩出色，程维荣升阿里巴巴最年轻的区域经理，之后还曾负责支付宝B2C业务，负责支付宝产品与商户对接。2012年6月，程维辞职创业，一家名为小桔科技的公司，多少有些致敬苹果的意味，而他的主要产品滴滴，已经改变了中国人的出行方式。

在现在的互联网行业，可以看到许多阿里巴巴的影子，他们或是阿里巴巴的老员工，或是阿里巴巴生态中的一分子。

仅在优酷，《Dream Maker》就突破了2.6亿次播放。这个数字，相当于中国人口的1/5。而优酷，也是阿里巴巴生态的一分子。

阿里巴巴的生态到底有多大？或许这个问题，暂时还无法用数据量化。虽然生态已经铭刻于愿景，但关于生态，阿里巴巴的回答还是很谦逊——“我们的业务包括核心电商、云计算、数字媒体和娱乐以及创新项目和其他业务。我们并通过子公司菜鸟网络及所投资的关联公司口碑，参与物流和本地服务行业，同时与蚂蚁金融服务集团有战略合作，该金融服务集团主要通过中国领先的第三方网上支付平台支付宝运营……”

“我走过山的时候，山不说话。我路过海的时候，海不说话！”《Dream Maker》的伊始，黑色背景上，出现了《神雕侠侣》中金庸的句子。

十多年前，“败走”北京之前的马云，在车窗里，在长城上，是否也曾有过这样的心情？

2018年5月，阿里巴巴集团财报首次公布支付宝全球活跃用户数据——截至2018年3月31日的财年中，支付宝与其合资伙伴，为全球约8.7亿名年度活跃用户提供了服务。

2018年春夏之交，马云在一个月内两度公开表达对改革开放的感激。

先是4月9日晚，参加博鳌论坛的马云对话国际货币基金组织总裁拉加德时说：“过去四十年中，中国打开了市场，无论是国内和国际市场的开放。没有改革开放政策，就没有今天的我们。”

之后是5月9日，在浙江对外开放大会上，身为浙商总会会长的马云表示，如果说过去40年，中国的改革开放主要为我们国家的经济而发展。那么，未来的40年，继续改革开放是因为对世界的担当。

2018年6月18日，阿里巴巴在马来西亚设立国家办公室。马来西亚也成为中国以外，首个世界电子贸易平台（eWTP）的eHub（数字中枢）所在国。eWTP是马云提出的计划，致力为中小企业、年轻人和消费者，建立更包容、更创新的全球贸易平台。eWTP作为二十国集团工商峰会的政策建议，被列入2016年《二十国集团领导人杭州峰会公报》。

2019年，阿里巴巴将年满二十。阿里巴巴10岁时，马云曾说，前面十年，通过全社会帮助，阿里巴巴使自己创业成功。未来十年，阿里巴巴希望通过自己的平台，帮助无数企业成功，帮助无数创业者成为阿里巴巴。

用功，守住有形。用心，融入无形。

阿里巴巴，你的梦想实现了吗？

作者简介

Introduction to the author

卢荡 现任封面新闻副总编辑。清华大学五道口金融学院金媒校友会理事。曾任北京青年报记者、编辑、副主编，无界传媒助理主编，“一带一路”传播中心常务副主任。2016年主流都市报及新媒体从业经历，2010年全国两会，3届奥运会报道经历。曾参与汶川地震、玉树地震、温州动车事故等报道。

2007年，奥组委、美国密苏里新闻学院“奥运报道培训班”学员。

2010年，在北京市委宣传部、首都文明办、共青团北京市委等10家单位主办的第五届北京市“创业青年首都贡献奖”评选中获得金奖。

2013年，被共青团北京市委聘为“我的中国梦”北京青年宣讲团成员。

曾7次获得北京新闻奖、2次获得中国人大新闻奖及中国新闻奖复评铜奖、全国法制好新闻奖等。其中，《温岭：“参与式预算”十年路》获得第25届中国人大新闻奖一等奖。

新浪，这个时代，你我都在其中

如果将40年的改革开放历程从中间对折，1998年便成了连接前后20年的年份。

“从中央决策层到思想界、企业家，每个人都感受到改革向深度推进的艰巨，同时，又对这场变革将把这个国家和自己的命运带向何方而有着莫名的亢奋和迷茫。”财经作家吴晓波在《激荡三十年》里这样描述1998年。

那一年，一场特大洪水肆虐中国，29个省、区、市遭受洪涝灾害，4150人在这次灾害中丧生，685万间房屋在这次灾害中倒塌，直接经济损失达1660亿元。

那一年，在大洋彼岸，比尔·盖茨发布了Windows98系统。而在此岸，中国互联网刚刚兴起，大部分的中国人甚至都没有摸过电脑。在此后的20年间，电脑和互联网的普及路线与手机的路径大体相似，只是普及得比手机更早。

那一年，在美国，NBA总决赛上，迈克尔·乔丹拿到了第六座总冠军奖杯。而在法国，法国队以3：0战胜巴西队，拿到了法国历史上的第一个足球世界杯奖杯。

当罗纳尔多垂头丧气地离开法兰西大球场时，他绝对不会想到，在中国，一次中国互联网历史上里程碑式的报道也接近了尾声。

这是中国互联网历史上第一次24小时滚动密集报道，完成这次报道的，是后来被称为新浪网的一个网站。当时他们还不叫这个名字，而是作为一个叫作“法国‘98足球风暴’”的中文站点出现。

1998年5月，“法国‘98足球风暴’”网站开通，聘请了黄健翔做特约评论员，重要的比赛往往在赛前、中场、赛后会有三篇特约评论。网站采用了全新的工作流程——24小时滚动更新，所有编辑24小时不间断录入、上传、更新内容。那段时间，“法国‘98足球风暴’”上的消息要比很多传统媒体的消息早12~24个小时。

四分之一决赛期间，一个晚上四场比赛使得“法国‘98足球风暴’”网站创造了当时中文访问站点最高纪录，日点击310万次。此外，1998年世界杯期间，网站的广告收入达到了18万元人民币。这也是做新闻报道挖到的第一桶金。

这次报道开始，不仅开了互联网赛事报道的先河，也让球迷接受了互联网看球，更重要的，通过逐渐积累的影响力，更是让此后新浪网的成立变得顺理成章。

新浪1.0——初创

新浪网的前身可以追溯至1996年4月29日四通利方的第一个正式站点中文网站——Srsnet。

1993年12月18日，中关村附近万泉河小学的两间办公室里，北京四通利方信息技术有限公司成立了，注册资本金500万元港币，王志东任总经理。四通利方的名字来自两家公司，四通，代表北京四通集团公司；利方，则代表香港利方投资有限公司。

在成立之初，王志东就严格按照国外软件企业的经营模式来管理公司，四通利方成为聘用美国人做财务总监的第一家中关村企业。有人称四通利方是中关村历史上第一家真正按照硅谷模式架构的企业。为此，1995年，王志东两赴美国硅谷，寻求公司发展战略和组织结构的解决方案。

同样是在1995年，23岁的汪延在巴黎第一次接触到互联网。

他说："那是我第一次通过E-Mail和我在美国的同学通信，感觉就好像我拿到大学通知书时那般激动。互联网让我觉得世界太奇妙，太充满诱惑了。"

1996年4月，汪延给王志东写了一封信，其时，他成立了一个名叫"新驿"的多媒体小组，同时还是四通利方软件欧洲市场的总代理。

他在信中说：我们深知Internet和其他诞生出来的一系列新兴媒体正在中国应运而生，在这方面有所作为必定将会为下世纪中国信息产业步入国际领先乃至主导地位奠定基础。这也是自从去年夏天，我们决定成立新驿多媒体小组的原因。在这半年里，我们一直在不停地摸索，怎么组织自己？怎么开展业务？怎么发掘市场、打通渠道？怎么在技术上跟上最新的潮流？

"我们走了几次弯路，也积累了不少经验。之所以至今尚未成立公司，依然在搞手工业作坊式的小规模生产，并非因为我们看好这种合作方式，而是感觉到两个最根本的时机还不成熟：一是合作伙伴；二是我还在国外。"

在20年后看来，汪延对于中国信息产业的判断无疑是准确的。而他当时的两个所谓的顾虑，从他写信的那一刻，就已经有了答案。

一个星期以后，1996年4月26日，汪延和他的新驿多媒体小组正式加盟四通利方公司，开始四通利方srsnet网站建设。1996年6月，四通利方网站开通。站点最初设在从美国某大学租借的服务器上，每月租金19美元，空间10兆。

1997年初，中国的网民数量只有20多万，上网只是少数人的游戏。当时大多数上网的原因，是因为工作。这一年，四通利方网站迎来了第一位编辑，他就是新浪新闻的创始者陈彤。

陈彤第一次拨号上网是在中关村一个朋友的小公司里。他最先访问的网站是CNN的网站，第二个便是新浪网的前身四通利方体育沙龙论坛。访问CNN是因为陈彤是中国人民大学新闻学硕士，算是专业对口，而访问四通利方体育沙龙论坛，则是因为陈彤对足球的兴趣和热爱。陈彤很早就认识到互联网的传播力度，尤其适合体育赛事。其他媒体对体育比赛报道时效性方面的欠缺，使得许多受众对球赛第一次借助互联网发布消息的印象特别深刻。基于这样的判断，陈彤甚至夸下海口说："假如我去WDT 体育沙龙版主，访问量能增加100倍"。

在后来业界对于陈彤的描述中，经常可见"中国网络新闻第一人""互联网新闻的精神守望者"之类站位高、有情怀的评价。但陈彤自己在表达自己的自豪时说："我是新浪网的第一个编辑，甚至可能是商业门户网站的第一个编辑。"

四通利方网站起步之初，正值中国上网人数增加最快的时期，每半年的增长率在80%左右；同时，这段时期也是中国对外开放步伐加快，经济处于转型时期，人们思想活跃，渴望新观念的碰撞与交流，而对传统的说教方式抱有强烈的逆反心理。对于足球比赛的重点关注，四通利方网站在一开始就具有广泛的受众基础，从而能够在较短的时间内调动网站的人气。

1997年10月，四通利方650万美元的融资成功，为一年之后那一次历史性的并购埋下了伏笔，而四通利方论坛则为日后的网络新闻同样埋下伏笔。

1998年9月26日，在北京皇冠假日饭店，王志东约见海外最大华人网站"华渊资讯"总裁姜丰年。两人见面后，在很短的时间内建立起相互间的信任，同时，他们也意识到彼此都以开拓中文网络作为发展方向。而他们也都意识到，双方的结合，很有可能会创建全球最大的中文网站。

随后，王志东赴美签订并购合同。四通利方正式宣布并购华渊资讯，新浪网成立。

协议签完的最后一天，姜丰年征求王志东的意见：并购后的新站点叫什么名字？华渊资讯的域名是sinanet.com，曾有人建议新网站的中文名用"赛诺王"。王志东建议取名为新浪，新浪网由此而诞生了。

新浪网的成立宣言中，王志东说："新公司将设立名为'新浪网'的中文互联网站，在北京、上海、中国台北、中国香港、旧金山等地设立分公司或办事处，并开通相应的地方版网站，组建中文Internet门户、虚拟社区和其他最新的Internet网络内容，大力发展中文Internet软件技术，全面提供软件、新闻、信息和网上服务等功能，力争成为全球最大的中文网站。”

伴随互联网“门户网站”概念的提出，新浪网率先开辟新闻频道，将新闻发布作为自己的主打项目。在一系列重大事件报道中，新浪网在时效性、连续滚动报道、全方位报道等方面令受众感受到了网络传播的威力。

互联网的“江湖”与其他的“江湖”并没有什么区别，所谓“江湖地位”都是要一刀一枪地打拼出来的。确立新浪网“江湖地位”的大小战役不胜枚举，但初期最被业界传诵的，是新浪网关于中国驻南联盟大使馆被轰炸的报道，以及美国“9·11”恐怖袭击的报道。

1999年5月8日清晨6点40分，新浪网在第一时间报道中国驻南联盟大使馆被轰炸的消息。

当时新浪网新闻夜班编辑魏来，后来这样描述当时的那个夜晚：

> 1999年5月8日凌晨我独自值班，那个早晨经历的事情至今仍然清晰记得。
>
> 那一夜做了许多工作，除了转载新华社等媒体播发的报道外，还做了11篇关于科索沃战事的翻译稿子。经过连夜的工作，五六点钟时人最容易犯困，而就在6点20分左右，我在所接收的法新社供稿系统中看到了“中国驻南联盟使馆”“爆炸”字样的快讯。当时确实是吓了一跳，不敢相信，再次检查了英文原文，消息无误。这可是天大的消息！使馆也是国家的领土，这可是涉及国家主权的严重事件。况且这是自己国家的使馆被攻击！凭着本能迅即在电脑上打了一行字：“快讯：中国驻南联盟大使馆8日凌晨被炸”。将标题套红后，于6时24分把这则消息发布到了网上。随后拨通了领导陈彤的手机，他当时正在北京开往天津的列车上，通过电话可以清楚地听到车轮撞击铁轨的声音。电话中陈彤语气有些犹豫，这个消息实在是重大而突然，不过他还是同意我继续报道这个消息并决定抽调更

多的编辑和翻译前来支援。

随后我根据最新的消息开始翻译详讯。文章导语使用了消息来源和时间：据南联盟贝塔（Beta）通讯社的一名记者说，位于贝尔格莱德市中心的中国驻南联盟大使馆星期五夜24时（北京时间8日晨6时）左右遭到北约飞机轰炸。正文中还讲到了最新的进展：救援人员已经赶到现场并且正在废墟中寻找幸存者。此外文章还特别说明这是自从3月24日北约发动对南联盟空袭以后驻贝尔格莱德的外交机构第一次遭到轰炸。

十余分钟后，消息译毕，检查无翻译错误和错别字后于6时40分发布了这则460字的详讯。然后等待着进一步消息，我们的总编不时打过电话来问最新的情况。此刻阳光已经照到了办公桌上，晨风中窗外传来鸟鸣声，而我在孤独中等待着接班的人。

事后知道，《人民日报》驻南记者吕岩松身在使馆被炸现场，是传回此消息的第一人。他从8日清晨6点起即通过卫星电话不断向报社发回有关消息。然而直到9点多，新华社、《人民日报》网络版才发布了我使馆被炸的报道。新浪网报道的时间超过了其他所有媒体和网站，而8日上午开始流量剧增，访问人数为平时的5倍，出现了“宕机”，后来紧急增加了7台服务器。据当时《中国青年报》报道，有网民反映，至深夜11时，还需要在网上拼搏一个多小时，才能挤上新浪网。随后的日子中，新浪网编辑部所做的中国民众抗议报道以及揭露以美国为首的北约所谓“误炸”说法的真相等其他后续的报道，使得新浪网在对外报道和争取国际舆论方面也开始发挥独特的作用。

如果说新浪网对中国驻南斯拉夫大使馆被炸事件迅速全面、准确客观的报道，使新浪网成了影响力排名第一的门户网站。那么，在美国“9·11”恐怖袭击的报道则更具有划时代的意义。在那次报道中，新浪网发出了中国媒体报道“9·11”事件的第一条新闻。

他们正在改变中国

2001年，新浪网在“9·11”事件发生后的9分钟内发出了中国媒体报道的第一条新闻和短信，奠定了中国网络媒体的突发事件报道机制。中国网站访问量首次进入国际一流网站阵营。新浪“9·11”报道一小时内反应回顾：

20：46第一架飞机撞楼；

20：55新浪发布第一条快讯；

20：57电话通报频道领导；

20：59新浪发布第一条短信；

21：08支援人员到岗；

21：09制作专题报道力度加强；

21：30新浪北美站投入报道。

值得一提的是，这是中国网络新闻报道首次超越传统媒体。同年，新浪首推网络新闻专题模式，至今仍是互联网媒体最重要的报道手段之一。

新浪1.0——上市

即使最有想象力的人，对于中国网民人数的变化也是始料不及的。中国上网人数从1997年的60多万到1998的210万，1999年达到400万。

身处20年前的人们或许无法想象，在改革开放的第40个年头，中国网民规模将达到7.51亿。而在那个翻盖手机流行的年代，人们一定也无法预料，20年后，手机成为网民上网不可或缺的设备。手机网民规模达7.24亿，手机网民占比达96.3%。

而互联网带来的变化不仅仅体现在量上，它更给了人们想象的空间。吴晓波在《激荡三十年》一书中写道：在互联网诞生之前的所有产业中，后发的中国公司都已经没有了“创造未知”的可能性，在每一个制造业领域，我们都处在产业的末端，以能源消耗、环境破坏、劳动力盘剥为特征的“世界工厂”的命运从一开始就冰冷地设定在中国发展的道路前方。

只有在互联网的世界，中国公司找到了打破疆域和重建游戏规则的可能性，这种可能性尽管极其微小，但是它确乎存在。

所以，现在有了这么多的网民，还有了这么美妙的想象空间，只差一个公司站出来，告诉所有人，这并不是梦，也不是泡沫。

似乎所有的明示和暗示都指向了新浪网。

1999年1月13日，《中华工商时报》公布了当时国内的十大商业网站，新浪网排名第一。

在1999年7月中国互联网新闻信息中心公布的中文网站排行榜中，新浪网又排行第一。

而大洋彼岸，主要以互联网公司股票构成的纳斯达克综合指数从1991年4月的500点一路上涨，在1999年12月逼近5000点，市场在沸腾。

因此，当新浪网准备在纳斯达克上市的消息传出时，所有人都不感觉到意外。

王志东率新浪领导层，经历了100多场密集的路演，两周绕遍亚、欧、美三大洲。王志东此行租了架小型飞机。他说："整个过程下来，人都累得掉层皮。半夜起飞，凌晨到达下一站，睡上两三个小时，五六点钟又起床。每到一处，先是20分钟的演讲，然后回答提问，几十场下来，演讲内容都已倒背如流。"

王志东选择跨国投资集团摩根士丹利为合作伙伴，虽然他努力在中国创造了许多个第一，但还是无法仅用几句话就让摩根士丹利知道他未来的方向。有一个有趣的细节，在谈判中，当新浪团队提到他们"门户网站"的概念时，摩根士丹利的一位高层悄悄地问坐在身边的项目负责人："我一直认为新浪是家网络公司，他们要个门干吗？"

美国人在门户与门之间产生了困惑，还有许多人因为这次上市对新浪的属性产生了困惑。

新浪的招股说明书里写道："直至1999年年底，广告收入占19.9%，电子商务收入占到0.6%，软件收入占到79.5%。1999年下半年，广告收入占63.5%，电子商务收入占1.6%，软件收入占34.9%。"有媒体质疑，软件收入居然占新浪总收入的80%左右，新浪到底是一个软件公司，还是网络公司？

然而，不管是搞不清门户与门，还是搞不清软件公司与网络公司，有一点是笃定的，就是资本市场从未放弃过对新浪的兴趣。

但令人意外的事情还是发生了，新浪上市，赶上了纳斯达克跌幅最惨烈的一天。当天原有11家公司计划上市，但有9家临时取消，无限期推迟。

新浪可以选择等待，但王志东说，当时新浪网有选择“推迟上市”的权利，可是新浪不愿再等下去了。

于是，2000年4月13日，新浪在纳斯达克股票市场正式挂牌交易，融资6000万美元。7月5日，网易登陆纳斯达克，7天后，搜狐快速跟进。至此，中国三大门户网站均在纳斯达克挂牌上市。

2000年12月，新浪网成为首批拥有登载新闻资格的商业网；2001年4月，盖洛普调查显示新浪为国内网民最常访问网站；2002年4月，新浪热线宣布成立，新浪业务发展三大架构已形成；2003年1月，新浪公布财务报告，净营收1290万美元首次全面盈利。

一切似乎看起来都顺风顺水，直到2005年的那个春节。

2005年的除夕是2月8日，时任新浪CEO汪延和CFO曹国伟、COO林欣禾在开完电话会议后，各自休假。汪延带着孩子去了巴黎；曹国伟和家人去了澳大利亚度假；而林欣禾则去加拿大做眼睛手术。

2月10日，大年初二，曹国伟刚到澳大利亚，就接到了盛大董事长陈天桥的电话：盛大已经于2月10日完成对新浪控股约19.5%，成为其第一大股东。

放下电话，曹国伟马上飞回北京。林欣禾刚做完一只眼睛的手术，另外一只来不及做，“一眼大一眼小”，就马上赶回北京。

事实上，对于盛大收购新浪的传言，市场上由来已久。新浪当时是全球最大中文门户网站，注册用户非常多，而盛大网络则是国内最大的网络游戏提供商。二者的优势与短板同样明显，新浪有用户，缺游戏运营；盛大的营收依赖游戏，正在寻找更为庞大的用户群。

从2005年开始，盛大采取了实质行动，连续购买新浪股票。恰逢2月初新浪股价下跌，盛大这时候大笔入手。到了2月10日，盛大公布已持有新浪总计19.5%的股份，这时候，盛大虽然还没达到真正控股地位，但已经是新浪的第一大股东，比新浪董事会现有成员所持股份的总和（不到10%）还高出近一倍，这些股份共耗资2.3亿美元。在提交给美国证监会的文件中，盛大也承认了这是一次战略性投资，目的是“寻求获得或者影响新浪的控制权”。至此，盛大并购新浪的意图已经不言而喻。

针对盛大的敌意收购，摩根士丹利被新浪急聘为财务顾问，并迅速制订了购股权计划（俗称“毒丸计划”）的技术细节。

北京时间2月22日深夜10点，新浪董事会抛出了“毒丸计划”。如果把这份“毒丸计划”解读成人人都能读懂的意思就是：对于3月7日记录在册的新浪股东，他所持每一股股票，都能获得一份购股权。如果盛大继续增持新浪股票致使比例超过20%时或有某个股东持股超过10%时，这个购股权将被触发，而此前，购股权依附于每股普通股票，不能单独交易。

一旦购股权被触发，除盛大以外的股东们，就可以凭着手中的购股权以半价购买新浪增发的股票。

当时新浪的总股本是5048万股，盛大持有984万股，也就是说，只要盛大继续购买0.5%以上的新浪股票，其余4000多万股股票持有者就能获得半价购买股票的权利。这个计划，不仅把盛大排除在半价优惠股东之外，而且只要盛大持股超过20%，它的股份就会被大大稀释。

而此次新浪的“毒丸计划”能够顺利实施，是因为两家公司都是在纳斯达克上市，遵循的是美国的法律制度和资本规则。美国反收购的决定权采取的是“董事会决定模式”，“毒丸计划”一般通过董事会决议即可，无须获得股东大会审批，和中国采取的“股东大会决定模式”不一样，所以新浪才能顺利实施“毒丸计划”。

新浪“毒丸计划”成功化解了盛大的收购，最后以盛大在二级市场上出售完新浪股份告终。最终，新浪守住了阵地。

“这一案例，应记载于中国企业并购史，这是首例遵循美国法律进行并购的中国案例。”雷曼兄弟公司一位投资银行专家认为，“这场在中国本土上演的华尔街式收购战，清晰地演示了反收购战术的使用效果，而反收购战术的本意，并非仅仅出于反控制的目的，同时具备实现股东权益最大化的作用”。

新浪2.0——博客时代

当博客时代来临，新浪和门户网站们并没有第一时间迎上前去。

2004年底，《纽约时报》以感叹的口吻报道，全球博客网页页面数量超过了传统互联网内容量的时候，中国博客2005年的狂热还处在酝酿中——BlogCN的千万元融资，和讯转做博客，天涯和猫扑都还没有拿到融资的任何踪迹。陈彤在一次博客研讨会上还认为“我没看到博客与传统BBS论坛有什么区别”，那时候，只有方兴东的博客中国拿到了不足500万元的天使资金。但短短10个月后，中国博客的拐点就来了。

《2005—2006中国博客发展与趋势分析研究报告》中提到，当年的全球博客数量突破1亿，而在中国，该数字已达1600万，占网民总数的14.2%。在此之前，博客的江湖一直是博客中国等博客网站的天下，门户网站们对此的态度始终是——审慎乐观。

2005年被公认为博客的大众化元年。这一年，门户网站们终于打开了博客的“门户”。2005年9月8日新浪博客诞生。在发布会上，有记者问陈彤，怎么看Web2.0对新浪传统门户的影响呢？

陈彤说：“要说影响呢，我想我们以前比较关注传统媒体的信息源，特别是纸媒，报纸杂志，当然也包括以前的BBS。其实从最近以来，特别是我们一些特殊频道的编辑，比如科技频道，我们也非常关注这些博客、这些个人，因为往往他们的写作当中会有非常重要的新闻线索，或者有一些非常重要的理念需要我们关注。”

但当“门户”打开之后，同质化的问题又随之而来。什么才是自己的核心竞争力？是服务？是版式？是页面美观？是互动？许多问题，但答案并不清楚。

新浪博客其实一直在草根与精英之间纠结，新浪推出的博客大赛看准的正是最草根的广大网民，但是他们最初推广博客的方式是将余秋雨、徐静蕾、余华、高晓松、韩乔生这些明显的社会精英请到博客上来。

陈彤对此解释道：“一年前我对博客的看法也许让我当了龟兔赛跑中的兔子，但是当博客在中国发展的时机成熟时，新浪自然要大张旗鼓地让每个中国网民开博。博客真正吸引人的地方在于它的草根性，至少从技术表现方式上，传统的论坛和新闻跟帖，每个人的言论很快就会被淹没在信息狂潮中，而博客至少在表达方式上实现了一些平等互动的传播本质。”

2005年10月25日0：25，演员徐静蕾在新浪博客上发表了第一篇个人博客——《难道我的博客生涯也要开始啦？！》。全文如下：

“还不太适应……等等我……适应适应……”

然而，这篇只有12个字、3组标点符号的博客，最终吸引了16万的点击和1288篇评论。也正是从这12个字，徐静蕾走向全球中文第一博。

两个月后，徐静蕾出席新浪年度网络盛典，获得了新浪2005年度博客大奖，开博112天后，徐静蕾博客点击率突破千万，创造了最高的点击率，被称为刷新了中国互联网的历史纪录，有人戏称老徐：天下第一博。

老徐的博客似乎一下给新浪找到了方向，陈彤和他的同事们为推广博客，动用了几乎所有的媒体资源。新浪博客的亮点，是名人博客。用媒体资源和影响力换取名人博客的支持，再用名人博客积累更大的媒体实力。仅仅9个月之后，从用户数、日流量、日原创文章发布量和日评论留言各方面，新浪都成为博客第一品牌。

新浪博客的亮点，是名人博客。陈彤会亲自游说熟悉的名人到新浪开博。副总编辑侯小强开始说服作家、艺人、名导演、媒体大腕入驻新浪。遇到不会用博客的，他还派编辑去手把手教。新浪的名人博客，几乎囊括了中国主流的大腕、明星，培养了徐静蕾、韩寒等一批中国的“博霸”。仅仅半年的时间，在新浪网免费开博客的名人有2500多人，在他们的带动下，新浪博客的点击率突破了2000万。陈彤认为：“名人博客只是促销的一种手段，最终目的就是吸引尽可能多的网民来使用我们的产品，产生巨大的流量，借机获取附带的商业价值。”

2006年，徐静蕾博客一篇文章的点击量就可达到10万多次；郭敬明博客“小四的游乐场”点击率已超过百万。

2005年11月，新浪博客每天有1.5万篇。到了2006年，新浪每天产生30万篇文章和30万条评论，其中单独博文访问量突破千万的有十人，突破百万的有近百人。

2006年，新浪名人博客蓬勃发展，博客成为媒体关注的原创新闻来源。其中，最为著名的事件，莫过于“韩寒与白烨的论战”。

这场所谓的“论战”，始于白烨的《80后的现状和未来》，文学评论家白烨在自己的个人博客上贴出文章说，“80后作家”写的东西还不能算是文学，只能算是玩票。其中一个理由是他们很少在文学杂志亮相，文坛对他们不了解，他们“进入了市场，尚未进入文坛”。

“80后作家”韩寒在博客上用一篇题为《文坛算个屁，谁也别装逼》的文章予以回击。

接着文坛开始变动了。解玺璋写文章力挺白烨；《人民文学》副主编李敬泽撰文批评“80后”作家；陆天明博客谈韩白之争；陆川博客发文声援父亲陆天明；陆川好友高晓松为朋友两肋插刀……

事实上，最后谁负谁胜出现在看来已经不那么重要，但在当时，“韩白”事件标志着博客已经成为表达观点和进行传播的主要战场之一。

而在随后的几年间，新浪博客在不断发生变化，2007年起，著名博主开始利用博客发起公共议题，影响社会。新浪博客多次策划深度话题，获得话语权。2008年，在那一年的南方冰雪灾害、汶川地震、北京奥运会等重大场合，普通网友通过博客记录个人经历，成为重大公共事件的见证者。到了

2009年，博客已成为中国网民的主流运用，博客对中国网民生活的影响越来越大，新浪博客也根据网友需要推出更实用、更生活的应用。

《南方周末》在一篇报道中这样评价："新浪的介入，使博客在中国真正地进入了主流。"

新浪3.0——微博时代

与博客的发展路径几乎相同，最开始拥抱微博的，也并非门户网站。

2007年，大洋彼岸的Twitter开始斩获各种奖项。在中国，饭否是最接近Twitter和最具有微博色彩的网站。2009年上半年，饭否的用户数已经突破百万。但本已一骑绝尘的饭否，遭遇了监管的困境。2009年下半年，为了应对政府有关部门对网络言论的监管，饭否所有服务器被关闭。

从某种意义上讲，饭否成就了微博类社交媒体在中国的发展。不仅仅是它将市场拱手相让，重要的是，它已经在两年的时间里探索出社交媒体在中国的运营模式；更重要的是，它还探索出在中国社交媒体传播的"红线"。

饭否被关闭后，新浪、网易、腾讯等门户网站都推出了微博服务，其中尤以新浪微博脚步最快，很多饭否用户转移到新浪微博。

接手微博的陈彤，沿用了博客时代的成功经验。他仍然希望名人们能够成为微博时代的流量担当，他反复跟下属强调要全力以赴拿下所有名人，并亲自发布了新浪的第一条微博。但对于刚上线的微博而言，说服名人加入并非易事，尤其是明星和企业家。重要的名人，陈彤则会自己出面，约饭局，潘石屹、任志强、刘春都是他饭局上的常客。

随后，陈彤又将用户开拓的重点从明星转向政府部门，并在2010年年底推出了政务微博。于是，地方上出现了很多的"发布"。当时，上海市市委书记俞正声，就对"上海发布"这个官方微博给予了很大的关注和支持，并时常参与到官微的互动中来，起到了很好的亲民作用，很受公众欢迎。

2011年12月12日，新浪举办了"2011政务微博年度高峰论坛"。随着大批量的官方微博进驻，新浪微博成为中国公共舆论场上极具影响力的优势平台。

毫无疑问，这个时期新浪微博的影响力，凭借明星与政务微博已经与其他微博门户拉开了差距。然而，作为一家商业公司，如何寻找运营模式与盈利手段，成为最为现实的问题。当时的新浪，就存在着“雷声大雨点小”“赔本赚吆喝”的困境。2011年全年，新浪应占净亏损3.021亿美元，而亏损的原因之一是微博的高投入。

商业上，没有找到成熟的变现出口，但微博极强的媒体属性遇到了监管瓶颈。2012年3月16日，北京市根据《北京市微博客发展管理若干规定》，正式推行微博实名制，未通过身份认证的微博用户将不能发言、转发，只能浏览。

虽然2013年2月的新浪微博财报中显示其总收入约6600万美元，注册用户数突破5亿大关。但这一年，对于微博发展，并不是一个好年景。

2013年，是中国微博发展的转折之年，用户规模和使用都均大幅下降。同时，微博还遭遇了另一个社交平台史无前例的挑战——微信。伴随微信社交平台的集中爆发，微博用户流失严重。2014年1月，中国互联网络信息中心（CNNIC）在北京发布的第33次《中国互联网络发展状况统计报告》显示，2013年，22.8%的网民减少了微博的使用，而微博产品的使用时间，仅增加了12.7%。在手机端，使用微博的网民数量也呈下降趋势，使用热度也在下降。截至2013年12月，中国手机微博用户数为1.96亿，较2012年底减少了596万。同时，手机微博的使用率仅为39.3%，比2012年底降低了8.9个百分点。

2013年4月，新浪正式宣布新浪微博与阿里巴巴签署战略合作协议，双方在用户账户互通、数据交换、在线支付、网络营销等领域进行了深度合作。同时，新浪宣布阿里巴巴通过其全资子公司，以5.86亿美元购入新浪微博公司发行的优先股和普通股。

2014年3月27日晚间，新浪微博正式宣布改名为“微博”，并推出了新的Logo标识。有分析指出，新浪微博更名为微博，主要就是要淡化“新浪”色彩，而凸显其作为一家社交平台公司的独立性，这也有助于得到投资人的认可。

美国当地时间2014年4月17日上午，更名后的微博正式登陆美国纳斯达克股票交易所。

但上市并不能解决微博用户流失的问题，于是，新浪在2014年开始重新布局微博。从2014年下半年开始，微博开始细分了时尚、股票、旅游、电影、汽车、美食、美容、寻医、服务等垂直领域。同时，微博开始拥抱电视，与各大卫视的真人秀节目合作，让微博借助电视台得到了大体量的曝光。微博和电视台的合作，成功建立起用户和明星之间的桥梁，这些明星在微博上的活跃，使得二四线的用户和明星之间的距离缩小。

2015年的微博商业产品会上，微博的CEO王高飞指出了微博用户已经有超过70%来自一线城市，三四线城市比例达到44%，在用户年龄上，“90后”的比例达到53%，这从根本上改变了微博用户的结构：微博从原先以“80后”和一线城市为主的用户人群转变为以“90后”和二三四线城市为主。

截至2017年6月，微博月活跃用户达3.61亿，日活跃用户达1.59亿，继续保持稳定快速增长。微博商业化效率快速提升，第二季度微博营收达17.3亿元，同比增长79%，净利润5.92亿元，同比增长152%。而在2016年全年，微博月活跃用户数全年净增7700万，达3.13亿，日活跃用户数也增长到了1.39亿。

2009年8月，新浪微博上线；

2010年初，推出API（Application Programming Interface，应用程序编程接口）开放平台；

2010年10月，推出中国首届微小说大赛；

2010年11月，新浪微群开始内测；

2012年1月，新功能“悄悄关注”上线；

2013年1月，新增“密友”功能强化私密社交圈；

2013年2月，公布财报，总收入约6600万美元，注册用户数超5亿，日活跃用户数达到4620万；

2013年4月，阿里巴巴收购新浪微博18%股份；

2013年8月，推出新浪微博淘宝版，实现账号互通；

2014年3月，新浪微博更名为“微博”；

2014年4月，微博在纳斯达克上市；

2016年11月，取消发布器的140字限制，少于2000字都可以；

2016年12月，新浪微博月活跃用户数3.13亿，日活跃用户数1.39亿；

2018年，新浪微博市值突破290亿美元。

新浪4.0——未来

如果将40年的改革开放历程从中间对折，1998年便成了连接前后20年的年份。

新浪也走过了20年的历程，这20年的时光，也正是互联网在中国高速发展的20年。

正如陈彤在告别新浪时所说，“正是这样一个风云际会的时代，使我有幸参与了中国互联网的变革与进步。”

这个时代，你我都在其中。

作者简介
Introduction to the author

孙忠一 笔名不二，资浅媒体人，不知名撰稿人，非专业策划人。

历任《中国新闻周刊》战略发展部副主任、人民日报海外网财经部主任、中国新闻社“国是直通车”执行主编。

从业以来，岗位涉及：记者、编辑、新媒体运营、创意策划、销售、发行、论坛等。见证了传统媒体转型之前的焦灼、转型之中的纠缠以及转型之后的茫然。

主要从事经济领域报道，后以《不二说》为专栏，调侃时事。

曾策划“中国新闻社国是论坛”“中国企业社会责任国际论坛”“低碳发展·绿色生活公益影像展”等与时代共同进步的论坛、展会。

腾讯，流量王国

中国在改革开放的20年后，搭上了互联网经济的班车。腾讯，是这列班车最核心的乘客之一。

从1998年的开始创立到2018年初市值高达5000亿美元，进入全球市值第六，腾讯用了20年时间。从即时通信工具起步，逐步进入游戏、社交、互娱、网媒、电商等领域，累计投资的公司已经超过600家，成为名副其实的“腾讯联邦王国”。期间历经了想卖卖不掉，“国民公敌”“3Q大战”等非议。之后，微信崛起，走向开放，成为流量大国，抱腾讯大腿成了创业公司最渴望的事。

腾讯的发展路径，是中国互联网企业成长的一个缩影。为什么腾讯能成为全球市值TOP10的企业？它的成功是偶然还是必然？这里，我们将梳理腾讯历史发展中五个重要的节点，探寻中国互联网发展的规律和轨迹。

创立初期，卖身不成，几度绝境

1984年，13岁的马化腾跟随父母从海南岛迁居深圳。在这之前的1980年8月，深圳和珠海、汕头、厦门一起被国务院确立为四大特区，以各种优惠的政策发展经济。

1998年11月11日，马化腾和他的大学同学张志东在广东省深圳市正式注册成立深圳市腾讯计算机系统有限公司，之后许晨晔、陈一丹、曾李青相继加入，创业的5人中，有4人是马化腾的大学和中学同学。当初注册资金50万元，刚开始公司业务是拓展无线网络寻呼系统，为寻呼台建立网上寻呼系统，这种2B的软件外包是很多中小型网络公司的创业选择。从1998年11月创业到1999年年底，腾讯公司收入100万元。

1998年，中国互联网还处于草莽阶段，互联网的应用非常初级。腾讯模仿以色列的一款软件ICQ，开发了第一代网络寻呼机OICQ。1999年2月，腾讯公司即时通信服务（OICQ）开通，与无线寻呼、GSM短消息、IP电话网互联。借助中国的人口红利，1999年11月，OICQ用户注册数达100万；2000年4月，用户注册数达500万。但公司被以色列的ICQ起诉侵权，后来马化腾将产品名称改为了QQ。

虽然用户增长迅速，但QQ当时还不知道怎么赚钱。有大量增长的用户，但无法带来真金白银的收入，马化腾和他们的创业伙伴过得挺艰难。马化腾想把QQ卖掉，当时找过雷军、丁磊、张朝阳三位在互联网风生水起的人物，开价300万元，但都被拒绝了。

绝望之中，IDG资本在1999年投资腾讯，投资额110万美元，占比20%股权。在腾讯2004年上市前，IDG资本将腾讯股份分别卖给了MIH和管理层，获得了近11倍的回报，这个是后话。

同时，华人首富李嘉诚的二公子李泽楷创办的企业盈科1999年也投入110万美元，持有腾讯20%股份。

IDG和李泽楷的220万美元投资让濒临倒闭的腾讯起死回生。但马上腾讯面临着2000年的全球互联网泡沫破灭。可想而知，如果不是在全球互联网泡沫来临前完成融资，腾讯早就消失了。

2000年，腾讯的QQ用户基数已经达到了1个亿，但是始终没有盈利。腾讯又撑不下去了，再次去找IDG，IDG认为腾讯商业模式不靠谱，不能继续烧钱了，没投。后来，马化腾又找到了联想、新浪、搜狐、金蝶、雅虎，当时上台面的大佬马化腾都找完了，没一家愿意接盘。马化腾找到新浪的创始人王志东，问王志东150万美元要不要，王志东心想这个东西花10万就能做出，也没理马化腾。

转机在2001年，来自南非的MIH（MIH Holdings Limited，米拉德国际控股集团）以估值为6000万美元占比32.8%股份成为腾讯的第二大股东。2001年6月，李泽楷的盈科数码以1260万美元的价格将其所持腾讯20%的股权悉数出售给MIH，随后MIH还从IDG手中收购了其拥有的腾讯12.8%的股份。MIH共占有32.8%股份。

2002年6月，腾讯一些（不含马化腾）主要创始人又将自己持有的13.5%的股份出让给MIH。至此，腾讯的股权结构变为创业者占46.3%、MIH占46.5%、IDG占7.2%。2003年8月，出于上市方面的原因，腾讯进行股权结构调整，将IDG手中7.2%的股权悉数回收，最终控股结构变成腾讯与MIH各持50%的局面。IDG和盈科数码就此错过了20年后1000亿美元的收入（按照腾讯最高市值5000亿美元算，20%的股份的市值为1000亿美元）。

新股东进入是转机，但是真正让腾讯生存下来的，是一种新的业务模式。2000年8月15日，成立不久后的深圳移动与腾讯签订了“即时通——移动OICQ”业务的试运行协议。4个月后，中国移动正式推出了“移动梦网”，腾讯是首批签约的三家合作商其中之一。2001年6月，因“移动梦网”业务顺利开展，腾讯在财务报表上第一次实现单月盈亏平衡。2003年1月，QQ秀上线试运营，两个月后，腾讯宣布QQ秀正式收费。上线半年，有500万人购买了QQ秀，平均花费5元左右，腾讯此项收入2500万元。QQ秀让腾讯的巨大用户有了变现的渠道，是腾讯历史上革命性的产品，也开辟了互联网增值收费服务的先河。同时，比商业利益更有价值的是，QQ秀让腾讯与它的亿级用户建立了情感上的归属关系。

2003年12月，腾讯网正式上线。腾讯进军网络媒体领域，挑战当时存在的三大门户新浪、网易、搜狐。

2004年4月，腾讯上市前夕，QQ注册用户再创历史高峰，突破3亿大关。腾讯开始打造基于QQ产品的系列生态产品：腾讯网、QQ空间、QQ游戏等随之诞生。有了巨大的QQ用户基数，腾讯的后续产品总能后来居上。

转折点，上市

2004年6月16日，腾讯控股登陆香港，在香港联合交易所主板正式挂牌，股份代号00700，是第一家在香港主板上市的中国互联网企业。当时很多互联网公司选择在纳斯达克上市，关于上市的地点，腾讯的高层引发了激烈的讨论。但马化腾认为，投资者应该和腾讯的用户在同一个时区，于是毅然选择在香港上市。

腾讯IPO发行4.2亿股公众股，上市时价格3.7港元，上市开局不错，一度4.625港元，但午后即遭大规模的抛盘打压，到收盘时已跌破发行价。但通过上市，腾讯共筹集资金14.38亿港元，同时造就了5个亿万富翁和7个千万富翁。

腾讯的IPO采取增加股本方式稀释原有股东比例。12位自然人与MIH所占腾讯控股比例各从50%减到37.5%。同年8月31日，ABSA Bank宣布持有1.85亿腾讯股票，占已发行股份的10.43%。此时，腾讯股权结构变为，创始人团队37.5%（马化腾个人持股约14.43%）、MIH集团37.5%、ABSA Bank10.43%。虽然MIH是腾讯第一大单一股东，但是并没有投票权，只有分红的权益，所以腾讯的控制权在马化腾及其管理团队手中。

2004年6月16日，上市时价格3.7港元，2018年8月28日，腾讯的股票价格是365港元。如果2004年买入1万港币的腾讯股票，今天是100万港币；买入10万港币，今天则是1000万港币。腾讯股票的投资收益率可以改变一个普通人的人生和命运。

但在2004年的集体上市热中，腾讯并不被看好，当时大家追捧的是由香港首富李嘉诚家族控制的TOM互联网集团，以及中国最大的网游公司上海盛大网络。马化腾和他的团队还没有来得及享受上市的喜悦，就得去面对到来的危机。

上市的前一天的6月15日，信息产业部发布了《关于开展移动短信服务自查自纠活动的通知》，对短信业务的整治，使得一路高歌猛进的“移动梦网”开始衰落。电信增值服务收入占到了腾讯总体收入的56%，而开始于6月的整顿，则让腾讯在接下来的一年中陷入收入增长乏力的困局。同时，其他的互联网公司如微软、雅虎等，纷纷进入即时通信领域。

从2004年下半年开始，历时两年半的移动清逐行动中，占腾讯大头的无线增值业务遭遇到了空前的打击。几番思考后，马化腾决定回到腾讯的核心能力，利用QQ资源，在移动市场重新布局。2006年，腾讯相继推出超级QQ和手机QQ两大产品。腾讯借此摆脱了对中国移动的“入口”依赖，建立了完全属于自己的两个移动门户。此外，手机QQ为腾讯在日后智能手机时代抢占了战略性的先机。

在激烈的竞争中，马化腾放弃了“虚拟电信运营商”的战略，开始寻找新的定位。2005年，马化腾提出“在线生活”的新战略主张。

2005年推出的QQ空间，进一步放大了虚拟道具的吸金能力，并以包月模式创造性地激发出中国网民的消费热情。此外，腾讯还成功阻击了MSN、51.com，从而在社交化大浪潮中成为最大的赢家。

在网络游戏上，腾讯推出了《QQ农场》《QQ宠物》《QQ堂》《穿越火线》《地下城与勇士》等游戏，都大获成功。到2009年，腾讯的网游收入超越盛大，根据腾讯2011年年报显示，网络游戏对公司收入的贡献已经过半，达到158.21亿元。

新闻门户的战场上，腾讯在2003年上线了腾讯网，重金挖了很多传统媒体人，后发战略挑战传统三大新闻门户——新浪、搜狐和网易。腾讯网络媒体领导人刘胜义重新定义了网络广告的投放规则，并获得了广告主的认同，而QQ迷你首页对腾讯网流量的巨幅拉动更是让对手无可奈何。

在短短几年的时间里，腾讯在多个领域同时崛起，成为一家越来越难以被定义的公司，也成了“全民公敌”。

此时，马化腾引入了众多高管。刘炽平是最核心的一个。2004年，当时还在高盛的刘炽平操作腾讯上市项目，刘炽平表现出的才华让马化腾极为欣赏，而刘炽平也在操刀腾讯IPO中感受到这家中国公司的优秀。刘炽平于2005年受邀出任腾讯首席战略投资官，负责腾讯战略、投资、并购和投资者关系。2006年2月荣任腾讯公司总裁，帮助董事会主席兼首席执行官马化腾负责公司的日常管理和运营。刘炽平成了腾讯之后的第二号人物，并深远影响了腾讯后续的战略和执行。

中国互联网发生过三次“圈地运动”。第一次是在1999年前后，以新闻门户为基本业态，出现了新浪、搜狐和网易“三巨头”。2007年之后，百度、阿里巴巴和腾讯则分别从搜索、电子商务和即时通信工具三个方向出发，到2010年前后完成了反向超越，成为“新三巨头”，也就是“BAT”。2012年前后开始，智能手机异军突起，互联网的用户重心从电脑端向移动端快速平移，由此发生了第三次“圈地运动”。

3Q大战，从封闭走向开放

腾讯在各个领域的布局，逐渐引起了不满。凭借庞大的用户规模和天然的客户端资源，腾讯在网络游戏、新闻门户、电子商务、电子邮件、影音、播放等领域均抢下较大的市场优势，但同时也四面树敌。

当时对腾讯质疑最多的是“抄袭”和封闭。“一直在模仿从来不创新”“走自己的路让别人无路可走”“垄断平台拒绝开放”，这些不满以一种极其戏剧化的方式被释放出来。

2010年7月24日，各大网站突然被一篇题为《“狗日的”腾讯》占据了头条，这篇报道让腾讯陷入空前的舆论围攻中。此次事件，是公众对腾讯不满情绪的一次集中发泄。

但显然更大的危机还没有到来。

腾讯QQ和奇虎360是当时国内最大的两个客户端软件。

2010年5月31日，腾讯将QQ医生升级并更名为“QQ电脑管家”，其用户体验与360几乎一致。腾讯在杀毒市场上极大地威胁了360的生存，周鸿祎提出的合作方案也被马化腾所拒绝，在求和不成的情况下，一场大战即将爆发。

9月27日，360突然发布直接针对QQ的“360隐私保护器”并谴责QQ在未经用户许可的情况下偷窥用户个人隐私文件和数据。周鸿祎在个人微博中写道：“3Q之争，本质上不是360和腾讯的斗争，而是互联网创新力量和垄断力量的斗争。”10月14日，腾讯正式宣布向法院起诉360不正当竞争，要求奇虎及其关联公司停止侵权、公开道歉并做出赔偿。10月15日，金山和卡巴斯基参战，指责360软件存在重大安全漏洞；10月27日，腾讯联合金山、百度、遨游、可牛等五大企业发布《反对360不正当竞争联合声明》；10月29日，360宣布推出一款名为“扣扣保镖”的新工具，宣称能够全面保护QQ用户的安全。

金山公司和腾讯的技术团队同时发现四个“后门”：当用户在“提示”下选择“修复”后，将被进行系统重装，QQ安全中心将被360安全卫士替代，QQ用户的好友关系链被360备份，即所有的用户关系将被导入到360的操作平台上。腾讯团队将其定义为“非法外挂”，并于10月30日、31日向深圳市公安局报案，同时向工信部投诉，以期通过诉求司法和行业主管部门阻止360的行为。

2010年11月3日上午，马化腾做出决定，在装有360软件的电脑上停止运行QQ软件，晚6点19分，腾讯以弹出新闻的方式，发表了《致广大QQ用户的一封信》，同时推出了“不兼容界面”，所有用户必须在QQ和360中二选一。这就是著名的“二选一”方案。随后360表示推出了Web QQ客户端，腾讯随即做出反应，Web.QQ.com停止服务，直接跳转到公告页面，QQ空间不支持360浏览器访问。9点10分，360宣布下线“扣扣保镖”，并恳请用户能坚定地站出来三天不用QQ。当晚的三个小时里，双方剑拔弩张、你来我往数个回合，互联网一片沸腾。

2010年11月4日上午9点，腾讯在北京召开新闻发布会，20多家媒体到场，腾讯公关部总经理刘畅受命代表腾讯表述立场，这一天几乎所有的报道都以“腾讯公关部总经理发布会痛哭”为标题。随着战事激化，各方利益集团纷纷卷入，11月5日上午，金山、搜狗、遨游、可牛、百度五家公司联手举行新闻发布会，表示将不兼容360系列软件，联合披露360“八大谎言”；新浪则选择支持360，两家达成合作协议。11月20日，战事基本结束后，工信部发布通报责令两家公司向社会公众道歉，停止互相攻击，学习国家相关法律，强化职业道德，杜绝类似行为再次发生。

2010年11月15日，腾讯起诉360不正当竞争；2011年4月，法院作出判决要求奇虎360停止侵权，并赔偿40万元。奇虎不服并上诉至北京市第二中级人民法院，9月29日，法院维持一审判决结果。随后，腾讯向广东高院提起了更大规模的诉讼，广东高院作出一审判决，认定奇虎公司的多项行为构成了“不正当竞争”并赔偿经济损失500万元。奇虎再上诉至最高人民法院，2014年2月24日，最高法院维持一审判决。尽管法律层面上，腾讯获得了全胜，但腾讯此次事件中遭遇到前所未有的舆论攻击，也引发了内外部的反思。

在腾讯史上，3Q大战的确是里程碑式的事件，它改变了腾讯的战略，马化腾开始重新思考腾讯的平台策略以及公共属性，他宣布腾讯进入“半年战略转型筹备期”，转型方向就是他参加第九届中国企业领袖年会发表的“马八条”，承诺将加大开放的力度。在后来的一段时间里，腾讯连续进行了10场诊断会，举办了第一次开放者大会，相继开放了QQ空间和QQ应用平台。

微信，腾讯的第二条命

苹果（iPhone）手机陆续上市，成了PC互联网转向移动互联网的标志事件。2010年开始，以PC为代表的第一代互联网已成为历史，随之而来的是移动互联时代。

2009年9月，模仿Twitter的新浪微博悄然上线。2010年，随着智能手机的普及，新浪微博成为国民性的现象级产品，威胁到了腾讯的用户基础。腾讯于2010年5月推出的腾讯微博比新浪微博晚了8个月，对于一个战略性产品来说，几乎是难以追赶的时间距离。在白热化的微博之争中，腾讯取胜的希望十分渺茫，打败微博的一定是另外一款战略性产品。腾讯内部多个团队都同时研发各种社交产品。

2011年，远在广州的张小龙团队发布微信，打破新浪微博独步天下的局面，从此以后，微信几乎成为中国互联网的标志性应用。腾讯也因此成为无可替代的流量大入口。

张小龙，1969年12月3日出生于湖南省邵阳市。1987年考入华中科技大学（原华中工学院）电信系；1994年毕业，获硕士学位。他开发了一款优秀的国产电子邮件客户端软件——Foxmail。2005年3月16日，腾讯收购Foxmail软件，张小龙加盟腾讯公司，担任广州研发部总经理，全面负责并带领QQ邮箱团队。2010年11月20日，腾讯微信正式立项，由张小龙负责。

张小龙的微信启发来自KiK。2010年，基于手机通讯录的社交软件KiK登录苹果商店和安卓商店，短短15日内有了100万名用户。这款软件引起了张小龙的注意，同时，中国互联网界的另外一个传奇人物雷军也注意到了KiK。反应迅速的小米仅用了1个月就发布了一款模仿KiK的产品——米聊。

2010年底，一向沉默寡言的张小龙给马化腾发出一封邮件，建议腾讯做移动社交软件。张小龙认为，移动互联网将来会有一个新的通信工具，而这种新的通信工具很可能会对QQ造成很大威胁。马化腾很快回复邮件，赞同张小龙的想法，并且让其作为负责人带领腾讯广州研发部开始这个项目。腾讯的类KiK产品立项于2010年11月20日，张小龙带领着一支不到10人的小团队用不到70天的时间完成了第一代研发，2011年1月21日产品推出，定名为“微信”。同时，腾讯内部也有其他团队在进行类似产品的研发。也就是腾讯的赛马战略，看谁能跑出来。

2011年初，微信ios版上线，但用户增长并不理想。微信1.2版迅速转向图片分享，然而用户反响仍然不热烈。雷军的米聊也在快速地进行更新迭代，

2011年4月，米聊增加了对讲机功能，用户突然变得活跃起来。5月，张小龙的微信新版也及时增加了语音聊天功能，用户猛增，“摇一摇”和“漂流瓶”功能也相继上线，持续的更新让人惊喜连连。到了7月，微信推出“查看附近的人”功能，用张小龙的话说“这个功能彻底扭转了战局”，微信的日增用户数一跃达到了10万以上。2012年3月29日，微信用户突破1亿，微信也成为迄今为止增速最快的在线通信工具。4月19日，微信推出“朋友圈”功能，“朋友圈”的出现，对微信来说是一个醒目的转折性路标，意味着这款通信工具向社交平台平滑升级。随后的微信4.2版本中，推出了视频通话功能。经过一年多的数度迭代，微信提供的已不再是单纯的通信服务，而是移动互联时代的生活方式。8月23日，微信公众平台上线，又一战略级产品诞生。公众号的推出，是张小龙团队的一个“发明”，它兼具媒体和电商的双重属性，从而革命性地改变了中国互联网以及媒体产业的既有生态。2015年10月，公众号的数量突破了1000万。

新榜在微信公众平台诞生六年之际发布的文章《六年，公号改变命运》中写道：“2012年8月17日，闷热潮湿的广州，一只‘蝴蝶’悄然扇动翅膀，没过多久，在中文互联网的世界里，掀起一股剧烈而持久的风暴。这只‘蝴蝶’名叫微信公众平台，六年间，它孵化出超过2000万个大大小小的公号，彻底改变了内容传播的生态格局，也彻底改变了很多人的命运。那段日子里，微信乘着移动互联网的东风迅速崛起，然后又帮助一群擅长文字创作的人，分享了流量的红利。从写文章到成名、变现，从未像这样直接。”

微信开放平台的成功让腾讯产生了一个极大的雄心：微信有可能成为一个新的桌面系统，从而建构一个内生闭环式的社交及商业生态链。2013年8月，腾讯的支付工具财付通与微信打通，推出了微信支付。2014年1月24日，微信红包测试版上线，数据显示，从农历除夕到正月初八9天时间里，总价值4亿多元人民币的红包通过微信不断被发出和领取。这项没有任何成本的创意解决了腾讯的支付难题，让腾讯几乎一夜之间成为最重要的在线支付服务商。

从2011年1月21日微信上线，到2014年1月24日的“抢红包”，这三年时间里，微信的光芒掩盖了互联网领域里的其他一切创新。到2015年6月，微信和WeChat合并月活跃账户数达到了6亿，覆盖了九成的智能手机，无论是基于PC的QQ还是基于智能手机的微信，腾讯都做到了即时通信市场上的老大。受微信红利的影响，腾讯的股价飙升，到2017年年底，腾讯市值突破5000亿美元，跻身全球第六，登顶成为亚洲市值最高的公司。

微信不经意间解决了新浪微博带来的威胁，在移动互联网时代，几乎所有移动社交及网络媒体领域的产品都在微信的光芒掩盖之下。

腾讯在开始推出微信时，只是把它作为一个语音即时通信工具，未料微信成了一个极佳的社交及商业平台，以及腾讯的最大的一个流量入口。获得微信的流量入口，成了很多互联网创业公司求之不得的事情。

在山顶，还是半山腰上

2018年腾讯投资年会上，腾讯总裁刘炽平对外透露，过去数年，腾讯投资了600多家企业，“这些企业所新增加的价值已超过腾讯本身的市值”。

对于腾讯来说，3Q大战是一个巨大的转折点，在此之前，其收购支出没有一年超过4亿元（腾讯上市当年即2004年的收购支出更是为零），但自2010年起，其并购支出直接提升了一个数量级达到32亿元，并且从此一路飙升，截至2014年上半年，更是高达295亿元。2010年不仅是腾讯对外投资金额的分水岭，同样也是其投资范围的分水岭。2009年之前，腾讯的并购活动相当有限，仅涉及5个细分行业，而其中最主要的并购集中在网络游戏及电信增值服务两个领域。而自2010年起，腾讯的并购领域急速增加，投资范围越来越广，落子多达23个细分行业，几乎对互联网各个分支进行了全方位的覆盖。

2011年1月，腾讯成立了腾讯产业共赢基金，预计投资50亿元人民币提供给优质互联网企业。如今，腾讯已有包含腾讯产业共赢基金在内的多家投资平台，投资范围覆盖了20多个国家和地区。

2013年和2014年，阿里系与腾讯系互相封杀各自结盟，上演了一场让人眼花缭乱的对攻战。腾讯，一改过往的谨慎作风，抓住了微信不可替代的入口优势，在资本市场上展开了凌厉的并购行动。

2013年9月18日，腾讯以4.48亿美元战略入股搜狗，并将旗下的搜索和QQ输入法并入搜狗现有的业务中，腾讯持有新搜狗36.5%的股份，击退了360对搜狗的入股。

2014年2月，腾讯以4亿美元获得大众点评网20%的股份。

2014年3月11日，腾讯再次发布重大投资信息，以2.14亿美元现金以及其他资产对价收购京东15%的股份，并将旗下电商资产QQ网购和拍拍电商部门以及配送团队整合并入京东体系。

2014年6月27日，腾讯宣布以7.36亿美元的价格收购58同城19.9%的股份，成为该公司第一大股东。

中国的中型互联网公司，大部分进入了腾讯的版图。刘炽平是这些大型投资行动的主导者。

2014—2018年，腾讯的投资领域从O2O、电商等不擅长的领域，逐步渗透到出行、医疗、教育、金融、零售等能与互联网产生连接的所有垂直领域，投资版图从国内扩张到了全世界。

中国成长性最快的创业公司，以被腾讯入股为荣。（例如，拼多多、妈妈网、美丽说、口袋购物、每日优鲜、超级物种、逻辑思维、知乎、快手、Snapchat、蓝洞工作室、滴滴打车、摩拜单车等。）为了抗衡阿里的电商帝国，腾讯花了42.15亿元人民币入股永辉超市，并联手京东投资特卖电商平台唯品会。经过这几年的投资，腾讯已经投出了大量的独角兽公司。腾讯资本是资本市场的深口袋，也是众多VC机构渴望攀结的对象。

仅在2018年前8个月，腾讯投资了93家企业，投资规模达到1874.72亿元。

2017年，腾讯投资的独角兽众安保险、搜狗、阅文集团、易鑫集团等纷纷迎来上市潮，腾讯迎来了密集回报期。

腾讯的投资成功也引起了另外一个质疑：腾讯已经过度投行化了？投资策略过重，导致内部战斗力虚弱。为什么腾讯过去几年挡不住头条系？2018年以来，《腾讯没有梦想》《全面反思腾讯的战略》等多篇文章对腾讯进行了分析批评。批评指出，腾讯正在丧失产品能力和创业精神，变成一家投资公司。这家快20岁的公司正在变得功利和短视，它的强项不再是产品业务，而是投资财技。

腾讯投资负责人李朝晖为此专门接受了媒体的采访，澄清腾讯投资既是探路先锋和突击队，也是后方的防御性武器。

2018年，20岁的腾讯，是在山顶，还是半山腰上？

腾讯现有架构体系

企业发展事业群（CDG）：作为公司新业务孵化和专业支撑平台，负责包括金融、支付、广告等重要领域的拓展，同时为公司各大业务提供战略、投资与公关市场等专业支持。

互动娱乐事业群（IEG）：负责公司互动娱乐业务的运营与发展，打造游戏、文学、动漫、影视等在内的多元化、高品质的互动娱乐内容产品，助力公司在全球互动娱乐领域取得领先地位。

移动互联网事业群（MIG）：负责公司移动互联网、安全及工具类平台业务的运营与发展，打造多款移动端平台产品，如应用宝、QQ浏览器、腾讯手机管家、腾讯电脑管家等，助力公司在移动互联网领域取得领先地位。

网络媒体事业群（OMG）：负责公司网络媒体业务的运营和发展，依托腾讯网、腾讯视频、腾讯新闻客户端等核心产品，助力公司营造更优质的内容生产新生态。

社交网络事业群（SNG）：负责以QQ与QQ空间为基础打造大社交平台，为用户提供即时通信与社交网络的综合性服务，拓展创新增值业务，推动云平台业务，为用户和合作伙伴创造更多价值。

技术工程事业群（TEG）：负责为公司内部及各事业群提供技术及运营平台支撑，为用户提供全线产品的客户服务，并负责研发管理和数据中心的建设与运营。

微信事业群（WXG）：负责微信基础平台、微信开放平台，以及微信支付拓展、O2O等微信延伸业务的发展，并包括邮箱、企业微信等产品开发和运营。

作者简介

Introduction to the author

杨霞清　网易传媒科技总监，负责网易传媒科技领域的内容生产和管理。资深媒体人，超过10年以上的科技媒体从业经历，对前沿科技、人工智能、新媒体、创业和投资等领域有较为深入的研究，是“网易未来科技峰会”和“网易未来科技人物大奖”两大科技圈IP大会的发起人。在加入网易传媒之前，曾领导创建了凤凰网科技频道。杨霞清获得中科院研究院MBA学位，毕业于清华大学经济管理学院媒体EMBA十期、清华大学五道口金融学院金媒班三期，是中关村“天使成长营”三期学员。2018年韩国平昌冬奥会火炬手。

民族的自信　国家的骄傲

谨以此图书献给

为中国改革开放和伟大复兴

不懈努力和奋斗的民族企业

他们正在改变中国

I

财经媒体40人◎著

＼今天的中国是中国人干出来的＼

中国经济出版社
CHINA ECONOMIC PUBLISHING HOUSE

《财经》杂志　谢丽容

中国经济网　曹元水

央视中文国际频道　崔婧哲

今今乐道读书会　何伊凡

第一财经　李沁霏

中国经济时报　范媛

经济日报　栾笑语

中国网　陈晓芬

金融时报　孟黎

丽尔摩斯　黄秋丽

封面新闻　卢荡

凤凰卫视　王峰

法制日报　廖卫华

赵继成频道　赵继成

遥想新中国砥砺前行70年壮阔历程，每一朵时代浪花中，都有企业和企业家不懈奋斗的身影。

ipo 观察　欧文

英国《金融时报》　王苏娅

创业邦　曲琳

中国新闻社　孙忠一

三声　黄云腾

《财新周刊》 霍侃

新华社新媒体 周丹丹

人民日报 柴哲彬

网易传媒科技 杨霞清

经济观察报 郭宏超

环球时报 谢戎彬

《南风窗》 谭保罗

中南出版传媒集团 韩钦

21 世纪经济报道 赵海建

致敬这些改革者，就是致敬我们的梦想，他们正在改变中国。

中央电视台 张腾之

经济观察报 杜惠

财经记者圈 李诗琳

央广经济之声 杨曦

中国外汇管理杂志 王亚亚

新华网 姚笛

中国证券报 张朝晖

中国财富网 单秀巧

人民网 孙婷婷

新华社 常志鹏

推荐语

回望改革开放40年风起云涌，遥想新中国砥砺前行70年壮阔历程，每一朵时代浪花中，都有企业和企业家不懈奋斗的身影。企业家的所思所想代表着一代发奋图强的中国人，企业命运的跌宕起伏印证着时代的变迁。读懂《他们正在改变中国》，就读懂了过去、现在、未来……

——中央电视台新闻频道主播　张晓楠

致敬那些榜上有名和无名的企业家们，他们用汗水、智慧和眼泪极好地诠释了什么是“空谈误国，实干兴邦”。感谢这套沉甸甸的《他们正在改变中国》，记录了历史、审视了现在，更启发读者面向未来、积极思考、勇于实践。

——上海证券交易所伦敦办事处首席代表　杨智颖

在这个瞬息万变的时代，唯有拥抱变化、推动变革，方能适应新的时代。因此，也只有通过了解正在改变中国的他们，才能真正理解变革中的中国。

——梨视频副总编辑　张巍

历史轨迹的宏大转折，永不缺乏高远智慧和苦干精神助燃起航。他们是尝试者，是先行者，也是冒险者，如果没有这样一群有趣的灵魂，这个世界会萎缩，会干涸。没有他们爆发出的光和热，我们的前路还会是黑沉、寂寞。致敬这些改革者，就是致敬我们的梦想，他们正在改变中国。

——秒拍副总编辑　张文华

推荐语

伟大的变革，是由历史中一个个具体而鲜活的人创造的。个人的际遇起伏、企业的跌宕历程、市场的繁荣兴盛，无不体现着家国时代的勃勃生机。在这个特殊的时间节点，如果必须选择一本书，那就请拿起《他们正在改变中国》。他们改变了中国，他们依然在改变中国，他们同样在改变世界！

——IDG资本知行并进基金副总裁　黄春琴

中国企业的崛起是过去30年，世界经济史上最为惊心动魄的故事。沉舟侧畔，大浪淘沙，他们的盛衰枯荣，也是中国崛起这一宏大叙事的精彩素描。这本书中记录的企业，几乎都经历过对陈旧规则的戏剧性颠覆，并散发着奇迹般的光芒。他们共同重绘了全球经济地图，创造着崭新的商业文明。

——知乎副总裁　秦亚洲

当下时代发展的进程中，媒体更应懂得如何去坚守自己的底线。我一直坚信，文字是个有温度、有力量的载体！《他们正在改变中国》这套书，相信每一位阅读过的人都会通过灵动的文字激发起内心深处的力量。生在这样一个飞速发展、进步空前的美好时代，每个人都不应辜负这一伟大时代赋予我们的使命。当每个独立的个体团结汇聚起来，这便是力量，是你我的力量，不仅改变着中国，也将改变世界。

——野马财经合伙人&CMO　武迪

中国经济的发展，尤其是互联网经济的发展，和本书中的很多企业家息

推荐语

息相关。推荐《他们正在改变中国》，通过研究他们，观察他们，找寻中国互联网经济未来的发展趋势。

——微影资本执行董事　吴丽

媒体是历史的见证者，企业是经济发展的推动者。致敬70年，且看40位媒体人笔下的40家企业。精心之作，记录当下！

——新华社国家高端智库经济研究中心副主任、中国经济信息社经济研究中心常务副主任　张文娟

从他们的故事里，看激荡中国70年的沧桑变化。从他们的故事里，读懂中国。

——环球时报英文版经济新闻部主任　涂蕾

40年40企，在这里，读懂中国经济。

——21世纪经济报道副主编　贾肖明

改革开放40年的历史，也正是亿万中国人不懈奋斗的历史。这其中就包括书中写到的他们。他们的故事，成为中国故事中精彩夺目的篇章；读懂他们，你或许就能更好地读懂今天的中国。

——人民日报社新闻协调部副主任、高级编辑　汪晓东

时代造就人物，激荡的时代给杰出人才创造了土壤，而他们反过来又谱

推荐语

写了新的历史。那些对环境变化做出最快、最积极反应的企业，才能走的最长远。《他们正在改变中国》从几十个具体鲜活的故事，展现波澜壮阔的商业社会。它将告诉你，功成名就的企业家经历了哪些酸甜苦辣，如雷贯耳的企业发生过什么动荡波折。在这一切变化的背后，你将看到经济结构、技术发展、体制、政策如何交织成一个个机会窗口，推动时代变革。这是一本开阔眼界，令人深思的书，建国70年之际，这本书是献给时代最好的礼物！

——清华大学五道口金融学院文创金融研究中心项目总监　孙潇潇

让我们向这些肩负重担的行者们致敬，在波澜壮阔的年代里，他们的闪光点汇聚成烫金的“奋斗”一词，正是无数的“他们”，正在用他们的方式改变着中国，书写着历史，更释放出前行的力量。

——新华网融媒体产品创新中心总监　马轶群

此书以多维度视角浓缩了中国企业发展的传奇，这些创新的故事，正是“中国奇迹”背后的秘密。

——中国财富网数据中心副主任　单秀巧

那些激情而草莽的年代，那些野生而进取的力量，那些艰辛而光荣的轨迹，值得铭记。商业中坚也是自由市场的改革先锋，用创业书写新时代史记，人物传与货殖传一并传承。致敬这些时代商业力量，致敬一种精神。

——凤凰财经总监　张涛

推荐语

他们白手起家，他们力挽狂澜，他们是这个时代最富有改革精神的企业家。更为幸运的是，有一批善于观察 勤于记录的中国优秀媒体人，记录着他们在这个时代的点点滴滴。打开这本书，和这个时代最优秀的企业家来场对话；合上这本书，你一定能得到最有价值的启发。

——中央电视台新闻频道记者　孙艳

20年，绘就了一幅美丽壮阔的中国画，工笔细腻入微，写意气势恢宏。不同阶段不同行业不同地域的这40家企业，宛如画中景，更是丹青笔。

——中国对外贸易经济合作企业协会副会长　李红

改革开放是中国经济腾飞的开端，无数“伟大”的企业造就了改革开放“伟大”的奇迹，《他们正在改变中国》记录着这些“伟大”的诞生，让我们回眸历史，展望未来！

——未央网总经理　尹炯宇

他们的40年，家国烟火，如露如电。

——澎湃新闻财经新闻中心总监　孙扶

让我们透过40位金媒人的视角和40家企业的故事，感受建国70年光辉历程中的彷徨与前进，探索与成功。

——人民日报社对外交流合作部副主任　徐波

推荐语

《他们正在改变中国》一书记录了改革开放40年来，一批改革创新的勇者，在自己决定的方向道路上披荆斩棘，乘风破浪，用一段段传奇经历展示给我们什么才是祖国繁荣富强的决胜法宝，什么才是中华民族复兴的关键力量！

——中央电视台办公室　周源野

实力派的40位财经媒体人，用扎实的访问和优美的文笔，记录改革开放40年以来实力派的40个企业和企业家，堪称天作之合。

——融360公共事务总监　左璇

40年、40人，他们用企业家精神诠释了改革的真谛。当改革步入不惑之年，《他们正在改变中国》一书以口述者的视角为我们重现这段历史的轨迹。以史为鉴、可以知兴替，更让我们能鼓起勇气、面向未来，再出发！

——网信控股公关总监　黄涛

在这个世界上，总有一群人，或者一本书，不仅在深刻改变中国，也在深刻影响世界。《他们正在改变中国》——就是我在清华五道口金融学院与志同道合的同学们一起学习的最大收获。他们是我们的榜样，也是我们自己的影子。正如我在这种力量的感召下离别北京，深入“三区三州”参加打赢脱贫攻坚这场伟大的历史性战役，这既是一种悲壮，也是一种幸福。我相信，历史会铭记这场伟大的变革。

——中共阿坝藏族羌族自治州州委常委、副州长　潘国伟

推荐语

中国改革之所以取得成功，上有顶层设计，下有边缘革命。那些充满渴望、干劲，在潮起潮落中挣扎奋进的企业和企业家们正是边缘革命的主力，他们改变了我们的历史，他们正在改变中国。

——CoinNess主编　姜洪桥

为担当者担当、为负责者负责、为干事者撑腰。感谢《他们正在改变中国》，本书充分体现企业和企业家的地位和价值，更好地演绎企业家精神、提倡企业家精神、聚焦企业家精神。

——南方新闻网文创中心副总监、财经频道主管　林耿民

改革开放40周年是中国发展史上一幅璀璨的画卷。这些个性迥异却同为造梦者的企业家们，为这幅画卷中的商业社会，书写了一段段跌宕起伏的传奇故事。他们将天马行空的想象力一点点落地在你我的生活中，改变了社会各个领域，并对下一代的创业者树立了榜样。《他们正在改变中国》这本书，不仅是对这40家企业的描述，更呈现出整个中国商业社会的发展轨迹，值得精读，发人深省。

——《商业周刊/中文版》执行主编兼《周末画报》财富版主编　范荣靖

本书的作者们，平均年龄与改革开放的历史相若，目睹和感受到40年间的大变革和大发展，字里行间充满对时代的感知和思考。40位企业家虽然最初未必怀着实业报国的理想上路，但后来的成就证明他们，以及无数中国企

推荐语

业家是中国成为真正的大国强国的航程上的压舱石。

——财新网助理总编辑　黄晨

在40位企业家手中，不可能成为了可能。在40位媒体人笔下，记录了这些人间奇迹。他们不会只关注“问题”，而是会对中国企业和产业的崛起进行全景式的考察，以一种真实的画卷来致敬一个真实的改革开放。

——豆包网合伙人兼副总裁　邓景军

改革开放的交响曲响彻了40个春秋，这既是中国发生巨变的40年，也是中国企业家风雨兼程的40年，更是中国经济腾飞的40年，40个特写镜头化作最生动的缩影，带你走进改革开放的长歌浩荡，看它如何改变了中国，又深刻影响了世界。

——清华金融评论　白雪

从他们的故事里，读懂了时代的变迁，读懂了中国的发展。企业家精神无论何时何地都是最值得宣扬和传承。见证了此书诞生的全过程，为记录历史，书写未来的同学们感到自豪。

——中国农业银行企业文化部新闻处　周园

当代中国的改革硕果是世界改革史上最广大的国民创造并全民分享改革成果，能出类拔萃地成为这个时代的领军人物，必将被历史铭记。往后的每

推荐语

一代中国人都是这个时代的受益者，打开《他们正在改变中国》，致敬改革先锋，传承改革精神。

——“优月家”创始人、CEO；原福建经视著名财经主播　潘媛芬

向书中的企业家和那些有名无名的企业家们致敬！他们是改革开放时代中国的脊梁，也是实现中华民族伟大复兴的坚实力量。致敬改革开放四十年，致敬在创业创新路上的中国企业家们和中国企业家精神，致敬这个伟大的时代！感谢这套大部头的《他们正在改变中国》，40年风雨同舟，40家企业历程，40年披荆斩棘，40年砥砺奋进，我们党引领人民绘就了一幅波澜壮阔、气势恢宏的历史画卷，谱写了一曲感天动地、气壮山河的奋斗赞歌。

——山东电视台　周静

改革给在市场中摸索的企业和企业家坚实的信心，在多年后，我们依然坚信，信心比黄金还贵重。书中企业，他们历经辛苦，能够站在世界的舞台上各领风骚，也让我们对于中国经济的未来充满了信心。从这一代企业开始，世界开始倾听“中国故事”。

——欧洲货币机构投资者集团（Euromoney Institutional Investor PLC）大中华区总裁　汪弘彬

近年来我觉得最走心的作品。

——新华网政务大数据总经理、网络舆情监测分析中心主任、中国互联网联合辟谣平台编辑部主任　姚笛

目录
Contents

第一章
生于80年代

第一章
生于80年代

吉利，看中国汽车产业转型升级

华为，“政治经济学”视角的中国企业史

中国平安，金融基因进化成的科技物种

温氏，从粤西山沟里走出来的农牧业“华为”

万科，王石的舍与得

目　录

第一章
生于80年代

第二章

生于90年代

第二章 生于90年代

第二章 生于90年代

第二章
生于90年代

洛娃，日化搏杀，在游泳中学会游泳

雅昌：为人民艺术服务的艺术工匠

大事记

第三章

生于2000

第四章

生于2010

第四章 生于2010

『第二章』CHAPTER

生于90年代

我的生命是不能贱卖的，我宁可战斗而死去，也不要走上不光荣的结局，让显赫的功勋传到来世。

——荷马《荷马史诗·伊利亚特》

华夏幸福，产业经济下PPP模式的中国创造

1993年，在河北廊坊交通局运输公司工作了7年的王文学辞职下海了。

一年前，邓小平南方谈话发布。1992年10月党的十四大召开，宣布新时期最鲜明特点是改革开放，第一次明确提出了建立社会主义市场经济体制的目标模式。

王文学感觉到，一个可以自己干事、允许人们干自己想干的事的时代到来了。这个时代将提供给人们可以实现人生理想、为国家和社会创造更多价值的机会。

这个出生在河北霸州农村、从廊坊市工业学校毕业后就一直在廊坊交通运输公司工作的年轻人，先是开了一个火锅店，不久又开始尝试盖房子、修路。

改革开放20周年，也是《相约98》一夜之间流行于大街小巷那年，他成立起一个小房地产公司。从1998年到2018年，公司坚持了20年，如今已经发展成一家有特点的上市公司——华夏幸福基业股份有限公司。

这些年，在有人靠集资、有人靠网红一夜暴富时，华夏幸福在十多个中心城市辐射区内踏踏实实地建产业新城、向产业新城导入企业，被赞为“带动了相关县域经济发展”。

华夏幸福的做法，有那么点儿独家秘学，也有一些可复制、可推广的“共性”，尤其是在流行都市圈、城镇化、乡村振兴等概念的当下。

固安起步，施展抱负

从1992年开始，伴随着兴办开发区的热潮，全国掀起了一片开发房地产的热潮。到1998年，房地产业实现了从萌发到初兴的发展过程。

华夏幸福掘到的第一桶金也来自房地产。

即便今日，在华夏幸福的大盘子里，房地产销售收入仍持续占据营业收入的半壁江山。因此，了解这家企业，首先要从其房地产业务说起。

那个时候，几个房地产大佬们已经盘踞了各主要大城市的江湖。北京科技会堂搞了一个中国房地产高峰论坛，王文学在报纸上看到这个广告，花几千块钱买了张门票，像小学生一样到场听房地产巨头们的讲座。

王文学决心涉足房地产领域。他聘请最优质的策划团队，以至于在钱不够的时候抵押了自己的皇冠车作为首付款。第一个项目所在地叫“华夏里”，因此策划团队给项目起了名称——华夏花园。

1998年，华夏房地产开发有限公司成立了。

在距离北京不远但又不发达的河北廊坊市，从1998—2002年，华夏幸福做了三个项目：华夏花园、第五大街和华夏经典。第五大街是一个商业地产项目，在当时已经成为廊坊市的标志性建筑。

初尝房地产带来的收获后，豪情万丈的王文学对中学同学、现在的华夏幸福总裁孟惊表露了“远大理想”——靠盖房子、卖房子感觉不过瘾！他想干能够给社会创造更大价值的事，更有成就感的事……

那时候他非常年轻，有的是精力，工作会议经常开到凌晨三四点，总觉得能干更多事情，一定要干点事情出来，才觉得不负年华，不负时代。

在2002年的时候，廊坊市盘点所属的一批开发区发现：有些划定了地盘却没有干起来。当时的廊坊财政收入显然支持不了开发区建设。

可否引入企业来干？

于是当地领导们把两家国企和三家私企招呼到一起，“拉郎配”让大家一起干。可当时答应的事儿，在王文学出差几天回来时，其他几家企业都变卦了，先后表示不想干。

王文学隐隐有一种感觉，自己显露身手的机会到了：华夏幸福承揽了全部固安工业园的建设。

2002年5月双方签订了合作协议，用政企合作模式建设固安工业园：

固安的地、廊坊开发区的牌子、华夏幸福的钱。

那时固安非常穷，本地财政不能自给自足。

“在乡镇工作的教师基本不能按时足额拿到工资。”固安第六任新兴产业示范区工委书记、管委会主任刘光远说。

产业园能够招揽北京外溢的产业，园区内的配套住宅能够接住北京的外溢居住需求。“吃北京的粮食，下固安的蛋”，这在当时被认为“想得挺美”。

在固安工业园奠基时，县长说要用10年再造一个燕郊，在场的人听这话感觉有点儿像吹泡泡。

王文学打算把手里不到2亿元人民币的资产倾囊压在固安工业园上。

那几年，由于经常往返于北京、廊坊之间，王文学开始关注中心城市、卫星城市和与之相关的都市圈概念。

华夏幸福的产业新城项目，大多数是依托大城市或者是都市圈。作为配套住宅的房地产，对中心城市的居民有着巨大的吸引力。

看看华夏幸福历年的配套住宅签约金额，就可以得到验证：2017年1121亿元，2016年724亿元，2015年495亿元，2014年355亿元，2013年236亿元，2012年145亿元……

某种意义上说，产业新城配套住宅为华夏幸福规模迅速膨胀和产业新城全国遍地开花提供了重要的现金流支撑。

“我爱北京天安门正南50公里”是固安产业新城的著名广告语。不仅大量北京人前来投资置业，更有不少外地人和产业新城本地人在此置业居住。

固安孔雀城“毗邻北京新机场，新空港经济辐射圈，是一座实现经济腾飞的宜居之城。多条公交线路均可快速直达北京三环、四环等核心区域，新机场南中轴线可通往北京各大使馆区”。

优质的区位优势，让固安与北京形成了越来越紧密的联系，对资源、人口的聚集产生越来越强的吸引力。

而在浙江嘉兴，“位于浙江嘉兴东北部的嘉善县，是浙江省接轨上海第一站”，嘉善产业新城里的新西塘孔雀城，正在成为上海外溢人口的一个品质优越、生活方便、价格比上海更优惠的居住社区，对周边人才的聚集形成强大的吸引力。

……

亚里士多德曾说，人们为了活着而聚集到城市，为了生活得更美好而居留于城市。

按照“一小时经济圈理论”，随着公路和地铁、轻轨、高铁等轨道交通的发展，通勤时间一小时范围内抵达市中心的区域，被认为是聚集效应、竞争优势最强的区域。华夏幸福的房子全部在一小时经济圈内。

在华夏幸福2017年年度股东大会上，王文学说出了对都市圈发展趋势的判断：

“都市圈是目前我国社交活跃、消费时尚、服务优质、文体发达的区域。”

“都市圈是中国未来经济增长的核心载体。”

“目前我国人口在500万人以上的都市圈有31个，到今年前几个月，华夏幸福已经布局了15个都市圈，74个产业新城，12个产业小镇……”

会场里，股东们都认同这个判断。

此前一年，党的十九大提出要“实施区域协调发展战略”“以城市群为主体构建大中小城市和小城镇协调发展的城镇格局”，这让华夏幸福拥有了施展抱负的更大舞台。

产城融合，产业新城实践

美国田纳西州的孟菲斯小镇是猫王的故乡，只是在音乐领域有点名气。但20世纪70年代联邦快递从临近的地方搬来后，这里就成了最著名的物流枢纽中心和著名的航空城。随后在全世界各地希望成为孟菲斯的地方多如牛毛。

在国内，近些年先后出现了不叫孟菲斯的各种小镇　　仅在浙江，就有乌镇的休闲度假小镇、宋城的演艺小镇及桐庐几个各具特色的小镇全国闻名。

在乌镇因为世界互联网大会惊艳全世界时，华夏幸福已经在固安埋头苦干了十几年。

固安没有想过成为孟菲斯。

小镇一般占用1~3个平方公里的面积，而新城则要有10平方公里左右。从支撑产业上，小镇一般只要一个主要产业，而新城则更需要多个产业的聚集。

几个小镇体量之和的固安，形成了与特色小镇不一样的产业新城。

按照书本上的描述，产业新城要具备“位于中心城市辐射范围”“以产业为支撑”“产城融合”“城市功能完善，生态环境宜居”等要素。

华夏幸福的产业新城表现出可以帮助减缓或治愈大城市病的特质。像韩国首尔、以色列新城曾用建新城促进人口的合理再分布。也像20世纪法国通过巴黎大区规划，阻止法国人口向巴黎大量集聚，以解决“繁荣的巴黎和荒芜的法兰西”之困。

但任何一座城市的发展都离不开产业，产业新城更是如此。没有产业，城市依靠什么持续发展？

包括王文学在内，华夏幸福的人并非天生是建产业新城的能手。一开始，王文学和那百多号人的团队心里都没有底。

这是一个不断学习、研究和探索的漫长过程。

这个过程中，华夏幸福遍访高手和专家，不断地借助外脑。这就好像王文学本人，他个子虽然不高，但他不拒绝跟个子高的人站在一起。

一个固安产业新城项目，在2002年起步时前前后后请来过9个国家40多位规划专家对开发区规划设计，仅咨询费就花了近4000万元！

做完规划，手里的钱“有买盐的没有打醋的”了。王文学咬牙舍弃了三河、廊坊纯地产项目，把心思集中到固安。

这时王文学心里已经找到了感觉——

“要在固安建一座有产业依托的新城市”。

对于产业新城来说，招商能力是核心中的核心。

逐渐地，华夏幸福不仅形成了强大的招商平台和团队，更总结出一套标准化操作手册——方法论和人才培养体系。

如今王文学会说，过去华夏幸福就他一个人会招商。他传授给大家时，为了保密，还把工作分成块——教不同的人只学习其中的一小部分。

2012年麦肯锡的顾问对他说，你得能培养出几个“小王文学”来……现在有若干个区域事业部总经理超越了当年的王文学，这些区域包括环京的、苏浙皖郑、武广深成的区域。能干的县一级新城总经理更多。

在产业新城覆盖的范围，华夏幸福打造了一个产业发展人数多、人员结构丰富、招商能力强的4600人团队。为产业新城引进了数千家企业。为引进来的企业对接政策性银行、商业银行、产业基金、融资性担保、小额贷款、融资租赁、证券投行等机构服务。

近两年，对于特别看好的企业，华夏幸福甚至开始动用资本招商的“大招儿”——

在固安产业新城的新型显示产业集群里，有一些高速成长的企业，如为新型显示面板做配件的鼎材科技有限公司，这家企业目前正在为显示用有机发光半导体器件做基础配件，然而，其研发生产的相关产品“零关税”却可以从日本进口。

“如果我们坚持研发、生产这类产品，可以解决显影技术在国内上游原材料的高端配套难题。”

华夏幸福支持了这家企业，投资为其技术发明提供转化条件，建成从天使、孵化、加速到并购、上市的全流程、多层次的投资体系。

在固安产业新城，华夏幸福参与推动省、市政府设立了100亿元的河北省新型显示产业发展基金，帮助第6代AMOLED产业化项目增发筹措资金。华夏幸福发起设立了固安科技股权投资基金中心、河北博士后创业基金、大厂影视产业发展基金等引导基金，还推进京津冀科技成果转化基金、国家科技重大专项成果转化基金等合作，为前沿和尖端科技企业进入产业新城搭建资本平台和基金体系，提升产业发展速度。

导入产业是华夏幸福的核心能力。华夏幸福的思路是通过为城市导入产业，逐步形成产业集群。目前在华夏幸福的各产业新城里，已经锁定的有电子信息、高端装备、航空航天、生物医药、新材料等十大重点产业。

华夏幸福产业研究院院长顾强说，在华夏幸福构建的产业平台生态系统中，没有任何靠“拍脑袋”引进的产业。

2011年后，看到北京和天津的产业转移加快，华夏幸福迅速调整固安产业新城的产业定位，增加引进生物医药、航天科技、装备制造等新兴产业，加快产业升级调整。

华夏幸福在对浙江嘉善区域产业定位时，根据嘉善区域原有城市定位，重点培植信息经济和智能制造两大产业。

按照马克思主义经济学理论，对高效率和低成本的追求，成为产业集群形成的内在动因。华夏幸福产业新城的企业有的已经大致形成产业链条，有的则已经初步形成产业集群。

在固安鼎材科技有限公司，总经理助理张伟说，他们的产品——核心有机发光材料，是为固安产业新城的维信诺（固安）第6代全柔AMOLE D生产线的显示面板配套用的，由国内研发生产这些高端显示用基础材料，产业链条可掌握在自己手里。

而十年专心研发的企业维信诺，最近也以其柔性OLED显示屏带来颠覆性的体验：戴在手腕上的手机、更加便携的笔记本电脑、可以卷起来的电视等产品将来到我们身边。

在辽宁沈水产业新城，汽车车身和底盘的奥钢联、钢宝利——动力总成的富士康——汽车内外饰的凯格、上海汽车地毯、信兴——汽车检验检测的易马、华测、拉宝地等形成了汽车的产业集群。

与以生产特殊钢著称的奥地利奥钢联集团、与经营酒店闻名的法国佛吉亚集团、与国内以显示器为核心事业的京东方科技集团合作……这些，都围绕着各产业新城的产业链条和产业集群展开。

在北京三元桥总部的展馆里，华夏幸福目前已与40余家龙头企业结成战略联盟，在全国50余个区域中，形成了百余个产业链或产业集群。工业总产值超过百亿元。

在华夏幸福打造的产业新城里，优质的项目和企业来了，不仅要“扶上马”，还要“送一程”——华夏幸福会为引进来的企业开辟升级孵化服务。

华夏幸福与清华大学等科研院所合作，搭建产学研合作平台，促进科研成果的孵化与转化。

华夏幸福与太库科技创业发展有限公司合作，提升孵化器运营及B2B创新服务能力。

华夏幸福收购苏州火炬创新创业孵化管理有限公司，仅一年时间，孵化成果已遍布全国30余个城市。

互利共赢，PPP模式创新

“摸着石头过河”，被认为可以诠释改革开放中的所有探索。华夏幸福与固安县政府十几年前开始的“特许经营模式”探索，应该是其中一例。

实际上，这个近几年被很多基础设施建设项目推崇的政府和社会资本合作（Public-Private-Partnership，PPP）模式，20世纪90年代在福建泉州的刺桐大桥建设上已经有过实践，当时为“建设—经营—转让”形式。

在国内掀起的新一轮PPP风潮中，华夏幸福作为国内综合性PPP模式最早实践者之一，因项目前期论证充分，运营能力突出，效果明显而入选财政部项目库。

王文学至今还记得他最早接触PPP的概念，是2007年左右在何晓峰著的一本关于资本运营的书中。2012年，在参加土耳其政府举办的某基础设施建设的国际会议时，他惊讶地发现，PPP模式在发达国家已经得到了普遍认可。

理论上越清晰，行动上越坚定。

王文学回来后愈发坚定了用PPP模式开发产业新城的信心，并且带领团队不断创新PPP模式。

2013年，国家出台重大决定，允许社会资本通过特许经营等方式参与城市基础设施投资和运营，这进一步给华夏幸福壮了胆。

2015年，华夏幸福与固安县探索PPP模式的好经验、好做法被国务院办公厅作为全国第二次大督查的典型经验予以表扬。此后，来自发改委、财政部等国家部委的认可接踵而至，多个产业新城项目成为PPP模式典型案例和示范项目。

如今这一备受推崇的产业新城PPP模式，最初在华夏幸福的探索并不顺利。

就像华夏幸福副总裁、固安区域总经理林俐当年进入工地穿的那双高跟鞋：“一脚踩进去，就是一个很深的坑……”

由于缺乏经验，政企双方在最早签订协议的过程中，历经几番波折。最终华夏幸福和固安县摸索出来一套“政府主导、企业运作、合作共赢”的PPP合作模式：

通过协议，固安县政府将特许经营权授予华夏幸福的全资公司三浦威特，三浦威特负责固安产业新城的项目融资，并通过资本市场运作等方式筹集、垫付初期投入资金。

有了特许经营权，华夏幸福要为固安产业新城投资、建设、开发、运营提供一揽子公共产品和服务，包括规划设计、土地整理、基础设施建设、公共设施建设、产业发展服务、城市运营服务六大方面。

在合作期限内，固安地方政府除了按年结算华夏幸福在产业新城各个阶段垫付的建设费用外，华夏幸福为园区导入的企业在当地有了投资后，政府会按照45%的落地投资额给华夏幸福支付产业发展服务费用，如果看好招商来的企业，华夏幸福还会投资入股。除了能拿到政府支付的一笔产业发展服务费外，后期还能享受到该企业的发展红利……

然而，目前有的地方政府债台高筑，在与其合作的社会资本结算时经常出现各种拖延。如何确保PPP模式强调的“互利共赢”？

“契约精神”是PPP模式的核心，也是华夏幸福的产业新城PPP模式的关键。

遵守契约精神是政企双方能走向纵深合作的保障。

更重要的是华夏幸福PPP的独特魅力，如王文学所言，“我们是从招商创造的增量里拿回报”。

华夏幸福和固安县探索出的综合性PPP模式，与有的PPP项目结算时从政府那里拿不到钱不一样，华夏幸福为地方政府带来了实实在在的财政收入增量，服务费用来自招商带来的财政增量，不给政府增加债务负担。

有人曾评价典型PPP合作模式的北京地铁4号线项目：“就好像种果树，前期土地整理、施肥、浇水、打药……全是投入项；后期果树长大了，只需要简单照顾，每年就能源源不断地带来可观收入。”

与北京地铁4号线项目一样，华夏幸福和多个地方政府用PPP方式合作，合作时间少则十几年，多则几十年，运营后期收益也同样可观。

然而在产业新城PPP项目前期，必须有足够的现金做保障。就像鱼儿需要水一样，现金决定着成败。

华夏幸福在每个产业新城里都是滚动开发，一个园区上百亿元的投入不是一次性投入，通过滚动开发，可以部分缓解资金压力。产业新城对资金的需求非常庞大，加上地方政府一般对开发节奏也有红线要求，所以解决钱从哪来的问题至关重要。

民间有一种说法形容银行机构对不同企业贷款的不同态度：

央企贷款——好的，好的；

国企贷款——可以，可以；

民企贷款——等等，等等。

就是说，作为民企的华夏幸福用钱时，必须开拓自己掌控的融资渠道。

华夏幸福建立了利用公司AAA级信用评级发行公司债券、中期票据、超短期融资券、PPP资产证券化等多渠道、多种类的融资工具。

2017年华夏幸福使用了21种融资方式，不仅成为A股上市公司的融资教科书，还把公司总体负债利率下降了一个百分点——6%，这在房地产行业里，是极低的融资利率。

2017年3月，华夏幸福固安产业新城新型城镇化PPP项目供热收费收益权资产支持专项计划，获得上交所受理，拟发行金额7亿多元，成为首批PPP项目资产证券化中唯一一项园区PPP项目资产支持专项计划。

当初，王文学的一位老师曾对他说——“你得学点金融知识”。

日后看来这话很重要，也派上了用场。

不断探索，磨难前依旧坚持

华夏幸福到底是传统的房地产公司还是产业新城的运作者？多年打造产业新城，其产业新城运营商的定位如何为外界所认知？

2018年4月13日，上交所的18个问询使华夏幸福吃下了一个跌停。2017年年报显示，公司主营的房地产开发业务收入下降18%以上，现金流净额近三年首次为负，短期应付债券以及应付票据等规模也大幅度增加。而产业新城业务实现收入同比大幅增长65%，占营业收入总额的比例从32%上升到48%。

基于房地产业务自身开发及结转周期性，资金回笼相对滞后，加上京津冀区域房地产占比偏大，而2017年京津冀区域规划政策和环保政策等的调整，该区域房地产公司的业务受到了一定的影响，即便这样，到年底，公司货币资金余额占总资产比在同期A股房地产上市公司中排名第一，H股中排名第三，属同行业中较高水平。

这次问询的具体问题，以及华夏幸福的详细解答，反而给了监管机构和社会公众一个认识华夏幸福业务模式的机会。

在紧接着到来的股东大会上，王文学说："凡是伟大的事业都会经历磨难，不会一帆风顺。我们要有愚公一样的坚持——坚持心中的理想。坚持选择产业新城！"

王文学一直记得初衷：十几年前华夏幸福把公司主体转移到固安时，固安县城一穷二白。大多数员工的家都不在固安，每天乘班车往返。多少次加班到夜里，没有路灯的办公楼外一片漆黑，走路时，每人一支手电筒。

王文学那会儿有一个强烈的冲动，建一座城市，让同伴们住下来——安居乐业。

以己及人。他希望能"给周围人一份一样的幸福"。

在安居上，不仅让华夏幸福的员工们能触摸到幸福，也要惠及所有产业新城里的产业工人。

目前在产业新城区域内，华夏幸福提供了多层次的住房产品需求，有高端商品房，也有一般性住宅及人才公寓等，尽量满足产业新城里不同人群的需求。

在拥挤的中心城市待久了的人们，如果有机会在华夏幸福的产业新城里逛逛——就以固安为例吧，或徜徉在固安的大湖小区，或骑行在自行车运动公园，抑或牵上小孩子的手在街心玩耍，可能都会有"刘姥姥进大观园"般的大惊小怪：同样是城市，空间还可以这么大？

人们不由自主地会思考：产业新城如何充满活力、幸福宜居？

一方面，要对城市发展科学规划、设计和建设，还要思考在若干年的建设期内，使城市空间功能布局与产业发展在一定程度上达到动态的平衡，这需要像当初规划产业布局般一步步小心求证。另一方面，要对产业发展的需求有预见性，为产业未来的发展留有空间，在空间布局上留有调整余地，以适应未来新的产业发展要求。

华夏幸福的产业新城招商模式可以归纳为：从“搬家模式”到“产业集群打造”，并加入“资本驱动模式”的赋能。随着经济进入新常态，产业新城发展也进入了新阶段。

从1998—2018年，回首过去，华夏幸福的事业发展受益于改革开放带来的市场化运营产业新城的历史机遇。在中国新型城镇化进程中，华夏幸福为资源、能力、技术和人才都相对匮乏的县域转型升级发展，摸索出了一套可借鉴、可复制的解决方案。

站在2018年这个新的起点上展望未来，华夏幸福将进一步扩大其产业新城的辐射范围，让华夏幸福的幸福探索为县域经济发展插上翅膀。

作者简介

Introduction to the author

常志鹏 新闻传播学博士，曾出版理论专著《新华社国际金融危机报道研究（2007—2010）》，发表多篇文学作品。

曾创出一年采写刊发50多篇内参调研稿，且篇篇有批示的纪录；曾创出采访“两会”10天播发60多篇稿件纪录；曾多次被所采访部门授予行业“最佳记者”“专家型记者”等称号。

21岁网易，靠工匠精神打造品质产品

1997年6月，网易诞生。在这21年中，商海沉浮，大浪淘沙，网易一直以“走得稳”出名，先后在游戏、门户及新消费方面都走出了自己的一条路，它用一张张骄傲的成绩单证明“走得稳”比“走得快”更重要。

21年，对现代企业发展史而言不算长，但对于一个企业来说，能够顺应时代变化，屹立20年仍旧保持旺盛的生命力实属不易。在变幻莫测的互联网江湖，网易是怎么做到的呢？

综观中外互联网企业，国外有MAGA，国内有BAT。这些企业的创始人或CEO在很多场合都在强调技术、产品、运营、生态，凸显公司的前瞻性和优势。不可否认，这些是成长为大公司必不可少的因素，却不是成功的唯一路径。

但似乎用哪个词来形容网易都不合适。在2016年乌镇互联网大会期间，一向低调的丁磊对媒体表示：“相比竞争对手的产品，要有创新；在做产品的过程中，每个细节要做到精益求精、精致，要有工匠精神。”

不论是网易游戏、网易音乐还是网易严选，在很多人心中，创新和匠心已经成为网易的代名词，也最能展示丁磊的初心。

丁磊的第一桶金，网易迎来第一春

丁磊出生在一个高级知识分子家庭，从小就喜欢无线电，受父亲的影响，认为自己将来最骄傲的职业，就是成为电子或者电气工程师。因此，他大学报考了成都的电子科技大学。

大学毕业后，丁磊回到家乡，在宁波市电信局工作。在外人看来，这是一份稳定又体面的工作。但丁磊觉得，这不是他想做的工作。

1995年，丁磊从电信局辞职，此举遭到了家人的强烈反对，但他去意已定，一心想出去闯一闯。他曾经这样描述自己的行为："这是我第一次开除自己。人的一生总会面临很多机遇，但机遇是有代价的。有没有勇气迈出第一步，往往是人生的分水岭。"

后来的事实证明，这次辞职确实成了丁磊人生的分水岭。

1995年5月，丁磊来到广州，加盟刚刚成立的广州Sybase。在Sybase一年，丁磊感觉自己除了整天安装调试数据库外，几乎没有什么进步，于是又选择了离开。

1996年5月，丁磊当上了广州一家ISP（Internet Service Provider，互联网服务提供商）的总经理技术助理。在这家ISP，他架设了Chinanet上第一个"火鸟"BBS，结识了很多网友。

但好景不长，丁磊所在的ISP由于面临激烈竞争和昂贵的电信收费几乎无法生存下去。1997年5月，他只得再一次选择了离开。

直到1997年6月，年仅26岁的丁磊成立了网易。在网易成立的最初两年，丁磊把资金和精力主要放在开发互联网应用软件上，其中1997年11月推出了中国第一个双语电子邮件系统。

1998年3月16日，国内第一个全中文界面的免费电子邮箱系统163邮箱开始提供服务。随后，网民们的反应十分强烈，注册用户数量以每天2000人的速度增加，在短短半年内达到了30万用户。

可以说，网易迈出了走向成功的第一步。

随着163邮箱大获成功，先前对丁磊冷眼相看的公司纷纷打电话找他，要求购买免费电子邮箱系统，首都在线263.net也来找到网易，这次网易的出价为10万美元一套。

尽管丁磊是技术员出身，但是写程序和技术不一样。丁磊是互联网思维，开发者做的是面向互联网的产品，程序员让位于产品经理。在互联网刚刚兴起的蛮荒时代，网虫出身的丁磊明白网民需要，将用户需求与互联网创新结合，这种创新思维、用户思维和商业意识的有效结合，促使网易出现第一春。

从上市到暂停上市，网易勇闯生死劫

2000年，中国互联网公司纷纷前往美国纳斯达克上市。网易也没有落后。

但是，网易上市的时间，正好遇到了纳斯达克泡沫的破灭，纳斯达克指数从2000年最高点，5048点一路下跌，最低时跌至1114，跌幅达78%。

美国东部时间2000年6月30日上午11时，网易在纳斯达克股票交易所正式挂牌交易。截至当日收盘时，网易股价跌至15.12美元，跌破了15.50美元的发行价。网易此次共发行了450万份存托凭证，每份存托凭证合普通股100股。

到了2001年9月4日，网易更是因为误报2000年收入，违反美国证券法而涉嫌财务欺诈，被纳斯达克股市宣布从即时起暂停交易，股票沦为“垃圾股”，随后又出现人事震荡。

丁磊事后回忆说：“2001年初最迫切的愿望就是想把网易卖掉，但没人敢买。到了9月，想卖也卖不掉了。”

当时丁磊年仅30岁，在常人难以想象的压力面前，他并没有被吓倒。为此事他解雇了当时的几位高管，并且开始了长达4个月的与美国监管机构的上诉。

就在停牌将近4个月后，网易宣布，对于纳斯达克证券市场对网易的美国存托股在纳斯达克国家市场上停牌的决定，网易已经上诉成功。网易股票已于美国当地时间2003年1月2日上午恢复在纳斯达克股票交易市场的交易。网易股票在恢复交易后立即上升46.33%，并以每股0.95美元的价格收盘。

如今来看，幸亏丁磊没有卖掉网易，尽管一度面临生死劫，但网易很快就找到了转机。

天无绝人之路。就在那个艰难时期，丁磊找到了门户以外的新增长动力。Sony和EA公司开发出的图形网游让丁磊捕捉到商机，并以30万美元收购广州天夏科技，以这家公司研发团队为核心开发了中国网游代表作《大话西游》系列。

丁磊率先转型进入SP（Service Provider，服务提供商）领域，从门户广告的阴影中走出，并借助无线增值服务带来的喘息机会大举开拓网游业务。2002年，网易游戏业务实现收入约3500万元。

靠电子邮箱和无线增值业务作为基本盘，在这个基础之上发展游戏，网易从此走上快车道。

2002年第二季度，网易首次实现净盈利，网易股票开始领涨纳斯达克。2002年，网易成为纳斯达克表现最优异的股票。从2003年开始，网易股价在纳斯达克节节攀升，并助推丁磊成为福布斯和胡润两大富豪榜的中国首富。

若从2001年7月26日最低价0.51美元起算，网易的股价累计涨幅已经超过了2000倍。

在过去20年间，网易保持了每年资本回报率超过20%。在全世界上万家上市企业里，只有1%的企业做到了这一点。中国公司有两家，一个是茅台，另一个是网易。

网易成为价值投资的代表企业，已经成为被互联网市场津津乐道的一件事。

游戏崛起，多年创新成为标杆

让网易起死回生的游戏业务，也成为后来网易的核心业务。

凭借精良的制作，从2001年开始，网易自主研发的时间收费端游《大话西游2》和《梦幻西游》在市场上获得了巨大成功。在坚持自主研发精品的同时，网易独家代理了暴雪游戏的《魔兽争霸3》《星际争霸2》等，还推出了《倩女幽魂》《天下2》。

在手游的研发上，网易放弃了轻、快、追风口，以严苛的标准要求，凭借优良的制作，实现手游的集中爆发。其中，耗时一年半打造的《梦幻西游》手游2015年Q2上线，获得了巨大成功，连续3年游戏收入高速增长，增长率分别为449%、209%和119%，并陆续上线《大话西游》《天下》《倩女幽魂》等端游IP改编的手游，上线后均获得高流水收入。2016年10月，《阴阳师》从爆款手游到全民热议的文化现象，从剑走偏锋的亮眼之作到代表网易出征海外的精锐之兵，斩获iOS（苹果公司开发的移动操作系统）全球收入首位，同月网易首次登顶公司排行iOS收入榜。

网易旗下以《梦幻西游》《大话西游》《天下》《倩女幽魂》等为代表的经典IP游戏大获成功。

在业内看来，有两个原因：一是洞察了消费者对游戏产品的需求远不仅仅是技术维度上的，更是人文价值维度上的。例如《梦幻西游》注重切合中国传统文化，对传统文化进行创新演绎和二次创作传播。二是始终保持自主研发这个核心竞争力，这也就确保了游戏能无限度地挖掘用户需求并且不断地随着用户需求和口味变化而推陈出新。

游戏业务崛起和长盛不衰使网易市值超过100亿美元，在阿里、京东上市前，网易市值紧随百度，跻身一线。游戏营收从零起步，直到今天占网易总营业收入的七成。

任何成功都不是偶然的。

据腾讯深网报道，2014年，丁磊以投资人心态拍板成立50个手游团队的预算，同时启动70个手游项目的研发，每个项目2000万元预算。整个2014年，网易还从社会招聘员工1200人，这是过去5年网易社招人数的总和。最终，网易重点打造的精品手游《乱斗西游》证明了丁磊对手游业务价值的判断。

在丁磊亲自操盘训练下，网易游戏的各个团队变得很勇猛，只要题材优质，就能将最终产品做到平均水准以上。

到了2015年，网易运营的手游超过了80款。其中《梦幻西游》手游版令网易游戏冲上巅峰。也就是从2015年开始，网易的各项财务指标突飞猛进，营业收入从2015年Q1的6.27亿美元，一路攀升至2017年Q1的19.8亿美元，近乎翻了两番。

网易的收入爆发正是来自网易游戏：2002年网易的游戏收入仅仅为3500万元人民币（而2002年之前游戏收入为0），到了2017年已经达到363亿元人民币。

游戏的成功可以说走的是一条典型的网易路子——不单纯依靠流量红利，而是坚持“品位”和“创新”，严格打磨产品。

正如丁磊在此前接受《彭博商业周刊中文版》采访时所说的，网易是一家有品位的、创新的科技公司。品位是关于调性和定位的，重点在严格打磨产品，切合用户的需求。

这是一直以来丁磊对网易的定性和坚持。

也正因如此，网易的盈利能力在目前中国互联网企业里排名第三，2017年营业收入为83.15亿美元，净利润为6.67亿美元，仅次于腾讯和阿里巴巴。

由中国音数协游戏工委（GPC）、伽马数据（CNG）及国际数据公司IDC联合发布的《2017年中国游戏产业报告》中指出，2017年，中国游戏产业正式突破了2000亿元大关，实际销售收入达到2036.1亿元，同比增长23.0%。网易游戏的362.82亿元年收入占全国比重达到近18%。

丁磊曾表示：“做游戏不难。做值得期待的游戏，不容易。流水线上的赶工，是复制。全情投入，精心雕琢，才是创造。”

可以说，网易以匠心制作和一流的研发能力，使游戏成为一张亮眼名片。工匠精神，对内要求员工专注自己的产品和事业，对外打造高口碑产品，使得网易从专业和商业上获得双赢，扭转了腾讯称霸游戏的格局，成为国内游戏领域的标杆企业。

“严选”成新消费样本，中国式“无印良品”

在互联网江湖，丁磊很少上头条。只有一次上热搜，是因为养猪。2009年年初，广东省“两会”期间，当丁磊宣布养猪时，没人相信。

坐落于浙江安吉的网易养猪场，总面积1200亩，约有120亩用于养猪，其他都被原始竹林、板栗林、茶园覆盖。净化空气、隔绝污染的同时，也可以消解养殖的有机肥料。

猪舍更是豪华，双层屋顶和气楼配合，即使不开空调，也能保持冬暖夏凉，春秋自然通风。为了保持猪舍干净，会引导猪们自觉蹲马桶、排队上厕所，实现进食、休息、排泄三点分离。

过了6年，网易猪终于成了。

2015年12月，乌镇第二届世界互联网大会上，丁磊用“味央猪”宴请大佬们，马化腾夸奖“肥而不腻”，张朝阳称赞“秀色可餐”，雷军觉得“入口即化”。

2016年年底，沉淀7年的网易猪一炮打响。线上渠道试验后，2017年9月，网易味央宣布全国首家超市猪肉专柜，在杭州一家世纪联华·鲸选店开业，这也是网易猪第一次试水线下超市渠道，与全国各地的猪肉们同台竞争。

丁磊为何执着于养猪呢？

他说：“我们一方面是住着几百万的房子，一方面还是吃着苏丹红、地沟油以及瘦肉精的猪肉，那为什么没有人去改变这个猪肉品质呢？中国做不出世界最一流的猪，我觉得是耻辱。我相信我的养猪模式，会给养殖业带来中国式的创新变革。”

认真养猪的霸道总裁，运气都不会太差。可以说，这是网易探索消费升级的一些尝试。

2016年4月，网易严选上线。

众所周知，这个时间点，其他电商同行早已快速发展很多年，可以说势力非常稳固。尤其是阿里和腾讯两大巨头，联手瓜分了市场。但是，丁磊则擅长在其他人完成用户教育之后，找到行业痛点再一举攻下，电商快速发展背后也隐藏着诸如品质把控、库存与供应链管理等问题，都成了严选发展的机会。

丁磊自行设计并寻找优秀制造商生产了一款“网易牌”行李箱，原以为只是一场常规的员工福利，未曾想一经推出就受到公司各地员工的欢迎，在网易内部“一箱难求”。网易邮件事业部受到启示，开发了一条优质毛巾，一封内部邮件就换来了30万元的销售额，也因此唤醒了网易的电商情结。

网易严选就像一个做好准备的孩子，非常幸运地敲开了新世界的大门，自己也变身成为新消费的绝佳样本。

根据网易2017年年报显示，电商业务净收入为116.70亿元人民币，已经成了游戏之后的新增长引擎。

网易电商业务主要包含两大产品：2015年成立的网易考拉海购和2016年成立的网易严选。前者目前已经成为中国最大的进口跨境电商，并在2016年、2017年连续两年取得跨境电商市场份额第一，在仓储面积方面维持行业首位。2017年，网易考拉开启百亿级全球采购计划，大举拓展海外供应链，在欧洲多国、美国、澳新、日本等举行招商会，与近百个顶级品牌签订战略合作协议。供应链的扩展建设为2018年网易考拉的下一步爆发奠定基础。

对此，丁磊表示，“中国用户有巨大的境外商品消费欲望，考拉在跨境电商方面潜力巨大，品类和价格上有优势。同时，中国是世界上最大的工厂，严选通过和工厂在产品设计和生产服务方面合作，根据用户现有及新的需求，满足用户需要。长期看，网易电商会持续增长”。

据了解，网易严选孵化于邮箱部门，从最初的家纺家居，再到厨卫、洗护、箱包、母婴、食品等产品，已经发展出九大品类，SKU（Stock Keeping Unit，库存量单位）也已经从试运营时的30多个增长到5000多个。2018年年初，丁磊更是给网易严选定下了70亿元GMV（Gross Merchandise Volume，成交总额）的小目标，一旦实现，就赶超了无印良品在中国的销售额。

易观智库发布的《中国网络零售B2C综合年报2017》指出，品质化升级深度挖掘电商存量市场价值等推动了2016年电商行业的发展。报告显示，“在国内消费升级的市场环境下，以网易严选为代表，通过ODM、C2M等制造方式向上游制造商渗透的品质化电商，将成为网上零售业升级的一个重要趋势”。

在2017年的两岸企业家峰会上，丁磊为网易电商的成功作了注解，一个深入人心的概念正是新消费。从消费者的行为把脉消费趋势的变化，新生代的消费者在满足物质诉求之外，还在寻求精神上的共鸣，较为时髦的形容词就是“精致的利己主义者”。

2018年4月，网易严选以“美好生活二次方”为主题在杭州庆生。庆生会上，网易严选首次将自己定位为“为大众提供高品质、高性价比商品的生活类精选品牌”，并立志成为“好看好用好价格”的“三好电商”，为用户提供全新的生活方式，并把“成长为创造美好生活的国民品牌”作为自己的愿景。

从来“不追风口”，看个性生存

经过21年的发展，正如一个人已经成熟，形成了自己的性格和价值观，低调的网易也形成了属于自己的特色。从“不追风口”，却总能凭借自己的优势杀出重围。

事实上，比起“追风口”和投资，丁磊显然更看重对自身的产品和所在领域的专注。在以往的采访中，丁磊曾自评是个“90分的产品经理”，对产品品质、用户体验有着极致的追求。

如果说“网易出品，必属精品”是这十年外界为网易打上的一个重要标签，那么“不追风口”则是外界对网易的另一个印象，丁磊甚至因此获得了“扫地僧”的称号。

金沙江创投合伙人朱啸虎曾从一个角度阐述对风口的理解，“任何一个技术浪潮都需要经历一个S曲线，从疯狂、增长到泡沫期，然后走过一个死亡谷（增长曲线波谷），再慢慢起来。真正做事情的人，应该在死亡谷右侧再去投资和创业，不要被焦虑赶着入场。”

这和一直被认为“不追风口”的丁磊的观点不谋而合。丁磊在作家吴晓波《十年二十人》节目里道破，“过去十年各种风都有，其实很多是一阵妖风”。

是的，不管是什么风，刮过一阵子总会过去。

一直被质疑“错过风口”的网易仍稳稳地保持在行业前列。不管是网易考拉、严选、云音乐，都是在市场认为“风停了”时才入场，凭创新的模式和优质的产品体验反杀市场。

执着于追着风口跑而忽略长线价值的公司，用丁磊的话说，“不是投资人傻，而是他们都有各自的诉求，就看下一步接盘侠是谁”。

吴晓波提出过一个观点：2016年是新中产消费元年。

不同于屌丝经济，中产经济具备鲜明的特征，即理性消费、圈层化、注重品质。这一新的经济和阶层趋势恰和网易创新、匠心的企业理念不谋而合。网易系产品习惯了精耕细作的打磨，对质量的极致追求就像中产阶级对高品质生活的追求一样，依靠产品背后的价值迎合中产阶级的生活观和消费观，具备天然的契合度。

2018年6月28日，国际咨询公司海德思哲（Heidrick & Struggles）发布了2018年“超级加速成长企业”名单，网易连续两年入选。

根据遴选标准，入榜公司必须符合以下几点以证明其拥有可持续的有机增长和盈利能力，即在过去3年和过去7年中，营收增长排名前20%；通过收购带来的外部增长不超过20%；来自当地政府的补贴收入不超过20%；随着业务的逐年壮大，利润占收入的比例下滑不超过20%。

网易为什么被看好？

表面上是对其利润的强劲增长能力有信心，实质上是认可其长期发展潜力。换句话说，是相信在消费升级时代，网易准确地把握了新中产消费者需求和口味的走向。

根据麦肯锡的一份报告，中国中产阶级目前大约有2.25亿人，预计到2020

年增加到2.75亿人。经济学人智库在2016年发布的《中国消费者2030年面貌前瞻》报告中指出，未来14年内，有1/4的人将拥有中上收入及高收入。简而言之，中国中产阶级会迎来爆炸式的增长。

新中产阶层比以往任何时候都更关注享受生活品质和文化品位，是“消费升级”的重要推动者。

正如丁磊在接受《彭博商业周刊》采访时所说的：“品位能在特定的场景下提高用户愉悦度，有利于产品的创新开发。”

源于丁磊对网购的毛巾质量的不满，国内规模最大的ODM电商品牌网易严选应运而生，致力于给消费者提供“好而不贵”的生活。网易考拉同样以其创新和差异化在跨境电商界以黑马姿势杀出。

作为一家老牌互联网公司，网易始终保持在行业主流地位，并时时迸发活力，这源源不绝的生命力，根植于丁磊反复地强调对用户需求的刨根问底和对产品品质“吹毛求疵”的追求。

网易考拉用考拉这种动物精准地描述了这种消费者行为：“考拉具有多种有趣的习性，例如偏食、一天只有2小时清醒、对自己喜爱的树木抱着不放、仅仅是闻到桉树气息就能获得准确信息等，这些特性与我们用户的消费行为十分相像，如对消费有着十分明确的喜好、只关注必要的信息、对喜爱之物无限追求、了解并擅长介绍自己感兴趣的内容等。”

这也就是丁磊一直在提及的新消费，以前大家追求怎么能买得到，现在大家追求怎么买得更好、更有品。因此，品质尽管依然是十分重要的利益点，但能否通过商品的消费来展现自我，也成为越来越多消费者的行为准则。

丁磊如何在“鱼大水大”的互联网二十年里，让网易稳居前列？

丁磊也多次回答这个问题，答案的核心不外乎两个字：“文化”。他认为，网易的根基就是企业文化。

对于网易的企业文化，丁磊用“稳扎稳打、专注、锲而不舍”这三个词总结。“我们更愿意在自己熟悉的领域做好自己的事情，不熟悉的领域，我们一律不碰。”

在丁磊看来，一个企业长寿的原因不止在机遇。一个公司和产品想要长寿，靠的是精益求精的工匠精神。这几年来网易的成功似乎也在印证着这一点。网易邮箱、网易音乐、有道云笔记，都树立起了良好的口碑，“网易出品，必属精品”流传，也让网易的企业形象更加与“品质”这两个字相联系起来。

2018年以来，包括小米、映客等独角兽企业在内已有超百家企业在港交所挂牌。同时，热闹的不仅是港交所。从2017年第四季度开始，趣店、搜狗、华米科技、虎牙直播先后在美国纽交所上市；乐信、哔哩哔哩、爱奇艺、优信则先后在美国纳斯达克上市。

但在炙手可热的上市潮背后，是二级市场的冷淡，2018年港股的破发率超过七成。互联网企业蜂拥上市，也让业内再次提起网易。在躁动不安的互联网市场，在上市后如何突出重围，不妨向一直稳扎稳打的网易学习。

丁磊追求基业长青，网易的整体基业事实上都建立在“更长久和一般性的假设之上”，既不依赖智能手机红利、技术红利，也不依赖人口红利，网易产品的落脚点在于对产品本质的回归，即产品体验和每个用户的商业价值上。这也是不少人眼中网易的生存之道，想象空间所在，也是其对中国互联网行业最大的价值所在。

作者简介

Introduction to the author

李春莲　《证券日报》记者部副主编。连续六年获得报社“十佳记者”称号，长期关注能源和大出行行业，熟悉上市公司和产业经济，多篇稿件对资本市场很有影响力。

永辉，从菜摊到区域民生的新零售

过去的20多年，在消费升级的大背景下，从传统卖场形式，到专业化的主营生鲜，再到多种业态下的科技零售，永辉凭借对零售业务的不断调整和创新，走出了一条不同于传统大卖场的差异化路径。

业态进化，科技转型，制度独创……是永辉在本土品牌和国际品牌的夹缝中成长，独树一帜取得阶段性成功的秘诀。作为新零售业的重要一极，永辉的未来值得期待。永辉，仍然在路上！

崭露头角，商业进阶中突围

1978年的改革春风改变了中国，也唤醒了中国新型的零售业态。

从这一年开始，坐拥“国营”政策的供销社，没了昔日的红火。与此同时，中国开始引入“超市”这种新型零售业态，不过当时还被称作“自选商场”。1983年出现在北京海淀区的首家超市，也更像是一家自选菜场：商品价格昂贵，陈列混乱不堪。这时候的中国零售业是真正“摸着石头过河”。直到1991年，上海联华超市开业才标志着中国出现了首家真正意义的超市。1992年，中国政府正式有限制地开放国内零售业市场。

而此时，“70后”张轩松已经辍学两三年。他做过农民工、扛过包、搬过砖，后来在亲戚的介绍下开始在榕城做啤酒代理批发。

这段啤酒代理的经历是张轩松涉足零售业的初体验。他发现当时的零售业销量很低，小卖店店主几乎都要自己蹬着三轮车去囤积常用的货品。于是张轩松就打出“送货上门、服务到家”的旗号，零售店家一个电话，无论白天还是晚上，刮风下雨，1个小时内立马赶到。

靠着这种服务创新，张轩松攒下了人生的第一桶金。

1995年，在福州刚刚兴起的超市业态刺激了张轩松对零售业的敏锐神经，他判断：超市的理念先进，经营的品种多样，肯定会成为主流。当年12月，张轩松在福州市古乐路开起了面积仅有100平方米的“古乐微利超市”，主营日用品。别人卖3块钱的一条毛巾，他只卖2.3~2.5元，这种“看得见的实惠”，正是张轩松经营超市的特点所在，也构成了其以平价销售赢得市场的经营策略。日后，“天天平价”也成了张轩松所经营超市的样板口号。自然，这一理念也沿用到了1998年开始以“永辉”命名的超市。

好日子并没持续太长时间。1999年，中国发布《外商投资商业试点办法》，这一政策红利，给外资进入中国零售业提供了机遇。当时国内的超市还处于萌芽期，外资大卖场的强势入驻对本土区域型超市的发展显然会有不小的影响。它们利用自身强大的信息体系和全球供应链体系在中国得以高速扩张。早在1995年就进入中国的家乐福，借此东风采用国际先进的超市管理模式，凭借价廉物美的商品和优质的服务迅速占领市场，很长一段时间内，其“开心购物家乐福”“一站式购物”等理念深入人心。

此时的张轩松，选择了避开竞争主场，开始带领永辉向专业化超市转型。在这个过程中，永辉摈弃了传统超市主营日用品、小家电的模式，建立起主打生鲜食品的特色超市和连锁店。选址也避开了闹市区，而是更靠近居民区。

为了延续平价牌，永辉通过直接扶植农户的合作模式，逐步摸索出了“产、供、销”一体化的运作机制。这一模式需要对供应链体系的足够了解，虽然辛苦，却是外资超市很难短期复制的。

正如我们后来看到的，随着零售业态的不断演进，家乐福在中国也开始连连亏损。单纯依靠“低价竞争”“大而全”的逻辑已经很难抢占市场，消费者开始追求更快速、更多样化。消费升级的大趋势下，线下流量重新成为焦点所在。

在这个过程中，永辉从2009年的100余家门店到2018年6月8日的大店数量617家，储备大店204家，地理范围覆盖243个市（区/县），其坚持自己的特色和模式在竞争中突围。

永辉，正在朝自己的目标稳步前进。

见微知著，懂顾客者得市场

“魔鬼”出在细节里，这个细节先说说永辉的香蕉。

首先是采购。仅在香蕉这一个单品的经营上，永辉超市就已经充分体现了其经营优势：在源头以较低价格采摘未成熟的香蕉；利用大型冷库进行人工温度控制，调节香蕉的外部储藏温度；通过简单的制作工艺使香蕉由生变熟，再统一配送到各门店进行销售。其成本控制和品质管理的优势使其利润空间较为可观。

在销售的过程中，也有这样的细节。很多超市的香蕉会被直接大把大把地放置在水果区。而大多数顾客购买香蕉时，因其不易存放，只会购买几根。这样就会出现顾客自己动手将大把的香蕉掰成小把甚至两三根香蕉再去称重，而这一过程难免就会因为消费者不专业的暴力动作造成香蕉损耗。然而这样的场景在永辉很少见到。在永辉，香蕉刚刚上架时，售货员就已经用水果刀在香蕉的瓜蒂处切分成不等的几份，供顾客选择；一旦发现顾客有要上手再掰开的情况，负责这个片区的售货员就前来劝止，从而最大程度地降低了人为的损耗。

货架的陈列也是用尽心思。在一些门店，在水果的陈列架附近放上水果刀，在生鲜的附近摆放相应的调味汁，都是永辉将销售场景化的用心所在。总体上，不管是生鲜自营、源头直采、进口果蔬还是“超市+餐饮”业态最终都必须将商品展示给顾客。好的展示环境氛围、陈列方式、灯光效应、商品价值、顾客愉悦一个都不能少。

以消费者需求为核心，不断创新，注重每一个细节，最大限度减少自营工作中人为的商品损耗，确保商品利润的最大化，懂顾客需求、满足和开拓顾客需求，这是永辉在商业竞争中脱颖而出占得市场的小心思，也是大成功。

超级物种，生鲜市场再较量

生鲜，一直是永辉模式的立业之本，利润之源。

这一点，从2000年开出第一家店起，就从未改变。也因此在中国已超万亿元的生鲜市场中，永辉是一个很特殊的案例。卖场面积的50%是生鲜，销售业绩的50%是生鲜，员工人数的50%是做生鲜，构成了永辉在此领域难以短时间内被逾越的经营壁垒。

永辉将农贸市场定位为自己的竞争对手，而非同行，在销售方式、价格、品种结构、自选方式的开放度等方面进行赶超；同时丰富商品结构、优化卖场运营管理，使其生鲜利润的最大化得以实现。

首先是永辉的采购团队常年驻守分布在全国主要的农产品生产基地。为了买到最新鲜的水产品，永辉的采购船就直接开到海上与捕鱼船对接；而一些地区的永辉店铺，早晨五点半就开门迎客，保证了将新鲜的食品第一时间提供给顾客；低于农贸市场10%的价格，是永辉生鲜占领市场的“杀手锏”。

应该说，强势的生鲜经营为永辉开拓了市场，奠定了在全国的领先地位，形成了在业内公认的“永辉模式”。但市场瞬息万变，创新又显得刻不容缓。

2017年1月1日，超级物种面世。

这是个以轻时尚及轻奢餐饮为基础，“餐饮+超市+互联网”业态的商业模式，以“80后”和“90后”等新消费群体作为主要目标。作为永辉与年轻人交流的窗口，在这里，消费者可以吃到全球定制、经过数据筛选的商品，从而做到“全球定制服务大家”。业内也有说法称：这就是永辉推出的“高端超市+生鲜餐饮”，是一种新业态。

据说，“超级物种”的名字是张轩松的哥哥张轩宁起的，张轩松觉得这个名字非常好，因为“这就是个需要通过竞争迭代以适者生存的商业模式”。这个炫酷的名字一度被贴上“网红”标签，业内认为，这是实体零售和线上融合的新的可行性模式。

任何行业都会存在那么两三家对标竞争的品牌，生鲜行业也不例外。“超级物种”则面对这“盒马生鲜”等的竞争。也因此，腾讯的赋能对“超级物种”至关重要。媒体报道显示，中国电子商务研究中心主任曹磊曾分析认为，“从运营上来看，超级物种的模式更符合新零售，其线下比例更高；腾讯的投资能为超级物种提供相应资源，强化其线上化能力，超级物种将成为腾讯的新零售试验田”。

永辉“超级物种”抓准和开拓顾客群体的分层需求、加强顾客体验正是懂顾客的一种表现。借助腾讯的赋能，依托“超级物种”，利用“线下门店+线上APP、微信公众号、小程序”等平台，永辉实现了线上线下打通的新零售体验。

张轩松兄弟很多年来都很低调，2017年11月28日在清华大学的一场演讲被视为其多年来第一次公开演讲。就在这次演讲中，张轩松介绍“超级物种”讲到其发展定位时称：以此平台和年轻人建立连接，以此品牌引领消费升级潮流，以此为抓手为永辉提升品牌价值，以此作为平台型永辉的切入点。传统企业与科技结合，超级物种一定会加速扩张、加速奔跑，永辉供应链优势和管理优势也将充分发挥。

凭借“超级物种”，永辉在加强生鲜壁垒上又迈出了一大步。

制度创新，厉害了，合伙人

永辉超市的成功离不开制度的创新，合伙人制度就是其中的典型代表。

这一制度的出台有着深刻的背景。在商超行业，一线员工往往干着最脏、最累的活，却拿着最低微的薪水，因此，员工流动性通常也较高。张轩松曾在调研中发现，当一名一线员工每个月仅有2000多元的收入时，很难令刚刚解决温饱问题的他们具备主人翁意识和服务意识。显然，这对员工本人和公司均不是乐于见到的事情。

永辉超市在2012年推出合伙人制度，希望以此增强员工的主人翁意识，充分调动工作积极性，实现合伙人和公司层面的双赢。

具体来说，合伙人制度就是一线员工全员成为名义股东，工资绩效和销售额及企业的利润挂钩。同时鼓励员工专注细节，让员工主动防损为自己省钱。该制度以门店为单位，以门店整体业绩任务达成作为参与分红的前提条件。从营运部门到后勤部门，从员工到店长均参与，体现全员参与、共同经营门店的目的。

永辉合伙人制度的核心在于，总部与经营单位（合伙人代表）根据历史数据和销售预测制定一个业绩标准，如果实际经营业绩超过了设立的标准，增量部分的利润按照比例在总部和合伙人之间进行分配。起初，合伙人制度仅在某些生鲜品类的销售岗位试行，这是由于销售岗位的业绩比较容易量化。到2014年，永辉超市在全公司内部进行推广，基本涉及所有的基层岗位。

张轩松并不认为永辉是外界认为的那样——做生鲜，以菜篮子为主，或者是一个大型的连锁超市。他在2017年年底的一次公开活动中表示，永辉发展的基因核心是“共享”的理念。正是在共享理念下，衍生了合伙人的理念。

在合伙人理念下，永辉超市每一个柜组内的每个员工都成了经营者。通过提供平台给年轻人、场景、业务分层，以激活个体实现集合创新推动企业发展，从而实现共同创富。

举例来说，永辉超市一个大的卖场是16~18个物种，超级物种门店是8~10个物种，永辉生活是1~2个物种，每个物种都是与年轻人一起成为这个物种的合伙人。通过此举，永辉超市将7万名员工分拆成1万个小组，以自组织自我竞争、自我发展为导向，通过共享平台，赋能青年人，共享科技、形成共享平台，让员工从就业者变成创业者，让其实现自主创业。

在张轩松看来，合伙人制度并非单纯的“靠钱来刺激员工”，而是让合伙人有归属感。当企业发展到一定规模阶段时，就进入集智创富阶段，让永辉超市成为能够创造价值的企业。

当然，合伙人制度并非没有改善的空间。例如，门店位置不佳或影响业绩指标；业绩本身较稳定的门店创增量难度就较大，在未完成设定目标的情况下也无法成为合伙人。这还需要后续继续完善。

制度层面的创新除了合伙人制度之外，作为相应的“惩戒”措施，永辉超市内部还提出了“赛马制度”。例如，各个合伙人业绩累计到3个月进行比较，3个月后仍然没有达标，或者落后就被淘汰，再由新的合伙人加入。这就使得合伙人既能够享受到业绩增长的红利，也能够时刻保持竞争意识。

就是在这样的恩威并济之下，永辉超市在制度创新中不断突破。

科技赋能，智慧零售的未来

如果说凭借敏锐的市场嗅觉和专注的运营策略，永辉超市从福州一隅走向全国是时传统零售领域的逆袭，那么，面临零售业深度变革，如何把握智慧零售的风口，成为永辉能否脱颖而出的关键。

在这样的变局之下，智慧零售作为传统零售业的转型升级方向，永辉超市对此积极展开布局，科技赋能就成为其手中的一把利器。

正如永辉超市创始人张轩宁所言，近年来数字技术的深度应用，给零售行业带来巨大变化。作为科技零售企业的永辉，通过持续业态创新、管理创新和技术创新，将科技应用于消费场景、供应链等，使用户体验、商品匹配和企业运作效率得到显著提升。在消费升级浪潮中，永辉借此获得巨大的发展空间。

举例来说，在用户体验场景方面，在超级物种用户线上下单，30分钟即可配送到家；线下门店，通过小程序扫码商品、微信支付即可购买结账。这在相当程度上颠覆了传统零售超市的体验方式，线上线下高效连接，可谓方便快捷。在改善供应链方面，则通过对商品中分类战略和进、销、存、出的全流程数字化，以数据驱动，找到基础商品、核心商品、创新商品，不断优化匹配出更符合用户需求的商品。

按理来讲，传统零售企业在应用科技上并无优势，要实现场景、商品和管理的数据化并非易事。而在永辉看来，运用数据驱动、以科技赋能传统模式，这恰恰是实现智慧零售的应有之义。

永辉超市之所以能够“科技赋能”，不能不提的就是与腾讯的合作。其实在腾讯之前，2015年8月，京东就投资43亿元成为永辉超市持股10%的股东。对京东来讲，与永辉超市合作是京东O2O（线上到线下）策略的一部分。不过，双方似乎并未在技术和业务层面擦出太多火花，于是永辉超市在自身实力看涨的情况下，向腾讯伸出了橄榄枝。

2017年年底，张轩松、张轩宁兄弟向林芝腾讯转让5%股份，双方达成深度战略合作，在资本和科技赋能层面，共同探索智慧零售解决方案。

借助腾讯的技术力量，目前，永辉构建起永辉云计算中心，全面加强数据获取、沉淀和运用能力，在超级物种、永辉生活以及Bravo精品店等永辉全业态中，为用户创造更加智能便捷的消费体验。后续，双方还将有更多的智慧零售项目落地。

对腾讯而言，无意于自己做零售，而是希望成为传统零售企业的“数字化助手”。随着线上的流量红利逐渐稀薄，在线上线下融合成为共识的情况下，腾讯通过去中心化的赋能，不干预合作零售企业的具体运营，使得双方各自优势得到最大限度地发挥，从而对智慧零售的探索也不断推进。

按照张轩宁的设想，未来零售业数字化的用户场景就是基于数据优势的智慧型门店。依托于后端零售全流程的数字化和智能化，智慧门店可以充分了解自身线上线下服务半径内的用户及其需求，商品从生产端到用户端过程中的每个节点都信息化和数据化，从而提升效率和优化成本。

可以预想，未来的智慧零售有望构建起全时段、多场景、高效率的经营模式。面对行业深度变革和竞争的白热化，永辉超市能否顺利实现张轩宁的设想，“科技赋能”必然扮演着十分重要的角色。

资本棋局，构建全球供应链

永辉野心还很大，“全球化”融合发展是其下一个目标。

尽管供应链已经是外界公认的永辉核心优势，但显然永辉自己从未满足现状。经过前期的积累，形成一定规模和品牌效应后，永辉试图围绕着生鲜供应链去改革。

“做生鲜就是做供应链”，永辉的这一坚持，体现在其资本棋局的每个细节。

永辉一方面通过对外投资，入股中百集团、红旗连锁、达曼公司等企业，并与之合作，输出自身的管理，携手打通产业链。另一方面，通过引入香港怡和集团、京东、腾讯，转型至科技型零售、构筑全球供应链，实施国际化战略。

具体而言，大陆市场的资本运作不得不先提2014年起永辉参股中百集团（000759.SZ），通过多轮举牌，最终成为“中西部商超之王”中百集团的二股东。随后2017年12月底和2018年1月初，永辉超市（601933.SH）又通过两次协议转让持有红旗连锁21%的股份，耗资16.57亿元，成为“西南王”——红旗连锁的第二大股东。进军了这些区域之后的永辉超市，其商业版图里已经有了包括永辉在内的中百、红旗三张王牌。

与此同时，“全球化”布局也悄然启动。“引进来”和“走出去”都是动作频频。

2014年8月，永辉超市与香港怡和集团旗下牛奶有限公司正式签署《认购协议》，牛奶公司以每股7.00元，共出资57亿元，以非公开发行股票形式，认购永辉超市股票813100468股。双方以股权为纽带展开的深度合作，一方面可以共同开展全球采购，进一步降低采购成本；另一方面可以向上游供应链延伸，合作发展自有品牌。据说与香港怡和集团的合作谈了三年，而张轩松对此合作评价称，永辉的目的就是要构建全球供应链。

永辉超市与富邑集团的正式合作是在2015年7月，张轩松在当时的发布会上称双方的合作代表全球供应链改革的一个开端，代表中国商业企业采购全球化的一个重要起点，代表行业联盟共享市场、共赢市场、共享全球供应链的开始。

2015年8月，京东43亿元人民币入股永辉超市，持股10%。

2017年3月，永辉全资子公司永辉控股参与收购美国达曼公司40%股权，而后者正是全球最大零售商服务企业，在自有品牌开发、全球采购和零售端执行方面，具有专业能力和丰富经验，它曾长期与Costco、7-ELEVEN等零售企业合作。这一资本布局，也加快了永辉构建全球垂直供应链的步伐。

同月，永辉超市参与福建省星源农牧科技股份有限公司2017年定向增发，打造生鲜供应链改革示范项目。

2017年5月，永辉小额贷款有限公司正式开张营业，为零售行业全渠道供应链中小微企业、从业员工及终端消费者提供普惠金融服务。

同年12月，腾讯42亿元战略性入股永辉超市，也一度成为零售市场焦点所在。

一直以来，对这些引资、投资，张轩松坚称其目标都不是为了“资本运作”，而是“最终构建全球供应链”。

显而易见，永辉的一系列资本腾挪，要么弥补其某一块的短板，要么就是期望通过合作寻找更大的合作空间。永辉超市在国际化供应链方面增强了实力、建立了全球生鲜采购直供平台、打开了中高端消费的全球市场、提高了自己在采购中心的话语权、注入了腾讯和京东等巨头的互联网基因，与京东在物流和采购等多维度达成了合作；在腾讯的加持下，实现了线上与线下消费之间快速的传递和对接、强化了在中国西南地区的布局，连续挖掘出多个利润增长点。

在资本市场，新零售被认为是下一个千亿元级别的平台性大机会，将有更多热钱涌入。正如张轩松所说："原来的企业发展，是通过利润推动投资去发展；如今的互联网时代，是资本的时代，很多时候是资本在推动着企业发展。"

借力资本，永辉在加速布局全球供应链的这条路上越走越远。

张轩松，他做对了什么

永辉从一家偏居福州一隅的地方超市，到成为覆盖全国的领先连锁超市企业，所取得的成功自然离不开张轩松的努力。那么，他都做对了什么？

回顾永辉超市的发展历程会发现，几乎在成长的每个关键阶段，张轩松都作出了果断且明智的决定。

在永辉超市诞生前的早期创业阶段，张轩松就敏锐地发现超市业态相比传统食杂店所具备的优势。无论是经营理念还是规模、技术水平，显然零售超市将成为流行业态。这让赚到第一桶金的张轩松没有陶醉在暂时的成功中，而是下定决心杀入超市零售业。

在1995年创办林芝腾讯第一家超市后，张轩松坚持以平价销售赢得市场的策略，迅速获得消费者认可并站稳了脚跟。直至1998年，首个以"永辉"命名的超市正式落地福州。一段商业传奇开始上演。

面对2000年商超行业翻天覆地的变化，面对一众国内外零售业巨头杀入自家"领地"，张轩松又果断地避免与巨头直接交锋，而是在压力之下迅速转型。永辉超市创造性地摒弃了一般超市主营服装、日用品、家电的模式，通过实施“农改超”，建立起了以经营海鲜、农副产品、餐桌食品为特色的超市和连锁店。这成为永辉超市走向持续快速增长的起点。

2010年，永辉超市迎来上市节点。在张轩松的带领下，永辉超市成功登陆上交所，成为“生鲜第一股”。尽管资本可以助推永辉高增长，但他对资本也有着清醒的认识，并形成了自己独到的认识和见解。在张轩松看来，永辉从来不是一家搞资本运作的公司，而是以实业为基础，资本仅作为助推器。

因此，永辉超市在引进投资方面非常慎重。无论是与香港怡和集团的合作，还是近年来引入京东、腾讯等投资，张轩松都十分看重双方在资金之外的业务互补关系和化学反应。这无疑能够让永辉超市避免扩张失控，始终保持在正确的轨道上。

进入新零售时代之后，永辉的自我革命和创新的势头持续发力。在张轩松领导下，永辉超市进一步面向新零售转型，打造全球供应链，同时构筑“云超+云创+云商+云金”四大板块，实现业态创新升级。截至2017年年底，永辉超市各类门店已经达到806家，营收达到585亿元，净利润超过18亿元。

可以说，永辉超市的成功得益于诸多因素，例如对转型时机的精准把握、对生鲜主业的坚持、制度层面的创新等，但这些背后都浮现出张轩松运筹帷幄的影子。

作为“70后”的创业者，与那个年代众多成功的下海淘金者一样，张轩松具备了勤奋、果断、嗅觉敏锐等优秀品质。他能够沉下去，以较低的姿态完成逆袭，并且在暂时性的成功面前不骄不躁，而是注重形成持续性优势；他的思维很开阔，摆脱了外界对传统零售业的刻板印象，能够通过积极应对行业内外部的变化，寻求新的发展机遇。

最难能可贵的是，当众多昙花一现的企业在经历了短暂的成功之后，都因为不思进取而断送了未来的时候，他本人和永辉却始终保持危机意识，恪守低价与创新的理念，与时代共同发展与成长。

永辉，仍然在路上！

作者简介

Introduction to the author

单秀巧 80后资深媒体人，现就职于新华社中国财富传媒集团中国财富网。曾就职于搜狐网财经中心，历任外联专员、编辑、资深编辑、评论部副主编，筹建搜狐财经思想库，任主编。曾策划“对话思想者”“思想会沙龙”等系列活动。参与负责《第一访谈》栏目运营，其中精华内容已集结成书《势在必行》。

京东的基因

京东全力向电子商务进军的时候已经是2005年。

2001年，当当已经拿了C轮融资；这一年，阿里巴巴已经从雅虎拿了10亿美元。当时著名的卓越网于2003年卖给了亚马逊，亚马逊以此为平台逐鹿中国市场。

2003年之前，刘强东还没有玩过QQ，也没有电子邮箱，更不知道什么是BBS，传真是他的主要工具。而直到2003年“非典”的时候，才申请了一个ADSL，进入了互联网世界。

从2004年才开始做电商的京东，在10年之后走入了资本市场，并成为中国零售领域的巨无霸。这个成长的历程，从经典的分析框架是全然得不出结论的，SWOT分析中，这家公司劣势“爆表”，看上去也不具备任何的优势。

无论它的体量、资金、人才，还是在互联网领域的资源，和业内已运作经年的玩家，差距巨大。遑论阿里巴巴、当当和亚马逊这样在当时已经处在头部的企业，就像Newegg（新蛋）已经在中国开拓的企业，其在全球销售额已经20亿美元了。

一切的解释，只能从这家公司的基因展开。

“企业的质，决定了企业的命运。”中国人民大学商学院教授黄卫伟说。1989年，普拉哈拉德和哈默在《哈佛商业评论》上发表了一篇经典论文——《战略意图》（Strategic Intend），提出了“战略意图”的概念。他们研究了过去20年中成长为世界级的企业，发现它们有一个共同的特点，就是当它们规模尚小的时候就已经树立了要成为世界级的领导者的远大目标。“他们把这个现象叫作‘战略意图’，这就是企业的质。”黄卫伟解释。

“他是要做领导者的，如果赚钱目标和成为领导者目标冲突的话，它要服从于领导者目标，也就是在短期利益和长远利益的取舍上，有不同的一个选择。正因为确立了这样的长远目标，这个战略意图以后，才能够牵引它的资源配置的长期一致性。”黄卫伟说。

战略意图的关键词有三个。“方向”：对于构建今后十年左右的市场和竞争地位的观点；“发现”：于各种资源、能力中区分出着眼于未来的独特竞争能力；“命运”：战略意图还有一定的情感成分，它能够让员工感知其内在价值。

观照京东的初始，一个行业领导者的DNA已经就位，当京东的种子种下之后，随着DNA的逐步展开，一家巨无霸企业的成长路径已经在路上。

基础具备，时间来证

根据京东官方资料显示，2003年年底，刘强东已经发现了电子商务的优势。

在接入互联网之后，刘强东分析发现，将来电商一定会比连锁店的运营成本低很多，控制电商库存也比连锁店要好，而且效率又高太多了。“因为假设我卖一个杯子，展示用的话就要12个，而电商拍几张照片就可以了。比起连锁店模式，电商模式有无数种好处。”“如果是网上的话，网友的ID、浏览记录、浏览时间都有记录。顾客买东西是有决策周期的，我利用数据分析，将来就可以控制库存，我做零售最大的成就就是控制库存。”

相对于竞争对手，这个发现已经非常迟钝。不过，京东的基因在刘强东的转型研究过程中已经逐渐成形。

京东最强大的基因无疑是刘强东。纵观刘强东对于公司的把握，其战略意图在创业初期就已经非常宏大。而这个宏大设想的来源，都是基于对100年商业史的思考，以及对全球一流企业的深刻洞察和对标。

刘强东在非常早的时候就形成了其对供应链效率和成本的认识。

刘强东认为，100年来，全世界商业的发展都是围绕供应链效率和成本这两条线，每一种新模式出来的时候，只要能够提升效率，压低成本，就会颠覆旧有的模式。“为什么百货商场的毛利高达50%，沃尔玛只有15%，但沃尔玛的价值比百货商场高那么多？就是因为沃尔玛的成本更低、效率更高，它不需要50%的毛利，只要有15%就能赚钱。”

毛利率对零售来说是没有意义的，做零售比拼的是运营效率和运营成本，如果每个人都在追求40%、50%的毛利率，商业模式就不会进化，也不会给消费者带来价值。“一个产品交给你，你要加价30%卖出去才能赚钱，损耗那么多，哪还有什么价值可言？网上业务比连锁模式又往前推进一步，成本还要低、效率还要高，这是促使我下决心放弃连锁，做网上零售的真正原因。”

在这个认知的基础上，刘强东形成了构建其持续竞争优势的底层的认知：用户体验。对于京东来说，只要任何一个竞争者其用户体验不如它，就没什么可担心和忧虑的，剩下都是时间问题。

这个断言，源于这样的认知：不管做产品还是做服务，做硬件还是做软件，互联网还是传统行业，最核心比拼的是用户体验。经济发展了几百年，全世界任何一家公司成功的过程中都是因为提供了更好的用户体验，IBM就是如此，转型成功是因为IBM找到了大企业对软件和服务的巨大需求，它的用户体验会做得更好，所以成功了。微软也是如此，苹果公司更是如此。

以至于，在这个认知的基础上，刘强东构建了其战略架构。一个倒三角形的框架——这是京东的另外一个强大的基因。

产品、价格和服务，是京东战略倒三角的顶层。这三项是用户体验的核心要素。比如，消费者不关注什么系统、成本和效率，他要的是正品行货、价格便宜、服务要好。

为形成这个用户体验：产品、价格和服务，其基础就是成本、效率。成本和效率是一个迭代过程，横向跟同行对比，纵向跟自己的历史数据对比，成本有没有每年逐步降低，效率有没有逐步提升，这些问题推动着这个系统不断地进化。

形成京东的成本和效率，全国一个系统层的支撑，就是京东最核心的三个系统——IT系统、物流系统和财务系统。三个最重要的系统，则由团队来支撑。团队是基础层、根基层。

京东的客户并不仅仅是网上的消费者，供应商和卖家也是京东的客户。整个倒三角的体系支撑了三类客户共同的发展。

这一框架思路在2004年年底形成后一直没有改变，刘强东跟包括徐新、张磊、陈小红、沈南鹏在内的投资人都是讲这一思路。

这样的系统落地，就是表格化的管理。京东这么多年以来，包括战略决策、组织运营、企业管理等都以表格的形式展现出来了。按照刘强东的说法："京东所有的决策、运营，都是靠五六张表格。我们是追求简单的公司，把所有的管理理念和原则，从战略到执行到组织到授权，都表格化了。"

2005年，京东通过了几项大的决策，除了财务系统之外，整个信息系统自己开发。一个高效、精准、控制力极强的信息系统已经就位，京东电商坚实的基础已经具备，只待时间来证明。

突逢剧变，融资艰辛

2006年年底的时候，京东的销售额超过8000万元。

然而，资金不足的问题如影随形。特别是扩了品类以后，京东没有账期，而像笔记本电脑、内存、硬盘等品类是京东没做过的，供货商也很陌生。京东所有货全部拿现金去中关村买，供货方连支票都不收。因此，品类一扩充，很快钱就不够了。

2006年11月的一天，刘强东和徐新会面。在会面之前，刘强东已经欠了别人200万元。徐新决定投资。协议期五年，2007—2011年，要求销售额达10亿元。这就意味着连续五年保持每年增长率100%以上的增速。

2008年，因资金全投资了物流，刘强东准备再融资。

三年之后，刘强东在接受《经济观察报》采访谈到京东的定位时，他说："京东更多是定义为一个'基础物流服务商的角色'。从节点到最后一公里。节点就是我们的仓储，最后一公里就是我们的配送。厂商就负责研发、生产、制造，从工厂大门出来那一刻开始，就算是京东的。"

2008年也是剧变的一年。之前有几家答应投钱，到了10月却突然全说不投了。刘强东开始重新找投资，疯狂见投资人，刘强东一夜白头的故事，由此流传。

这期间，看上去是刘强东的真正的拐点。

2008年的时候，刘强东借公司的钱买了一辆悍马车，这辆车花了128万元人民币，一直到三年之后，2011年的时候才还清。

2008年买车之后，刘强东每年都会开车穿越沙漠，每次用时半月有余。

在刘强东口述其创业史的那本书中，刘强东说："穿越沙漠，可以让我感悟人生。沙漠的风景有一种凄凉的美，初到沙漠的人，都会被这种美震慑。穿越沙漠时，没有通信，更没有互联网，所有的噪声都没有了，能够静下心来思考，能把事情想透。在沙漠里虽然要拖、拉陷在沙里的车子，下车察看地形，加上吃不好、睡不好，出来的时候人都会很憔悴，但是你会很激动、兴奋，遇到困难必须说服自己坚持下去，一定不能放弃，直到穿越。"

穿越折射了这个过程的艰难，不过，在2008年年底，京东获得来自今日资本、雄牛资本以及梁伯韬先生私人公司共计2100万美元的联合注资。

京东新一轮的扩展由此展开，2009年，京东品类从IT扩大到大家电，之后刘强东决定要做全品类，开始上图书、日用百货、食品饮料、服饰鞋帽、化妆品、母婴用品等。

2011年4月，刘强东宣布完成C2轮融资，投资方俄罗斯的DST、老虎基金等六家基金和一些社会知名人士融资金额总计15亿美元。

在这次融资之后，在接受《经济观察报》采访的时候，刘强东说："融资就三件事情。第一件事情还是物流；第二就是研发；第三件事情就是收购项目。一家公司DNA培养有时候都需要五年、十年的，当然市场的这种发展速度，容不得你等五年、十年，所以我们会用收购来补充团队的欠缺。""我们是根据未来3~5年的资金需求做的一个规划。我们除了投资之外，还要考虑公司资金的一个安全的极限。"

针对融资的这段历史，刘强东说，谁也不是不要银行贷款，要风险投资的钱。但几乎拿不到。"腾讯、阿里巴巴你一个个数去，都是拿不到贷款，都是只能拿风险投资的钱，而且都是国外风险投资的钱，我们也很郁闷。"

"我们也希望国内的风险投资能给，但国内的风险投资不愿意给，他说你公司亏钱，我不能投。你要能赚一个亿两个亿的净利润我才能投。那你说，人家能赚两三个亿的净利润，干吗要你投呢？这事也会有一些网友指责，但是你不知道，现实之中，环境是环境，我们也都是被迫的。"

"他们不能接受亏损。"

面对质疑，坚定上市

亏损，是一直笼罩在京东头上的一朵乌云。

尽管京东在2011年已经展开了一轮融资，但是由于亏损导致的问题已经开始累积。

2012年是外界质疑京东资金链要断裂、要倒闭最严重的一年。

这一年，很多知名人物公开讨论京东的惨淡未来。当当网的李国庆公开说京东可能会倒闭。李国庆说："价格战主要是靠资本金，当当目前账面上还有14亿元资金，按照当年第二季度、第三季度分别亏损约1亿元来看，还能再亏一年半。就算京东能融到3亿美元，也只够烧到明年6月底，之后将处于缺钱的状态。”

资金链的问题，在这段时间开始朝上游蔓延。刘强东说：“那一年很多供货商都睡不着觉，都跟我说实话，说跟京东合作这么多年，你们从来没欠我们钱，是很好，但是外面老说你们资金链会断我们真害怕，因为我们在这儿放货了呀，动辄价值5个亿、10个亿的货在京东呢，京东资金链要是断了，你也挡不住……”

2012年，京东开展一轮上市研究，当时CFO陈生强和中介机构的人主刀。

这期间，也是电商大战激烈的一年。在这一年，因为品类的持续扩充，京东与苏宁、国美等形成的冲突激化。

大家电的“8·15”之战，成为刘强东在公众空间的拐点。

在这一年9月，刘强东的微博几乎停止更新。刘强东的解释是，之前上微博是为了给企业呐喊，是要让客户、消费者了解京东。自2012年起京东打响知名度后，就该把重心放在如何把产品做扎实上。“所以，2012年‘8·15’之前，我会为了公司知名度发微博，但‘8·15’之后，我觉得知名度已经够了，就把微博关了。对京东来说，更重要的事是要扎扎实实把运营体制做得更好。反正说白了，曝光、知名度不再是核心了，核心是把用户体验做得更扎实一点，怎么面对未来更大的基数。”

在2012年“8·15”之前，刘强东曝光率较高。微博的更新、媒体采访、论坛活动频密。

2012年10月，京东完成第六轮融资，融资金额为3亿美元。该笔融资由安大略教师退休基金领投，京东的第三轮投资方老虎基金跟投，两者分别投资2.5亿美元和5000万美元。

刘强东的微博几乎停止更新之际，是有关京东“阴谋论”的一个版本。这种舆论称，价格战背后是京东背后的美国资本，对中国民族连锁店的一次有预谋的打击等。当时，很多政府领导，对这种论调很认可。

2012年“8·15”之前，京东物流只覆盖了一二线城市，三线城市都没进。在这之后，投资进一步网络下沉。

第六轮融资的完成，以及上市计划的拟定，意味着京东已经初步成熟。

这个时候的京东，布局已经全然展开。

2012年，京东收购了网银在线。尽管这个平台的作用只是配合电商做网络支付服务，支付只是金融服务业务中很小的一部分，但是收购网银在线意味着一个新的机会的打开。京东不只是为了做一个在线支付公司，中国有无数的中小企业需要贷款，对京东公司是一个巨大的机会。

因为京东有强大的自建物流体系，所以在数据真实性和完整性方面都有绝对的优势，这为金融业务奠定了得天独厚的基础。京东商城可以说掌握着中国最真实、最有效的订单交易信息；在京东商城没有刷交易额的行为，没有虚假交易、没有洗钱、没有假货、没有水货，所以他们的消费数据也是中国最高质量的消费数据。通过这些数据，不但能够为商家提供贷款，还能为消费者提供贷款。

京东金融囊括了九个业务板块，包括了供应链金融、消费金融、众筹、财富管理、支付、保险、证券、农村金融、金融科技等。

京东到家在当时也已经埋下伏笔。京东涉足的最后一个领域就是生鲜领域，是用全新的商业模式进入。京东商城会做高端的生鲜，低端的、中低端的生鲜主要由京东到家来做。京东到家是京东O2O领域的一个布局。

2012年，京东到家的业务被包含在京东商城里，已经签了1000多家连锁店。当然，当时的京东到家并未成熟。因为移动端的GPS各种定位不精准，出了很多问题，头一两年做得不好。一直到移动端上来之后，从2014年年底才调整商业模式，专门成立了全资的子公司来做，就是京东到家。

也是在这一年，京东云平台成立。2012年，京东在宿迁建立了客服中心，云计算中心也落在了宿迁。2013年，云计算正式上线。京东的云主机云存储已经对外开放了。

电商业务、金融业务、技术业务的雏形，在2012年的时候，就已经就位。此间，随着京东业务规模的迅速增长，市场地位也开始确立。

2013年底，易迅还是没法撼动京东的市场地位，腾讯内部统一意见，将易迅交给京东。到2014年1月，在张磊和沈南鹏的撮合下，易迅纳入京东体系。

2014年1月30日，京东向美国证券交易委员会呈报拟上市的登记表格。同年5月22日，京东集团正式赴美国纳斯达克上市，刘强东身家达到61.5亿美元。

实际上，上市的时候，京东主要讲的都是京东商城，简单提及了京东到家以及京东金融，但是没有给任何数字，也没有做任何介绍。

投资者的质疑是京东的利润簿。京东的杀手锏就是前述的倒三角框架。显然效果显著，京东成功上市。

新京东，世界级零售企业

上市是京东发展的一个关键节点。

上市之后，刘强东必须给投资者一个新的故事和公司的定位，即：世界级的零售企业。

刘强东说："未来十年一定会出现三件事情：未来的中国一定会出现几家年销售收入几千亿元，甚至上万亿元的零售企业；未来十年，最迟不超过二十年，中国NO.1的零售企业一定是全球零售企业的NO.1；京东将成为世界级的零售企业。"

刘强东说："上市首先让我意识到，我们不再是一个简单的、默默无闻的，在2013年前面临各种传言谣言，甚至被传资金链断裂的一家公司，京东站在了世界的舞台上。而且背负了无数的期待，不仅是我们的股东和投资人、同事、合作伙伴，甚至还有影响了全球无数的、各个国家进入电商的创业者。因为京东的成功，也让全球十几个国家电商的创业者，跟京东一模一样的，以自营为主的电商模式获得了非常好的估值，拿到了非常好的资金，实现了一个个创业者的梦想。"

2014年3月，京东和腾讯达成了战略合作协议。京东收购腾讯旗下QQ网购和拍拍网的100%权益，以及易迅网的部分股份，腾讯为京东提供微信和手机QQ客户端的突出入口位置以及其他平台支持，各方还在在线支付服务领域进行合作。

和腾讯合作，对京东的发展有重要意义。首先是京东在自营电商市场的领先优势得到更大的提升，京东和腾讯的电商业务在品牌、商品、物流等多方面进行了融合；其次是京东可以借此构建更完善的电商生态圈，可以覆盖更多的用户群体，并且能为合作伙伴提供量身定制的解决方案；最后就是京东在移动互联网领域突破重围。这样京东长期积累的供应链服务方面的优势，得以和腾讯的互联网优势联合。

在这次合作中，尽管京东认为自己不存在站队问题，京东就是做自己，但是仍旧有很多人认为京东被纳入了腾讯系。

无论如何，京东与阿里巴巴的竞争开始白热化。2015年11月11日，京东和阿里的战争在“双11”正式打响。被刘强东称为电商间的第三场战争，几年过来，现在愈演愈烈。

京东的版图在此期间持续扩大。

2016年4月15日，京东集团宣布集团旗下O2O子公司“京东到家”与全国最大的众包物流平台“达达”合并，开放合作、共享共赢，打造产业“生态圈”。合并后，京东集团将拥有新公司47%的股份并成为单一最大股东。

2017年12月18日，腾讯、京东、唯品会三方共同宣布达成合作，根据最终协议，腾讯、京东将在交易交割时，以现金形式向唯品会投资总计约8.63亿美元，分别获得其7%和5.5%的股份。

随着京东边界的进一步拓展，京东自身的内涵也随之迭代。“新时代智能商业体”的提法开始出现。

2017年2月10日，在京东集团开年大会上，刘强东正式公布了京东集团未来12年的战略：全面技术转型，打造一个包括智能商业、智能金融、智能保险业务在内的全球领先的智能商业体。

在京东的认识中，所有技术的发展都会对京东产生影响。如果今天不做改变，不把过去12年所有的成绩全部清零，不重新认识自己，不对已经建立起来的所有商业模式的每一个环节都做一次彻底的改造，那好日子也就只有5~7年。5~7年之后，日子会越来越难，很快可能就被别人超越了。

在刘强东的愿景中，这个“智能商业体”的主题就是，京东希望再用12年的时间，把他们过去12年建立的所有商业模式全部用技术来进行改造，变成纯粹的技术公司，变成一个充满着智慧的集团，这个“智慧”不仅仅是京东团队人的智慧，还包括京东所有产品、所有服务、京东一切的商业模式，都是有智慧的。

未来12年，京东最想做的是成为全球领先的智能商业体，包括但不限于今天已经有的两个业务——电商和金融，还有即将进入的保险业务，这是京东现在三个最主要的业务，未来都需要技术支撑。但随着技术的发展，京东肯定会产生更多全新的商业模式、全新的产品、全新的服务。

这些愿景，意味着京东正在被重新定义。

其中的一个定义是“供应链的增值服务商”。

“供应链的增值服务商”的含义是：通过京东的物流，给商家提供最低的物流成本；通过京东研发的投入，给商家带来最好技术的、全球性的企业管理水平；让商家利用京东十几年来在供应链、供应商、库存管理上积累的经验带来增值，让他们省了十几年的时间；京东希望他们积累的数据能给各个卖家带来帮助。希望京东作为一个金融集团，能够解决过去贷款难、贷款慢、利息高、时间久、靠关系等困难。

新技术正在给各行各业带来巨大的冲击，也把零售业推到了风口浪尖。尽管市场上不断地出现和零售有关的新名词、新标签、新概念、新模式，但有一个明确的共识就是零售业正处在变革的前夜。

京东正在被重新定义的背后，正是第四次零售革命。

刘强东在《财经》发表文章称，“第一次零售革命：百货商店。世界上第一家百货商店出现在1852年。它打破了‘前店后厂’的小作坊运作模式，并且带来了两方面的变化：在生产端，支持大批量生产，降低了商品的价格；在消费端，它像博物馆一样陈列商品，减少奔波，使购物成为一种娱乐和享受。由于兼顾了成本和体验，它成了一种经典的零售业态，一直延续到今天。

第二次零售革命：连锁商店。1859年后开始走向高潮的连锁商店也是一种经典业态。它建立了统一化管理和规模化运作的体系，提高了门店运营的效率，降低了成本。同时，它分布范围更广，选址贴近居民社区，使购物变得非常便捷。

第三次零售革命：超级市场。超级市场大约在1930年开始发展成形。它开创了开架销售、自我服务的模式，创造了一种全新的体验，并且还引入了现代化IT系统（收银系统、订货系统、核算系统等），进一步提高了商品的流通速度和周转效率。

第四次零售革命的序幕。20世纪90年代，电子商务开始普及。由于不受物理空间限制，商品的选择范围急剧扩大，使消费者可以拥有更多的选择。电商颠覆了传统多级分销体系，降低了分销成本，使商品价格进一步下降。从百货商店、连锁商店、超级市场，再到电子商务，零售历史的发展一直围绕着‘成本、效率、体验’在做文章。前面说零售的本质一直没有变，那么什么在发生改变？是零售的基础设施一直在升级换代，不断改变‘成本、效率、体验’的价值创造与价值获取方式。”

显然，信息、商品和资金服务的提供者在一步步走向社会化、专业化。

在最传统的“前店后厂”的小作坊模式中，不存在什么公共的基础设施。该生产什么、生产多少（信息）、怎么把原材料运到店里（商品）、钱不够了向谁去借（资金），这些问题通常是靠店主的一己之力去解决。

随着现代商业的发展，信息、商品、资金的流动开始逐渐转移到外部，由第三方公司提供专业化的服务。比如：金融体系的创新解决了一部分资金问题，通过向银行借款，资金流动变得更有效率。互联网金融出现后，进一步简化了程序，降低了借贷门槛。

信息流方面，沃尔玛的Retail Link是一个重要的里程碑。20世纪90年代，沃尔玛建立了一个与上万供应商共享的零售数据分享平台（Retail Link），它将销售、库存、门店数据等与合作的供应商进行共享，帮助他们对商品的生产、配送、定价、促销等一系列活动进行优化。

这标志着零售数据不再是某个企业的专有资产，而是大家可以共享、共同利用的公共资源。商品流动方面，物流也在从自有走向公共服务。早期很多制造商、销售流通企业都自建仓储设施、配置自有车辆和司机。第三方物流公司出现后，不仅实现了规模经济和专业性，还促进了专业分工——生产和销售商可以将物流外包出去，自己更加专注于核心价值的创造。

电商物流方面也有同样的趋势：亚马逊推出的FBA（Fulfillment by Amazon）服务、京东的开放物流，都是把专业的第三方物流服务覆盖到客户端，实现了规模经济和效率提升。

可以看到很明显的一个趋势：在信息、商品和资金流动效率提升的背后，是一套越来越社会化、专业化的服务系统。最终，信息、商品和资金流的服务会变成像水、电、煤一样的公共基础设施，将零售业的成本、效率、体验推向新的层次。

第四次零售革命，是建立在互联网电商基础上的，又超越互联网的一次革命。过去20年互联网的普及为零售业数字化奠定了良好的基础，沉淀了大量数据。再加上近几年来计算能力的飞跃和智能算法的突破，为零售业的智能商业化提供了成熟的条件。

京东提出了“零售基础设施”这个概念。在这个定义里，显然京东应该归属为零售基础设施提供商。

“尽管这些定位在变，但京东的本质依然是迭代在过去的基础上的。降低成本、提高效率、提升用户体验，京东一直是沿着这三个方面进行布局和投资的。”刘强东说：“今天京东所有的技术投资，其实也是围绕这三点进行的。”

此时，这又回归到了京东的基因，这也是一家后知后觉的企业，在强手如林、没有任何优势的竞争中为何胜出的解释。

就如中国人民大学教授黄卫伟所说的："创业阶段，企业未来成长遇到的困境和矛盾就已经隐含在其中了，创业阶段的基本矛盾包括企业家的价值观和深藏在内心中的人生目的等等就已经形成了。"

作者简介

Introduction to the author

杜惠　毕业于对外经贸大学商学院，硕士学位。经济观察报新媒体中心总经理，财经媒体从业15年。2016年曾参与撰写《网红经济学》。

恒大，改革40年与60年的脚印

2017年，对于中国数量庞大的企业家来说，或许是里程碑式的一年。这一年，中共中央首次高规格发文肯定了企业家的价值和地位，努力为企业家创造良好的营商环境，保护企业家精神。

而在今天的中国，有这样一个商业帝国在迅速崛起，它从一个名不见经传的小企业，历时22年，发展壮大成一个庞大的地产帝国，它的名字叫恒大。它的掌舵者、恒大地产集团董事局主席许家印，也成为从山沟里走出的中国首富，成为改革开放40年来，“中国梦”的代表之一。每一个人都很好奇，恒大这艘起初并不起眼的商业巨轮，在许家印的执掌下，是如何排除万难，最终成功靠岸的呢?

事业起点，舞钢10年难得休息

在中国，关于恒大和许家印的书和公开报道非常多。诸多的公开资料显示，现年60岁的许家印，1958年10月生于河南省周口市太康县高贤乡聚台岗村。他的父亲是老革命，16岁就参军入党，参加过抗日战争，负伤后复员回村工作。当年，太康是全国有名的贫困县，而偏偏许家印的母亲又在他一岁时匆匆撒手而去，是父亲节衣缩食才让他完成学业。

少年时期，许家印的生活非常贫苦，他在没有窗户的茅草房读完小学。

高中住校时，睡的是大通铺，每人墙上挂个竹筐，一年四季里面装的都是窝头，这是他全部的粮食。1974年，16岁的许家印高中毕业，但此时的中国人正处于“文化大革命”时期，许家印并没有得到进大学深造的机会。没书读，许家印就去了生产队，并成为一名拖拉机手。生产队实行的是集体劳动，吃饭的时候，人唰地一下全来了；但是在干掏粪这样的重活时，人都闪开了。年轻的许家印却很勤快，他经常挽起袖子第一个上去掏粪，让人刮目相看。

1977年恢复高考后，许家印也积极地加入了这股大潮。但第一年高考，准备不足的他落榜了。第二年，许家印发了狠，白天干活，晚上苦读，还回到上高中的学校复习补课。最终，许家印考入武汉钢铁学院（现武汉科技大学）。据说，在当时的周口市，他的成绩位列前三。要特别指出的是，1978年，并不是只有20岁的许家印一个人在奋斗。今天很多在财经圈一言九鼎的企业家，都从这一年起步：沈阳钢铁局的工人马蔚华考入吉林大学经济系，后出任招商银行行长；广东惠州的李东生考入华南理工大学无线电技术系，后掌舵TCL；许家印未来的同行、19岁的高中生冯仑考入西北大学经济系，多年后创办了万通集团。

许家印为自己选择的专业是冶金系的“金属材料及热处理”。在大学里，许家印开始发现自己对数据异常敏感，这似乎是一种先天的能力。

1982年，在武汉钢铁学院苦读四年后，他被分配到了舞阳钢铁公司。1978年才投产的舞钢很缺人手，许家印是第一个被分配过来的大学生。入职以后，许家印抢着干脏活累活，还主动申请到一线热处理车间，一有空就跑到生产一线顶着超高温学技术。两个月后，许家印主持制定出了“生产管理300条”，他的思路很清晰：用制度去管人。机会总是垂青有准备的人，刚好车间需要提拔一个干部，来了不到一年的许家印升任车间副主任，第三年他就从副主任变成了主任。

许家印在舞钢一干就是10年，这一时期的许家印像个机器一样地工作。用他自己的话说“10年来从未休息过一天”：每天7点出门上班，7点半到车间，转一圈全部的生产工艺，8点整参加安全会。下午4点，再参加上面的会，监督生产流程。周末加班，春节也要值班。舞钢10年，对许家印的影响怎么说都不为过，后来整个恒大地产的管理模式，追溯源头的话，有很多都得追到舞钢。

南方谈话，顺应新形势勇敢下海

许家印在舞钢待了10年，当了七年的车间主任。虽然工作勤勤恳恳，却一直未能再有提升。这被很多人认为是许家印离开舞钢的一大原因。但他离开舞钢的1992年，是一个有着特殊历史背景的年份。就在那一年春天，邓小平南方谈话，中国的改革开放再度焕发生机，中国出现了大规模的官员下海潮，至少有十万党政干部下海经商，这批人被称为“92派”。他们中的很多人既有政府关系，又有丰富知识，顺理成章地成为中国现代企业制度的开拓者，也成为今天不少行业的领军者。

就房地产业而言，1992年也是房地产的一个奇妙年份。在海南，房地产走向全盛期，“万通六君子”冯仑、潘石屹等在这里掘到了第一桶金。在广州，杨国强建成了他的第一个碧桂园项目。在香港，朱孟依注册了合生创展。而在中宣部当处长的黄怒波（现中坤集团董事长），在上海农委上班的张玉良（现绿地集团董事长），都在1992年下海。他们与许家印几乎是最后一批进入地产界的大腕。

辞了“铁饭碗”的许家印来到了深圳。在这里，许家印最终选了一家名叫“中达”的贸易公司，刚去做的是业务员。三个月后，许家印就为公司带来10万元的业务。1994年国庆节，许家印的人生路的重要转折点到来——他来到广州，开始涉足房地产业。

这之前，中达的老板本来派他到长春做老总。但许家印主动提出到广州“开疆拓土”，并得到许可。许家印开着一部标致车，跟司机、出纳、业务人员共5个人，满怀豪情地来到广州，成立了一家名为鹏达的房地产公司。他们在某城中村租了一间小民房，白天是办公室，晚上就是5个人的住处。很难想象这家位于城中村的微小公司，生意能好到哪儿去。但不服输的许家印经过三个月的努力，通过银行贷到了启动资金，并收购了一家公司，取得了一个名为珠岛花园的地产项目。

其实，在珠岛花园之前，许家印并没有怎么接触过房地产。许家印后来回忆说，他甚至连什么是容积率都不太懂，就这么边学边干起来。在当时流行大户型的广州楼市，这个项目成为一匹黑马，它主打“小面积、低价格”，为母公司中达净赚2亿多元，珠岛花园也被视为许家印和他的恒大帝国的真正起点。

在为老板大赚特赚的同时，许家印的收入却没有水涨船高，一个月才3000多元，加薪的要求甚至被老板驳回。他后来回忆说，假如多给他一些工资，自己可能就不会去创业了。因为创业有风险，也很艰辛。好强的许家印决心当自己的老板，不再为他人打工，他又一次选择了离开。

“规模+品牌”，抓住机遇进军全国

1996年，许家印在广州注册了恒大地产，开始了创业之路，这一年，他38岁。

恒大的第一个项目是海珠区广州工业大道的原广州农药厂地块，当时这里工厂林立、配套滞后。1997年，恒大开发的第一个楼盘也是主打小户型的金碧花园被两个小时抢购一空，实现销售额8000万元，获得了公司起步发展极其宝贵的第一桶金。作为恒大的首个楼盘，金碧花园创造了广州乃至中国地产史上一个奇迹：当年征地、当年报建、当年动工、当年竣工、当年售罄、当年轰动、当年入住、当年受益。

应该说，刚刚进入房地产市场的许家印和恒大都赶上了好时候。1998年，中国房改政策终于出台，住房商品化取代了延续数十年的福利分房制度，一夜之间，无数中国人被推向了买房市场，房地产迎来黄金岁月。许家印乘势将恒大的快速开发模式发挥到极致。从金碧花园一期项目开始，恒大就利用小而精的设计特点，精准抓住市场需求，仅仅用三年时间，恒大就进入了广州10强。到了2004年，恒大进入中国百强房企前10，同时开发着金碧花园、金碧华府和金碧湾等13个项目，员工数量也猛增至2000多人。

了解恒大的人都知道，2004年对恒大来说，是个分水岭。在此之前，恒大是以规模和速度取胜，之后，恒大开始走“规模+品牌”的路线。这一改变不是无缘由的，从大的方面说，这一策略出台的背后是中国经济持续高速发展，中高端房地产市场出现越来越多的机会。从小的方面讲，则是一个意外事件的出现。当年，因为管理上的疏忽，定位于精品项目的金碧世纪花园，其中心园林工程出现质量问题。许家印为此大发雷霆，他立即召集全体员工到场，当面砸掉价值千万的、质量不过关的花园。许家印高呼：“从今以后，公司都要宣传打造精品，创立品牌的口号。”在许家印看来，只要楼盘质量好，投入产出比就会高。恒大的精品战略也逐渐被全国知悉：恒大在全国中高端产品有恒大城、恒大绿洲，高端产品有恒大华府，旅游地产则有恒大金碧天下。

在中国房地产业的进程中，1997年才创立的恒大，是一个迟到者。面对激烈竞争的红海市场，恒大如何弥补巨大差距呢？为此，恒大制定了在二三线城市拿地的策略，按照这样的思路，恒大储备了大量的优质土地。2007年，恒大土地储备比2006年增长了整整9倍，一举进入全国22个二三线城市。2008年，恒大以4578万平方米的土地储备冠绝业界，同时还在全国各地推进着37个楼盘。恒大走到了资本市场的门口，但一场致命的危机也悄然袭来。

金融危机，差点没倒下

2008年，许家印和恒大差一点就倒下了。此前，恒大在全国攻城略地，看似风光无限，但背后的短板也很明显——资金不足。2008年3月，恒大地产启动登陆港交所的路演，市场对其估值一度高达1200多亿港元。如果成功，这不但意味着许家印有望以800亿港元身家成为内地首富，更能让恒大在全国的房地产战场上获得充足的弹药储备。然而，天有不测风云，一场金融危机席卷全球。特别是2008年3月7—12日，恒大路演期间，恰逢美国第五大投资银行贝尔斯登轰然倒塌，美国各大基金惊慌失措，国际金融危机全面爆发。港股暴跌，没有任何机构投资者认购恒大的股票。2008年3月20日，恒大被迫宣布暂停上市，这几乎成了当时房地产业跌入低谷的标志。SOHO董事长潘石屹当时断言：房地产业将在百天之内产生巨变。当时恒大在全国有32个楼盘、906万平方米在建，加上大规模拿地，100多亿元的缺口对恒大而言影响巨大，恒大面临资金链断裂的危机。与此同时，中国政府加大对房地产行业的调控力度，特别是银行收缩信贷规模，紧缩房地产企业和购房者按揭贷款。在此情况下，中国房地产市场更加萧条，恒大的处境雪上加霜。在舆论场上，恒大的处境也很不妙。当时一些媒体批评恒大的疯狂圈地行为为自己埋下祸根，恒大将“从云端跌落谷底”。甚至还有传言说“恒大完了”“许家印跑路”等。

面对各方面的巨大压力，许家印此时表现出了大心脏的一面。他一边着手调整工程进度，缓解资金链紧张，一边安定军心，再三叮嘱员工把事情做好。为了弥补资金缺口，许家印赴香港求援。此前，许家印认识了英皇老板杨受成，借助杨受成的人脉，许家印又认识了新世界集团主席郑裕彤。房地产江湖上广为流传的故事就是：许家印每个星期都要到郑家打牌，有时夜晚11点才开牌局，一打就是一个通宵。三个月的谈判拉锯战下来，许家印和80多岁的郑裕彤成为忘年交。

后来的故事，熟悉恒大的人都知道了。2008年6月，郑裕彤联手科威特投资局、德意志银行和美林银行等投资机构，斥资5.06亿美元入股恒大。其中，郑裕彤通过旗下周大福以1.5亿美元买入恒大3.9%的股份。

有了这些支持，恒大和许家印重拾信心。当年的“十一”黄金周，恒大18个楼盘齐开。恒大一方面大打折扣牌，以7.5折的“割肉价”销售；另一方面请来明星造势，如广州恒大金碧天下请来古天乐和李冰冰，谢霆锋和范冰冰则为武汉恒大华府站台。“折扣加明星”的策略非常成功，到2008年年底，恒大销售收入一举突破100亿元，跻身国内房企的“百亿俱乐部”。恒大不仅起死回生，还更进一步！

豪赌上市，成就中国首富

2009年，中国的房地产市场开始转暖，上半年恒大的销售额便突破百亿元，销售面积位列全国三甲，恒大也重启上市计划。当年11月5日，恒大地产成功登陆港交所，当天股价大涨34%达到4.7港元，郑裕彤联手国际资本投入的5.06亿美元，获利6.6亿美元，而凭借68%的持股比例，许家印以480亿港元一举成为当时的内地首富。

回顾中国房地产市场群雄割据的历史，恒大一度是“后来者”，但许家印超前的经营理念和管理智慧，使得恒大这艘巨舰从广州向全国再到国际发展的历程中，一直保持清晰的航向。恒大成立至今，始终实施前瞻性的发展战略，确保了企业的稳健可持续发展。

根据中国恒大（3333.HK）2018年3月26日发布的2017年业绩公告，2017年恒大营收3110.2亿元，较2016年增长47.1%。2017年核心业务利润为405.1亿元，较2016年增长94.7%；核心业务利润率为13.0%，较2016年上升3.2个百分点。

2008年年末，也就是中国恒大上市前一年的年末，恒大总资产规模是285.23亿元，而截至2017年末，恒大总资产已高达17618亿元，从285.23亿元到17618亿元接近61倍的增幅，恒大只用了10年时间。另外，恒大还以31185万平方米的土地储备面积，成为土地储备最多的中国上市房企。在恒大网站主页上，最新的荣誉还包括“2018中国房地产开发企业500强”第1名，“2018中国房地产开发企业综合实力10强”第1名，“2018中国房地产开发企业综合发展10强”第1名。

2017年以来，中国恒大股价从4.98港元一路涨到32.5港元，2018年4月20

日收报24.9港元，足足涨了4倍。许家印的身家也随着股价的暴涨而水涨船高。在2017年福布斯中国富豪榜上，许家印位居榜单第一，财富净值从2016年的657亿元猛增至2814亿元。

股价不是想涨就能涨的，这背后有诸多因素在支撑。看懂这些，你也许会体会出许家印的高觉悟、快决断。

2016年之前，恒大也曾“跑马圈地”，获得高额土地储备的同时也收获了高负债。而在2017年开始的降负债去杠杆的大环境下，跟一些转身慢的房地产大佬不同的是，许家印顺势而为，当机立断调整战略，提出恒大由“规模型”向“规模+效益型”转变。

按理说，伴随着资产规模的扩张，资产负债率理应增长，但2017年恒大的资产负债率是巨大的亮点。2017年7月3日晚，中国恒大发布公告称截至6月30日，集团已经完成全部永续债的赎回工作，高负债率将大幅降低，次日恒大股价大涨12.13%。2017年11月6日，中国恒大公告，与山东高速集团、苏宁电器集团、深圳正威集团等6家战略投资者签订增资协议，合计共引入投资600亿元。恒大净负债率继续大幅下降。次日恒大股价大涨9.68%。截至2017年12月31日，恒大负债率仅为71.1%，同比2016年79.7%下降8.6%个百分点，降低负债在资产大幅度增长的同时十分难得。

在地产之外，恒大集团还选择了金融、健康、文化旅游三大产业来进行多元化转型。2010年，在中国足球的低迷时期，许家印巨额收购广州足球俱乐部，三年后，恒大足球俱乐部拿下亚冠冠军。同年，恒大音乐成立，恒大向娱乐圈进击。2013年，搞地产的恒大又推出恒大冰泉，与哈佛大学签署合作协议进军医疗产业。2014年，恒大33亿元入股华夏银行，正式踏足金融板块。借着2015年年末亚冠决赛夺冠的东风，恒大人寿首次亮相，且发展迅猛。在牌照为王的金融业，恒大在不断收割。2016年恒大成盛京银行第一大股东，拿下金融产业最核心的保险和银行两张牌照。同时，恒大人寿也成为恒大系在A股的重要投资平台。

2016年，一股恒大概念股风潮掀起，在A股的上市公司，似乎只要沾上

“恒大”，股价就会大涨。据统计，恒大通过恒大地产和恒大人寿先后入股至少23家上市公司。在连番出击后，许家印还加入“宝万之争”战局，300多亿元高价买下万科14%股份，最后折价卖给深圳地铁。

2016年6月26日，恒大集团迎来成立20周年大庆，来自全球1800多位政府代表、各界精英、国内外金融界巨头、企业界战略合作伙伴董事长等出席庆祝活动。许家印在庆典中致辞表示：“恒大将开启新的征程。”他那5分钟的致辞，既道出了恒大的累累硕果、华丽篇章，也说出了风光背后的艰辛付出、人生积淀。

许氏风格，不达目的誓不罢休

曾经在一次全国“两会”上，许家印系着爱马仕皮带，被记者围堵，并被拍下照片，这个梗被人们记了好几年。其实，一条爱马仕皮带，不仅与他的显赫身家相比算不上什么，而且与许家印花的其他大钱相比，也完全不值一提。

这条皮带真的有点冤枉了许家印。虽然贵为首富，但在许家印的眼里，首富的头衔只是一种称号而已。许家印至今没有乱花钱的习惯，也时不时地在办公室吃个盒饭。事实上，不乱花钱是当下中国顶尖富豪的一种普遍做派。

严格管理、奖惩分明，这些现代化企业成功的最基本元素，很容易在恒大被发现。

许家印所带领的团队，个个都是“拼命三郎”。在恒大，越是高层，加班越多，但“工作最拼命的是许老板”，是全公司的共识。恒大的高层会议经常开到次日凌晨两三点才结束，因为许家印没有让问题过夜的习惯。恒大总裁夏海钧刚上任时，身在加拿大的太太每晚打来电话，都是一个回答：“开会”。太太不信：怎么总是晚上十一二点了还开会？后来他的太太亲自飞到广州，才知道丈夫没说瞎话。在恒大，据说有一条规定：如果许家印打给某位中高层员工电话，响三声无人接听，对方就要被重罚。有一个流传甚广的段子是：恒大集团某副总裁在家洗澡，害怕漏接许家印的电话，就让夫人拿着电话守在浴室门口，以便自己能够及时接听。这个段子未经证实，却也说明了恒大管理的严格、严苛。

在恒大，几乎所有12.7万名员工都要随时待命，以便能让公司的决策第一时间得到执行。雷厉风行的工作作风，成就了今天的恒大速度。在恒大，董事局的一个指令，在半个小时之内就可以传达至南下海口、北上长春的最基层；许家印的一个电话，可以让远在沈阳的分公司经理，当天就赶到西安上任。正是这种高效，奠定了恒大高速增长的基础。

在恒大，几乎所有的制度，最终都会落实到现实利益上。在恒大的各个事业板块，都有重奖、重罚的制度，业绩突出的部门和个人，可能会当场得到上百万元的奖励。但对于犯错的员工，薪水被减半也是可能的。在恒大，许家印围绕抓营销、抓产品搞运动，甚至还搞过“清除三类人”的运动：只讲不干、人浮于事的人；水平能力低下又不学习上进的人；混入恒大的蛀虫，想捞一把的人。

有与许家印多年共事的同事，总结了许家印的个性特点：不达目的，誓不罢休；完美主义；结果导向；决断力。也许，正是这些典型的“许氏行事风格”，才成就了今天的恒大。

广州恒大，现象级的“足球商业帝国”

其实，在中国，恒大最有名的不是地产，而是足球。今天的广州恒大淘宝足球俱乐部，不仅是中国第一足球俱乐部乃至亚洲足球第一俱乐部的代名词，更是世界足坛一个现象级的“足球商业帝国”。

“要么不做，要做就要做到最好。”这是许家印成就恒大地产集团的宗旨之一，同样，这也被移植到了足球上。2010年2月，恒大正式接手因为打假球被勒令降级的广药队。许家印从2011年初提出了中超“五年规划”：三年内夺取中超冠军，五年内获得亚冠冠军。消息一出，很多人笑话许家印是个不懂足球的疯子，认为黑幕重重的中国足球会让他好看。但作为成功商人的许家印虽然不一定很懂足球，但他知道，和房地产一样，足球也要大投入才能大产出。他的战略很清晰：找最好的大牌教练和顶级内外援。

此后我们看到的是，恒大俱乐部从2010年开始了一系列震惊中国足坛的动作：350万美元买来“猎豹”穆里奇打中甲，1200万美元购得巴甲MVP孔卡战中超，1000万欧元年薪请到世界级教练里皮，1500万欧元买到高拉特，1400万欧元买下曾经的巴西国家队主力后腰保利尼奥，1100万欧元签下阿兰，4200万欧元引进葡超金靴马丁内斯……

除了砸钱买人，许家印把在恒大集团的铁腕治军模式，也移植到了恒大足球。恒大足球俱乐部出台了著名的“三五管理规定”。

“五必须”分别是：

1. 赛前赛后必须向现场球迷致敬；

2. 比赛中尊重对手，打不还手，骂不还口；

3. 无条件服从裁判；

4. 全身心投入训练；

5. 尊重队友。

“五不准”的内容是：

1. 训练不准迟到、早退、怠训和旷训；

2. 联赛期间外出必须经主教练批准；

3. 任何队员不得泄密和发表不负责言论；

4. 任何人不能吃请、送礼；

5. 不能攻击队员，拉帮结派。

“五开除”的规定是：

1. 不服从主教练开除；

2. 服用违禁药品开除；

3. 联赛期间抽烟喝酒开除；

4. 参与假球开除；

5. 损害公司品牌形象开除。

“金元政策”加铁腕治军，让恒大淘宝足球俱乐部几乎赢得所能赢得的一切，这些成绩不仅让中超其余15家俱乐部望尘莫及，亚洲诸强也自叹弗如。从2011年征战中超开始，许家印仅仅用一年就完成了中超夺冠的目标，如今已是前无古人的中超七连冠；仅仅用了三年就豪取亚冠冠军，提前完成五年目标，并实现三年两夺亚冠，为中国足球史再添浓彩重笔。2015年11月，广州恒大淘宝足球俱乐部正式新三板挂牌上市，成为“亚洲足球第一股”。

在中国，从中央领导层到普通老百姓，对中国足球都有种复杂的情结。足球不仅仅是体育问题，一定程度上还是个政治问题。有了足球这块敲门砖，恒大这些年吸引了全国更多的目光，美誉度大大增加，“广州恒大”也变成了“中国恒大”，有趣的是，很多人认识“恒大”都是从足球开始的，甚至不少人不知道许家印是恒大地产的董事局主席，只知道他是广州恒大淘宝足球俱乐部的老板。甚至有人说，足球的成功让恒大有底气进入北京、上海这些一线城市。

百亿慈善，扶贫攻坚不含糊

慈善也是恒大很注重的一个方面。相比较社会舆论对他个人财富的关注，许家印更看重的是自己在慈善方面的作为。早在1999年，已成为恒大地产老总的许家印，就为村里捐了100万元建造了一座拥有三层教学楼的小学，这座小学后来有了个新名字：“家印小学”。22年来，恒大先后为民生、教育、体育、文化等社会慈善公益事业捐款100余次超105亿元。在许家印看来，近年来，中国慈善事业不断发展，社会各界积极参与社会慈善捐助，已有近亿人从中受益，但中国慈善需求规模巨大，每年需救助人数在1.5亿人以上，他对此还有个比喻：“如果说慈善这口井有百米深，我们才挖了三五米。”作为中国改革开放的受益者，恒大一直把饮水思源，投身脱贫攻坚，让贫困老百姓早日过上小康生活，看作自己应尽的社会责任。许家印说过：“恒大的一切都是党给的、国家给的、社会给的，恒大理当担起先富帮后富的社会责任。”

许家印已经连续多年获评中国慈善领域最高奖“中华慈善奖”，也被称作“中国十大慈善家”。汶川、玉树、雅安数次震灾，他都是第一批慷慨解囊的企业家。全国“两会”期间，身为全国政协委员的许家印在做大会发言时，没有谈自己的老本行房地产，更多谈的是自己关注的慈善事业，几个具体提议都直指“激发企业参与慈善热情”这个主题。

在恒大花的善款中，最值得被拿出来说一说的应该是对贵州省大方县的脱贫帮扶。恒大集团从2015年12月开始结对帮扶贵州省毕节市大方县，三年无偿投入30亿元，通过一揽子综合措施，力争到2018年年底实现18万贫困人口全部稳定脱贫。许家印曾经说过：“作为黄土地的儿子，我的少年和青年时代在贫寒中度过，对贫困带来的苦难有着刻骨铭心的感受，对劳苦大众有着深深的情感。”2018年4月2日，《人民日报》以一个整版的规模刊登长篇纪实文章《致敬，远山的扶贫队员》，重磅关注恒大集团结对帮扶贵州省毕节市的精准扶贫实践。

文章写到这里，该收尾了。回望恒大和许家印的一路狂奔，似乎每一个节点，都切中了40年改革开放时代的脉搏：许家印是恢复高考后的第一批大学生，是市场经济中最早下海的弄潮儿；1998年，住房制度改革彻底改变了房地产市场，而恒大则在一年前成立；2009年，中国房地产市场在各种刺激政策下触底反弹，恒大在当年成功上市；2010年，中国足球处于最低潮，恒大成功接盘。

管理学大师彼得·德鲁克在《创新与企业家精神》一书中，给予企业家一个精妙的定义——愿意把变革视为机遇，并努力开拓的人。对许家印来说，他所开创的恒大神话，是在改革开放的时代大背景下，一次把握了机遇并努力开拓的必然结果。

作者简介
Introduction to the author

谢戎彬 北京外国语大学俄语学院俄罗斯语言文学专业和中国人民大学国际关系学院法国际关系专业（硕士）。

1998年，进入人民日报社工作；1999年10月—2002年8月，中国驻南斯拉夫使馆被炸后，任人民日报驻南斯拉夫记者站首席记者，多次冒险出入战地进行报道，是人民日报历史上最年轻的驻外记者之一。2002年回国后，在环球时报工作，2010年任环球时报社副总编辑，分管环球时报中文版部分采编业务和环球网、新媒体部、公共事务部、市场部等，2017年获人民日报高级记者职称。

作为一名从业20年的新闻工作者，对国际时政、国际财经等领域颇为熟悉，曾一个人在俄罗斯深度采访一个月，跑遍十大城市。对国际新闻的创作、复杂国际局势中的中国视角、“一带一路”、中国企业的发展以及传统媒体的新媒体之路等问题有较为深入的研究。著有《我们误判了中国》《我们看好中国》。2010年，当选“中直机关青年岗位能手”。

携程，中国合伙人的创新之旅

改革开放40周年，是中国经济的一部变迁史。从农业到工业，到服务业，再到如今蓬勃的互联网经济，几乎每个国人都能感受到深刻的时代烙印。

中国互联网人，第一次亲密接触世界，是在改革开放8年后的1986年。1986年8月25日，时任中科院高能物理所ALEPH组组长的吴为民，从北京710所的IBM-PC机上发给ALEPH的领导——关于瑞士日内瓦西欧核子中心的诺贝尔奖获得者斯坦伯格的电子邮件（E-Mail），是中国第一封国际电子邮件。

10年后，中国互联网企业开始在世界崛起。门户网站纷纷上市，垂直领域的强者，如携程，也诞生在上海这片互联网发展的沃土，并成功躲过21世纪初的“互联网泡沫”。

在2003年上市后，携程也在改革开放政策的引领下，成功在境外市场进行了布局——不仅将业务范围的覆盖扩大至全球各个区域，包括南极，也不断“走出去”，投资了诸如天巡这样全球领先的机票搜索引擎，以及印度的MakeMyTrip这样极具增长潜力的企业。

通过近20年的发展，在相关部门的关怀和关注下，现在的携程，早已是全球在线旅游企业的佼佼者，市值也仅次于Priceline。

而携程的发展历史，不但契合了改革开放后20年以来中国经济的成长史，也见证了中国互联网由小到大、由弱到强的，由培养国内市场到“走出去”收购海外企业这段历史。

1999年，整个中国的计算机数量加起来不到200万台，网民不过400万人。然而，这些数字以半年翻一番的速度迅猛增长，人们意识到，信息爆炸时代已经到来，无论是搜狐、百度还是阿里巴巴，都在那段时间开始萌芽和生长。

那一年，距离改革开放已经过去了20年，孕育着无限颠覆潜力的互联网浪潮却正在悄然到来。

携程旅行网正是诞生于那一年。

1999年的春天，上海静安寺旁的鹭鹭酒家，两个年轻人正在讨论着一个充满野心的构想。这两个年轻人就是梁建章和季琦，携程旅行网的联合创始人。

1997年，身处美国的梁建章选择回国，因为他已经在大洋彼岸敏锐地察觉到互联网时代中更大的机会将孕育在中国市场。当时的梁建章，已经是世界知名软件公司甲骨文的中国区咨询总监。

梁建章回国之后结识了季琦，后者当时已经在网络硬件行业有了多年的积累，让他们之所以能坐到一起彻夜长聊，都源于对互联网机会的憧憬。

在季琦的介绍下，同为上海交大校友的沈南鹏也加入了他们的讨论中。而当时的沈南鹏，也已经在花旗银行、德意志银行和雷曼兄弟有过多年的金融行业工作经验。

梁建章不止一次讲过一个关于旅游的故事。那时候还是在美国，喜爱旅游的梁建章有一次和朋友周末徒步，途经一片森林，他们按照地图指示的路线走进森林，才发现路途很长，天色渐渐暗下来他们还没走出森林，而随身也没有携带任何露营的设备，也不知道这片森林是否有猛兽出没。所幸后来发现地图上还有一条小路可以通到外面的公路上，于是两人沿着小路走，终于在夜幕降临的时候走出了森林。

这段至今回忆起来还捏了一把汗的徒步经历，成为梁建章和团队最后决定进入旅游业的重要原因之一。但有一点很重要，无论是梁建章、沈南鹏，还是季琦，都是很喜欢旅游的，他们在设计最初的商业思路时，就发现旅游业似乎在互联网应用方面更具备优势，利用互联网改造传统旅游产业的想法，让三人兴奋不已。

在确定了创业方向之后，三人跑遍了上海周边的一些景区调研，但由于缺乏旅游行业的从业经验，三人都觉得无从下手，急需一个有着丰富经验的伙伴加入团队。就在这个时候，携程四名初创团队中最后一个成员范敏出现了。

范敏当时是上海旅行社的总经理，在季琦找到他的时候，他的事业已经处于一个近乎完美的状态。但就在这样的状态下，当季琦向他抛出创办互联网旅游公司的计划时，范敏儒雅和谦和的背后，一股无限澎湃的激情被瞬间激发。

这个四人创业组合堪称完美：IT和咨询出身的梁建章思维理性，目光长远，善于把控全局；早有创业经历的季琦富有激情、锐意开拓；曾鏖战华尔街的沈南鹏擅长融资，充满投资人的气场；国企出身的范敏则是酒店经营好手，弥补了其他三人在旅游行业的短板。

一拍即合，四个个性不同、经历迥异的年轻人，就这样组成了携程的初创团队。这个团队，也在随后的日子里为互联网创业圈津津乐道。

四个年轻人的一场创业

在1999年，对于旅游业来说，那还是一个出门订酒店要靠朋友，买张机票还需要给卖票人递根烟的年代，出行面临种种不便。

梁建章和团队发现，旅游产品具备不需要物流配送的特点，在线预订在当时来说无疑是“商业新物种”。他们意识到，随着改革开放红利逐步显现，社会人均收入不断升高，整个社会对旅游的需求也越来越大，而旅行社以外的散客群体却占绝大多数。

他们当时的思路是，中国的人口流动已经比较普遍，各类型大中小酒店也如雨后春笋般崛起。但巨大的市场供应和市场需求之间没有形成有效的连接。在分析了中国巨大的人口基数和流动性后，携程的四位创始人认为，如果能够帮助中国人解决出行不自由、不方便的问题，就一定能找到公司的未来，这无疑是一片值得利用互联网作为工具去探索的广阔蓝海。

决定开始创业之后，四人在上海南丹路80号的上海天文台院子里的天文大楼租了办公室。一群充满激情的年轻人开始了网站的设计开发，最初的网站以信息和社区为主，用现在的角度来看，当时的网站功能过于单一，但在当时，网站的设计博采众长，也算是十分先进了。

一开始，初创团队把市面上书店和图书馆中能找到的旅游书籍内容都录入网站，用以充实内容。在那个时候，充满干劲的团队为了程序的正常运行，以及为了让公司的网站排名更加靠前，经常是工作到深夜，甚至彻夜工作。

而这样的努力工作也给最初的网站带来了很高的人气，网站排名一度排到全国网站首位。值得一提的一个细节是，在网站名字还没有确定下来的时候，当时的技术负责人江浩提议“游狐”，意为做旅游业的搜狐，但最后在网站发布的前夕，梁建章确定了网站的名字为携程，意为携手同程，网站域名为Ctrip.com。最初全名叫携程旅游网，但后来没过多久就改为携程旅行网，“旅行网”的提法也成为日后进入这一行业的网站的通用名称。

1999年10月28日，携程在上海富豪环球东亚大酒店举行新闻发布会，宣布携程旅行网正式上线。同时，第一个用户也通过携程完成了第一张机票的预订。为了与当时市场上的其他旅游网站区分开来，携程迅速开拓机票和酒店的预订业务。1999年11月4日，第一张网上酒店的订单也出现在携程的后台，虽然只是一张订单，但已经令当时携程上上下下的员工极为振奋。事实证明，这一方向的尝试为携程日后的成功奠定了深厚的基础。

互联网寒冬下的逆势成长

携程的发展之路开始于互联网爆炸式发展之时，但也很快经历了互联网泡沫的破灭。

随着新浪、网易、搜狐的上市，网络神话在当时令人们热血沸腾，大家越来越少去考虑怎么省钱、赚钱或者其他常规的商业逻辑，而是只关心点击率、访问数量和网站排名，似乎只要把这些数据做上去，无须赚钱就可以成功上市。于是各个互联网公司开始拼命烧钱、打知名度。在这个时候，携程虽然不担心会没有融资，但一直在思考有效的盈利模式，当时机票和酒店预订的试水初见成效，网站也更加成熟，逐渐有了电子商务的雏形。

不过，谁也没有想到，一场风暴正以摧枯拉朽之势向互联网行业袭来。

2000年4月，纳斯达克指数突然暴跌355.49点，一周内市值蒸发了21990亿美元，几乎相当于当时每个美国人损失7000美元，而其中一半的损失就在一天之内发生。就在那个夏天，纳斯达克市场的暴跌，让美国一批早期互联网企业直接倒闭，亚马逊和eBay等巨头也差点面临崩溃的边缘，几乎每天都有互联网公司财尽人散。

所幸，互联网泡沫在金融市场破灭之前，携程刚刚拿到新一轮融资。也正是在这样的形势之下，携程那时非常谨慎地对待所有的商业支出，也意识到要在这一波互联网泡沫破灭之后存活下来，自己必须不断求变和创新。

也正是从这个时候起，携程开始真正将目光放在酒店预订上，在寒冬到来前，携程团队做出了一个重要决定，收购了商之行集团的业务并收编其团队——这家公司是国内最早提供酒店预订服务的企业，曾创下单月订房量超过3万间的纪录，新团队的加入也给携程带来新的活力。当时的一个业内创举是推广“前台现付”的酒店预订合作模式，而当时全球范围绝大多数做酒店预订的网站都还是用预付的方式和酒店合作。三个月内，携程开发了800家“前台现付”的合作酒店，完成了第一个“不可能的任务”。

与此同时，携程申请了24小时免费服务电话，开始提供统一的酒店和机票预订服务，当时的目标是，做中国最大的酒店预订中心。为了达到这个目标，携程进行了另一次重大收购——买下当时在业内首创“呼叫中心+800免费电话”业务模式的现代运通，真正实现了互联网和传统企业强强联手的合作，也就是“鼠标+水泥”。这场并购之后，携程一举成为国内最大的商务旅行服务公司和最大的酒店分销商之一。

随后，2000年7月27日，携程将原来的24小时电话服务进一步升级为800全国免费服务电话，除了原有的北京、上海、南京、广州、大连、杭州、深圳、珠海、武汉、西安十个大城市外，也在其他城市都开通了免费服务热线。无论何时何地，无论订机票还是酒店，只要拨通800—820—6666，就能享受到携程的及时服务。此举也为携程日后开创业内甚至整个服务行业最大的呼叫中心奠定了基础。

正是由于这波稳扎稳打的发展，携程获得了凯雷领投，IDG、软银等投资基金跟投的第三轮融资，在互联网寒冬到来之时，仍拿到1100万美元的融资。携程非但没有在这场寒冬中萎靡，反而不断壮大，也开始显示出改变传统旅游行业格局的雄心。

梁建章在当时布置的目标是，中国最成功的旅行服务公司，并精确地统一为：领先的旅游信息网站、领先的宾馆分销商和领先的商务和度假旅行服务商。随着公司营销、产品、服务、技术能力的迅速提升，携程的业绩迅速提升，尤其是酒店业务飞速扩展，截至2001年10月，携程的酒店预订量已经达到8万间/夜，平均每月交易金额达到4000万元，公司的人数也扩张到400人。在上线两年后，携程首次实现月度盈利。

“发卡大军”的疯狂业绩

在创业维艰的20年前，携程最广为人知的就是它们的“发卡大军”。

和呼叫中心同步进行的营销策略，就是发卡。携程几乎把这种终端拦截式的销售方式发挥到了极致。当时，携程在中国各大城市的交通枢纽、商务楼宇和开发区发放免费的订房卡片。消费者只需根据卡片上的电话，就可以自己预订外地的宾馆，而也不用像以前那样费力找旅行社、销售公司或者麻烦自己在当地的亲戚朋友。

可以说，正是因为携程旅行卡的成功，在一定程度上让携程的业绩成长更为迅速。携程旅行卡在当时也是一种创新，因为在携程之前，已经有多家订房中心通过会员卡进行市场推广，但绝大多数都实行收费制，而携程对发卡策略进行了创造性的尝试，把收费的卡片变成了免费的。

为了提高发卡人员的积极性，对于业绩好的员工，携程开出了极具诱惑力的薪酬。当时负责销售的副总裁吴海日后回忆道："发卡的人员算上提成能拿到1万元工资，前提就是他们日夜加班，写字楼下班后和周六周日在北京王府井、上海外滩找客户。在写字楼被保安打，在机场被警察轰，但他们还是向前冲。"

虽然发卡、打电话订票在现在看来仍然是很不方便，但在当时已经是给消费者提供了非常便捷的体验，创新的商业模式给携程带来的是酒店订房量的暴涨，一年内，订房量从每月不足1000间急速增长到10万间，让携程成为最早实现盈利的互联网企业。

此后几年，携程将发卡这件事做到了极致。据统计，2001—2007年的6年里，携程在中国境内总计发放了10亿张卡，业绩可谓惊人。

截至2002年年初，携程的大多数收入都还是来自酒店，机票和其他几个业务都处于亏损状态。董事会也做过一些讨论是否干脆学美国的一些互联网公司模式只做酒店。但梁建章在2001年年底的一次出差中，碰到北京最大散客票务公司海岸航空服务公司的老板丁汉。2002年3月，携程收购了北京海岸的机票业务。通过这笔收购，携程将此前比较薄弱的机票分销业务扩大，也拥有了和各大航空公司的联系网络，扩大了呼叫中心的规模，准备打造当时国内第一个全国性的机票预订平台。

以前坐飞机也是稀罕事，买机票甚至需要单位开介绍信，后来全国各地出现了大大小小的票台，但没有一个全国性的网络，人们出行买票非常不便。携程的解决方式就是异地购票。这个方案现在看来习以为常，当时却是创举。

很快，携程明确了将机票业务的发展作为公司的第二个业务发展重点，技术部门重新设计和开发了一个新的全国性机票预订平台，这个技术平台在当时遥遥领先于同行，也解决了异地操作和配送管理的问题，开创了全新的预订服务模式和配送服务。

于是，携程的机票预订量就像两年前的酒店业绩一样，实现了爆炸性增长。一年后，随着人们能够购买往返机票，携程机票早已覆盖全中国的版图，携程的机票业务量就增长了6倍，截至2003年年底，携程的月机票量达到10万张。

从携程开始盈利之后，携程的发展路径逐渐明确，从酒店预订到酒店+机票预订再到自助游，并开始通过收购布局团队游和出境游。携程认为，虽然面临海外和国内本土旅游巨头的双重竞争压力，但是此后旅游产业的最大增长点绝对来自网络，这甚至可以解释为什么在全球范围，都是旅游网站率先实现盈利，因为旅游网站完全是信息产品，交易量大、现金多，不需要配送，而这些恰恰都是携程的优势。

风雨之后的最美彩虹

2003年，中国的旅游市场遭遇“非典”的重创。4月底，全国有组织的入境旅游、国内旅游和出境游都基本停止，旅游业是受影响最大的行业之一。从4月底到6月初，旅游业业绩一落千丈，根据当时国家旅游局公布的数据，“非典”使全国国际旅游收入减少40亿美元，国内旅游收入减少840亿元。

“非典”期间，携程最重要的机票和酒店业务增长几乎瞬间归零，2003年第二季度，携程的业绩出现前所未有的下滑，营业额环比下降42%，经营利润更是下跌了上千万元。

“2003年春天，全中国笼罩在对一种未知病菌的恐惧中，旅游行业在那几个月崩溃了，人员没有了流动，飞机客座率往往是个位数，很多宾馆关门了，公共场合没有了人流，对于以旅游预订为主业的携程来说，影响可想而知。整整三个月，大家每天上半天班，工资打六折。”当时的机票负责人庄宇翔如此回忆。

不过，就在传统旅游业纷纷选择关门大吉、局部停业、裁员的时候，携程管理层采取了截然不同的做法：保留呼叫中心的1000多名员工，销售人员在机场部分商家撤离的情况下，依然顶住压力坚守第一线。

当时梁建章通过内部邮件鼓舞携程员工“‘非典’过后，携程会更好”。这句话也不仅是口号，事实证明：到了2003年的七八月份，携程的业务量就开始出现报复性反弹，甚至超过了“非典”之前的水平。

2003年9月，在获得老虎基金的1000万美元投资之后，携程开始了赴美上市的操作。在这个过程中，CFO沈南鹏扮演着非常重要的角色。

沈南鹏总把携程称为一家“有预谋的企业”，换句话说，在初创携程之时，上市的目标就已经非常明确。参与携程创业之前，沈南鹏已经在花旗银行、德意志银行和雷曼兄弟有过多年工作经验，他的加入，让携程内部的运作很早就建立了符合上市公司要求的薪酬委员会。作为CFO，沈南鹏还聘用了来自投行与四大会计师事务所的专业人员，为上市做准备。实际上，到2002年，携程当时的净利润达到人民币1400多万元，具备了成熟的业务和盈利能力，“非典”之后的业绩增长更加让团队信心大增。2003年年底，沈南鹏就带领团队开始了携程上市的全球路演。

在不到两周的路演之旅中，沈南鹏和梁建章走遍中国香港、新加坡、伦敦、波士顿、纽约和芝加哥等资本市场重镇，最忙的时候一天要开10场投资者见面会。这段时间里，沈南鹏非常清楚市场想要听到的是什么样的故事。

对于投资者而言，携程已经表现出的成熟的商业模式和盈利能力，加上美国市场对在线旅游和中国公司的兴趣。种种因素叠加之下，最后，沈南鹏团队与投资者沟通成功率非常高，投资者的热烈反应甚至出乎沈南鹏的意料，路演之路非常顺利。

2003年12月9日，携程以发行价18美元正式登陆纳斯达克股票交易所，是继2000年7月搜狐之后在纳斯达克上市的第7家中国网络公司，当日盘中一度摸高到37.35美元，最后收盘价为33.94美元，达到惊人的88.6%的涨幅，携程不仅成为2001—2003年期间在美国上市的第一家中国公司，也因此成为那三年中全球上市首日涨幅最高的股票。

携程的上市，无疑成为中国公司在纳斯达克第二波上市热潮的引领者，但是正如携程创始人团队一直在内部强调的，上市不是目的，携程的目标是做最成功的旅行服务公司。随后几年，携程也逐渐在自由行、度假、商旅和海外游等产品上发力。2005年，携程度假产品营收达到2200万元，同比增长100%。同时，各个业务布局也渐次步入上升轨道。

而作为一家服务型企业，携程在服务上的管理离不开一套严谨的原则，最早形成这些原则的基础，就是由梁建章引入的六西格玛管理模式。

2000年，咨询顾问出身的梁建章就把六西格玛为代表的精细化管理理念引入携程，在服务部门率先推行。这套方法是一种建立在测量、试验和统计学基础上的现代管理方法，由摩托罗拉公司在1987年首创，作为全面满足客户需求的关键经营战略，后来成为不少欧美大型企业的常规管理手段。

由于管理方法其实涉及商业机密，而且当时也缺乏现成资料，携程的管理团队便从研读英文原版书籍开始，内部不断交流，摸索出一套方法，也尝试做了几个六西格玛项目。

比如，要把客人打给呼叫中心电话的等待时间控制在国际通行的20秒以内，接听比例从80%提高到90%以上。又如，呼叫中心服务接听客户电话的时长从300秒缩短到150秒。虽然现在的管理方式借助了大数据等手段而进一步精细化，但在当时，六西格玛体系的引入，无疑让携程的服务质量远远领先于行业对手，为客户提供了完美的服务体验，也赢得了更多的市场份额。

投资与并购背后的创新之心

经过多年的顺利发展，携程在自己的第一段旅程中成功地获得了令人难以超越的市场份额。但与此同时，2013年左右，市场上的竞争者也开始纷纷崭露头角，包括同程、途牛、去哪儿等，在信息搜索、低价产品和平台战略方面，都对携程构成了不小压力。在这一阶段，携程的重点是进一步整合产业链上分散的资源，提高转化率、减少竞争压力、提升利润率，构筑长期有力的核心竞争优势。

本已退居二线的梁建章在2013年回归携程并出任CEO，带领携程转守为攻，收购多家竞争对手的股份，用果敢的策略解除了携程的忧患，并提出“二次创业”的口号，在内部实行扁平化管理，对外实施移动化和平台化战略。

移动化方面，2013年，携程在移动端的酒店预订量反超PC端，各种流量和份额数据开始止跌回升，到2014年，移动端下载量已经达到2.2万亿；平台化方面，2013—2014年的仅一年时间里，携程上线的酒店数量从7万家迅速飙升到15万家，基本覆盖了全中国的大中小城市。

携程在2013年年末透露，有意拓展海外目的地市场或布局海外。当年12月25日，携程网便宣布与Hertz、Avis等八大国际领先租车公司合作，上线“海外自驾”平台，提供全球86个国家的自驾租车服务，同时，完成了对美洲第一旅游品牌的战略投资，后者成为携程旗下北美分公司的成员。

2014年，携程又投资或者控股了途牛、艺龙和同程，包括此前对如家、汉庭、7天、一嗨租车、天海邮轮、飞常准的入股或收购，逐步打通了整个旅游产业上下游链条。

2015年10月，携程与百度达成交易，以股票交换的方式投资了去哪儿，拥有约45%的投票权，成为去哪儿最大的股东。与此同时，百度将通过此次交易，成为携程的股东之一，并在多个领域展开旅行相关产品的全面合作。

2016年10月17日，携程与旅游百事通联合签署战略合作协议。双方将在度假旅游业务方面全面合作，且携程将通过旅游百事通拥有的5000多家门店布局二三线城市。旅游百事通是国内最大的线下渠道之一。

风头正劲的携程又一口气在2016年11月收购了天巡网，这家总部位于英国爱丁堡的旅行搜索平台以机票为其主要业务，是苏格兰为数不多的“独角兽”之一。对天巡的投资大大加重了携程国际机票业务板块的比重。2017年11月，携程又紧接着收购了美国社交旅游网站Trip.com，加码国际化扩张。

也正是这样，在携程平台上售卖的酒店、机票、旅游度假、火车、用车一日游等产品加起来有数十万种，这么多的产品如何在市场上脱颖而出？

通过创新提供个性化的用户体验，一直是携程发展过程中的重要课题。

携程是国内首家将汽车票与船票引入互联网购票模式的企业，其机票、火车票、汽车票、船票在线购票平台均在业内保持着领先地位，并提供空铁联运（航空与铁路相结合）、空巴通（航空与公路相结合）、公铁联运（公路与铁路个结合）等大交通服务，彼此互为补充；携程也在酒店预订上推出“Easy住”战略，用数字化室内地图和VR等技术手段在多个城市引入在线选房功能，同时推出“闪住”服务，可以到店免押金、离店免查房、离店后再扣款，还可以提前预约发票。

除了用创新丰富服务范围以外，携程也在用创新深耕细致的服务。比如，在一些冬天雾霾多发的城市，携程首创“空气清新房”概念，在客房内配备高品质空气净化器，缓解酒店因雾霾而造成的入住率降低的问题；携程也全球首创旅游企业全球24小时“旅行SOS”救援服务体系，只要是携程的用户，就随时可以通过携程的7×24小时应急支援服务人员处理行程中的突发状况；携程也在智能硬件领域发力，推出了“自助入离机”，让用户能够像自助值机一样，自助办理入住、离店等。再如，办理签证是中国游客出境游的第一道门槛，而线下办签很麻烦，携程APP则提供全程移动办理服务，研发了材料审核、签证照自拍上传打印、申请表填写、护照快递物流通知等创新功能，每年为百万出境游客提供服务，签证通过率高达99.98%。

自由行游客的痛点是行程中缺乏及时服务，为了解决这一问题，以APP和电话客服服务为主的携程，首次大规模提供移动社交服务——微领队，以微信社群的形式提供信息咨询、订单服务、行中救援、产品预订。据悉，这一创新每季度服务300万游客。全球还没有一个在线旅游公司能提供如此规模的行中服务。

这样的例子还有很多，通过创新，携程获得了源源不断的发展动力。发展至今，携程已经是中国最大的住宿预订、交通票务、旅游度假和商旅管理服务公司。然而，携程的创新从未止步。

2018年5月30日，《福布斯》杂志发布2018年全球最具创新力企业百强榜单，中国企业上榜的有七家，携程就是其中之一，排名第28位。

现在，全球的目的地供应商都纷纷进入中国市场，已有超过1万家国内外旅行社伙伴进驻携程售卖产品。就算全球最偏远的目的地都能找到旅游产品，下飞机就有预订好的当地司机导游。一个全球化的服务平台已经成形。目的地旅游产品成为新的蓝海市场。携程首创了“当地玩乐”产品类型，海外一日游、演出、包车、订餐、门票等预订量爆发式增长。

携程走过的这将近20年的时间，既得益于改革开放所带来的巨大市场红利，也尝到了互联网时代的丰硕果实。从更大的维度来看，这更是中国人摆脱封闭与保守，逐步融入世界的一段时间。

事实上，人类永远饱含探索的欲望，而旅行正是这种原始欲望催生的需求。在技术和市场的推动下，随着中国人探索世界的手段愈发便捷，视野愈发开阔，心态愈发自信，携程也将不断迎来发展和蜕变的机遇。

作者简介

Introduction to the author

柴哲彬　法学硕士，现任人民日报社人民网采访中心主任。新闻从业12年来，深度观察中国经济社会发展，参与策划采写的稿件20余次获得中央政治局常委批示，多项调研成果被列为中央重要会议参阅件。

海航，与风共舞，御风前行

享受得了温润的海风，也要扛得住肆虐的台风。

海南，浸润在温润怡人的海风里，也浸润在改革开放的春风中。1988年海南建省办经济特区；2009年，海南建设国际旅游岛上升为国家战略；2018年，党中央宣布支持海南全岛建设自贸区和自贸港。

海南，一次又一次承担起中国“打开大门”的历史使命和重任，成为怀揣梦想和激情的一代“闯海人”奋不顾身奔向的热土。

而台风也是海南的家常便饭，一年中有八个月会有台风登陆这片土地。台风过后留下一片狼藉，然而不久之后，这里依旧碧海蓝天，椰树婆娑，更胜往昔。

在日复一日怡人的海风浸润中，在年复一年暴虐的台风侵扰中，已经是而立之年的海南，早已从一个封闭落后的边陲岛屿，发展成中国最开放、最具活力的地区之一。

生于斯、长于斯的海航集团，在海风吹拂和台风洗礼中展开双翼、蓬勃生长。

经过25年的发展，海航已经从单一的地方航空运输企业，发展成为以航空旅游、现代物流、现代金融服务为核心主业的大型企业集团。

而从2005年起，海航经历过不少威力堪比台风的波折。骨子里百折不屈挠的韧劲儿，总能让海航在风暴后快速恢复，甚至迎来更大发展。没有几个公司在风雨之后总是迎来彩虹，而海航好像是一个例外。风雨中，海航迎来了25岁生日。

在台风一次次的磨砺、锤炼后，在建设海南全岛自由贸易试验区、中国特色自由贸易港的新的历史性机遇下，海航又迎来了东风，即将开启全新航程。

追风少年，少年自我管理者养成记

陈峰，1953年生，幼年时，父亲的一句话成为他一生的思想行为准则——不求做大官，只求做大事。

这是一个特殊的时代。陈峰和他的同龄人，虽然没有持续求学的机会，却有着最了解中国的眼睛、最坚韧不拔的心性。

这是一个特殊的时代。这个时代能让因循守旧、满足现状者颓然消沉，也能令勇于创新、永不自满者施展手脚。

陈峰就是在这样一个特殊的时代里，找到了自己的一方天地。

他很幸运，小学六年级毕业，在家里闲了两年后，他得到了那个年代算是人人羡慕的机会——当兵。在十五六岁的年纪，陈峰进入了四川民航的军队序列，要知道，当时的民航可是空军的一个组成部分。

当兵就能一劳永逸吗？陈峰不这么想。大事情一时半会儿做不了，做点小事情总是力所能及。早操之后和早饭之前，有半个小时空闲，陈峰就是在这一天天的“半个小时”中，读完了《中国通史》《中国哲学史》《世界哲学史》等几乎他能找到的“大部头”；每天夜晚，还有一些时间能自己掌握，他就为自己安排了“课程”，自学初中、高中文化。做这些事情有什么用？那时的陈峰或许也不知道！

见过陈峰的人都知道他是一个很会讲故事的人。演讲时，他思维缜密、全程脱稿、侃侃而谈、引经据典，或激情澎湃，或娓娓道来，都恰到好处地把握着故事的节奏。他演讲能力的养成和在部队里的锻炼密不可分，他经常利用周末到河边背稿演讲，锻炼逻辑思维和表达能力。

就是这样充实甚至显得有点儿忙碌的“一天”，陈峰一坚持就是整整六年。

21岁时，陈峰回到北京，在中国民航局援外司当援外助理员。他继续保持了自我充实的习惯，每周到北京图书馆借阅图书，包括马恩原著、民航知识、企业管理等，甚至把薛暮桥先生在延安时期写的关于经济方面的著作都拿来阅读。

1977年，24岁的陈峰开始自学英语。原因很简单，他在工作中会接触到英语，于是他每天早晨起来提前半个小时，大声朗读背诵英语。

十几年后的华尔街，几十年后的哈佛讲台，他都是用自学的英语讲着海航的故事。尽管他的发音不甚标准，但是能够像陈峰一样在国际场合脱稿进行英语演讲的同年代企业家，当属凤毛麟角。

当我们将眼光从陈峰身上移开，看看散落在中国大地各个角落、同样迷茫的青年人中，总会有那么一些人在默默地坚持着做点什么、学点什么，有的白天拿锄头、晚上拿钢笔，有的白天做钳工、晚上做学生。他们都有一个共同的目标，起码不要浪费这样的年华，为那个隐隐约约的“一天”做好准备。

回忆那段日子，陈峰对自己的毅力非常满意，他说：“我要么不做，想好要做，必定一日不断。”其实有时候，坚持的意义就在于，坚持本身就是一种意义。

时间终于到了那个标注在这一代人生命中的1978年，那个曾经遥远的“一天”终于近在眼前。这时，一个养成严格自律习惯、具有丰富知识储备、不俗演讲和英语能力的民航人陈峰和神州大地的每个人，一起迈进了改革开放的时代。

改革开放的浪潮中，陈峰做好了准备，机遇随即降临。

当时，民航系统有11个名额可以公费到西德的汉莎航空运输管理学院学习。通过了几轮的考试筛选，在几万人中，陈峰成了这1/11。

1984年，毕业回国之后的陈峰，先后担任民航统计处的代处长、空中交通管制局计划处处长和外事处处长。

希望大施拳脚的陈峰却面临了无可奈何的局面，空中交通管制局撤销，局里人都开始自谋生路。

新问题，可能是挑战，也可能是机会，可能预示着一片新的“战场”。1988年，胸怀一腔热血要进行民航改革的陈峰站在了人生的十字路口张望四周，何去何从？

他受到青年改革派的影响，暂别民航业，来到中国农业信托投资公司工作，看似有一些不得已的选择，却意外开启了陈峰的大视野：在中农信，他了解了中国的宏观经济环境和农村状况，并拥有了参与大企业运作的知识和经验。

当时，中农信设计了中国农村第二步改革方案，向世界银行申请贷款，通过陈峰所建议的“采购化肥”项目，中农信向世行贷款3亿美元。

陈峰回忆这段工作经历，感慨地说：“在中农信的日子虽短，但回过头看，后来我做航空公司时能最早有利用资本市场的意识和方法，跟这应该不无关系。”

年轻而资深的民航人陈峰，初尝企业运作经验，具备资本市场的意识。这些经验和方法，在即将诞生的海航身上，得到了淋漓尽致的发挥。

那个生命中注定要做的“大事”，也越来越近了……

乘风而起，非典型航空公司崛起记

“这是一个自己都不敢相信的梦。”回首坎坷创业路，海航创业者曾经感慨道，“海航每个阶段都难，但创业之初最难。”

1988年4月13日，海南从广东省划出，独立建省，并设立经济特区。改革开放的春风让这片土地充满了机会，10万“闯海人”涌过琼州海峡，上演了一场罕见的人才迁移。

当这片土地风潮涌动时，海南发现，航空运输是全岛的发展瓶颈，承担了新的历史使命，海南需要自己的航空公司。

1989年，受时任海南省省长的刘剑锋聘请，陈峰以省长航空助理的身份受命组建海南省航空公司（海航集团前身）。

接下任务之后，陈峰和王健带领陈文理、李箐、李先华等年轻人，在海口市海府路105号一栋小楼里，开启了创业之路。这个初创团队，直到25年后的今天，并没有被时间冲散，这些奠基人物依然在海航集团身居要职。

当时，国有航空企业的发展得到政策和资金的支持，而地方省属航空公司并没有享受同等的待遇，甚至也无法从银行拿到贷款。海航创业前行伊始就举步维艰，也注定了彼时的海南省航空公司要走一条“非典型道路”。

机会在1991年出现，海南成为国家股份制试点省份。海航向海南省政府提出股份制改造申请，获得批准。1992年10月，海航成为国内第一家规范化的股份制航空运输企业，通过发行法人股和个人股，共筹得2.5亿元人民币。海航终于有了第一笔像样的“起飞”资金。

值得注意的是，海航股份制规范化改造的完成，不仅募集到让梦想起飞的资金，也从根本上改变了海航的运作机制和管理制度，为其长期可持续发展奠定了坚实的基础。

陈峰拿着2.5亿元为信用担保，向银行贷款6亿元，以融资租赁的方式引进两架波音737。接着，以这两架飞机为担保，再向美国引进了两架飞机。一点点、一步步，海航精打细算，凭借着手中可用的资源，让越来越多的飞机，飞到了海航的停机坪上，一笔一画、一字一句地书写着中国民航业中的海航传奇。

1993年4月13日，海航引进的首架客机顺利地从美国西雅图飞抵海口。同年5月2日，海南省航空公司举行第一条航线首航仪式，海口飞北京。海航大飞机开飞、干线切入，这是一个不同于其他航空公司选择小飞机和支线飞行的行进路径。

但航空运输作为资金密集型产业，资金的问题始终是海航创业者们在推动企业走向更大发展的道路上需要解决的问题。

1995年，随着业务不断拓展，海航又一次陷入资金瓶颈。这次的融资走出了国门，陈峰和王健拎着包就跑到美国华尔街，用“陈峰式”英文给投资人讲述海航艰难起步的故事。

投资人听懂了故事，但是并没有打算要投资这个偏居一隅、名不见经传的公司。在场有一位索罗斯的高级助理，听到陈峰的故事很兴奋，就问：“你们公司在中国什么位置？”陈峰拿出随身携带的英文版中国地图，而当时海南岛只是一个点，没有标注名字。“我们就在越南边上！”陈峰不管不顾地说，“美国人怕死，中国人民不怕！”听了陈峰的话，华尔街的投资人们哄堂大笑。

哄堂大笑也好，依旧碰壁也好，陈峰或许都不会害怕！多年来的磨砺，给了他和海航勇气和底气。

海航创业者的华尔街之行，让投资人看到了当时的创业者们从怎样的起点出发、以怎样的坚定意志砥砺前行。两个星期后，索罗斯通过旗下的美国航空正式入股海航，投资2500万美元。

这段故事堪称传奇，而海航的亲历者却认为，海航之所以能够吸引投资，就是因为中国的改革开放，具有强烈投资意识的索罗斯希望在此过程中扮演一个角色。另外，投资者相信这个年轻的公司，是因为海航从建立之始就采用了国际一流会计师事务所做审计，用美国最大的律师事务所做公司法律顾问。

此后，海航开始对资本市场有了更多的关注。1997年6月，海航B股在上交所上市，筹集资金2.63亿元；1999年10月，海航A股在上交所发行，筹集资金9.43亿元；2002年，重组改制后的美兰机场H股在香港联交所挂牌交易。海南航空抓住了中国资本市场的每一次改革机会获取新的发展机遇。

顺风顺水从来都不是一家世界级企业正常发展的轨迹，在世纪之交的2000年，一场“生死劫”正悄悄走近。

2000年，中国民航局决定对国内航空公司进行战略重组，三巨头——国航、南航、东航三大国有航空公司，开始兼并重组地方航空公司，当时市场占有率不足2%的海航面临着随时被吞并的危险。

是坐以待毙还是主动出击？一道难题摆在了年轻的海航面前。

海航果断选择了后者，只有主动出击，才可以迅速做大做强。2000年8月，海航成功并购长安航空，之后又在2001年并购重组新华航空与山西航空。海航的飞机数量突破了100架，有400多条航线，占据中国支线航空70%的市场。另外，海航不失时机地抓住美兰机场改革的机会，对其成功实现控股，开始向机场管理等航空全产业链迈出发展第一步。

经过航空业重组浪潮，海航也深刻领悟到，要想实现跨越式发展，不能只是走借钱买飞机的老路，必须通过整合别人的资源，以收购、兼并、重组的方式，才能让海航实现几何级增长。

通过一系列的动作，海航安全无虞，并从偏居一隅的地方航空公司，走向了全国，跻身国内第四大航空公司。

借风出海，好风凭借力，送我上青云

“如果能得到一个机会，通过并购获得有益于海航核心业务的全球优质资产，当然必须并购，否则错失良机。”海航集团相关负责人曾经这样说。

2003年5月，海南省航空公司迎来第一条航线首飞的10周年，本来应该是庆祝的时刻，而中华大地却也在这个时刻迎来了“非典”疫情。航空运输业陷入危机，海航的经营也遭遇重创。

“非典”成为海航走向多元化的导火索，它让海航意识到航空业资金、资产密集度高，且具有周期性。如果只是依靠航空产业，不足以支撑公司长远发展。因为，围绕航空业上下游关联产业开展多元化布局，成为海航的必然选择。

海航在2005年底至2007年前后先后成立大新华物流、大新华航空、海航资本、海航商业、海航置业、海航基础、海航旅业等产业集团，以及北方总部等区域集团。

海航完成从全国性航空公司到门类齐全的综合性航空公司的蜕变。

2008年的全球金融危机重创了世界经济，虽然海航已经未雨绸缪，做了应对措施，然而还是受到巨大影响。危急时刻，海南省政府出手注资，才让海航转危为安。

危机中走出来的海航变得更加机敏。喘定之后，海航看到了眼前的机遇——受金融危机影响，国外股市大幅缩水，资产价格大幅下降。

“中央4万亿投资拉动，银行催着给你钱，迅速地扩张，按照我们的相关产业链进行发展，跑马圈地。”海航相关负责人回忆道。海航随即在全球展开了一系列国际化布局行动，正式开启了全球化发展的序幕。

时至今日，无法估算金融危机对于世界经济带来什么影响，也无法评论4万亿计划对于中国经济带来什么影响，但是可以肯定的是，海航的全球化在这两股力量的催动下扬帆了，并且不知疲倦地航行着。

一组数据显示，金融危机后，海航通过全球产业布局，公司数量扩大近3倍。2009年海航集团旗下公司不到200家，2010年达到311家，2011年上半年海航运营公司数量超过550家。

这些收购中，涵盖了国内外企业，如2011年下半年，海航也发动了一系列国内外收购运动，其中海航10.5亿美元收购GE SeaCo项目，更被称为“2011年中国最大的海外并购”。

对比2009—2011年的一系列收购动作，无论是数量上还是力度上，与海航在近些年的收购行动颇为相似，只是那个时候的并购对象也有一些小企业，不像现在都是响当当的大企业。

也就是在那个时候，外界就已经把矛头直指海航集团的资金链，认为其多年来的大肆扩张必然导致资金链紧张。

资金链的断裂风暴没有如外界预期的那样来临，倒是海航内部进行了一场瘦身的风暴，因为之前的收购项目没有达到预期，所以海航启动了“关停并转”计划。

各产业集团优化掉15%的公司，实行末位淘汰制，亏损的公司，该关门的关门，该黄牌警告的给予黄牌警告，限期扭亏为盈。很快，海航关停并转的企业超过200家，之前确立的八大产业板块也在2012年8月被再优化为航空、实业、资本、旅业、物流五大板块。

瘦身，是为了更好地出发。在国家“十二五”开局之年，海航通过分析内外环境机遇与挑战，制定“超级X计划”：到2016年，集团收入达到6000亿元的目标。

显然，要实现这样的目标，海航需要继续全球扩张，围绕航空运输、航空租赁、国际酒店、旅游、金融、物流各个领域，收并购国际优质资源。2010年，并购澳大利亚AllCO集团航空租赁业务（现更名为香港航空租赁有限责任公司），收购土耳其飞机维修公司MYTECHNIC，收购挪威上市公司GTB。2011年，收购新加坡GE SeaCo集装箱租赁公司，收购香港康泰旅行社。2012年，收购法国蓝鹰航空48%的股权、投资非洲加纳AWA航空公司。2013年，收购西班牙NH酒店集团20%的股权。2014年，收购了全球排名第六的集装箱租赁公司Seaco，进入全球集装箱租赁市场。

2015年，在美国海航集团一口气从波音公司购买飞机30架。在英国，签署总价值逾150亿元的发动机和相关服务合同。在欧洲，26亿美元收购爱尔兰飞机租赁公司Avolon。全部股权、以27.3亿瑞士法郎（约合180.3亿元人民币）收购瑞士空港公司Swissport，以及收购英国路透社总部大楼和法国旅游集团等。

2015年7月，海航以256亿美元的营业收入，首次登上世界500强榜单。

而2016年之后两年的收购，不只是资本市场关注的动态，更进入普通民众的视野，因为海航的这些并购对象多是大企业和物业。据统计，从2015年初到2017年3月底，海航集团交割完成的海外投资项目共28个，总额约255亿美元。

尽管身处舆论中心，但是毋庸置疑，海航已经从地方航空公司成长为今天的国际化企业集团；尽管有人质疑海航的发展速度，但是没有人否认海航能取得今天的成绩，全球范围的并购布局功不可没。

海航的并购之路并不让人难以理解，通用电气也是积极进行跨国并购，才建立了它的全球地位。在韦尔奇担任CEO的20年间，通用电气进行了993次并购，市值从130亿美元一路攀升到5600亿美元，并且连续9年保持了9%的增长纪录。

诺贝尔经济学奖得主乔治·斯蒂格勒曾指出，没有一个美国的大公司不是通过某种程度、某种方式的并购手段而发展成长起来的，几乎没有一家大的公司是靠内部扩张成长起来的。

2017年7月，美国《财富》杂志公布2017年世界500强榜单，海航以530.353亿美元的营业收入，登上榜单第170位。自此，海航从单一的地方航空运输企业发展成为以航空旅游、现代物流、现代金融服务为三大支柱的大型跨国企业集团。

栉风沐雨，千淘万漉虽辛苦，吹尽狂沙始到金

“20多年来，海航一直扎根实体经济，所以才没被各种泡沫湮没。”海航集团相关负责人认为，海航实业一直做得很大、很实、很不错，但是很多人往往忽略了一个基本事实，那便是，“这些年来一赚到钱，最主要的投向就是实业。”

海航一路发展，一路争议相伴。2017年，海航站上世界企业排名高位，也站在了舆论的风口浪尖。

进入2018年，关于高负债率的争议再次涌现——有媒体曝出海航拖欠30亿元油费，计划裁员10万人。

而数据显示，截至2017年，海航负债率实现了“七连降”，从七年前的82%降至约59%。

2018年年初，海航旗下多家上市公司停牌，外界将此与海航出现“流动性问题”关联。

巨大的现金链紧张，对于一般企业来说，可能是压垮生存的最后一根稻

草，而海航开展了一系列有效应对措施。

除了发债，海航依然有强大的授信提供方和未用授信额度。另外一方面，海航手中有大量优质品牌和资产，都有良好的盈利能力和升值空间。

2018年年初以来，海航集团陆续宣布出售了包括希尔顿酒店、香港启德地产项目及部分德意志银行股权在内的多宗资产，已回笼资金在700亿元左右，年内还将有陆续开展的资产出售计划。

有分析师认为，此举证明了海航能进能退的资产营运功力。

海航有自己的解读和节奏。

海航开足马力处置资产，是对于中央政策的回应。2017年，中国监管层开始限制企业集团大举海外并购以来，许多企业停下了并购步伐。2017年底，海航集团CEO谭向东曾表示，海航集团正考虑出售资产，政策不允许的坚决不投，以前可以投但现在不允许投的尽量退出。一向审时度势的海航采取这个动作可以理解，过去的并购中，海航紧跟国家政策的发展步伐，尤其是近些年，在“一带一路”沿线地区动作频频。

海航集团在出售资产的同时，主业资产却在加码。2018年3月末，海航集团中标保加利亚一机场扩建及运营项目，牵手京东集团布局电商物流全球化，海口美兰国际机场二期改扩建和三亚新机场项目取得积极进展。同年4月，中央宣布支持海南全岛建设自由贸易试验区，也为海航带来了新的历史性发展机遇。

不得不承认，这是一场不大不小的危机。

久经台风考验的海航对于危机是不陌生、不惧怕，甚至能够从中找到新的感悟和方向。

2000年民航对于国内航空公司的重组，让海航发展成为中国第四大航空公司；2003年“非典”对于民航业的打击，让海航坚定多元化发展路径；2008年金融危机的冲击，则让海航站上国际舞台。而这次，海航将会如何蜕变？

外界预期，一方面，海航还将出售资产形成现金流；另一方面，海航可能借机还将对和主业相关性不大、盈利能力不强的资产进行处理，聚焦主业、优化产业布局，加强航空核心主业的市场竞争力。

“航空运输产业是我们最早的产业，现在也是最好的产业，是海航集团一个亮丽的品牌。”海航集团公开表示，航空运输产业是海航集团的基础，对其他业务有很大的促进作用。“如果这个产业做不好，对海航集团整体的影响非常大；只有把这个产业做实了，海航集团才有做其他产业的能力和支撑。”

显然，被外界看不懂的海航，其实心里很清楚自己的根在哪里。纵观海航的并购之路，并没有走上哪里赚钱就投向哪里的路径，而是始终围绕着航空旅游、现代物流、现代金融服务布局全产业链，把发展人流、物流、资金流、信息流作为公司核心的业务。

无疑，25年来，海航通过并购，实现了资源的“为我所有”，下一阶段的课题，则是如何做到“为我所用”，聚合在全球范围的优化资源配置，助推海航专攻主业。经过外延式发展的海航，或许将转向内涵式发展，把海航科技、海航物流、海航航旅和海航资本四大板块做强。

春风化雨，风雨海航路，温暖慈善情

“中华民族伟大复兴需要世界级公司。世界级优秀企业不仅是通过财富来衡量，更要给社会带来进步，给民族带来复兴，给人类带来幸福。”海航集团相关负责人表示。

海航发展中，树立起了强者的形象。强者，也有一颗温暖的心。

创业25载，海航开展慈善公益项目逾100个，累计慈善支出逾100亿元。

起飞于海南，吃水不忘挖井人，海航的慈善起点也是海南。2003年，在海航创业暨安全运营10周年之际，海航为缺少淡水的海南发起“至善井”项目。15年来，百口“至善井”帮助逾30万海南人民喝上甘甜井水。

2004年7月，海航为白内障患者进行免费复明的慈善项目“光明行”，在青海省班玛县正式启动。2010年，“光明行”走进了非洲。迄今海航累计为超过7000名各民族和国家的贫困白内障患者进行了免费复明治疗。

此外，海航的慈善项目还关注儿童。自2013年起，海航先后发起联合国儿童基金会“零聚爱心”和联合国世界粮食署“加纳学校营养餐计划”；支持文化和艺术，与联合国教科文组织合作“尼泊尔世界文化遗产保护项目”，资助尼泊尔两大文化遗迹区的紧急修复和复原工作；关注教育，与哈佛大学、康奈尔大学、北京大学、清华大学、中国人民大学等教育机构合作设立捐赠项目。

除了传统的慈善事业，海航提出并且践行“企业+慈善”经营新模式，则是创新之举。企业方面，以产业为核心，服务社会、服务人民；慈善方面，以公益为核心，造福社会、造福人民。一方面，海航通过股权激励最大限度满足管理团队物质生活追求；另一方面，海航集团所有个人股东承诺，在离职或离世时将捐赠其所持有海航集团的全部股份交给“慈航基金会”。这种经营的新模式，意味着慈善的长久运行，也意味着个人股权的放弃。

早在2010年，海航创始人就开始捐赠股权，目前慈航基金会已拥有海航集团52.25%的股份。

如今的海航，已经是社会公益组织控股的经济实体，通过“企业+慈善”经营新模式，把慈善事业和企业发展融为一体，探索两个重要角色间的灵活切换，使企业和慈善都成为可持续的事业。

“企业+慈善”模式践行下去，则意味着海航的事业发展有多远，海航的慈善事业就会有多远。

而这在中国的民族企业中，前无古人！这样的海航，也在期待更多的后来者！

时至今日，对陈峰来说，所谓大事，已经不仅限于将海航打造成国际化的民族企业，显然更包括了为人类做一点儿事。

御风前行，紧抓历史机遇，开启崭新篇章

与风共舞、御风前行。梳理海航集团的发展轨迹，我们不由会陷入思

考——一家企业成败的关键点究竟在哪里？

起步阶段，是否树立和坚持国际化标准？

走向国际，还是否能够坚守自己的东方文化？

风雨中，能否坚持自我而不会随波逐流？

经历挫折时，是否有勇气选择前行而不胆怯？

如何与地方政府，保持长久支持，而不是见利忘义？

如何紧随国家战略，顺应大势，有所为而有所不为？

在企业壮大后，创始人如何能够一路同行，而不是分道扬镳？

在建立商业帝国后，是否可以创建新的商业文明和社会责任？

海航创业者曾说过："海航的成功经验在于发善念，用心力，尽人力，而顺天命。"

看似抽象的话语，从某个角度来看，却一语道尽那个所谓"看不懂的海航"。

善念——为社会做点事，为他人做点事。

用心力，尽人力——用心经营民族实业，尽力打造世界品牌。

顺天命——生于波澜壮阔的恢宏时代，顺应风云际会的改革开放。

今天，海南岛乃至全中国，都处于新的时代起点。《中共中央　国务院关于支持海南全面深化改革开放的指导意见》赋予海南经济特区改革开放新的重大责任和使命，注定要为海南深化改革开放注入强大动力。

海航又将乘"东风"而起，在天空留下新的航线。

作者简介
Introduction to the author

王峰　凤凰卫视主持人，现主持《凤凰午间特快》《凤凰正点播报》等新闻节目，《一带一路大畅想》《全媒体大开讲》等专题节目，以及《石评大财经》等财经类节目。

毕业于上海海事大学双学位，研究生毕业于中国传媒大学，经常主持金融、科技、汽车、地产等领域活动，对不同行业都有较深入的了解。热心于公益，参了母婴计划、自闭症儿童、白内障患者、农村饮水困难等多个公益项目。

比亚迪，“技术狂人”王传福

1995年，就职于深圳比格电池有限公司的总经理王传福辞职了，受条件所限，他和刚结婚的妻子只能暂时寄宿朋友家。从体制内跳出来以后，王传福没有多余的精力去整理失落的心情，现在的他只想改变寄人篱下的生活状况。

王传福毅然投身创业大军，下海经商，响应改革开放的积极政策，众人为之惋惜不已，而他却胸有成竹。谁都想不到，这个果断放弃大好前程，腼腆害羞又热衷技术的中年男子会在两年之后打造出排名世界第四的“电池帝国”；更让人想不到的是，他还硬生生地扛过了两次金融危机，将企业成功转型并摘得中国财富榜桂冠；与此同时，他还带领成立不久的比亚迪汽车跻身世界前列。

如今，王传福还要打造颠覆世界传统汽车格局的新能源汽车，2025年，汽车业世界老大是否会跟中国姓，我们不得而知。

纵观王传福与比亚迪的这二十几年，无时不在诠释着这样一句话：“长风破浪会有时，直挂云帆济沧海”。但坚韧与勇猛的背后，是一个苦苦挣扎在温饱线上的少年与命运的激烈斗争。

命运多舛与躁动不安

1977年，十年动乱终于结束，动荡不安的政局也逐步稳定下来，这一年高考制度恢复，无数青年群雄逐鹿般涌向刚刚打开大门的大学。

对于刚满11岁的王传福而言，这还算不上什么值得开心的事情。但对他的五个姐姐、一个哥哥来说，这是他们改变自己命运的最佳时机。贫困的家庭，并不能支撑起每个孩子的梦想，年纪最小的王传福接下了求学的“重任”，靠着哥哥姐姐们的救济，艰难地完成了学业。

生活本就艰难，不幸之事也接二连三。在王传福勉强读完小学以后，父母相继不幸离世。此后，王传福陷入了深深的悲痛之中，为了忘掉痛苦，他只能选择昼耕夜诵，将一切抛在脑后。

高考之际，王传福只想混个中专，早日出来找份工作，帮家庭分担经济负担，但他在学术上曾分秒必争的执着是真实存在的。1983年王传福被中南大学录取，他选择了冶金物理化学专业。正是少年时期经历过的苦难，让他更加刻苦向上。四年后，21岁的王传福毕业并顺利进入了北京有色金属研究院。

走到这一步，可以说已经到达王传福人生的黄金阶段。进入研究院后，他并没有在舒适区滞留，反而更执着于学术研究。仅仅用了五年时间，26岁的王传福便被破格提拔为研究院301室副主任，成为当时全国最年轻的处长，如果朝着研究员的方向一直走下去，可谓前途一片光明。这个年代的才子深受“改革、开拓、创新”的想法所影响，比起做大官，人们更有了发大财的理想，而王传福也是身在其中的理想者之一。

1992年是中华崛起阶段的一个新起点，社会主义市场经济目标被提出，这就意味着未来市场交换规则也将迎来改变。正是这样的转变，改变了这位年轻处长的身份。1993年，王传福以总经理的身份空降到研究院在深圳成立的比格电池有限公司。作为研究电池多年的高级技术人员，王传福能坐到这个位置确属少见，但凭借他的学术水平，无人质疑。

身份的转变，彻底唤起了王传福创业的决心。为了改变家庭命运，为了更好地照顾妻子，他毅然辞去了金灿灿的国企职位，奔向了跌宕起伏的资本世界。

在“大哥大”风靡大江南北的年代，“软着陆”攻关调控出现后，一台大哥大仍然要卖3万~4万元，需求量相当之大。但王传福并没有盲目地跟风，因为造手机的产业线太庞大，资金需求太高，能做的只有诺基亚、摩托罗拉。

所以他选择就着老本行往下做，毕竟国内外需要大量优质电池做硬件支撑的厂家还是数不胜数的。此外，手机市场只能算一个切入点，机遇不仅仅在这一个关键点上，否则也不会激起人们对实业和资本经营的激情。

20世纪90年代初，充电电池几乎是日本的天下，市场占有率高达95%，连美国的劲量电池也因为无法抗衡日本电池，而放弃追赶计划。

不过有相当一段时间，日本在电池制造与环境结合上出了些问题。生产出来的镍镉电池中含有大量的重金属元素，导致电池停产，一时间市场供应短缺。

然而，面临污染问题，日本仍不松口对外出口，一条几千万元的电池生产线被重新改造，转向生产轻污染类型电池。

主要依靠进口的中国电池厂家，并不需要考虑生产环节的问题。日本的停产，恰好也激发了中国在进口电池方面的思考，人们也慢慢发现了国内电池生产商在创新与研发上的不足，同时鞭策厂家进步的还有诸多外部因素，如利润微薄、厂商间同质化严重、过于依赖进口等问题。

不难看出，当时电池在中国市场不仅缺乏培育者更缺乏先行者，而王传福抓住了这一个难得的机遇。

举债250万元

创业之初，王传福手中的积蓄根本不够做启动资金，为了筹钱他找到了做证券投资的表哥吕向阳。但表哥并不太看好王传福的这个创业项目，在他看来：“国内电池行业还处于培育期，弄不好就成先烈。”

画饼对于吕向阳而言并没有实际意义，不过王传福的品行与智慧他还是十分了解的。面对表哥的不安，王传福自然要为他讲述更具体的计划才行，而这个计划也一直贯穿了比亚迪成长壮大的始终。

王传福告诉表哥："我们会把投资门槛降低，把整套全自动化生产线进行若干分解，分解成半自动化或人工的，再加上一个夹具，这样通过人+夹具的方式，可以大大提高工人工作效率，从而校验人的变量（夹具可以精准地帮助工人完成点焊、检测，甚至贴标签等复杂工作）。"

确实，这样的方法非常管用，到付诸实践以后仍然奏效，因此，王传福常常喜欢给同事们算这么一笔账：假设一套进口设备20万美元，按60个月折旧，一个月两万元人民币。如果这笔钱用来雇佣工人，两万元能请多少人？十几个人还比不上一个机械手吗？

人+夹具的方式打动了吕向阳，250万元的启动资金就这样打到了王传福的账上。

1995年，王传福举债创建了"比亚迪公司"，带着仅有的20余人，如履薄冰般前行。一个好的创业者光有激情和创新是不够的，他还需要很好的体系、制度、团队以及良好的盈利模式。

对电池结构了若指掌的王传福直接将目光投向了技术含量最高、利润最丰厚的充电电池核心部件——电芯的生产。他兑现了当初的诺言，选择用半手工半机械的方式生产电芯。即使比亚迪当时还只是个名不见经传的小企业，但王传福已经给自己和公司制定了不小的目标：他们的第一步是要追赶香港一家名为GP的电池公司。

靠着"小米加步枪"的装备，比亚迪开始壮大起来，自主研发的比亚迪式半手工半自动化生产线，仅在一年时间内便达到了高效率的工作目标，产业化迅速生成。也正是这条半自动化生产线，还造出了低价的镍镉电池，生产出了比索尼、三洋价格便宜15%但品质更高的电池。

为了打入市场，王传福将生产出的比亚迪电池以优惠的价格兜售给各大电话制造商；为了能够时刻优化电池品质，他还会参加国际电池会展，与知名电池、电话制造商负责人谈论、交流，以达到与时俱进的标准。功夫不负有心人，比亚迪这匹黑马终于在大众视野中崭露头角。

金融风暴中实现“500强”

1996年，全民都有一个梦想，叫“500强梦想”，比亚迪也在为这个梦想奋斗。凭借着物美价廉的优势，比亚迪成了台湾无绳电话制造商大霸的电池供应商，并取代了日本电池巨头企业三洋。

正当举国上下都在追梦之时，一场突如其来的风暴席卷了亚洲及中国企业界，无数梦想如泡沫般幻灭。被称为“金融大鳄”的乔治·索罗斯于1997年2月开始，相继阻击泰铢、令吉（马来西亚货币）、比索（菲律宾货币）以及人民币，全球股市大跌。

风暴中期阶段，全国的工业库存产品总值超过了3万亿元，出现了“结构性过剩”现象，95%的工业品供大于求，各国各企业价格敏感性增强，大家都急切地寻找着物美价廉的产品。

正巧这时比亚迪在成本价格战中占尽上风，当时比亚迪一块锂电池成本仅需1.3美元，而三洋则为4.9美元。面对低成本的比亚迪，全球公司在大浪淘沙中争先恐后地抢夺这根市场独苗。

王传福意识到比亚迪已经在东南亚市场站住了脚跟，即使金融风暴已经吹到了家门口，但公司仍然能凭借自身实力和财力与之抗衡。1998年，王传福决心走向更开阔的市场，这次他毛遂自荐，找到了国际电话制造商的巨头企业——摩托罗拉。

摩托罗拉对电池的制造、生产、零件筛选等过程把控都相当严格，它们对电池企业有自主知识产权产品、环保认证、人权保护等要求。不过那时的比亚迪已经成长为国际化电池企业了，向摩托罗拉自荐虽然有失败的风险，但从技术上看，是有“中标”的可能性的。

双方在质检上都抱有同样的严谨态度，为了检验比亚迪电池质量，摩托罗拉还找人驻留比亚迪总部考核半年之余，并对电池进行测试、撰写质量报告等，要求极为严格。为此，王传福还成立了专门的技术部、品质部，保障产品质量。终于，摩托罗拉得到了自己想要的高质电池，比亚迪也如愿作为摩托罗拉的第一大电池供应商。

此后，飞利浦、通用、索尼、松下都成了公司名单中的大客户。

在金融风暴过去后，公司电池产量达1.5亿块，排名直接上升到了世界第四。1998—2000年，比亚迪欧洲分公司、美国分公司先后成立。在这场风暴中，王传福既遭遇了狂风，也看到了彩虹，但他的技术改革之路仍在继续。

挣脱“束缚”，电池战略大胆开疆辟土

常人都说王传福是“技术狂人”，从踏入中南大学开始，他几乎从来没放弃对技术的热爱，经过镍镉电池到镍氢电池的过渡以后，他又看到了新的机会——锂电池。

一条锂电池的生产线高达几十亿元，王传福并不打算购进，他沿用老办法，成立了比亚迪锂离子电池公司，开辟出锂电池行业新的制造疆域。在民族品牌热浪的助推下，比亚迪锂离子电池公司又一次脱颖而出，走进了世界商海的角逐中。

2002年7月31日，比亚迪在香港联交所主板发行上市，创下了当时54只H股最高发行价纪录。有人说是这场金融风暴成就了王传福和比亚迪，但是笔者相信没有能力者，也无法拥抱这一次飞跃的机会。

上市后，欢呼声蜂拥而至，比亚迪的员工、管理层以及股票持有者都在享受这一迷人时刻。但不到一年，这个富有冒险精神的“技术狂人”做了一个让所有人都瞠目结舌的决定。2003年1月23日，比亚迪宣布，以2.7亿元的价格收购西安秦川汽车有限责任公司77%的股份，成为继吉利之后国内第二家民营轿车生产企业。

管理层对王传福的这个决定并没有太大的怨声，压力主要来源于基金经理人，甚至有经理人直接打电话到王传福那里，表示会抛售比亚迪的部分股票，并在第二日实现了这个“承诺”。但王传福依旧淡定，严谨得如研究员

一般，在他心中，电池行业已经被比亚迪做到了接近天花板的位置，想要再有90%的成长速度几乎不太现实，所以他要重新开辟疆域。

其实，王传福选择此刻转行非但不是冲动之举，还是一个极具战略眼光的决定。此前，我国民营造车一直未获得政府许可，直到2001年11月10日，中国加入世界贸易组织（WTO）以后，这个行业才发生了翻天覆地的变化。

关税下调、经济型轿车大幅降价，价格日益合理，新产品不断推出，消费者等待观望、持币待购的心理作用下降，汽车消费者与经营者对峙的僵局打破，市场快速回暖升温。

与此同时，国家不断加大对汽车工业发展的支持力度：增加基础建设投入，改善消费环境，取消不合理收费项目，银行、保险等相关行业为汽车消费提供更优惠的政策支持，尤其是政府灵活运用了积极的非关税保护措施，对进口车控制适度……

所有这些，为汽车市场，尤其是私家车市场的增长提供了良好的外部环境支持和内在需求动力。

从数据上看，也能明显地看到汽车行业在以高达60%的增长速度前行，出现井喷式现象。仅2002年汽车销量同比增长就达到37.4%，2003年汽车销量同比增长仍在35.2%的水平之上，也是从这一刻起，王传福看到了汽车未来市场的火爆。

当然，想在短时间内造出“好车”，显然不是一件容易的事，但是比亚迪仍然有自己的优势：

一方面，比亚迪从作坊到工厂的转换，是靠着技术为核心的机制，对于同样是技术型产品的汽车而言，具有一定的经验和技术；另一方面，比亚迪电池在当时已经走在了世界的前端，如果将汽车与电池技术进行联动，将可能研发出电动汽车。比亚迪也一直在朝这个方向努力。

除此之外，被收购的秦川汽车在当时亏损尤为严重，没有核心技术与新产品开发的能力，仅存一个名为“福莱尔”的品牌车。因此，比亚迪需要并且有能力将厂子改头换面。

人海战术，3年50亿元

比亚迪在汽车领域没有产业经验、供应链管理方法，也不知道经销商的销售渠道在哪里，在这样的“三无”状态下，王传福决定采用“逆向研发”的方法，和当年拆电池生产线有异曲同工之处。

他们购买了多款汽车进行拆解，基本上逆向研发比正常从零开始研发能给比亚迪省下1/3的研发经费，而且时间上会缩短很多。不但如此，比亚迪还推崇一种造车理念——“人海战术”，用大量工人代替机器。

在F3系列问世前，比亚迪的唯一亮点就是汽车的IT零部件，许多经销商更看重的是比亚迪电池的那一部分光环，最后愿意相信王传福美好愿景的经销商都留了下来，成了第一批比亚迪汽车投资人。

对于国外的基金经理人而言，王传福的举动是“疯狂”的。他的人生就像一条抛物线，不管最高点有多高，最终还是会回到最初的原点，不忘初心，仍要向前。正如当年那个穷小子义无反顾地投身电池行业一样，他带着比亚迪从新起点开始出发了。

收购事件以后，比亚迪的转型并没有顺利开展，曾经的光环也不过是一弯月牙罢了，并没有照亮比亚迪汽车厂。第一辆汽车的模型出来了，大失所望已经不足以形容大家的失落感，用当时员工的话来说，大家更多的只有一个感受：“想哭”。

此刻，留下来的经销商本就不多，员工也因此走了一大半，所向披靡的比亚迪遭遇滑铁卢，王传福吃不下饭睡不着觉，人憔悴了许多，还要采取措施，思考项目去留问题。

关于创业，他曾说过：“因为足够独立，所以我知道什么事都要自己来支配、掌控。”所以这次他没有犹豫，在第二天毅然决然地通知董事会说“我们要马上砍掉这个项目”，而砍掉这个阵痛项目的事件却少有人知。

为了稳定住经销商，王传福决心自己研发、造汽车。他再一次从管理者的身份跨越到一线的生产者，和过去一样，他要了解汽车建造的每一个过程。

此后，比亚迪汽车研发出第一款真正的产品F3，并在2005年年底上市，月销量超过了3万台。在深圳、长沙等几个城市的上牌量均排在前面，也是唯一一家可以叫板合资企业的国产品牌。F3还是比亚迪自行研发设计的，连模具都是比亚迪制造。大到大型冲压模具，小到注塑模具、压铸模具、所有的零部件、安全气囊、空调、音响、发动机、底盘等设备。

2006年，比亚迪汽车产业继续书写骄人业绩，主力车型F3实现销售63153辆，同比增长47.2%，实现销售收入近50亿元。F3还实现出口5000余辆，产品覆盖16个国家和地区；2007年6月，比亚迪F3总销量突破10万辆，成为最快突破10万辆的自主品牌车型，比亚迪也成功进入国内主流汽车制造厂商行列。

F3的势头让比亚迪尝了些甜头，在后来短短的几年时间内，还推出了比亚迪F0、比亚迪F3R、比亚迪G3、比亚迪L3、比亚迪F6、比亚迪M6等车型，研发新车速度之快，自给能力之强，让人叹为观止。比亚迪汽车在成立的第四个年头便成为销量第一的自主品牌。

随着全球化市场分工日益细化，多数企业并不会选择将产品全产业化，而比亚迪汽车却反其道而行之，成了国内少有能自给自足的企业。在外界看来，就算王传福是天才级的“技术狂人”，能将零部件拆分到不能拆，但这样产业齐全的工厂仍让人有所质疑。

关于这类问题，王传福坚持认为这是通过在人力资源上严谨的成本控制方式所成就的。因为对于比亚迪而言，工厂里一万名工程师和十三万名普通操作工是具有相当大的竞争优势做“垂直整合”的，当然这也归功于目前我国就业制度的高度完善。

巴菲特点将比亚迪

2007年年底，中国生产总值已经超过了德国，成为继美国、日本之后的全球第三大经济体。对于国外资本家而言，中国的崛起越来越耀眼，如何“进攻”中国市场成为国际投资圈不可忽略的话题。正当人们在资本市场欢愉、在股市之间寻求刺激之时，又一场风暴悄悄来临……

2008年，在全球金融危机背景下，中国实体经济受到了猛烈冲击，制造业也难逃一劫。国内外出口型企业受挫严重，部分企业更是如秋后的枯枝残叶，直接被淘汰出局，“倒闭寒风”一夜侵袭。

这场金融风暴中，中国汽车行业也在奋力抗衡，但外部环境始终跌宕起伏，使得产销远远达不到预计目标。当年中国整车出口增幅持续降低，总出口量仅在70万辆左右，相比2007年减少近一半销量。再加上居民消费信心指数下降，股市低迷，在上下游双重挤压下，行业利润明显下滑。

本可以在市场上继续如蛟龙翻江的比亚迪，受宏观环境所迫，也只能选择放慢速度，减少预计亏损。2008年，已经是比亚迪汽车成立的第五个年头了，作为汽车行业的后起之秀，他们一直备受关注，这一年既是比亚迪渡过的第二个劫，也是比亚迪汽车迎来的“第一春”。

2008年9月，股神巴菲特开始关注起这个靠电池起家的年轻中国汽车制造商。他的中美能源集团最终以2.3亿美元收购比亚迪10%的股份，这也是巴菲特在华尔街金融危机爆发以后首笔重大投资。比亚迪股价因此一路飙升，从入股时的8港元左右上涨到2009年9月28日收盘价的61.85港元。亮丽的上升曲线让巴菲特赚得盆满钵满，王传福也因此登上了2009年中国财富榜的首富宝座，成为人们茶余饭后常常谈起的人物。

巴菲特看中的不仅仅是比亚迪曾经在电池行业的成就与生产零部件、买卖轿车所带来的利益，他更看重王传福这一套规范化的管理制度与其创造出训练有素的团队的价值。当然，国际上有这样优质团队的不仅比亚迪一家，更让巴菲特眼前一亮的是王传福提出的“新能源电动车梦想”。

在他的新梦想中主要探讨了这样两个问题：一是当前世界上面临三大问题，二是面对这三个问题，我们怎么改变？

“以前，我们办厂是想赚钱，亏了没关系，能赚一点是一点，到了后面，钱已经没什么意义了，我想得更多的是社会责任，关乎我们的社会与环境。”在这样的思考之下，王传福提出了当前世界上面临的三个问题：第一个就是能源问题，第二个是二氧化碳排放，第三个是空气污染。

这些都是汽车带来的问题，所以解决办法也要从汽车上找。于是他设立了一个目标，要将电池技术和汽车技术进行联合，开发新能源汽车、开发电动汽车。而电动汽车有几大优点：第一，环保；第二，节约；第三，简单。

环保和简单很好理解，那电动汽车如何做到节约呢？除了节约汽油以外，还要节约使用成本。电动车行驶100公里需要的电大概是15度，以1.6升排量的汽车作为参照计算的话，每行驶100公里则需要7升油。

15度电是9元，晚上充电是4.5元，换成汽油的话将变成35元，35元和9元差多少？相比之下，在晚上充电的话差不多能省90%，即使是在白天也可以省75%以上。

因此，电动汽车对普通居民和使用者而言百利无一害，这样环保、绿色的蓝海战略戳中了股神的想法。在获得巴菲特的投资后，比亚迪电动汽车事业上升到了新阶段。

目前比亚迪在新能源车的布局是最全面的，它也是全球首家投放新能源专用车的企业。电动大巴K9已经正式服务香港公交，伦敦的51辆单层零排放车也是迄今为止欧洲最大规模的全尺寸公交车队，此外还有像T7、重卡J9、环卫车T8SA等。

当然，最让人印象深刻的还属近几年比亚迪自主研发的新型单轨铁路系统——云轨。

斥资近50亿元的“云轨”优势主要有成本低、建设周期短、占地面积小、噪声低、乘坐舒适、景观性好等特点。在国外，单轨铁路系统还停留在项目阶层，但比亚迪早在2016年就已经研发出比亚迪（01211）版空中巴士“云轨”，并在深圳坪山新区正式通车。这就标志着比亚迪只用了10个月的时间就实现了“蓝图”到“蓝海”的跨越，成为该项目在国际市场的领跑者之一。

2017年，比亚迪全球首条云轨在银川投入运行，仅时隔4个多月，银川云轨再次取得突破性进展，可实现全自动无人驾驶。除了银川已开通运营之外，已经签约的城市有20余个，同时还收获了摩洛哥、埃及、菲律宾和柬埔寨等海外订单。

比亚迪云轨属于中小运力的城轨产品，综合优势突出：造价仅为地铁的1/5；建设周期仅为地铁的1/3；爬坡能力强，转弯半径小，具有很好的地形适应能力；噪声低，可从城市建筑群中穿过；桥梁通透，独立路权，景观性好，能很好适应城市生态环境；编组灵活，运能为1万~3万人/小时（单向）；最高时速可达80公里。

比亚迪云轨可广泛用于一二线城市的交通接驳线、加密线，三、四线城市的交通主干线，以及旅游景区的观光线等。产品特点之外，比亚迪云轨已经取得了一系列高标准的认证。比如，2017年11月，德国莱茵TÜV集团为比亚迪云轨颁发ISO 3834及证书EN 15085，自此比亚迪云轨达到欧盟国家所要求的严苛的安全性能标准。

还有很多国家正在接洽，这也恰好印证了云轨是比亚迪整体强大的市场影响力的反映。经过这么多年的市场竞争洗礼，在核心业务做大做强的基础上，比亚迪不断调整发展方向，以技术积累促成新业务的健康发展。横空出世的比亚迪云轨，亦是其厚积薄发的翘楚。

经过23年的风吹雨打，比亚迪终于在国际市场站稳了脚跟。如今，再谈到王传福的成功，有很多人认为这是他具有冒险精神的缘故。但是他们忽略了一点，一家企业的成功肯定需要具备方方面面的条件。

而王传福的成功，显然具备了诸多因素，尤其是在知识、技术以及管理经验方面的积累。他必须具有哲学家的思维、经济学家的头脑、政治家的眼光、军事家的胆略，才能让他的创业显得“毫无风险”、水到渠成，并且一举成功。

在未来，汽车市场竞争将会更加激烈，迄今为止，特斯拉已经飞上月球、百度屡次尝试生产无人驾驶车、FF大造能源汽车、共享单车也在影响着人们的出行方式。在这样的大环境下，比亚迪势必继续大力发展新能源汽车领域，同时随着消费者购车观念的转变和国家政策引导，相信未来新能源汽车将会有更好的发展前景。最后，也希望王传福能带着他的新梦想让中国品牌进一步走向世界市场，让环保新能源战略在国际汽车市场大获全胜！

作者简介
Introduction to the author

李诗琳　“财经记者圈（ID：caiji007）”主笔。“财经记者圈”新浪微博始于2011年，覆盖新闻学界知名学者、教授，全国主流财经媒体高层、主编、记者编辑及金融人士，2013年同名微信入驻天天快报、今日头条、界面、一点资讯等各主流新媒体平台，“财经记者圈”成长迅速，目前拥有百万订阅用户，日均阅读35万人次，被评为2014年媒体训练营最佳新媒体人，“财经记者圈”获评“经济观察报·VTime新橙奖2016年最具影响力财经自媒体”“经济观察报·VTime新橙奖2015年最具影响力财经自媒体”“2016年度胡润中国最具影响力财经自媒体”等。

解密基因，尖端科学的“上山下乡”

Chinese companies have long been regarded as copycats — if not outright thieves — when it comes to innovation and intellectual property. Westerners generally discount intellectual property creation in China. But BGI, along with other companies in Shenzhen, may soon change that image.

Henny Sender, *Financial Times*, Feb 17th 2015

如果说在过去的十年中，“字节（比特）”重新定义了信息，并由此发展出了互联网产业，那么作为遗传与生物信息最小单元——“基因”，则在很大程度上会在未来的十年中重新定义生命科学，生命经济将会是继信息时代之后再一次改变人类的生存方式。通过基因控制改善生存环境，推进精准治疗，延长人类生命提高生活质量将不再是梦想。可以说，基因测序是整个新兴的生物经济的基础。2015年，中国将基因产业列入了国家战略，更是凸显了政府对于这个朝阳产业的决心。

值得骄傲的是，在基因测序领域，中国是当之无愧的先行者。作为唯一一个参与人类基因组测序工程的发展中国家，中国目前是基因检测产业化最为发达的国家之一。中国占有世界产前基因检测一半以上的市场，而基因肿瘤检测产业在中国的年复合增长率也超过40%。可以说，基因测序产业是中国为数不多的弯道超车行业之一。

华大基因，这个仅仅成立了19年的企业，可以说凭着一己之力，带领着中国基因测序产业弯道超车，进入了世界领先的行列。从顶着资金和技术的压力，主导参与人类基因组计划的1%；到用创新的方式，将原先属于基础研究的基因测序技术成功地产业化，开了国内基因检测的先河，华大基因在基础研究、产业链打造以及人才的孵化上都对中国的基因测序技术功不可没。比尔·盖茨在参观完华大基因后，曾对华大基因创新化的产业思维赞叹不已。“我们吃了一惊，”盖茨基金会中国项目主任叶雷回忆道，“我们从没想过我们会发现这么具有创意的方式。他们独树一帜，开放且自由。”

回到中国，人类基因组工程

1990年，由美国和英国倡议的“人类基因组计划”正式启动。这一计划旨在测定人类基因组的全部DNA序列，一次性解决分子生物学家梦寐以求的结果，了解人类所有与癌症相关的基因。项目早期，法国、日本、德国等都积极参与。英国积极包揽了1号染色体的测序，这是人类基因组最大的一条染色体。法国科学家参与这项计划时，为了筹集项目资金，曾通过电视宣称此项计划对人类的重大意义，并直接向民众募集资金。中国应该如何面对这一新兴的基因发展领域？人类基因组计划要参与吗？这个领域中国有后发优势吗？在国外留学的汪建、于军和杨焕明，因为基因行业而走到一起。在考察了英美等发达国家的项目进行情况后，他们意识到这是中国赶超的机会，当即决定回国，“快速冲上去干起来”。

作为交叉学科的基因组学复杂性高，要求很强的团队合作精神和不同领域科学家的共同努力，加之人类基因组的信息含量需要通过基因测序仪规模化、高速度解读，而当时的基因测序仪的价格十分高昂；在执行人类基因组计划中尽管有中科院的支持，但资金和人才方面都十分缺乏。三位创始人又成立了华大基因，通过公司的方式，联合国家相关机构和政府，负责搞科研。这个看似拍脑袋的决策让华大基因成了中国基因组研究的奠基者之一。2000年，花费了16年，耗资30亿美元的人类基因组草图宣布绘制完成，在参与的六个国家中，中国也是唯一一个发展中国家。

“推因组”，基础科研硕果累累

在2015年《福布斯》列出的中国领先其他国家的八大创新产业中，中国的基因测序业名列其中。这本全球著名的财经杂志在文中特意强调了华大基因在基础研究方面的成就。作为世界上最大的基因测序机构，华大基因比美国的哈佛大学、国立卫生研究院测序的DNA还要多，占到了整个全球基因测序能力的半壁江山。而华大基因在产业化方面的努力，也极大地降低了基因测序的成本，让中国的基因测序行业富有竞争力。

在中国发展企业，研发投入是一项奢侈的投资，市场的快速变化让企业对长期投资极端不确定，更不要提以企业的身份进行基础科学研究。在生物科学这样一个“门槛高”“投资大”“收效慢”的行业里，敢于一直从事基础科研，并且将科研和公益作为公司的组织方式的企业，华大基因可以说是“前无古人，后无来者”。从1999年筹资4000万元以民营研究机构的身份参与人类基因组测序计划，到后来的水稻基因组项目，“非典”期间仅用30个小时就测出了SARS病毒序列，华大基因在很长的一段时间看起来更像是一个公共机构而不是企业，这种“不带有商业目的的经营”让华大基因饱受争议。但是从国家的角度而言，华大基因在基础研究方面所做的努力让中国在基因组学的基础研究方面积累了大量的数据，并且通过自身的产业实践让国家将基因产业提高到了国家战略的角度。

“不拘一格降人才”是华大基因最引以为豪的创新人才机制。汪建曾直指中国体制内职称评选的弊端：“在华大本科生只要勤奋也可以在世界一流的刊物上发表成果。”2015年，在华大基因这个职工平均年龄只有26岁的组织，当年被科学界权威期刊*Nature*（《自然》）评为中国高质量科研产出的最大贡献者之一，也是世界基因组科学研究的引领者之一。在*Nature*和*Science*（《科学》）这两个权威的科学杂志上华大基因的发表指数名列全国第三，这也是榜单中唯一一个民营企业。比尔·盖茨在给汪建的信中说，“我没见过像华大基因这样，有些人没上过大学，就去做基础研究，而且做得这样出色。”截至2018年6月30日，华大基因在国际重要学术期刊上共发表论文2533篇，SCI（美国《科学引文索引》，Science Citation Index）收录2087篇，累计在国际四大顶尖学术期刊*Nature*、*Science*、*Cell*（《细胞》）、*New England*（《新英格兰》）上发表科研论文285篇。华大基因拥有800多项专利，此外，还自主研发了多项软件工具、实验设备，并建立了庞大的数据库应用系统。扎实的基础研究也为华大基因在国际学术界积累了较高的声誉，2014年12月，华大基因发布了联合全球20多个国家、80多家机构的200多位科学家共同研究的鸟类基因组系统演化史项目成果，首期成果以专刊方式发表在*Science*及BioMed系列期刊，共28篇文章。其中，*Science*以专刊形式刊登了8篇该项目的研究成果。对这一全球顶级的科学杂志来说，这是非常罕见的现象，也是中国唯一一个民营机构做出的世界级科研项目。

对于基础研究的重视，贯穿了整个华大基因创业史。汪建曾说科研出身的他建立华大基因的初衷就是希望能够取得科研上的突破，挑战科技极限，他们不可能放弃基础科研而完全转向产业化。“我们几个人从90年代初开始讨论人类基因组计划，我们追逐这个梦20多年。我可以用我的半生去献身科学，在基础科研慢慢走到医学服务的产业化过程中，我们坚持要做好人。”

华大基因强大的科研实力也为世界公共卫生的发展作出了贡献。牛津大学电子研究中心研究员道恩·菲尔德和加州大学伯克利分校尼尔·戴维斯在其合著的《基因组革命：基因技术如何改变人类的未来》一书中提到，在2011年5月，德国北部地区发生了一系列严重的食物中毒事件，罪魁祸首是一种能分泌志质毒素的肠聚集性大肠埃希氏菌菌株。这种疾病能导致出血性腹泻，严重会引起溶血性尿毒综合征，后者导致53人因肾衰竭而死亡。华大基因仅在三天内就绘制出了该细菌的首个基因组草图，并随即公开了所有数据。该基因组草图刚从测序仪出炉，就进入了公共信息领域，通过推特对公众宣布，随即各个国家的学者都参与到了破解病毒的工作中，大大加快了研究的进展，还由此产生了新的名词“推因组”，意为“推特”加“基因组”。

作为中国基因组学的奠基者，华大基因也承担一部分国家基因研究。凭借着强大的测序能力和科研能力，深圳华大生命科学研究院承担了运营深圳国家基因库的任务。这个号称当代诺亚方舟的国家基因库目前已经储存了1000万份生物资源样本。在三楼的基因测序区域摆放着华大基因自主研发的150台BGI-Seq500基因测序仪，这些测序仪产生的数据则会通过国家基因库4楼的生物信息数据库（干库）以及与基因库合作的云平台，面向全球的科研机构、企业开放。一个真正意义上的全球共享的基因研究平台已经初见端倪。

“打游击”，寻求更大的商业空间

在中国做企业，绕不开的一个词就是“体制”。“体制内”做事方便，政策优惠，但是机制死板；体制外机制灵活，市场主导，但是往往一道政令企业就跌入谷底。“对于汪建来说，他对于体制是又爱又恨，对于基因产业这样一个全新的产业来说，没有国家的支持是很难获得发展的。没有政策和资金的支持，就没有今天的华大基因，而如果一味被体制牵着鼻子走，则会丧失创新的活力。”一位业内人士评价说。

1999年，作为中国参与人类基因组计划的主要实施单位，北京华大基因研究中心正式成立。先后完成了人类基因组计划、水稻项目、家蚕基因组计划、鸡基因组多态性研究计划等多项大型基因组研究项目。然而在2003年“非典”期间，当华大基因想进行SARS病毒的基因测序时，却因为其非国家机关的性质被挡在门外。10年后，杨焕明教授回忆起当年不无激动地说：“国家有难，匹夫有责，人命关天，敢犯天条。”当时的华大基因，因为完成人类基因组计划和水稻基因测序已经欠了一屁股债，在这两项累计花费2.8

亿元人民币的科研项目中，国家仅支持了1个亿。面对SARS样本的测序，华大同样面临资金和人员编制的问题。甚至连样本都无法正常获取，最终是由其他可以取得样本但是没有测序能力的科研机构捐献，华大基因自掏腰包完成了SARS病毒测序。

在拿到SARS病毒样本后，华大基因仅用30个小时就测出了SARS病毒序列，用96个小时做出了SARS检测试剂酶联免疫试剂盒。试剂盒的市场价一度达到每盒几千块，华大提出“不发国难财”“把国事当家事”的宗旨，向“全国防治非典指挥部”免费捐赠了30万份检测试剂。因在“非典”中卓越的贡献，同年华大基因获准加入中国科学院基因组研究所。然而，体制内的学术争议、资金赞助、课题申请、职称评选都让“草莽性质”的华大基因水土不服。

2007年，随着第二代基因测序技术的成熟，基因测序的成本以“超摩尔定律”大幅下降，华大基因的创业者们看到了产业化的曙光。2007年，华大因科研思路、方向判断和科技管理体制等原因，从中科院体系分离，南下落户深圳。作为改革开放的窗口和前沿阵地，华大2007年离开体制来到深圳。深圳环境包容、机制灵活，给了华大更大的自由发展空间。

南下深圳以后，对于一个新兴产业来说，无论是2010年一掷千金购买测序仪正式开始工业化科研，还是之后推广无创产前诊断市场试点的争取，华大基因一直没有放弃和政府的合作与博弈。在2016年之前，国家对于无创产前检测的政策并不明晰，华大基因一直辗转在各个地方政府之间，寻求试点政策的支持，用创始人汪建的话说就是“打游击”，在不同地区寻求生存空间。

“超摩尔定律”，创新的产业化方式

对于基因测序这一新兴产业来说，以华大基因为首的测序企业尽管看到了行业的潜力，但是在很长的一段时间内对于如何将其商业化都仍然处在摸索阶段。2007年第二代基因测序仪的面世让基因测序的成本大大降低。这种“超摩尔定律”式的成本下降让华大基因的创始人看到了产业化的契机。

2010年年初，华大利用6亿元国开行贷款，从Illumina购买了128台新一代测序仪。这是Illumina迄今为止最大的一笔订单，随着新机器的到来，华大基因的测序数据产出能力也迅速提升，占到了全球一半以上。

这种重资产的“孤注一掷”投资方式，引来了业界很多非议，一些评论人士称基因测序主要是依靠仪器进行的科学研究，其对于科研人员本身的要求并不高，而华大从事基因数据分析的员工中有相当一部分是刚毕业甚至没有毕业的年轻人，因此，华大基因也被一些人称为“测序工厂”或是“基因界的富士康”。其创始人汪建对这一称呼并不反感，他曾经对媒体自嘲是“科技民工”，并且自豪地说：“把工业发展模式搬到生物经济上来，我们是世界上唯一一家。”

对于华大基因来说，规模化仅仅是降低生产成本实现产业化的第一步。通过增加基因测序能力，降低行业整体的成本，华大基因成功地吸引了来自全世界的药厂、农业企业、科研机构、高校进行基因测序合作，从而也开辟了它们第一个成功的商业应用模式：科技服务。目前，全球20家最大的药企有19家跟华大基因合作。截至2016年，来自科技服务的收入占到了华大基因全部收入的19%。

构建完整的产业链不仅仅需要规模化的生产，还需要自主的知识产权，有感于基因测序的上游企业几乎都被海外公司垄断，产业的闭环无法形成，2013年，华大基因又斥资1.18亿美元收购了美国上市公司、三大高通量测序仪制造商之一——完整基因组公司（Complete Genomics）。2015年，华大基因拥有完全自主知识产权的高通量“超级测序仪”及桌面化测序系统问世。该系统不仅可以“一键测序”，还可在24小时内完成从DNA样本到数据分析结果的全过程。目前，国家基因库的基因测序仪器主要都是采用华大基因的产品。实现基因测序仪器生产的自主化，不仅让华大基因摆脱了国外上游企业对于我国基因测序业发展的限制，并且进一步降低了基因测序的成本，为后来中国基因测序下游产业的蓬勃发展打下了基础。

而此时，全产业链作为华大基因核心竞争力的作用才开始显现。曾任公司高管的王俊曾评价说，与国外不同，在中国，基因行业由于本身发展较晚，相关的产业链并不完善，先驱性企业如华大基因，往往做的都是开荒性质的工作，只有自身将产业链掌握在自己的手中，才有可能进一步拓展产业链，孵化相关产业。当基因检测的成本足够低，才有可能让基因科技的发展成果渗透到常规的诊疗中，孵化了诸如无创产前检测、肿瘤检测等一系列潜力巨大的下游产业。以目前常规基因诊断中最为普及的无创产前基因检测为例，华大基因的产前基因检测项目于2010年启动临床试验，2011年大规模推广。而到了2016年，公司生育健康业务收入占比就已经上升到54.62%，2015年、2016年连续两年收入增速在60%左右。目前，全球的无创产前基因检测样本数在400万左右，其中200万在中国，而这200万中的100万以上在华大基因。截至2018年8月，华大累计完成了超过300万无创产前基因检测，准确率在99%以上。深圳市已将无创产前基因检测纳入医保，实现了全市无创产前检测的覆盖。创新产业孵化，巨大的消费市场让中国在无创产前检测领域，走在了世界的前列。除了无创产前检测，华大基因还积极布局占到全球基因测序市场60%的肿瘤基因检测行业中。

从长远来看，华大基因的核心竞争力还来源于其领先业界的基因资源储存和数据分析能力。与传统的根植于实验和观察的生物科学不同，基因测序及在其基础上发展起来的基因组学，是一门数学和生物学交叉的学科。基因的解读不仅需要采集基因的数据，还需要采集大量健康人的数据进行分析和处理，通过统计和分析来解读基因，因此，企业的核心竞争力不仅取决于基因的测序能力，基础数据的储存、分析和处理也是发展基因测序应用的关键。目前，华大基因的检测已经涉及生育健康、遗传病、血液病、病原微生物、肿瘤等领域的检测服务。截至2016年年末，已经完成数百万样本的检测，覆盖4000多种疾病，检出上万例阳性病例。同时，依托于国家基因库和多个医学检验中心，华大基因积累起了庞大的数据库和临床数据。丰富的临床案例和业内数量最多的基因测序数据资源，让华大基因能够做出更为精准的分析和检验，从而促进了从科研成果向产品的转化。

不按常理出牌，理想主义的创始人

提起华大基因，就不得不提起它的创始人汪建。生于20世纪50年代的汪建，和他的同代人一样，少年时期即经历了三年自然灾害，接着是“文化大革命”，上山下乡；他们一度失去了受教育的机会，却在随后改革开放的市场大潮中勇于把握机会。但是与同辈的王石、牛根生谨慎低调的作风相比，汪建给媒体的形象往往是偏执甚至是狂妄的。他个性喜欢挑战，热爱冒险。他喜欢登山、滑雪、风帆，钟于挑战极限。采访汪建也许是很多财经记者最为痛苦的事情，汪建的个性十分强，回答问题生动、犀利，不按常理出牌。

汪建自称为“土匪创业家”，他非常推崇关于“两弹一星”的一句话，“没有一声巨响，这个世界谁也不会理会你”。他做到了。从引进人类基因组计划，到破釜沉舟贷款购买Illumina全年的产品，占据全球50%的测序份额，一直到斥资1.18亿美元收购CG，华大基因每一步都是开创性的举措，每一步也都是质疑重重。毋庸置疑的是，正是汪建及其华大资本搞出的一声声巨响，让中国的政府和社会开始重视基因产业。

华大基因的执行总裁朱岩梅曾经对许知远形容汪建“喜欢做老大”。她举了一个例子说汪建在上山下乡的时候因为年龄小、个子小想做老大，就跟其他人打赌看谁可以在罩着点着的雷管筐上坐最久，谁就是老大。结果所有的小伙伴都怕了，只有汪建一个人坐到雷管爆炸。“老汪那是经过科学测量的，他知道一个雷管爆了连筐子都不会掀起来，所以他当然可以坐到最后啦。”朱岩梅笑着说。坐雷管当老大的例子，非常形象地表现了汪建的特点，理性分析，认准就做。

除了做华大基因的大家长，汪建在资本面前也十分强势。他称那些资本家为“Money guys”（搞钱的人）。表示自己从不相信社会发展是资本推动的，甚至在王石为他举办的投资人见面会上对投资人拍桌子。而他的底气就来源于对华大基因发展的自信。在收购CG的过程中缺钱的他，会理性选择接受投资，也会参与到华大基因的估值中，但是进入谈判后他仍然强势地要求投资人不可以改变其对于华大基因的估值。

在公共场合，汪建毫不掩饰自己对于基因行业的乐观信心。一些夸张的言论诸如“要求员工必须活到100岁，不准坐电梯”，不允许员工中有出生缺陷，不允许员工死于心脑血管疾病等还经常会引来外界的非议。也许是生于20世纪50年代的原因，汪建身上保留着那个年代特有的理想主义和英雄主义的色彩，这与他在资本当头的上市公司董事长的职位显得格格不入。他不喜欢被称为成功的企业家，他更愿意他的员工们把他称为汪老师。汪建把华大基因的愿景设置为服务全人类，概括为“生优病少、吃喝玩乐、人间仙境、两质永葆”，涵盖了包括医疗服务、科技服务、健康服务、生态服务等多个行业。如此宏伟的商业愿景对于追求利润的上市公司来说多少有些浮夸的嫌疑，但是华大基因仍然不改初心。

汪建曾经对王石说，他能背下整本《毛主席语录》，不管喜不喜欢，这是那个时代留给他的东西，想甩也甩不掉。也许正是这种与生俱来的年代属性，让汪建甩也甩不掉身上的社会责任感。为了这份与生俱来的社会责任感，汪建身体力行地推动着低成本基因检测。他曾表示未来他还要把880元（无创检测的费用）后面再去一个零，进一步降低面向普通消费者的基因检测价格，并且要将基因检测直接布局在县乡一级。尽管业界对其商业模式仍然充满质疑，但华大基因企业内部却认为这符合汪建一贯的作风，是一个有社会责任感的科学家很真切的想法。

汪建的矛盾性也体现在他与其余创始人的关系中。汪建与最初的创始人杨焕明和于军结识于基因产业蓬勃发展之际，三人都怀抱着一腔爱国心，希望将最尖端的科学研究带回国内，让中国的基因产业可以实现跨越式发展，为此他不惜变卖家产，委身体制内。而几年后对于行业产业化机会的判断和对体制的不适应，让汪建理性地选择了南下，脱离了体制的束缚。而于军则选择了留在体制内，坚守基础科学研究。2017年，华大基因上市前夕，汪建亲自确立的接班人体系包括CEO王俊、华大科技CEO李英睿等核心高管同时离职，也让业界震惊。或许这些“70后”“80后”的青年才俊们无法理解时代加诸可以做他们父辈的汪建身上理想化的愿景，口号式的商业愿景和《毛主席语录》倡导的“为人民服务”，离他们过于遥远，“在商言商”才是他们更为熟悉的方式。

华大体系，中国基因行业的“黄埔军校”

商场上常说同行是冤家，但华大基因可以算是中国基因行业的“黄埔军校”。目前国内基因产业的龙头大多出自于华大系。据有关数据显示，2002年5月份至2017年底，共计56家华小公司成立，这些企业涵盖了科研测序、无创产前检测、个人基因组、肿瘤基因组、微生物基因组、基因大数据、设备器械等基因组学应用的所有细分领域。很多企业的创业者凭借原先在华大的积累，在短时间内就做出了自己的特色，成了华大基因有力的竞争者。

目前，曾经是华大基因无创产前项目负责人之一的周扬——几乎全程参与了华大无创产前项目的筹备与启动，与原Illumina亚太区负责人周代星共同创建的贝瑞和康是华大生育健康服务类最大的竞争者，两者在无创产前的市场中占领了90%的份额。诺禾致源CEO李瑞强原先是科研事业部的负责人，其公司目前在科研测序领域做到了国内市场占有率第一，成为华大的有力竞争对手。而在华大基因上市之前出走的王俊、李英睿则创立了碳云智能，希望通过人工智能辅助建立起面向消费者基因信息服务的云平台。

据说每年汪建都会召集在北京创业的前部下一起吃个饭，聊一聊。面对来自老部下的同业竞争，汪建和华大基因并不显得慌张，而是对内外经常释放出一些华大并不是一家纯粹的商业公司的说法。用华大基因执行副总裁朱岩梅的话说，华大不是一个传统意义上的企业，而是一个科研、产业、民生联动的社会型企业。华大对于自身价值的衡量不仅在于产值。华大基因执行副总裁杨爽也曾表示尽管对此感情复杂，但是华大仍然保持开放的态度。创业者追求财务自由，商业机会是个人选择。汪建的回答则带有了浓厚的年代色彩，他并不认同华大是基因界“黄埔军校”的说法，他更愿意用“抗大（中国人民抗日军政大学）”来形容。也许他昔日的年轻弟子们并不明白这两者的含义，但是在汪建的眼中，他与这些创业者的关系更多是师徒而非对手。

敢为天下先的性格和科学家的视野，让汪建及其伙伴们将人类基因组计划带入了中国，并由此拉开了中国基因产业发展的序幕。工业化的组织方式和灵活创新的人才策略让华大基因在科研积累方面迅速赶超了英美同行，并且摸索出了一条行之有效的商业化途径。然而，对于“标杆式产业”理想化的追求和模糊不清的组织管理方式，让华大基因也面临着战线过长，无暇深挖的局面。理想化的创业精神领袖究竟在未来会给华大基因带来怎样的影响，我们仍然需要拭目以待。然而，可以肯定的是，正是由于华大基因的锐意探索和“胆大妄为”，让中国的基因产业站在了世界的前列，改变了世界基因产业的格局，这是一个注定要被历史铭记的组织。

作者简介

Introduction to the author

王苏娅 现任英国《金融时报》研究部门FTChina Confidential中国区研究主管。北京大学传播学硕士学位，于2014年参加清华大学媒体金融EMBA学习，2016年获得美国宾夕法尼亚大学全球财经媒体奖学金赴美培训。曾服务于新华财经等专业财经媒体，目前主要从事FT旗下ScoutAsia的CEO访谈和行业经济研究相关工作。

海信为什么行

2018年俄罗斯世界杯，四年一度，32支球队，长达一个多月的绿茵战火，吸引了全世界球迷包括很多非球迷的目光。

就在2018年6月5日，距2018年俄罗斯世界杯开幕不到10天，世界杯的官方赞助商中国海信集团正式对外宣布，英国著名演员本尼迪克特·康伯巴奇成为海信电视最新代言人。

这位“粉丝”口中的“本尼”，大众眼里的“卷福”，是全球最当红的实力派演员之一，曾出色演绎并塑造了福尔摩斯、霍金、图灵和奇异博士等让全球观众印象深刻的高智商角色。在各大企业纷纷争抢世界杯大牌球星和参赛球队代言的情况下，海信独辟蹊径，跳出“世界杯+球星球队”的逻辑，将高贵雅致的英伦范和激情四射的绿茵场巧妙地碰撞结合，大出人们意料，更让大家眼前一亮。

近年来，海信赞助国际高端体育赛事动作不断。2016年，海信以顶级赞助商的身份赞助2016年法国欧洲杯，成为欧洲杯56年历史上第一个来自中国的全球顶级赞助商。2017年4月，海信又成为2018年FIFA世界杯官方赞助商，成为世界杯设立近百年来的首个中国电视品牌赞助商。

赞助世界杯，为海信带来的是品牌收益和引发的市场反响，并可能影响全球彩电业市场格局。

而海信集团董事长周厚健在谈到赞助世界杯的话题时非常明确地说：

“我们为何敢花这个钱？是因为我们对自己的产品有信心！”

2018年3月12日，正在北京参加全国“两会”的全国人大代表、海信集团董事长周厚健做客中央人民广播电台经济之声两会访谈节目《企业家说》，透露了海信近年来频频出手赞助欧洲杯、世界杯等国际大型体育赛事的“花钱逻辑”。

“布局体育赛事是件特别烧钱的事，海信作为一家一贯比较低调的家电企业，为什么选择这么一个切口？”在当天的直播访谈过程中，节目主持人向周厚健抛出的这个问题，问出了不少人这些年对海信在赞助活动上“不走寻常路”的一个疑惑。

周厚健说，或许是理工男的技术思维和习惯所致，自己的确是不善言辞、很少高调宣传，一定程度上影响了海信的市场知名度，但是他还是认识到这件事必须做好。赞助欧洲杯、世界杯是为了让海信这个品牌更快地被社会认可。“我们为什么敢花这个钱，因为我们对自己的产品有信心，最好的代言是产品，最好的广告也是产品。”周厚健强调，市场经济的最终主宰是技术与消费者，紧紧抓住消费者的需求，满足消费者的需求，认认真真做好技术，从而做出好产品去满足消费者的需求，才是市场经济的真谛。

直播中节目主持人直言不讳地问：“那这些钱‘烧’得值吗？”

“我认为是值得的！”周厚健说，从实际效果看，2017年海信在海外的增长在20%以上，一面优化了客户结构，一面还有这样的增长比例，这和海信品牌推广的做法密切相关。实际上，这几年，海信在国外市场做得越来越好，客户质量更好了，产品平均售价也更高了，事实证明，赞助高端体育赛事的做法非常有效。

市场表现的确也很给周董事长长脸，2018年俄罗斯世界杯开赛以后的数据显示，2018年第26周（6月25日—7月1日），在法国市场，海信电视销售量同比增长高达598.99%，销售额同比增长908.78%；在加拿大市场，销售量同比增长520.58%，销售额同比增长449.60%；在意大利市场，销售量同比增长129.81%，销售额同比增长113.37%；在捷克，销售量同比增长65.91%，销售额同比增长24.34%。而在国内市场方面，根据市场调查机构中怡康公布的同一周销售数据显示，海信电视市场零售额和零售量占有率继续稳居市场第一，并且在该周再创新高，零售额占比达到19.9%。零售额畅销榜前三名全部由海信包揽，其中海信80英寸L5激光电视，更是实现历史性登顶。

从家电企业到综合性高科技企业

海信集团的前身是1969年成立的“青岛无线电二厂”。成立初期，工厂固定资产仅有10.7万元，全厂职工只有30多人，在临时占用的会议室里，用木板和课桌搭起了一条简易的生产线，开始了收音机的生产。

1978年，党的十一届三中全会召开，站在历史的转折点上，青岛无线电二厂积极调整组织机构，实行三级管理模式。当年，电视机增加到3个品种，产量达到2500台，收音机品种增加到六个，总产量达到63750台，名列山东省全省第一。

1979年，青岛无线电二厂迎来具有历史意义的一年。经四机部、山东省电子工业局批准青岛无线电二厂成为电视机生产定点厂。同时经青岛市同意，由青岛无线电二厂、电子元件厂、市南纸箱厂和起重工具厂四个单位组成青岛电视机总厂。1982年，总厂从广西路22号迁入江西路11号，下设三个分厂，主要生产电视、收音机、元器件。经过连续两年的整合发展，黑白电视的生产趋于稳定，产量不断增长，产品供不应求，总厂门前出现披星戴月排长队买电视的热销局面，企业获得突破性发展。

随着改革开放的进一步深入，人民的生活水平有所提高，市场对彩电的需求进一步被激活。面对变化的市场需求，青岛电视机总厂决定高起点引进国外先进技术和设备，走消化吸收、为我所用、振兴民族工业之路，以加快我国电子工业的发展。1984年，青岛电视机总厂引进了日本最先进的彩电技术和设备生产彩色电视机。1984年12月26日，青岛电视机总厂第一台14英寸彩电下线，创造了当年谈判、当年签约、当年安装设备、当年投产、当年见效的“青岛第一速度”。这一年，青岛电视机总厂实现销售收入3748万元，是建厂之初的50多倍，主要经济指标列山东电子行业第一位、全国电视行业第一位。

1992年，邓小平发表南方谈话坚定了改革开放的道路，确定了市场经济的主导地位，并为改革指明了方向。国家体改委等部门相应出台了《有限责任公司暂行条例》《股份有限公司暂行条例》等相关法律条例，中国的家电企业开始在现代企业的游戏规则中酝酿变革。与此同时，国外的家电企业也开始进驻中国市场，“内有竞争，外有强敌”。这一年，年仅35岁的周厚健出任青岛电视机总厂厂长，在跟踪国际高新产业发展趋势基础上，提出了“发展电视，不唯电视；发展电子，不唯电子”的构想，大刀阔斧地进行改革，转换机制，加快产业结构的调整，组建强大的“联合舰队”，海信进入多元化快速发展的壮大时期。

进入21世纪，海信又做出了“盯着主业做加法”的产业发展战略调整，大力投资与主业相关的门类，尤其丰富海信的3C产业结构，形成技术结构合理的产业平台，构建3C产业之间相得益彰的效应。2004年开始，海信将传统板块向高端产品靠拢、产业链向高技术构成延伸，产业架构整体向高科技转移。

海信是国内最早认识资本和股权的企业之一，20世纪90年代收购雪花、华日、双喜、金凤、伯乐。2005年9月，海信与科龙签署了股权转让协议，以6.8亿元的出价通过“代理销售”的模式收购科龙，开了上市公司并购的先河，成为国内民营企业破产保护的范例。

近年来，海信逐渐从大众所熟知的家电产业转向相对“冷僻”的光通信、智能交通和电子医疗为代表的科技业务，从面对千家万户（B2C）转向以企业、机构和政府为客户（B2B）的市场，从短周期、低货值、低利润的业务转战长周期、高价值、高利润的产业。

在经济新常态的发展环境之下，海信连续多年增长的势头得以延续，企业规模强势扩张至千亿级。2017年，海信集团实现销售收入1110.65亿元，实现利润总额82.35亿元，实缴税金84亿元。

在这个过程中，旧引擎继续加速，以彩电为核心的既有产业通过技术升级形成新的优势，自2004年一举跃居中国平板电视市场的榜首地位后连续14年稳居中国平板电视市场占有率第一，成为名副其实的中国平板电视第一品牌。同时，新供给动能更加强劲，在光通信、智能交通、商用POS机等多个领域都占据了领先地位，海信医疗显示和CAS（计算机辅助手术系统）达到世界级水准。

经过多年的调整，海信已经从一个家电企业发展成为一家综合性高科技企业。目前，海信集团拥有海信、东芝两个电视品牌以及海信电器、海信科龙两家在沪深港三地上市的公司。业务构成中，1/3来自彩电，1/3来自白电，还有近1/3来自新开拓的智能交通、数字医疗、光通信等高新技术领域的B2B业务，产业覆盖多媒体、家电、IT智能系统、现代地产和服务等多个板块。

技术海信，另类海信

对于技术的坚守，让海信多了一些另类的气质。

牛文文说：“在海信，上上下下我们所接触到的人，都以底层技术研发和创新为荣，这家公司已经深深打下了技术创新的烙印。”

秦朔说，海信坚持“技术孵化产业”的“老路”，每个成气候的新产业无一例外都花了10年左右时间，“在这个奉行‘天下武功唯快不破’的时代，海信像一个另类”。

就连海信集团董事长周厚健本人，也不否认自己对于技术的钟情。在入选“2017十大经济年度人物”时，周厚健站在台上以寥寥数语总结自己和这家企业的过往，同样没有脱离“技术”二字——“我大学毕业后就分到海信，在海信已经干满了35年，在‘当家人’这个位置上也已经干了26年，这26年实际上就做了一件事，那就是坚持技术立企，促进企业健康持续发展。”

周厚健对技术有一种根深蒂固的崇拜，是周围人眼中典型的“技术狂人”。海信早期的管理者和员工记得十分清楚，1992年，周厚健一做厂长，首先就在研发队伍中破除“大锅饭”，将技术开发人员工资涨到一线工人的3倍。在当时那个年代，这种对技术研发和研发人员的“偏倚”，让外界觉得有些不可思议。

周厚健认为，技术研发有很大的风险，它遵循稀缺性规律，却不遵循经济学的边际效率递减规律。也就是说，只要方向正确，高技术就能获得高价位，且越高的投入就有越高的收益，而最可怕的是不肯在核心技术上投入。

事实证明，愿意为技术、研发持续投入、不吝付出的企业，最终都将得到回报。

1996年，中国彩电行业史上最惨烈的价格战打响，跟进的熊猫、牡丹、黄河等名噪一时的品牌或跌下神坛或销声匿迹。战役过后，海信却安然存活且毫发无伤。周厚健事后总结，根本原因在于海信坚持“高科技、高质量”战略，坚持“技术立企、自主创新”。

周厚健有着山东人直爽的豪气，也有一股咬定青山不放松的韧劲儿。芯片好比一台电视的心脏。周厚健一直说：“走在世界前列的公司都有自己的芯片，因为芯片是整机产品差异化的基础和保证。如果没有自主芯片，我们的产品将无法摆脱市场同质化的竞争。”有感于国内的彩电芯片被外企牵着鼻子的局面，周厚健决定打破外企的技术壁垒。四年多的时间里，海信在效益并不太好的情况下坚持投入3000多万元研发芯片。

2005年，中国首块拥有自主知识产权并产业化的数字视频处理芯片——信芯，在海信诞生，从而结束了我国年产7000万台彩电却没有“中国芯”的历史，彻底打破了国外芯片的垄断地位，并迫使国外同类芯片的价格降低了50%。时任国务院总理温家宝题词肯定并鼓励海信：“立足自主研发和技术创新，企业才有生命力；拥有自主知识产权和核心技术，企业才有竞争力。”

2013年海信又研制了国内首款网络多媒体电视SoC主芯片，并实现量产。2015年，发布Hi-View Pro画质引擎芯片，使海信正式比肩行业巨头三星和索尼，成为中国唯一拥有自主高端画质芯片的电视机企业。

有一个鲜为人知的故事，显示了周厚健的“性格”。21世纪初，电视技术正在由显像管向平板电视过渡。2005年，液晶电视机爆发式增长，韩国、日本等上游企业完全控制了液晶面板，并开始向电视整机延伸，中国彩电业面临的危机堪称生死一线。在一次世界电视博览会上，一家国外企业说，自己生产的模组只需整机企业安装4个螺母就完事了。周厚健问：“那我们整机企业还干什么呢?”那人说：“周总，机壳大有作为！”

周厚健深受刺激，他想，如果连机壳模组人家都给安排好了，那中国家电企业真的就只能拧螺母和打价格战了。周厚健暗下决心，必须靠自己把最核心的“屏”也就是模组做起来！但是这谈何容易呀，因为要做屏，首先要把液晶灌到玻璃里做成液晶玻璃面板。没有液晶玻璃面板，屏就做不成。

“中国人不比外国人笨，外国人能做，我们凭什么不能做？”周厚健对同事们说，“至于液晶玻璃，只要玻璃企业有竞争，就一定有人卖给我们！”

就这样，玻璃面板还没有着落，海信便坚定地开始了屏的研发。后来，有玻璃面板了，屏的技术也突破了。2007年，第一条国产液晶模组生产线在海信投入生产，打破了面板厂家欲向平板电视整机方向进行延伸垄断的如意算盘，也为海信日后在背光领域的技术突破创造了条件。海信液晶模组投产后，在当时的信息产业部的共同推动下，中国彩电企业都开始做模组，就“把全世界的毛病给改了”。

技术上的投入和积累，让海信厚积薄发。2004年，海信电视的国内市场占有率一跃成为第一并保持至今。与此同时，海信品牌海外影响和国际化品牌拉力正在快速提升。下一代显示技术的争夺战迎面而来，海信凭借历时7年研发的激光电视提前锁定主动权。

直到现在，海信每年拿出销售收入的5%投入研发，在全球设立12个研发机构，面向全球引进高端人才，提升技术产品研发能力。周厚健说：“我是一个学技术的，而且很爱技术的人。到现在从事我这种工作的人，还像我看这么多技术类书籍，在网上长时间找资料、文献和文章看的，也非常少。”

技术出身的周厚健笃信，只有技术上的创新才是海信这样一个技术型企业腾飞的动力来源。

最先进的技术，用钱买不来

从跟跑，到并跑，再到领跑，海信靠的是“技术立企”的根本信条。1992年，海信就确立了“技术立企”的发展战略，并把其作为稳健经营战略的重要组成部分。针对当时新产品开发速度慢，制约产品市场竞争力的局面，海信将原来的“设计所”改为“研究所”，实行奖金与开发成果挂钩的方法，大幅度提高技术人员工资，形成了推动海信技术发展的特区制度。

海信有一个理念——“非世界一流技术不引进，非国内领先产品不生产”。1994年，在引进大屏幕生产线时，有两种方案可供选择：一是和10年前引进彩电生产线一样全面引进；二是引进关键设备，其他自己研发制造。最终海信选择了后者。结果投产一年后，海信的大屏幕生产线便被国务院经济发展研究中心认定为“最先进的大屏幕彩电生产线”。

周厚健说：“那些只引进、不研发，落伍了再靠引进的企业，没有追求，必死无疑。中国在改革开放后走了十年弯路。打开国门一看，我们的技术差距这么大！很多企业放弃了研发，单靠引进。如果说海信今天走到了前面，就是因为没走这十年弯路。”

“ULED显示技术”是海信十年来对电视行业上游垄断发起的第三次突围战。2013年，海信历时三年自主研发的ULED技术正式发布。该技术含有210多项专利，通过背光多分区动态控制技术、峰值亮度控制技术和背光扫描控制技术，把液晶显示的画质效果提升到世界一流水平，带动行业升级，为液晶电视产业注入新的活力。

2017年9月，海信面向全球推出了2018年世界杯限量版电视——75英寸海信U9超高画质电视。在海信U9问世前，市场上主流电视的背光分区最高只能达到800Zone，而海信U9成功将动态背光分区从三位数提升至四位数——1000Zone，背光分区达到行业最高的1056个，可以实现更为准确的背光控制，并且通过4096级精细调光，呈现超高对比度的画面。

面对电视大尺寸化发展趋势，海信早早瞄准了激光电视，储备下一代电视的核心技术。2007年，海信率先切入激光电视领域并获得国家“863计划”支持。2014年，海信在全球率先发布激光电视产品。这为电视“无屏”时代的到来吹响了号角，连韩国媒体都表示“激光显示技术海信走在了韩国人前面”。

2016年7月，海信发布全球首款DLP（Digital Light Processing，数字光处理）超短焦4K激光电视。2017年4月17日，海信正式宣布成立青岛海信激光显示股份有限公司，独自上阵的海信激光板块，以更为从容和灵活的姿态应对激光显示带来的全球商机。同年，海信发布L6系列4K激光电视、S6系列4K激光影院两组系列新品。至此，四年三次重磅升级激光电视产品线的海信完成了激光电视在大尺寸市场的产品布局。同时，海信将4K激光显示技术应用到全系列、各尺寸段上的产品上。这是业内首个可以做到激光电视全产品线达到4K显示的品牌。海信提前锁定了全球彩电产业在下一代显示技术竞争的主动权。

2018年，海信推出L5激光电视系列新品，首次将80英寸4K激光电视价格拉至2万元以下区间，用技术革新带来产品优化，海信成了最大赢家。

综观全球彩电产业，海信是最早也是最持久围绕人工智能在电视机上的应用进行创新和布局的企业，同时海信还是最专业的人工智能电视创新技术商。相对于很多互联网企业和第三方技术解决方案企业的创新，海信是唯一自主创新的企业。

2017年4月，海信推出璀璨系列新品全面升级了人工智能体验，实现了智慧语音交互、人脸识别、视频分享、智慧家居以及场景化的内容服务，可以为用户带来便捷、丰富、贴心的智慧电视使用体验。业内专家认为，海信璀璨系列电视的发布，是中国人工智能电视走向规范和成熟的重要标志。

2018年1月，海信发布VIDAA AI人工智能电视系统，首次推出全场景实时图像搜索和全场景语音两大人工智能创新交互设计。其中，全场景实时图像搜索技术属业内首例，这是一种比语音更快的人机交互设计，开启了电视图像识别技术的时代。

与此同时，作为行业龙头，海信互联网电视用户正以极高的速度发展，不断刷新行业纪录。2015年10月，海信互联网电视全球用户突破1000万；2016年9月，突破2100万；2017年，用户数突破3078万。海信旗下的“聚好看”已是中国最大的互联网电视云平台，拥有国内最多的互联网用户。

与大部分人对海信是一个家电企业的传统认识有所不同的是，海信在智能交通方面也拥有强大的能力，不仅技术领先，市场排名连续8年在全国第一，在大型会议和活动的保障方面，更是有着十分丰富的经验。2008年，海信在北京奥运会的智能交通系统招标中战胜了国外对手从而“一战成名”。自此之后，海信网络科技先后服务了上海世博会、青岛世园会、G20杭州峰会、上合青岛峰会等大型会议和活动的承办城市的智能交通调度和保障。

图像与视频数据处理技术作为核心技术，是海信转型的动力和信心。基于电视和显示技术的研究积累，一步步延伸到海信的智能交通、医疗电子等新兴产业。

海信自1998年就开始涉足智能交通领域。海信没有选择国外产品计算“交通流量”的算法，而是针对中国的道路交通特点独创了计算“交通强度”的算法，并且不断完善。这一技术上的独辟蹊径，为今后的发展奠定了坚实的基础。

在海信起步之初，国内的智能交通市场大多被德国西门子和美国泰科两大国际巨头把控，智能交通建设成本居高不下，仅一台简单的信号机就要十几万。海信自主研发的交通信号控制系统率先在2005年击败西门子，竞标取得北京奥运会智能交通项目，结束国外智能交通系统对中国市场的垄断，单信号机的价格大幅下降。自2008年海信交通信号机在北京投入使用以来，年故障率仅3.6%，优于国外品牌5%的国际标准。

目前，海信的智慧城市和智能交通产品与解决方案成功应用于全国100多个城市。在智能交通领域唯一一家落户于企业的国家级工程技术中心也设立在海信。

不布局，就出局

2018年4月11日，在上海举行的第79届CMEF医博会暨ICMD医疗器械设计与制造展上，来自中国山东的数字医疗技术让世界刮目相看。更让人意外的是，这项引领行业的突破居然来自一家老牌家电企业——海信。

这一切都始于两个男人间的合作。

2013年1月，在与海信集团董事长周厚健的一次偶然会面中，青岛大学医学院附属医院副院长董蒨提及困扰自己的一道难题——长久以来，CT只能为手术医生提供二维图像，为手术带来了很多风险，他所承担的国家课题意在将肝脏病患的CT数据变成三维的数字肝脏以指导临床手术，但苦于缺少技术支撑始终没有突破。

了解这位外科专家的数字医疗梦想后，周厚健承诺，一定会帮忙。1小时40分钟后，董院长收到了周厚健的电子邮件，向他推荐了海信集团能够帮助实施课题的技术专家。

原来，早在十年之前，海信就力图将图像显示方面的技术储备复制到医疗设备领域，与处于垄断地位的国外医疗巨头一较高下。可惜除了医用低温冰箱之类的硬件产品，还没有什么重大的突破。

周厚健与董蒨的互相成就由此开始，很快，双方技术人员进入联合研发阶段。经过反复试验，海信CAS（计算机辅助手术系统）对外发布。有了海信医疗的这套系统，医生可以通过三维数字肝脏成像，在手术前就能精确了解肝脏和肿瘤的各种复杂关系，甚至连一根微小的血管都能看清，并通过手势控制旋转、移动三维画面等方式，指导医生实施依托CAS设计好的手术方案。这套系统还可以帮助医生实施虚拟手术切除，以提前确定最佳手术切除线，以最小的代价“试错”，直接改变了外科医生手术的思维模式和方法。

技术积蓄已久静待破土时机，与应用场景和使用需求的相遇，让它爆发强大的能量。董蒨借助海信CAS系统打造的“董式肝脏分段体系”，打破经典医学教科书“肝八段”的理论，被称为“改变经典医学教科书的发现”。目前，海信CAS系统被全国40多家三甲医院、68家三级医院引进应用，成功救治2000多例疑难肝胆手术患者。

这也是中国数字医疗领域发展的重要成就。短短几年时间，海信医疗完成了从精准医疗产品线到智慧医院系统的跨越，将山东拉升至中国数字医疗的第一线，打破外资品牌对国内尖端医疗技术和设备的垄断。

海信医疗的发展是海信切入新动能引领全球产业高端的一角。如今，在以彩电为核心的既有产业通过技术升级形成新的优势的同时，海信在通信、智能交通、商用POS机等多个领域都创造了第一，新供给动能强劲。

周厚健说：“结构调整是企业的一条命，不是一顿饭。”一直以来，海信都把新产业的培育当作生死攸关的大事，无论处在经济周期的哪一个区间，海信总是对新的方向保持敏感。

可以说，在海信发展史上，产业结构调整是贯穿海信发展的一条主线。海信选择产业遵循两条铁律，一要关系国计民生，二要掌握关键技术。周厚健认为，通过产业高端转型实现经济结构升级，对企业而言是最务实的做法。

“不布局，就出局”，这是周厚健经常提到的六个字。在观察者看来，海信的独到之处、最值得学习也是最难效仿到的，便是“布局”二字。而这也正是海信从几十个人的小厂发展到8万余名员工、千亿元规模的秘诀之一。

海信处事之道——诚信

“技术”与“诚信”，一个是“自强之本”，一个是“处事之道”，改革开放40年来，海信持续健康发展的根本是干部风气好、企业文化氛围好。

海信集团董事长周厚健说："海信能够做到今天，能够做得比很多企业要好的原因是风气。"

对德行有问题的人，周厚健决不手软，不给机会。1992年的中国彩电业正值低谷，周厚健出任海信集团的前身青岛电视机总厂厂长，面对案头上偷盗物料的报告，周厚健出强手，一查到底，开除了近20个偷物料的人。

之后，周厚健做出了一个更加惊人的举动——精减干部，一次性将干部从147人减到99人。当时这种举动遭到了强烈的质疑和非议。但周厚健有自己的坚持——这是为了彻底改变老一套的官僚体制和官僚作风。

在海信内部，周厚健常说，道德比利润重要，发展比近利重要，追求了无德的利润实际是为企业未来埋下祸根。

对于风气的看重是海信几十年的常态。2013年，海信发布了《海信集团诚信守则》，这是海信所有管理办法的上位法。其中明确指出，"诚信"是铭刻在海信品牌标志中永远恪守的基本理念，是所有海信人必须恪守的准则。

直到现在，海信每年都有两个重要报告，一个是《年度经营工作报告》，一个是《年度诚信工作报告》，诚信报告就是给自身做"诚信体检"。周厚健说："我宁要无能关门，不要失德的发展。"

2014年，周厚健的一封邮件，在企业内部掀起了一场波澜。这封邮件的起源，是节日期间，有人给周厚健和新任CEO刘洪新发短信，要去看看他们。被看作是暗示要送礼的周厚健，收到短信十分震惊。他在集团办公会以及内部强调：我很警惕企业文化走向庸俗化！

周厚健说，一个企业，上下级如果需要依靠"关系"，那就是这个企业消亡的开始，"海信文化的最大特点是各级干部员工不需要处理复杂的人际关系、不需要讨好领导、一切以工作为重，下级对领导最好的'奖赏'就是尽职尽责，领导对下级最好的'奖赏'就是公平公正。"

针对刚刚晋升CEO的刘洪新，周厚健在邮件中表明：我和洪新近距离共事已超过十五年，“没有一块糖的往来”。之所以他能不断晋升，是因为他在尽职尽责。这才是健康的海信文化，以及自我修复和纠正的系统能力，先于企业经营，否则不可持续。

中央人民广播电台经济之声邀请周厚健录制每逢整点播出的《报时中国经济》，他非常郑重地把这句话录了进去——“我们要警惕企业文化走向庸俗。一个企业，上下级如果需要依靠‘关系’，那就是这个企业消亡的开始。下级对领导最好的‘回报’就是尽职尽责，领导对下级最好的‘回报’就是公平公正。”

带领海信走过26年，周厚健给海信的烙印是不需要处理复杂人际关系、不需要讨好领导、一切以工作为重，从而形成简单的上下级关系、务实向上的工作氛围、纯净和谐的企业风气。

海信每一年都要对干部做两个考评，一个叫领导力考评，一个叫员工满意度考评，后者全部由下级来打分。“有一种干部业绩很好，但员工满意度很差，说明他在自己管辖的这个群体里边威信不好，我们很看重一把手在这一点上做得如何。”周厚健说，没了小圈子，也就没有了内耗，员工不需要考虑工作之外的事，诸如关系、请客、送礼、跑官儿这些都不存在，企业效率就会大幅提升。

风清气正如同一种基因，已经深深植入海信的每个发展阶段。任何与这一文化不相符合的行为、举措和团队都会被淘汰出局。2016年，因为在一次重要的产品规划会上，一位资深海信技术工程师的徒弟，在回复一个关键部件的成本时未经核实随口报数据，身为师傅的工程师不仅没有主动纠正，反而试图帮忙掩盖错误。

就是因为这件“看起来微不足道”的小事，周厚健给这位工程师写了一封很长的邮件，公开怒斥，并感叹：“企业往往有吹牛的恶习，难道我不知道吹牛能换来企业的利益吗？但它损伤的是企业风气，代价将是长期的。若让其肆意泛滥，海信将没有未来。”

此事被媒体关注后，引发了对中国企业的反思。有媒体写道：“周厚健痛恨的是说谎、吹牛，鼓励和激发的是中国制造企业最缺乏的‘从0到1’的技术原创精神。”

如今，迈过千亿门槛之后的海信，仍然对企业内的官僚作风和形式主义保持时刻警惕。因为，保持企业文化纯净，维护上下级关系简单透明，这是海信持续发展的重要保证。

品牌出海，全球开花

在不断做大做强的同时，海信也在不断加大国际化步伐。

海信是中国最早“走出去”的企业之一。海信集团从1985年开始对外贸易业务；1998年，海信进出口有限公司正式注册成立；中国“入世”之初，海信就将“国际化”列入集团的核心战略，2003年，海信整合所有海外市场和业务，正式开始了国际化征程；2005年，进一步明确“要将海信品牌打造成为国际知名品牌”的战略目标。2006年，提出“海信未来发展‘大头在海外’”的战略，将科龙的冰箱、空调等海外业务正式并入，成立了海信国际营销公司，构建了实力强大的海外销售平台。

目前，海信已在海外建有18个分公司实施本土化经营，覆盖欧洲、美洲、非洲、中东、澳大利亚及东南亚等地市场；在海外建有3个生产基地实施区域化生产，产品远销130多个国家和地区；在全球设立12个研发机构，面向全球引进高端人才，提升技术产品研发能力。

数据显示，在全球市场消费疲软的情况下，2017年海信海外收入同比增长21.3%。2017年，海信冰箱在南非占据市场第一的位置，海信冰箱、海信电视在澳大利亚市场占有率第一，海信品牌在美国及欧洲市场也呈现两位数高速增长态势，在日本市场也是本土品牌之外市场份额最大的品牌。让世界重新认识中国，海信正在扮演越来越大的角色。

作为中国企业出海的典型代表，海信加码全球化品牌运营成果显著。在中国外文局对外发布的《中国国家形象全球调查报告》中，海信连续三年成为海外民众最熟悉的排名前十位的中国品牌；海信连续两年位居“BrandZ中国出海品牌十强”，2017年海信获评“成长最快家电品牌”。

海信产品在海外市场的优异表现，也得益于海信一直以来紧紧咬住高端战略和品牌战略不松口，主攻高端市场、主打自主品牌，用品牌拉力拉动国际市场持续高增长。

与很多出海企业采取“OEM代工”或者产品出口的方式开发国际市场不同，海信一开始就选择了打造自主品牌的道路。海信认识到OEM在国际市场不具竞争力，树立自主品牌并进入高端市场，才能重塑企业形象并维持长久竞争力。为此，海信数年前就开始在澳大利亚、欧洲、非洲等区域市场累积自主品牌建设经验。

事实证明，只有打响自有品牌，才能有更大的市场自主权和品牌溢价能力。2007年以来，海信海外自主品牌占比从当年的10%逐年攀升。2017年，海信海外收入超过284.4亿元，自主品牌的收入占比49.8%、达到141.6亿元，同比增长22.4%。海信自主品牌在海外市场的布局已初见成效。

对技术和质量的坚守，是海信的底牌。海信认为，技术是品牌的核心竞争力，在新的世界分工里，我们必须有可立足的自主技术，才能抢占更多份额。它支撑了海信逐步迈向全球价值链的中高端，成为高端大气上档次的代名词。

通过并购借力出海，是海信拓展全球版图打出的第三张牌。2015年，海信在美洲收购夏普墨西哥电视工厂及其电视业务。双方在技术、产品、市场等各方面优势互补，海信在北美的市场份额得到进一步提升。2017年11月，海信收购东芝电视，无疑会进一步巩固海信电视业务在全球的领先地位。

千亿之后，高质量发展

2016年，海信集团全年实现销售收入1003亿元，正式进入了“千亿企业俱乐部”。

跨越千亿元门槛之后，如何发展？

海信为自己制定了更为远大的发展目标和切实的发展方式——抓住供给侧改革、新旧动能转换的有利时机，通过改革创新坚持走高质量发展道路。“全面开展质量提升行动，推进与国际先进水平对标达标，弘扬工匠精神，来一场中国制造的品质革命。”

2018年“两会”政府工作报告提出，国有企业要通过改革创新，走在高质量发展前列。对于企业而言，高质量发展的落脚点在于“做高质量的好产品”。

2018年5月10日“中国品牌日”当天，刚刚在国家市场监督管理总局等国家权威部门发布的“2018中国品牌价值评价信息”中蝉联“自主创新品牌”第一的海信集团，盛装亮相在上海举办的首届中国自主品牌博览会，展示了海信从一个20多人的无线电小厂到国际著名消费电子品牌的49年成长历程。博览会上，海信在国际化过程中主动选择征战欧美和日本高端市场、主打高端自主品牌的勇敢和大胆做法，尤其引人瞩目。

周厚健在接受媒体采访时说：“在中国如果想成为中国名牌，要在上海、北京、广州、深圳卖得多才可以。那么，在世界上想成为名牌的话，要在美国、西欧、日本卖起来才是。”周厚健毫不掩饰对高端市场的“执着”，他说，“让世界消费者来挑剔我们的产品，我们才能做出世界级的产品，尤其是经受得住欧美和日本消费者的挑剔，海信才能真正成为一个世界级品牌”。

坚持高端定位、主动啃“硬骨头”的背后，是海信对产品技术和质量的自信。坚守“技术立企”的海信，以ULED+激光电视两大组合，正在全世界刷新着人们对“中国制造”和中国品牌的认知，引领着全球显示技术的未来。2018年2月，39万多名全球消费者投票选出了“BrandZ中国出海品牌十强”，海信位居第九，并获评“成长最快家电品牌”。而在中国外文局对外发布的《中国国家形象全球调查报告》中，海信连续三年成为海外民众最熟悉的排名前十位的中国品牌。随着2018年世界杯在俄罗斯的举办，海信这个消费电子品牌还将在中国及世界收获更高的知名度。

被中国及世界消费者“挑剔”出来的海信，正在走出一条不一样的世界级品牌崛起之路。

作者简介
Introduction to the author

杨曦　中央人民广播电台经济之声节目主持人。全国播音员主持人金话筒奖得主，曾获全国优秀新闻工作者、广电总局十大杰出青年、中直机关五一劳动奖章等荣誉，多次获得中国新闻奖、中国广播影视大奖等奖项，主持的《天下财经》被评为中国新闻奖新闻名专栏。

洛娃，日化搏杀，在游泳中学会游泳

中国的改革开放是决定中国命运的“关键一招”，这可以说是自下而上的觉醒，也可以说是自上而下的推动。20世纪70、80年代，当改革开放这“关键一招”从庙堂之高的“洪钟大吕”逐步转化成浸润百姓生活的“春风细雨”，中国的日化行业首当其冲，成为较早开放的行业之一，堪称中国各个行业中最具历史意义和国际气息的行业，也是中国改革开放绩效评估和市场经济建设价值研究的重要行业。

早在20世纪80年代，宝洁和联合利华就进入中国，改革开放大门刚刚打开的中国市场便迎来了世界上最有代表性的两大日化跨国巨头。在接下来的几十年里，国际品牌纷纷登场，中国本土日化企业在各个发展阶段都与国际巨头短兵相接、赤身肉搏，许多民族品牌的际遇起伏成为普通老百姓都在关注的话题，沉淀为那个时代典型的“市场记忆”。

那时候，面对一个个国际巨头，中国本土日化并没有做好准备。但这并不妨碍改革开放后中国的第一批企业家看好日化行业、杀入日化领域，在堪称充分竞争的日化市场搏杀，在“在游泳中学会游泳”。

其中，胡克勤和他带领的洛娃集团就是一个冲得进去、站得稳当的典型代表，其发展历程也别具启示意义。

新机遇成熟，走出去

中国的改革开放历程有一个鲜明特征，就是涌现出一大批企业家。在这一历史进程向前推进的每一级台阶上，都站立着优秀的企业家群体。40年的历程还不算长，大多数人们耳熟能详的本土企业尚未到领头人换代和交替的时间节点，以至于我们谈企业甚至行业的时候，总会将第一代企业家作为描述的起点。

洛娃集团也不例外，从某种程度上说，洛娃的发展历程中总会深深烙印着创始人胡克勤的个人风格，有那么一股子闯荡的劲儿。

1976年，河北保定高碑店的农村，18岁的胡克勤拿着县、公社、村的“三级信”，分辨不出年轻的心里正翻腾着怎样的情绪。从这一天起，胡克勤知道，自己终于真正走出了农村。

“三级信”是那个年代特有的一种证明，就如同现在的身份证一样，没有这“三级信”，人们寸步难行，有了这“三级信”，胡克勤就可以离开农村，做一名工人。

为什么一定要走出去？因为穷。

穷到什么程度？一年到头有一条裤子穿，就算好了。

“我小时候，在冬天买一块布，做个棉裤，看起来挺厚，连走路也不好打弯，但实际上却很冷，因为它是透风的。”胡克勤回忆说，“一直穿到四月份，再把裤子外罩抽下来，变成单裤接着穿。单裤再穿两个月就破了，把两条裤腿一剪，变成短裤接着穿。一整年就这一条裤子。”

没有穿的，肚子也要挨饿。胡克勤8岁就要跟着大人干农活。凌晨三点钟起身到生产队里拔麦子，一干就干到天亮。吃的也跟不上，红薯干、玉米、窝窝头、高粱米，干再多农活也吃不饱。

为了赚工分，胡克勤14岁揽下了看管夜间抽水机的活。抽水机旁边是一片坟地，他拿一个马灯，放在坟头上，再铺个凉席往坟头上一躺，看书。一次觉得自己和高尔基的《童年》里高尔基跟人打赌到墓地里睡觉的情节，觉得自己十分相似。

这种日子给胡克勤留下的印象如此深刻，也让他想走出去的目标无比坚定：“我当时只有一个目标，就是走出农村。只要能走出去，让我干掏厕所的活儿我都去！”

胡克勤1966年上小学，1976年高中毕业。说是上学，但又没学到什么东西。在这极为特殊的十年间，正经上课的时候少，学生放羊的时候多，“文化”是个稀罕词儿，就连老师肚子里也没什么墨水儿。当时国家还没有恢复高考，高中毕业后，在立志要走出农村的胡克勤面前只有一条路——当工人。

从农村招工到河北邢台棉纺织厂，挡车工成了胡克勤的新标签。回过头看，胡克勤是幸运的。河北邢台棉纺织厂是20世纪80年代全国非常知名的国营大厂，在这里当工人，每天见到的、学到的都不一样，要比在农村老家“上档次”多了。但对胡克勤来说，“走出去”的路才刚刚开始。“我去当工人的第一天，就对自己说，我一定要脱离工人这个身份，这里还不是我的终点！”胡克勤说。

从挡车工到维修工，再到班组长，一干就是好几年，胡克勤并没有如自己想的那样很快再换个身份，却成了邢台棉纺织厂几千名工人中极为特殊的一个。

胡克勤爱读书，无论是坐在教室里还是靠在坟头上，他都捧着书本大量阅读。古人描述读书刻苦要“头悬梁，锥刺股”，胡克勤看书困了就干脆咬辣椒提神，夏天借着路灯的灯光一看就是一夜，蚊子能把腿都叮肿。有这样的积累，他21岁就在邢台地方报纸上发表了一篇小说，一时间轰动全厂。“一个工人能在报纸上发表小说？一下子就成了文化人啦！”

胡克勤善琢磨，面对不懂的事情也不怯场，钻研钻研，自己就成了行家。纺织厂要搞技术改造，需要出一份可行性研究报告。这是个什么东西，谁也没见过、不知道。胡克勤站出来说“我能写”，把活儿接过来了。他跑到市计委，直接问什么是可研报告？“我说我是纺织厂的，您帮我找一份，我拿回去看看再送过来。”胡克勤回忆说，“人家是真帮忙！我拿着样本回去研究，三天三夜手写把报告给弄出来了，再自己掏钱找打字社打印出来，交上去了！”

胡克勤能闯荡，别人不敢做的事情，只要看准了，他就能往前冲。展览会上的一台日本绗缝机，在胡克勤眼里就代表着未来床上用品的发展趋势，用绗缝机代替手工缝制被子，是大势所趋。看准了的项目，没人支持他就自己干，跑项目、搞谈判、进设备。一路过关斩将，却在最后签合同的时候卡了壳，英语和日语两个版本的合同，没人看得懂。胡克勤要求改成中文合同，对方却说采用英语和日语是国际惯例。胡克勤不信邪，在合同后面又手写了一份中文合同，再加上一句：三种文字发生冲突时，以中文为准。合同签下来了，第一台绗缝机引进来了，这份合同文件也保存在了今天的邢台市档案馆里。

从1976年的挡车工开始，胡克勤成为纺织厂4000多名工人中第一个从工人变成干部的人，成为最年轻的厂领导。

人们都觉得胡克勤前途无量。但是，1994年，胡克勤又想往外走了。他清醒地意识到，新的春风已经席卷中国，新的机遇已经酝酿成熟，自己站立的位置已经不适合自己的继续生长。

走出去？走出去！

力排众议，勇敢创新

1995年12月3日是一个星期日，这一天的《北京青年报》刊登了一则广告类文章，标题看起来十分惊人：《改写中国洗涤历史的人》。这是一篇对洛娃集团创始人胡克勤的专访，文中详细报道了洛娃推出不含磷铝、环境友好的洛娃皂粉的前因后果，还配发了一张胡克勤的照片。照片里，胡克勤端坐在办公桌前，手中握笔作势书写，眼睛平视前方，形象十分符合20世纪90年代人们对企业家的审美潮流。

文章的标题正是胡克勤对自己以及洛娃的定位。第一个将环保理念引入中国洗涤行业，第一个将环保的洗涤产品推向市场，年轻的胡克勤和更加年轻的洛娃集团对此定位当仁不让。但是，这个出风头的年轻人却遭到了整个洗涤行业的强烈反弹。

“一个不知来历的毛头小子就夸口改变历史？”行业里的“老资格”们这么说。胡克勤与行业前辈们沟通，态度谦逊但也十分坚持：“在洛娃皂粉之前，中国就没有出现带有环保理念的洗涤产品。我们采用天然原材料为主要材料生产洗涤产品，说这改变了中国洗涤历史，又有什么不对？”

其实这一年，洛娃集团刚刚成立。回过头看，锚定独特的定位，在已经风生水起的日化行业先声夺人，是胡克勤和洛娃在日化行业的一声“初啼”，也是杀入市场的一着秒棋，这至关重要。

从历史跨度上看，胡克勤代表了新中国历史上很不幸运却又堪称幸运的一代人。他们的青少年时期，经历了极为特殊的10年，10年阅历磨砺了他们的心性、磨炼了他们的品格。当改革开放的春风拂面而过，有志向、有想法、有准备、有胆量的人们，就会如经历了整个冬天即将伸展身姿的树木，虽然还没有吐露新绿，但僵硬的枝条早已变得柔软，找到机会就会生发新芽，然后在春风夏日里变得郁郁葱葱。

1978年，以党的十一届三中全会为标志，中国开启了改革开放历史征程。那一年，胡克勤刚刚20岁。

1992年，邓小平的南方谈话在政治上和经济上引发空前震动，大批在政府机构、科研院所的知识分子受此影响纷纷辞职、下海创业，成为中国现代企业制度的试水者，也成就了陈东升、田源、郭凡生、冯仑、潘石屹等中国最早一批具有清晰、明确的市场意识的企业家，后来被称为“92派”。这一年，胡克勤34岁。

1994年，本来就身在商海的胡克勤每一天都在感受着市场经济的春潮涌动，中国商业界到处弥漫着创业和致富的激情，不乏迅速获得成功的案例，他利用余暇时间靠批发箱包也积攒下了几十万元的财富。这一年，胡克勤36岁，他不想再等了。

冲动不等于草率，胡克勤“出走”的背后有着他对行业、对市场的深入思考。“纺织行业不好做，它既不是高科技也不是快消品，那时候的消费规模和更新换代都比较滞后，纺织行业的发展也比较受限。我有一套睡衣，我在邢台穿了10年，之后在北京又穿了20多年，还没有穿坏。”胡克勤说，“我认为要进入一个快消品的领域，才更有机会做大做强，而洗涤是和纺织联系在一起的，我选择洗涤行业是顺理成章的事情。”

这种考量很有道理。对于经历了物资短缺时代的那一代中国消费者，通常对商品的耐用性要求较高，对商品价格要比对商品质量更加敏感，消费升级的时代尚在远远的将来。想要迅速切入市场，快速消费品是个恰当的选择。

1994年，胡克勤毫不犹豫地辞职，拉起了班子，和几个同样不甘固守在老国企的伙伴们，在北京有色金属研究总院租用了一间40平方米的房间，胡克勤那几十万元的“老本儿”就成了这个小厂的启动资金。在开满繁花的树下，创始团队留下了一张合照，照片上的几个人脸上带着笑容、眼中盛满期冀，蓬勃之气扑面而来。

然而，中国的日化市场并不是一片坦途。作为改革开放后发展最迅速、最早对外放开的行业之一，日化行业是一个历史悠久而又充分竞争的行业。回望历史，1903年，宋则久创建天津造胰公司，1907年，董甫卿在上海设裕茂皂厂，在中国，最早的衣用洗涤剂——肥皂自此进入了工业生产时代。但直到1957年，我国才开始进行合成洗涤剂的开发研究，1959年才试生产出合成洗衣粉并投入销售。可以说，20世纪60年代，中国的洗涤用品还处于极度匮乏状态，根本不能满足人们的日常需求。[①]相比于宝洁公司1837年就已成立，中国本土的洗涤行业起步太晚。

① 张京. 中国衣用洗涤剂发展综述及技术概论［J］. 北京日化，2012（4）:36–40.

但是，时代并没有给中国本土日化企业太多的准备时间。20世纪80年代末，我国日化行业就全面向外资开放，国际巨头的强势进入对中国本土品牌的发展形成强有力的挑战；20世纪90年代行业发展初期，外资日化品牌已经在市场上占据了绝对优势地位[①]，宝洁、汉高、联合利华等外资品牌在一二线城市的市场风光无限，宝洁的汰渍、碧浪，联合利华的奥妙、金纺，花王的洁霸，汉高的威白，这些国际巨头的产品占据着先行优势。洗涤市场的激烈竞争方兴未艾，本土企业在高度竞争的市场环境中开始了艰难成长。

其实，即便不看外资巨头，本土日化企业之间的竞争也十分激烈。同样在1994年，纳爱斯的雕牌肥皂已跃居全国肥皂行业第一，将肥皂市场90%以上的利润收入囊中；南风化工的奇强洗衣粉在农村收割市场；今天的行业巨头广州立白集团刚刚成立，也瞄准了日化市场。到1995年，惨烈的竞争中，曾经家喻户晓、创出许多行业第一的“活力28”日渐颓靡。洛娃就是在这样的环境中入场。

沧海横流，方显英雄本色。如何在豪强林立的家庭洗涤市场一举打响、站稳脚跟？胡克勤带着团队开始了钻研。“当时我们就做了研究，社会的进步必定会带来环境的污染，这是一些发达国家走过的老路。从这一点上展开，如果我们能将工业按照环保的标准去发展，就是个不小的进步。”胡克勤说，“特别是当年，一些发达国家的环保运动搞得风生水起，那些跨国大公司就把他们本国已经淘汰的技术拿到中国这个后发市场上来，依然使用污染环境的原料生产洗涤产品，这种情况应该被改变。保护环境的大势所趋，这既是洛娃切入市场的重要契机，也应该是我们进入洗涤行业应该要承担的责任。”由此，洛娃的环保概念产生了。也正是基于这样的理念，音译自英文REWARD的洛娃也诞生了。“那个时候流行中外合资，干啥都想跟外国人搭上边，所以洛娃也是先有了英文名，后有的中文名。”胡克勤笑着说。

① 2016年中国日化行业市场现状及行业发展趋势预测 [DB/OL] . [2016-07-19] . www.chyxx.com/industry/201607143168l.html.

1995年，洛娃日化在北京正式成立，一开始就举出了“环保”大旗。他们和太原洗衣粉厂合作，引进了美国的环保配方，买到了意大利现代机械工业总公司的先进生产线，生产无磷无铝、高效去污但对皮肤刺激小的洛娃皂粉，就连包装上都使用了可降解的树脂，堪称从内到外皆体现出环保的理念。在产品营销上还特别提出，皂粉尤其适合清洗婴儿衣物和成人内衣，打出了“保护环境、造福人类”的产品标签。

这样的理念和产品，现在看来平淡无奇，但在20世纪90年代，就是个“市场异类”。行业内的杂音不少：好好的钱不去赚，非要这么高调张扬，中国的家庭洗涤市场到了讲究环保的时候吗？人家外资高端品牌都不这么“招眼”，洛娃要对地球负责，别人就是在祸害地球了？整个行业的压力在前，胡克勤并不动摇，“我们就是要改革的，就是要有自己的理念，我们没有做错，环保就是大势所趋”。

回过头看，不得不说，洛娃的这一声“初啼”很有意义——将环保理念和成型的产品引入了洗涤行业。从更为宏观的层面看，正因为洗涤用品是人们生活中离不开的东西，一个国家洗涤用品的发展水平才能更加深刻地反映这个国家人民的健康程度和文明高度。

“我们的产品是最亲民的，就是在老百姓身边的，我们的产品努力往高端走，就是每一天都在为推动国家和社会的发展做点滴贡献。”胡克勤说。

洛娃的坚持有了回报。1996年，公司成立的第二年，洛娃就成为洗涤行业首家荣获中国环境标志产品认证证书的企业，证书编号后三位是“001”，为自己一锤定音，将“改变中国洗涤历史”的标签明晃晃地贴在了头上。

“洛娃黄”，探索进行时

“自由生长”，是改革开放40年来，曾被标注在无数企业头上的标签，甚至可以说，已经成了一种绕不过去的“界碑”，是生机勃勃的民营企业发轫发展的必经之路。它们通常缺少宏观的战略规划，却能从生活细节中发现机会，它们或许对教科书上的竞争策略知之甚少，但真正了解不断前进中的中国。它们凭着一股肯吃苦、敢闯荡的劲头，带着些许草莽气息，在每一个细分行业一点点站稳了脚跟。

胡克勤和洛娃也是一样。

公司刚开始做产品的时候，甚至没有固定的包装和标志性颜色，全看设计师的个人喜好。一时间，洛娃的皂粉、洗衣粉等产品“色彩纷呈”。统一产品的颜色和标识势在必行，但到底采用什么颜色，整个团队众说纷纭。

胡克勤用了个笨方法。他自己去了超市，站在琳琅满目的货架前闭上眼睛，再睁开眼睛的时候，什么颜色最能抓住他的注意力就用什么颜色。那一天，胡克勤的瞳孔里首先映射出来的，是一抹鲜亮的黄色。

洛娃的产品以炫目的黄色进入了市场。“这个黄色可不是现成的颜色，是经过我们特别调制出来的。”胡克勤说，“这种黄色很有感染力，建材行业把这种黄干脆命名为‘洛娃黄’。开个玩笑，在公司发展的初期，我们洛娃在日化市场的知名度还没有在建材市场的知名度高！”

和“洛娃黄”这样标志性的颜色诞生一样，洛娃在市场沉浮的过程，就是不断矫正、纠偏、优化自身商业路径的过程。

在营销策略上，胡克勤表现得也很老道。洛娃进入市场的时候采用了高举高打的市场策略，在北京电视台及各种报纸上密集投放广告。由于新产品有新卖点，全国有不少客户慕名而来。这当口，胡克勤又耍了个小花招，客户来了先留在宾馆晾三天。这三天里，客户满眼看到的都是洛娃商品购销的火爆场景。与客户再见面时，客户下订单都争先恐后，唯恐订不到货。靠着“洛娃皂粉”这第一款产品，洛娃成功收获了抢滩北京的第一桶金。

但在竞争中最重要的，依然是产品的品质。在这方面，有着国企工作经历的胡克勤并不含糊，从起步开始就把技术研发作为洛娃发展的重中之重，让百姓身边最普通的消费品体现出了科技含量。

其实，这一趋势在今天的日化行业表现得更为明显。随着科技加快发展，细胞生物学等基础学科与精细化工的发展为近代日化行业发展提供了基础，基因生物工程、植物萃取等高端科技的进步又将日化行业向以天然原材料为主导的健康类产品市场推进。日化企业在科技领域的不断投入已经成为企业判断市场走向、实现可持续发展的重要环节。①

“在这方面，我们也走了一段弯路。因为太执着于环保理念，以至于最后是为了环保而环保，我们不仅内容物环保，还想尝试着把外包装也做成完全可降解的，初衷虽好，可是技术上并不成熟，最后产品还没用完，包装却已经化了。那一次行将踏错，对我们的打击是很大。”胡克勤如今已经可以云淡风轻地讲述当时的曲折。也正因为这件事，年轻的洛娃开始沉稳起来，张扬的广告很少再铺天盖地了，而是掉头向内、苦练内功。

认识到技术的重要性，洛娃沉下心来，开始扎扎实实地搞产品开发。在门槛较低的日化行业大搞研发，洛娃很快就得到了回报。洛娃开始发展自己的专利，参与行业标准的制定，并将企业向高科技方向进行转型，随即而来的是行业的认可。洛娃成为“洗涤用品安全技术规范”等七项推荐性国家标准和“衣料用液体洗涤剂”等三项行业标准的参与制定者。他们自主开展的“洛娃防晒洗衣粉”“节水型多功能低泡洗衣液”“应用MES配比新型高效清洁产品”“小麦蛋白新材料在清洁产品中的应用”“高效广谱抗菌剂在清洁产品中的应用”等九个项目被列入国家及北京市火炬计划。反映到市场上，则是洛娃的产品不断推陈出新。大多数消费者都不清楚，除了皂粉，洗衣液这个品种也是洛娃第一个研发出来的。

技术上过硬，还要有具体的消费需求指引方向。就日化行业来说，大部分国际品牌进入中国市场时，都不是从中国本土消费者的角度出发，开发适应中国的产品，而是直接将在国际市场上成熟的产品引进。应该看到，国际产品在开发理念和技术路线等方面和中国传统理念乃至消费习惯都有很大不同，这就给了本土日化企业机会和空间。

① 2016年中国日化行业市场现状及行业发展趋势预测［DB/OL］.［2016-07-19］. www.chyxx.com/industry/201607143l681.html.

比如，20世纪90年代初，纳爱斯的领头人庄启传之所以突发生产“雕牌超能皂”的奇想，就是因为家人抱怨洗衣服的“黄肥皂”味道难闻，而香皂却因去污力不强不能洗衣服。于是，味道好闻、去污力强的“雕牌超能皂”席卷全国。

针对当前愈加细分的需求和市场，洛娃也将注意力放在了更有针对性的产品研发上。比如洛娃的小白鞋清洗剂，产品虽然是行业里的小众，但很有创造力和吸引力；再如他们推出的洗衣凝珠，这个产品看起来就很时尚，很受年轻人欢迎。就这样，以别具特色的产品吸引消费者的注意力，再力争刺激延展性消费，很见成效。

随着洛娃“大日化”的发展战略徐徐展开，时至今日，洛娃已经从最初的单一品牌向多品牌、多层次方向快速转型，在国内相继推出了洛娃、卫尔、REWARD、优手等品牌，产品体系涵盖家庭和个人护理全系列逾千个种类。特别是在洗涤行业，先后推出了富氧净洗衣液、东方香韵系列、靓丽绚彩系列、洗衣凝珠系列等众多产品，甚至在很多产品线的创新中，实现了与国际市场的“并跑”和“领跑”。

遇见挑战，跟到底、不躲避

随着中国加入世界贸易组织、敢于到世界经济的“汪洋大海”中经历风雨，中国市场经济不断发展，中国企业也在“游泳中学会了游泳”。在此之后，国际日化企业更多地进入了中国市场，带来了先进的管理方式和营销模式，中国本土日化企业的发展能力也越来越强。以立白、纳爱斯、拉芳等为代表的本土品牌逐渐发展壮大，与外资品牌处于正面竞争状态。这让国际巨头不得不也采取措施硬碰硬地进行市场竞争。

2004年起，宝洁、联合利华等国际日化巨头开始悄然改变在中国的市场策略，开始与本土日化品牌进行全面竞争，降价是其中一个重要手段，给众多日化企业造成了压力。面对这种情况，以雕牌为代表的日化品牌利用价格杠杆打了一个漂亮的反击战。①

这一战虽然足够鼓舞人心，但是整个中国的日化市场也不可避免地进入了微利时代。这也为此后本土日化企业之间的激烈征伐埋下了伏笔。

时间快速推进至2013年，洛娃迎来了发展的拐点。在此之前，洛娃还属于地区性品牌，只拥有东北和华北的市场，留居行业三线，并不引人注目。但扎实的实业作风在2013年前后获得了投资者的青睐，胡克勤猛然发现，洛娃已经有了进军全国市场的实力。

向全国进军，路线怎么走？这是个问题。我国地域广阔，各区域之间面临发展不平衡不充分问题，天然便存在着不同层次、不同特色的消费需求。这让洛娃看到了更大的机会。2013年的日化市场，一二线品牌依然执着于在城市厮杀，而胡克勤认为市场下沉、渠道下沉也是一条走向全国的道路。

更值得注意的是，2012年的中央经济工作会议提出了2013年经济工作的主要任务。其中，积极稳妥推进城镇化，着力提高城镇化质量，是一项重要内容。按照当年的会议精神，城镇化是扩大内需的最大潜力所在。而在实践中，有观点更是提出，新型城镇化的核心是人的城镇化，不仅要有序推进农业转移人口市民化，还要让人们在生活理念和习惯上有所提升。县级市场的消费升级趋势已然萌发，曾经占领这一市场的低端产品即将被下沉而来的优质产品挤压出清。

对洛娃来说，万事已经具备。2013年，洛娃提出了专注于2000个县级市场的营销策略，直接进军县级市场。“县级渠道不同于大城市的KA（商超）渠道，深耕县级市场不代表品牌档次的高低，毕竟，日化产品就是要跟老百姓贴得近些、再近些。”胡克勤说。

事实证明了这一战略的正确性——将注意力转向县级市场，也加强与县域的、地区性的商超合作，不但掌握了广大县域的流通渠道和批发渠道，而且他们能更直接地面对消费者，更接市场地气，也更直接地掌握了消费者的

① 向阳. 把脉中国日化企业［J］. 中国化妆品，2008（10）:10–15.

倾向与偏好。更重要的是，相比于日化企业传统的战场商超渠道，洛娃将县域市场做得扎扎实实，由此成功进军全国。

2014年，我国本土日化品牌的总体市场份额首次超过外资品牌，包括洗涤行业在内的中国日化终于在几十年的拼杀中赢得了些许优势。回过头来看，在日化行业洗发水、洗衣粉、化妆品三大板块里，国内企业对洗衣粉市场的竞争力尤为坚挺，并未被外资品牌远远抛下。虽然在这场旷日持久的混战中，曾经辉煌的活力28、白猫、熊猫等国内品牌纷纷折戟，但也正是有了立白、纳爱斯、洛娃这样的民族品牌奋勇拼杀，国际巨头才没有占到太多便宜。

在市场中，对手可以变换，竞争本身却是永恒的。中国日化市场将出现新的格局，洛娃和众多日化企业也将面对新的挑战。

2016年1月31日，在纳爱斯集团2015年度股东大会上，纳爱斯集团董事长庄启传发表了题为《再造一个纳爱斯》的演讲。他说："纳爱斯花了47年成长到今天的规模，然而新的一年她就要翻番再造一个纳爱斯。"用1年跨越47年，这个构想十分刺激，对纳爱斯来说也足够振奋，但对其他日化品牌来说，就不那么美好了。2015年，纳爱斯完成了190亿元的销售额，几乎是宝洁同年在中国市场销售额的一半，这也让纳爱斯成为全球第五大日化品企业。这样的庞然大物要在1年之内乘以二，有限的日化市场必然要经历优势品牌的激烈争夺。

到了2016年下半年，洗涤行业的价格战已经日趋明显，直至2017年，价格战被摆在了明面上。洗涤市场上经常出现纳爱斯、立白等优质品牌的大幅促销，甚至出现了较为罕见的买一赠一、半价销售、击穿底价。日化大企业宁可亏钱也要抢占市场，二、三线品牌直接受到冲击。有业内人士直言，这场商战说是"血淋淋"也并不为过。也有评论说，日化行业的这场商战，激烈程度不比人们更加熟悉的电商大战相差分毫。2017年，价格战进入白热化阶段，许多一直跟进的二三线品牌一个一个放弃。到最后，整个洗涤行业，只有洛娃始终保持住了与立白和纳爱斯一致的步伐，跟到了最后。

对胡克勤来说，选择“跟到底”并不是个纠结的事情。甚至在洛娃集团内部，这一决策也并没有经过太多的争论和犹豫，很快就达成了一致。

从战略层面看，洛娃认为，这场商战绝不能退。退让就会被挤出市场，被逼至一隅甚至就此消弭；但若是迎难而上，挺过来了，洛娃就有了与一线企业比肩的可能。

从战术层面看，洛娃已经具备了商超和县域两条腿走路的实力。价格战主要爆发在商超渠道，再怎么打，广大的县域市场依旧会为洛娃提供坚实支撑。这场商战，洛娃打得起！

但其中更多的，还是洛娃企业文化中“亮剑”精神起了作用。“亮剑”精神来源于电视连续剧《亮剑》，洛娃将这部电视剧作为企业文化教育的教材，胡克勤认为，“亮剑”就应该是市场竞争中洛娃应该有的一股子精气神儿，这个精气神儿决不能泄！遇见挑战，也不能躲！

回过头来看，市场发展到一定程度，必然会出现一定程度的整合。不仅对日化市场如是，对其他门类的市场也如是。价格战必定不可持续，随着硝烟散尽，在这场激烈的市场竞争和整合中，不少二三线日化品牌就此一蹶不振，洛娃则挺住了、站稳了，再上台阶。

开启海外收购，走向世界

时至今日，在高度竞争的市场环境中的本土日化企业，经过艰难成长，在品牌、技术、营销渠道等方面都已经形成了自己的独特优势。新的突破，新的机会，也摆在中国日化行业面前。

值得关注的是，日化行业的资本运作始终保持着活跃态势。在此之前，外资品牌大肆收购民族日化品牌的消息屡见不鲜。1990年，美国庄臣接收了上海家化旗下的“美加净”商标，随后“美加净”商标被搁置；1994年，宝洁公司斥资1.4亿元买断“熊猫”洗衣粉50年品牌使用权，熊猫洗衣粉随后销量大减；1996年，德国美洁时公司与沙市日化成立合资公司，使用“活力

28”品牌，这一品牌如今已消弭于市场；2003年，法国欧莱雅集团全资收购了曾是中国市场三大护肤品牌之一的“小护士”，“小护士”的接续发展也不理想，被业界认为品牌遭遇“雪藏”……

可以看到，在上一轮资本运作浪潮中，本土民族品牌被外资收入囊中是发展主流。但随着中国日化企业的日益壮大，中国企业逐渐将触角伸向海外，开始了海外收购。洛娃就是这样坚定地走向了世界。

2015年，洛娃集团做出了收购控股美国攀柔莎的战略决策。将攀柔莎、万莎、纳莎等品牌收入囊中。

攀柔莎也是一个在美国发展了20多年的日化企业，在行业浸淫多年，已经拥有1000多种产品，产品涉及精油、沐浴乳、护体乳、洗手液、洗发水及香皂等高端专业洗护产品。特别值得注意的是，攀柔莎产品都是有机天然的，并且拥有行业中的顶级技术。他们在中国江苏的子公司拥有国际制药标准级别的GMP 10万级净化车间，通过了美国FDA（Food and Drug Administration，美国食品药品监督管理局）检测标准的检验，8款出口美国的产品荣获美国FDA认证证书（当前日化行业在国内取得美国FDA认证的企业屈指可数），以及包括专卖店、百货公司、电商、俱乐部等渠道在内的海外立体化销售网络。这些都是洛娃十分看重的。

“收购攀柔莎对洛娃来说，是一项重大的决策。”胡克勤说，“攀柔莎本来就拥有自己的品牌、技术和市场网络，为我们此后开拓市场奠定了坚实基础。更重要的是，攀柔莎的技术和包装等还带动了洛娃在国内的发展进步。”目前，攀柔莎在美国的行业地位十分稳固，11条现代化生产线已经投产。借力攀柔莎，洛娃将自己的日化产品从家庭护理领域大力推进到个人护理领域。

回过头来看，洛娃在美国建厂投产的举措无意中为自己开辟了一方新天地。国际金融危机之后，美国受到“虚拟化陷阱”的困扰，开始高呼重返制造业，要求产业回流。但是产业回流可并不是一句话那么简单，需要一个较长的建设周期，洛娃在美国的建设活动，正好踏准了当地产业回流、产品本土化的节奏。如今，攀柔莎在美国市场的状态良好，洛娃也向国际化迈进了一大步。

“站在更加宏观的层面来看，中国是日化消费的制高点，美国是日化技术的制高点，所以接下来，我们要选择一个日化特色的制高点进军。”胡克勤说。这个“特色的制高点”，洛娃将落脚点放在了法国。

2018年5月1日，第123届春季广交会第三期在中国广州琶洲会展中心盛大开幕。洛娃集团旗下法国LE CHATELARD 1802(夏特拉尔1802)携千余种产品盛装参展，甫一亮相，即以其200余年的品牌传承、浓郁的普罗旺斯风情和从薰衣草原料到终端产品的全产业链模式引起关注。收购夏特拉尔1802，是洛娃走向世界的又一次得意之作。

在法国，夏特拉尔1802是一个历史悠久的品牌，于拿破仑时代创建，是名副其实的“百年老店”。这家“百年老店”背靠法国薰衣草产地普罗旺斯，夏特拉尔1802的创始人家族是首批在当地定居并种植薰衣草的人之一，其在薰衣草制品方面的研发能力和行业影响力均占行业鳌头，品牌旗下的1061种产品都具有难得的资源性、特色性、文化性、历史性。2017年7月，洛娃集团与法国夏特拉尔1802正式签订投资收购合同，进一步完善了从原料、研发、生产到销售完整的薰衣草全产业链模式，扩大了国际市场，并将其引进中国市场。特别是通过此次收购，洛娃不仅得到了薰衣草类产品的研发能力，而且直接进入了日化原料市场，得到了更多话语权，不断将产业链向前端延展。

至此，在大日化领域，洛娃实现了面向世界的战略布局。“从家庭护理到个人护理，我们实现了从品牌到产品，再到产地和市场的世界布局。”胡克勤说，“中国市场、美国市场、欧洲市场成鼎立之势，再面向世界其他国家和地区的市场挺进。”

终极战略，不仅是日化

如果不是2016年国家出台了婴幼儿配方乳粉产品配方注册管理新政，外界很难想象，洛娃这个以皂粉起家的日化企业，在乳品行业也是一名

"老兵"。

2016年6月6日，国家食品药品监督管理总局发布《婴幼儿配方乳粉产品配方注册管理办法》，进一步保障婴幼儿配方乳粉质量安全。这一办法要求，在2018年1月1日之前，每一个奶粉工厂最多只能有三个配方系列的九个配方产品的注册资格。这可不是一次简单的管理办法调整，按照规定，所有奶粉企业都要对奶粉配方进行注册，需要提交研发能力、配方科学安全性等等10项申请材料项目的文件。相关部门还会派工作组到企业生产现场核查检验，企业必须经得住重重考验才能不被踢出局。

在这场声势浩大的乳业重整中，洛娃集团旗下的双娃乳业成了一匹行业黑马，其拥有的三个系列九个配方全部通过了婴幼儿配方奶粉注册，而双娃乳业在此前不久的2015年才获得婴幼儿奶粉生产许可，和多年之前的洛娃皂粉一样出了回风头。

其实，这一次风头只是洛娃在乳业耕耘多年的结果。早在1998年，洛娃就与黑龙江双河农场签署协议。取双河农场的"双"字和洛娃的"娃"字，双娃乳业就此成立。就在同年，双娃奶粉走进市场。

"可能是因为从小贫穷挨饿的记忆太深刻，我一有机会就想着把最好的食品摆到老百姓的餐桌上。解决好吃的问题，让人们吃得更健康，实在是太重要了。"胡克勤说，"当时我们起名字叫'双娃'，现在国家出台了放开二胎的政策，这是不是个巧合？"

2000年，呼伦贝尔又开始向洛娃招手。当时中国的乳品行业发展前景一片大好，但拥有世界仅存的三大天然草原之一的呼伦贝尔由于自然条件比较寒冷，地理位置偏僻，基础设施落后，很多乳企都不愿意到那里去经营开发，没有从乳业的发展中受益。当地政府和中央统战部又找到了胡克勤，无论是从企业发展的角度，还是维护老少边穷地区稳定的角度，都希望他能够到呼伦贝尔投资。于是，胡克勤响应中央统战部"光彩事业"的号召，毅然投入了呼伦贝尔乳业产业链的建设中。

"说句实话，乳业要想长远发展，把好源头势在必行。"胡克勤说，

“双娃从一开始就做全产业链，从草原开始，饲料厂、牛场、乳品厂、原料粉、终端粉，一个环节都不能少。在世界上，我们应该拥有同行业最好的产业链之一。”如今，洛娃在呼伦贝尔有将近200万亩草原作为饲料基地，以这个基地为依托又建立起了奶牛场、饲料厂、奶粉厂等，在呼伦贝尔地区这一世界公认的黄金奶源带上，21世纪初，双娃乳业成为国内最大的专业做工业奶粉的生产商。

“在那时候，如果有人跟我说，哎呀胡总，双娃这个牌子我是听说过的。那我就要说，谢谢你，你这是给我面子。为什么消费者不清楚我们的品牌？是因为我们的产品并不直接面向消费者。工业原料粉是提供给相关企业生产衍生产品的，比如大家熟悉的产品，像娃哈哈，用的就是我们的原料粉。”胡克勤说，“但我们并不满足于此。2014年开始进行技术和设备的整体改造，2015年就正式进入到终端市场。”

把真正健康的食品提供给中国消费者，可以说是胡克勤的一个执着的念头。实现“从法国农田到中国餐桌”，是洛娃在这条路上的又一个里程碑事件。

自2013年起，胡克勤在法国先后收购了八个大型农场，种植小麦，并与法国最大的农业合作社合资合作，建立起涵盖小麦种植、面粉加工、终端销售，到在全国设立高端连锁面包房的食品全产业链。

在法国购买农场，可不是容易的事情。事实上，来自中国的收购者引起了法国当局的高度重视，胡克勤在法国买下了3000多公顷小麦地，也是一波三折，当时在法国引起了很大轰动。一连串举动让法国驻华大使馆人员直接找到胡克勤，请他与法国农业部负责人座谈。“被质疑，是个大概率事件，但我们可以真诚地交换想法。我直接问，你了解中国吗？你了解洛娃吗？你了解我吗？”胡克勤说，“洛娃想做的事情很简单，中国是个农业消费大市场，法国是个农业大国，我们希望在中法之间搭建一个产业链的桥梁，让双方都能受益。”

这样的初衷赢得了对方的认可。于是，洛娃成了法国最大的农场主之一，从法国买地，生产面粉，到中国销售面粉、开面包店，然后在全国居民系统和超市系统卖面包和冷冻面团，完成了“从法国农田到中国餐桌”的产业链条。2017年12月，洛娃旗下的布朗丁之家旗舰店在北京开业，法国大使馆农业参赞在布朗丁之家开业时对外公开宣布：布朗丁之家是中国第一家真正的法式面包房。

相比于浸淫多年的日化行业，洛娃在食品领域不同行业的深耕与试水尚未全面开花，但两大消费主产业的国际化格局已然形成。洛娃向食品领域延伸，算不得“不务正业”。向外延伸、再延伸，拥有多一些、再多一些的品牌，是日化巨头们的共同选择。比如，联合利华已经拥有400多个品牌，它旗下的食品和饮料产业发展势头都很强劲。

面向未来，洛娃对自己的道路也很明确。

洛娃，单纯看名字，颇具乡土气息。但是洛娃的英文名称是“REWARD”，中文的意思就是“回报”，这正是胡克勤和洛娃出发的起点。

“很多时候，没有想那么多。我是苦孩子出身，无论我们涉足哪一个产业，做了些什么，都是想发挥更大的作用，为老百姓做更多的事情。这样能够实现我的人生价值，也能实现企业实业报国的愿景。”胡克勤说，“我接触过很多国外成功的企业家，他们的企业拥有百年历史，经过几代人的努力才发展到今天的规模，他们也会感叹中国企业发展之快。这只是中国企业的发展快吗？这其中固然有中国企业家的不懈努力，但归根结底还是国家的政策使企业拥有更广阔的资源与市场，是改革开放政策让中国企业的发展步入了快车道。我们赶上了这个能有所作为的时代，我们怎么能不感恩？不回报？”

当年的一台绗缝机，可以代替手工缝制被子，能为人们的生活多带来些便利；今天的洛娃，国际化布局，所为所求依然是能够满足人们更多的生活需要。这就是胡克勤和洛娃发展所遵循的终极战略。

细细梳理胡克勤和洛娃的历程，可以管窥改革开放以来中国日化行业的演进路径，以及企业家群体的成长路径。正是那些生于不同年代、有着不同经历、取得不同成就的企业家们带领着自己的企业和创业团队，代表中国市场经济的力量到世界市场中经历风雨、不懈拼搏，在游泳中学会了游泳，书写了改革开放年谱上极为生动、灿烂、深刻的一页，也凝聚成今天新时代再创业、再出发的蓬勃力量。

作者简介
Introduction to the author

曹元水 现任中国经济网总编辑助理、产经部主任。

自2003年起，一直专注于财经新闻报道，十几年的互联网媒体从业经历，在财经和新媒体领域拥有丰富经验，熟悉新媒体的运作和内容建设。长期关注我国民营企业可持续发展问题，坚持以旁观者、守门人的角色，积极宣传各项促进民间投资、激发民营经济活力的政策措施，传播民营企业科技创新成果，弘扬新时代企业家精神，同时及时发现民营企业在改革发展中遇到的突出困难和问题，监督民营企业违规行为，提示防范化解各类重大风险。

2012年新闻作品《姚景源详解我国上半年经济形势》获第二十届中国新闻奖二等奖。

雅昌：为人民艺术服务的艺术工匠

“人和企业都是有生命的，如果有一天雅昌不在了，雅昌保存的所有艺术品数据，将属于国家，属于全人类。”2008年，在中国美术馆举行雅昌15周年庆典时，雅昌董事长万捷宣布了企业遗书。

文化艺术是国家之魂，民族之根，是人们的精神家园，文化艺术的生命在于传承。毕加索的艺术作品广为流传、为世人称赞，这与毕加索采用了文献系统的方式来保存自己的艺术作品密切相关。早在1932年，毕加索就将他的16000件作品，通过朋友的帮助，全部整理成为文献数据库。经过时间的洗礼、历史的积淀，毕加索的作品时至今日仍然有据可循。如今，我们依旧可以非常清晰地看到毕加索的艺术足迹，能够清楚地看到一位艺术家的成长过程。

“一位伟大的艺术家可能没有一个专业、系统的文献系统，但是一个专业、系统的文献系统一定出自一位伟大的艺术家”。雅昌创始人万捷在打造艺术资源数据库的过程中，从毕加索的文献系统中得到灵感，卓立打造艺术家数字文献全集，为艺术品提供鉴证备案服务，形成了全世界最大的艺术资源数据库。

雅昌用自己独特的方式为人民艺术服务，为艺术的传承服务，让艺术属于人民。

Artron，Art+ron：艺术与科技的融合

雅昌，Artron，正是艺术（Art）与电子（Electron）的结合。从雅昌诞生之初，便奠定了雅昌注定要将艺术与电子牢牢地绑在一起。

1985年的深圳，是改革开放的排头兵和试验田。深圳，毗邻当时世界五大印刷基地之一的香港，印刷工业非常发达，并且特色鲜明，专业化程度高、分工明确、管理严格，是公认的世界级水平。与之山水相连的深圳，区位优势毋庸置疑，加之改革开放给予特区的宽松政策，使得香港先进的经验和高素质的人才储备能够畅通无阻的进入深圳，深圳印刷业迅速崛起，并成为当时国内印刷业最大的集散地。

这是一个充满惊喜和梦想的“传奇之地”。雅昌创始人万捷，也对深圳充满着好奇和向往。所以他选择离开生活了23年的北京，放弃了在当时稳定且有保障的中科院工作，踏上了去往深圳的追梦之旅。在深圳，他选择加入当时中国第一家中外合资的印刷企业——美光彩印公司。这家中日合资企业拥有顶级的设备、产品、技术和专家，他感到这里充满了新鲜感和活力感，如饥似渴地学习着、奋斗着。在这里，万捷意识到“匠心”一词的意义和分量，并且对他今天的事业态度和追求都产生了深远的影响。

1992年，万捷意识到，合资企业经历了新鲜期和学习期后，逐步蜕变为中方的管理模式，领先性已经没有那么明显了。在这样一种体制下，自己的很多想法并不能实现，于是他萌生出了自己创业的念头。在坚定信念之后，1993年，万捷凭着借到的40万元和30余名员工，开始了自己的创业之旅。虽然初创期的公司规模很小，但他的梦想却很大。

印刷术是中国古代四大发明之一，而印刷行业的发展，会直接革新这一发明。让雅昌实现顶级水平的印刷工艺是万捷的志向所在。从纸张选材、印刷工艺到装订工艺，雅昌追求极致、精益求精、不断创新，这也促使雅昌打开了制作拍卖图册业务的大门。

上世纪九十年代初，中国艺术品拍卖交易刚刚恢复，发展迅速。拍卖图录作为艺术品拍卖的重要宣传手段，其品质被拍卖企业高度重视，对以图片为主的图录印刷要求颇高，国内印刷水平很难达到要求，都要安排到日本、香港等特定企业印制，各项成本非常高。因此，雅昌在经过不断研究世界各拍卖公司制作的图录，终于形成了一套属于自己的高档印刷模式，并且在进入数字化时代后，印制技术突飞猛进，这也让雅昌制作的图录质量有了飞跃性的提升。

印刷术的发明，是人类文明史上的光辉篇章，而建立这一伟绩殊勋的莫大光荣属于中国。如今，科学技术的发展在推动印刷技术的革新和进步，印刷界的几次革命——从传统工艺林CTP再到世界上最先进的数字印刷，每一次都是由雅昌率先自觉转变的。雅昌先进的印刷技术不仅体现在个性化、数字化上，而且还体现在雅昌把800年前、1000年前，土耳其、俄罗斯、法国、意大利等国的传统制作工艺与当今最先进的科技结合起来，将传统技艺传承、延续。

2018年，是雅昌成立25周年。25年来，雅昌斩获各类国际印刷大奖960余项，10次荣膺莱比锡“世界最美的书”称号，92次被评为“中国最美的书”；共揽获有着世界印刷界“奥斯卡”之称的美国印制大奖——班尼奖364项，其中金奖69项，成为连续九年获得班尼奖最多的企业。文化学者余秋雨先生曾感慨道：“雅昌挣回了从宋代毕昇开始的首创性尊严。”雅昌，让中国四大发明中的印刷术在世界舞台上散发出了灿烂的光芒，也让中国先进的印刷工艺展现在了世界面前。

在万捷心里，书籍本身就是一件艺术品、收藏品，是艺术家和工匠、科技共同合作的作品，而不只是简单意义上的阅读工具。万捷将公司定位于艺术印刷，他想要做的，不仅要通过艺术印刷促进印刷业进步，还要从行业发展的角度研究艺术需求、艺术规律，真正做到传承艺术。

数字文献系统，记录艺术足迹

印刷工艺的突飞猛进，业务领域的全覆盖，艺术数据的快速累积，雅昌经历了从量变到质变的跨越。在艺术的推动下，2000年，雅昌艺术网诞生了。它以“网”的形式，提供艺术品的数据采集、分类、存储与管理等服务，为艺术专业内容创造者和艺术爱好者之间搭建起了一座沟通交流的桥梁。

“中国艺术品拍卖市场行情发布系统”由雅昌首创，并建立世界上独一无二的中国艺术品拍卖市场数据库、艺术家及作品数据库、书画印鉴数据库、画谱收录书画著录数据库。以“库”为核心，生成雅昌艺术市场指数，包括成分指数、分类指数、个人作品成交价格指数三大类。

从雅昌到雅昌艺术网，就是传统印刷与艺术的跨界，是传统纸介与互联网的融合，是艺术与科技的融合。

如果说雅昌艺术网的最初设想就是打造一个能够方便安全的储存艺术品数据的平台，并放大其价值、满足艺术家及艺术机构的需求。那么接下来，就是要让艺术平台更加精准的聚焦艺术，将艺术传承、延续。

聚焦艺术，就要对艺术领域的海量数据做到精准分析，搭建数字化服务平台。其核心引擎就是“中国艺术品数据库”。

• 以艺术为中心、以数据为支撑

“中国艺术品数据库”就是“以艺术为中心、以数据为支撑”，搭建一个由生产数据自动转换成数字资产管理的收集、存储、展示、交换和交易的平台。这个平台可以为拍卖公司、艺术家、博物馆、收藏者、出版社、艺术爱好者等提供多元化服务，它将艺术生态链上各个环节的信息进行统一存储、管理和发布，利用云计算、网络技术、数据库技术，开展中国艺术品数字信息的大图片存储、海量数据存储、数据共享、容灾安全等关键技术研究，以及进行系统集成应用、硬件平台搭建。这些都能使我国与艺术品相关的所有行业形成规模效益，对于艺术品流转中各个环节的保护、传播、交流和交易等有所保障。

“中国艺术品数据库”目前由以艺术品中心库、艺术家中心库等为核心的19个海量艺术数据集群组成，将珍贵的中国艺术品以图文资料的形式与艺术机构、艺术活动、艺术资讯和艺术图书360° 的数据资源实现共享。

其一，艺术品中心库。共有艺术品图片资源4500多万张，累计存储容量达2 PB；同时每年新增资源近百万张，新增存储空间约200 TB；艺术图书资源15万本、艺术期刊1651期、艺术展览资源5.8万个、艺术视频2.3万个、艺术文献20万条、文博机构近9000家。

其二，艺术家中心库。共有艺术家资源14万位，其中，国画家121169位，书法家28312位，油画家4826位，摄影师3000位，艺术家作品图片2487331件，艺术家照片745029张，艺术家相关展览14521个，艺术家文献115436条，艺术家个人出版物16707本。

其三，文博机构数据库。共有博物馆4800家，美术馆1600家，展览馆572家，艺术中心与其他文博机构1828家，其中，文博机构馆藏作品图片近721380张，博物馆馆藏出版图书3915本。

这些艺术相关的海量数据在推动着雅昌艺术网朝着精准聚焦艺术的既定目标坚定前行。艺术品数据库让艺术品得以永续传承，艺术品数据库也是让中国艺术文化形象得以展示的当代“四库全书”。

• 聚焦艺术界，服务艺术界

如果说，“库”的主要功能是储藏，但储藏却不是“库”的主要目的，其深层次的目的是为了服务于应用。围绕着“中国艺术品数据库”专业而强大的数据体系，雅昌艺术网开发出了七大应用功能。

其一，组建从事中国艺术市场监测和研究的第三方独立机构AMMA（雅昌艺术市场监测中心）。它以“艺术行业数据有效为艺术品市场服务”为宗旨，为艺术品市场提供不可或缺的数据参考，让艺术品市场更透明，推动艺术品市场向重视数据和定量分析转变。

其二，组建中国艺术品数据中心。通过整合雅昌多年来专注艺术领域的资源、技术和经验，以“中国艺术品数据库”为核心，利用大数据、云计算等前沿科技手段，提供全方位、一体化的数据采集、处理、管理和应用服务。同时，自主研发包括雅昌云图、雅昌VR、博物馆展览、博物馆导览等在内的多款数字化产品，还与包括中国故宫博物院、中国国家博物馆、西藏布达拉宫等在内的文化机构达成深度合作，进一步促进中华文化、中华艺术的传承。

其三，“雅昌艺+”。通过“雅昌艺+”深入关注艺术家的艺术价值，以“百科全书”式的综合服务，提供线上及线下全方位的解决方案，实施中国艺术品鉴证备案、版权保护，为每一件艺术品建立可追溯、可查询的“身份证”信息，为艺术品鉴定、收藏等提供信息基础，保障中国艺术品市场健康有序发展，实现艺术品有序传承。

其四，打造雅昌艺术网。运用全球顶尖IT技术，多年来积累的专业经验和艺术数据，与政府单位、故宫等文博机构、院校及海外研究机构建立长期合作，为其提供专业化的服务。目前，该网站的专业会员已超过295万，日均浏览量达870万，峰值最高时可达1500万，Alexa（网站流量全球综合排名）中国排名进入前300位。

其五，设立“流动美术馆”。使以往“深居殿堂”的中外文化瑰宝走进寻常百姓，让民众与展品产生共鸣，拉近民众与艺术家、艺术机构之间的距离，让展览跨越时间、空间、地域，实现“永不落幕”的展，以此推动艺术的普及教育，进而提升全民艺术素养，促进国民素质的提升。

其六，开发雅昌艺术图书。汇聚中国乃至世界各个时期艺术家、出版社、博物馆、美术馆、画廊等艺术机构最全面、最优秀的艺术内容资源，为出版机构、艺术家等提供一个艺术类电子书授权、制作、发布、展示、推广和销售的综合服务运营平台。为广大艺术爱好者和普通民众提供一个具有艺术资源检索、查询、购买、下载等数字化阅读等功能，并兼具便捷、环保、时尚等特点的艺术学习工具，让艺术融入人们的日常生活。

其七，“传给雅昌”。以“让影像艺术之美走进生活”为愿景，通过雅昌独有的工艺水平，结合现代IT技术及移动互联网平台，为摄影机构、摄影师、摄影爱好者以及影像消费者提供专业、便捷的影像艺术服务，为普通大众参与到当代艺术中提供了途径，让人们感受到艺术的力量。

雅昌艺术网以“中国艺术品数据库”为基础所开发的七大功能，旨在聚焦为中国乃至世界艺术界众多的艺术爱好者提供专业的综合服务。一是通过为艺术领域专业的高端客户提供印刷相关服务、数字资产管理、数字出版、展览陈列、艺术图片版权交易、艺术品高仿真等服务，形成并完善了B to B的商业模式，实现“为人民艺术服务”；二是将丰富的艺术资源，通过建立版权授权和知识产权保护体系，依靠“中国艺术品数据库”资源平台和雅昌艺术网网络资讯平台，面向艺术消费市场，为用户提供艺术鉴赏和投资、艺术教育和普及产品以及艺术鉴赏和收藏产品等服务，开拓全新的BtoC商业模式，实现“艺术为人民服务”。

“中国艺术品数据库”的良好运营，攻克了艺术资源数字化等关键技术，并且在国家博物馆、西藏布达拉宫、故宫博物院、永乐宫壁画、中国美术馆、北京画院，以及安徽博物院等多个文博机构开展了大量的数据采集工作，为艺术界与艺术家提供全面而精准的数据平台，为普通民众提供参与当代艺术的平台，为艺术的传承、发展打下坚实的基础。

用艺术铭记历史，用科技镌刻文明

印刷是绵延2000多年的古老技术，在万捷心里，印刷始终是雅昌的核心竞争力之一，并且依然具有生命力，并且依然具有生命力。印刷行业作为传统行业，在科技创新的推动下，逐渐转向智能化发展；也因为科技的力量，印刷行业与互联网结合，也有了数字化的发展。

数字化时代对印刷行业造成了巨大冲击，纸制品出版物的萎缩便是冲击的具体表现。20世纪80年代，日本印刷协会会长认为未来印刷行业将会是数字化、信息化为主流，会替代当下的印刷技术。

在万捷内心中，古老的技术并不会真正消亡，而是会以另外一种形式继续存在。印刷技术应当与艺术服务、艺术教育等更紧密地结合在一起，不只是简单的印刷书籍，书籍只是载体，其核心是数据内容。

在数字时代，内容不只是成书，也可以成为互联网的内容，应当用数字技术将内容以多媒体的形式呈现出来。传统纸媒和现代数字技术并非水火不容，而是很好地互补，这也构成了雅昌战略设计的前提。

纸质出版物有多种功能，其中很重要的一点便是收藏功能，也同时具备传承功能。艺术品能够帮助我们记住历史，镌刻文明。当代艺术就是在记录当下，记录我们的时代。雅昌的艺术书籍，就是用最合适的方式传承文化，保存我们曾经的文明，记录我们身处的伟大时代。

传承祖国优秀的艺术珍品是雅昌艺术网的首要目的。回眸五千年的中国文化历史长河，曾经流淌过多少堪称奇珍异宝级的艺术品。然而，由于时间的消磨、收藏的局限和天灾人祸等原因，这些奇珍异宝级的艺术品有的沉溺于历史的长河中、有的被时光的无情磨砺得残缺不全，为后人留下的不是美丽的传说而是无穷的遗憾。

雅昌的“中国艺术品数据库”通过运用IT技术，将现存珍贵艺术品的图文资料以各种数据格式永久地存储起来，并应用在印刷、出版、艺术品复制、展览等领域。为中华民族文化的保护、传播与弘扬起到了独特的作用。其中，完成西藏布达拉宫壁画数字化采集工程和服务于“数字故宫”工程就是很好的见证。

坐落于拉萨市西北玛布日山、居世界海拔最高，集宫殿、城堡和寺院于一体的宏伟建筑布达拉宫，在2015年迎来了一批尊贵的客人。这座雄伟的宫殿自17世纪重建以来，第一次被来自雅昌的专业人员对宫内壁画艺术进行了全面、完整、系统的高清数字化的采集和梳理，令许多常年被建筑结构遮挡的壁画艺术得以重见天日，让这些壁画艺术再次走进大众的视野。这项工程的实施对于藏传艺术的传承和文物保护方面都发挥着十分重要的作用，那些珍贵的壁画数据将为今后对藏民族壁画艺术的研究提供宝贵的资料。未来还有望在艺术藏品数字化、布达拉宫艺术资源管理平台、旅游导览及数字应用、布达拉宫系列艺术整理和布达拉宫工作人员培训等发挥作用。雅昌的这一行动，是在世界屋脊上谱写出一曲“文化援藏”的新乐章。

故宫博物院的“数字故宫”工程的建设，极大地推动了人民大众从线下到线上，多种形式地走进故宫、了解故宫，充分体现了让文物活起来的指导思想。“互联网+应用传播”的路径赢得了社会的广泛赞赏。然而，在故宫博物院众多数字化产品和文创产品推陈出新的背后，基础性工作之一就是要对故宫馆藏的180多万件（套）文物进行数据信息高清采集、加工和存储。在这个过程中，雅昌始终是积极参与者、践行者。

2018年，雅昌的专业数据采集团队还在国家博物馆、中国美术馆、北京文物局以及各地市文博机构进行数据采集、编辑、管理及应用工作。

雅昌重要功能是推动中国艺术品市场健康有序发展。雅昌以领先的IT分析技术、完整的信息采集手段、完善的管理机制、标准化流程和全球化的服务网络为支持，通过艺术品DNA系统，为每一件艺术品赋予唯一“身份编码”对艺术品多维度、线性发展轨迹真实记录，完成艺术品身份信息锁定。打造随时查询的艺术品保真、溯源系统，与政府艺术品诚信数据库系统互通，实现对庞大的艺术品市场规范化管理。从而促进艺术市场健康有序发展。

为人民艺术服务，艺术为人民服务

艺术不是艺术家的艺术，是人民的艺术。雅昌将艺术家手中的艺术，通过互联网等科技手段，变成普通人身边最普通的艺术。

艺术的根源是让普通人学会审美。美，是修正人的心灵、修正人的思想意识、增强文化自信的根源，是丰富人们精神世界的根源。

从一张照片“传给雅昌”成为一本相册开始，从一次艺术品的信息查询开始，从一次“流动美术馆”欣赏艺术作品开始，从一次线上“艺术看展”开始，让人们感受到，艺术其实就在我们身边。

“服务专业、公益大众”，让雅昌用公益的方式，将艺术之美传播。雅昌所倡导的正是艺术背后的慈善力量。

雅昌打造的“中国艺术品数据库”，实现了文化艺术资源的数字化保护、传承、开发和利用，使中国乃至世界文化艺术的精髓得到保护。2010年，中国艺术品数据库项目被评为“中国企业公民优秀项目”。

2010年，由雅昌创始人万捷发起，与故宫博物院和社会知名企业家共同成立的“北京故宫文物保护基金会”，默默为传承保护中华优秀文化潜心奉献。

2012年，雅昌成立雅昌艺术基金会，积极开展“点亮孩子艺术梦想”等公益项目。通过雅昌艺术基金会联合各大基金会、艺术机构、出版社、艺术家与知名企业，根据科学的“艺术标准”体系，为乡村学校建立艺术图书馆，捐赠录入艺术教育内容的电子图书阅读器；为偏远地区的孩子们设立艺术教育梦想课堂，邀请艺术家、艺术院校或美术文博机构的专家志愿者义务授课，旨在为孩子们的美育教育贡献力量。

雅昌联合深圳民盟、万科公司联合发起“传递希望，‘书’出梦想——帮助边远地区建立图书室”公益活动，迄今为止，已捐赠图书64500册，帮助成立图书室30个。

促进绿色环保大业是雅昌自觉承担的社会功能。雅昌从自身做起，积极进行技术革新，提升出版印刷品质，缩短印刷周期，减少环境污染，增强节约能源、资源和保护生态环境的意识以及技术能力。

中央美术学院前院长潘公凯先生曾这样评价雅昌：“雅昌是艺术家的朋友，是中国美术行业、美术领域的重要支持者，是我们中国文化界的骄傲，是一家真正有文化、有理想的企业。”

雅昌紧随时代的脉搏与机遇，抓住艺术的根基，以饱满的文化情怀、坚持不懈的匠人精神，铺就出一条艺术传承之路。雅昌对艺术的追求无止境，亦如艺术的生命没有终点。

为人民艺术服务的雅昌，用顶尖的科技手段，将每一件艺术品的真谛进行还原，让艺术品在历史的长河中留下真实的印记，让艺术品的价值得以延续和传承，向世界展现艺术的无尽、文化的力量。

文化就像我们生活的阳光，空气和水，是我们生命的一部分，深刻地烙印在我们每个人身上、存在于我们每一个举动中。文化是中国人的根，文化的转型和升级是让国人素质提升的根本。文化是意识形态的建设，文化就是人的思想。文化就像血液一样融入我们每个人的身体里，亦如文化就像新鲜血液一样洗礼着我们每一个人，让人们身上散发出文明的力量。

“活着就要有益于世界”，万捷是这样说的。

作者简介
Introduction to the author

姚笛　现任新华网政务大数据总经理兼网络舆情监测分析中心主任，中国互联网联合辟谣平台编辑部主任，新华社主任记者。具有丰富的采编经验，编辑策划的多篇作品获中国新闻奖、人大好新闻、政协好新闻、五一新闻奖、民族好新闻、新华社社级好稿等奖项，授权软件著作权九项，受理技术发明专利五项，出版《领导干部大数据应用指南》、政府电子服务能力指数报告（2018版）等。

大 事 记

苏宁控股集团有限公司

1990年 12月26日，张近东创业，苏宁易购的前身“苏宁交家电有限公司”在南京宁海路上开业。

1996年 扬州苏宁挂牌，苏宁全国第一家连锁店成立。

1997年 苏宁售后中心和物流中心兴建。

1999年 进军海外市场和综合电器流通领域。

2001年 苏宁电器连锁集团股份有限公司核准成立。

2004年 苏宁电器连锁集团股份有限公司在深圳证券交易所正式挂牌交易。

2007年 海尔集团与苏宁签署了具体的ECR（高效消费者响应）合作协议，开创了中国家电供应链的创新模式。

2009年 苏宁出资3500万港元收购镭射公司，由此进军香港市场。

2011年 发布新十年规划，转型科技智慧企业，投入重金打造旗下互联网商城——“苏宁易购”。

2013年 苏宁电器更名为“苏宁云商”；苏宁和弘毅资本宣布以4.2亿美元收购PPTV。

2015年 8月10日，苏宁云商与阿里巴巴达成战略合作协议，标志着苏宁零售CPU向线上企业开放。

2017年 苏宁公布了“智慧零售”战略。

2018年 苏宁再次更名，从“苏宁云商”更名为“苏宁易购”。

顺丰速运

1993年 3月，顺丰在广东顺德成立。

2002年 顺丰正式成立集团总部。

2003年 借航空运价大跌之际，顺丰与扬子江快运签下合同，成为国内第一家使用全货运专机的民营速递企业。

2009年 2月，顺丰航空公司经民航局批准筹建，注册资金为1亿元人民币。

2017年 2月，顺丰控股在深交所举行重组更名暨上市仪式，正式登陆A股。

5月，顺丰控股和UPS宣布将在香港成立合资公司。

10月，顺丰与空军后勤部在京签署战略合作协议。

12月，湖北国际物流核心枢纽项目开工仪式在湖北省鄂州市举行，顺丰机场项目正式开工。

2018年 由顺丰主力投资的零担快运机构顺心捷达，启动以加盟制为主的网络建设和商业化运营。

3月13日，顺丰控股和夏晖宣布达成一项在中国成立合资公司的协议，双方将携手打造一家冷链物流公司新夏晖，顺丰控股为合资公司控股股东。

阿里巴巴

1999年 9月，以马云为首的18人，在杭州湖畔花园公寓内创立阿里巴巴，创立的首个网站是英文全球批发贸易市场阿里巴巴，推出专注国内批发贸易的中国交易市场。

2002年 12月，阿里巴巴首次实现全年正现金流入。

2004年 12月，阿里巴巴集团关联公司的第三方网上支付平台支付宝推出。

2007年 11月，阿里巴巴网络有限公司在香港联交所主板挂牌上市。

2008年 4月，淘宝网推出专注于服务第三方品牌及零售商的淘宝商城（现称“天猫”）。

9月，阿里巴巴集团研发院成立。

2009年 9月，成立阿里云。

2010年 3月，阿里巴巴更改其中国交易市场的名称为“1688”。

8月，手机淘宝客户端推出。

2014年 10月，经营支付宝的阿里巴巴集团关联公司蚂蚁金融服务集团正式成立。

2015年 7月，阿里巴巴集团宣布成立阿里巴巴音乐集团。

8月，阿里云宣布将在新加坡设立国际业务总部。

11月，阿里巴巴集团在香港及台湾启动阿里巴巴创业者基金。

2016年 7月，阿里巴巴集团与上汽集团联合发布搭载YunOS智能操作系统的全球首款量产互联网汽车。

2017年 10月，阿里巴巴集团成立全球科学研发项目“阿里巴巴达摩院”，推动科技创新。当月，阿里云于马来西亚设立数据中心。

11月，阿里巴巴集团与马来西亚数字经济发展局所成立eWTP项目的首个海外e-hub在马来西亚正式启动。

2018年 6月，阿里巴巴集团在马来西亚设立国家办公室。

新浪

1998年 12月1日，四通利方宣布并购华渊资讯，新浪网正式成立，旨在成为全球最大的中文网站。

2000年 悉尼奥运会新浪体育首创互联网与奥运会合作的方式，成为中国体育代表团官方唯一互联网合作伙伴。

2001年 新浪网在“9·11”事件发生后的9分钟内发出了中国媒体报道的第一条新闻和短信，奠定了中国网络媒体的突发事件报道机制。

2008年 金融危机期间，新浪财经在国内第一家推出全球股指栏目，成为国内投资者关注全球资本市场走势的窗口。

四川汶川“5·12”地震发生后，新浪娱乐最先联合数百名华语演艺界人士、多家影视经纪公司及慈善机构发起倡议，捐款赈灾，最终认捐总额近2亿元人民币。

2012年 伦敦奥运会新浪共获得9张采访证，超过其他网站证件总和，成为最大持证网络机构，引领社交化奥运报道潮流。

2013年 第85届美国奥斯卡颁奖礼上，新浪娱乐成为除央视之外唯一有官方报道权的中国媒体。

2015年 全国“两会”报道中，新浪首次尝试新闻选题众包报道模式，让用户来选择报道热点，用互联网产品化思维重新定义“两会”报道。

2017年 新浪体育通过打造自有IP，创立国际篮联认证的3X3黄金联赛，25赛区6000支队超过2万人参赛，成为中国最大的3X3篮球赛事。

腾讯

1998年 11月，腾讯公司成立，推出无线互联网寻呼解决方案。

1999年 2月，腾讯公司即时通信服务开通，与无线寻呼、GSM短消息、IP电话网互联。

2003年 8月，推出的“QQ游戏”再度引领互联网娱乐体验。

9月9日，推出企业级实时通信产品“腾讯通”（RTX）作为中国第一家企业实时通信服务商。

11月，推出综合门户网站——腾讯网。

2004年 6月16日，腾讯控股在香港联合交易所主板正式挂牌，是第一家在香港主板上市的中国互联网企业。

2007年 10月15日，第一家由国内互联网企业自主建立的研究机构——腾讯研究院正式挂牌成立。

2014年 12月12日，腾讯公司旗下民营银行——深圳前海微众银行已正式获准开业，这是中国首家民营银行。

2015年 6月，华南地区最大的云计算数据中心基地——中国腾讯云计算数据中心在深汕特别合作区正式启用。

7月28日，腾讯发布了国内首个“五星Wi-Fi标准”，可对公共Wi-Fi提供全方位质量检测并做出对应评分。

9月17日，腾讯宣布成立全资子公司腾讯影业。

2017年 11月7日，腾讯宣布入股Snap公司10%股权 。

2018年 5月9日，英国国际贸易部与腾讯在伦敦签署战略合作备忘录，宣布在文化创意领域开展广泛合作，以数字化手段助力文化创意行业的快速发展。

7月25日，腾讯公司与东华医为科技有限公司在北京宣布，共同发布面向医疗大健康领域的“一链三云”战略，以及落地战略的六大联合解决方案。

华夏幸福基业股份有限公司

1998年 7月，华夏房地产开发有限公司正式成立。

2002年 6月，河北固安工业园区奠基成立，开启产业新城事业。

2007年 12月，华夏幸福基业股份有限公司成立，完成股份制转型。

2011年 8月，华夏幸福实现A股资本市场上市。

2012年 华夏幸福开启产业新城全国化布局，实现销售额超200亿元。

2014年 华夏幸福在美国硅谷等地设立高科技孵化器，以全球最前沿的科技力量推动中国产业升级。

2015年 华夏幸福销售额进入行业前十强。

7月，华夏幸福与固安县探索的PPP（政府和社会资本合作）模式，得到国务院通报表扬。

2016年 华夏幸福围绕重点城市群和核心都市圈全国布局成果初现。华夏幸福国际总部在新加坡成立，产业新城业务“出海”。

7月，中共中央授予华夏幸福党委“全国先进基层党组织”称号。

2017年 华夏幸福销售额突破1500亿元，综合实力稳居行业前十。

12月，华夏幸福与河北省涞源县政府签订整县脱贫框架协议。

2018年 华夏幸福成立20周年。产业新城布局全国14个省，为合作区域全面打造百余个产业集群。

网易

- 1997年 网易成立。
- 1998年 网易邮箱大获成功。
- 2000年 网易在纳斯达克上市。
- 2001年 网易游戏崛起。
- 2002年 网易首次实现盈利。
- 2015年 网易考拉成立。
- 2016年 网易严选上线。

永辉超市股份有限公司

1995年 12月，成立第一家超市——福州市鼓楼区古乐微利超市。

1998年 8月，开设第一家以“永辉”命名的超市——福州市火车站永辉超市。

2000年 7月，开设第一家“农改超”超市——永辉生鲜超市（福州屏西店）。

2001年 9月，开设第一家货仓超市——福州永辉黎明货仓超市，同时成立福州永辉超市有限公司。

2002年 8月，开设第一家折扣店——福州永辉交通路折扣店。

2003年 7月，福州市永辉食品加工中心成立。

2004年 10月，重庆第一家永辉超市开业。

12月，永辉超市门店总数达到 50 家，集团营业额达到 20 亿元，进入全国超市零售业百强。

2005年 11月，开设第一家永辉生鲜超市升级版——永辉生活超市（福州融侨店）。

2006年 8月，厦门第一家永辉超市隆重开业，标志着永辉集团全力开发闽南市场。

2007年 8月，商务部批准永辉集团转为“中外合资企业”。

2010年 12月，永辉超市在上海证券交易所举行上市仪式，标志着永辉超市A股成功上市（股票代码：601933）。

2014年 10月，永辉超市与中百控股集团股份有限公司签订《战略合作框架协议》。

2017年 1月，首家“超级物种”（温泉店）开业，标志着永辉全新的业态诞生，被称为“新零售”代表之一。

3月，永辉超市参与收购美国达曼公司40%股权，加快构建永辉全球垂直供应链。

京东集团

2004年 1月，京东涉足电子商务领域，京东多媒体网正式开通，启用域名www.jdlaser.com。

2007年 10月，京东在北京、上海、广州三地启用移动POS上门刷卡服务，开创了中国电子商务的先河。

2009年 2月，京东获得国家商务部发放的“家电下乡”零售商牌照，成为首个承担家电下乡任务的电子商务企业。

2010年 3月，京东推出“211限时达”极速配送，引领并建立了中国B2C行业的全新标准。

11月，京东图书产品上架销售，实现从3C网络零售商向综合型网络零售商转型。

2011年 11月，京东进军奢侈品领域，正式推出奢侈品购物网站360Top.com。

2012年 10月，京东海外站（英文网站）正式上线公测，迈出国际化重要一步。

2013年 3月，京东域名正式更换为JD.COM，并推出名为“Joy”的吉祥物形象。

5月，京东超市业务上线。

2014年 2月，京东推出首个互联网金融信用支付产品——京东白条。

5月，在美国纳斯达克上市。

10月，京东首个“亚洲一号”现代化物流中心正式投入运营。

2015年 3月，设立O2O业务独立全资子公司。

4月，“京东整车频道”全新上线；全球购跨界电商平台上线。

2016年 7月，入榜2016年《财富》全球500强，位列366位，成为中国首家且唯一入选的互联网企业。

2017年 4月，京东物流子集团正式成立。

2018年 6月，京东集团正式和全球科技巨头谷歌签订了战略投资和合作协议，标志着京东国际化战略的全面启航。

恒大集团

1996年 6月26日，恒大在广州注册成立。

1997年 6月8日，开发的第一个楼盘——金碧花园奠基。

1999年 12月，跻身广州市房地产综合实力10强。

2002年 8月23日，成立党委，成为广州市第一家成立党委的民营企业。

2006年 开始拓展全国，跻身中国房企20强。成功引进多家国际投资者，迈向国际。

2009年 11月5日，恒大集团（3333.HK）正式在香港联交所挂牌上市。

2010年 3月1日，入主广州足球俱乐部。

2015年 4月16日，正式实施“无理由退房”，开创行业先河。

2016年 7月20日，首次跻身世界500强。

10月10日，中国恒大发布公告，前9月累计销售达2805.8亿元，成为全球第一房企。

2017年 8月27日，恒大旅游集团推出拳头产品——恒大童世界。

12月14日，恒大健康集团拳头产品——恒大养生谷亮相。

2018年 4月9日，与中科院达成全面合作，正式进军高科技产业。

6月25日，入主美国新能源汽车公司Faraday Future。

携程旅行网

1999年 10月28日，携程旅行网正式开通。

2000年 6月1日，首创24×7的全年无休的旅行服务呼叫中心，开通免费服务电话。

2002年 3月，并购北京海岸航空服务有限公司，开发上线全国性的机票预订平台。

2003年 12月9日，携程旅行网（CTRIP）在美国纳斯达克成功上市。

2005年 8月，入围“中国500强最具价值品牌”。

2006年 3月22日，进军商旅管理市场，隆重推出全新的商旅管理系统“商旅通”。

2010年 8月29日，入选《福布斯》“2010中国品牌价值排行榜”。

2012年 3月15日，推出中国首个顶级旅游品牌“鸿鹄逸游”。

11月21日，入选“2012胡润品牌榜”，进入100个最有价值的中国品牌之列。

2013年 4月23日，携程全球门票预订平台全新上线。

2014年 3月11日，首推出境游旅游团用户境外免费Wi-Fi服务。

2015年 5月22日，出资4亿美元战略投资艺龙旅行网。

2016年 7月13日，《财富》杂志公布2016年中国500强排行榜公司名单，携程首次上榜，位列第430位。

11月24日，与天巡控股有限公司的主要股东达成收购协议，收购英国机票搜索平台天巡。

2017年 1月25日，上线全球首家24小时“旅行SOS”服务，免费向用户提供旅游行程中的紧急援助。

2018年 4月8日，入选国际品牌评估机构Brand Finance“2018全球100个最有价值的科技品牌榜”，位列第74位。

海航集团

1989年 10月18日，海南省航空公司在省工商行政管理局登记注册。

1993年 5月2日，海南省航空公司开通的第一条航线——海口至北京航线举行首航式。

1995年 9月20日，1亿外资股股金被美国航空有限公司认购，公司成为国内首家中外合资航空运输企业。

1997年 2月24日，海南省航空公司正式更名为“海南航空股份有限公司”。

4月28日，国务院证券委员会以证委发〔1997〕24号文正式批准公司发行7100万股境内上市外资股。

1999年 3月24日，通过中国进出口商品质量认证中心ISO 9002质量标准注册审核，系中国民航第一家。

2003年 8月23日，公司以50.2828亿元营业收入名列中国企业500强，排名第280位，居海南省第1位。

2016年 8月29日下午，海南航空第一次独立发布首份社会责任报告。

2017年 1月4日，海南航空在“全球最安全航空公司榜单”中排名升至第3位，稳居内地航企首位。

2018年 1月17日，海南航空成为中国民航业内最早落实机上开放便携式电子设备PED使用的航空公司。

2月1日，海南航空使用新一代智能运行指挥决策系统，开启航班管控从经验式“人工预警”向科学分析的“智能管控”新时代。

比亚迪股份有限公司

1995年 2月10日，王传福先生以247600万元人民币为注册资本，组建比亚迪股份有限公司，从二次充电电池制造起步。

1998年 12月，通过ISO 9001认证，欧洲分公司成立。

1999年 4月，香港分公司成立。

2000年 成为MOTOROLA第一个中国锂离子电池供应商。

2002年 5月，比亚迪获得QS-9000认证。

7月31日，比亚迪在香港联交所主板发行上市，创下了当时54支H股最高发行价纪录。

2003年 1月23日，比亚迪宣布，以2.7亿元的价格收购西安秦川汽车有限责任公司77%的股份。

2005年 9月22日，比亚迪第一款汽车产品F3上市。

2006年 比亚迪主力车型F3实现销售63153辆，同比增长47.2%，实现销售收入近50亿元。

2007年 9月，2007年《中国制造业企业500强》名单发布，比亚迪位列第156位。

2008年 9月，“股神”巴菲特以2.3亿美元收购比亚迪10%的股份。

12月15日，全球第一款不依赖专业充电站的双模电动车——比亚迪F3DM双模电动车在深圳正式上市。

2011年 6月30日，比亚迪股份有限公司在深交所上市发行，正式回归A股。

2016年 比亚迪（01211）版空中巴士“云轨”，在深圳坪山新区正式通车。

2017年 比亚迪全球首条云轨在银川投入运行。

2018年 比亚迪新能源车总销量（含商用车）达247811辆，已连续四年夺得全球冠军。

华大基因

1998年 8月，中国科学院遗传研究所人类基因组中心在北京揭牌成立。

1999年 7月，北京华大基因研究中心（华大基因）注册成立，承担人类基因组计划“中国部分”（1%计划）。

2003年 4月，华大基因在国内第一个破译四株SARS病毒全基因组序列；在全球首个公布SARS诊断试剂。

2007年 6月，华大基因原部分员工南下深圳组建成立深圳华大基因研究院。

2008年 正式启动“炎黄99”计划、“千人基因组计划”。

2011年 1月，国家发改委同意深圳依托华大基因研究院组建国家基因库。

2013年 3月，华大基因成功完成对美国纳斯达克上市公司Complete Genomics的收购。

2014年 6月，国家食品药品监督管理总局批准华大基因BGISEQ-1000基因测序仪、BGISEQ-100基因测序仪和胎儿染色体非整倍体（T21、T18、T13）检测试剂盒注册。

2015年 10月，华大基因面向全球发布自主研发的首款桌面型高通量测序系统BGISEQ-500。

11月，华大基因旗下机构深圳华大临床检验中心正式获得中国合格评定国家认可委员会（CNAS）关于胎儿染色体非整倍体（T21、T18、T13）检测项目的ISO 15189：2012认可，成为国内首家在高通量基因测序领域通过该认可的医学实验室。

2016年 9月，深圳国家基因库启动运营。

11月，华大基因发布自主研发的高通量台式测序系统BGISEQ-50。

2017年 3月，华大基因参与发起“地球生物基因组计划”（EBP），旨在破译全球生命基因组。

7月，深圳华大基因股份有限公司在深交所上市。

海信集团有限公司

1993年 “青岛牌”正式更名为“海信”，将“海纳百川、信诚无限”确立为企业与品牌的内涵。

1996年 10月，南非海信成立，跨出国际化的第一步。

1997年 4月，海信剥离电视产业核心资产在上交所上市，海信电器（股票代码：600060）由此成为社会公众公司。

2001年 海信通过战略合作方式涉足冰箱产业。

2002年 海信与日本日立公司合资成立海信日立空调系统有限公司，开始涉足大型商用空调市场。

2005年 6月，中国第一款自主知识产权产业化数字视频处理芯片——信芯在海信诞生，这是中国音视频领域第一款具有自主知识产权并可以正式产业化的芯片。

2007年 9月，海信电视液晶模组生产线投产，这是中国彩电业第一条液晶模组生产线，打破了外资垄断的历史。

2008年 7月9日，海信首款42英寸超薄LED背光液晶电视TML42T08GP正式上市，宣告了中国LED液晶电视时代的到来。

2015年 7月31日，海信宣布将斥资2370万美元收购夏普美国。同时，接管夏普在北美和南美的电视机业务。

2018年 7月15日，世界杯官方赞助商海信在莫斯科全球客户大会上正式发布高端旗舰电视U9D，首次将电视动态背光分区提升到5376 Zone，这是迄今世界上分区最多、图像精细化程度最高的电视。

洛娃集团

1994年　洛娃日化诞生，办公地点设在北京有色金属研究总院租用的40平方米的小屋。

1995年　洛娃皂粉上市，这是我国首个带有环保理念的洗涤产品。

1996年　洛娃日化成为首家荣获中国环境标志产品认证证书的企业。

2001年　洛娃集团成立。

2002年　洛娃大厦竣工；洛娃集团确定日化、乳业、旅游地产三大支柱产业的发展战略。

2004年　“洛娃年产万吨脂肪醇”被列入北京市火炬计划。

2008年　双娃乳业通过ISO 9001：2008认证，国际乳品联合会中国国家委员会正式接纳双娃乳业为其会员单位。

2013年　洛娃集团走出国门，投资欧洲农业项目。

2015年　洛娃集团收购美国攀柔莎。

2017年　洛娃集团投资收购法国夏特拉尔1802。

洛娃集团荣登“中国民营企业制造业五百强”榜单。

雅昌文化集团

1993年 深圳雅昌彩色印刷有限公司正式成立。

1999年 北京雅昌彩色印刷有限公司正式成立。

2000年 雅昌创建国内第一家专业的艺术互联网平台—雅昌艺术网。

2001年 圆满完成北京申办《2008年奥林匹克运动会申办报告》印制任务。

2003年 1月，雅昌创建《中国艺术品数据库》。

9月，央视新闻联播报道：雅昌首获印刷界“奥斯卡”之称的美国印制大奖“班尼金奖”，也是国内印刷企业首次获得此项殊荣。

2004年 AMMA（雅昌艺术市场监测中心）成立，被誉为“艺术投资市场的风向标”。

10月，雅昌首获莱比锡“世界最美的书”。

2006年 5月，雅昌被国家文化部评为第二批“国家文化产业示范基地”。

12月，上海雅昌艺术印刷有限公司公司正式成立。

2007年 雅昌艺术网主办首届“AAC艺术中国度影响力”评选及颁奖活动（目前已举办十三届）。

2008年 12月，雅昌在中国美术馆举行成立15周年庆典，万捷董事长宣布《企业遗书》，在场400余位艺术家及文化界杰出人士共同见证。

2012年 雅昌（北京）艺术中心新址奠基仪式隆重举行。

2013年 2月，雅昌书画鉴证备案认证中心成立。

2014年 11月，雅昌被中国新闻出版总署评为“国家印刷示范基地”。

2015年 4月，雅昌推出专业影像输出定制平台——传给雅昌，让影像艺术之美走进每个人的生活。

2016年 10月，故宫学院雅昌(深圳)分院在雅昌(深圳)艺术中心挂牌成立。

2017年 12月，雅昌文化集团荣获“深圳老字号”。

2018年 8月，雅昌文化集团荣获《“一带一路”文铧功勋企业》称号。

12月，雅昌文化集团被中国版权年会授予“2018中国版权最具影响力企业”。

第三章 CHAPTER

生于2000

大多数创新并不是亨利·福特类型的孤独的梦想家所带来的，而是由千百万普通人共同推动的，他们有自由的权利去构思、开发和推广新产品与新工艺，或对现状进行改进。正是这种大众参与的创新带来了大众的繁荣兴盛。

——诺贝尔经济学奖得主埃德蒙·费尔普斯《大繁荣》

老百姓大药房，中国药品零售业的“沃尔玛”

平价试水，开启了中国平价药房时代

2001年10月，热闹非凡的湖南长沙市湘雅路上，第一家老百姓大药房正式开业，门口高挂着“比国家核定零售价平均低45%”的广告牌甚是醒目，2000平方米的门店，5000余种的药品琳琅满目地摆在货架上，任顾客自由挑选，顾客提着篮子购药，排着队等待结账，犹如繁华的菜市场，这种“老百姓现象”被人津津乐道。

在当时药品高度集中管理，药价又居高不下的环境下，老百姓第一次接触到平价药品，犹如开放的大卖场，老百姓自行选购，很多媒体认为这“不可思议”，而当时的中国其实正经历着一场伟大的变革。

1978年，党的十一届三中全会吹响了改革开放的集结号。乘着改革开放的春风，我国各行各业都在经历着一场涅槃重生的变革，药品监督管理体制也由原来高度集中的计划经济模式逐渐向满足人民需求的市场化运作模式发展。1978年7月，我国成立了直属国务院的国家医药管理总局，力图打破条块分割，经过20年的调整，1998年国务院机构改革，组建国家药品监督管理局来统筹管理延续至今。

1999年，《中华人民共和国宪法修正案》正式发布，其中第16条明确指出："在法律规定范围内的个体经济、私营经济等非公有制经济，是社会主义市场经济的重要组成部分。"从宪法上肯定了非公有制经济的合法地位。

同一时期医药监督管理部门也在积极推动医药行业深层变革，2000年，处方药与非处方药分类管理条例正式生效，使得消费者能自主选购非处方药。同年，经省（区、市）药品监督管理局及有关部门筛选推荐，分三批颁布了58家跨省进行药品零售经营试点的企业。

邦有道，民奋而进。国家一系列药品监管和药品零售政策的颁布，让一切皆顺也，谢子龙待时而动，抓住了机遇，带领"老百姓"团队经过充分的市场调研，首创了开架自选与药品大卖场模式，高举"比国家核定药品零售价平均低45%"的降价大旗，向虚高药价宣战。凡事预则立，老百姓大药房零售经营模式的试点成功带动了中国医药零售企业如雨后春笋般蓬勃发展壮大起来，更是推动了中国医药零售行业经营方式最深层次的变革。

跑马圈地，构建连锁帝国

2002年4月，老百姓大药房湖南浏阳店开业，老百姓大药房开始走向连锁之路；2002年12月，西安新城店、杭州国都店相继开业，成功地实现跨省经营；2003年7月，西安小寨店开业，实现了同一城市开多家门店的战略举措。2008年，公司成功引入外资8200多万美元，成立了中外合资老百姓大药房连锁有限公司。2009年1月，公司斥资2000余万元成功收购湘潭海诚大药房的32家药店。"老百姓"守城拓土，成功开发了湖南、陕西、浙江、江西、广西、山东、河北、广东、天津、上海、湖北、河南、北京、江苏、安徽共15个省级市场，拥有门店2000家，经营品种5万多种。

随着改革开放不断地深入推进，医药监管部门在放开药品零售政策之后，又逐步探讨并推进了药品连锁经营方式的变革和开放。1999年，原国家经贸委发出《关于深化医药流通体制改革的指导意见》，倡导医药零售企业实行连锁经营制。2000年5月，国家有关部门首次取消了对跨省市办医药连锁店的限制，同时公布了跨省连锁药店试点企业的名单，确保了连锁药店更合法、更健康地发展。2001年，国家药监部门下发了关于加强药品零售连锁经营的专门通知，彻底打破了地方保护，以政策、条例限制地方市场保护行为。2003年1月开始，放开药品分销服务体系。与此同时，我国五项医疗改革政策，即医疗体制改革、医药分业经营、药品分类管理、流通体制改革、药价改革进行了具体的实施和深化，这些都为连锁药店的发展提供了良好的契机。根据食药监局统计，截至2015年年底，全国零售连锁药企数量为4981家，零售连锁药企门店20.4万家，单体药店数量为24.3万家，连锁率45.5%。

国有道，只可为，“老百姓”在国家不断深化改革开放的利好环境下，不断创新经营方式，寻求“老百姓”更符合市场需求的经营管理模式。天与弗取，反受其咎，“老百姓”顺应时代发展，经过十多年的开疆拓土，已发展成为全国年销售总额最大、利润最高、发展速度最快、营业面积最大、单店平均经营面积最大、单店日均销售额最大的大型医药连锁企业集团。

转型升级，打造百年老店

2014年，当医药行业其他同行还在传统的实体店打拼角逐时，“老百姓”就已经开始追求创新，布局网上销售体系了，同年网上药店销售就突破2亿元。2015年，“老百姓”网上药店体系开始扩张，覆盖全国15个省、自治区及直辖市，包括999家门店，日常经营的药品及其他健康相关商品达4.8万余种。得其地不足为广，有其众不足为强，“老百姓”不安于现有的成功，在谢子龙的带领下，谋定而后动，积极推进电商业务的拓展，充分利用高新技术为老百姓服务，实现高效门店送货上门服务和线上下单、门店自取业务。

2015年，筹谋已久的“老百姓”上市计划，又在上海股交所顺利敲锣，成功登陆A股市场。上市首日，老百姓大药房开盘即涨停，当日市值达到63.1亿元，“老百姓”开始大手笔并购。据不完全统计，“老百姓”自2005年以来进行了一系列股权及资产收购，在上市前夕已达到17起。登陆资本市场后，又斥资3.4亿元收购兰州惠仁堂65%股权，刷新连锁药店并购额最高纪录。借助资本市场力量，“老百姓”进一步巩固并扩大了其在行业的领先地位。

苟日新，日日新，“老百姓”没有在初创试点成功后就止步，也没有在成为大型医药连锁企业集团后踟蹰不前，“老百姓”不断追求超越，“互联网+”“金融+”这些时代烙印，也深深刻在“老百姓”这位时代弄潮儿身上。日日新，又日新，“老百姓”掌门人谢子龙曾经说过，坚持“一切为了老百姓”始终是“老百姓”的经营宗旨。坚持低成本战略、低价格、低利润，是为了老百姓；“非典”期间，坚持低价和免费供应抗“非典”药品，也是为了老百姓；联合发表《北京宣言》，承诺向消费者提供安全、可靠的药品，共同努力建造药品不良反应跟踪与追回机制，更是为了老百姓。仁者以财发身，谢子龙带领“老百姓”努力实现着“老百姓”为之奋斗的终极目标——“百年老店”。

作为中国药品零售业的领军者，“老百姓”从初创成立到行业老大，17年的时间说长不长，说短不短，对谢子龙而言，用17年的时间，将老百姓大药房打造成全国药品零售行业的领袖，成为一家具有完善公司治理结构的上市企业，不仅是让“老百姓”成为民族企业振兴的骄傲，更是为了兑现当年因为“吃不起药、看不起病”而英年早逝的父亲的一个誓言。

中国医药零售行业乘着改革开放的春风，从2000年国家相关政策解冻开始，步入了高速成长和壮大的发展时期。截至2016年，药品零售市场规模从2000年的280亿元，发展到12864亿元。老百姓作为中国千千万万药品零售企业的一个缩影，它的发展壮大离不开党和政府的支持和激励，离不开40年改革开放坚定不移地推进。

40年坚定不移地推进改革开放，造就了一大批像“老百姓”这样的民族脊梁，他们天生就与改革开放的脉络紧密相连，他们天生就要与共和国同呼吸共命运；40年坚定不移地推进改革开放，立不易方，中华民族才得以傲立世界民族之林，40年改革开放换来的是繁荣昌盛、国富民强的盛世鸿颜。朗朗乾坤、灼灼耀邦，天佑中华！

作者简介

Introduction to the author

韩钦 现任中南出版传媒集团旗下天闻数媒科技有限公司政府项目和公共事业部总裁。曾任出版传媒部部长，湖南大学出版社教材发行主管、编辑、新媒体营销主管。担任的社会职务有：工业和信息化部电子科学技术情报研究所网络舆情研究中心专家委员会委员；原国家新闻出版广电总局数字出版司科技标准起草和评审专家；原国家新闻出版广电总局国家知识服务工程和标准评审专家；“十三五”新闻出版重大科技工程课题预研组专家成员；湖南省新媒体委员会委员。

先后承担国家级科研项目6项，其中2项获优秀结项，承担国家级行业标准起草编制5项，国家重大工程标准起草编制3项，国家行业标准评审2项，发表论文6篇，其中1篇获优秀奖，承担国家级重大项目2项，国家机构项目5项；编辑加工图书获奖2本；合编图书1本。

分众传媒，三十年的坚持，诗人 CEO 的发展哲学

逝者如斯，梦回南朝漫步，翻开积满尘土的琴谱，谁点黄卷青灯，美人迟暮，与昔日存放的幸福一见如故。

斯者如斯，梦回南朝漫步，躲开依依惜别的倾诉，是谁用竹篮打水，铜镜照书，让悄然丰满的爱情成为陌路。

——江南春

时光对每一个人、每一个时代而言，都具有同样的意义。昨日的叛逆，会渐渐演变成今日的正统，继而又“供养”成明日的经典。

1994年，一位诗人走出华东师范大学，时代的巨变让他从多情的诗人变成专注的企业家，从弥漫着诗歌气息的大礼堂走进狭小的电梯间。他就是分众传媒创始人江南春。

从诗人到企业家

1973年出生的江南春，在读大学二年级的时候就进入了广告行业。多年后，他回忆：“写诗歌是那时候我主要的收入来源，我进大学之后就没有向

父母要过钱，当时觉得写稿子是可以生存的，但我写的是诗歌，每个月只能出版一份，就值30块钱。有一次我帮别人写了一个广告语，赚了1000块，我突然发觉5个字赚1000块和一首诗歌赚30块，这个投入产出比差距太大，所以从此之后我就改写广告语，走上了广告的道路。”

这是一个精力极其旺盛、喜欢当推销员，又爱好写抒情诗的年轻人，20世纪80年代的中国，还是一个文学为王的时代。立志成为诗人或者文艺批评家的江南春，高中开始就大量阅读《存在与时间》《西方的没落》等书籍，他的书单中，不乏斯宾格勒、康德、莱布尼茨等名家的著作。1991年进入大学后，江南春领导了夏雨诗社，作为夏雨诗社社长的江南春，在整个华东高校都有不错的影响力。如果去舞厅跳舞，诗人的身份总能让江南春轻松与女生搭话，风光无限。然而这一切在1992年后开始变得完全不同。

“最开始作为诗人，感觉还是很好的。直到有一次，我邀请一位女生跳舞时自我介绍说，我是一位诗人。结果那女生反问我，你觉得诗人和穷人有什么区别？”

1992年，时代风向乍变，商业浪潮开始冲击整个社会。

作为最早进入广告业的一批人，江南春经历了中国广告业的整个变迁。最初，他需要做大量解释工作，跟企业主讲广告的意义和价值。很快，随着国内整个商业氛围的日渐浓厚，企业也意识到广告带来的巨大影响。

做了将近十年，江南春把自己公司的营业收入，从0做到了1.5亿元。就在这时候，他发现，广告是个反人性的东西，从来没有人要主动看广告，人们大多时候把广告视为一种打扰，这是广告行业不能改变的本质。那么，还有什么办法能破局？

2002年年初，他去太平洋百货，刚好没赶上电梯。当时电梯门上贴着广告海报，他突然意识到等电梯、乘电梯是一个非常独特的场景，消费者在那个场景当中会主动去看广告，这时候广告不是一种打扰，而是帮人打发无聊时间的方式。如果让广告回到这个场景当中，也许是巨大的机会。

当时的中国，城市化建设如火如荼，大量崭新的楼宇拔地而起，电梯成为城市化的基础设施。江南春敏锐地嗅到了商机："做电梯媒体一定会成为引爆城市主流人群的基础设施，只是要多少年我不知道，所以我就沿着这个做，一做就做了十五年。"

2003年5月，分众传媒成立。期间，经过"非典"的考验，江南春在两年时间里，把2万台电视播放器挂进了全国45个大中城市的电梯厅，而成熟的IT技术让他解决了即时更新广告内容的难题。

而很快，他又面临了一次巨大的冲击，这次冲击改变了江南春和分众的发展轨迹。

2006—2008年，分众跳出电梯广告领域收购了包括好耶在内的很多互联网营销公司，"收购兼并了很多企业，花了很多钱。"分众传媒高级副总裁嵇海荣说。

2008年的生日那天，江南春卸任分众CEO。就在这一年，分众股价飞速下降，加上金融危机的袭击，分众遇到了创业以来最大的困境。

"刚创建分众的时候，每天工作量都很大，觉得自己35岁应该退休了，换个职业经理人经营这个公司。但是分众遇到的挑战，超越了我的预期，我觉得有必要回来重整这个公司。"江南春说。

回归后的江南春，开始反思发展战略出现的问题：2009年，分众的股价发生了一次巨大的下跌，最大的原因是我们之前做了很多收购兼并。分众的主业一直发展得挺好，但是我们在主业的发展过程中不够聚焦，当时觉得主业发展之后，横向还可以通过收购兼并来壮大市值。后来发现，不能老去想公司的市值，要想想能创造的价值是什么，创造的价值才等于市值，帮助客户做多大，自己才会做多大。如果只是通过并表的方式拉高市值，我认为从长期角度来说，这种发展不一定可持续。

始终聚焦的打井人

印度圣雄甘地有一句名言："如果要改变世界，先要改变我自己。"

成功的企业家有很多相似之处，比如专注力。江南春就是一个非常聚焦和专注的人。

在十周年大学同学聚会时，江南春谈到自己多年的发展时说："我的最大特点就是聚焦。就像打井一样，在一个点上，我不断地打，可能遇到树根缠绕，可能遇到很硬的石头，我也继续往下打。有些人遇到了树根，就换一个地方，又碰到石头，又换一个地方。十年你打了十个地方，始终没打出水。如果你在一个地方打，把所有的能量都聚焦在一处。就像太阳很温暖，你把它的能量收缩在一个点上，它可能就会引起燃烧。我认为所有人总能量可能差不多，如果你把总能量聚焦在一个点上，就具有了很强的能力。我认为我的成功无非是瞄准自己的定位，让能量在一个自己擅长的领域得以充分释放。"

江南春几乎每天都在飞机上，一年至少飞250次以上，至今还在一线与客户洽谈，每年大约要见1000家企业。"在办公室坐着就能想出好的产品战略？我觉得不一定，我一直在一线，是因为见更多的客户可以反馈很多信息，然后再去调整分众的战略。"江南春说。

江南春认为，结果必然是过程导致的，他对细节的控制很强。他认为，只要控制好过程中的每个节点，就能影响结果。所以他做事考虑得很充分。

当年在大学二年级竞选校学生会主席时，为了确保成功，他先后找了7个老师修改自己的演讲稿。由于担心自己在演讲过程中忘词，他背诵稿件上百遍，后来室友都不允许他在寝室背诵。连演讲后的提问，他都提前做好了一个"百问百答"，把可能问及的问题全部准备好，并写好答案背熟。结果，在他演讲过后，竞争对手已经不敢上台了。就算这样，江南春还是"不知足"，他提前让13个同系同学准备好最尖锐的问题，提问自己的竞争对手。结果560张投票江南春得了520票，以压倒性的优势，在大学二年级上学期就当选了当时华东师大学生会主席。

这种习惯延续到了他的事业发展上，"如果说分众这几年的发展还算比较顺利，那可能来源于我们对每个细节的掌控，或者说是因为害怕再失败，所以在每个环节我都想得比较多，防止了一些可能性的失败，防止了很多跌宕起伏。”江南春说。

每个企业在发展过程中都会遇到瓶颈，越是垂直的企业，遇到的瓶颈可能越多。纵向增长乏力，就会习惯性往横向张望，但是分众走过的弯路让江南春更加坚信：分众最大的成功在于专注纵向发展。“当我们很垂直聚焦在专注主业、不断深挖主业的价值、不断思考去创造广告主价值或者创造消费者价值的时候，我们的生意一直在持续增长。”

2005年，分众传媒成为首家在美国纳斯达克上市的中国广告传媒股，并于2007年入选纳斯达克100指数。2015年，分众传媒回归A股，市值破千亿元，成为中国传媒第一股。2017年，分众传媒实现营收120.21亿元，同比增长17.7%；实现净利60.06亿元，同比增长34.94%。2018年，分众市值突破1800亿元，入选中国大陆民营上市公司市值20强。

随着移动互联网对传媒业的冲击，原有的广告规则和广告格局都发生了变化。2015年中国广告总额下跌2.9%，2016年中国广告总额下跌0.6%，在传统媒体广告份额全面下跌的背景下，只有互联网媒体和分众的电梯媒体在持续上升。

CTR（市场研究公司）广告监测数据显示，2017年上半年传统媒体的广告花费同比降幅为4.1%；而与之相比，数字媒体的广告花费整体同比上涨了12.9%，互联网广告、楼宇电视广告、影院广告等均实现了两位数增长；以CCTV为代表的传统媒体具有高覆盖和高公信力的优势，以BAT为代表的互联网媒体具有高连接和强互动的属性，以分众传媒为代表的生活空间媒体对城市主流人群具有高到达和高匹配的品质，三种平台协同使用将产出最佳的传播效果。尼尔森的数据显示，城市消费者每天观看广告时间为24分钟，其中互联网占6.2分钟比重为26%，电视广告占5分钟比重为21%，电梯广告占4.6分钟比重为19%。从广告关注度看，影院广告和电梯广告处在相对封闭的环境中，干扰度较低，用户关注度明显领先于其他类型的广告。

变革即是开始

德国哲学家尼采说：“那些没有消灭你的东西，会使你变得更强壮。”

在剧烈变化的时代大潮当中，没有公司是安全的。“对于创业公司而言，始终要保持警惕，保持对知识的饥渴，如果知识结构始终跟这个时代同步，我认为就不太容易被淘汰。真正让你焦虑的是你的思维、你的知识、你对世界的看法，已经落后于这个时代。”江南春说。

江南春说：“移动互联网曾经是很多人的对手，但是很多人也从移动互联网学来很多东西，这些知识技术重新孕育到传统的媒体架构当中去，使它焕发新的生命力。但是，我不会今天看了一样东西觉得很兴奋，明天就放下我的业务去开创另外一个东西，我永远是看全新的技术能够在对电梯媒体事业发展上有什么样的可能性。”

在移动互联网时代，形式较传统的电梯广告能做到逆势上扬，除了对主业的垂直式聚焦，与江南春本人对形势的洞察力也有很大关系。

“我觉得资本市场也好，融资能力也好，它只是事业发展中一种必需的东西，它并不是我的专业，我的专业是对广告市场的洞察，对客户专业需求的洞察。”江南春说。

在江南春看来，中国的商业战争有四种，不同的企业要根据市场地位选择自己的打法：老大要打的是防御战，在行业没有领导品牌的时候，要去封杀品类，成为行业的代名词，打造品牌壁垒，例如“上天猫就够了”；老二通常打进攻战，进攻老大，例如“多快好省用京东”，占据特性，体现自己的差异化价值；老三要打游击战，垂直聚焦，建立自己的根据地，例如唯品会“一个专门做特卖的网站”，在细分领域做深做专，就不会被轻易击垮；老四就要打侧翼战，在无人地带降落，开创新品类，比如拼多多就选择了开创新品类，打造基于微信社交的另一种线上交易模式。

“我们一般建议，当企业具备稳定的商业模式、被认可的商业价值、较充分的融资的时候，想要进行市场扩张，才适合打广告。”江南春认为，这个时候的企业就处在飞跃成为“独角兽”的时间窗口，“技术、商业模式往往可以被模仿，真正的壁垒是你在技术和商业模式创造的时间窗口中采取的饱和攻击，令你先入为主在消费者心智中占据一个品类或特性。企业必须开创一个品类或特性，而传媒行业就是帮助企业抓住时间窗口，把这个差异化价值打进了消费者心智，建立心智产权。”

商业是一个用结果来检验过程的冒险游戏，在这个转型的大时代，江南春遇到的竞争对手并不少，作为电梯媒体的发现者和创造者，分众起步最早，活得最久。

“我觉得市场上有很多模仿者是一个好事，一个没有竞争的环境会使你的团队不能保持警惕，不能保持不断前进的动力。移动互联网是一个竞争非常激烈的地方，每个领域都有几个大企业在竞争，最终拓宽了整个市场，推动了整个市场的发展。有竞争，有模仿者，有挑战者，对企业而言，就多了一个进步的可能性。”江南春说。

2009年，分众建立起物业云，基于物业数据如楼龄、楼价、商圈分析等开展精准投放；2015年，分众与百度合作，形成搜索云，百度移动端可以通过研究分众覆盖的每个楼宇的数据来分析消费者，比如哪些词语的搜索概率更高，用户对什么品类、品牌比较感兴趣。目前，分众正在与阿里等电商展开合作，研究哪些楼宇购买过哪些快消品。分众形成了物业云、搜索云和电商云的“三云合一”，用云决定屏、云端的数据来决定分众电梯海报怎样放置广告更为精准。2017年，分众在全国一线城市的电梯电视屏均换成全新的具有Wi-Fi、iBeacon、人脸识别和Apple Pay功能的屏幕。二三线城市的屏幕更新换代在2018年完成。2018年，分众还将推出电梯电视实时收视率系统和跨屏组合的量化分析系统，数据化、精准化、互动化将是分众未来发展的导向，让消费者能在主动观看广告时形成更好地转化。

江南春一直在参与赞助“未来科学大奖”。“科学推动了人类社会的进步，推动了中国社会的发展，科学家应该得到更多的关注。”江南春说。

“未来科学大奖”设立于2016年1月17日，是中国大陆第一个由科学家、企业家群体共同发起的民间科学奖项。设置“生命科学”“物质科学”和“计算机与数学科学奖”三大奖项，单项奖金100万美元。“中国要成为世界上最领先的国家，需要我们这一代人做更多的努力，要从商业模式创新转到核心技术的创新，只有把创新能力彻底释放出来，中国朝更高发展目标迈进的道路才会更顺畅。”江南春说。

历史给每个人提供了不同的舞台，在这激荡起伏的40年，改革开放的精神像一面旗帜，指引中国奋力前行，走向繁荣富强。

优秀的企业家是时代的产物，他们受益于这个变革的时代，也以创新的思维推动历史发展。在移动互联网时代，变革只是开始，历史的车轮仍在滚滚向前，企业家们如何以包容开放的精神、创新变革的态度继续前行，我们拭目以待。

作者简介

Introduction to the author

周丹丹　西北大学新闻学硕士。现任新华社新媒体中心创新发展部主任。2009年进入新华社广西分社，担任记者。2011年4月调入新华社北京分社，担任新闻信息中心房地产信息部副主任。2012年11月至今，进入新华社新媒体中心。

宜信，把手弄脏，做中国普惠金融的破风者

弄脏手、弯下腰、趴地上

“把手弄脏”“弯下腰来”“趴在地上”，看到这十二个字，你会想到什么职业？

不管想到什么，很难与金融精英对号。他们不应该是西装笔挺，在金融街某座高档写字楼内，一只手端着星巴克，另一只手在键盘上忙碌吗？

不过，宜信普惠的金融精英，却是这十二字诀的实践者。

看看他们的CEO唐宁，就知道为何会带出这么一支接地气的队伍。

唐宁极为守时，从不迟到，比我们约定时间还早到了10分钟。

他穿一件白衬衣，卡其色裤子。同样的裤子，据说有十几条，这样会减少选择困难。他手里拎着个褪色的帆布电脑包，已经起了一层毛边，此包硕大无比，塞得鼓鼓囊囊。

当然，他也并非一成不变，不久前就刚换了新手机，之前用的iPhone 4S，实在是屏幕碎得惨不忍睹。

这位纽交所上市公司董事长的大脑CPU中，没有为生活细节留下多少空间。

互联网金融行业一度根据发端基因不同而存在线上、线下之争，但唐宁

认为，不必纠结于线上还是线下，要看哪个动作能够更好地满足需求。

“如果真正满足一些门槛较高、难度较大的需求，一定要十八般武艺都上，不可能这个需求线下满足，那个需求线上满足，金融技术创新、数字技术创新、模式创新、组织管理创新也要一起上。”

对他而言，“把手弄脏”，已经从触达每一个客户，了解毛细血管级需求的具体动作，变成了宜信普惠金融的价值观。

破风者，普惠金融的推动者

在自行车比赛中，有一个人会冲在整个队伍的前面，他的任务是为冲刺的选手抵抗风阻，这个人就是“破风者”。

唐宁之于中国普惠金融，也更像一个破风者。

普惠金融听起来更符合政策导向，因此很多小微金融机构、互联网金融公司都拉起普惠大旗，但这也让“普惠”成为一个筐，将各种概念都往里装。

宜信12年创业史，在其两大主营业务普惠金融和财富管理领域，都有诸多“破风”实践。与2016年宜信财富拉开中国财富管理行业大幕不同，我们可以从宜信普惠11年来专注于借款咨询服务的业务实践中窥见中国普惠金融创新发展简史的一个切面。

作为“普惠”概念在中国的主要推动者，唐宁认为普惠金融是一种金融逻辑，不应该局限于大银行没做好的金融，也并不觉得大银行就一定要做，而是各有分工。

同时，普惠更不是所谓很狭义的慈善金融或白给钱的金融、补贴金融，这都是相对片面的理解。还有人对惠的理解就是便宜，这是有悖于整个金融业务逻辑的，贷款额越小，实际成本会越高。惠，更多指的是便捷性，也就是说不能够获得资金的人，在可获得的前提下能够更加方便、快捷地获取资金。

“甚至到未来，关于普惠金融，也不会有一个非黑即白的界定。更多是一种尝试，也可以说是不懈努力的方向。它的意思就是说金融作为极为重要的手段、工具、赋能的一个部分，如何能够让它变得适用性更广、覆盖面更广，更加高效、更加有用。”唐宁说。

2005年，联合国首次提出“普惠金融”概念，指的是通过包容性金融，服务更多小微人群。2006年，唐宁创立宜信。七年之后的2013年，党的十八届三中全会全体会议通过了《中共中央关于全面深化改革若干重大问题的决定》，将普惠金融作为“完善金融市场体系”的组成部分。

2016年9月5日，杭州G20峰会上，指引性文件《G20数字普惠金融高级原则》发布，普惠金融再次引发全球关注。

唐宁不太喜欢宏大叙事，他并不认为当年联合国呼吁，以及之后的文件，是自己创业的主要动因，他自称想法很简单，就是看普惠金融领域还有哪些客观存在，尚未满足的需求。

在宜信创立之初，不仅仅是理财端难以获取用户信任，即便是借款端，人们也同样不敢碰。手机里还常常收到来自一个号称“大型诚信集团”的群发诈骗短信。帮助有需求的小微企业或个人获取借款，需要很大的解释成本获取信任。

中国人民大学财政金融学院教授吴晶妹说，虽然唐宁的理念同其理论研究非常一致，但是在宜信最初开展普惠金融业务的时候，她认为在中国当时的信用环境下这简直不可思议，要落地实践做出来，是一件特别难的事。

正是唐宁的这种破风者精神，敢于在市场不明确的情况下开疆拓土，才成就了今天的宜信普惠。

从0到1，做“穷人银行家”

创业之前，他就有一股敢于“把手弄脏”的劲头儿。

唐宁读书时堪称学霸，从天津耀华中学保送到北大数学系，大一就去新东方做兼职老师，那是1994年，新东方也刚刚创立，还在中关村二小平房办公。他是新东方第一个学生老师。

在新东方身上，他看到了，这家培训机构虽小，可当把方向选对、事情做对后，坚持下来，能够走出不平凡的路。

1995年，唐宁到美国南方大学攻读经济学，毕业后进入了华尔街著名投资银行DLJ，这是让唐宁自豪却又缺乏成就感的工作。当时中国人在华尔街，多数情况下都是做中后台服务，搞系统、风控，而唐宁则在前台，从事金融、电信、媒体及高科技类企业上市、发债和并购业务，他从中学到了很多，只是感到这并非自己想服务的群体。

彼时互联网概念正受到追捧，唐宁经手的是动辄数亿美元的大生意，但他自己更喜欢由0到1，然后由1到多的过程，特别喜欢参与早期价值释放的场景。

此前，他接触过穆罕默德·尤努斯提出的“格莱珉模式”，这为他打开了一扇窗户。

尤努斯被称为“穷人银行家”，在孟加拉国给因贫穷而无法获得传统银行贷款的创业者提供“微额贷款”。2006年，唐宁创业同一年，尤努斯获得诺贝尔和平奖。

唐宁在美国读书时，曾去孟加拉国学习格莱珉怎么做小额信贷。当时他还难以想象，为什么一点点钱就能够帮助最贫困的农村妇女。当时还没有网银，他对银行的印象就是有一个网点，客户要去排队，但是到了格莱珉的网点，发现根本就没有客户。

网点经理指着墙角说：“那个是给你的。”

唐宁顺着手指方向一看，是一辆二八自行车。经理说：“咱们一块去找客户。”他们骑车到了偏远的农村地头，这给他留下了深刻印象，普惠金融不应该是“等客户来”，而是“到客户处去”，哪怕最小量的额度，在毛细血管末端都能够创造非常大的价值，这就是最真实的需求。

在华尔街工作两年之后，他回到中国，担任亚信科技战略投资和兼并收购总监。当时风险投资在中国都还是一个新鲜事儿，还没有天使投资人的概念，他参与了数家公司从0到1的过程，对“把手弄脏”有更深体会。

在新东方勤工俭学、赴美求学、考察格莱珉银行、华尔街金领生涯、回国投资初创公司，这些生命的点点滴滴逐渐汇聚在一起，让唐宁对自己要做一件什么事渐渐有了更清晰的认识，即“不怕把手弄脏，以需求为导向，参与到小微企业成长中来”。

2006年，33岁的唐宁成立宜信，穿着白衬衣、卡其色裤子，拎着破了边的电脑包。

共享数据，尝试性探索

唐宁和同事来到火车站，准备返回北京，同事要进站了，唐宁却直奔窗口取票。

同事惊讶地说，可以提前异地取票啊，多省事。唐宁却告诉他：“可那样需要5块钱手续费，咱们创业还在初期，5块钱也得节省。”

为了省钱，近距离出差，他都基本选择坐火车。

自己在普惠金融领域创业，唐宁得以实践“把手弄脏”。他与早期核心高管都是拎起包来就走，去最贫困的农村。“这种基因还是对的，如果不在那里，对于市场和客户需求第一手的把握感觉是不充分的。”他说。

宜信普惠“把手弄脏”“弯下腰来”“趴在地上”的理念，早期也曾遇到过颇多质疑，批评者认为其“运营太重”，一点都不互联网。实际上，这种看法缺乏对普惠金融环境的了解。“彼时中国信用体系不健全，我们对不同客群信用水平、还款能力都是没有历史经验可查的。”宜信普惠高级副总裁王威说，“我们有很多尝试性探索。”

宜信首席战略官陈欢指出，普惠金融为个人小微企业主服务，与常规金融相比，这些个人小微企业主金融需求呈现小额、量大、面对人群特点各不相同的特征。例如，想让小微企业给你看看财务报表，要么没有，要么有也可能是错的，所以早期必须真正把自己下沉到客户身边去了解客户的情况。

陈欢在2007年加入宜信，记得当时大家对如何去申请贷款，特别是个人贷款，都很陌生，所以需要做很多工作。客户来了之后，风控的同事都要用QQ视频和客户做沟通，通过这种看似简单的方式，不断积累风控数据。

对于宜信普惠而言，早期的需求教育确实经历过一个较为艰难的过程，同时，对于借款端的数据积累也为后来的“黑名单”建立打下了基础。

在后来宜信加入北京市网贷行业协会和中国互联网金融协会以后，唐宁选择将宜信普惠多年来积累的企业数据共享出来，以供行业参考，为防止多头借贷做出了一定的贡献。

唐宁说，“提出共享数据，大家都不愿意拿出来，那我就先拿出来”。唐宁又做了那个破风者。

2010年，宜信成立四年，搬了新家。乔迁过程由一位摄像技术并不娴熟的同事，用家用DV机，从侧面拍摄记录下来。

笔者看了这段视频，一开场，就看到一块赭红色、洋溢着浓浓乡土气息的幕布，前台是深蓝色的，还有一捧紫、粉、绿、白、红五色搭配的桌花。镜头外，有男中音喊：“下面有请唐宁为宜信总部乔迁剪彩”。于是集体鼓掌，唐宁走到幕布前顿了顿说：“祝愿宜信明天更美好”，纸花飘落，红幕拉开。土得不忍直视。

又过了5年，2015年12月18日，宜信旗下宜人贷在美国挂牌上市，成为中国金融科技第一股。这段视频由专业摄像团队用德国阿莱的电影设备，配以蔡司镜头，多角度记录，还有专业团队精心剪辑，看起来高大上多了。

虽然很多部门都从SOHO现代城搬到了附近的温特莱、华贸等办公楼，但唐宁现在依然待在SOHO现代城那间狭小的“冬冷夏热”的办公室，里面只有一张桌子、三把椅子和一个书架。

“普惠金融三步走”，创新不是个事儿

宜信普惠的发展路径，契合唐宁后来提出的“普惠金融三步走”，即小额信贷、微金融、能力建设。其中，第一步解决资金获取，第二步解决金融服务多元化，第三步解决“赋能”。这三步，也与中国普惠金融发展路径高度契合。

获取资金是最现实需求。根据宜信公司与《哈佛商业评论》2016年出版的《普惠金融的中国实践：技术驱动变革》报告显示，中国小微经济体数量众多，到2016年年底，共包括1900万户左右小型企业、微型企业，5165万户个体工商户，两亿左右生产性农户等，这些人是“大众创业、万众创新”的主要力量，是吸纳全社会就业的主体。但是，其中78%的小微企业认为从银行贷款存在困难，主要原因是抵押担保不足。

这些小企业，也有自己的小梦想、小目标。

宜信普惠个人服务中心总经理邵宁曾有一个经历，他在2010年8月入职宜信，同年9月，他去一个新开业城市做信贷业务培训，遇到两个毕业不久的年轻人，他们的目标就是想有一个自己的服装设计室，其实需要不了多少钱，有个房间，一些简单的设备，少量的宣传和推广，几万块钱就够了。他们想贷款，但这笔钱他们找不到合适的渠道解决。

最后这个难题通过宜信普惠解决了，两人非常高兴，与邵宁聊了很多他们未来的构想。邵宁并不知道他们现在过得好不好，让他感动的是这对年轻人，特别希望能够通过自己的努力，对自己未来负责。

多元化金融服务形式也是应需求而生。宜信普惠不断延展服务，除了小额信贷以外，还包括支付、小额理财、保险等很多相关、全面的金融服务。这也代表着趋势，当前有多家互联网金融公司面向已有客户挖掘更多的资源，在综合金融服务上提供全面的产品服务。

宜信普惠产品与运营中心总经理田颖，加入宜信前是花旗银行中国区高

管，她面试时唐宁说了一句话：创新在宜信不是个事儿。田颖很吃惊，因为在银行想破了脑袋也想不出有什么创新点，大家谈创新的时候第一个先想的就是：哎呀，别搞这么多事了，万一出了事被监管骂怎么办。

唐宁在内部谈道，单纯的技术创新什么都不是，除非能为技术找到一个业务应用的场景，也就是说技术一定要依托于客户的真正需求在，创新才有意义。

田颖认为，宜信留在中后台实验室里的创新想法非常多，但并不是都拿出来用，要根据市场与业务的场景，看哪些真的能够帮他们在运营与成本上有提升，哪些现在还为时过早，用出来可能会把市场搞乱。田颖自信地认为，宜信不仅是一个创新的企业，而且是一个对创新有管理能力的企业。

“赋能”为第三阶段，在格莱珉银行，唐宁看到，到了村子以后，把当地货币给了这个农户，还要教农户如何去做种植养殖项目，如何教他们去喝纯净水，如何教他去写自己的名字、签合同等，这些事都是能力建设相关的事情。早年他对此还比较模糊，后来从事风险投资，他与一些早期创业者交流时，问对方缺什么，首先都说自己缺钱，当把钱给了他们，他们说还缺其他的东西，缺人、缺清晰的模式、缺客户等。

宜信普惠高级副总裁王威谈道，宜信在客户能力建设方面起步较早。对普惠小微的客群，很早时就给他们做培训，给他们提供技术方面的帮助，让他们能够获得财务、公司经营、法律等各个方面的知识，他们还出过一套小册子，专门面向小微客群，相当受欢迎。

唐宁曾公开发表过对于未来十年金融科技领域七大创新前沿的预测，包括网贷、众筹、智能投顾、保险科技等。其中，对于众筹这种近几年同样很热的互联网金融模式，唐宁也非常重视，他认为这种模式可以借助天使投资人的力量帮助中小微企业有效解决融资需求的同时，帮助他们解决更多创业、经营企业过程中的其他需求。

足见唐宁“把手弄脏”的劲儿又开始蠢蠢欲动，他对于智能投顾、科技保险等的认识正带他成为科技金融的破风者。

技术，不只是互联网

普惠金融会受到三个维度影响，一是技术进步，二是征信体系成熟，三是监管变化。

陈欢回忆，2011年前后，随着移动互联网的普及，各种网络行为越来越丰富，网上留存数据越来越多，宜信普惠意识到人们对贷款便利性期待也越来越高，加上线上风控手段提升，开始重新投入资源去发展线上贷款服务。

在此之前，宜信普惠对于科技使用更多还是帮助其在前中后台更加高效、成本更低，但从2012年全面接轨移动互联网起，其工作效率大幅飞跃，可以从更多维度获取数据，能够在客户获取、客户服务、风险控制、交易促成等方面都通过在线的方式实现。

唐宁对技术也有自己的理解，“科技更多是一种工具，拓延了人与商业的可能，并不是孤零零的就只在线上”。

他举例说明，对于抵押类或租赁类的，就不能靠纯线上服务完成。他刚回国时，有租赁老专家说：租赁这个事好做，我们租的都是大东西，像大轮船，根本丢不了，反正就在长江上。找俩人，一个在长江头，一个在长江尾，船肯定跑不了。

当然，这只是个笑话，像租拖拉机，租烘干塔，租收割机之类业务，放在农村，地广人稀，得知道在哪里，就需要运用物联网技术，加上传感器，甭管开到哪里都知道位置，也能对它的运营情况实时掌握。“从我们的角度来讲，技术远远不只是互联网。”

整合式创新，不为了技术而技术

对于技术，唐宁拒绝“技术沙文主义”，不会为了技术而技术，更多从需求端思考技术应用场景。宜信普惠的创新逻辑，多年来一脉相承，去看在自己能力所及的范畴，有哪些创新可以整合到一起，去把需求满足好。

“乔布斯也并不是发明了这个、发明了那个，他就是整合创新，再说有哪些技术可用，去满足未被满足的需求。”唐宁说。

据陈欢介绍，宜信是全球市场上第一家推出能在移动端做借款申请的公司，他们也是市场上第一个能够给客户做实时授信的产品服务商。

这结合了宜信多年积累的客户数据、客户表现行为，从中总结规律、开发模型。

客户下载一个手机APP，做简单个人信息的输入，然后数据授权，宜信普惠获取这些数据之后，当时就可以根据算法，给他批额度。

以前客户到了门店，不一样的贷款决策都以天计，从两天到十天不等。到2014年，抵押贷款业务开始以小时计，从用户进门店提交资料，1小时之内就告知他审批结果，3个小时内所有手续办完，款能够到银行账户里。这对客户体验来说是根本性的改变。

陈欢介绍，经过各种流程优化，目前所有客户中，95%以上客户都能够达到1小时审批，3小时放款。当然，这也不是对所有客户都适用，像小微企业主客户还需要到现场做很多实际调查。

2015年年初，宜信普惠又推出面向线上电商卖家的贷款产品，除部分小微企业主20万元以上的借款需要到实地看一下，其他都可以在1小时之内给对方额度。

除了宜信普惠在贷款端的多种创新尝试，近两年，宜信又布局了智能投顾、科技保险等领域，按照唐宁的话来说：这就像当初做宜信普惠时一样，当大多数人都看不懂的时候，正是应该出手的时候。

说回到宜信普惠的创新，实际上要求其团队必须擅用各种资源工具。因为这需要金融技术、数字技术、模式设计等方面的知识，还必须遵循监管要求，甚至对于如何在组织之中创新的组织行为学也要懂。

金融科技领域的整合创新，从管理逻辑上实现1+1>3比较难，做不好就是1+1<1，因为金融人士与科技人士几乎是两种生物。

怎样让金融与科技浑然一体？唐宁有一套很实用的方法。

“Team of two”，游到河对岸去

一家企业的创新需要满足两个条件，一是机制的建立，二是自上而下的推动。如果只有口号，没有具体实施的策略，创新就只会变成伪创新，尤其以严谨著称的金融行业，推动过程需要做更多工作。

唐宁是积极推动创新机制建立以及实施的。在金融与科技团队融合的过程他用了几个方法：“彼此赋能”“二级专家理论”“瞎子背瘸子”“Team of two”“游到河对岸去”。

他认为，科技人士和金融人士背景不同，路子也不同，所以就需要“彼此赋能”。用“二级专家理论”来阐释“彼此赋能”显得更为清晰，唐宁举了个例子：A是金融方面的一级专家，B是科技方面的一级专家，那么A把所知所学教给B，同样的B也教给A，那么A和B就都可以成为对方领域的二级专家。

这话听起来有点绕，用更形象的比喻就成了“瞎子背瘸子”，瞎子走一段路目光要明亮起来，而瘸子的腿也得长出来，可能不是健步如飞，但不能有重大缺失。

回到金融和科技中来，既要求科技数字化人才要有金融底蕴，也要求金融牛人能够从一个数字化重塑的角度理解年轻一代行为的不同，能够从客户行为角度、客户体验路径角度，去看自己的风控、看自己的产品应该如何去优化。

唐宁认为只有这种彼此赋能才能够有火花释放，否则一类人水星，一类人火星，可就天各一方了。

谈及一些年轻的互联网人，他们对于金融不算很专业，唐宁觉得这些人有些“无知者无畏”，只知道研究产品设计和用户体验，比如按键是红的还是黄的，放在左边还是右边等。他认为这些也重要，但更重要的是底层资产

是不是靠谱，是不是对用户好，如果不是，那么就算做到一键购买，但和购买垃圾、毒药毫无差别。

所以说，让科技人了解金融的事，让金融人也了解科技的事，这是一个美好的愿望，但是，所谓知易行难，要真正达到需要更多的办法。

唐宁有他的办法，那就是“Team of two”，简单说来，就是两个团队协同作战，相互融合，大家一起为结果负责。就像搞产品的总觉得销售没卖好，销售总觉得产品不太对，矛盾不断。

宜信普惠还有一个实践，叫“游到河对岸去”。唐宁形容前线的同事等于在河的一边，中后台的同事在河的另一边，总觉得没有获得帮助。

一些科技的同事所做的事是为前线支持赋能，但他做的东西，有时候前线觉得特别难用，中后台的同事就要到前线去了解客户的需求。

也就是说，客户在哪儿，需求就在哪儿，就应该去哪儿。

不管是游过去，还是搭桥过去，还是修条高速公路延伸过去，都得到对面去，才能把事物看得更清楚。

当然也有中后台的同事提出质疑：“为什么一定是我们游过去呢？他们为什么不游过来？”唐宁觉得这事儿很明确，最终客户在哪儿，宜信普惠的人就该在哪儿。

这让笔者想起任正非所说的“让听到炮火的人来决策”。唐宁比较赞成这个说法，他表示现在不同于过去的线性管理，为了达到更好的最终结果目标，满足客户的需求，每个人都要有前期参与。

“游到河对岸去”与“Team of two”不谋而合，也是唐宁在对金融创新的探索过程中总结出来的最行之有效的团队管理策略。而事实上，这种对团队的管理方式，本身也具有很大的创新性。

唐宁引用了德鲁克大师说的一句话：“遇见未来的最好方式是创造它。”他认为，从某种意义上来讲，始终在创造未来的过程之中。宜信普惠有一个图景，希望能够通过模式创新、技术创新，更好地去满足客户需求，这个过程当中，路是大家自己走的，这需要从文化上，从机制上，都要有保证。

创新需要去做，但金融的创新得有个底线，它与互联网的创新相比，少了很多“自由”，因为金融必须严谨。

宜信普惠对于创新还有一个机制，就是实时跟踪和监测创新的效果，保护创新和创新者，不会出现令大家不可接受的失败，令企业不可接受的失败。亦即规避影响组织品牌、信誉度，以及让客户受到不可逆的情况。同时建立起创新的企业文化，鼓励大家畅所欲言，敢于表达自己的想法，唐宁想要打造的正是一个真实的、坦诚相见的、有勇气的组织，而不是官僚的、大气不敢出一声的组织。

这种创新机制的建立，也恰恰给了创新一块更加无压力的土壤。

“宜信式创新”，不断迎接挑战

亚马逊创始人贝佐斯的管理风格，以强硬和高压著称，但他经常在公司最重要的会议上留下一把空椅子，目的在于提醒决策层和管理层，消费者作为最重要的人一直坐在会议室中。

唐宁在内部会议上也会摆这样一把空椅子，提醒大家，客户坐在那里，我们要知道我们的讨论会直接影响客户，而且是在几个白椅子中间，摆一个黑椅子，显得特别扎眼。“否则你还以为，那真的是空着的呢。”他大笑说。

他认为，以客户的、市场的需求为中心、为出发点，始终是这样一个逻辑。

唐宁不太习惯用“愿景”这样的大词，但他希望能够在“宜信式创新”的引领下，让同事清晰地看到，到2020年，宜信在普惠金融和财富管理领域都将成为中国乃至世界领先的公司。

这个看起来对生活细节漫不经心之人，有他特别在意的事。

他记忆力超强，对数字极为敏感。若干年前发生的一件小事，时间地点都会记得分毫不差。宜信发展到数百员工时，他还能说出每一个人的名字，直到现在，如果有人获得提升，他都会发一封祝贺邮件，不是简单地走过场，还能清清楚楚地写明此人的特点，做了哪些事。

就在2017年9月2日16点16分，唐宁在他的微博中发了这样一条信息：今天是一位年轻的老同事入公司十周年纪念。当年她作为同事的朋友参加我们的团建，在球场上她说正准备考研，我说别考研了，来加入我们吧。那时候公司很小，中国也还没有普惠金融、小微、大数据这些词儿。她加入了今天宜信普惠的前身，成长为优秀经理人。

他对自己很“抠门”，却对同事格外大方，特别是在培训方面，一心打造学习型组织，不惜重金投入集体学习上。在宜信，员工通过学习，可以实现精益六西格玛绿带、黑带的在职权威认证，还有宜信内部专业C（Creditease）CFA全课程在线学习。

2017年，宜信普惠将目光聚焦足球项目，正式成为2017中国足协杯赛事官方赞助商，这看起来与其业务关联不大，但唐宁认为，足协杯体现了宜信普惠的精神。“普惠金融其实是一个成长的概念，是一个价值创造的概念，我的理解跟中国足球、跟运动员不断追求更好、不断战胜自我，是有精神上契合的。”

他认为，普惠金融会有长期生命力，包括监管落地之后，也会让行业发展得更加健康、更加规范。

“普惠金融要解决的问题会更加深远、更加宏大，包括对中小微企业、兼职创业的工薪阶层、消费的工薪阶层、农户方方面面的金融需求，从他们获取资金的需求到理财的需求，保险的需求，保障的需求，支付的需求等，这就是所谓赋能的维度。”他总结道。

“逻辑”“把手弄脏”“客户需求”，是笔者与唐宁交流中，最高频出现的词汇，这也构成了他最核心的思维框架。沿着客户需求走下去，唐宁还有更多破风者的角色等待他去扮演。

作者简介

Introduction to the author

何伊凡 新闻学与社会心理学双硕士，商业思想家，实战家。

现任联想控股核心资产——今今乐道读书会创始合伙人 北京双志伟业集团总裁，前中国企业家杂志执行总编辑，专注传统企业转型与互联网公司迭代课题。

历年来对话马云、柳传志、张瑞敏、李彦宏、宗庆后等全球120多位商业领袖，400多位创业者。

著有财经类畅销书《中国反围堵》《打通》等财经类特写80余万字，评论18万字，出版诗集《一滴雨水中的家园》等多部。

荣获2016年度腾讯媒体创业奖、经济观察报行业领军人物等奖项。

大事记

老百姓大药房连锁股份有限公司

2014年

8月15日，老百姓大药房荣获2014.中国药品零售企业竞争力排行榜综合竞争力排名第一名及“管理力冠军”。

9月26日，老百姓大药房与中国中药在长沙贺龙体育馆开展“中国中药体质辨识健康管理中国行启动仪式”。

2015年

4月23日，老百姓大药房连锁股份有限公司（股票简称“老百姓”股票代码“603883”）在上海证券交易所正式挂牌上市。

8月10日，老百姓大药房旗下全资子公司常州万仁大药房有限公司与常州庆和堂大药房有限公司签署《资产收购协议》，收购庆和堂39家门店的相关资产。

2017年

8月10日，老百姓大药房荣获2016年度金牛投资价值150强。

8月18日，老百姓大药房荣获“2016—2017年中国药品零售行业竞争力百强榜”第一名。

8月18日，老百姓大药房荣获2017年中国药品零售企业竞争力排行榜品牌力冠军。

8月18日，老百姓大药房荣获2017年中国药品零售企业竞争力排行榜百强企业。

分众传媒

2003年 5月，分众传媒创立。

2004年 12月，全面推出中国卖场终端联播网，填补了全国性终端媒体的空缺。

2005年 7月，成功登陆美国纳斯达克，成为中国广告传媒第一股。

2006年 4月底，分众传媒正式推出户外LED彩屏媒体，覆盖都市中心商务区的行进路途。

分众收购聚众传媒、框架传媒，并购央视三维进军影院映前广告市场。

2007年 6月，分众传媒创新性地推出框架2.0产品，推动公寓电梯媒体向数字化全面迈进。

美国东部时间12月24日，入选纳斯达克100强指数股，成为首个入选该指数的中国传媒股。

2009—2010年 Kantar集团推出Infosys OOH，建立电梯媒体广告效果评估模型。

2011—2012年 推出新一代互动电梯电视，内置Wi-Fi和iBeacon，进入互动时代。

2013—2014年 完成美股私有化，推出向上云计算战略；以物业云、百度云为组合实现更精准的投放。

2015年 12月，分众传媒回归A股市场，成为首家回归A股的中概股，市值突破1000亿元。

2016年 6月，入选沪深300和中证100指数股，成为中国市值最大的文化传媒股。

2018年 7月，阿里巴巴集团及其关联方以约150亿元人民币战略入股分众，双方将共同探索新零售大趋势下数字营销的模式创新。

宜信惠民投资管理（北京）有限公司

2006年 5月，宜信公司成立。

2007年 10月，宜信P2P平台网站上线。

2008年 6月，推出“助业贷”基础信用贷款产品，服务于微小企业主。

2009年 9月，宜信P2P信贷助农子平台“宜农贷”正式上线。

2010年 9月25日，宜信荣膺《创业家》最具潜力30强黑马企业。

2011年 3月，宜信公司加入中国普惠金融工作委员会负责战略发展。

9月，宜信启动“信翼计划”，助力有志女性圆创业梦。

2012年 2月，“普惠1号”公益性小额信贷批发基金正式启动。

2013年 8月，宜信宜农贷助农金额已突破5000万元。

2014年 7月18日，新版宜人贷上线，引领P2P用户体验全新变革。

2015年 5月27日，3年50亿，宜人贷提交3周年成绩单。

2018年 1月31日—2月2日，宜信财富私募股权母基金荣获“2017年度最佳母基金”“2017年度最具成长性有限合伙人”。

2月27日，宜信财富揽获《亚洲私人银行家》“中国本土杰出财富管理机构”大奖。

第四章 CHAPTER

生于2010

如果我们确实已经让饥荒、瘟疫和战争得到控制，什么将取而代之成为人类最重要的待办议题？就像消防员忽然听说再不会有火灾了，到了21 世纪，人类得自问一个前所未有的问题：我们接下来要做什么？因为生物科技及信息技术为人类带来强大的新力量，这个问题也变得加倍迫切。

——以色列历史学家尤瓦尔·赫拉利《未来简史》

美团，选对敌人，选对朋友

2010年4月，笔者给美团创始人王兴打过一个电话。那时《创业邦》杂志正在筹备一个新的栏目“模式趋势”，它的定位是报道一系列“Copy to China（复制到中国）”的创业公司，它们的特点是注重商业模式的创新。笔者听说王兴刚刚创办了一款借鉴自美国Groupon的产品，并且邀请他参与这个栏目的第一期采访。

在笔者说清来意之后，王兴婉拒了笔者。

几年后笔者才想清楚原因——仅仅是对标美国或者说Copy to China，这样小的格局，怎么会是王兴想要的呢？2018年9月20日，美团点评正式在香港IPO，发行价69港元，对应市值约为524亿美元。

美团是一家中国土生土长的互联网公司。2017年6月发布的“全球市值排行榜”里，苹果、Alphabet（谷歌母公司）取代了10年前的通用电气与埃克森美孚，成为全球市值最高的两家公司，中国的腾讯与阿里巴巴跻身全球前十——这意味着，互联网公司成为财富新贵。

除了市值，还有价值。这10年间，让中国人生活发生巨变的最大动力是互联网。

美团参与了这场巨变。2018年5月21日，它宣布日订单量超过2000万单。在美团的APP上，你可以花1分钟团购一张餐厅券、点一份外卖、买一张电影票、订一间酒店客房、打一台出租车，也许很快你就能用它扫二维码，骑走一辆共享单车。无数个美团这样的产品前赴后继地出现，终于使我们将消费的动作迁移到了智能手机上。

到今天，我们很难评判美团这家公司是否已经成功，或许说它经历了一次次阶段性的胜利则更合适。回顾它的故事，惊心动魄，也充满矛盾。

美团的创始人王兴，生于1979年，清华大学本科毕业，去美国特拉华大学电子与计算机系读博士，中途肄业回国。这个海归互联网者，一路创办过以“轻”著称的社交产品例如校内、海内与饭否，却选择了以“重”著称的团购生意，把公司发展成员工4万、外卖骑手超过50万的大型规模。

美团是一家到处宣战的公司，从团购起家，又衍生出外卖、电影、酒旅、打车、共享单车等种种业务，总是在抢别人的饭碗，即使是在竞争当道的互联网行业，它也显得另类。

它拥有极大的体量，如此长的战线，但是几乎每个业务都处于长期烧钱的状态，它的状态与中国人惯有的小富即安、落袋为安相去甚远，它愿意以长期亏损博取更大的机会。

美团正在成为中国互联网行业最具不确定性的变量。

勇敢选择对手，对标亚马逊

美团创始人王兴十分欣赏另一家全球市值前10的公司——亚马逊。在他早期乃至近期的很多言论中都充满着对亚马逊的溢美之词。

他最喜欢提到亚马逊的一个特点即敢于坚持多年不赚钱。2012年，在接受笔者专访的时候，王兴这样讲：亚马逊是非常典型的迅速做大的公司，中间花了大量的钱，很长时间不盈利，但是它利用不盈利的阶段做了基础设施的投资，建立了很高的壁垒。这是一个非常成功的故事，但是这种成功其实很难复制，它的路代表了什么？它有足够的耐性，花很长很长时间，很多很多钱，找很好很好的人。有些人熬得住，有些人熬不住。

似乎一语中的。如今的美团恰恰处于“熬”的状态。

二者区别在于，亚马逊成立不到两年时间就上市，连续亏了20年，而2018年是美团创办的第九年。更大的区别是，亚马逊在美国，美团在中国。

2018年上半年，美团的两个大消息分别是“打滴滴”和“买摩拜”。3月，美团打车正式进入上海地区，与中国最大的网约车平台滴滴直接宣战；4月，美团以27亿美元作价收购共享单车企业——摩拜。

它为什么要这样做？最普遍的猜想是，在囊括打车和共享单车之后，美团将成为一个“超级APP”，最基础的吃喝玩乐、衣食住行都在其中完成，如果加上有吸引力的优惠和积分、铺量足够广泛和强悍的支付功能，美团有机会成为“生活服务之王”。

在商业的战场上，有些人的对手总是在变化，有些人的对手却总是那一个，美团是前者。

团购舶来自美国网站Groupon，它每天发布一款折扣类服务，每人每天也只限拍一次，页面很简洁，运营的方式足够轻巧，商家因此获得了曝光和试用，可以说Groupon最打动美国商家的原因是其强烈的营销属性。

自从美团将其借鉴到中国之后，越来越多的创业者认为这个模式的市场门槛不高。也因此，不下5000家团购公司涌进来。

2011年，它们掀起了互联网历史上最疯狂的“千团大战”，一时盛况无两，广告投放的起始门槛2亿元，团宝网的广告投放高达5.5亿元，拉手网则早早准备起赴美上市。

美团在其中显得另类。但是到后期，除了后来被美团合并的大众点评之外，这些团购公司大多花光了盘缠。美团赢了，2013年，它砍下了超过一半的市场。

2013年的真正风口是外卖。这个风口由“饿了么”引爆，它由张旭豪带领的“85后”团队创立起来，有股年轻的冲劲和狠劲。

美团立即转型做起了外卖。在外卖团队只有30人的时候，美团就召开了发布会，时任副总裁的王慧文是这样告诉媒体的：团购是给大家省钱，这个需求实在是太强烈了，外卖就是一个满足“懒”的需求，“懒”的需求就太普遍了。你不能等到已经能赚钱了再进场，那可能就来不及了。

这场战役随着2008年4月阿里巴巴联合蚂蚁金服以95亿美元对饿了么完成全资收购，进入了新的格局。

实际上，团购与外卖只是美团竞争格局的一部分。

2012年2月，王兴创办了猫眼电影。从餐饮到电影，他看中的不是市场的大小，今天回头来看，中国电影市场2017年的总票房也只有559亿元，未必能帮王兴完成“GMV（Gross Merchandise Volume，网站成交金额）万亿”的宏伟目标。但是电影票服务能够有效拉新，王兴在内部信中表示：猫眼是美团APP全新客，仅次于到店餐饮的渠道贡献者，是美团APP DAU（Daily Active User，日活跃用户数量）和新客快速增长的重要驱动引擎之一。

终于，对手的数量太多，也太多元化，给王兴带来了负面情绪。有一篇《中国企业家》对王兴的采访提到温文尔雅、情绪平缓的王兴很少“急”，猫眼电影竟然让他第一次急了。2014年，猫眼电影联合《心花路放》制片方的网络预售，在一周内售出了超过100万张电影票，收获了大约4000万元的票房，业界哗然。王兴极力避免别人认为猫眼在“颠覆”电影发行环节，他担心业内老炮们认为自己野心过大，一上来就要破坏格局。

也是在2012年6月美团接入酒店团购，冲进了OTA（Online Travel Agent，在线旅游产品代理）市场。在这个业务线上，美团直接面对成熟的对手携程。然而携程不是一个人在战斗，它代表着“携程系”，还包含艺龙和“去哪儿”。一开始美团的体量是它的1/10，2016年美团点评酒旅事业群交易额仅仅为320亿元，而梁建章2016年年初就宣布2015年携程集团交易额接近3000亿元。2017年年底，它晒出的成绩单是2017年全年入住间夜量突破2亿。

这几年间，食、住、行，美团几乎都参与了，它脚下的风口从团购换到O2O，再到共享经济。2013年3月21日，那时候互联网行业正沐浴在O2O的阳光下，王兴做了一场著名的题为“从美团的三年到O2O的十年”的演讲，他用自己的方式计算了美团的GMV目标：2010年1.4亿元元，2011年14.6亿元，2012年55.5亿元，2013年188亿元，2015年1000亿元，2020年1万亿元。

1万亿元。他的员工惊呆了。

实际上，2018年2月16日，王兴的内部拜年邮件里面提到了2017年的数据：GMV突破3600亿元。

这些业务堆叠在一起，让王兴稳步地走向当年对GMV的预期，也必然走向了更高的估值。

他的对手坐不住了，2017年携程创始人梁建章特意出来撰文，实则抨击王兴的做法：中国的企业更应考虑专业化而不是多元化发展，多元化公司因为不是引领创新，所以对社会的贡献比专业公司要小，多元化公司的资本回报比较低。但是在接下来的2018年，“打滴滴”与“收摩拜”如期发生。

王兴并非料事如神。他也曾经对市场预判失误。2011年，他在美团全员的演讲中对团购过分美誉：团购是超完美的商业模式，甚至将团购抬举成了继“面向大客户的门户网站展示广告”“面向中小型广告主的搜索引擎之后”，针对本地小企业的最精准的营销方法，甚至称之为互联网营销的第三个阶段。

很快，他就看到了团购的瓶颈，团购总归只是商家的让利行为，归根结底难以形成日常化的经营，团购的本质，远不如为商家带来增量、提升效率的外卖来得实在。他曾经所认定的结尾，只是个开头。

这两年业界最喜欢探讨的话题是：美团的边界在哪里。我们可以从美团目前的四个消费场景去判断：到店（餐厅、电影院、KTV等），到家（外卖和其他外送服务），出行（网约车、共享单车），旅行（酒店、机票、门票等）。王兴其实为自己勾勒过边界：只要是基于位置的服务（Location Based Service），美团都不妨一试。

换言之，其他基于位置服务的公司，都有望成为自己的敌人。

王兴说自己不爱打仗。但他又继续说，总不能混吃等死吧！他告诉美团的员工：重要的不是我们现在什么样，将来变成什么样，大家得接受变化是一个常态。

笔者认为，美团一路上最精彩的一幕来自它与大众点评的合并。有一个传闻是当年在刘强东的澳大利亚婚礼上，腾讯、高瓴资本、红杉资本、华兴资本，几方碰到一起，它们分别是美团与大众点评两家的投资人，其中沈南鹏和包凡都共同投资了美团和大众点评。借此机会，它们又迅速敲定了合并细节。

那是一个流行“联席CEO”之称的年头，让媒体印象深刻的是大众点评CEO张涛谈到合并流下了眼泪。大众点评是美团的上一个对手，美团的下一个对手“饿了么”也曾拿到过大众点评的投资，由于后者针对的主流餐厅大多为中高端，因此也就没有做外卖业务，而是寄希望于上海的小兄弟“饿了么”战胜美团。一夜之间，却因为合并，“恩人”变成了“仇人”。

王兴以马化腾曾经说过的一句话来自省：可能巨人倒下的时候身体还是温暖的。其实马化腾还有另一句经典的话：有的时候你没有错，只是你老了。今天的美团内部孵化了无数新产品，在美团总部的大厅一层最显眼的地方，摆着这些内部创新明星的照片。或许从互联网历史来看，当巨头不再拿出新东西，不再挑起战争的时候，也就意味着巨头已经老了。

慎重选择朋友，“中供铁军”阿里

这是互联网强势改造中国人的10年。在中国生活比美国更方便，你可以不带现金而“横行无阻”，你更可以一个月不下楼，以外卖来维持生存。大街上出现了无数骑着电动车的外卖小哥，他们其中有很多人，衣服写着“美团外卖”几个字。

王慧文当年说对了。外卖是一个非常刚性、可持续的市场。很多蓝领或从农村涌入城市，或转型变成了外卖骑手，他们相信只要努力跑单就能赚到钱，只要抓紧时间就能赚到更多钱。美团这家公司给骑手们造了一个“付出就有回报”的梦想。

而笔者想说的是，大名鼎鼎的阿里巴巴铁军之后的下一个“铁军军团”是美团铁军。这又得益于美团在2011年10月引入了前阿里巴巴B2B公司副总裁干嘉伟（在美国人称阿干）。

著名投资人、金沙江创投朱啸虎是美团在团购时期，对手拉手网的投资人，也是美团在外卖时期的对手“饿了么”的投资人。他认为，美团网比拉手网更优秀的地方在于，美团网在每段时间都能引进成功的职业经理人。

那么，谁在影响美团？

从头讲起。王兴最早的创业伙伴分别是自己的中学同学、大学同学。他从美国博士肄业归来，第一个游说的便是大学同宿舍室友王慧文。王慧文毕业后去中科院读研究生，边读书边准备着创业。他跟随王兴征战了校内与饭否，校内卖给千橡互动之后套现了一笔钱，就与一同创办校内的另一位伙伴、王兴的中学同学赖斌强去国外玩了一大圈。紧接着陪伴王兴创办饭否的是王兴在清华的学弟穆荣均。

最早的战友未必是最重要的。但是在美团，王慧文为代表的联合创始团队一直在被委以重任。当年外卖业务的带头人是王慧文，近期美团大力发展与滴滴竞争的网约车出行，负责人也是他。

学习能力对创始团队来说弥足珍贵，尤其是在这样一个高速发展的公司中。起初，笔者认为，王兴的团队应该与他的风格相似，冷静理性，后来在李志刚《九败一胜：美团创始人王兴创业十年》的书里看到，他评价王兴是内心骄傲、外表温和，评价王慧文则是内心骄傲、外表狂妄。很有意思。这个团队的胸中是有一把火的。

美团汇聚了清华、南开等学校的优质毕业生，其中有一大批人来自当年的饭否。这些人聚到一起，用他们的话来说，最信任王兴的一点是他有足够的契约精神，而且足够正直。

有趣的是，王兴的老乡，后来创办了“今日头条”的张一鸣也曾加入校内和饭否，任技术合伙人。在饭否停掉之后，张一鸣选择了离开，参与创办以技术见长的机票查询与预订平台“酷讯”。2015年7月，美团全资收购酷讯。这或许是两位顶级创业者之间特殊的缘分。

生活服务是一个极其接地气的生意，每天要接触的是商户，这是本科电子工程系无线电专业、博士电子与计算机工程、海归、“水泥厂少当家”（其父亲创办了福建龙岩）的王兴不一定擅长的领域。他不是农民家庭出身、在人大本科读社会学、在中关村租柜台卖3C产品起家、把快递员全都纳为正式员工并缴纳五险一金的刘强东。当时美团的战术还是获取早期红利，“一年时间覆盖300个城市”，高筑墙。如何进入这些城市，王兴还推出过“联盟”，名为“团聚计划”，用预算5000万元人民币鼓励小的团购网站加入美团的体系。

中国人口众多、幅员辽阔之红利，哪有那么容易得来？除了阿里巴巴，又有谁拥有这样的实战经验？阿里巴巴“中供铁军”名声在外，特点是执行力极强、使命感极强，深度贯彻“阿里价值观和六脉神剑”，一名员工如果今天得知公司将派自己调到另一个城市，明天就要动身。

2011年7月，王兴的第二轮融资中有阿里巴巴，在它的建议下，王兴去杭州拜访久经沙场的干嘉伟。阿干告诉王兴：长出来的肉才是自己的肉，在别人身上挖一块肉贴在身上也长不成自己的肉。历时5个月，王兴终于说服干嘉伟担任美团网COO，管理销售团队。干嘉伟1969年出生，比王兴大10岁，为了美团，从杭州来到了北京。

如果要治标治本，就要找到更先进的生产力。干嘉伟的加入是几乎所有美团人都会提到的重要里程碑。他加入任COO（首席运营官，Chief Operating Officer），负责美团网的供应链管理，包括销售部、品控部、编辑部、销售支持部、客服部、商品团购部等。

阿干上任三把火：销售团队组织架构的调整，销售管理制度，2012年美团网销售的方向是“狂拜访、狂上单”。阿干最重视的是供应链的打造，这样的意识贯穿美团之后的酒旅和外卖时代。

笔者看到了一些对于当年美团团购、外卖、酒店业务当中的“战术”解析，无论是如何开启一个新业务，还是如何将一个区域的消费力盘活，都有非常多的共性可以探讨。美团把各地区域都称为“战区”，经常会采取PK的形式，评选“本周业绩最强团队”或“本周最loser团队”。

“美团最强的地方是军事化管理。”这句话出自一位笔者遇到的“奇人”，这是一位曾在某数据传媒公司担任频道主编的前辈，后来竟然去美团做酒旅业务的“战区参谋”，每天与地推和酒店打交道，管理着1000多号人。笔者从未想到这样文字出身的背景的人才，会甘愿服从于美团大军的严格制度。

阿里中供铁军文化的一个重要组成部分是 “高压线”，这位前辈提到阿干制定的规定：每个人的拜访都会录入公司的数据库，不能收取商家的任何小恩小惠，即使是一瓶水都不行。而且他亲眼见过有人因为“腐败”而被开除。

笔者问他，在美团是否会将升职作为盼头，他的回答是：升职很难。在这家如今已经有4万名正式员工的公司里面，层级是非常复杂的。

如果说阿干是美团发展到中期选择的朋友，那么后期，美团要思考的问题是“大国外交”。例如跟BAT（百度、阿里巴巴、腾讯）如何交朋友，跟资本圈如何交朋友。

2011年7月与2014年5月，阿里巴巴两次投资美团。当时的市场格局是，美团背后是阿里巴巴，大众点评背后是腾讯。不到两年，2016年，美团、大众点评合并，背后的投资人增加了腾讯。而阿里巴巴则正式退出了合并后的“新美大”。随之而来的是阿里巴巴与美团点评的正式开战：美团要求合作商家撤掉支付宝，阿里巴巴则放言，全力扶持随着与雅虎合并而被搁置的口碑网。

2015年，腾讯对新美大加投了10亿美元；2017年，美团点评完成了40亿美元融资，依然由腾讯领投。腾讯成了美团的一位忠实的盟友。

美团与点评这两家公司是互联网行业极少数的、同时接受过阿里巴巴与腾讯两家战略投资的创业公司。而坊间传闻，两位大佬都曾对王兴提出要求。阿里巴巴有意将美团作为自己消费版图的一部分，这不是王兴想要的，于是引发了后面的反目。而腾讯在2017年的那一轮融资之中，本有意投入更多资金，它对于美团的要求是不要进军网约车，因为滴滴也是腾讯扶持的重要棋子。

如果这个要求属实，那么，从现在的结果来看，王兴又一次“不听话”了。

《九败一胜：美团创始人王兴创业十年》这本书中有几个细节，让笔者印象深刻。2006年，校内的钱花光了，负责找人、找钱的老大王兴需要去融资。他见过周鸿祎，老周认为他“太狂”而不欢而散；他去美国融资，第一次接触了全球最知名的风险投资机构红杉资本，后者到中国进行了尽职调查，却转投了校内的竞争对手。这使毛头小子们极度沮丧。

另一边是穷追不舍的千橡互动创始人陈一舟，他一直希望将校内网与自己手里的5Q合并。

总要有人做个决定。于是，在华清嘉园边上的小餐馆里，王兴宣布卖掉校内。整个团队大哭一场，全都喝醉了。

这个细节让人感慨万千。笔者甚至揣测这是他们在商业的路上，第一次见识到“门口的野蛮人”的厉害，见识到资本的无情与神奇。后来陈一舟将校内网改名为人人网，2011年赴美上市。

再后来，美团又一次吸引到红杉的兴趣，红杉中国成为美团的A轮投资人。王兴说：君子不器。他变得成熟了。

资本有时候是创业者最坚实的伙伴，更多情况下，它为创业公司提供弹药，也附赠一份约束力。在中国，互联网公司一旦初具规模，就一定躲不开BAT，有时候这些战略投资的意义不在于能把自己的业务与这几个大块头形成联动，而在于防止竞争对手与它们发生联系来阻击自己。

从王兴的行动上可以看到，他希望自己变身为另一个豪门。

2017年，美团成立了“美团点评产业基金”，后来改名“龙珠资本”，资金来源包括美团点评、腾讯、新希望等一批大型企业及专业母基金，也就是说美团不是唯一的LP（Limited Partner，有限合伙人）。龙珠资本在2018年投资了网红“喜茶”之后，喜茶团队来到北京，与美团的很多部门挨个去探讨业务有何互相借力和借势之处。

除此之外，王兴也是一些风险投资机构的LP。红杉是美团最早的A轮投资人，原红杉资本中国基金副总裁曹毅在红杉投资的最后一个项目是今日头条，紧接着他开始着手创办一只新基金，并且第一个找到王兴。据《财经天下》报道，他们相识于2006年，那时候曹毅还在联创策源实习，王兴的校内网则刚刚起步。曹毅告诉王兴：美团是一个大浪，他将要创办的源码资本也会是一个大浪。

是的，就像创业公司一样，一家新的基金也有能力成为“大浪”，成为重要的变量。王兴和张一鸣各投了500万美元，加入了源码资本。在源码资本的“码会”活动上，这三个好友都带家人参加，并把创业心得分享出来。

美团正在将资本作为朋友，通过各种手段来铺设自己的朋友圈。美团收购摩拜的时候，这感觉尤其令人感慨：如果说美团与今日头条、滴滴被称为TMD，已经成为三座小巨头，那么美团为什么不去自己进入共享单车市场，而是收购呢?

或许，如果选对朋友，我们就足以对抗时间。

王兴的瓶颈，美团的瓶颈

在2018年的今天，我们期待看到美团的下一步动作。一旦冲击上市成功，它将会有更多资本去继续征战，也许未来它还会向其他领域“挑衅”，继续去做一家别人看不懂的公司。股份制真是商业社会最棒的发明啊！亚马逊也是依靠着上市公司的身份才能熬过最艰难的岁月。

在美团创业的第二年，创业邦年会邀请王兴来到现场。在会议间隙，由于他的“粉丝”太多，我们不得不在过程中“护送”他到卫生间门口，总有他的“粉丝”去拦住聊项目、提问题。

在互联网创业的江湖中，王兴一直像个孤胆英雄，校内被卖掉，饭否被停掉，几多唏嘘。就像陪跑多年的莱昂纳多·迪卡普里奥一样。有句对他的评价是：中国互联网欠王兴一个成功。

王兴代表了一代互联网人：接受了海外最好的产品熏陶，在中国土生土长，百折不挠，追求自己想要的成功。

我们谈论美团的时候，经常谈论的是美团的不按常理出牌。王兴是水瓶座，他的思考非常独立。当年LBS（基于位置的服务）盛行，一大批人去做了Foursquare（一家基于用户地理位置信息的手机服务网站）的模式，即根据地理位置的“签到”，包括后期起来的陌生人社交也诞生了陌陌这样的上市公司。轻量级的模式看起来十分适合做过社区的王兴，但是他没有选择。他认为，线下消费市场巨大，它尤其能影响到中国人的生活。

千团大战当中，又投射出他的冷静。笔者在采访中也问过他，为什么不在线下投广告？与其他竞品拼一下，有何不可？那时候甚至连美团自己在各个城市的负责人也会找到他询问：如果拉手、窝窝团这些对手每个都在线下打广告，商家唯独不知道美团，你让我们怎么搞？

笔者记得当时王兴的回复是，他一直在算这个账，他自己也很好奇为什么竞品都在投线下广告。他始终认为线上的效果更好。这让笔者想起他的一句广为传颂的格言：多数人为了逃避真正的思考愿意做任何事情。

饭否停了505天，王兴对这个亲生孩子非常珍惜，后来也坚持用饭否记录思考的点滴。这使他的很多策略变得有迹可循，你甚至能看到他信什么，不信什么，来判断他未来带美团的走向。

他曾写过：据说李嘉诚这样教孩子：“一笔生意，正常情况下你可以赚10块。如果你极力争取，那么可以赚到11块。但是你应该只赚9块。”李泽楷似乎不按这个风格行事。不过我觉得李嘉诚说得有道理。

——这便是美团的状态，薄利、多销。

他还曾写过：过去几天我听到的最震撼的话是林彪说的：1935年，红军长征刚过完草地，进攻天险腊子口之前，红4团团长向林彪保证说：“如拿不下腊子口，我提头来见。”林彪的回答是：“我不要你的头，我要腊子口。”

——这则形容了美团随时随地的战斗状态。

美团创办的9年时间，也是王兴蜕变的9年。他曾经非常担心团队超过1万人，于是到处拜师学习。美团的很多各地的人都没有见过王兴，也许只有每年的年会才能远远地看到他一眼。

王兴的老战友跟笔者分享过这个段子：他考上清华之后的第一次班会上，老师问到每位同学的目标。很多人提到了学习、找工作。王兴说了八个字：天下兴亡，匹夫有责。

作者简介
Introduction to the author

曲琳　文学学士。著有《新内容创业》一书。现《创业邦》执行主编。拥有10年互联网报道经验以及管理经验，曾就职于《第一财经》，2009年加入《创业邦》，长期聚焦于封面报道等创投领域深度稿件的撰写与策划，2016年全面负责创业邦杂志、网站、APP、公众号以及其他分发渠道的管理。

爱奇艺，中国视频行业启示录

2018年3月29日，在这个注定会被龚宇铭记的夜晚，爱奇艺中关村创新大厦，当这位爱奇艺CEO兼创始人在纳斯达克连线身在中国的媒体时，他被人问起关于自己与百度创始人李彦宏的关系。

当时正是爱奇艺上市敲钟前夕，招股说明书显示龚宇在整个公司中股份仅占1.8%，而百度是爱奇艺的最大股东，这让人们不禁担忧起龚宇可能收获的回报。面对这个问题，这个气质酷似大学教授的男人，在沉默半晌后给出答案："爱奇艺最大的股东是百度，我又是代表管理团队，要维护股东的利益，所以绝大部分的利益是完全一致的，但是不排除在一些技术细节上产生这种大家看法不一致……Robin（李彦宏）更多的是相信我的判断和相信我带团队的执行力。"

龚宇的话也许并没能打消外界对有关爱奇艺未来如何自处的疑问。外界对于爱奇艺和百度关系的关注，更多是由于前者已经成长为后者旗下一个重要的流量来源和内容出口。在移动互联网时代，还没有哪家公司可以帮助百度在视频行业取得这样的成绩：每月活跃用户数达到4.21亿，第一部真正意义上的大爆付费网剧《盗墓笔记》就出自爱奇艺。

除此之外，爱奇艺还有6000万的数字付费用户和泡泡、纳逗多款衍生产品。而在8年前，这家公司的一切都是从零起步。

一边要保持独立性，一边要为百度在视频入口扎营驻地，龚宇在随后的媒体采访中解释，这不是“行为艺术”，而是他事业上的回报。但这场有关爱奇艺上市喜与忧的小小争议，似乎在某种程度上更加把中国视频行业的问题推到台前。

似乎只有竞争高频且激烈的领域才具备这种被大众讨论的可能性。在2018年才完成资本化允诺的爱奇艺和龚宇，需要克服的不单是上市之后仍被视作百度棋子的质疑。2017年是长视频行业的分水岭。短视频入侵争夺用户时长，三强格局奠定后的竞争进一步加剧。在2017年再次推出爆款网综（网络综艺节目）《中国有嘻哈》后，优酷紧追慢赶推出了与爱奇艺同题的《这就是街舞》，对打爱奇艺的《热血街舞团》。后者也正是爱奇艺试图在青年文化上再立标的的重要作品。

中国视频行业由来已久。改革开放40年来，借由YouTube、Hulu、Netflix等美国视频行业鼻祖崛起的西学东渐，中国庞大的市场需求和日益增长的文化娱乐消费能力为中国视频行业埋下了伏笔。2005—2007年期间，中国总共有150~200家视频网站在市场上活跃。但在不到10年时间内，这里面的大部分玩家就黯然退场，整个行业一夕间曲终人散。

到2018年，行至中途的爱奇艺对中国视频行业发表了自己的看法。“现在的市场主要由三家公司（爱奇艺、腾讯视频、优酷）组成，我们认为未来这个市场不是一家独大，而是寡头垄断。”龚宇表示，也就是说，“三家公司共存的情况会长期持续地存在下来。”

砸版权、上市很显然并不是故事的结局。客观来说，留到牌桌上的爱奇艺不是最强的，也不是包袱最轻的。而在面对下一个10年时，爱奇艺们似乎没有太多的选择——在最好的时代，也是最坏的时代，这是一条更加艰险的路径，而胜利的只能是勇者和创新者。

迟到的玩家，不迟到的玩法

2010年，龚宇从无限讯奇（12580）总裁兼首席运营官的职位上离职。这是他在离开搜狐之后的第一份工作。“我对这个领域（网络视频）感兴趣，隔了几年我又回来做，一方面是兴趣爱好，另一方面网络视频有巨大发展空间。”在搜狐工作时，龚宇推荐同事李善友去做网络视频，后来李善友成为酷6网的创始人，这成为龚宇后来加入视频网站创业的契机。2010年，百度宣布组建独立视频公司，看好网络视频的龚宇受邀担任CEO。

龚宇，1968年生于北京，毕业于清华大学，连续创业者，曾历任门户网站焦点网创始人、总裁兼首席执行官；搜狐公司高级副总裁、首席运营官；无限讯奇（12580）总裁兼首席运营官。在搜狐和焦点工作期间，他得到最多的评价是念旧和诚恳。爱奇艺高级副总裁耿晓华当时只是焦点网的一名普通员工，但买房时得到了龚宇的帮助；一本名为《妈妈宝宝护理大全》的育婴图书，龚宇前后买了100多本，用来送给身边或家人怀孕的同事。

也正是这种气质，让百度挑中了龚宇。百度创始元老、时任百度副总裁任旭阳曾在一份猎头开列的上百人名单中搜寻，最终在两到三个人中间选定了和李彦宏很像的龚宇。创业型CEO是百度为这家独立视频公司掌舵者开出的唯一要求，要能“激发团队的活力，组织的效率会更高，能吸引来第一流的人才”。当时，腾讯和搜狐已经组建了各自的视频部门，优酷登陆美股，成为全球首家独立上市的视频网站。

百度为在线视频选定的效仿对象是美国的Hulu。当时，在中国视频行业，早期的视频网站大都是PGC（Professionally-Generated Content，专业生产内容）和UGC（User-generated Content，用户生产内容）内容的混合体，例如优酷和土豆。早期的56网甚至把用户分享视频作为一个核心卖点。但任旭阳考虑的是，如何在现有的格局里找到突破。

百度的焦虑显而易见。在全世界范围，视频都在取代图文成为人们更能接受的信息传播方式。在中国，2010年使用过在线视频服务的用户达到了3亿人。而在同一年，百度在国内搜索市场的份额已经抵达75.5%，接近天花板。

对于龚宇来说，更愿意接受创业者身份的他对Hulu模式同样看好，“国内已经有几大类视频网站，但是缺少一个在美国很成功的Hulu模式”。成立于2007年的Hulu致力于提供完整时长的正版电视剧和电影，在爱奇艺成立的前一年，Hulu在全美视频行业收入占比中达到20%。

这种在今天已经稀松平常的战略选择，在当时还是显得超前而大胆。说到底，Hulu的市场基础是市场成熟、规范性强的美国。在中国，Hulu模式最大的挑战就是正版问题。中国观众习惯了通过电视等主流媒体渠道获取内容，内容消费习惯也很难在短时间内向互联网或视频平台迁徙。

可以说，早期的爱奇艺，更大的头衔是百度的视频事业部，尽管以独立公司的名义运营，但依赖的资源大都由百度提供。百度为当时还叫奇艺的爱奇艺，拉来了美国私募基金普罗维登斯资本的6000万美元和百度自己的1000万美元投资，还直接为爱奇艺输送流量，“现在视频网站30%~50%的流量来自百度，可以在保证公正的情况下，把大量用户引向我们的视频”。

2010年4月，爱奇艺前身奇艺正式上线，由于政策入场，同期的视频网站大都因牌照问题大浪淘沙，优酷登陆美股背后，超过90%的视频网站关停，56网、激动网、酷6网先后销声匿迹。

早期的龚宇只能全心全意扑在工作上，他每天早晨8点就到办公室楼下，整个办公室来得最早。爱奇艺早期的员工大都是龚宇从前在焦点网和搜狐的部下，见证了他之前的职业经历。那时，下属常常“凌晨1点左右收到他的邮件”，“早晨7点多钟又收到他发的邮件”。

焦虑感驱使下，进入白银时代

2011年，奇艺通过品牌焕新完成了从奇艺到爱奇艺的全转变。这一年等于爱奇艺上线后的一个年度总结。爱奇艺拿出了包括《在线爱》《爱GO了没》等多档自制内容。当年年初，爱奇艺宣布月度独立用户数已经达到了1.48亿，覆盖了超过50%的中国网络视频用户。

但比起2013年收购PPS，品牌焕新对爱奇艺的影响显然还没有想象中那么大。如果说优酷土豆合并是2012年中国在线视频行业的最大事件，收购PPS则是爱奇艺为后来居上奠定的最重要基础。

龚宇一开始并没有想过要收购PPS。简单点说，是优土合并带来的直接刺激。当年，优酷与土豆以100%换股的方式展开合并，土豆退出纳斯达克，成为震动整个视频乃至互联网行业的大事件。

然而，在当时，优酷、土豆、腾讯、爱奇艺其实展开了四边谈判，爱奇艺一度有和优酷合并的机会，事后，参与此事的财务顾问、华兴资本董事长兼CEO包凡回忆，“两家如能合并，视频业的游戏可能就结束了，但优酷选择了土豆”。

2012年，正是视频网站洗牌后的第一次妥协期。过高的带宽成本和迟迟不能见效的商业模式成了视频网站的不可承受之重。难怪有人说，过去10年，视频网站根本就是一直在进行烧钱竞赛，除了大玩家或者国家队，没人能买得起单。

从这种角度上来讲，视频网站对于互联网用户或许是一个好产品，但并不是一个好的互联网产品。所以，不管是出于自保还是提高规模的考虑，龚宇在随后接受了包凡收购PPS的提议。2012年5月，龚宇、百度企业发展部总经理汤和松与PPS大股东、联创策源总裁冯波在北京见了一面，同时龚宇与PPS总裁徐伟峰展开接触。双方签订了一个初步协议，合并不涉及现金交易，之后共同融资。但是，因为优酷土豆合并后的协同效应并没有预想中强，以及爱奇艺还涉及美国股东普罗维登斯，这份协议并没有得到执行。

在这个过程中间，百度、爱奇艺、PPS的态度也一直在变。爱奇艺和PPTV、迅雷也有过谈判，PPS也和搜狐接触过。直到百度决定进一步加大对视频行业的成本投入，收购普罗维登斯持有的全部爱奇艺股份，相关谈判才得以重启。

“李彦宏看清楚了，网络视频行业规模越来越大，收入越来越高，可预测性越来越强，爱奇艺在市场中的地位也越来越强，风险越来越小了。”龚宇后来回忆。爱奇艺被推动重新与PPS谈判是百度在两方面都展开考虑的结果。一方面，PPS可以填补爱奇艺一、二线城市外的市场空白，做大规模；第二个考虑，是百度已经错失了移动互联网时代电商、社交等多个风口，刚刚成立两年、表现良好的爱奇艺成为这家渴望狼性回归的公司最重要的希望。

爱奇艺要么选择收购PPS以对抗优土，要么就只能在目前仅存的市场空间里继续打转。到2012年时，爱奇艺一年的广告收入大概是7亿~8亿元，但2013年，龚宇就以这笔钱接近30%的价格购买了湖南卫视《天天向上》和《爸爸去哪儿》的版权。要继续做中国版Hulu，龚宇只能做好不断补充弹药和打持久战的准备。

2013年5月7日，百度以3.7亿美元全资收购PPS视频业务，爱奇艺和PPS合并。龚宇对当时包括《商业周刊中文版》在内的媒体说，“7是我的幸运数字”。双方合并以后，客观上提高了新爱奇艺的综合实力，爱奇艺成为视频网站用户规模最大、用户时长最高的网站，仅在广告收入上次于优酷土豆。

此后，这种内外交替带来的焦虑感一直折磨着龚宇和爱奇艺。百度固然是爱奇艺的股东和最大流量池，到2012年回购普罗维登斯股份时，百度拥有爱奇艺股份超过90%；但是，百度的一切出发点都是核心的搜索业务，单在商业模式不成熟的视频行业，百度的3.7亿美元只是杯水车薪，遑论拔得头筹。

我们可以说，收购PPS不仅是爱奇艺历史上的标志性事件，也是视频行业的重要转折点。爱奇艺获得了更充裕的用户和时间来继续长跑。原PPS创始人徐伟峰在团队兼并后加入爱奇艺担任联席总裁，后来负责爱奇艺的游戏和直播业务。

也就是在这种焦虑感的驱使下，爱奇艺以一种极速的姿态向上奔跑。到2013年，原央视主持人马东加盟爱奇艺，担任负责版权、自制内容在内的首席内容官。从2014年开始，爱奇艺就开始进入内容和商业模式上的白银时代。

男儿身，敢孤注一掷拼一把

在正式成为爱奇艺首席内容官之前，马东曾在公开场合表示过自己“已经关注了很长时间的视频新媒体领域”，“这个行业上行速度很快是毫无悬念的，已经进入了高速增长期。在行业上行的大前提下，用户越来越讲求的是品质，所以做UGC还是版权采购都只是模式。爱奇艺邀请马东入职的目的就在于走内容自制路线，弥补短板”。几大视频平台平分天下后，内容自制成为毫无悬念的选择。既可以帮视频网站控制成本，又能突出彼此的差异化竞争。

当时市面上已经涌现一批优质的PGC内容，比如优酷的《万万没想到》《侣行》，以及腾讯的自制网剧《暗黑者》。其中，《万万没想到》还帮助优酷完成了UGC时代到PGC时代的过渡。这部短小精悍的剧作其内容出自曾经的网络红人叫兽易小星之手，制作《万万没想到》的公司万合天宜则在A轮时就拿到了红杉资本的投资。

自制比起花大价钱从电视台采购的版权显然要更重要，毕竟前者体量小，又在平台上有独播权。马东来到爱奇艺后，除了狠抓版权引进，例如《来自星星的你》《爸爸去哪儿》，他最大的贡献就体现在自制上。一档名为《奇葩说》的节目，奠定了爱奇艺在年轻人心目中的影响力。

故事的开头和后来的《中国有嘻哈》或者《偶像练习生》差不多，都是希望在小众文化里找到一个符合年轻人的敏感点。马东最初的构想是“把全国的‘大喷子’聚到一块儿辩论”。这个内容不仅要新鲜有趣，还要足够大胆，“每个年代的人变化都没有想象中那么大，我们可以把它放在一个更大的时间跨度上去衡量，年轻人想的那点事儿，那点儿被荷尔蒙驱使的欲望，本质上是没有变化的。”马东说。马东极为擅长年轻化包装下的价值观输出，他在一次采访中曾经提到过：“娱乐本身就是价值观，娱乐就是本质。”

虽然包括马薇薇、姜思达、范湉湉在内，第一季《奇葩说》节目人气选手的来源，基本都是导演组通过自己的人脉建立渠道，通过比如辩论社团、培训圈去找人，以及为了说服广告主为这样一档节目买单，牟頔还需要自己带团队上阵谈下品牌赞助。但这样一档无先例、无“大咖”的自制节目还是火了。

这档节目至少赶上了几个好时候：网综彼时处于一片蓝海，较为宽泛的审核制度与互联网原生群体的接受尺度使得这档节目能够直击痛点；颇具攻击性的“奇葩”与马东对娱乐节目本质的理解形成匹配，才令这档节目在不到三年内就成为“网络综艺的革命者”“现象级的网络综艺”。它的话题性也颇具时效性。至今，你还可以在社交媒体上找到当年网友对于《奇葩说》几期内容的评判，从《奇葩说》走出的肖骁、马薇薇、姜思达也一直活跃在大众视野。

这档节目更大的贡献是为爱奇艺做自制吃了一颗定心丸。之前，视频网站倾向于版权采买加小规格的成本自制，但《奇葩说》第一季就因为广告口播为爱奇艺捧回不菲的广告收入，到第四季时，《奇葩说》的冠名收入达到了4亿元。

以《奇葩说》为起点，爱奇艺的爆款战术迅速打响。随后，爱奇艺又押中了另一部爆款剧集《盗墓笔记》。

改编自同名小说的网剧《盗墓笔记》由李易峰、杨洋当时两位当红小生主演，当时每集成本超过500万元，创下网剧当时的成本纪录。爱奇艺在这部网剧开播的时候还遭遇了服务器宕机。这部小说的原著“粉丝”基数庞大，加上演员的支持者和闻风而来的网友，《盗墓笔记》的5分钟内瞬时播放请求达到了1.6亿次。由于该剧只在爱奇艺上进行付费播出，开通VIP会员的订单请求超过260万次，以至于官方事先准备了3倍的服务器资源依旧无济于事。

事实上，押宝《盗墓笔记》自始至终在爱奇艺看来都是必须做的事。2013年后，Netflix和旗下自制网剧《纸牌屋》在2013年后成为所有视频网站的模仿对象。启用头部明星和高规格制作的《纸牌屋》在播出后席卷全球，帮助以影片租赁起家的Netflix在当年第一季度增长了300万流媒体用户。龚宇认为，这提供了一种视频网站盈利的可能，“一旦成功了我是大成功，我是中国的好莱坞方式成功的，如果我成功不了，无所谓，我干的事情就是要创新。”他当时的判断是，视频网站迟早要步入健康的商业模式，而新一代用户已经在为优质内容买单。

如他所愿，《盗墓笔记》的热播带动了爱奇艺会员数目突破1000万。在

2011年时，付费会员作为爱奇艺对于视频行业商业模式的探索，KPI（关键绩效指标，Key Performance Indicator）还完成不到20%。相比上一个10年，后来诞生的视频行业玩家无疑要幸运许多：移动支付在2015年时的市场规模达到9.31万亿元，覆盖各个主流场景；加上新一代的互联网用户消费观念和消费能力都在显著增长，用户已经完成了基于法律和道德层面的版权意识教育。

而在一边通过对年轻用户的把握完成对内容的探索时，爱奇艺也在不断向行业传递这种版权至上的信号。2012年4月，搜狐视频、腾讯视频和爱奇艺宣布组建“视频内容合作组织”。三家将在视频版权和播出领域展开合作，并联手对国内外优质视频版权内容进行采购。

至此，爱奇艺在视频行业终于站稳脚跟，变成了搅动这个行业的鲶鱼。需要注意的是，这在龚宇看来更多是属于爱奇艺的必然。“爱奇艺管理团队的心态、自我要求，会像运作独立公司一样。我要把业务做好，我要把爱奇艺的价值做到大家觉得有价值投资的程度。”在另一次采访中，龚宇把爱奇艺称作“男儿身”，“我们是男儿，当看准的时候敢孤注一掷拼一把，哪怕输了就一无所有。”

今天看来，这种判断更多是出于爱奇艺对于百度提供资源有限的考虑。在BAT（百度、阿里巴巴、腾讯）三家大战中，百度多次处于下风，自顾不暇。同时，从创业者的角度来谈，龚宇很早就把爱奇艺的上市列进了时间表里。在百度的林荫下好乘凉，但也要保证爱奇艺相对的独立性。

可以看到的是，《奇葩说》和《盗墓笔记》之后，内容自制和推动其年轻化越来越成为爱奇艺的发展纲领。内容也越来越具备创新性，例如《奇葩说》后播出的衍生节目《奇葩大会》、聚焦嘻哈这一音乐形态的《中国有嘻哈》、张一山主演的网剧《余罪》、先网后台的剧集《蜀山战纪》等。

具象化目标，做独立IPO

在2017年爱奇艺成立7周年的时候，龚宇说自己对爱奇艺的过去7年谈不上多兴奋，也没有多唏嘘。爱奇艺被他称为退休前的最后一个事业。最后一个9年，龚宇的目标是把爱奇艺做成功，“当你完全不发愁它的方向、它的动力时，就够了。”如果要把这个目标具象化，“就是要做独立IPO为股东获得更大回报”。

上市是龚宇对爱奇艺最大的执念。从成立第一天开始，爱奇艺就表示自己将来会考虑收购或者独立上市。2010年时，视频网站上市还属于利好，优酷在美国上市时的市值一度超过了CEO古永锵的老东家搜狐，大自土豆，小至PPS、酷6，都曾谋求过上市。

但等到优酷土豆退市时，这个故事的可信度已经打了不少折扣。但龚宇在2015年时认为，因为行业健康规则没有建立，优酷土豆的市值被严重低估，此外，让海外投资者理解中国语境下的视频网站可能非常困难，“做什么有价值、什么没价值，太难了。”

对龚宇和李彦宏来说，上市既是一种利好于爱奇艺在资本市场上融资、独立发展的有效通道，同时也是百度止损的重要方式。百度财报显示，爱奇艺2015年、2014年、2013年分别亏损为23.8亿元、11.1亿元、7.43亿元。深陷移动互联网之争的百度需要轻装上阵，同理爱奇艺。

更重要的是，对于把人生中下一个9年寄托在爱奇艺身上的龚宇，可能更需要用上市来证明自己和公司的价值。龚宇一直坚持上市不是目的，是手段，爱奇艺是否成功，则直接决定他个人是否成功。

这种百折不挠体现在爱奇艺过去几年的资本历程中，显得格外意味深长。相比内容产出的顺风顺水，爱奇艺在资本路上可以用坎坷来形容。

在2015年传出被选定为上海证券交易所战略新兴板首批挂牌企业前后，爱奇艺开启了私有化进程。2016年2月，百度宣布其董事会收到来自百度CEO李彦宏和爱奇艺CEO龚宇的非约束性提议，在爱奇艺估值28亿美元基础上，收购百度持有的爱奇艺80.5%的全部已发行股份。

龚宇在当天面向全员的内部信中称：MBO（管理层收购，Management Buy-Outs）是为了获得更多的中国市场支持，是为了获得更强的融资能力。

同时，龚宇也第一次公开明确宣布爱奇艺的资本市场路线图：在私有化实现之后，将寻求在合适时机回国内上市。

但就在一个月后，“十三五”规划纲要草案的修订中删除了“设立战略性产业新兴板”，爱奇艺私有化之路旋即化为泡影。不过，即使在当时，爱奇艺私有化采用的MBO形式也面临着巨大风险，一旦私有化交易完成，而爱奇艺又上市无门，李彦宏和龚宇每天亏损将达到577万元。

当时，也曾有一份较为成形的私有化方案摆在交易各方面前。在这个方案中，买方财团还包括华人文化（CMC）、中文投、高瓴资本和三家国有金融公司等投资人。在28亿美元买入爱奇艺之后，六家投资人将再度增资10亿美元，其中2/3的资金将被放入李彦宏所成立的基金，剩余1/3放入爱奇艺公司。爱奇艺的投后估值为38亿美元左右，投资人向爱奇艺管理层提供4.52亿美元的借款，管理层可以获得股份，强化自身决策地位。而其中一部分之所以设计成GP/LP（GP是普通合伙人，General Partner；LP是有限合伙人，Limited Partner）结构，也是为了不稀释李彦宏的投票权。

但就在买方财团与特别委员会之间谈判进入冲刺时期时，百度的美国股东突然爆发了激烈的反对意见。

2016年7月18日，百度股东、美国对冲基金Acacia Partners以有悖于百度及其股东的长期利益最大化的理由反对收购爱奇艺。百度官方随后作出回复，称百度一直秉持公司治理的最高标准。针对爱奇艺的交易，已建立了一个由独立董事组成的特别委员会来进行评估，这一评估目前在持续推进中，将在形成相关结论后，向投资人和公众发布。

仅仅隔了不到一周时间，7月25日晚，李彦宏和爱奇艺首席执行官龚宇代表买方财团致信百度董事会，宣布放弃爱奇艺私有化。信中如是说道：“由于在交易结构和购买价格等方面未能达成一致，买方财团决定撤回要约，终止收购百度所持有的全部80.5%爱奇艺股份的计划。”

当时完成行业洗牌的视频行业，初步完成了三国杀的格局，BAT三家各自扶持一家视频平台。腾讯、阿里巴巴各自对腾讯视频、优酷土豆都许以无上限计算的成本投入，这同时在外部刺激了爱奇艺。想要在牌桌上继续待下去，就必须在资本动作上不能滞后。

客观来说，爱奇艺虽然在资本路上一路磕磕绊绊，但目标始终明确而统一。

2017年时，爱奇艺再次宣布完成15.3亿美元可转债认购时，除去控股股东百度，参与可转债认购的还有高瓴资本、博裕资本、润良泰基金、IDG、光际资本、红杉资本等。这笔钱当时多少被解读为聊以自慰，毕竟到2017年时，各大视频网站投入版权的预算都已经不止这个数字。但可转债认购的重要性在于，交易条款中需要规定一定的未来指标，其中就可能包括盈利或者上市的时间表。爱奇艺希望通过这一信号规划自己的节奏，提高外界对于公司的信心。

从龚宇自上而下，爱奇艺的风格似乎一直都是群狼式风格，擅长做目标规划，行进过程大胆而决绝。这体现在龚宇本人的行事作风中。2017年播出时的《中国有嘻哈》投资达到2.5亿元，龚宇放行这个项目的判断是，策划嘻哈的团队是中国做这个平台最好的团队，如果他们做不好就证明爱奇艺战略上判断错误；冒风险是一定的，但相对而言，风险并不大。

在成立8年的时间里，爱奇艺曾经有过好几次上市的传言流出。一般是在美国纳斯达克或者是在中国香港，龚宇甚至一度考虑过在国内上市，直到多次试验均告失败才作罢。直到2018年年初，招股说明书流出，爱奇艺在纳斯达克上市事宜敲定，龚宇和爱奇艺才终于可以长出一口气。那天在纳斯达克，龚宇特意佩戴了一条绿色领带，这同时是爱奇艺和美国股市向上的象征。

“对爱奇艺来讲，我们更想做出的是长线的自己的价值。”龚宇当天在回答股价问题时说。在同一个星期，爱奇艺上档了2018年第一季度第三档S级综艺《机器人争霸》《偶像练习生》《热血街舞团》在一周时间内覆盖爱奇艺的所有主流用户，这是一种对获得认可的强烈渴望，“最主要的是我们把目光看得更长远，让我们在未来获得更多的关注和大家对爱奇艺价值的认可。”

下一个10年，线上娱乐王国

2018年初时，《热血街舞团》第一期录制时就用了120个导演，这在网综节目史上可能是大数字，但在视频网站的刀光剑影中已经不再是个惊人的纪录。在2017年开嘻哈先河以后，2018年爱奇艺首先就在街舞这个题材上遭遇了阻击，优酷同样以超级网综的名义启动了一档题材相同的《这就是街舞》，之后，《偶像练习生》与腾讯视频的《创造101》《机器人争霸》和优酷的《这就是铁甲》，再度产生冲撞。

进入上市阶段的爱奇艺，看似拥有了更充足的资金和动员能力，但同时也仍然遭逢着巨大的挑战。三强格局注定了谁获得的优势都将是微乎其微，而能用钱解决的问题，在视频行业往往都不是问题。这决定了爱奇艺在内容上取得的先发优势并非绝对优势。

更重要的是，上市以后的爱奇艺，要讲的故事仍然围绕视频网站，但又不仅仅是视频网站。这取决于全世界对于视频网站商业模式的认知速度。Netflix模式在海外受宠，但在国内，视频行业长期内仍将是流血点。这意味着改善现状只能从提高资金利用效率和拓宽业务版图入手。

龚宇向外界讲述的是线上迪士尼和综合性娱乐公司的故事。“我们不是像迪士尼那样在现实世界中建造主题乐园，而是以我们的自制影视剧为基础开发网络游戏。”龚宇在接受《好莱坞报道者》采访时说。现在，爱奇艺已经有爱奇艺商城、网络小说、漫画，并推出与爱奇艺影视剧、综艺节目相关的线上轻小说。

在爱奇艺上，用户可以在观看影视剧时跳到相应的漫画或小说界面。2017年，爱奇艺也推出“云腾计划”，确保这些小说或漫画可以反向改编成影视作品。龚宇将其概括为“一鱼多吃”。

在所有的视频平台中，爱奇艺几乎是大部分纪录的缔造者和保持者。第一个上线网络大电影、第一档现象级网综、第一个做网剧分账。到2018年时，爱奇艺已经公布了自己过去一年网剧分账获得的成绩，最高的《花间提壶方大厨》播放量超过了4.3亿。

行至中途的爱奇艺，注定将在未来收获更多意想不到的事情。随着抖音、快手等短视频平台前来争夺用户时长，爱奇艺也推出了短视频APP纳逗。此前，在爱奇艺这个超级平台上，已经集合了泡泡、爱奇艺商城在内的多个功能，这使得爱奇艺在未来将拥有通过产品矩阵自建生态的可能性。“我们原来不在意生态，我们就是一个尖刀连、特种部队，先冲入敌人阵队厮杀，但是不能永远这么干，最终还是要打阵地战。”龚宇说，“最重要的是占领地盘，要守住地盘，就是靠生态系统。”

面对腾讯视频与优酷背靠IP委员会（IP应用与增值电信技术专委会）或阿里大文娱的生态优势，这确实是一个重要的防守策略。目前，随着中国对文化娱乐消费的热情日益上涨，网络视频用户规模达到5.65亿人，爱奇艺总市值超过了200亿美元。回望爱奇艺和龚宇过去的8年，这是外部、内部竞争同时交替的结果，爱奇艺被动或主动拥有了更强的竞争能力。

谁能代表中国视频网站走到最后？这在目前还是个无解的疑问。龚宇说，他给爱奇艺新的目标是10年，在他退休之前。10年以后，或许我们有幸可以见到游戏的最终胜负。“我希望10年内能搭出一个蓝图框架，能实现迪士尼的基本商业模式，在中国建立一个线上的娱乐王国。”

作者简介
Introduction to the author

黄云腾 《三声》（ID：tosansheng）高级记者，有历史包袱的文科生。深扎文娱产业多年，对视频行业深有研究，曾生产过多篇行业爆文（10万+）。

芒果TV，广电媒体的突围与新生

改革是社会发展、时代进步的永恒主题。

回首昨天，人类传播的迭代进化走过了漫长的旅程，从结绳、手语到造纸、印刷，从电波、晶体管再到互联网、智能。媒体作为传播的重要介质，与人类科技、社会文明的发展可谓同步演进。

立足今天，曾经傲视群雄、风头正劲的广电媒体，也正处于时代变局的十字路口。令人惊艳的是，芒果TV就是从媒体江湖的翻卷潮涌中，把舵转航、突围而出的一艘巨舰。

从十三四年前的萌发、初创，到四年前受的质疑、担忧，再到今天的稳健、卓然，我们在芒果TV身上看到了一腔热血下传承千年的文脉湘魂——这，就是湖湘精神，是她推动这艘巨舰破浪前行，并以电视“湘军”的姿态，在突围中奔跑，在涅槃中新生，成长为网络视频领域的“新独角兽”，改变并刷新着中国广电媒体的业态格局。

如果说中国改革开放40年，也是一部中国企业的发展史，中国经济奇迹的产生，自然离不开无数中国企业的创新和努力。芒果TV在历经60年风雨变幻的中国电视母体中“蜕变”而出、催发“新枝”，也可谓中国经济改革尤其传媒巨变中的一个缩影。

解读芒果TV的生命密码，让我们思索中国媒体在互联、移动、智能时代融合转型中的阵痛和希望。

变革的“前夜”，金鹰初长成

当时光的脚步驻足2003年，读者们还可曾记得那时的中国？

那一年，国家领导人顺利完成换届交替，“非典”疫情暴发，三峡大坝蓄水发电，“孙志刚案”引起广泛关注，神舟五号顺利升空。

放眼媒体，中国的报业一片繁荣，六大都市战场鏖战正酣。原国家广播电影电视总局确立为“广播发展年”和“网络发展年”，城市交通广播正值芳华，北京交通频率一年创收1.5亿元，全国有线数字电视工程建设拉开序幕，付费频道如雨后春笋般纷纷冒出。中央电视台新闻频道开播，并在“非典”、伊拉克战争、“神舟五号飞天”报道中声名鹊起，上海东方卫视横空出世，各大卫视纷纷举起品牌定位的大旗，“湖南卫视”正式改名“中国湖南卫视”，提出“锁定娱乐，兼顾资讯；锁定年轻，兼顾其他；锁定全国，兼顾湖南”的品牌定位，民营电视制作公司也正式获得了制作许可证。中国电视观众总人口达到10.7亿人，全国广播影视系统广告收入324亿元，电视已然登上中国最具影响力的大众传媒的头把交椅。资源整合和有限开放，成为这一年中国影视业的主旋律。

那一年，互联网在三大门户网站的领跑下刚刚回暖，手机媒体还处在全民短信的非智能时代。“非典”疫情不经意间给中国互联网“烧了一把火”，年底统计，中国网民数达到了7950万，上网计算机达到3089万台，数以千计的社会网站和境外网站开发了视音频点播业务，中国网络广告收入一举突破10亿元大关[①]。尽管如此，大多传统媒体的经营管理者，仍在几百亿元年收入里徜徉，并未将这一“小豆丁”放在眼里，而数字付费频道，则乐观

① 据iResearch统计，2003年中国网络广告市场达到了10.8亿元人民币。新浪的网络广告收入超过3亿元，搜狐有2亿元左右，网易接近1个亿。传统三大门户再加上TOM、Yahoo中国、21CN、QQ等门户，所有门户的网络广告收入已经超过7亿元，占整个中国网络广告市场的七成左右。

地预判自己是改变传统广电格局的未来新贵。

正是在这一背景下，金鹰网作为湖南广电的新媒体平台，于2004年1月8日在长沙悄然上线。创立之初的名称，或许还有点想蹭湖南广电和湖南省委在2000年买下永久承办权的金鹰奖IP的意思。没有人在意她的入局，这不过是电视台开通门户网站、多一个宣传窗口的常规之举，可就是这一只小小的“雏鹰”，若干年后，淬炼重生，摇身变为一只盈润饱满的“芒果”，令人刮目相看。

2003年，中国传媒的政策机制、产业市场与受众消费的综合裂变，因缘际会，推动了芒果TV的前身——金鹰网的诞生。恰如十月怀胎，2003年大年初一夜晚的一个国际事件，或许为湖南广电挺进互联网海洋的未知之旅，起到了“着床萌发”的助推与触动——

2003年2月1日22时32分，美国哥伦比亚号航天飞机失事仅仅过了16分钟，新浪网就以手机短信的方式将消息发送给万千用户，由此开了国内手机传播新闻的先河。直到23时50分，CCTV插播了哥伦比亚号坠毁的新闻，比短信晚了一个多小时。而各大报纸刊登此新闻要等到第二天。所谓“天下武功，唯快不破”，互联网在新闻竞速中已初现峥嵘。

俄国作家屠格涅夫所著的长篇小说《前夜》，描写了主人公英沙罗夫与叶琳娜生活的19世纪中叶的俄国景象——处于大变革的“前夜”，各种力量在相互碰撞，时代需要勇于行动的新人形象。一百多年以后，21世纪之初的中国传媒领域，也似乎进入了这一历史节点。

湖南广电迎来了变革的“前夜”。2001年，《环球企业家》杂志和《南方周末》先后发表《虚火的电视湘军》和《电视湘军“虚火上升”》，直指湖南台的现实问题；一个最典型的说法就是：2002年，有好几个月湖南广电发不出工资，很多人打的白条，从上到下，每人只发999元，而湖南境内的银行也对湖南广电关上了大门，不再借贷[①]；2002年年底，在湖南广电集团

① 辩题：2002湖南卫视即将倒闭与实现突破性增长（三）［EB/OL］. 李湘工作室微博，http://blog.sina.com.cn/s/blog_52197954010099j6.html，2008-05-17.

内部总结表彰大会上，原掌舵人魏文彬尖锐地指出“内耗猛于虎，流失浪淘沙”。

2003年，湖南卫视出现严重的收支不平衡，上市公司电广传媒则处于严重亏损状态。广告商对电视湘军的信心严重受挫，一度令湖南广电陷入了产业化转型的困境。

粗放式改革走到尽头，亟须向集约式改革升级。时任湖南电视台台长欧阳常林，从2001—2004年，分析问题，连续出击，机制改革，资源整合，抡起了改革的“二板斧”，对内收缩编制、部门合并、频道整合，秉承湖南卫视“快乐中国”的核心理念，提出“打造中国最具活力的电视娱乐品牌”，对外启动全国性的卫视合纵连横战略，甚至计划组建全国性的卫视联盟；针对产业未来可能的增长极，尝试对新媒体进行投入。

2004年1月，金鹰网正式成立；6月，金鹰网与湖南电信合作，开始网络视频业务，改变单一的业态。2005年4月，金鹰网分别从国务院新闻办公室、原国家广播电影电视总局获得“互联网新闻信息服务许可证”“信息网络传播视听节目许可证”，近乎含着金钥匙出生的“宠婴”，最大程度争取到了上级主管机构给予的政策倾斜。

与此同时，2004年上半年，湖南卫视拓展部成立，随着超女、快男节目短信投票带来的丰厚收益，逐渐蜕变为快乐阳光公司。2006年年初，台长欧阳常林出国考察回来，下定决心要搞新媒体。同年3月，湖南电视台成立新媒体工作小组。其后拓展部与新媒体工作组融为一体，统称“湖南卫视新媒体”，瞄准短信、网络投票等“互联网、手机”业务，真正有了快乐阳光公司的产业雏形。同年5月，湖南广播影视集团授权委托湖南卫视及湖南快乐阳光互动娱乐传媒有限公司经营管理。张若波出任法人代表，任快乐阳光互动娱乐传媒有限公司董事长、总经理，兼金鹰网CEO，正如网站最初在页面和功能上尚显简单。那时的张若波34周岁，作为芒果TV的第一代直接领导人，青春朝气，活力四射，时代赋予他在互联网航渡中的绝好机遇与使命责任，但前途如何？暗礁、风浪，抑或顺流、阳光，一切都是新的，一切有待考验。带着当年魏文彬“秋天的思考”[①]，金鹰网的未来充满想象。

2007年3月，金鹰网平台独家承办轰动全国的湖南卫视快乐男声网络赛区，并通过快乐男声综合互动，一创国内电视+网络选秀互动的先河，取得了重大社会反响和经济效益。同年6月，金鹰网在北京成立办事处。在这一年里，“金鹰”羽翼渐丰，在电信增值、互联网增值和其他新媒体业务领域开始施展身手，市场拓展日益娴熟。

有人为雄鹰曾作《忆秦娥・言志》：“志难挫，鹰击长空万里阔。万里阔，力挽北斗，气吞日月。青山座座皆巍峨，壮心上下勇求索。勇求索，披荆斩棘，赴汤蹈火。”

金鹰网的初创三年，为芒果TV的唤出打下了坚实基础。她的成长离不开湖南广电的培育，并带有电视“湘军”的霸蛮和革新特性。这种霸蛮根植在像魏文彬、欧阳常林、吕焕斌、张华立等台领导的头脑里，渗透在张若波、聂玫、张勇、丁诚、蔡怀军的骨子里，也流淌在湖南广电一线制作人的血液里。本文着墨于芒果TV，其实并非只是记录某一个体的英雄谱，而是向湖南广电几代接力的管理者群像的一次致敬。正如当年国内的一本杂志评价：“湖南的电视人让湘军这个词汇在150年后重新登上历史的舞台。”

2007年，党的十七大胜利召开，中国广电掀起全面数字化高潮，手机电视风生水起，中国网民增长到1.62亿，博客的媒体属性进一步显露，二维条形码带来了新的“超链接”，上千家视频网站爆发式发展，缺少规模盈利，缺乏头部平台，金鹰网（芒果TV前身）尚在湖南卫视领航下的护卫舰队中间，不紧不慢、自在摸索的游走，就如雨林迁徙的象群里，一头蹒跚学步的小象被成年大象护佑。等待的是即将到来的重大洗牌、风云激荡的三年，前方充满未知和挑战。

---

① 2006年9月，几次连续的闭门会议之后，魏文彬在湖南广电内部党组会议上提出了第三轮改革的目标，“从体制内走出去，从国内走出去，并且要建立起一个全新的市场主体”，这一改革行动在湖南广电内部被称为“秋天的思考”。

万众瞩目，芒果亮相

2008年是个特殊的一年，悲喜交加的事件掀起了传统媒体的“集体狂欢”，一场大雪，一场地震，一次奥运会，一次金融危机，民众在舆论围观中难掩泪水，无论是伤感还是喜悦。

得益于媒体释放的解压力量，自强与坚韧的民族共同情感重新被唤醒，多难兴邦，殷忧启圣。

客观上，金融危机让全球的新媒体行业遭遇了重创，国内200多家视频网站大多饿死在这一年冬天。而国内外的大事件，恰好延长了传统媒体被迫转型新媒体的“窗口期”，使其在惯性的轨道上又一次绽放光芒。中央电视台首开24小时连续直播先河，广电媒体的“开放性报道”为人民了解灾情、各界参与救灾发挥了重要作用。奥运会让中国的媒体传播变得更加立体、丰满，PC网站与手机移动端首次作为独立转播机构，央视网联合新浪等八家商业网站实施分销转播，并与人民网、新华网等174家网站开展联合推广，缔造了奥运史上规模最大的新媒体传播联盟。

没有央视及各商业网站在新闻、体育报道方面的先天优势，金鹰网坚持走娱乐的差异化之路。无论是社会反响还是经济效益，从上一年的快乐男声互动传播中，她都尝到了甜头。这可谓是广电系统在大型活动中“单点作战”、深耕“台网联动”的一次尝试，别看是小型突围，此役对网络“湘军”的触动很大，以张若波为首的决策团队，带着“敢于人先”的湖湘精神，着手启动传媒产业外延的拓展。彼时，广电系统同行的绝大多数网站仍以官网门户的面貌在呈现。

金鹰网敢于踏上年轻时尚娱乐路线的底气，来自于母体——湖南广电尤其湖南卫视的支撑，也是与湖南卫视“快乐中国”的频道定位，“青春时尚”的频道特质一脉相承。据2008年CSM（中国广视索福瑞媒介研究）数据统计，湖南卫视已连续六年保持全国省级卫视收视率第一，在27岁以下人群中观众规模全国排名第一。根据Google、百度检索显示，湖南卫视是中国最受媒体和网民关注的媒体，其品牌提及率是其他省级卫视平均提及率的27倍。显然，在未来成为社会主流群体和消费主力的年轻一代争夺中，湖南台在广电系统中拔得了头筹，金鹰网自然也搭上了这趟极具未来想象空间的列车。

于是，“芒果TV”作为湖南广电的网络视频平台呼号，自2008年起正式亮相了。

读者或许疑问，为何不叫“金鹰TV”而叫“芒果TV”呢?

在芒果TV正式亮相前，不得不说一下湖南电视台台标设计之初，蕴含了多个含义，轮廓似鱼头（或鱼嘴），中心似一粒稻米，象征有“鱼米之乡”美誉的湖南；形似一根飘动的纽带，象征电视台与世界连接、与观众连接；又似卫星运动的轨迹，上空升起璀璨的新星；缺口位置象征湖南的三面环山、一面向水（洞庭湖）的地貌特征；颜色采用活力、年轻的橙黄色，契合湖南卫视青春活力的定位。但湖南台观众群中的那些年轻人，没人解读Logo的设计原意，而是因其形色酷似芒果，调皮地称呼“芒果台”，并在网络流行开来。既然民意如此，湖南广电的决策者，欣然接受了这个别称，统一识别，并把芒果变成招牌形象，大胆沿用到网络和其他相关实业上。这也引发了各台果蔬①昵称的大战，一时星空高悬“果蔬组合”。

2008年，对于芒果台也是非同寻常的一年，湖南卫视频道提出宣传口号“我们正年轻”；魏文彬将接力棒交给了第二代掌门人欧阳常林，继任者欧阳常林开始着手推动以“管办分开，政企分开”为目标的第三轮改革；“超女教母”龙丹妮出走上海，经视台长吕焕斌赶赴上海苦心劝返，魏文彬、欧阳常林轮番上阵，上演了现代版的“萧何月下追韩信”；台里推出了“全国同时段收视第一的节目可获奖金50万元”的激励机制，重赏之下必有勇夫；同年7月，金鹰网改版，与湖南卫视网站整合运行，启用www.hunantv.com，在

① 江苏称“荔枝台”，上海称“番茄台”，浙江称“蓝莓台”，江西称“辣椒台”，青海称“青芒果”，贵州称“苹果台”。

域名、内容、业务和盈利机制上进行整合。

2009年开始，湖南电视台在新媒体领域的开拓进入井喷期：3月，金鹰网推出芒果游戏平台，成为传统电视媒体中领先的网络优秀开发商和运营商之一；10月，时任中共湖南省委副书记、省长周强考察快乐阳光；11月，湖南广电与盛大网络共同出资成立盛视影业有限公司；12月，金鹰网旗下的芒果网络电视被剥离出来独立运营；12月29日，湖南卫视与淘宝网盒子组建湖南快乐淘宝文化传播有限公司，正式进军电子商务SNS市场。

2010年1月1日，金鹰网和电视同时直播与湖南卫视有“深度合作关系”的新青海卫视的内容；1月，金鹰网与提供整合数字营销解决方案的易传媒公司结成战略合作，宣布成立视频广告联合实验室；3月，承办2010《快乐男声》北美、澳大利亚和马来西亚三大海外唱区；3月，湖南快乐阳光互动娱乐传媒有限公司（芒果游戏平台）对星野软件进行增资扩股，开创了国内第一家电视新媒体和国有新闻网站控股社会游戏公司，并自主研发大型健康网络游戏的先例；5月14日，芒果传媒有限公司与腾讯在深圳会展中心签署战略合作框架协议，联合拓展电视和互联网融合互动的内容产品，打造跨媒体的互动传媒平台；6月28日，被寄予改制厚望的“芒果传媒有限公司”挂牌，欧阳常林兼任董事长，张华立出任总裁，包括龙丹妮等在内的一批业务骨干出任董事，这次挂牌被欧阳常林誉为“电视湘军第三轮改革的真正破题”，他提出芒果传媒发展要分步走。首先，要把传统内容资源如电台、电视等进行整合，一改以往“散”状。其次，要把所有经营性资产从湖南广电进行剥离，全部置入芒果传媒中。湖南广电“局台分设、管办分开”的第三轮改革真正落地。

三年里，金鹰网以湖南广电的内容资源为基础，从“老金鹰”到“新金鹰”，又“花开两朵”，突出“金鹰”和“芒果”两个品牌，打造金鹰娱乐、金鹰论坛和金鹰无线等产品，陆续开辟芒果TV、芒果游戏、他在网、芒果圈等新型业态，创建“芒果网络生态圈”，树立起湖南广电新媒体的新形象。但同时，台领导推举的包括芒果产业等一系列改革并非一帆风顺，剥离经营性资产，变革人事制度，触痛了相关利益方，内部仍遭遇来自各方面的阻力和抵制。

2010年的最后一天，芒果TV首页及付费点播频道全新改版再度亮相。改版后的首页由金鹰独播剧场、芒果王牌栏目、电视节目、电视剧、电影、音乐几大板块组成。其内容涵盖了海内外最热娱乐节目、卫视自制热门以及时下最in的电视剧、最新的电影片花资讯、最给力的音乐MV。芒果TV所有的内容全部在首页得到了最佳的展现，版面的设计继续秉承芒果TV历来清晰、简约的风格，与其他视频网站较为复杂的版面设计拉开了距离，给用户一个良好的体验环境，而同时期省级电视台的视频网站只有少数几家提供电视剧的点播服务。此外，芒果TV在新首页对直播的预告以及热门的标签都予以展示，在每个频道还设置了排行榜，给用户更好的推荐，提高用户的黏性。18天后的年度总结表彰大会上，时任省政协副主席魏文彬题词勉励快乐阳光公司——“快乐给力，芒果加油”，而台党委书记、台长欧阳常林则以一副对联表达对湖南广电新媒体的热切期望——芒果春潮波澜壮阔；快乐阳光寰宇生辉！

如何波澜壮阔？能否寰宇生辉？大家拭目以待。

风起沧澜，没有硝烟的战争

2011—2013年，风来了。

中国互联网领域原有的“四大门户”迎来了群雄逐鹿的“战国”时代，广电媒体的全媒体转型大幕拉开，互联网电视正式启动，国家互联网信息办公室设立，芒果TV在湖南卫视遭遇市场重挫的跌宕起伏中迈出了改制第一步，并迎来了电视湘军的第三代掌门人——吕焕斌。

虎嗅网有一篇回顾这段时期的文章，标题写道“中国视频网站简史：枪响在公元2011年”。这一年被坊间称为中国互联网开放元年，随着智能手机开始普及，Wi-Fi和3G网络的全面铺开，移动互联网开始兴起，各种移动APP应用、移动社交纷纷登场，各大互联网企业相继宣布开放平台战略，千团大战，3Q大战，iPad纷争，优酷开始尝试点播模式，爱奇艺开启会员制，一款用以制作、分享GIF图片的手机应用快手刚刚诞生，我国微博用户两年暴增到2.5亿，占网民总数的48.7%，乐视以号称拥有4000部电影、7万集电视剧版权的豪气傲视武林，小米刚刚推出第一部手机。历史吊诡的是，接下来的几年，优酷与土豆合并，爱奇艺整合了PPS，快手APP一跃成为微视频Top平台，微信取代微博成为移动社交第一新宠，乐视网易主停牌，小米在香港上市。互联网领域宛若广阔的海洋，风逐浪高，变幻莫测，谁也不知道下一秒会发生什么。

技术革新和网络升级给广大用户带来了移动终端上的便捷应用，也加速了用户需求从资讯信息向娱乐、消费、商务等更广领域的拓展。媒体市场格局从传统的报刊、电视大屏为主向PC、iPad、智能手机不断分化，互联网企业的良好市场机制也为传统媒体的经营提供了很好的参考蓝本。芒果TV也必须作出积极反应，加快改革步伐。

2011年，芒果TV基本业务结构达成。5月，金鹰网正式列入全国转企改制和全国可供网站转载新闻的新闻单位名单，湖南广电的互联网电视也正式上线；7月，湖南广电获全国第五张互联网电视内容服务牌照与互联网电视集成播控牌照，是广电总局发放的七家持证单位中的一员，这被业内视为面对视频网站汹涌冲击下的防御之举。2012年2月，快乐阳光携湖南IPTV、互联网电视等重点产品正式入驻橘子洲两型社会展览馆，湖南省编委批复同意金鹰网事转企，快乐阳光真正迈出了改制第一步；5月，快乐阳光入选湖南文化企业30强名单；9月，湖南IPTV业务实现对省内用户全覆盖；11月，快乐阳光获得湖南省文化产业引导资金200万元；12月，快乐阳光获评“2011—2012年度国家文化产品出口重点企业”。

期间，作为芒果TV的母体湖南卫视，却也在2012年迎来了一次生命历程中的重大打击，正如互联网领域没有硝烟的战争，厮杀的激烈丝毫不亚于后者。

2011年10月25日，广电总局对上星卫视下发了一个管理文件——《关于进一步加强电视上星综合频道节目管理的意见》，提出从2012年1月1日起，34个电视上星综合频道要提高新闻类节目播出量，同时对部分类型节目播出实施调控，以防止过度娱乐化和低俗倾向，业内俗称“限娱令”。

2012年初，在“限娱令”和电视剧对策失误等多重因素的作用下，以“娱乐”著长的常年居地方卫视榜首的湖南卫视收视率连续下滑，短短几个月就跌落至第6名。作为紧急应对，5月召开全台动员大会，随后张华立宣布三大核心部门的人事轮岗决定，启动“五月大会战”。6月4日，由几百名中层以上业务骨干参加的“湖南卫视品牌创新研讨会”召开，欧阳常林请来了老领导魏文彬，两代掌门人分析了这场危机的根源、湖南广电的现状和出路，好在大部分骨干尚未出走，改版、创新，推出工作室政策，7月正式调整编排，60天上档和翻新了6档节目，一举夺回了省级卫视收视率第一的“宝座”，到年底仍然保持了“连续11年保持省级卫视收视和创收第一”。

这次芒果台遭遇的短暂“滑铁卢”，既折射出传统电视节目在用户忠诚度上的脆弱，也反映出“限娱令”后芒果台固有优势的年轻受众群的流失。而加快芒果TV的产业布局和平台建设，恰给这些代表未来的年轻受众以消费和娱乐的新场地。

2013年4月，芒果TV与华为在京联合召开新闻发布会，推出互联网电视机顶盒产品——“芒果派”。5月，湖南广播电视台台长吕焕斌率队专题调研快乐阳光。吕台长要求快乐阳光主动依托湖南卫视品牌做好互联网内容，勇于承担全台互联网发展重任。8月，芒果TV与湖南有线合作“芒果TV专区”、创新实现DVB+OTT运营模式。11月，芒果TV荣获第四届中国互联网品牌“中国移动新媒体先锋品牌奖”，快乐阳光进入“湖南文化品牌40强”，金鹰网荣获第四届中国互联网品牌“全国商业网站特色品牌奖”，金鹰网、芒果圈荣获第四届中国互联网品牌“中国地方网站最具创意APP客户端”。12月，芒果互联网电视、三星、奥地利维也纳国家歌剧院在奥地利驻华使馆合作签约，芒果TV&三星合作高端电视机将呈现维也纳国家歌剧院的全部内容，芒果TV和丰互联网电视更名为芒果互联网电视。

所谓王朝更迭、城头变幻。2013年1月的三件事情赶在一起，不妨从一个侧面反映这种变化。腾讯微信宣布用户数突破3亿，成为全球下载量和用户量最多的通信软件，影响力遍及中国大陆、中国香港、中国台湾及东南亚，海外华人聚集地和少数西方人；微博“慢半拍”受挫闭关的张朝阳也重新出关，感慨道“闭关一年多，重新进入地球，发现三件事：人人都在用微信，人人都在说好声音以及梁博等对我来说陌生的名字，好像是开了十八大，改革开放又时髦了”；到了“60岁大限”的欧阳常林卸任，芒果台第三代掌门人吕焕斌与总编辑张华立接棒。

以湖南广电为代表的广大电视人深切地感受到，广电总局和工信部业已互发双向准入牌照，中国网络视频用户规模已增长到4.28亿[①]，从内容输出到网台合作、网台联动、反向输出，再到网台博弈，传统广电与视频网站的关系变得越来越微妙。而摆在决策者面前的疑问是，芒果TV是否在大鳄输血下的几大视频网站面前还有机会，芒果TV究竟要向哪里去?

从独播到独特，活着寻求突破

2013年12月31日，广电总局批复湖南广电，同意开办湖南网络广播电视台，要求加紧建设、做实做强。湖南广播电视台及其专力发展新媒体产业的全资子公司快乐阳光互动娱乐传媒有限公司，即全新规划网络视频总平台建设，并加速布局全终端视频产业，于2014年第一季度构建起芒果TV网（原金鹰网）、芒果TV网络电视两大事业部，在前期准备的基础上，实现了互联网视频、互联网电视、手机电视、IPTV的平台集成播控和产品联运部署。

当2014年到来，有学者[②]对传媒的改革发展以关键词形式做了瞻望，“亏

① CNNIC数据显示，截至2013年12月，中国网络视频用户规模达到4.28亿，较上年底增加5637万人，增长率为15.2%。

② 郭全中. 2014年传媒改革发展的十个关键词［EB/DL］.［2014-2-7］中国经济网. http：//www.ce.cn/culture/gd/201402/07/t20140207_2255541.shtml.

损、转型、国有文化资产监督管理机构，特殊管理股、退出机制、转企改制、整合、并购、现代文化市场体系，互联网媒体管理”。传媒领域在随后的市场表现，也确乎多有印证。这一年，广电媒体试图通过自身整合，或加速与新媒体的融合寻求突破发展。

此岸，各地广电相继开始内部整合与重组，北京网络广播电视台、重庆网络广播电视台先后上线，江苏有线和东方有线启动了TVOS试点工作，广东广播电视台等纷纷成立，广东网络广播电视台荔枝台移动客户端矩阵上线，中国广播电视网络有限公司正式挂牌。“少帅”黎瑞刚重回上海文广担任党委书记、董事长，着力推动“大小文广”改革，成立东方卫视中心，制播分离再次成为热点，“一剧两星”政策颁布，《关于推动传统媒体和新兴媒体融合发展的指导意见》被审议通过。

彼岸，微博正式登陆纳斯达克，成为全球首家上市的中文社交媒体，随后腾讯、网易退出微博之争，全国类微信大爆发并推出了广点通，MSN告别中国，《今日头条》APP获新一轮1亿美元融资，上海报业集团成立后打造的重大项目“澎湃新闻”上线，阿里巴巴正式赴美上市，成为世界第二大市值互联网公司，新浪网总编辑陈彤辞职加盟小米科技，新闻网站发放记者证，一线视频网站大步拓展，BAT积极布局视频生态环境。

坐看两岸，云起云落。尽管年初的湖南广电人，刚刚收获了自己的IP《爸爸去哪儿》电影版为其创下的7亿票房奇迹，但2013年年底做过的一个调查数据，也让他们陷入了对芒果台新媒体未来的沉思——2013年，湖南卫视单频道的自制节目给所有互联网视频网站贡献了15%的流量，湖南广电的内容占据全网流量的20%。湖南台看到了卫视资源随版权搭载给视频网站，稀缺节目为商业网站导入巨大流量，却为自身网络平台贡献力小而忧虑，面对“客厅”与“移动”的用户争夺，面对湖南卫视与网络主力用户群高度重合，拥有牌照的湖南广电，是租赁出去情愿做“甩手房东”，还是自建互联网媒体平台而“自主可控”？前者省时省力，最大的支持理论就是“让专业人做专业事”，电视台无非就是“广电+互联网”的双渠道合作；后者费力有风险，但总要迭代重生，尽早入局，或可后发制人。时运变迁，大数据与IP大热，生态系统屡被提及，此岸与彼岸的各方动作，让湖南广电有一点觉醒，也有一点焦灼，历史的车轮把她推到这个十字路口，她必须作出抉择。

2014年4月20日，对湖南广电人来说，是一个被历史铭记的日子，标志着一个新时代的来临。芒果TV改版升级初步完成，她将作为湖南广电唯一新媒体视频播放平台。经台里管理层封闭会议讨论决议，台长吕焕斌对外宣布："今后，湖南卫视拥有完整知识产权的自制节目，将由芒果TV独播，在互联网版权上一律不分销，以此打造自己的互联网视频平台。"[①]。湖南广电明确新媒体战略地位，锁定全终端视频产业目标方向，把芒果TV与湖南卫视共同打造成为湖南广电"一体两翼、双引擎驱动"全屏生态圈战略的双极。芒果独播是湖南台以芒果TV为融合媒介，以湖南卫视为资源依托，以自有优质节目内容传播与经营为核心竞争力，意在显著提升、持续保障湖南广电新媒体的用户规模、流量成效、付费收益、广告溢价、资本对价的全面增长，助推湖南广电新媒体发展成为领先性的新型主流网络媒体。

不愧是"敢为天下先"！在各台还在轻松躺赚IP节目网络版权分销"重金"时，芒果TV毅然决然地脱离"千台一面"的网络电视台阵营，一骑绝尘挥举"独播战略"的大旗呼啸远去。

在6月的一次讲座中，台长吕焕斌谈到了为何下决心打造自己的互联网平台，从他梳理的几个要素，我们可以看到湖南广电决策管理者身上透露的那股子清醒、敏锐和前瞻。一是有内容、团队、人才、企业文化的优势；二是时逢互联网由PC端向移动端转型，给所有企图染指互联网的企业都提供了时间窗口的机遇；三是政府对互联网行业管理越来越严格，给正规的内容生产企业介入互联网提供了绝好条件。而当时的视频网站里，许多内容主要依赖于传统媒体提供的内容，网站自身尚不具备与传统媒体竞争的实力，

紧接着，新的芒果TV迎来新的人事任命。7月，张若波担任快乐阳光互动

① 罗赟. 芒果TV如何从电视台基因中突变成长［J］. 中国记者，2014（11）。

娱乐传媒有限公司董事、总裁、CEO，全面负责公司的战略规划、定位和管理；8月，聂玫兼任湖南快乐阳光互动娱乐传媒有限公司董事长，甫一上任她就在考虑芒果TV的未来之路："什么是媒体？一切互联网都是媒体，视频是离广电最近的互联网业务，面对BAT向视频领域圈地，互联网给视频内容和视频服务带来了前所未有的发展机会，芒果TV下一步该怎么办？"

这一独播首先带来的可能是丢掉近10个亿的网络版权销售收入，尤其《我是歌手》《爸爸去哪儿》《快乐大本营》《天天向上》等综艺节目，都将独家用于芒果互联网电视平台，而不对外进行版权销售。为此，引起业内学界一片哗然。有专家撰文预判芒果TV不会走远，甚至有人说是"自不量力，以卵击石"。而此举实际上也引起了广电同行机构的跟进效仿。像安徽卫视宣布终止《我为歌狂2》第二季版权转让合同，央视停止分销世界杯新媒体版权，仅在CNTV平台使用。苦于获取IP内容的难度增大，版权价格过高，受"伤害"的视频网站开始加大自制投入，最终被叫响为"网络自制元年"。

独播的市场影响力成效也显而易见。2014年7月，芒果TV视频网站《爸爸2》相关视频播放总量突破1亿大关；8月，芒果TV首部网络自制剧《花样江湖》在长沙顺利杀青；8月底，芒果TV全平台及湖南IPTV等总体受众规模，日均已近2000万户，覆盖海内外；9月，芒果TV4.0 IOS与安卓版手机客户端上线发布，标志着其在PC、iPad、手机、互联网电视上全面实现平台搭建，"一云多景、多屏合一"的产业格局开始呈现；年底广告收入8000万元，全线营销收入5.67亿元。芒果TV用一组数据打破了坊间的"质疑"和担心，移动客户端103天用户破亿的速度名列业界APP之首，超过腾讯微信同期增长速度；发展100万会员用户仅用时一年，而爱奇艺发展100万会员用户耗时三年。

在2014年年底的全国网络视听大会上，吕焕斌用"下水游泳"的比喻表达对融合改革的决绝。他说："作为传统媒体的人要涉足新媒体，无论千难万难，都必须跳进去，学会下水游泳。我当时甚至还用了一种很决绝的表述——与其等死，不如找死，在山穷水尽处寻找柳暗花明的出路。”历经一年，他回顾感慨“第一次跳进去的时候，我们免不了担心、害怕，可真的游起来，体验到的是另一种愉悦和收获”。

游泳在江海，终究不是一个人的舞台。芒果TV的“独播”下水姿势很美，但当发现“互联网+”带来了更多的是连接、开放、分享时，她的游泳姿态和配速有了新的调整。

从独播到独特！一年后的芒果TV，又一次在发展中创新，提出了“独特”运营理念。

这是董事长聂玫在2015年6月9日的上海白玉兰电视论坛上第一次公开此思路。她肯定了独播一年的成绩堪比其他视频网站五年的发展，芒果TV视频播放人数和有效播放时长稳居视频行业第一，芒果TV综艺频道晋升行业第一，《我是歌手3》点播量接近10亿，成为全国唯一周视频覆盖人数破千万的栏目。

原有的“独播”也暴露了一些现实窘境，比如自主内容在数量和类别上有限，版权方交叉授权混乱，技术人才投入成本高，芒果TV所在母体湖南卫视的收视竞争压力需要IP的更大变现等。聂玫希望芒果TV以独播为起点，利用独特性内容驱动用户、营销、平台的多维成长；借助湖南广电在创意、人才、制作、内容驱动的独特性生态，坚持内容驱动，坚持独特驱动，坚持独特策略驱动；不断完善基于互联网模式下的“OTT+网络视频+IPTV+手机电视”全平台、多终端业态。借势传统媒体支撑的天然优势，芒果TV在未来发展中将坚持“牌照方+互联网电视+互联网视频”的独特战略卡位驱动，保持用户经营上的独特性优势，持续探寻“独特”道路，突破常规渠道模式，以独播强IP内容以及内容采购、内容自制上的独特性选择驱动用户增长，打造互联网视频行业独特的、规模化的第一综艺平台。

在湖南广电的决策管理者看来，独播是内容前端呈现的方式，后端运营的本质理念是“独特”，包括内容的独特、功能独特、服务思维的独特、平台价值的独特。“独特”是芒果TV实施独播战略的关键词汇和深度追求，并不是所有的人第一眼都能看破。芒果TV内容来源包括湖南广电独授内容、社会视听引进内容、芒果TV自制内容。为此，芒果TV确立了“全球荟萃，优质精选，独特聚合”的指向，积极与全球优质内容制作平台展开合作，已经与多家好莱坞电影公司及影视制作机构达成合作；同时，韩国、新加坡及我国港台地区等影视制作机构，美国、加拿大、英国等众多顶尖特色内容强势入驻。另外，除了湖南自己最强综艺内容外，已着手引入其他卫视或地方电视的强势内容资源，致力于打造“独播进行时”“独播你我他”的全视频行业顶尖综艺聚焦地。这意味着，“芒果独播”在最难以独到的内容方位，也在独步地推进。

值得一提的案例，是2015年爱奇艺独播的网剧《盗墓笔记》。国内电视剧的网络版权价格首次超过卫视版权价格，可谓是一个标志性事件，互联网视频已经能够独立消化精品内容的成本了。在这种压力下，芒果TV提出“由独播到独特”的口号，即不满足于仅仅独播来自湖南卫视的内容，而是要积极寻找她本身的独特定位，自制和定制她自己的独特内容，同时为在内容技术升级、大数据、云平台建设上加速、加大投入。这样一来，引入资本就成了芒果TV下一步策略。

“活着，保持活着并寻求突破，是最好的胜利；转型，不要回头。”芒果TV董事长聂玫一度感慨道。今天，尽管“聂帅”已离职下海，但她和她曾深爱的“芒果派”，都以行动告诉了我们——转型，不要回头。

“TV+IT”，芒果的融资之旅

2015年2月25日，美国传来捷报，纳斯达克指数飙升至4968点，最高点一度攀升至4984点。有业内分析，全球互联网进入第二轮高速发展周期。诚然，我们看到了全球互联网的普及使得万物互联日益升级，网络已经成为世界各国的重要发展战略，并逐渐成为推动企业业务发展、获得竞争优势的核心，美国的经济内生增长动力稳健回升，“互联网+”写入了中国政府工作报告，互联网对全球经济、社会各方面的渗透与影响更加深入。

文化传媒领域处在资本大热的浪潮中，也成为人们关注的焦点。2015年文化传媒的VC/PE融资活跃度上升，融资案例梳理近百起；3月，虾米音乐和天天动听组建成阿里音乐；6月，阿里12亿元投资SMG第一财经，聚焦“数据服务”业务；10月，阿里巴巴56亿美元现金买下优酷土豆，创下中国互联网“第一并购”。

芒果TV的资本道路历经尝试受挫（2008—2010年）、A轮融资、B轮融资三个阶段，犹如“长征”。第一轮尝试要从她的母体湖南广电说起。2008年9月，湖南广电曾经试图借力资本市场，通过旗下的上市公司电广传媒(000917.SZ)收购自身核心资产的方式完成制播分离改革，但在苦心尝试20多天之后碰壁而回。此前，由于多次稀释，当时的湖南广电集团在电广传媒的持股已经下降为21%，借此次定向增发，可以重新夺回控股权。此外，通过将内容资产注入上市公司，也能够启动筹划已久的第三轮改革。但是，在停牌近20天后，由于无法解决注资当中的技术难题，电广传媒最终选择提前复牌，终止这一计划。①

其实在第一代掌门人魏文彬离任前，就曾为第三轮改革定下目标：“从体制内走出去，从国内走出去，建立新的市场主体。”根据参与交易的人介绍，当时湖南广电的内部资产交织庞杂，难以分割清楚，更别说资产定性，存在关联交易，为此不能同时满足证监会和宣传部门刚性的监管政策，导致计划“流产”。尽管受挫，但对于后来的湖南广电的制播分离改革，尤其芒果TV的A轮、B轮融资也积累了宝贵的经验。

面对2009年10月上海文广由黎瑞刚主导完成国内广电机构第一个整体转企、制播分离的改革，湖南省政府强力推动湖南广电在2010年初完成局台、管办分离。2010年6月28日，湖南广播电视台暨芒果传媒挂牌成立，这也是媒

① 明叔亮，李纬娜，胡雯，王宁宁. 电视湘军深水探路［EB/DL］. 财经网，2010-7-6.

体集团制播分离的结果，资产同归于湖南广播电视台旗下，法人代表变成欧阳常林一人。湖南广播电视台对湖南人民广播电台、湖南卫视、湖南经视等广电媒体实行统一管理，芒果传媒则作为湖南广播电视台控股的市场主体，下辖快乐购等资产。

从2010年开始设想，直到2015年芒果TV完成了A轮融资，湖南广电的核心内容资产进入芒果传媒等了整整五年。期间，快乐购管理层持股的股权激励报告打了N个，关于注资电广传媒还是单独上市在高层仍存在争议，曾经想携手腾讯介入青海卫视项目。

时光飞逝，转眼来到2015年，无论对于大洋彼岸的美国，还是这片神奇热土的中国，都迎来了互联网发展的春天。3月6日，十二届全国人大三次会议上，李克强总理在《政府工作报告》中首次提出“互联网+”行动计划；3月，工信部发布了《2015年智能制造试点示范专项行动实施方案》；4月，全国首个大数据交易所——贵阳大数据交易所正式挂牌运营并完成首批大数据交易，大数据应用全面提速；5月，国务院正式发布《中国制造2025》战略，以新型传感器、智能控制系统、工业机器人、自动化成套设备为代表的智能制造产业迎来高速发展机遇；7月，国务院印发《关于积极推进“互联网+”行动的指导意见》，培育中国经济新动能；截至10月，我国移动电话用户规模突破13亿，移动互联网用户数达到9.5亿户，我国建成全球最大的第四代移动通信(4G)网络；10月，党的十八届五中全会公报提出要“发展分享经济”。与此同时，互联网正在消除媒体与非媒体平台的边界。

芒果TV始终未敢停止改革创新的前进步伐，公司注意到“客厅入口之争”的重要性，主动出击进入智能终端领域。2015年1月，业内首家芒果TV inside家族产品旗舰店正式开张，并迅速铺向全国各地建实体店，打造智能家庭影院，围绕电视做“TV+”，线上线下推广，让芒果TV互联网电视真正落地，推出了机顶盒、电视机、芒果体感游戏手柄、极米智能投影等30余种设备。5月27日，集团新媒体和传统媒体高层进行了交叉任职，丁诚任快乐阳光互动娱乐传媒有限公司总经理。

2015年6月，芒果TV的载体——快乐阳光释放不到7%的公司股权，A轮融资募到5亿多元的资金，第一轮融资在资本市场估值超过70亿元，相当于融资前10倍以上，一度考虑登陆新三板，与资本市场初步对接成功，管理者留出三年战略亏损的成长期，希望能打造出广受用户欢迎、市场青睐的新型主流网络媒体。融到的5亿元，主要是花在视频内容的采购、自制，以及带宽，还有购买流量上。融资后，芒果TV通过一系列举措，广泛吸纳社会精英，技术方面每年还投入十几亿元，内容上让资深制作人以工作室形式入驻，加大网剧、网络综艺的自制。芒果TV被集团高层视为湖南广电涅槃重生的未来，高举“由独播到独特”的口号，平台化业务整合，引擎化协同发力，资本化多元布局，以传播渠道的姿态迅速杀入互联网视频领域。当年实现了从8000万元到10个亿的创收传奇；全平台覆盖用户数达到1.8亿；用户年龄结构上，35岁以下占比77%，在体现用户黏度与忠诚度的核心指标人均单日浏览时长上稳居各大视频媒体之首①。

2014—2015年，凭借传统媒体与新兴媒体融合发展和“互联网+”的两股东风，芒果TV实现了自身历史上最快速的发展，也取得了国有主流媒体企业阵容迄今最突出的发展速效。这个过程中，湖南广播电视台勇敢担当融合发展新使命和新角色，坚定响应中央“新老媒体融合发展”的战略号召，实施新型主流媒体集团建设战略，大胆采用湖南卫视和芒果TV“TV内环、IT外环、IP核心、一体两翼、双屏驱动”的“TV+IT”双重运营模式。这是媒体人大胆创新之举，深思熟虑，顺应时代，重新营造了电视、视频格局和版图。

2016年2月22日，芒果TV向全球宣布正式启用国际化域名mgtv.com，原hunantv.com将自动跳转至新域名，回避了本土化的名头和传统媒体的出身，更加开放和国际化。域名的改变也是思维的改变，标志着芒果TV从自身战略、业务和市场等层面开启跨越升级的进程。

仅仅离A轮融资时隔半年，资本的翅膀又插在了表现优异的芒果TV身

① 编辑部特别企划——芒果TV 2015硕果总结篇［J］. 声屏世界 · 广告人，2016（2）.

上。芒果TV就启动了B轮融资，超过60家机构进行申报，认购资金超200亿元。多元融资带来的强大资本驱动使芒果TV摆脱了依靠原始资金缓慢成长的模式，实现了产业资本规模的迅速提升。2016年6月23日，芒果TV宣布完成近15亿元人民币的B轮融资，融资后估值达到95.3亿元，再创国有文化资产保值和资本增值的效应奇迹。该轮融资由深圳光大新娱产业基金领投。跟投方众多，包括广州越秀立创三号实业投资、芒果文创投资基金、建投华文传媒投资公司、上海骏勇投资、北京中核鼎元等。

作为一支国企背景的芒果TV，融资下一步将解决资本、人才等问题，并将携“一云多屏”进军硬件、OS领域、芒果直播APP，完善互联网布局，也即15亿元会着力发展自己的智能硬件品牌，同时加强自制内容，逐步“去广电化”。

资本输血为芒果TV的文娱版图大业全面提速。2016年8月8日，芒果TV正式宣布进军互联网电视领域，推出芒果电视、芒果盒子以及自主研发操作系统MUI。

为了理顺公司的经营关系与角色，2017年5月3日，电广传媒发布公告，湖南广电将其持有的电广传媒全部权益无偿转让至网控集团，湖南广电为快乐购引入芒果传媒旗下资产解决了同业竞争的问题。2017年7月6日，原快乐阳光（芒果TV）总经理丁诚升任湖南广播电视台卫视频道总监，拥有丰富资本运作与投资经验的芒果传媒战略投资部部长蔡怀军任芒果传媒副总经理兼快乐阳光总经理，8月，芒果传媒总经理、天娱传媒董事长张勇任湖南快乐阳光互动娱乐传媒有限公司（芒果TV）董事长。

芒果TV的融资之旅，一定程度上，既是湖南广电借力资本、适应互联网时代的一种探索和博弈，也是马栏山湖湘精神下，芒果军团打造“第二个湖南卫视”“中国版HULU”的激流出击！诚如台长吕焕斌在2016年全台年度总结工作会上的发言主题《捍卫马栏山》：“在媒体竞争的风暴眼中，我们已经退无可退……从来都站在电视行业最前沿的芒果人，应该深刻理解这个时代，读懂我们的国家……捍卫马栏山，就是要守护我们的信念信心；捍卫马栏山，就是要激发我们的铁血雄魂。”

稳扎稳打，建立芒果生态

芒果TV已迎来了第三代掌门人，由吕焕斌领衔的湖南广电，犹如一员海军少将，掌舵这艘巨轮，躲避暗礁、乘风破浪、坚毅远行，他的目标是建立未来的媒体生态，并“一云多屏”地推进“芒果森林”，最终打造全媒体集团。

2016年，芒果TV手机APP下载数量达2.6亿，日均活跃用户激增至3900多万，互联网用户激增数据也有了2500万，占据了全国OTT市场1/3的份额，实现了集多种表现形式和传输手段于一体的融合发展。

2017年，芒果TV的发展战略从“独播”全面转向“独特”，再力争“独立”“第一”，是捍卫马栏山的关键年，从布局上加大了自制优质内容，深耕垂直用户，打造特色平台，真正深入市场内部，健全产业生态，在竞争中凸显自身独特价值。

令人惊喜的是，芒果TV在互联网视频行业中实现了盈利。在此之前，优酷视频整整亏了10年，爱奇艺亏了7年，腾讯亏了6年。芒果TV作为一家传统媒体背景的新媒体平台，在没有巨额资金支持的情况下，小体量、大发展，率先实现盈利，打破了行业“投入越大亏损越多”的怪圈，用精耕细作的内容，得到了用户的认可，实现了国有资产的保值增值。

同时，芒果TV一路稳扎稳打，在互联网视频行业排名中攀升至行业第四，实现净利润4.98亿元，虽与前三还有不少差距，但在行业前五名中，芒果TV是唯一的国有媒体，对于巩固国有媒体传播影响力，提升青年号召力，扮演着重要的角色。

面对爱奇艺将自身定位为“具有媒体属性的技术型公司”，芒果TV历经几年摸爬滚打，探索出一条“内容竞争”之路，发挥芒果TV自身核心优势，紧抓用户核心需求，用内容竞争对抗技术竞争。在内容生产中，2017年下半年起，大力推行工作室制度，工作室的资源配置、节目创意、流程把控、人事财务完全独立，而创新风险由平台兜底，释放了创新源泉与团队活力。同时，坚持“专业的人做专业的事，留住人才才可能成事”原则，给工作室提供适应创作土壤的生产环境以及市场的考核激励机制。目前，公司已经成立了何忱、彭丹、田海等多个工作室，为芒果TV孵化新IP，提供持续的动力。

在思路上，芒果TV作为传统媒体的网络播出和运营平台，致力于打造精品，推动台网联动走向成熟。2017年12月，芒果自制综艺《萌仔萌萌宅》正式在湖南卫视、芒果TV双平台独上线，这是由网络视听平台反哺传统卫视的战略性一步，也是芒果TV独立成长的第一步，开了行业先河。2018年，芒果TV还反向输出《全民大侦探》《火王》在湖南卫视播出。

针对会员用户，芒果TV首次成立大会员中心，将会员业务纳入核心营收体系，为广大用户提供灵活覆盖全端的VIP服务，并由线上扩展到线下，让会员时刻尊享服务。会员特权体现在内容、功能、身份以及活动四大方面，包括专享湖南卫视、芒果TV以及大量国内外优质独家综艺、畅享千部付费影片、全站视频免广告以及线下“粉丝”福利大放送（明星周边、“粉丝”见面会）等十余项特权，让用户享受更清晰、流畅的观看体验以及更便捷、贴心的会员服务。截至2017年12月底，芒果TV会员营收超过3.5亿元，同比2016年增长124%，成为除版权、广告、运营商业务外的第四大营收主体。

截至目前，芒果TV的主营业务收入越来越稳健。增长最慢的广告收入，2018年也有了70%的增长；运营商IPTV业务已经落地全国30个省级行政区，覆盖用户超过5500万，年增长191%；会员业务在2018年也有了近150%的增长；版权分销收入占比减少，降低到不到1/4，收入结构更加多元、平衡、合理。[①]

产品方面，芒果TV在2015年投资的四川一家智能硬件企业——成都极米，迄今已经实现了5000万元以上的净利润，市值已经翻了6倍，位居智能投影电视垂直行业第一。借助极米渠道与芒果TV的内容，进入了新兴的智能投

① 蔡怀军. 做新时代融合发展的新青年［EB/OL］.［2017-12-1］. http://www.sohu.com/a/207853909_508153.

影应用领域。2017年2月，芒果TV联手创维、国美、光大瑞华推出三款“爱芒果（IMGO）”智能品牌互联网电视机，正式进军硬件市场，集合“硬件+内容+系统平台+服务+伙伴/渠道”优势，打造“快乐的产品”+“快乐的体验”，为用户带来一台全时空、全流程体验的快乐电视。目前，该品牌已推出青芒、金芒、星芒三大系列共11款电视新品。此外，2017年9月，芒果TV推出行业首创定制一体机爱芒果·翼芒，大力推进IPTV业的技术革新。

新起点，新征程。

2017年年底，拥有5平方公里核心区的中国（长沙）马栏山视频文创产业园正式开园。芒果TV落地园区，芒果大厦面向全球招标规划设计。该园区在2018年6月获得国家广电总局批复，成为湖南省首个国家级广播电视产业园区，建设以数字视频内容为核心，以数字视频创意为龙头，以高科技为支撑，配套衍生数字视频等全产业链集群，力争形成“北有中关村、南有马栏山”的行业引领格局，打造具有国际竞争力、中国最好的视频基地——“中国V谷”。

2018年，湖南省委书记杜家毫两次视察马栏山，省委、省政府对湖南广电提出了对标全国、省级广电“影响力第一、市值第一、品牌第一”及“2020年实现芒果千亿市值”的发展目标，要求坚定不移往前推进，不干则已、干则干成!

芒果TV代表新媒体，成为湖南广电“四轮驱动”战略中的一支重要力量，协同湖南卫视、有线、基金三个轮子，推动形成从“内容生产商”到“内容运营商”再到“内容服务商”的全产业生态，共同发力“千亿芒果梦”。

好风凭借力，送我上青云。无论是良好的环境、政策与机遇，还是湖南各级领导的期望、嘱托与把舵定向，都有赖于芒果人的孜孜努力、笃实步伐。笔者通过调研得悉，下一步的芒果TV会全面实行工作室制度，技术不断升级创新，提升平台体验，提升效率，布局短视频、在线读书、游戏等新兴业态，夯实芒果TV智能硬件体系基础，优化产品设计，提升产品体验，构建开放合作的生态环境，加强影视投资、新业态合作。

同年6月21日，快乐购重大资产重组正式获批，芒果TV的运营主体快乐阳光，与天娱传媒、芒果互娱、芒果影视、芒果娱乐等一起作价115亿元注入快乐购，芒果TV正式成为国内A股首家国有控股的视频平台。芒果TV注入上市公司后，将严格按照公众公司的标准来开展业务运营，为全员提供一套市场化的衡量和校正体系，在公司治理方面彻底与市场接轨，进一步提升公司运营效率，将牢记“四个意识”，坚守社会责任和主流价值观传播，不断提升品牌知名度和社会美誉度；在公司价值方面，将有力驱动用户指标、财务指标的落地，并有效衡量国有资产的保值增值。

同年8月2日，快乐购正式更名为芒果超媒，新的上市公司主营业务拓展至新媒体平台运营、新媒体互动娱乐内容制作及媒体零售全产业链，进一步打造为国有新型主流媒体集团。

落笔之际，抚温芒果TV的改革、创新历程，洞察她从萌生到茁壮的生命脉络，不禁感慨，中国广电媒体代表突围、涅槃的胆识和勇气，她既是中国改革开放40年辉煌硕果的一粒，也是“云共千帆舞，浪淘万里沙”的砥砺缩影，尽管她也曾彷徨，也走过弯路，也遭遇阵痛。在传统广电的融合转型中，芒果TV可谓走出了一条成功的探索之路，为广大媒体同行提供了丰富翔实的参考蓝本和深深启示，电视湘军、马栏山人那股子刚劲务实、敢为人先的冲劲儿，正是当代湖湘精神“吃得苦、耐得烦、霸得蛮”的真实写照，百年中国半湖南，四十年媒体改革有湘军。芒果台的张华立曾就“芒果还能否持续保鲜”回答过“只要改革不止步、管理层不腐朽，创新永远不会止步”，这句话值得媒体同仁为之致敬，倘若每个报刊、广电机构都有这样的管理层，都有这番改革的坚决、创新的高效，何愁广电不兴、媒体不荣？

浩渺行无极，扬帆但信风。此时，情不自禁想起了与湖湘有关的三段诗句，特别寄语芒果TV，与同仁共勉——

路漫漫其修远兮，吾将上下而求索。

问苍茫大地，谁主沉浮。

惟楚有材，于斯为盛！

作者简介
Introduction to the author

张腾之　现任央视发研中心研究员、传播研究组制片人、主任编辑、广电总局办公厅借调干部。兼任总局广电联合会微视频短片工作委员会秘书长，中国电视艺术家协会节目研发委员会副秘书长，河北电视台节目评议专家组组长，中国传媒大学兼职教授，中国网络视听节目服务协会视频节目及北京广电局监管中心影视剧评审专家。参撰《影视传播与大众文化》《电视文化战略》《中央电视台品牌战略》《国际一流媒体研究》《媒体融合创新发展》等书，在《现代传播》《中国电视》《新闻战线》等学术期刊发文30余篇，曾获金鹰节优秀论文、全国影视学术论文及学术著作理论评选二等奖。

APUS，雨燕出海

美国作家托马斯·弗里德曼在《世界是平的》一书谈到，科技如闪电般迅速地进步，使全世界的人们可以空前地彼此接近，世界是平的。APUS正是在这个趋平世界里诞生的一只轻盈雨燕，它来自中国，却在全球多个市场留下自己的身影。

APUS成立于2014年6月，其中文名为北京麒麟合盛科技有限公司，取义“A Perfect User System”（完美用户系统）的英文首字母缩写。APUS System适用于安卓智能手机用户系统，可以为用户提供桌面管理、上网浏览、搜索引擎、应用管理等多个功能服务。公司诞生四年时间，拥有12亿全球用户，年均增速超过300%，主营业务毛利率达86%以上。公司在2015年被《华尔街日报》推荐为亚洲独角兽企业代表，入选创业公司“10亿美元俱乐部”，2016年度、2017年度两次入选中国独角兽企业认证。2018年6月，公司在证监会网站披露招股书，拟在创业板上市。

作为一家中资初创企业，APUS的成长再次演绎了中国互联网创业公司的速度神话，而这次企业的主战场是海外市场。正如公司创始人兼CEO李涛所言，APUS开创了中国互联网企业的大航海时代，以APUS为领头雁，未来中国企业在海外互联网市场大有可为。

瞄准定位，一鸣惊人

APUS诞生之初就自带光环。它是“互联网老兵”——李涛一手创立的企业。李涛是国内最早一批从事互联网创业的元老，曾跟周鸿祎一同创业中文上网服务公司3721，在3721负责渠道与市场营销体系，后来加盟360，负责360移动和海外业务。李涛见证了中国互联网过往20年的发展，其间岁月沉淀下来的经验，也春风化雨般孕育了“APUS”的诞生与发展。

时间回到2004年，参与3721初创的李涛眼瞅着公司要卖给雅虎，心里十分不甘，当时，李涛就萌生了自己创业当老板的想法。但是跟有的人有了一个想法就去创业不同，李涛选择了谋定而后动。他认为2004年之际，自己只是在互联网市场营销领域有所积累，而对于核心的产品、技术等方面的认识仍有待积累，短板还需补齐。随后，李涛先后加盟图吧、进入360，开始涉及互联网企业的产品开发、技术创新等工作。他一方面按照自己设定的步骤在为创业夯实根基，另一方面时刻关注市场发展，寻找创业契机。

2013年，李涛去巴西出差时偶然和酒店员工聊起了他们使用的手机，那时巴西酒店员工的手机是功能机，只能支持简单的通话功能，但是等到2014年年初，李涛再次来到巴西市场时，他发现这名酒店的员工竟然用起了智能手机。但是这部智能手机只能通话、发短信，因为它没有加载任何其他应用，究其原因，巴西当地市场并没有企业能够提供智能手机的操作系统。这个发现让他十分欣喜和激动，他看到了市场机会。

2014年，中国互联网市场竞争日益炽烈，互联网与移动互联网概念逐渐合一。来自艾瑞咨询的数据显示，这一年，中国移动互联网市场规模为2134.8亿元，突破两千亿元大关，同比增长115.5%。一方面，智能手机大行其道，移动端庞大的用户基数已定型，BAT（百度、阿里巴巴、腾讯）三大巨头牢牢把控流量入口；另一方面，电商、游戏、广告等传统PC经济已逐渐适应移动端的发展，并且在已有商业模式基础上，开始尝试拓展出新的应用及服务。这一年，微信月活跃用户数突破4亿，小米完成E轮融资，估值450亿美元，乐视集团宣布“SEE计划”，计划打造汽车互联网生态系统，这一年被称为中国移动互联网元年。

与国内激烈的红海市场相比，2014年海外互联网市场还是一片蓝海。除中美之外，从南美的巴西到东南亚的印尼、马来西亚，到南亚的印度、巴基斯坦，再到中东、俄罗斯、非洲这些地区，手机上网还是一个亟待解决的难题，其移动互联网市场是一片空白。李涛给这些区域定义为“发展中国家之弧”。尽管中国移动互联网网民已经达到了8亿人，但是全球还有35亿~40亿人不方便上网。面对这样一个新兴市场，李涛认为，中国的互联网企业会有跨越式发展的机遇。

2014年，李涛从巴西回到中国，就开始着手创业，他果断放弃了原公司700万美元的股票收益，于6月创立APUS。李涛对于自己的APUS寄寓着梦想色彩，APUS本身有三层含义：法语里的“酋长”，地球上飞行最快的鸟类“雨燕”，以及南半球唯一没有神话传说寓意的天燕座。他相信中国移动互联网航海时代已然来临，APUS能够以领头雁的姿态，快速地飞翔在这一蓝色大海上。

全球互联网的商业本质上是构筑一个金字塔模型，先满足流量入口接入到互联网，然后进行内容服务，再提供商业服务。所以，对于互联网企业而言，进入一个市场无疑首先应搭建流量入口。所以，APUS进入海外新兴市场国家，也是先从流量入口筑牢根基。APUS的产品定位就是要为新兴市场的用户构建接入互联网的入口。

APUS System就是APUS为安卓用户使用智能手机提供的一套管理系统，包括桌面管理、应用程序管理、信息与内容管理、社交与账号管理等。海外安卓智能手机用户通过安装该系统，借助“All in one”的解决方案，可以一站式实现智能手机的桌面管理需求。该产品系列借助中国互联网企业过去十余年的成果总结，将国内成熟的技术、成熟的产品体系移植到新兴市场和国家，很快取得了爆发性的增长成果。

APUS桌面子系统的代表产品APUS桌面（又称“APUS Launcher”）于2014年7月6日在Google Play应用商店上线，产品上线一周，用户量就突破100万，仅仅一个月，全球用户突破1000万。截至2018年4月30日，APUS Launcher共获得87个国家/地区个性化类应用排行榜第一，在103个国家/地区进入个性化分类排行榜前5。

APUS清理子系统的代表产品Powerful Cleaner于2017年1月11日在Google Play应用商店上线，截至2018年4月30日，Powerful Cleaner共获得12个国家/地区工具类应用排行榜第一，在30个国家/地区进入工具分类排行榜前5。

APUS加速子系统代表产品APUS Booster+于2014年11月30日在Google Play应用商店上线，截至2018年4月30日，APUS Booster+共获得45个国家/地区效率类应用排行榜第一，在84个国家/地区进入效率分类排行榜前5。

截至2017年12月，APUS建立起庞大的用户基数，全球用户突破12亿，足迹遍布全球200多个国家和地区。其产品矩阵中，既包括早期规划中的智能手机操作系统，同时也覆盖到基础云服务、大数据与人工智能等前沿科技领域。这一庞大的用户基数与丰富的产品矩阵，进一步构建了APUS的核心优势。

APUS出海，不鸣则已，一鸣惊人。

五大保障，驱动增长

2018年6月，APUS举办公司成立四周年庆典，在会上，李涛宣布将所有员工的办公设备升级为苹果公司顶级配置的MAC笔记本，台下掌声四起。而员工可能没有考虑到的是，为了这一句承诺，公司要多支付300多万元。然而，在一切以效率为导向的李涛看来，花300万元提升公司20%以上的效率，这笔钱花得值。

“If you are not growing, then you are dying!”（如果企业不在增长，那么就是在衰亡。）一句名言，道出了“增长”这一企业运营永恒的真理。互联网行业加速变化，让李涛对于APUS在海外市场的先发优势依然有着深深的不安。用户基数是互联网企业收入增长的核心驱动力，用户既是互联网公司的核心资产，也是互联网公司收入的根本来源。保持高效增长，才是互联网企业的核心命门。

如何实现APUS产品在海外市场的快速增长？根据自己的十几年中国互联网沉浮经历，李涛瞄准了公司经营的五大核心战略——产品、技术、市场、资本、组织，保证这五个维度齐头并进，企业才能获得高速增长。

关于产品，APUS产品不断优化升级，而且根据海外市场特点，其产品免费为用户所使用。公司以桌面和浏览器两个核心产品为双轮驱动，经过三年多的实践，持续跟踪、紧贴用户需求，扩展出搜索引擎、清理加速、省电、手机安全、智能文件夹、消息中心、应用市场、主题壁纸、拍照相机、文件管理、输入法、手电筒、APUS Discovery等一系列产品及功能，搭建了一套完整的用户系统。得益于公司产品定位的精准，APUS很好地获得了先发优势。

关于技术，APUS倡导的公司核心理念就是“拥抱先进生产力”，公司持续在技术研发上加强投入，也及时捕捉跟进国内市场的技术发展，并将之应用在海外市场和产品上。目前，APUS基于分布全球的基础网络服务构建的APUS云，为公司的全球云服务提供云存储和云计算能力，公司还创新性地推出了APUS云联邦，能够实现与亚马逊AWS云平台和谷歌云平台的无缝对接与自由切换；公司基于自有数据和大数据计算能力，自主研发并建立起自有的人工智能引擎APUS AI，并以此在有效保护用户隐私的条件下，为用户实施精确画像和识别应用场景，从而精准地为用户提供各种产品服务和内容信息，提升用户体验、提高用户黏性。APUS在大数据、云服务和人工智能等前沿领域也取得了重要突破。

关于市场，公司充分借力、挖掘多方面的渠道以提升产品的市场增长率。第一种方式，APUS利用全球互联网巨头谷歌、Facebook、推特等平台自身的特质为自己的产品推广服务。2014年，谷歌致力于打造一个开放式的生态平台，平台也需要类似APUS这样的操作系统入驻，APUS产品入驻平台一年时间里，谷歌为APUS产品推介了200多次。2015年，口碑营销刚刚兴起，Facebook的社交推广活动并不需要广告费用，APUS依靠Facebook迅速建立起自己的“粉丝”圈，进行口碑传播，也快速地提升了用户覆盖面。

第二种方式，APUS加强与智能终端合作，通过预装移动终端来实现扩张。国内几大桌面操作系统都是以此开路。Flyme系统是魅族引以为傲的操作系统，MIUI系统是小米手机的系统，Smartisan OS则是锤子手机的操作系统。经过了前期全球互联网巨头带来的爆发式增长之后，2017年开始，APUS开始部署智能终端预装。当前，有越来越多的中国手机厂商走出去，作为系统供应商也要跟这些平台企业整合在一起，利用手机厂商的平台来实现公司对新增长市场的覆盖。

第三种方式，随着海外用户量的积累，APUS产品在当地逐渐具备了一定的影响力，加之海外市场发展的日益成熟，考虑公司未来商业布局，APUS也开始海外物理网点布局，积极搭建本地化团队。截至2018年6月，APUS在荷兰、印度、新加坡、印尼建立了海外市场据点，通过这些据点进一步辐射其背后的欧洲市场和东南亚市场，为公司的持续本地化经营和更大生态系统的建设寻找有力的支撑。

多数创业型的企业往往会因为资金的问题，而将自己置于生死存亡的危急关头。作为经历了2000年互联网泡沫、2008年全球金融危机的李涛对此深有体会，为了避免这种情况，为了给自己一个稳定的后方，在创业初始之际，APUS就果断地在资本市场布局。

2014年6月，APUS一成立就获得了红点和北极光1200万美元的A轮投资，仅仅半年之后，APUS又拿下1亿美元的B轮投资。手握充盈的现金流，即使后面有人围追堵截，APUS也是集中精力，做好前线作战，而不用分身顾及其他。

更让李涛满意的是APUS的组织架构。李涛一直相信，对于成长中的互联网企业来说，规模是毒药，速度就是青春。他一直强调组织架构要实现百万工程，一名员工要支持100万用户、实现100万产值，只有这样才能保证强大的生命力和灵活性。APUS一直保有轻盈的体量，也推崇“矩阵式”组织架构。即使是已经实现了数十亿元的收入，公司也只设三层架构，李涛直接接受二十余个部门的汇报。通过这个扁平架构，李涛能够直达一线员工、一线市场，保证了公司决策的效率。

正是这五大核心战略的整体发力，才使得APUS高速成长。2014年公司创立当年估值1.5亿元，2015年估值10亿美元，2017年当年估值120亿元，成为国内唯一双料独角兽企业。

激活用户，完成闭环

2016年是APUS发展的分界线。在经历了早期的跑马圈地、加速度成长之后，APUS希望能够完成商业价值变现、将创业公司的最后一环落地。在李涛眼里，一家企业的真正价值就是能够盈利，企业的最大诉求是盈利，并满足用户价值，创造社会价值，做到了三点，才能真正构建健康的商业模式，从而实现可持续盈利。此前APUS已经在全球市场占有了流量优势，但是如何将流量转变为盈利，需要具有经受实践考验的商业模式。这也是所有互联网创业公司必须打通的商业闭环。

2016年，国内移动互联网以其智能、连接、高覆盖率等优势，不断推动着互联网和实体经济的深度融合，移动支付、移动购物、移动O2O等移动化、个性化消费形式的逐步普及。国内消费者在社交及娱乐的刚性需求已基本释放完毕，市场格局大致稳定，而细分类别应用的市场潜力虽仍在释放，但新应用进入门槛越来越高，格局也已经趋于固定。

国内的商业模式探索五花八门，但是还没有互联网企业在海外实现商业化成功，摆在APUS前面的路径有很多，但是哪一条适合自己，并没有明确的答案。在经历了两三个月的持续摸索后，APUS逐渐找出了自己的路子。当时对于APUS而言，其对于今后的战略重点选择也犹豫不决，究竟是独自消化全部流量，自己做应用、做服务，还是引入第三方，各自发挥特长？对此，不一而论。李涛将自己的视野再次放到国内市场与海外市场的比较里。

国内移动互联网是处于激烈的“存量掘金”时代，但是海外市场依然有巨大的增量空间。APUS的核心要务依然是不断增长，扩大市场覆盖面，最终公司选择了更具长远考虑的，搭平台、找代理，把蛋糕一起做大。这是APUS要成长为一家全球性公司的必然选择。

APUS的目标是全球范围的智能手机用户，这些用户散布全球200多个国家和地区，未来还会有新的成员加入，在这些国家和地区，各自看的新闻、听的音乐、看的视频完全不同，各自都有不同的文化、政治、宗教背景，其内容提供、服务提供不可能单靠一家公司来实现，APUS必须开放自己的平台给更多的互联网工具类、应用类企业，它们做新闻、视频和音乐，然后聚合到APUS平台上，才能满足APUS用户的多样化需要。这条路径既可以提供多样化的产品、服务，也可以降低公司自身维护运营的成本。

基于上述思路，APUS建立了通过在自有用户基础上接入第三方广告平台收取广告服务收入，然后再进一步夯实自身系统平台，吸引合作伙伴和第三方服务，做大平台的商业模式。

迈出这一步，APUS实现了破茧成蝶的蜕变。模式落地第一年，公司扭亏为盈，净利润1.6亿元，2017年实现净利润2.4亿元。

展望未来，APUS对这一商业模式有持续的信心。一方面，全球互联网广告行业蓬勃发展，eMarketer数据显示，2016年全球广告规模为5425亿美元，同比增长5.7%，2016—2020年CAGR（Compound Annual Growth Rate，复合年均增长率）是4.4%，全球广告市场规模巨大并保持平稳增长。而随着互联网行业的快速增长，互联网广告占整体广告行业的规模比重快速上升。2015年全球互联网广告占整体市场份额为29.4%，预计至2018年将达到37.7%。互联网广告成为全球广告行业的主要驱动力。另一方面，APUS已经成功进入谷歌和Facebook的战略合作名单，也是Google在亚太地区的最大合作伙伴，主要渠道已经搭建完成，公司未来盈利空间值得期待。

顺势而为，架起桥梁

2013年9月和10月，习近平总书记分别提出建设“新丝绸之路经济带”和“21世纪海上丝绸之路”的合作倡议，“一带一路”倡议获得了全球瞩目。2017年，国家提出要将“一带一路”建成创新之路，要坚持创新驱动发展，加强在数字经济、人工智能等前沿领域合作，建设“21世纪数字丝绸之路”。“数字丝绸之路”不仅让中国互联网企业“走出去”、参与全球化竞争迎来了最好的时代机遇，也让APUS迎来了重要的跨越式的增长。

作为在中国互联网生态下茁壮成长的“独角兽”，APUS在帮助海外新兴市场生态建设的同时，也肩负着带领中国互联网出海的使命。李涛相信，今天的科技环境造就了中国在互联网领域的领先状态，APUS完全有能力把先进的产品和模式复制到海外，特别是“一带一路”沿线国家。

APUS在成立之初，就将“让全球用户都能够‘0’成本地使用网络和科技，接受教育，改变命运”作为公司使命之一，希望为全球用户构建互联网基础设施，形成智能化发展的新兴业态和先进模式。如今APUS公司全球12亿用户69%来自“一带一路”沿线的65个国家，产品支持超过25种语言，APUS已然成为“一带一路”倡议下积极“走出去”的先行者和典范。

而随着“一带一路”倡议在数字经济领域的落地，中国互联网行业与海外互联网市场交互发展，同时也给中国在推动世界经济快速发展方面开辟了新的领域。回顾过去几年的发展，李涛深刻感受到了这些变革带来的巨大的市场潜力，也同时鼓舞了其带领中国互联网企业“走出去”的决心。李涛看到，“一带一路”沿线国家和新兴市场拥有大量未获得充分优化配置的要素禀赋，也迫切需要互联网红利来提高整体的资源配置效率。将中国成功的移动互联商业模式复制到海外，通过自身先进生产力的输出，为当地移动互联网生态建设奠定了坚实的基础，同时也带来了市场的繁荣、就业机会的增加、用户满意度的提升，让“一带一路”激发出的科技进步的福祉惠及沿线国家和地区。目前，国内已有一批工具类、应用类的系统开发企业跟随APUS一起出海。

2018年，APUS创新提出打造APUS生态系统这一战略愿景，而这一战略愿景的核心就是把海外市场本地化的内容和生活服务深度接入APUS平台。李涛谈道，这里的生态系统不仅包括聚合在APUS系统之上的内容及商业服务平台，也包括当地移动互联网自身健康发展所依赖的生态系统。

未来，公司将进一步以APUS生态系统为平台，与中国互联网出海企业在技术、装备、人才、信息等方面展开深度合作。APUS通过领航中国企业“抱团出海”，共同打通中国企业通向海外市场的“筑梦空间”。

李涛表示，中国已经逐渐走向世界领导者的舞台，互联网既是中国先进生产力的代表，也是向全世界传播中国文化和中国影响力的最佳载体。作为中国互联网出海的先行者，APUS希望与更多出海企业携手输出中国的先进生产力，通过先进的技术和创新的产品，为中国影响力在海外的传播贡献应尽的力量。

2015年5月起，APUS作为唯一一家覆盖全球用户的网络平台，开始配合国家网信办、中联部等中央相关部门，对国家领导人的外事活动进行外宣传播，全球总展示量近500亿次。2017年，APUS与中央电视台中文国际频道（CCTV4）签署战略合作，央视中文国际频道出品的优质新闻内容全面接入APUS生态系统中，将中国文化源源不断输出到全球。

2017年12月，APUS线上艺术馆——APUS ARTS在全球上线。作为全球青年艺术家的作品展示与交流平台，APUS ARTS不仅让新媒体艺术突破了传统的艺术展现形式，同时成为中国青年艺术家主流价值观的全球传播平台。

2018年2月23日，李涛先生作为“数字一带一路研究中心”理事会员出席了“复旦大学中国研究院数字一带一路研究中心成立仪式”，并签署APUS与研究中心的合作协议，将依托互联网出海的经验为国家数字“一带一路”的建设献计献策。

从产品引领，到行业生态系统搭建，再到中国品牌的传播，APUS作为连接中国与世界的桥梁正在全方位地发力。

从全球到本地，APUS再出发

在李涛看来，APUS的大航海事业才刚刚起航，尽管风帆正劲，但是也要警惕各类“暗礁”。

一直以来，APUS为全球用户提供一个轻量级的操作系统APUS System，就像Windows、安卓等全世界每个国家都会使用，每个国家的用户都会用它，本身没有非常强的文化属性，没有非常强的政治色彩和特点，但是当一家互联网公司开始涉足提供新闻、视频、音乐、图片等内容，开始提供电子商务、生活服务、金融服务等具有高度本地属性服务时，这些内容与服务都会受到市场当地的政治、经济、宗教、文化、法律等影响。本地化发展将是APUS深入各个细分市场的重要通行证，与此同时，也是APUS实现新一轮跨越式发展必须迈过的门槛。

过去几年，APUS根据大数据分析，发现斋月期间穆斯林人民由于日间禁食，当地人民使用手机的时间会明显增加。因此，APUS每年斋月期间都会举办不同的线上推广活动并多次获得MMA Most Engaging Mobile Creative奖项。除此之外，APUS经常派出人员去全球市场进行实地调研，通过实地采访、问卷调查等方式了解当地人对产品的喜好和反馈。

但是随着内容、服务的日益深入，APUS面临的本地化工作不仅仅局限于此。例如在中东地区，穆斯林用户有自己独特的文化、宗教、法规约束。APUS利用大数据为用户进行精准画像，针对穆斯林用户的识别方法及装置，为每一位穆斯林用户提供个性化定制服务甚至是场景化推荐，实现了文化新闻及创新产品对中东地区用户和穆斯林用户的精准送达。而APUS与MSN的战略合作则实现了MSN的新闻内容对用户的场景化投放，使MSN的全球阅读率提升了20%。

2018年7月，APUS研究院发布了《印尼P2P在线借贷行业分析报告》，这只是APUS众多研究报告的冰山一角。2017年以来，APUS研究院持续发布海外移动互联网行业的相关分析报告，从解读旨在保护自然人的个人信息安全的

《通用数据保护条例》（*General Data Protection Regulation*，简称“GDPR”）到发布《印度互联网金融报告》，APUS研究院借助其越来越广泛的海外一线资源，尝试从宏观市场、政府监管及当地行业现状等角度深入分析海外细分市场，在越来越多中资企业投资海外之际，便利了中方投资者深度对接本地市场发展需要。

2018年6月，APUS印度公司的一名员工向位于北京的公司总部请示要给予洒红节、排灯节的假期，在李涛看来，这是作为印度员工非常正常的诉求，但是APUS却没能提前考虑到。APUS全球多元化管理提上日程，这是任何一家跨国企业要落地发展都需要面临的挑战。李涛分析，对于多元文化的管理，未来重点将在组织架构和文化融合上下功夫——有效率的组织架构能够保证公司的决策传导、高速运转，而多元文化的融合则要求在细节上处理好企业与员工之间的关系。

结语

2018年6月，由工信部和北京市人民政府共同主办的“2018软件名人论坛”在北京举行。李涛在论坛上致谢国家和时代。在他的内心深处，他一直认为，改革开放40年，给所有的互联网从业者创造了一个稳定、开放、能够不断拥抱先进生产力的科技环境，这是所有创业者、科学工作者能够取得成就的基础条件。与此同时，改革开放40年，中国的转型发展创造出巨大的人才红利、市场红利，中国自身培育出多个成熟产业，这是中国企业面向海外新兴市场的巨大优势。

中国互联网行业的快速崛起、领跑，为APUS浓缩了一条在海外市场发展的捷径。APUS借助成熟的中国互联网市场带来的势能，成功捕捉到海外市场契机，因地制宜的产品让公司在海外创出一片天。如今，APUS从加速成长的互联网创业企业开始迈步成为一家全球化公司，APUS面对的是一个越来越平的世界。当新兴市场的互联网行业发展逐渐接轨成熟市场和地区，企业的先发优势已不再，如何摆脱早前国内成熟市场带来的经验与路径依赖，走上独立发展之路？这是横亘在APUS面前不可回避的问题。

加之当前APUS的商业模式，是移动互联网行业典型的“免费+广告及服务”模式，相对单一，而公司又主要依赖于两个大客户——谷歌和Facebook，相对集中的收入来源也是公司潜在的不稳定因素。

李涛说他最欣赏两个企业家，一个是任正非，另一个是马化腾。任正非那句“华为28年来就干了一件事，就是对准一段城墙反复冲击”振聋发聩。李涛坚信，改变全球人的生活，让所有人便捷上网、体面生活，这就是APUS的“这段城墙”，APUS未来依然会沿着这个目标坚持不懈地走下去，而马化腾自3Q大战之后的学习与反思，铸就了腾讯如今在互联网行业的地位。一个是坚韧，一个是不断反思、学习，这些都是APUS在搏击海外市场时必须具备的品质。当前，移动互联网出海的窗口期已然到来，APUS能不能持续成长，且让我们拭目以待。

作者简介
Introduction to the author

王亚亚　金融学硕士。2005年中央财经大学财经新闻专业毕业之后，一直从事财经新闻报道，长期从事企业问题研究。2013年获中国社会科学院研究生院金融学硕士学位。2008年进入国家外汇管理局直属单位中国外汇管理杂志社工作，任公司产业编辑部主任。先后多次就国内外经济热点采访知名经济学家，就中资企业“走出去”话题采访了上百家大型企业集团负责人、数十家中外资银行高管，在企业汇率避险、跨境投融资等细分领域有着长期、持续、深入的研究，其作品多次被收入专业书籍，相关报道曾被《南方周末》《国际金融》等大众、专业媒体转载过。

叮当快药：医药大佬的二次创业

这是一个充满变化的时代，95后新消费群体崛起、移动互联网、大数据、人工智能、物联网、消费升级等因素，正在悄悄地改变着人们的生活方式。同样，人们的消费习惯也在发生着翻天覆地的变化。过去人们获取知识和信息的来源主要靠书籍、报纸、杂志电视等媒介，但现在人们主要通过手机来获取信息。过去人们购物需要去实体店，现在人们可以通过手机下单购物，由快递人员直接送到家里。

人们还可以用手机看视频、点外卖、听音乐、聊天。甚至是只要一个人愿意，可以永远不出门，可以通过手机下单，解决一切生活所需。就连买药、看病这样的事，都能通过一个手机来解决，小病小痛也不需要去医院了，在家里就可以解决。有这样一家企业，叫叮当快药，就是正在做这样的事情。

2018年11月8日晚，新京报举办的“寻找中国创客”大赛的活动，第四季颁奖典礼，在乌镇世界互联网大会圆满收官。医药新零售企业叮当快药，一举获得“2018年度十大中国创客”，跻身“影响未来的伟大公司”之一，同时获此殊荣的还有瑞幸咖啡、火花思维、VIP陪练、安翰医疗等10家来自不同领域的企业。

该奖项由柳传志、马云、李开复等导师评选。戴自更、俞敏洪、毛大庆、熊晓鸽等多位中国创客导师、知名企业家与投资人出席现场，俞敏洪导师为叮当快药创始人、董事长杨文龙颁奖。2015年创办的叮当快药，从O2O风口与寒冬交替中杀出来，成为医药新零售领域互联网新锐。

在颁奖典礼上，导师俞敏洪这样评价叮当快药："28分钟送达看似不可能满足的需求，叮当快药做到了。自营线下连锁药房，专业药品配送团队随时响应，他们用深耕多年的医药行业经验和互联网思维，找到了药品零售行业低频刚需的盈利秘诀。"

在颁奖典礼现场，当提到叮当快药时，台下很多人都举手说"我用过"，这是让创始人杨文龙最感到欣慰的。杨文龙在2018年11月28日"叮当快医&快药发布会"的台上讲叮当快药服务升级时，花了很长的时间讲他创办叮当快药的初心、决心、信心和用心。就像是一个父亲，含辛茹苦地把孩子养大后，看到孩子长大成人，并且出人头地了，没有什么比这个更能让父母欣慰的了。

成立三年多以来，叮当快药从合作药店转为"自营药房+自建物流+自有医生、护士、药师团队"，打造了一支线上线下一体化运营团队。目前通过线下200多家叮当智慧药房已全城覆盖北京、上海、广州、深圳、成都、郑州、杭州，服务用户数超过3200万，还将覆盖天津、武汉等新一线城市，未来将为更多城市用户提供核心区域7*24小时营业、28分钟送药到家、专业医师及药师24小时在线指导等极致健康服务。

某种程度上，今天的叮当快药几乎成为手机购药的代名词。凭借这样的优势，叮当快药于2017年获得同道资本的3亿元人民币A轮融资，2018年1月，获得软银中国的数亿元战略投资，也是软银中国投资的首家新零售医药电商平台。

杨文龙说："能够做这件事，是因为天时地利人和都具备了。"即便是五年前想做成这件事，都是很难想象的。

在大众人群的认知当中，传统行业的人转型做互联网很少有成功的。不管是BAT这样的巨头，还是美团、京东、滴滴、头条、小米，以及更多互联网企业，创始人多数是做互联网或IT出身。像叮当快药这样的互联网新贵的背后掌舵人，一定是出身于互联网行业，至少也应该在BAT服务过几年的资深人士，但是令人诧异的是，这家公司的创始人杨文龙先生，却是个例外。

杨文龙本人是地道的出身于传统医药行业，他还有一个身份：仁和集团的董事局主席。他创办的仁和集团鼎鼎有名，仁和集团旗下有多个家喻户晓的品牌：仁和可立克、优卡丹、闪亮滴眼液、妇炎洁。而创办叮当快药是他人生中的二次创业。而且是在年过半百后开始二次创业。

为什么会要创办叮当快药，为什么能在这么短的时间内，能取得这样优异的成绩？这就不得不从杨文龙早年经历说起。

在“千年药都”开始创业

杨文龙是江西人，讲话中透着江西口音，为人非常质朴，勤奋，重情义。大学学的是中医专业，毕业后最早在江西的一个国有医药公司上班，从跑到江西的山区收购中药材起步。在最艰苦的时候，杨文龙从早上8点走到晚上10点，山里很多地方都没人，甚至会听到狼叫声，收回来的药材还要晾晒、加工炮制。这样的生活大约持续了五年，虽然艰苦，但也磨炼了杨文龙的意志，这成为杨文龙创业路上宝贵的财富。

1982年，杨文龙就在被誉为“千年药都”的江西省樟树市，开始了创业生涯。从那以后，他闯广东、下江南、入四川，一干就是16年，不但为今后的事业腾飞奠定了物质基础，而且积累了宝贵经验。周围人评价他，有胆有识，是杨文龙成功创业的一个重要因素。

每个获得巨大商业成功的人，都有一定的时代机遇，杨文龙也不例外。

1997年左右市场经济刚刚开放，各地医药公司也不断市场化，杨文龙抓住了这个机会。他选择了带有自主经营形式的承包模式。1998年11月，杨文龙投资600万元创办了“江西康美医药保健品有限公司”。在杨文龙的领导下，公司发展迅速，2001年7月就组建了仁和集团，用集团化的模式进行经营，包括组建营销、服务、生产等公司。

在仁和集团成立后不到一个月，就完成了对原樟树市齐灵制药厂的成功收购，这个经历，更是杨文龙的得意之作和惊人之笔。一个注册资金仅600万元的小型保健品公司，居然要搞兼并收购，还要形成现代化药品生产基地和全国范围的市场营销网络，这在当时的许多人看来近乎“狂言”。然而，凭着现代企业家的胆识与气魄，杨文龙硬是率领仁和人以擎天驾海的豪气让“狂言”变成了现实。

杨文龙是个爱学习，爱反思的企业家。他认为，未来的市场竞争不仅是产品的竞争，更是品牌的竞争。仁和集团必须抓住机遇，不惜代价做好品牌建设，瞄着“百年企业”的目标打造仁和品牌。这样的理念，让日后的仁和集团打造出了许多知名的品牌。

说干就干，2004年，杨文龙把仁和集团品牌管理团队整体迁入首都北京。2005年，杨文龙亲率团队二下合肥、两上沈阳、坐镇北京，被仁和员工誉为连打了“淮海”“辽沈”“平津”三大战役，一举夺得华东五省卫视台“金牛品牌工程”标王，与全国17家卫视台签订了广告联合播放协议，获得了中央电视台“焦点访谈”等5个黄金时段的优质广告资源。

三大战役，连战皆捷，仁和集团从此在中国传媒界风生水起，被中央电视台评为“明日之星”企业。2007年，仁和集团与湖南卫视联手，推出了“仁和闪亮快乐男声”大型娱乐节目，获得巨大成功。“超女”“快男”已被传媒界誉为中国“娱乐营销”的两大经典之作。仁和品牌的知名度和美誉度得到大幅度提升。

尽管仁和集团旗下有了很多知名品牌，在做品牌的过程中，并不是一帆风顺的。杨文龙说：品牌刚做起来的时候困扰我们最多的当属抄袭现象，有人赤裸裸地抄袭，市场上假冒产品泛滥。踩了坑以后，我们在做商品时一边申请专利一边传播，通过法律保护企业的利益。而到2008年左右，难题又变成货走不动了，做了很多广告，效益却没有跟上来。调研发现，很多药店把我们的商品当成一个引流的产品，真正推荐给用户的却是一些非品牌商品，它们不做广告宣传，通过给药店更大的利润空间吸引店主。2009—2014年期间，我们开始大量进行终端建设，通过业务人员去药店推广、宣传，目前我们对全国40多万家终端药房直接供应药品。这些做品牌过程中，踩过的坑，给后来做叮当快药，积累了宝贵的经验和资源。

二次创业，医药大佬转身成为互联网创业者

2013年，O2O进入高速发展阶段。O2O即Online To Offline，是指将线下的商务机会与互联网结合，让互联网成为线下交易的前台，这个概念最早来源于美国。在移动互联网红利的催生之下，或者是受够了线上及时达线下慢如龟的落差，2013年6月8日，苏宁线上线下同价，揭开了O2O模式的序幕。

2014年是O2O爆发的一年，也是O2O开始向医药领域蔓延的一年，上门洗车、上门美甲、送外卖、似乎一切都可以互联网化。

通过企业工商信息查询系统可以看到，叮当快药、快方送药、药给力等医药O2O企业均注册于这一年。当时也正是仁和集团发展得如日中天的时候，面对互联网的大潮，已经过了五十知天命之年的杨文龙开始思考，接下来的方向在哪里，要如何应对变化。

周围人对杨文龙的评价是“务实，爱学习，对新鲜事物有极大的好奇心”。杨文龙是清华五道口金融学院、长江、中欧等多所商学院的校友，他对新事物的接受很大程度受到同学们的影响。

杨文龙认为医药零售领域将来也是一个很大的方向。于是杨文龙就选择了医药新零售领域，要建立移动端的服务，打磨APP，让用户可以通过互联网移动端下单，享受药品配送到家服务。

杨文龙说：最早的时候，我认为企业的核心竞争力是销售渠道，后来发展为品牌建设，再后是终端建设。到2014年，我就在考虑，下一步我们应该以什么为核心竞争力？最后发现是用户，以用户为中心。因为互联网时代大家选择商品的机会和条件更加广泛，我决定开始二次创业。

进入互联网领域之后，杨文龙就遇到了一个挑战，就是关于人才。医药

新零售是个特殊的领域，既要有互联网思维，又要懂药。杨文龙说：互联网创业最大的痛苦是谁来帮我做，传统的人才倾向不冒险，不再适应做到极致服务的需求，当时跟我一起转向二次创业的只有两三个人，逐步组建了现在的团队。

如今的叮当快药的核心团队里面，既有来自BAT等巨头的资深互联网老兵，也有在传统医药领域服务多年的医药资深专家，是传统医药人和互联网人融合的队伍。

杨文龙说：以前大家见到我都叫老板，现在叫同学，在仁和集团我是管控型思维，在叮当快药里面转变为了合伙型思维。跟年轻人一起讨论，听他们的意见，我有时候甚至在一个星期里面转换两种角色。

如今的杨文龙在仁和集团的下属实体企业没有任何职务。作为仁和集团董事局主席，他目前主要负责战略规划，一个季度开一次会，主要精力还是在叮当快药上。杨文龙说：创业公司的节奏我可以适应，我本来就是吃过苦的人，一直维持着这个精神状态。

从“轻资产”到自建门店

“轻资产”模式是O2O企业普遍的选择。在叮当快药创立初期，与互联网行业提倡“轻资产”一致，是与线下药店展开合作。也就是做纯平台，自己不开药店。但这种模式很快证明跑不通。在杨文龙看来，医药O2O这件事成败与否，最核心的一点就是服务能力如何，如果做不到极致服务，这事就做不成。

杨文龙认为很多行业可以轻资产，但医药O2O行业不行。因为有些药店做不到24小时配送，如果有订单，这些药店晚上就不接单了，或者因为药品的客单价低就不接单，这就导致叮当快药的服务承诺无法兑现。而且，线下药店的商品结构大多基于自身利益配置，而并非按照线上用户商品需求配置，线上平台想做促销活动，线下药店不支持的状况也时有出现。

通过前期摸索实践中，叮当快药还总结出几大用户痛点，除了夜间送药外，急用药送药上门、年轻用户群体懒人经济、专业药师服务、隐私保护以及慢性病用药，这些均是线下药店无法突破的难题。叮当快药要做的，就是各个击破，解决痛点，为用户带来更好地体验。

因此，叮当快药决定正式向自营化转型，开始自建线下药房，自建药品配送系统，自建药品配送团队，为的是要能实现线上线下一体化服务，给用户提供最极致的服务，这也是杨文龙一直以来的理念。这一点很像中国民营快递老大顺丰当年从加盟改直营的改革，目标也是为了保证服务品质不出问题。

叮当快药自建线下药房和专业的药品配送团队，创立了“药厂直供、网订店送”的线上线下一体化的医药新零售模式，通过电子围栏覆盖城市等自主技术，大数据研发分析，做到了28分钟送药到家，彻底重塑了药品配送流程和服务生态。此外，叮当快药还针对用户对配送时间的需求进行测试。在北上广深四个城市开展问卷调查，通过5000余个有效问卷，进一步确定28分钟送药到家、7×24小时服务，专业医生药师在线咨询等基本服务运营方案。

在京东选择自建物流和仓储中心的时候，也有很多质疑的声音，认为这条路走不通。同样，也有人质疑过叮当快药的模式。但杨文龙认为，很多人以为自建配送团队成本高，其实是误解，当配送量达到一定程度时，会比与第三方合作成本更低。

叮当快药全力打造了自己的药品物流配送团队，而不是采用合作物流。因为如果使用合作物流，夜间配送容易出现挑单的情况，且由于药品的特殊性，配送员的形象、配送服务均需要达到叮当快药的标准化要求，每个配送员正式上岗前均需要进行试岗培训，通过考核后才能成为正式的配送员。目前，北京地区配送团队约1000余人，全国已超过2000人。

与此同时，叮当快药还成立了华北、华南、华东、华西四大事业部。到目前为止，叮当快药在北上广等一线城市已经完成了布局，实现了承诺的服务标准，也证明了这条路能走通。

从“快药”到“快医&快药”

在杨文龙看来，医和药是不能分开的。在他二次创业的初心里，除药之外，更应该有医。并且，叮当快药在用户调查中发现，仅是送药到家并不能解决家庭用药全部问题。用户在与平台沟通的过程中，有一半左右的需求都是与医生诊疗相关的问题。这表明医和药本身是强相关性的，很难截然分开，用户对于医的需求也极为强烈.所以，在叮当快药在创立近四年后，正式推出了叮当快医业务。叮当快医新业务要实现医院首诊、在线医生复诊，新增医生在线咨询服务和医务到家等服务。

过去几年，叮当快药通过线上线下一体化的医药新零售模式，针对用户购药存在的“急”“懒”“夜”“专”“私”五大行业痛点，自建线下药房及专业药品配送团队，创立“药厂直供、网订店送”的线上线下一体化运营的医药新零售模式，满足客户急需、隐私、送药上门、24小时等购药需求。并且通过打通互联网医院、诊所、药房，构建医+检+药健康新服务模式，实现1分钟找到医生、28分钟送药上门、28分钟医护到家。几年来，叮当快药通过送药到家，已经积累了品牌、口碑、用户、流量，以及自建药房和专业的配送团队，这都为承载叮当快医服务提供了基础和条件，做叮当快医也是水到渠成的事。

针对小病小痛涉及的在线问诊和上门健康检测需求，杨文龙很快组建了快医、快检团队，不断做“专”服务。除叮当自有全科医生团队24小时在线快速咨询服务外，叮当快药与腾讯企鹅医生、医联展开深度合作，用户可共享来自医联50多万认证医生资源，在线进行问诊。为了把叮当快医做好，叮当快药联合了多家行业巨头。比如在基因检测领域与华大基因进行合作，在远程问诊和健康智能硬件方面分别与心医国际和鱼跃科技进行合作。

另外，叮当快药还即将推出慢病管理及医护到家检测业务，业务包括癌症检测、血脂、血糖、血压等检测服务，提供帮助用户快速掌握健康状况的一站式健康业务。

杨文龙说："能够做这件事，是因为天时地利人和都具备了。"即便是五年前想做成这件事，都是很难想象的，国家没有互联网医疗方面的政策，线上医生资源没有建立，药品配送也缺乏政策支持，而现在一切都具备了，正当其时。

从自建门店到"百城千店"

在2018年11月，叮当快药开启了"百城千店"战略计划。"百城千店"战略计划意味着叮当快药要从北上广向全国更多的城市拓展，复制服务能力和服务标准。叮当快药将依托自身强大的供应链体系，全面赋能和连接药企、药房和用户，将叮当智慧药房成熟的新零售模式以合作方式对外输出，计划在三年时间里覆盖300个城市，开2000家店。

但"百城千店"战略计划不再是叮当快药自建线下门店，而是通过与城市门店合作的模式快速成长。那么，这是否意味着走回头路呢？叮当快药的服务承诺能否兑现？

杨文龙认为，今天的叮当快药已经与当年不同了，叮当快药积累的供应链体系、电子围栏技术、品牌及营销资源，都将向合作门店开放，通过明确且严格的赋能计划，确保服务标准兑现。具体来说，叮当快药将自身八大赋能资源完全开放。比如通过供应链体系和电子围栏技术，帮助百城千店合作门店做智慧布局；依托叮当强大的供应链体系优势，缩短商品流通环节，降低合作门店的成本。

在保证服务标准方面，叮当快药通过服务和场景模式的输出，无论是在产品服务、运营流程还是在服务体系方面，都要求城市合作门店达到直营门店同样的标准。此外，城市合作门店还将共享叮当快药会员数据、叮当全平台口碑和强大的信息系统服务等。

从传统药房到智慧药房

杨文龙曾经跟大家讲过一个故事，他做过很多市场调研，很多人生活条件好了以后自己的健康意识也进一步提高，所以他就会买一些健康产品，但是不知道怎么用，很多人都有这种感觉，买了燕窝怎么蒸，买了阿胶怎么熬？很多商品买回家发霉烂掉，都不会用。杨文龙认为这是他要做的事，别人不能做的他去做。智慧药房可以熬好阿胶之后28分钟给你送在家里，当然这只是一块业务，它还有很多很多的业务。

除此之外，智慧药房，还智慧在什么地方？

2017年8月，叮当快药全面启动医药新零售战略，完成叮当智慧药房的3.0升级，并通过特色的“AI+医药”叮当大白机器人，为用户提供更个性的智能健康服务。

叮当快药推出的“叮当大白机器人”也正式亮相。它具备自然语言交互功能，收集并学习了近4000万条健康医药知识库，可识别与理解2万组药品名称及关键字，并能够实现整套机器人对话语境上下午的语言交互。此外它还将开拓家庭使用场景，通过语音识别和语义理解，陪伴家庭成员、进行健康监测及医疗平台连接，并具备智能家居控制、家庭日程事务管理、与家庭成员娱乐互动、养老助老等功能。

从健康管理来看，叮当智慧药房将为用户建立专属的电子病历档案，给出健康状况评估，并有针对性提出个性化健康管理方案，并由线下药房的专业药师提供一对一咨询指导，让用户掌握自己的健康状况，并从多个角度得到全面的健康维护和保障服务。最终建设成智慧健康社区，可以让广大社区用户在自己的身边，就获得智慧健康服务。

叮当智慧药房还将收集海量的用户大数据，从28分钟送药到家、智能健康监测、大健康智能穿戴设备，药师咨询等各业务板块中，收集到的健康大数据。一方面将帮助用户打破时间及空间的限制，云端掌握自身实时健康状况，并可根据自己的实际情况，定制个性化的解决方案；另一方面，也将有助于叮当快药新零售战略的优化升级，继续拓宽更多智能健康消费场景的服务。

发展到今天，叮当快药已经不仅仅是一家医药零售企业，还具有很多高科技属性。

自主研发了五大科技运营系统，为医药新零售模式以及为提供更好地服务和体验保驾护航。

首先，直营连锁药店通过独创电子围栏覆盖城市技术，按城市商圈及社区为点位自建药店，叮当智慧药房服务半径较传统药房实现从500米到5公里的跨域，以最少门店数全范围覆盖城市，实现新零售模式下的最佳门店布局。

其次是手机拣货系统。通过该技术，实现货位管理，线下门店的员工可以通过手机进行拣货，并可远程打印拣货明细单，每单拣货仅需要1.7分钟，提高作业效率。

第三是高效配送调度系统。该系统能够根据当时的交通状况以及配送路径，实现智能规划配送路径，使配送员每单少跑200米，每趟少跑7分钟，同时根据订单峰谷值和密度，灵活调配配送员，大幅提高每个线下药店的运营效率和人效。

第四是订单沙盘系统。根据叮当沙盘，可以真实看到每天的订单在每个区域的布局，同时还可规划未来某个区域可以产生的订单数。

第五是进行压力测试和空跑模拟测试。每个配送员手机与叮当系统实时对应，可以获悉在波峰和波谷时间段的规划路径，提升运营效率。

叮当的医药新零售战略，本质是将叮当快药与叮当智慧药房线上线下的业务进行深度结合，是对健康服务场景的全面拓宽，重构医药新零售的消费需求，并通过引入人工智能模式进一步完善健康体验闭环，实现了医药新零售首个项目落地。在首个落地项目后，叮当快药未来将践行未病养护理念，用智慧健康服务。

叮当快要药正在借助“人工智能+医药”的模式满足消费升级时代，实现个性化、定制化的健康服务需求，拓宽智能健康场景的服务。

从医药新零售到大健康生态圈

叮当快药未来的愿景不仅是做一家领先的医药新零售企业，而是要打通全产业链，构建大健康生态圈。

如今，叮当快药提供“医+诊+药”全流程服务，与腾讯企鹅医生、医联达成战略合作，开启以用户为中心，覆盖从医生服务、诊疗服务、药品直供、配送到家服务等医疗、医药服务全流程的商业体系。

在上游产业链方面，由叮当快药主导成立的FSC药企联盟，现已有460多家品牌药企。叮当快药通过与品牌供应商密切合作，为之提供线上线下一体化营销解决方案，从而挖掘新的销售渠道以及新的用户需求。

例如，毛利低——在传统药店不被重视的品牌，通过与叮当快药合作，可以实现线上、线下深度营销。更重要的是，基于叮当快药的大数据统计，还可以与药企共同挖掘用户需求。

据叮当快药创始人杨文龙介绍，传统药企很难了解到用户的使用需求，通过加入FSC药企联盟，叮当大数据与药企共享，例如在2018年3月28日举办的FSC药企供应商大会上，叮当发布健康白皮书，与药企分享来自用户的大数据统计和分析，可以帮助药企更准确地判断用户的真实需求，让用户的需求能够更快得到满足。

随着行业的快速发展，叮当快药是会否担心互联网巨头进入所带来的竞争？

事实上，经过四年的发展，叮当快药已经积累了竞争壁垒和优势，而且正在加深。在线下药店布局、配送团队、技术、供应链等方面，叮当快药都具有明显的优势。

在一次采访中，记者提到这个问题，杨文龙对竞争表达了乐观的态度。

在他看来，大家不是简单的竞争关系，市场空间很大，需要大家共同合作努力，让用户去接受新的业态，把蛋糕做大。而且，叮当快药对医药行业了解足够深，资源足够广，对政策的理解和把握也更为准确，医药一体化能力强。

而且对于其他竞争者的出现，杨文龙认为也不是坏事。“如果这个行业只有叮当快药一家在做，也可能意味着赛道本身有问题，投资人反倒害怕了。”“如果未来有一家比我们做得更好，把我们替换掉，我认为也不是坏事。人家如果效率更高，服务更好，我们心服口服。只要对用户好，只要有利于中国的健康事业，我们都乐见其成。”杨文龙说。

凭借多年积累的医药行业资源，叮当快药与中美史克等国内外460余家品牌药企建立的“FSC药企联盟”，实现了商品直供，建立了较强的供应链优势。

叮当快药的这些创新和努力，既增强了自身的竞争壁垒和护城河，也顺应了行业发展的趋势，推动中国医药新零售领域的变革，提升用户满意度，缓解看病难、看病贵等痼疾，这是从国家层面到老百姓都喜闻乐见的事情。

“大健康产业一定是服务取胜，叮当快药应该是一家服务公司和科技公司。”杨文龙说，“我们的使命绝不仅仅是赚钱，而是希望中国人更健康，享受到极致的健康服务。”

对于叮当快药未来的发展规划，杨文龙分析称，2017年零售药房至少拥有1.5万亿元市场规模，2020年大健康领域有望实现8万亿市场规模，加上互联网+医疗行业不断的政策利好、网订店配的模式越来越清晰，叮当快药仍在不断探索通过何种模式为用户提供更好的服务。

杨文龙表示，现在流行的概念是提倡未病养护，因此要从用户本身考虑，关注用户行为，并将其转化成产品。下一步，叮当快药的计划是以医药为切入点，将围绕大健康品类，提倡引领极致的健康服务。

首先是从商品品类进行扩展。叮当大健康品类包括营养保健、家用医疗器械、情趣计生、药食同源、日化家用品以及精制饮品等。同时，还根据用户喜欢的商品进行反向深度挖掘，提供定制化服务和商品。

据悉，叮当快药为此成立了叮当健康研究院，并根据用户大数据分析，开发出金银花露，山楂小丸子、红豆芡实薏米茶等自有品牌商品，从2017年1月至今，叮当快药自有品牌商品已经从20余款增至100余款。

以金银花露为例，传统药店销售的金银花露属于OTC药品，该产品是夏季清热解毒的重要药品，但是存在本身属于药品以及口感方面的用户痛点，叮当快药联合相关单位开发出金银花露饮品，使之满足大部分人的口感需求，2017年仅在北京地区销量达到50万瓶。

其次是扩展医疗服务，例如开通叮当快医服务、与医联的合作落地，今后还将承接互联网医院和社区医疗的药品销售和配送业务、保险公司的健康卡等，从而满足用户的健康管理需求。

第三是医保支付。杨文龙认为，叮当快药平台是未来实现在线医保支付最快速、有效的方式之一，可以极大地方便用户对于医保药品的购买需求，同时降低用户到三甲医院复诊的频率，缓解医疗机构拥挤的现状，促进医疗分级。

未来，叮当快药还将实现用户在线检测、诊断一条龙服务，将用户健康管理植入叮当快药的系统，用户可以自己通过手机APP自建电子病历，对自身健康状况的了解，对于药品的管理，叮当将为VIP用户配备专属药师。

时代的机会

回顾整个从杨文龙早年创业经历，以及打造仁和集团的知名品牌的过程，再到叮当快药的发展轨迹，这些不仅见证了一个企业家的成长，一个企业的从无到有，更是见证了这个时代的发展历程。从改革开放以来，中国涌现出了许多红极一时的企业，也诞生过许多家喻户晓的品牌。有些企业是屹立不倒。有些企业则是昙花一现。

叮当快药最终能否成为一家基业长青的公司？能否最终成为彻底颠覆中

国医疗行业的一家公司？暂时还不能做出最终结论。至少在目前看来，叮当快药已经在改变着人们看病、买药的方式，甚至影响着中国医药行业的发展方向。

正是因为这个时代，能够带给有梦想的人们无限的想象空间，这个时代也给有创造力的人们提供无限的可能性，也让那些有激情、想改变世界的企业家们，有了实现愿景的可能性。

在这个时代的趋势下，人们的衣食住行的方式，终将被改变，这是这个时代的趋势，也是这个时代赋予企业家们的机会。

叮当快药未来的发展，让我们拭目以待。

作者简介
Introduction to the author

李沁霏　资深媒体人，现任第一财经华北品牌中心负责人。曾就职于中央电视台体育频道、央视5套品牌中心、BBC World Wide世熙传媒。从事媒体品牌工作10余年，有丰富的品牌公关、品牌传播、政府关系、商务合作经验。于2010年加入第一财经，参与负责多个国际项目的传播工作，如世界经济论坛、博鳌论坛、中国发展高层论坛等。

大事记

美团网

2010年 3月4日，美团网上线。

8月，获得红杉资本中国基金数千万美元的首轮融资。

2011年 推出“过期退”和“随时退”，强化用户体验。

2012年 在团购“洗牌年”中推出了与初始效仿对象美国Groupon“一日一团”不同的“一日多团”模式，并接入酒店团购，立项电影票业务。

2013年 美团外卖上线，正式打响外卖大战。

2014年 完成了3亿美元的C轮融资；“猫眼电影”正式成为独立事业部。

2015年 1月，宣布完成了7亿美元D轮融资。

10月，美团与大众点评合并。

2016年 年初，E轮融资超33亿美元，融资后新公司估值超过180亿美元。

2017年 2月14日，推出“美团打车”服务，并推出了海外酒店预订服务。

2018年 1月，正式对外宣布拿到上海、南京网约车牌照。

4月，以35%美团股权、65%的现金收购摩拜单车。

爱奇艺

2011年 11月26日，奇艺宣布品牌升级，启动“爱奇艺”品牌并推出全新标志。

2012年 3月，爱奇艺APP终端已经覆盖9037款机型和所有操作系统，iPad客户端装机量超过500万，手机客户端装机量超过3680万，均稳居全行业第1位。

4月24日，爱奇艺、搜狐视频、腾讯视频三大视频平台首推“视频内容合作组织（VCC）”。

2013年 9月3日，TCL、爱奇艺强强跨界合作，TV+开创互联网化新模式。

9月6日，爱奇艺移动端推个性化首页，专注个人视频兴趣挖掘。

11月4日，爱奇艺移动端引入“快传”功能，聚焦实景视频分享服务。

2014年 7月17日，爱奇艺影业正式成立，首推“爱7.1电影大计划”。

8月27日，爱奇艺、华策影视宣布成立合资公司。

2018年 3月29日，爱奇艺在美国纳斯达克挂牌上市，股票代码：IQ。

7月17日，爱奇艺宣布已完成收购Skymoons Inc.及成都天象互动数字娱乐有限公司的100%股权。

2018年 8月6日，爱奇艺正式进入体育版权市场，与新英体育建立合资公司新爱体育，统一运营爱奇艺体育。

芒果TV

2004年 1月，金鹰网正式成立。

2007年 3月，《快乐男声》网络唱区在金鹰网开唱，创国内电视+网络选秀互动先河。

2008年 7月，金鹰网与湖南卫视网站整合为www.hunantv.com，启用“芒果TV”呼号。

2010年 12月31日，芒果TV首页及付费点播频道全新改版再度亮相。

2012年 2月，快乐阳光入选“湖南文化企业30强名单”。

2013年 4月，芒果TV推出互联网电视机顶盒产品——“芒果派”。

2015年 1月，业内首家芒果TV inside家族产品旗舰店正式开张。

2016年 2月22日，向全球宣布正式启用国际化域名mgtv.com。

2017年 2月，联手创维、国美、光大瑞华发布“爱芒果”智能品牌互联网电视机，正式进军硬件市场。

2018年 3月，芒果TV国际版APP上线。

北京麒麟合盛科技有限公司（APUS）

2014年 7月，首款产品APUS桌面（APUS Launcher）上线，单月全球用户量突破1000万。

11月，首款清理安全产品APUS超级加速（APUS Booster）上线。

2015年 1月，全球用户量累计突破1亿。

5月，首款浏览器产品APUS浏览器（APUS Browser）上线。

8月，亚洲独角兽代表入选《华尔街日报》10亿美元俱乐部。

同年起，公司连续三年入选“中关村独角兽企业”榜单。

2016年 11月，公司在Facebook上的粉丝量超过500万。

同年起，公司连续两年入选“中国独角兽企业”榜单。

2017年 5月，公司与CCTV4达成战略合作，助力中国影响力的全球传播。

12月，公司创立“APUS在线艺术馆”（APUS ARTS），发起“新媒体艺术战略联盟”，助力中国文化“走出去”。

年底，全球用户量累计突破12亿，遍布200多个国家和地区，覆盖“一带一路”沿线65个国家和地区，这些国家的用户占全球总用户量的69%，产品支持25种国际语言。

叮当快药科技集团

2014年 10月，叮当快药孕育而生，开启医药健康新篇章。

2015年 1月，叮当快药“FSC药企联盟”成立。

2月，叮当快药APP上线，提出并实现核心区域28分钟送到家的服务理念。

7月，叮当快药覆盖北上广深成等一线城市。

2016年 6月，叮当智慧药房揭牌，开启线上线下一体化运营。

12月，叮当快药获得同道共赢3亿元A轮融资。

2017年 8月，叮当快药医药新零售战略发布。

2018年 1月，叮当快药获得软银中国数亿元战略投资。

后　记

爱好由来下笔难，一诗千改始心安。

摆在您面前这套由40位财经媒体人撰写的40家企业传记，从策划、采访到撰写、审定，耗时近一年，其中的艰辛可想而知，但到交付印刷那一刻，欣喜之情油然而生。

如此大规模的联合各界“文林高手”撰写一本书，不说后无来者，但之前是很少见到的。首先要感谢中国经济出版社毛增余总编辑、财金分社杨莹社长、郑潇伟编辑的大气魄、大手笔，以及强大的“连接力”，你们是出版界的集大成者。

感谢我们的40位财经作者，大家大多来自清华大学五道口金融学院第五期金融媒体班，既是同行又是同窗，这套书是对这段同窗之谊最好的见证和纪念。更感谢班级之外的作者，你们的无私奉献和加入，才让这套书最终成型。

感谢40家“正在改变中国”的企业，你们才是真正的C位主角。每家企业的身后都站着卓越的管理者和辛苦奋斗的员工，你们的努力拓宽了商业的边界和创新的版图，让一个欣欣向荣的中国呼啸而至。

更要感谢这个伟大时代的缔造者和改革者，如果没有改革开放，没有市场经济，没有互联网，就不可能有中国经济的飞速发展和中国商业的大繁荣时代，也不会有中国企业和企业家们施展才华的舞台。

还要感谢为这套书从策划到撰写都提供支持和帮助的清华大学五道口金融学院的老师们，尤其是郭冉老师和付昕老师，你们凝结了一群朝气蓬勃、才华横溢的媒体人，让大家团结一心、亲如家人。

还要感谢的人很多，由于篇幅所限，恕不一一列明。

就像电影一样，每一篇文章的创作也都是遗憾的艺术，一定会有无法抵达的真相，一定会有作者个人的理解、判断甚至偏见，如有漏失，深表抱歉。

“惊风飘白日，光景驰西流。”历史没有终结，一切都是进行时。对时代和中国企业的书写，本书只是开了一个头，未来我们还将持续观察和记录，也期待更多的人加入其中。

图书在版编目（CIP）数据

他们正在改变中国 / 财经媒体40人著. —北京：中国经济出版社，2019.3
ISBN 978-7-5136-5222-3

Ⅰ. ①他… Ⅱ. ①财… Ⅲ. ①民营企业-创业-案例-汇编-中国 Ⅳ. ①F279.245

中国版本图书馆CIP数据核字（2018）第097645号

责任编辑 杨 莹
文字编辑 郑潇伟
责任印制 巢新强
封面设计 仙境设计

出版发行 中国经济出版社
印 刷 者 北京雅昌艺术印刷有限公司
经 销 者 各地新华书店
开　　本 710mm × 1000mm 1/16
印　　张 42.5
字　　数 621千字
版　　次 2019年3月第1版
印　　次 2019年3月第1次
定　　价 98.00元（全二册）
广告经营许可证 京西工商广字第8179号

中国经济出版社 网址 www.economyph.com 社址 北京市西城区百万庄北街3号 邮编 100037
本版图书如存在印装质量问题，请与本社发行中心联系调换（联系电话：010-68330607）
